全球金融市场的信用评级

历史、方法与监管反思

高 明 著

中国金融出版社

责任编辑：肖　炜
责任校对：孙　蕊
责任印制：程　颖

图书在版编目（CIP）数据

全球金融市场的信用评级：历史、方法与监管反思/高明著.—北京：中国金融
出版社，2020.12

ISBN 978 - 7 - 5220 - 0863 - 9

Ⅰ.①全… Ⅱ.①高… Ⅲ.①信用评级—研究 Ⅳ.①F830.5

中国版本图书馆 CIP 数据核字（2020）第 203319 号

全球金融市场的信用评级：历史、方法与监管反思
QUANQIU JINRONG SHICHANG DE XINYONG PINGJI：LISHI、FANGFA YU JIANGUAN FANSI

出版
发行　　**中国金融出版社**

社址　　北京市丰台区益泽路 2 号
市场开发部　（010）66024766，63805472，63439533（传真）
网 上 书 店　www.cfph.cn
　　　　　　（010）66024766，63372837（传真）
读者服务部　（010）66070833，62568380
邮编　　100071
经销　　新华书店
印刷　　保利达印务有限公司
尺寸　　185 毫米×260 毫米
印张　　37.5
字数　　842 千
版次　　2021 年 1 月第 1 版
印次　　2021 年 1 月第 1 次印刷
定价　　98.00 元
ISBN 978 - 7 - 5220 - 0863 - 9
如出现印装错误本社负责调换　联系电话（010）63263947

前　言

世界处于充满挑战的时期。我们不希望有风险，但风险不会自动消失，危机伴随着人类历史，尤其是近现代史的发展。2007 年爆发的国际金融危机刚过去 10 多年，2020 年一场席卷全球的新冠肺炎疫情又使世界面临衰退的困境，美联储于 2020 年 3 月 23 日宣布实施不设额度上限的开放式量化宽松政策，各国央行、财政部门和国际组织也不断推出救助措施，向市场注入流动性，提振实体经济动力。针对各种风险和危机，我们能做什么，怎么做，这是国际社会面临的永恒且严峻的问题。

信用评级起源于金融市场上解决信息不对称的需求，是对被评对象的偿债能力和意愿等信用状况的评估。信用评级机构创造性地在 100 多年前用简单、明了的评级符号表示评估的风险状况，经过长期的历史发展，信用评级已经成为金融市场的基础设施之一，在减少信息不对称、提高资源配置效率、完善市场运行机制方面发挥着重要的作用。在大力推动金融市场高水平对外开放，促进经济转型和结构调整的大背景下，如何规范发展我国的信用评级业，从而对金融市场乃至经济发展提供重要的正向作用是值得深入研究的。美国经济学家诺思认为，正式或非正式约束的特定变化，有可能改变历史，但在绝大多数情况下，不会逆转其方向。意大利历史学家克罗齐说：一切历史都是当代史。人类社会是在不断总结历史经验教训的过程中前进的，以全球视野研究国际评级业的历史经验和不足，形成适合我国评级业的发展路径是现实的选择。

近年来，随着金融市场的快速发展，我国债券市场规模已居世界第二位，余额超过 100 万亿元人民币。在我国债券违约呈现常态化的趋势下，市场对信用风险的认知已发生较大变化，对信用风险的偏好和容忍度也有了提高，这也在更高层次引发对风险的揭示及处置诉求，因此评级机构等金融市场看门人需要及时适应市场的需求，提供更高质量的产品供给。与此同时，伴随着金融市场的改革开放，我国评级业已经全面开放，国内评级机构与国际评级机构将同台竞争。在机遇与挑战并存的新形势下，我国评级机构应抓住历史发展的机遇期，应对高水平发展的迫切要求，不断提升市场竞争力与可持续发展能力。

信用是市场经济发展的必然产物和重要助推器。信用评级通过对信用风险的评估，提高了投资人与发行人的匹配效率，从而实现了信用的转移和交易过程。信用评级作为市场价格发现和风险揭示的有效工具，也将促进资金在国际范围内的配置效率。在社会生产力发展和科技进步的推动下，经济全球化使市场更大、选择更多、资源要素配置更有效率，这也会提高世界的整体福利。以金融科技为代表的新兴科技与产业融合发展的趋势对金融生态、产业链创新产生了重大影响。在新的产业革命中，信用评级机构需要深入研究时代的特征，跟上时代发展的步伐，及时进行自我创新和革命。当然，也应看到当前世界出现了贸易保护主义的倾向，这加大了世界经济发展的不确定性。

国际信用评级自20世纪初出现以来已经历了一百多年的发展，我国评级业自第一家独立于银行系统的社会专业信用评级机构成立以来，仅经历了三十多年的历史。在国际金融危机以及欧洲主权债务危机中，以穆迪、标普、惠誉为代表的国际信用评级行业，在让人们更充分地认识到其对于金融体系稳定的重要性和影响力的同时，也暴露出许多问题，评级机构的作用和角色受到市场的广泛关注。国际金融危机引发对金融市场及评级业的巨大变革，而国际社会对评级机构的质疑也必然波及我国评级业的声誉积累。

国际金融危机暴露出评级机构存在利益冲突、透明度差、评级方法不完善、行业集中度高等问题。我国信用评级业存在的问题还包括：评级技术缺乏核心竞争力，评级质量公信力不足，评级机构存在无序竞争、级别竞争、价格竞争的现象时有发生等。交易成本经济学家的重要代表威廉姆森指出，根据可修复性原则，如果人们找不到一个比现有组织模式更可行的替代组织模式，并且不能实现预期的净收益，那么现有的组织模式就应被看做是有效的。但是不可否认，所有的组织形式都有缺陷。因此，各种组织形式都需要一个位置，并应守住自己的位置。

在没有更好的替代方式的情况下，需要着眼于评级存在的问题，促进评级质量不断提高，降低对金融市场的负面影响。因此，促进我国信用评级业的规范与发展，以更好地服务金融市场，具有重大的理论意义与现实紧迫性。

本书站在国际的视野，对信用评级的历史发展、技术方法、监管改革进行了深入的分析和研究，在写作过程中参阅了国内外大量的研究资料和成果。本书可以为金融市场及信用评级行业的从业人员、相关有兴趣的人士了解、研究信用评级及风险管理提供有益的帮助，本书也可以为高校和研究部门的研究人员开展深入研究起到抛砖引玉的作用。

本书在结构安排上分为六个部分：第一篇介绍了信用评级的基础内容。包括不确定性、风险和信用评级的联系，信用评级的基本概念和分类，信用评级的经济性与矛盾性，信用评级业务规则、流程、技术方法体系及特点等。第二篇是信用评级的市场发展。介绍了美国、欧盟、亚洲等国家和地区的评级业历史，对评级机构的经营模式及历史变化进行了分析，研究了评级行业的整合经验。第三篇是信用评级的质量检验体系。介绍了信用评级符号体系及国际应用，分析了违约的概念，介绍了风险计量方法，研究了质量检验方法和国际发展实践。第四篇是信用评级的技术方法。分别介绍了银行评级、地方政府评级、主权评级、结构化评级等评级技术，并分析了中央银行评级方法的内容。第五篇是信用评级的监管。回顾了国际评级监管的变革，对未来发展趋势进行了分析——尤其是金融科技对评级的挑战和评级机构的民事法律责任，从理论角度对信用评级的行业结构、制度依赖及效用等方面进行了分析研究，对存在的问题进行了总结梳理。第六篇论述了我国信用评级的发展和展望。为了方便理解书中的内容，部分章节还安排了案例，与经济社会现象相结合。

作为信用评级行业的一名参与者，为我国金融市场的高水平开放和发展献策献力是非常有意义的。由于水平有限，虽然作者试图全面、准确地阐述相关观点，但书中不当之处在所难免，恳请各位读者提出宝贵意见。

高明

2020 年 7 月

目　　录

第一篇　信用评级的基础

第一章　风险与信用评级的基本框架·· 3

　　第一节　不确定性和信用风险·· 3

　　第二节　信用评级相关的基本概念·· 16

　　第三节　信用评级的业务分类·· 26

　　第四节　信用评级的经济性和矛盾性·· 30

第二章　信用评级的基本业务流程和方法体系·· 39

　　第一节　信用评级机构的业务准则·· 39

　　第二节　信用评级的基本业务流程和内控制度·· 44

　　第三节　信用评级的技术方法体系·· 52

　　第四节　信用评级分析方法的特点·· 56

第二篇　信用评级的市场发展

第三章　美国信用评级的发展及特点·· 65

　　第一节　信用评级机构的起源和发展·· 65

　　第二节　信用评级在美国兴起的原因·· 77

　　第三节　美国信用评级行业的特点·· 85

第四章　国际版图下的信用评级发展·· 97

　　第一节　欧洲信用评级的引入和发展·· 97

　　第二节　亚洲信用评级的发展和特点·· 110

　　第三节　俄罗斯信用评级的发展变化·· 132

　　第四节　大洋洲信用评级的发展·· 135

第五章　信用评级机构的经营模式·······························138

第一节　信用评级机构的主要经营模式演变·················138

第二节　信用评级机构的替代性经营模式分析·············145

第三节　信用评级行业整合的国际经验·····················159

第三篇　信用评级的质量检验体系

第六章　信用评级符号体系的国际比较·······················169

第一节　信用评级符号体系基础·····························169

第二节　信用评级符号体系的国际应用·····················183

第七章　信用评级质量的检验·································195

第一节　违约的概念···195

第二节　风险及违约概率的计量方法·························201

第三节　信用评级质量的检验方法···························208

第四节　信用评级质量检验方法的历史分析·················218

第四篇　信用评级的技术方法

第八章　银行信用评级方法及分析·····························229

第一节　银行的复杂性·······································229

第二节　银行危机的本质·····································245

第三节　银行风险管理·······································256

第四节　银行信用评级方法概述·····························261

第五节　国际评级机构银行评级方法·························268

第九章　地方政府评级方法及分析·····························288

第一节　地方政府债券分析···································288

第二节　美国市政债券分析···································293

第三节　地方政府评级方法概况·····························308

第四节　地方政府信用评级方法的国际比较·················314

第十章　主权信用评级方法及分析·····························329

第一节　主权信用评级的发展和分类·························329

第二节　主权信用评级的方法论·····························337

第三节　主权信用评级的质量分析…………………………………………345

第十一章　结构化金融产品评级方法及分析……………………………………355
第一节　结构化金融产品的发展和特点……………………………………355
第二节　结构化金融产品的基本结构………………………………………368
第三节　结构化金融产品的评级方法………………………………………373
第四节　结构化金融产品评级的质量分析…………………………………380

第十二章　中央银行信用评级方法及分析………………………………………390
第一节　中央银行信用评级的需求…………………………………………390
第二节　法国中央银行信用评级方法………………………………………397
第三节　德国中央银行信用评级实践………………………………………404
第四节　中国中央银行信用评级的发展……………………………………408
第五节　中央银行信用评级的比较分析……………………………………413

第五篇　信用评级的监管

第十三章　信用评级的国际反思及监管改革……………………………………419
第一节　国际金融危机后的反思……………………………………………419
第二节　美国信用评级的监管制度变迁……………………………………424
第三节　欧盟信用评级监管的历史变革……………………………………428
第四节　美国和欧盟信用评级监管框架的对比分析………………………433
第五节　世界其他地区对信用评级监管的一致性变革……………………440

第十四章　国际信用评级行业发展及监管趋势…………………………………451
第一节　国际信用评级行业改革趋势………………………………………451
第二节　金融科技对信用评级带来的挑战…………………………………459
第三节　信用评级机构民事法律责任的规制及反思………………………473

第十五章　信用评级的理论性分析及总结………………………………………487
第一节　信用评级的行业特点——基于双边市场理论的分析……………487
第二节　信用评级的制度性变迁——基于制度经济学理论的分析………497
第三节　信用评级的经济效用——基于委托代理模型的分析……………503
第四节　信用评级的主要研究主题综述……………………………………507

第六篇　中国信用评级的发展和展望

第十六章　我国信用评级的发展历史 ···················· 519

　　第一节　我国信用评级发展的基本情况 ················ 519

　　第二节　我国债券创新产品的发展 ···················· 532

　　第三节　我国信用评级符号体系 ······················ 540

第十七章　我国信用评级体系的分析与发展建议 ·········· 544

　　第一节　我国信用评级的质量检验 ···················· 544

　　第二节　我国信用评级的问题分析 ···················· 553

　　第三节　开放环境下我国信用评级的高质量发展路径 ···· 558

附　　录

附录1　国际信用评级监管处罚案例 ···················· 567

附录2　美国主要消费者信用报告机构目录 ·············· 572

参考文献 ·· 574

后记 ·· 586

第一篇
信用评级的基础

◎ 第一章　风险与信用评级的基本框架

◎ 第二章　信用评级的基本业务流程和方法体系

第一章 风险与信用评级的基本框架

世界面临的风险和不确定性越来越多，这种情况引起各界的高度关注。当前全球经济风险上升，国际贸易投资放缓，保护主义负面影响加大，世界多极化、经济全球化、社会信息化、文化多元化等多重因素叠加，世界面临的不确定性也越发突出。欧盟经历英国脱欧的震荡，中美贸易谈判取得第一阶段成果，国际社会全力抗击新冠肺炎疫情，各种事件表明不确定性因素并未缓解，世界经济在激荡中艰难前行。大量风险因素及不确定性将如何发展，会产生哪些影响，这些都需要密切监测和深入分析。

风险和不确定性是否一致，信用评级在风险防范和监测过程中发挥了什么作用，回答这些问题需要辨析相关基本内容。本章对不确定性、风险及信用评级的相关概念进行了分析，对信用评级的业务分类进行了说明，研究了信用评级的经济性和矛盾性特征。

第一节 不确定性和信用风险

一、不确定性的基本概念

（一）不确定性的认识

人们在经济生活中往往希望在同等条件下，能够获得更多的收益，在经济学上，这被认为是"理性经济人"行为处事的出发点。企业创新产品研发、扩大生产，个人投资股票、债券等，这些经济活动的目的都是希望通过一定的投入获得更好的收益。但是，由于各种风险的存在，结果往往并不如意，人们的预期与最终的结果总会有差异，并出现各种损失，这是人们不得不接受的事实。我们生活的世界为什么会有风险？这些风险能避免或者能通过一些举措降低出现的可能性吗？这就需要我们认识世界中的不确定性。

1. 自然科学对确定性的再认识

人们一般将自然科学领域认定为确定性的世界。按照传统自然科学的理论，世界万物从自身构成到相互关系和运行都是确定的，都需要遵循已有的内在规律。这些规律有些是已经被人们认知的，但是更多的自然规律是人们还没有认识的。当人们还没有认识到这些科学规律时，世界的许多方面给人们展示出不确定性和神秘的力量，比如闪电曾被中国古代社会的民众认为是龙的化身。由于认识的不足，人们的行为也存在不确定性。因此，人们需要不断提高认知能力，利用更全面的知识和掌握的自然规律来指导对世界的探究。

在 20 世纪初期以前，科学的世界观是一种"确定性"的世界观（刘尚希，2004），数学、物理等自然学科的精确性分析理论和方法为此奠定了坚实的基础。但是，随着科学技术的发展，现代科学发现世界并非都是确定的，不确定性也是这个世界的重要方面。1927 年德国科学家海森堡提出了著名的不确定性原理（也称为测不准原理），改变了自然科学领域对确定性的认识①。该原理指出，对于微观粒子的一些特征变量不可能同时测出确定的值，比如位置和速度，对一个变量试图测出越精确的值，对另一个变量的影响越大，从而测量越不准确，两者的不确定性的量值乘积大于一个常数。若精确测量量子的位置，应利用波长较短的波，但会对量子产生扰动，从而影响对速度的测量；反之，利用波长较长的波可提高对速度测量的精度，但影响对位置的精确测量。这种不确定性也是科学世界的本质规律。对当前微观事物的状态变量进行精确把握存在不确定，这也将影响对其未来发展的确定性判断。不确定性原理从世界底层运行基础说明了传统科学认识的局限性，也对社会科学的哲学观产生了重大冲击。

在自然科学领域中，还存在其他一些不确定性和偶然性。有一个很典型的被大家熟知的故事：由于苹果掉到牛顿的头上，引起了这位伟大科学家的思考，从而促使著名的万有引力定律被发现。许多科研成果往往也是因为偶然现象引起科研人员的关注，从而促进了新的物质或规律的发现，比如英国科学家弗莱明发现青霉素等。这些偶然性不改变自然规律本身，但是对认识这些自然科学规律的进程，以及对科技创新成果的实现起到了重要的推动作用。

当今世界迈入信息时代，数据成为重要的生产要素。但是大数据的一个突出特征是数据本身的不确定性，这包括数据的类型、传输、规模等方面都存在不确定性的特点。在复杂的全球性网络环境下，传统的结构化类型的数据已被更多的半结构化、无结构化类型的数据所替代，同时数据量以指数级增加，数据的传输方向也已无法准确控制，这些不确定性使信息冲击加深了不确定性的影响，也使不确定性更易于传导和渗透。在各领域的普遍出现的数据不确定性对数据的存储模型、查询、分析处理技术等方面提出了挑战，也导致对不确定性复杂事件的识别、分析处理更加复杂（周傲英等，2009）。

自然科学中的确定性体现的是内在自然规律的必然性，不确定性则体现了向这些规律不断接近的探索过程的艰辛或偶然性。随着知识的积累和认知手段的不断提高，人们利用科学实现精确认知和技术进步，经济社会也借此在不断地进化发展。航空航天、核能物理、深海资源勘探、全球定位等技术成就无不体现了对确定性的追求，更是对精确性的成功应用和实现。现代的金融科技、人工智能、基因工程、量子计算和芯片技术等新科技的出现，向人们展示了信息时代发展的新动能和强大的创新力量，这些成就无疑强化了人们对未来技术发展的确定性追求。但是，在实现这些成就的过程中，存在诸多的风险和不确定性，在经历失败中才不断获得进步。如 1986 年上半年接连发生的挑战者号航天飞机爆炸、切尔诺贝利核电站泄漏事故，使科学探索和应用产生重大挫折。就

---

① 基于维尔纳·卡尔·海森堡在量子力学的突出贡献，他获得了 1932 年的诺贝尔物理学奖。不确定性原理奠定了从物理学角度解释量子力学的基础。

像时任美国总统里根在电视讲话中指出的："我们对奇迹已习以为常，也许我们已经忘记，包括太空计划，我们仅仅刚起步，仍然只是开拓者。"

2. 经济思想传统对不确定性的认识转变

与科学世界的不确定性相比，经济社会中的不确定性尤为突出，也让身临其中的人们感受更为深切。经济学理论对不确定性的认识和处理，经历了从忽视到重视的转变过程。传统经济学理论基于完全理性和完全信息的前提，形成了理性经济人在追求最大化效用的过程中，实现了市场均衡的确定性理论框架。

（1）确定性范式的创建

在经济社会发展的历史中，像追寻自然科学的确定性规律一样，人们也一直试图寻找经济社会中的确定性知识，牛顿力学三大定律等自然科学的影响给人们以探究经济社会领域中确定性知识的激励。

西方正统经济学研究甚至被认为是牛顿主义传统，这种传统发端于启蒙运动时期，从重农主义、斯密、李嘉图、"庸俗经济学"和杰文斯－瓦尔拉斯的边际革命等一直延续到现代新古典经济学（李黎力，2020）。亚当·斯密于1776年以《国富论》开辟了古典经济学发展之路，其吸收了牛顿力学的自然科学认知，对社会经济事物的分析体现了有序的确定性思想。在看不见的手的指引下，掌握充分信息、具有充分理性的经济人追求个人效用最大化，这种自利①使整个社会逐步实现了供给平衡。在亚当·斯密之后至20世纪初，经济学理论的认识在这种理性选择思想的统领下，不断发展并实现精密化设计的框架。以完全信息和完全理性为基础，经过充分竞争，实现市场均衡，这个逻辑形成了这个框架的核心思想。

这个框架形成了类似于机械运转的瓦尔拉斯模型，更精练成为以价格机制为核心的供给—需求曲线的变动，价格机制对经济社会的供给和需求实现了确定性、可预期的调整和均衡。经过数理化的建模发展，经济学主流理论实现了类似于牛顿定理的自然科学领域的模型化和公式化知识，演进为精美的阿罗—德布鲁的数学分析。总体上，主流经济学理论基于静态的、机械的、原子论的和封闭的认识论（李黎力，2020），未充分认可偶然因素，在均衡框架下实现资源的最优配置，而由于信息获取及交易实施的零成本，这种帕累托最优是一定可以自然实现的。

但是，在对现实经济社会的分析和政策指导中，这种以完全理性和充分信息为假设前提的均衡模型不断暴露出局限和不足。对现实确定性的默认和直接运用，使主流经济理论与现实操作之间形成了差距，也使经济学理论遇到了悖论：一方面，经济分析只有排除不确定性和变动才能进行；另一方面，经济政策只有仔细考虑到不确定性和变动才有可能实行（汪浩瀚，2003）。

从20世纪初开始，经济学家不断对完全信息和完全理性这两个前提假设提出了质疑，并对传统经济理论框架开展了重构。对信息不完全的认识逐渐形成了信息经济学等分支，对有限理性的反思形成了行为经济学等分支，这些更符合现实的理论基础逐渐融入主流经济学中，使经济学理论框架纳入对不确定性的认可和处理。

---

① 指为了自身的利益。

（2）不确定性的引入

美国芝加哥学派的创始人奈特较早地将不确定性问题引入理论研究。奈特在1921年出版的《风险、不确定性与利润》中，对不确定性进行了细分，分为可度量和不可度量两类，用风险指称前者，用不确定性指称后者。在风险中，事实结果的分布是可计算或利用经验统计获知；不确定性的结果是未知的，因为不可能形成类似于可统计或计算的事实分布（奈特，2010）。但这种不知概率分布的不确定性提供了获利可能。

奈特认为，经济中存在不确定性的原因是经济过程本身的前瞻性，这从微观角度指出不确定性因素。生产商品是为了满足欲望，但商品的生产需要时间，由此产生生产目的和生产结果的时间不匹配，这引入了两种不确定性因素：一是评估生产经营目的及预测产品产量和品质；二是商品用来满足未来与现在的欲望具有差异性，对欲望的预测也涉及不确定性（奈特，2010）。

凯恩斯在同期、甚至更早对不确定性进行了研究，这些工作为概率论的发展作出了重要贡献，但这些工作往往被外界忽视。凯恩斯于1906年开始对概率论进行研究，成果体现为1909年的论文《概率论》，进一步完善后在1921年出版同名著作。凯恩斯指出，仅从频率来说明概率是不全面的，频率的分析只适用相同条件下的重复性试验行为，例如抛硬币。为此，他提出了一种"理性主义"方法，核心是知识状态给定情况下有足够理由相信某一事件发生的信心程度（荣卡格利亚，2009），这也被称为合理信念度。这是在不确定前提下，研究主体理性行为问题，因而将理性行为与经验以及主观评价联系起来，以概率论反映这种评价。

凯恩斯将事件概率区分为可赋值和不可赋值的情况，否认了事件概率都可赋值的认识。如果事件概率无法赋予具体值，理性的选择是采取"传统"行为方式[①]。不确定性分析在之后凯恩斯理论体系中起到了关键的作用。这个不确定性概念与奈特在1921年提出的风险与不确定性的区分具有一定的相似，但又不尽相同。

1936年，凯恩斯以《就业、利息和货币通论》（以下简称《通论》）确立了其在经济学家中的巨大声誉。《通论》搭建了宏观经济学的分析框架，也使凯恩斯主义经济学长期统治了西方主流经济思想理论。凯恩斯体系出现时，世界经济正陷入20世纪30年代深度经济衰退和大范围失业的困境，这使得凯恩斯思想迅速得到认可并获得成功，直至20世纪70年代经济滞胀的打击才改变这种情况。而经历了长期的自由市场经济后，2007年国际金融危机使凯恩斯经济思想又回到世界经济政策的中心。号称继承了凯恩斯主义实质的金融不稳定理论，以其准确预测金融危机发展的"明斯基时刻"引起了世界的关注。

针对"一战"后出现的恶性通货膨胀和失业，凯恩斯不认可市场存在自动调整的均衡机制。他认为货币中性理论是不准确的，应当对货币进行管理以稳定价格，并且公平和效率对于社会稳定都是必需的，这些思想也吸收在《通论》中。《通论》的核心内容在于：在不确定性和预期的影响下，有效需求不足使经济无法实现自动调节的均衡状

---

① 指符合或可能预计大多数人的行为。因此，短期预期的不确定性可与《概率论》的"已知概率"联系起来，而长期预期的不确定性与"未知概率"联系起来。参见荣卡格利亚，2009。

态，因此，为了提高收入和就业，应利用扩张性财政工具积极管理经济，这也有利于公平和效率的目标。

按照凯恩斯理论，在充分就业条件下的社会有效需求由消费需求和投资需求组成。消费需求受收入和边际消费倾向影响，投资需求受资本边际效率和利息率影响。在基本心理因素的影响下，边际消费倾向递减引起消费不足，而资本边际效率递减和受流动性偏好影响的利息率变化使投资需求也不足。这就需要政府干预经济，采取扩大政府开支的措施，以提高有效需求，实现充分就业。

凯恩斯理论表明，经济人作出决策存在不确定性条件，这革新了确定性均衡模型的框架。不确定性和预期也成为凯恩斯理论进行分析推导的一个重要基础（荣卡格利亚，2009）。凯恩斯重视人的冲动和非理性思维，将其定义为动物精神，这也在阿克洛夫和席勒 2009 年合著的《动物精神》一书中进行了充分描述。

在凯恩斯的革命性新框架下，以信息不对称为核心的信息经济学、交易成本为基础的新制度经济学进一步改变了经济学理论中的完全知识、完全竞争的假设，从信息成本、交易成本等角度分析了不确定性的问题和解决机制。理性预期理论实际也是考虑了有限知识情况下的决策行为。而行为经济学将心理学引入经济分析中，以"前景理论"分析决策行为不确定性的原因和应对机制。

完全理性、完全信息的理想化前提，意味着合理决策和市场均衡，但有限理性、信息不对称等前提意味着不确定性是普遍性的，市场失衡和市场失灵是常规的经济社会现象。在金融市场中，不确定性更是重要问题。金融理论的分析对象是风险资产和个体的投资行为，由于收益不确定使投资产生风险，投资者需要在不确定中确定投资决策（汪浩瀚，2003）。

（二）不确定性产生的原因

从以上分析可以看出，出现风险是由于各种因素导致不确定性的存在。世界是一个变化和充满不确定性的世界，在科技、经济社会等各领域都存在不确定性，这是客观存在的。总体来说，导致不确定性出现的因素可以分为以下三个方面。

一是对事物的认识不足。在生活中人们只能知道未来的某些事情，这一点在商业领域中与在其他活动领域中是一样的。这种情况的实质在于，人们既不会对事物一无所知，也不具有完整和完全的知识（奈特，2010）。由于掌握知识的不完整，人们面临各种未知及不确定性。

二是行为方式不理性。由于人们的非理性行为，导致不确定性增加。物理学家能用简洁的公式描述物理规律，经济学家却很难用精确的公式概述经济现象。究其原因在于，人并非总是理性的。人类的创造性、脆弱性和悲观性都会影响经济金融周期，从而决定了经济具有不确定性（马克，2020）。有限理性加上状态依存下的机会主义，使得确定性地按契约行事的世界完全改变：由于有限理性，复杂的契约都不可避免地变得不完全了；由于机会主义，契约风险无处不在（威廉姆森，2020）。

三是外部冲击导致的不确定性。不确定性还可表现为偶然性事件的冲击，这些冲击是无法预料的。外部冲击将产生重大不确定性，往往会改变经济、社会的环境，使经济和社会偏离原有的发展轨迹。比如，法国巴黎在 2018 年 11 月爆发了"黄马甲"运动，对法国经济产生极大的负面影响；2020 年突发的新冠肺炎疫情给全球带来了巨大冲击。

由于不确定性，未来将会遭受风险，而风险使经济社会中的个人和群体都面临损害。不确定性对实体经济产生负面影响，通过多种渠道使经济产生波动，造成消费、投资下降，经济出现下行。随着全球化的发展，国际间各经济体的依赖性增加，经济不确定性从本国向国际产生外溢效应，对区域及国际经济都可能造成负面影响。近年来全球经济放缓，增长不平衡的加剧以及国际政治舞台频频上演的"黑天鹅"事件，国际经济协调难度增大，使得全球经济不确定性程度明显增加（王博等，2019）。

布鲁姆等（Bloom 等，2018）分析了不确定性对经济周期发展的重要驱动作用，不确定性的作用表现为冲击或放大机制；由于不确定性使众多企业更谨慎，这也使经济刺激政策产生的效果大打折扣。经济政策的不确定性尤为引人注目，将增大经济的不确定性。经济政策不确定性主要产生于政策制定者的人选，采取经济政策的方式、时间等。政策的不确定性会阻碍投资、就业以及政策敏感部门的增长（Baker 等，2016），对经济产生重要冲击影响。

随着经济不确定性的增加及经济周期波动，会带来违约风险的上升，而违约风险将放大不确定性的负面冲击效应，对经济进一步产生不利影响。2007 年爆发的美国次贷危机引发了全球性的金融危机，这次危机使社会各界对风险、违约又有了直接的感受，也对风险防范有了迫切、更高的要求。

（三）不确定性分类

奈特将不确定性分为可量度的、不可量度的两类。如果可以确定概率分布，则可以通过保险将风险转嫁给他人如保险公司负担，这也导致可度量的不确定性不可能产生利润。由此，奈特指出，企业是不确定条件下的特殊决策和风险分摊机制。对此，科斯并不认同，而是将不确定性归因于交易成本的存在，企业是减少交易成本的组织机制。

从经济的角度看，不确定性导致在当前投入基础上的预期收益与实际收益的差距。因此，不确定性导致风险的存在，而风险一般也被理解为未来有可能带来的损失。但是，不确定性并不意味着一定产生损失。

需要注意的是，事物的发展需要面临一定的前提条件，经历一定的时间历程。在发展过程中，由于环境条件的变化会导致新的不确定性因素出现或原有的不确定因素改变，这些将引发结果的变化。因此可计算的不确定性概念需要考虑这些动态变化的因素。在经济生活中，各种不确定性是不能完全被预先估计和计算的，各种外部冲击和内部因素变化都会改变最初的估计。由此无法准确估计金融危机来临的时间及损失程度，经济学家的作用更多地体现在对危机产生原因的事后分析。

根据结果是否有益对不确定性进行区分，这相当于对不确定性进行了事后检验，也更符合实际情况。从导致的最终结果看，可分为两种性质的不确定性。第一种不确定性既可能产生不利后果，也可能产生有利后果。这种性质的不确定既是风险的来源，也是收益的来源。金融市场中的投机或投资行为面对的不确定性就是这一种，它同时包含着风险与收益。公司或个人对风险的偏好，实际是指对这种不确定性的追逐[①]。第二种不

---

① 参见：刘尚希，2004，4−5。

确定性是只存在不利后果的可能性。这种不确定性只会带来风险，不会产生收益。如债券可能存在的信用风险，这种不确定性将给债权人带来损失；经济发展不确定带来的信心丧失和经济衰退，给社会带来的是普遍性损害。需要注意的是，如果各种不确定性因素出现叠加，将产生共振效应，可能增大风险带来的不利后果。

从金融市场看，许多金融交易因不确定性产生的风险本身是一枚硬币的两面，在给交易的一方带来损失的同时，这些损失也成为交易的另一方所获得的收益。

（四）不确定性应对

针对可能的损失，人们将试图采取各种措施以降低或避免损失。为实现目标，理性的行为力争要将过程中的不确定性减到最小，但是这并不意味着不确定性就与人相抵触，人们其实并不喜欢生活在样样事情都"不出所料"的世界里（奈特，2010）。这是因为不确定性并不必然带来损失，也会带来收益，往往未预料到的惊喜使人们获得的满足感更强。

人们可以用若干方法来减少不确定性。比如增加知识积累；或依制度经济学所指出的，成立企业组织实现生产活动的纵向一体化等。总体上，随着经济社会的发展，针对不确定性的应对形成了三种措施：一是成立专业化组织，即组织建立企业；二是通过专业化手段获取知识，降低未知程度；三是通过专业化工具对冲损失或对可能的损失提供保险。从应用范围比较，在经济社会不断发展变化和社会分工日益细化的情况下，第二种应对方式越来越普遍和重要。信用评级就属于第二种方式。信用评机构通过专业化手段降低信息不对称，预测产生风险的不确定性，从而给信用评级的使用方提供决策参考。

二、风险的分类

风险是指遭受损失或损害的一种可能性。风险的研究可追溯到文艺复兴时期，天灾海难等自然灾害是当时的主要风险，而发展到全球化的信息社会，不同的不确定性也使得风险更加多样化，理论研究也更丰富（刘尚希，2004）。

由于不确定性普遍存在，经济社会已成为充满风险的社会。每年世界各地都会经历洪涝、地震等自然灾害，而经济社会运行产生更多的风险。投资于股票、债券、理财产品等工具的个人和机构投资者，企业、银行、保险公司的经营，地区或国家的经济发展，都有不同的风险。当前经济社会的风险表现为以下两个突出特征：

一是周期性风险和不确定冲击造成的风险并存。其中，一种是个人、组织甚至国家都无法回避无处不在的风险。经济表现周期性发展规律，风险也是周期性出现，这种经济周期造成的风险往往使经济出现下行，产出、就业出现大幅下降。另一种是冲击因素产生的风险。历史上的1929～1933年的大萧条，1997年的亚洲金融危机，2007年爆发的国际金融危机，2020年新冠肺炎疫情引发的全球经济衰退，不断地提醒世人在经济社会中周期性和冲击性风险的存在和破坏性。

二是风险破坏性强，传播速度加快。全球性的贸易、资金、数据等交流使经济社会紧密结合，这体现在区域或国际社会都是如此。社会分工日益细化，使社会再生产过程中的产业链条越来越长，每一个环节面对的不确定性都在增加，风险局部累积的速度在加快。信息化和科技化在提高效率的同时，也使风险进一步融入日常的经济生活中。局部性风险演化为全局性风险的速度在加快。随着全球经济一体化进程，风险的传染性大为增强，可以很快从一个地区传到另一个地区，甚至局部性风险衍化为世界性的危机。

金融是现代经济的核心。金融也是经营管理风险的行业，有效地帮助经济社会管理风险被认为是金融业发展的重要驱动力。随着金融体系对经济生活的渗透，金融体系所出现的风险成为经济生活中的重要风险。金融风险的形态多样，通常包括信用风险、流动性风险、利率风险、汇率风险、操作风险、法律风险、通胀风险、环境风险、政策风险[①]。

市场经济本质是信用经济。信用风险源于信用过程的不确定性，随着信用交易的扩大，信用风险变得更加突出和严重。信用风险是各类经济主体尤其是金融机构出现流动性危机的主要根源，也是导致金融危机的重要原因（苪训诚，2013）。信用风险伴随着借贷关系的出现而产生，当历史上出现高利贷、赊销等信用关系时，也就出现了信用风险的问题。从过去50年的全球140多次银行业危机中，可以清楚看到相关国家所遭受的巨大影响，包括经济增速下降、公共债务增加和失业率增加。对于社会最脆弱的人群来说，这些不利的经济影响往往更加严重，体现为社会凝聚力和生活水平的下降（Geoff，2019）。

三、信用风险及未来的挑战

（一）债务违约与信用评级

严重的信用风险将对经济个体和国家造成重大损失和伤害，而债务违约是预防和处置信用风险事件中的核心内容。从全球近现代史来看，违约风险和事件一直存在，信用评级机构作为第三方专业机构，在20世纪初正式进入金融市场，开展信用风险揭示和监测业务。信用评级机构在风险揭示方面的重大贡献是，对于被评对象受复杂要素影响产生信用风险的程度，利用由字母、数字组成的简单明了的评级符号表示，体现了被评企业或债务工具出现违约的概率，一些评级机构的评级结果还考虑了违约后的损失率情况。这使得市场参与方可以便利地获知交易对手或金融工具的违约风险，从而确定投资决策，满足市场主体的不同风险偏好和投资意愿。在违约风险分析这方面，信用评级发挥了重要的作用，图1.1体现了1981～2018年近40年间全球被评企业违约的年度变化，穆迪和标普所评违约信息变化趋势呈现高度的一致性。

从违约指标分析可看出，一般情况下，违约与经济周期呈现负相关性。当经济处于上升期时，市场流动性充裕，违约数量和金额降低；当经济处于收缩期时，由于市场流动性缺乏，对经济主体造成融资困难，违约数量和金额不断提高。从1981年至2008年国际金融危机期间，标普评级有三个违约率（即实际违约数与总样本数的比率）高峰，分别是1991年、2001年和2009年，这三年也分别处于经济周期的低谷；穆迪的三个违约率高峰期分别是1990年、2001年和2009年。信用评级机构利用评级符号体系表示信用风险的高低序列，这是个序数序列而不是基数序列，因为信用等级序列只是表示违约风险高低的差异，每个级别并不对应固定的数值。

---

① 张新. 金融稳定理论与实务［M］. 北京：中国金融出版社，2007.

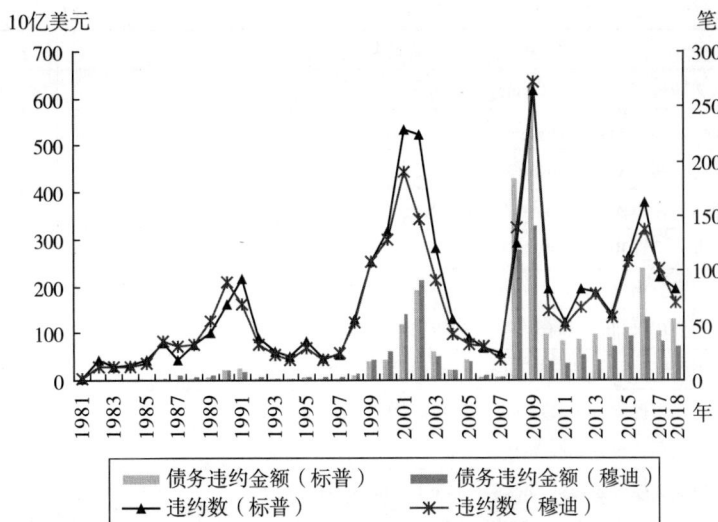

说明：穆迪违约金额包括债券和贷款。

图 1.1　评级债务违约金额和违约数量历史变化（1981~2018 年）

（资料来源：根据标普、穆迪数据整理）

在债务违约中，企业违约较为常见。表 1.1 是 1991~2018 年的近 30 年期间，标普所评级的企业中每年所出现的最大违约事件的统计。其中，安然公司、世通公司和雷曼兄弟公司的违约成为举世震惊的事件，违约金额也一再刷新纪录，这三家公司的违约金额分别为 107.79 亿美元、300 亿美元、1444.26 亿美元。从对全球造成重大损害的风险和违约看，最近一次的国际金融危机刚刚过去 10 多年。在 2008 年很短的几个月内，14 万亿美元的高级别债券跌落到垃圾债券的状态，这冲击了全球金融体系，也加速了经济的下滑。虽然投资银行、商业银行、抵押信贷机构都由于国际金融危机而受到了指责，但是对于危机所造成的灾难性后果，信用评级机构特别受到了来自全球各国和地区的立法和政府监管部门的严重质疑（Steven & Thomas，2012）。例如，在国际金融危机中，雷曼兄弟在申请破产前还被评为投资级别。

表 1.1　　　　　　　　　标普评级企业年度最大违约金额的主体

违约年份	发行人	金额（百万美元）
1991	哥伦比亚天然气系统公司（Columbia Gas System）	2292
1992	梅西百货（Macy R. H. & Co.）	1396
1993	梅萨（Mesa，Inc.）	600
1994	联邦人寿保险（Confederation Life Insurance）	2415
1995	大联合公司/大联合资本（Grand Union Co. /Grand Union Capital）	2163
1996	蒂夫克金融（Tiphook Finance）	700
1997	旗星（Flagstar Corp.）	1021
1998	服务商品公司（Service Merchandise Co.）	1326
1999	综合健康服务公司（Integrated Health Services Inc.）	3394

续表

违约年份	发行人	金额（百万美元）
2000	欧文斯科宁（Owens Coming）	3299
2001	安然公司（Enron Corp.）	10779
2002	世通公司（Worldcom Inc.）	30000
2003	帕玛拉特集团（Parmalat Finanziaria SpA）	7177
2004	瑞肯公司（RCN Corp.）	1800
2005	卡尔平公司（Calpine Corp.）	9559
2006	柔顺公司（Pliant Corp.）	1644
2007	电影画廊公司（Movie Gallery Inc.）	1225
2008	雷曼兄弟控股公司（Lehman Brothers Holdings Inc.）	144426
2009	福特汽车公司（Ford Motor Co.）	70989
2010	能源期货控股公司（Energy Future Holdings Corp.）	47648
2011	得克萨斯州竞争电力控股公司（Texas Competitive Electric Holdings Co. LLC）	32460
2012	博泰银行股份公司（BTA Bank J. S. C.）	10184
2013	得克萨斯州竞争电力控股公司（Texas Competitive Electric Holdings Co. LLC）	31628
2014	得克萨斯州竞争电力控股公司（Texas Competitive Electric Holdings Co. LLC）	28651
2015	阿齐煤炭公司（Arch Coal Inc.）	6025
2016	委内瑞拉国家石油公司（Petroleos de Venezuela S. A.）	19859
2017	委内瑞拉国家石油公司（Petroleos de Venezuela S. A.）	17617
2018	心灵沟通公司（iHeartCommunications Inc.）	20176

资料来源：标普，2019。

由于有法定货币发行和税收征缴权力作为支持，主权国家发行的债券一般被认为偿付能力要强于企业的债券，但是，国际历史发展中也不乏主权违约的事件。历史上最大的外债违约发生在 2001 年的阿根廷，违约债务超过 1300 亿美元。在这次债务危机中，债务违约最终通过债务减免和延长利息支付等方式来解决。在阿根廷违约事件中，对其风险的揭示也体现在信用评级机构对其信用评级的调整。穆迪在债务违约前 3 个月将阿根廷的主权评级级别调降为 Caa1，这表明，该等级债券属于较差评级，有契约无法履行或债券本息无法偿还的危险。如表 1.2 所示。

表 1.2　　　　　部分重大违约事件及其评级调整

发行人	违约时间	违约金额（10 亿美元）	违约前穆迪的评级（月）			
			3	6	12	24
阿根廷	2001	132	Caa1	B2	B1	B1
俄罗斯	1998	32. 32	Ba2	Ba2	Ba2	n/a
世通公司	2002	30	A3	A3	A3	A3
安然公司	2001	10. 8	Baa1	Baa1	Baa1	Baa2

说明：俄罗斯为外币评级。

资料来源：Langohr & Langohr, 2008；标普，2019。

实际上，由于 20 世纪 80 年代的国际债务危机，阿根廷早在 1982 年就发生了首次主权债务违约。1982 年债务危机后，阿根廷花了整整 10 年时间才重新恢复增长；2001 年债务危机之后阿根廷被迫离开了国际金融市场（高庆波等，2018）。而 2014 年阿根廷由于没能向债权人支付利息，又一次出现主权违约。评级机构标普将阿根廷长、短期外币评级下调至选择性违约，指出 2014 年 6 月 30 日阿根廷未能为其 2033 年 2 月到期的贴现债券支付 5.39 亿美元的利息。2019 年 7 月 12 日，穆迪发布报告称，阿根廷继续执行恢复国际资本市场准入、遏制货币冲击风险等政策的不确定性增加，风险随之上升、市场情绪转变，进而增加了融资压力并侵蚀缓冲区，因此将阿根廷的评级展望从稳定下调至负面。

从我国金融市场发展来看，由于政策要求和市场环境等因素的影响，发行人、投资人和监管部门在 2014 年以前并不接受债券违约，这导致长期以来市场发行的债券呈现刚性兑付的现象，直到 2014 年我国债券市场才真正出现违约。当年 3 月初，"11 超日债"因未能按时付息，成为我国债券市场首只发生实质性违约的债券；7 月，中小企业私募债"12 金泰债"因未能按时偿付本金和利息，构成实质性违约。这些违约事件使我国债券市场"刚性兑付"时代成为历史，也使市场参与者逐步理解和接受违约事件的发生。

2019 年 5 月 24 日，中国人民银行和银保监会联合发布公告，鉴于包商银行出现严重信用风险，为保护存款人和其他客户合法权益，自当日起对该银行实行接管，接管期限为一年。应该说，对信用风险和债券违约的理性处理，将促进我国金融市场发展的韧性，也将推动信用评级机构建立以违约率为核心的评级质量检验机制。

（二）全球债务规模的挑战

1. 债务的周期性理论

债务具有周期性表现，并与银行信贷周期产生相互促进作用。在经济上升期，债务会产生自我强化的上升势头，达到顶峰后会产生自我强化的去杠杆势头。其原因在于，在债务上升阶段，债务支撑消费和投资，推动收入增加和资产价格上涨，银行面临放松贷款标准的竞争压力，进而促进进一步举债和扩大支出。一旦资金和信贷增长被遏制，信贷和支出增速就会放缓，债务上升周期就出现逆转，债务问题就会加速涌现，对经济产生影响。

基于许多国家的经济衰退样本分析，在金融周期上升期，若出现房价等资产价格泡沫和强劲的信贷增长后，伴随而来的将是更深的经济萧条，包括人均 GDP 的下降和失业率的上升，见图 1.2。

2. 全球债务发展的周期性危机

自 1970 年以来，全球债务水平在呈上升趋势的同时，债务积累对全球经济的影响也体现出周期性特征。世界出现了四次大型债务浪潮，前三次债务浪潮后都发生了金融危机，这包括 20 世纪 80 年代的拉丁美洲债务危机、90 年代末的亚洲金融危机和 2007~2008 年的国际金融危机。第四次债务浪潮开始于 2010 年，2018 年时全球债务达到历史最高点——GDP 的近 230%，新兴市场和发展中经济体的债务增长也达到约 170%（55 万亿美元）的历史最高点（WB，2020）。见图 1.3 全球债务规模占比变化。

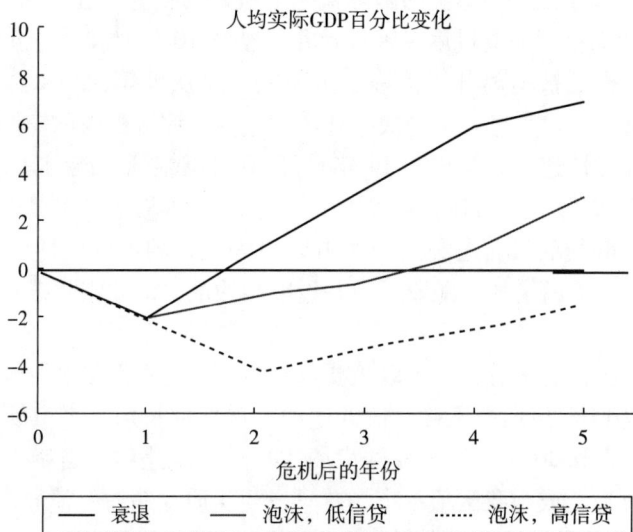

图 1.2　资产泡沫和信贷在经济严重衰退中的作用（1870～2013 年）
（资料来源：Geoff（2019），引用于 Jorda et al（2015））

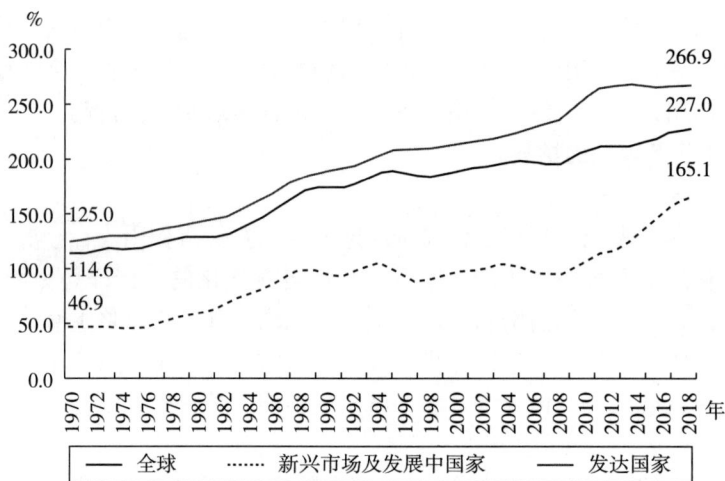

图 1.3　全球债务规模与 GDP 对比的变化趋势
（资料来源：IMF，World Bank，联合资信整理）

截至 2019 年末，全球债务规模继续增高至 255 万亿美元，与全球 GDP 比也超过 322%。新兴市场及发展中国家的债务约 71.1 万亿美元，非金融企业部门的债务占到近一半；而发达地区债务达到 184.2 万亿美元，主要债务人是政府部门（艾仁智等，2020）。

2020 年上半年，为抗击新冠肺炎疫情的负面影响，各国通过信贷和债券等方式为市场提供流动性，也导致债务规模继续增加。受疫情影响严重的行业出现较大风险，并且阿根廷、黎巴嫩等国出现主权违约事件。在全球经济增长不断放缓、风险上升的背景下，随着债务浪潮的发展，一些经济体的脆弱性也在不断增加。

3. 应对

由于债务规模不断提高，维持债务驱动的增长模式越来越困难，高水平且不断上升的债务与国内生产总值比率使偿债和再融资更具挑战。不断升级的贸易紧张局势对投资、就业和信心造成损害，政策的不确定性加重了金融市场的风险情绪和波动。预算赤字提高、企业债务显著增多、经常账户赤字增大等指标恶化，使得经济体的脆弱性和不确定性增加，这种情况下，如果风险溢价突然上升可能会突然引发金融危机（WB, 2020）。

为了减少危机发生的概率，降低危机的严重程度，一方面应提高债务管理水平以降低借贷成本，提高债务的可持续性；另一方面应提高债务透明度，以专业化方式识别信用风险的变化。在这方面，信用评级机构应与会计师事务所、证券公司等机构发挥金融市场看门人的作用。

【案例】疫情造成的全球经济衰退将比金融危机"严重得多"

国际货币基金组织（IMF）总裁周五（4月3日）表示，新冠肺炎疫情大流行已导致全球经济活动停滞，并使全球陷入衰退，此次衰退将比10年前的国际金融危机"严重得多"。IMF总裁在与世界卫生组织（WHO）领导人举行的一次罕见联合新闻发布会上呼吁发达经济体加强努力，帮助新兴市场国家和发展中国家度过疫情带来的经济和健康冲击。

IMF与世界银行和世界卫生组织共同呼吁，要求官方双边债权人暂停让最贫穷国家偿债至少一年，直到疫情消退。已有近900亿美元的投资资金流出新兴市场，远高于金融危机期间的水平。一些国家还受到商品价格急剧下跌的影响。超过90个国家已经向IMF申请紧急贷款，以应对疫情大流行，这接近IMF 189个成员国中的一半。IMF总裁表示，已准备好在必要时尽可能多地动用其1兆（万亿）美元的贷款能力。各国央行和财政部长已经采取了前所未有的措施，以减轻疫情大流行的影响，稳定市场，但要保持流动性流动，尤其是流向新兴市场的流动性，还需要做更多的工作。

评级机构也开始行动。惠誉于4月28日晚下调意大利主权信用评级至BBB-，仅较垃圾级（BB+）高一个等级。惠誉表示，新冠肺炎疫情导致意大利债务急剧增长，对意大利政府债务可持续性的质疑有所增加。惠誉预计意大利2020年债务占GDP比重将上升20个百分点至156%（2019年为134.8%），而GDP将萎缩8%。对此，意大利财长表示"意大利经济和公共财政基本面稳固"。他还指出，惠誉下调评级的决定未考虑欧盟、欧盟成员国和其他机构采取的措施，"特别是，似乎没有充分重视欧央行的战略方向"。受评级下调影响，周三上午意大利十年期国债收益率上涨了0.09个百分点至1.81%。标普24日将意大利的评级维持在BBB级，但表示其展望为负面，如果政府债务状况恶化，评级可能遭下调。

美国六家大银行合计从利润中拨出350亿美元，以准备迎接可能如海啸般涌来的不良贷款。他们同时承认：真不知道情况会有多严重。在政府以多种临时性计划支持消费者和企业之际，通常可预示未来贷款损失情况的数据并没有遵循通常的金融定律。数千万美国人失业，逾期还款比率却在今年意外下降。安排推迟信用卡和抵押贷款还款的人还在负责地还着账单。

花旗首席执行官Michael Corbat对分析师称："我们处于完全无法预测的环境中，没有任何模型或周期可以参考。"摩根大通首席执行官 Jamie Dimon 表示："这是非常特殊的时期。在正常的经济衰退中，失业率上升，逾期率上升，坏账损失上升，房价下降。现在这些都没有发生。相反，储蓄增加了，收入增加了，房价上涨了。"征信机构 Equifax 称，从 3月底至 6 月底，包括抵押贷款、信用卡、汽车贷款在内消费者债务的严重逾期率下降了一半，降至 0.7%。

（资料来源：路透财经早报，2020 年 4 月 4 日；FT，参考消息，2020 年 4 月 30 日；彭博环球财经，2020 年 7 月 17 日）

第二节　信用评级相关的基本概念

前面从宏观和历史两个角度分析了评级在信用风险分析中的理论和实践，下面将从微观角度对信用评级进行剖析。

一、信用评级的内涵

（一）信用的含义

在经济学中，信用一般指以偿还本金和支付利息为条件的借贷行为。例如，企业或个人从商业银行获得贷款，双方约定还款日期和还款方式，并明确违约责任，这种契约行为就是典型的信用行为。在银行业务中，有抵押物或质押物的贷款被称为抵押或质押贷款；没有抵、质押物的贷款，被称为信用贷款，这种贷款完全以借款人的信誉高低作为放款依据，但以上这些贷款都属于信用行为。随着互联网金融的快速发展，许多互联网平台公司也提供类金融的借贷业务，例如购物平台公司为消费者提供小额消费信贷，这些业务也属于信用行为。

信用的特征是以收回为条件的付出，或以偿还为义务的取得。信用是价值运动的特殊形式，信用关系所引起的价值运动是通过一系列借贷、偿还和支付过程实现的。货币或实物被贷出，其所有权没有发生转移，让渡的只是货币或商品的使用权。由于将所有权和使用权分离，在市场中可以通过信用这种形式实现资金等资源的调剂，对资源进行聚集和重新配置，从而实现价值的最大化。

在广义上，信用还包括道德范畴的含义，指人们在日常交往中应当诚实无欺，遵守诺言的行为准则。比如我国《论语》中的"人而无信，不知其可也"，这里的"信"就是讲信用，也就是言行一致。在本书中，将主要从经济学范畴分析信用及相关概念。

只要开展信用活动就会存在风险，这就需要有降低信用风险的手段和方法。风险是指未来结果的不确定性或波动性，不确定性或波动性越大，风险越高。信用风险是指交易对手不能或不愿履行契约条款而导致损失的可能性，因此，信用风险也被称为违约风险。在现代市场经济中，由于信用交易日益扩大，信用风险也日益增多，这包括信用风险暴露总量的日益增大，也包括产生和面临信用风险的主体范围不断扩大，还包括产生信用风险的因素越来越复杂，变化越来越快。

（二）信用评级的定义

信用评级是一种对信用风险进行评估的方法。信用评级起源于金融市场上解决信息不对称的需求，是对企业等发行主体或债务的信用状况的综合分析，依赖于被评级对象的资产质量、现有负债、偿债历史和整个商业经营等情况。评级信息包括公开和非公开两类，从发行人处可获取非公开信息。发行人寻求信用评级的原因是提高其债券的吸引力及定价水平，满足投资者的风险分析要求。机构投资者是各国最大的债券持有者，也是信用评级的主要使用者，如共同基金、养老基金和保险公司等。

信用评级分析了发行人或债券的违约概率，有些评级机构的信用评级还反映了违约后的损失率。信用评级只反映了信用风险，而不是流动性风险、价格风险等其他风险（GAO，2012）。各国在法律制度中对信用评级的定义不尽相同，下面列出了一些国家、地区及国际组织关于信用评级的定义，以进行比较。

美国1934年《证券交易法》第3（a）（60）节定义信用评级为：信用评级是对债务人实体、特定证券或货币市场工具的信用质量的评估[1]。欧盟在2009年《信用评级机构监管法规》中对信用评级的定义为：信用评级是指对一个实体、债务或金融合约、债券、优先股或其他金融工具，以及这些金融工具的发行人的信用质量的一种观点，通过事先建立和定义的信用级别符号系统进行公布[2]。印度《信用评级机构法规》对评级的定义为：评级是由信用评级机构发布、且由证券发行人所使用的一种与证券相关的观点，评级由评级机构采用标准化的符号或者采用其他任何标准化的形式来表达，发布和使用评级要遵循本法规的要求[3]。

国际证监会组织在《信用评级机构基本行为准则》对信用评级的定义是：信用评级或评级是关于实体或债务的信用价值的评估，并使用已建立和定义的符号体系来表达。信用评级行为是指确定最初的信用评级，还包括对已有信用评级的调高、调降、确认及撤销等。

2019年11月底我国发布的《信用评级业管理暂行办法》定义为：信用评级，是指信用评级机构对影响经济主体或者债务融资工具的信用风险因素进行分析，就其偿债能力和偿债意愿作出综合评价，并通过预先定义的信用等级符号进行表示。信用评级业务是指为开展信用评级而进行的信息收集、分析、评估、审核和结果发布等活动。债务融资工具包括：贷款，地方政府债券、金融债券、非金融企业债务融资工具、企业债券、公司债券等，资产支持证券等结构化融资产品，其他债务类融资产品。

从以上不同定义可看出共同的核心内容，信用评级是对评级对象（经济主体或金融工具）及时履行偿债义务的能力和意愿进行综合评价，并且用简单明了的符号表示评级结果。

信用评级预测经济主体或金融债务的违约风险和违约后的偿付情况，不仅是对以前发生的历史进行评判，更需要对未来事件进行前瞻性分析。对信用评级的理解需要把握以下三个关键点：

---

[1]　参见15 U. S. C. 78c（a）（60）；SEC, Final rules, Release No. 34 – 72936；File No. S7 – 18 – 11, 2014. 8, p. 304.

[2]　参见Regulation（EC）No 1060/2009 of the European Parliament and of the Council of 16 September 2009 on credit rating agencies，OJ L 302，17 November 2009.

[3]　参见SEBI（Credit Rating Agencies）（Amendment）Regulations，2011 w. e. f. 05. 07. 2011。

1. 信用评级的目的是揭示信用风险。市场的风险包括流动性风险、操作风险、法律风险、政策风险、市场风险（如利率、汇率、股价等因素变动引起的风险）等。信用评级是对不能履行偿还债务本息能力与意愿所导致的信用风险的评价，而不是对所有风险的揭示，但在信用风险分析中，会考虑相关其他风险对信用风险的影响。

2. 信用评级主要是关于经济主体或金融工具信用质量的一种意见。信用评级是专业机构利用其自身的技术和经验，对各经济主体和金融工具的信用风险大小所发表的一种预测意见。信用评级机构的专业性是指信用评级机构需要有专业的信用评级方法、信用评级流程和内控管理制度，以专门的符号向市场传递发债主体或债务工具的信用风险信息。信用评级体现了专业机构提供的专业分析，但它不能完全代替市场参与者自身做出的投资决策。

3. 信用评级结果通常以等级形式表示。等级表可由数字、字母符号组合而成，并且可能因不同的被评级对象而有所不同。评级等级有助于使用者了解不同实体和工具的相对信用风险差异。由于每个信用评级机构使用的方法不同，不同信用评级机构的评级结果不能直接简单比较或相互替代（ESMA，2015）。

二、相关概念的区别

（一）信用评分与信用评级

信用评级和信用评分都是对特定对象信用状况的评估，是基于过去和现在预测未来违约的概率。但是，信用评级是对信用价值的定性和定量相结合的评估，而信用评分是基于模型建立的特征向量进行的定量分析，一般是对个人和小微企业信用信息的量化分析。信用评分运用数据挖掘技术和统计分析方法，通过对信用历史和信用行为等大量数据的分析，挖掘出信用行为模式和信用特征，建立当前信用信息和未来信用表现之间的函数关系，从而把当前信用信息转化为表征未来某种信用风险的分值。

总体上，信用评级与信用评分存在以下差别：一是评估方法不同。信用评分是以标准化的方式衡量借款人的质量[1]，是否包含定性评估将信用评级与信用评分区分开来。ESMA 在指引中做了解释：如果仅基于预设统计系统或模型得出信用度量值，没有评级分析师提供实质的定性分析输入，则不应视为信用评级[2]。欧盟《信用评级机构监管法规》第 2 条第（2）款指出，信用评分和制度、出口信用机构的信用评级和中央银行在特定情况下的信用评级都不属于法规的范围。二是评估对象不同。信用评分主要针对个人和小企业，信用评级则是针对企业、地方政府和主权等各种经济主体和发行的债务工具。三是评估结果不同。评分主要以分值显示，而评级则主要以评级符号区别；并且评分一般不对外公开，而评级结果往往向市场公布。

由于信用评分主要应用了定量分析，因此可以应用于信息系统的自动处理，比如信用卡审核评估。美国是信用卡的发源地，也是个人信用评估体系最发达的国家之一，自

---

[1] 参见：玛格里特，2004，1。

[2] 参见：ESMA/2013/720.《ESMA 2013 年 6 月 17 日关于 CRA 监管范围的指南和建议》，http://www. esma. europa. eu/system/files/2013 – 720 _ guidelines _ and _ rec _ on _ cra _ regulation _ scope. pdf。

20 世纪 80 年代末以来已经建立了较为完善的个人信用评分体系，信用评分在金融信贷、保险、房屋租赁乃至求职、经济分析、监管等方面得到了广泛应用。美国费埃哲公司（Fair Isaac）推出的评分模型被称为 FICO 评分。FICO 评分系统得出的信用分数在 300～850 分之间。680 分以上的借款人被认为是信用良好，低于 620 分的借款人在贷款时会被质疑。FICO 分值是由过去的付款记录、未偿债务、信用历史的长短、贷款申请的数目和贷款类型等因素决定[①]。见表 1.3。

表 1.3　　　　　　　　　　　　　FICO 评分特点

项目	FICO 评分内容
评分区间	300～850 分
评分维度	5 个，包括信用偿还历史、信用账户数、信用使用年限、正在使用的信用类型、新开立的信用账户
评分等级	不具体划分等级，一般而言，680 分以上代表信用状况优良；620 分以下代表信用状况较差；620～680 分，代表信用状况还需做进一步核查
应用领域	评分方法被征信机构采用，又被称为通用评分，广泛应用于金融信贷、公共服务、监管等领域

　　由于财务报表等信息不完善，金融机构在对小微企业的信用状况进行评估时，并不是使用与大企业相同的评估方法，而是利用零售消费评估方法，即重点参考企业主的信用状况，因此，信用评分也大量应用于小微企业的信用评估。需要注意的是，大数据及机器学习技术不断发展提高，许多科技公司利用这些技术能够挖掘各个渠道的客户数据，如社交媒体数据、公共数据、位置数据等。基于这些数据分析、预测客户的评分及违约概率，与传统统计模型分析具有较大差异。

　　利用这些非传统信贷数据作为替代数据，对从未获得贷款的潜在借款人进行信用分析，将有利于提高信贷的可获得性。但是，从金融监管角度看，这一应用除存在其他技术应用普遍存在的外包风险和信息安全风险外，还存在显著的模型风险及法律风险，因为模型设置可能对部分客户形成歧视或将其排除在金融服务之外。比如，对于经常在平台购物的年轻人与没有或极少在平台购物的中老年人来说，这两种类型人群的信用状况哪种更好，不能完全依赖于平台购物所产生的信息进行决策。

（二）征信与信用评级的关系

　　征信与信用评级是既有联系又有区别的两个概念。征信也被称为信用报告系统。征信机构或公共征信系统从金融机构等数据源采集借款人的信用信息，经过加工、整合后形成企业或个人的信用报告，然后又提供给金融机构查询使用，这被称为征信。我国《征信业管理条例》中规定，征信业务是指对个人或企业等经济主体的信用信息进行采集、整理、保存、加工，并向信息使用者提供的活动。信用报告的信息一般分为三类，分别是身份信息、信贷还款信息、非信贷信息。信用报告的核心是企业和个人的信贷还款记录，包括正面记录或负面记录，正面记录是及时还款的信息，而负面记录是逾期还款、欠款信息。非信贷信息是反映借款人信用状况的辅助信息，比如法院判决信息、破产信息、行政处罚信息等；还可能有商业履约信息，如电信费用拖欠信息、应收账款等

---

① 参见：米什金等，2017，282。

信息。

利用历史行为的记录可预测未来，因此贷款人使用借款人的偿债信息可进行信用风险分析和放贷决策。征信通过信息共享解决信贷市场的信息不对称，从而成为金融体系运行的重要制度保障。具体来看，征信从以下方面发挥了作用：

1. 有助于金融系统的风险管理。征信实现了信贷信息等信用信息的共享，降低了金融市场中的信息不对称，提高了信贷违约成本，加强了对借款人的约束。信用信息共享有助于贷款机构更好地评估和监测风险，使定价更为准确，丰富了担保的形式，提高金融系统的效率。在世界银行发布的《征信通用原则》指出，征信体系是一个国家的金融基础设施的重要组成部分。金融基础设施包括支付体系、征信体系和担保物权等，这是金融体系的核心，金融基础设施的质量决定了金融机构的效率、评估风险的能力。

2. 扩大金融市场的广度和深度。由于将客户信用信息贡献出来在各金融机构间实现共享，这也意味着优质客户的信息也会被同业对手获知，因此，征信系统建设最初的阻力往往来自于拥有大量客户的大银行等金融机构。征信机制降低了金融机构的信息优势，促进竞争从而降低贷款成本，也使金融机构扩大了潜在的客户群，提高了服务的针对性，有利于提高贷款的可获得性。金融机构利用征信信息可以提高审贷流程的效率，从而进一步降低经营成本。通过对无抵押物的低收入者建立"信誉抵押品"，征信扩大了贷款覆盖面，也提高了社会经济的公平性[1]。

3. 有助于促进金融稳定，加强金融监管。征信机制提供维护金融稳定的重要决策分析信息。中央银行和金融监管部门使用征信系统进行宏观统计分析和风险监测，提高审慎监管效率，维护金融系统的稳定。

由于征信机构具有信息行业的规模经济特性，每个国家或经济体中的征信机构不会太多。美国有三大全国性消费者征信机构，分别为益博睿、环联、艾克飞，还有邓白氏主要从事企业征信（企业信用调查）业务。但是在征信体系中，涉及数量庞大的信息提供者、信息使用者和信息主体，这些都是管理部门面对的对象。在征信体系中需要确保信息的合法采集和使用，以维护信息主体的权益为重要目标，平衡好信息主体权益保护与促进信息共享的关系。

从业务起源来说，信用评级机构实际上最初来自征信机构和征信业务的发展。征信与信用评级这两个业务都是对经济主体的信息进行采集、加工、整理和对外服务，但是征信提供的信用报告产品只是实现信息共享，是信息的客观展示。而信用评级需要对信息进行定性和定量分析，尤其需要分析师的经验分析，最终形成评级结果，因此，信用评级被称为征信的高级形式，信用评级属于广义的征信。从服务对象看，征信往往是一个闭环，从信息源采集信息，并向信息源提供信息查询服务，而信用评级往往向金融市场公开评级结果。从市场覆盖面看，征信主要应用于信贷市场，而信用评级更多地应用于资本市场。从信息源和评估对象看，征信涉及对企业和个人信用信息的共享，而评级主要是对企业信用风险的评估。由于收集大量的个人信息，征信机构也面临更多的个人投诉，这涉及信息合法使用和个人隐私保护等问题。这两个概念的差异见表 1.4。

---

① 玛格里特·米勒. 征信体系和国际经济 [M]. 北京：中国金融出版社，2004.

表 1.4　　　　　　　　　　征信（狭义）与信用评级的比较

对比维度	征信	信用评级
信息采集对象	个人、企业	企业
信息共享范围	银行等内部共享	可向市场公开
信息处理方式	信息整合（ETL 处理）	定性和定量分析
信息展示方式展示	信用报告（信息客观展示）	评级报告（评级符号）
运营形式	公共征信系统或市场化征信机构	一般为市场化机构
应用市场	信贷市场	资本市场、信贷市场

企业、个人是市场经济的主体，市场经济的运行基础是经济主体之间所遵守的契约精神。征信通过信息共享，实现了正面信息和负面信息的传递，促进了市场契约的履行。由此，征信为评级创造良好的市场环境，实际上，征信信息也是信用评级所需要的信息资源。通过加强征信体系建设，金融机构和企业信用风险防范意识逐步增强，信用风险管理技术和手段逐步提高，诚实守信的意识逐步深入，信用评级将会拥有更好的发展环境。

（三）信用评级与隐含评级的区别

隐含评级也被称为市场隐含评级，是一种基于市场价格的评估，其理论基础是市场有效性假说。根据该理论，资本市场信息会及时反映在价格变动中，其中也包含信用风险信息的影响。通过分析价格变化趋势可获得评级对象的信用风险状况。基于不同的市场信息，市场隐含评级可用于分析债券、股票、信用违约互换等方面的信用风险，这些方法从不同角度反映了市场对某一受评对象的评价（许南星，2011）。

隐含评级的基本逻辑是分析市场信号所隐含的风险补偿信息。在债券交易时，债券的收益率与当日类似期限无风险债券的利率之间存在利差，体现了市场认可的风险补偿。理论上，信用评级级别与利差应该负相关，即随着债券的级别升高，其对应的利差应降低。

债券的隐含评级主要利用了利差信息进行信用风险分析。理想情况下，隐含评级应与评级机构的信用评级反映相似的信用风险程度，但市场实际表现却有很大差异。隐含评级由于对信息迅速反应而呈现波动大的特点。评级机构一般声明采用穿越周期的评级方法，以稳定性、准确性为评级质量的目标，对于不影响受评对象实质信用状况的因素，往往不对级别进行调整。信用评级和隐含评级可互为验证、补充，评级机构也往往开发隐含评级来辅助对信用评级质量进行监测。

市场隐含评级最早由穆迪开发。2002 年穆迪开始以这种方法对传统信用评级进行验证，之后，其他评级机构也陆续推出了类似的产品（许南星，2011）。一些国际投资银行也基于模型开发了隐含评级，通过市场信息对债券等产品进行信用风险评估，这些隐含评级已成为市场信用风险分析的重要产品。目前，我国一些评级机构也开展了债券隐含评级，比如中诚信国际、联合资信等机构，而中央结算公司、中证指数公司、中信证券等市场机构也基于市场价格信息推出了各自的隐含评级产品。

总结来看，隐含评级与信用评级的差异主要有以下几点：

一是方法体系不同。隐含评级是一种基于市场价格的分析方法，主要通过市场上的交易价格来反映投资者对产品风险的判断，其更多是通过模型对市场交易价格的定量分析，人工干预少，依赖市场价格、公开信息、信用评级结果等因素。信用评级则是综合考量外部环境、经营状况和财务风险等多种分析要素，利用定性和定量分析方法，评估被评对象的偿债能力和偿债意愿。信用评级须经尽职调查、三级审核、初评、复评等多道评级作业程序，在很大程度上依赖评级分析师的专业水平。

二是评级结果的表现形式不同。隐含评级仅包括级别，主要用于估值分析。信用评级除级别外还包括评级报告，主要用于揭示信用风险。评级机构在开展隐含评级往往采用差异化的标识符号，例如，我国的联合资信采用 MR1、MR2、MR3、MR4、MR5、MR6 来进行隐含标识，中债资信同时采用传统评级序列和阿拉伯数字两套符号体系来表示隐含级别。

三是评级对象不同。隐含评级一般针对债项、股票等有市场价格的证券产品进行评估。信用评级包括主体评级和债项评级，而主体并不会都有市场价格，比如国家主权、地方政府是不会有隐含评级的。

四是级别更新频率不同。隐含评级是基于市场信息的即期评级，能够对债券等信用变化情况及时反映并实时监测，因此表现出波动性大、稳定性低。信用评级是跨周期评级，这种周期中性的评级方法需要分析被评对象的基本面，只有在长期信用因素发生变化时，信用评级机构才对级别进行调整。在级别调整前，信用评级机构可以发布评级展望或观察，对级别未来可能的变化发布预警。在长期信用评级的有效期内，信用评级机构一般每年发布一次跟踪评级；对于短期信用评级，信用评级机构一般在半年进行一次跟踪评级，这表明，信用级别的发布和调整都需要一定的期限。在遇到重大事项变化或风险因素时，信用评级机构也会进行不定期地跟踪分析，以确定是否需要调整级别。

根据统计显示，信用评级的波动性和调整幅度均远小于市场指标，见表1.5。评级机构每年的评级调整比例为20%，而隐含评级每年对应的级别调整比例高达95%；在超过两档（例如从A1调至A3）的评级调整中，评级机构级别调整占比仅4%，而市场指标对应的占比高达49%；在级别回转的占比上，评级机构评级的级别回转占比仅1%，而市场指标对应的占比高达82%。

表 1.5　　　　　信用评级与隐含评级级别的年平均波动（1999～2008 年）

以发行人百分占比列示	穆迪评级	隐含评级（债券收益）
评级调整	20%	95%
大幅评级调整（2 个子级以上）	4%	49%
评级调整回转	1%	82%
过去 12 个月内经历评级调整的发行人的平均评级调整幅度	1.2	4.9

说明：级别变化指子级变化的个数，例如从 A1 调至 A3。

资料来源：Cantor & Mann，2009。

根据以上分析可知，隐含评级与信用评级有较大差异。价格信息包含了市场相关信息变化，基于此，隐含评级代表了市场对分析对象信用风险的判断，可以作为信用评级的验证和补充，为投资者提供不同的评估参考。

（四）信用评级与审计的区别

审计是通过收集会计报告等信息，对经济活动等情况与指定规范和要求的差异程度进行鉴证，并将审查结果和意见提交相关部门使用。审计是一种经济监督活动，一般由专业机构和人员依照法规对政府机构、企业、金融机构等进行审查，审计的内容是经济活动和经济现象等。

审计和信用评级都是对经济主体等对象的评估，都强调独立性、客观性，但是审计和信用评级之间存在重要差异。

一是承担的机构不同。各国往往依据法律授权成立审计部门，这些审计部门可能是政府的组成部门，也可能隶属于立法机构。因此审计机构一般具有官方背景，往往具有较大法律权威性，审计活动受到法律的授权和制约，被审计对象必须配合审计部门的审计活动。会计师事务所等专业机构依据委托也可开展有偿的审计活动，这是民间审计活动。评级机构则是市场化机构，依据合同双方签订的契约开展信用风险评估，为委托方提供服务，最终服务于市场投资人。

二是结果的法律效力不同。审计结论是政府等部门给出的具有法律权威性的鉴定。评级是根据契约提供的信息参考，信用评级机构往往以自己为出版商成员为由，为评级的言论自由辩护。审计机构提供了关于向后看的信息陈述，主要对已有的财务报表等收支活动进行审查并给出结论，当然审计结论也可以包括关于业务或经济活动是否可持续的声明。信用评级机构提供了前瞻性的分析判断，即机构或债券在未来违约的风险（Boylan，2011）。

三是信息来源不同。信用评级机构可以使用许多信息来源来进行评估，包括公开的信息、被评主体提供的内部信息等。审计机构对审计对象提供信息的依赖程度更大。其中，财务会计信息是评级和审计中使用的重要信息。

三、信用评级的作用

从信用评级的发展历史来看，它在提高金融市场的透明度和效率、促进市场规范发展等方面发挥了重要的推动作用。作为金融市场的"看门人"，信用评级机构通过揭示信用风险实现信息服务功能，同时，通过跟踪评级，信用评级实现了持续性的监测预警，而不是仅仅完成一次性的信息分发。信用评级作为发行人和投资人之间的中心点，还发挥了重要的协调机制作用，从而实现市场环境的均衡，降低金融市场的脆弱性（Boot 等，2006）。

但随着监管规则和市场操作在资本要求、风险管理和投资决策等领域中对外部评级的广泛引用，信用评级机构逐步被赋予了"认证"的角色，也具有了监管价值。监管价值变得更重要实际上是对信用评级价值本源的偏离（邓博文等，2018），这在便利市场管理和运作的同时，也因投资行为过分趋同产生了"羊群效应"和"断崖效应"[1]

---

[1]　断崖效应主要指，由于评级级别下调引发的突然行为，例如主权债务评级下调至投资级以下后，所有投资管理人由于投资政策限制被迫卖出其持有的相关债券，这一集体行为将引发金融市场动荡。

等弊端，在评级等级调整时易强化顺周期性，造成系统性风险。因此，应使评级回归其价值本源。

（一）揭示信用风险，降低信息不对称

信用评级产生于金融市场中投资者的信用评估需求。在金融市场中，由于资金供需双方存在信息不对称的问题，为了减少投资风险，投资者需要了解融资企业及其发行债券的信用风险情况，以根据其风险收益预期来决定投资策略。评级机构是服务于金融市场的中介，通过专业化的信息收集和分析，帮助投资者解决与发行主体之间的信息不对称问题。随着金融产品的不断创新，金融产品的复杂性不断增加，投资者尤其是中小投资者已不能完全依靠自身完成风险评估，评级机构作为专业信用评估机构的作用也越来越重要。信用评级机构采用简单明了的符号向市场提供有关信用风险的独立和客观的意见，还对受评对象进行跟踪评级，使投资者能够及时了解信用风险从而调整投资策略。因此信用评级对投资者获取市场投资相关信息具有重要的作用，同时评级质量的高低将事关投资者利益。

但也要看到，信用评级机构并不能完全消除信息不对称的问题，这体现在以下两个方面：首先，信用评级是评级机构在准确、全面、及时地获取信息的基础上对受评对象的信用风险进行评估，但拥有这种"完美信息"往往存在困难。获取"完美信息"需要对信息的需求边界进行界定，确定哪些信息是需要的，还决定于信息能否获得，也要在分析过程中对信息的权重进行合理设置。同时信用评级还涉及发行人是否能准确、全面地提供相关信息，因为发行人在提供信息时必然有一定取舍，这将出现评级机构与发行人之间的信息博弈。

其次，信用评级是建立在一定的假设前提之下，对受评对象未来偿债能力和偿债意愿分析评估，本身具有预测性质。而被评对象所处的市场环境、甚至政治环境不断变化，这些变化不可避免地对被评主体产生影响，这就要求信用评级能及时、准确地反映这些变化，但频繁地调整评级结果又往往会造成对评级质量的质疑，这就存在一个在什么情况下对评级结果必须进行调整的问题，这也是对评级结果的稳定性和准确性进行权衡的问题。基于以上原因，评级结果只应是对受评对象信用风险水平的一种决策参考意见，不能将评级结果作为投资决策的唯一标准，市场参与主体应该理性地看待评级机构在揭示风险方面的作用。标普CEO曾表示，评级机构事实上只是金融体系很小的一部分，虽然对市场有不小的影响，但仍然是相对较小的玩家……在信息业务中，也还有会计师事务所、律所等市场参与者（王力为，2019）。

（二）促进资金流动性，提高金融市场的整体效率

利用价格机制和投资人的风险偏好，信用评级促进了投融资行为，提高了金融市场整体效率。

一是信用评级提高了投资便利性。信用评级机构对债务或发行人进行评级，为具有不同风险偏好的投资者提供投资决策的参考信息。对于大多数中小投资者而言，他们并不具备丰富的专业知识，因此很难全面判断投资对象的风险，这会降低投资决策的效率，甚至限制投资范围。评级机构通过信息搜集、现场访谈，并结合已经积累的行业信息，对被评对象进行信用风险分析，为市场提供专业化的评估信息。

投资者利用信用评级结果作为参考，选择符合自身风险承受度和偏好的投资产品，不仅能降低信息搜寻的成本，还可以提高投资效率，加快投资决策过程。因此，评级不仅有利于大型机构投资者，更有利于中小投资者进行债券投资，由此扩大了债券投资和交易主体的范围。比如，对资产证券化等创新金融产品，由于其复杂的结构设计，通过信用评级能够帮助投资者了解这些产品的信用状况，从而扩大对这些新产品领域的投资。

二是信用评级优化了债券发行和交易流程。信用评级与违约风险和违约概率具有紧密的关系，因此，信用评级将对资产定价产生重要影响。在金融市场中，债券违约风险与发行利率或收益率成正向关系。一般来说，信用等级高的债券，违约风险较低，能够以较低的利率发行。具有较高质量的信用评级以简单、明了的等级符号直观体现发行人或债券的信用状况，从而促进融资过程的完成。在国际金融市场中，获取国际评级机构的信用评级已成为融资的必备环节。在一些国家，监管部门对于具有较高评级的产品会简化审批流程，实现债券发行审批流程的差异化管理。

三是提高市场整体运行效率。如果债务人的信用质量发生变化，将引起债务工具的价值波动，可能导致信用风险的发生。信用质量包含了相对违约风险、损失严重程度等因素，相同信用质量的债务，其信用质量包含的这些因素不尽相同。作为对债务人和债务工具信用质量的综合评价，信用评级要全面考虑债务人所在区域、行业、债务在资本结构和契约中的地位等诸多问题。科学有效的评级将准确地揭示信用风险，为金融市场参与者提供比较债务人或金融工具信用质量的一致性标准。提升信息质量，评级使用者可在高质量评级信息的基础上做出更有效的投资决策；如果这些信息准确反映了资产价格，市场效率会得以提高（SEC，2014）。

（三）提供市场约束信息，促进金融市场的规范运行

首先，信用评级可以促进企业、地方政府等发行人加强内部管理，提高资金的使用效率。信用评级机构通过信用评级和跟踪评级对发行人和债务的信用情况持续进行风险监测，这些信息给市场参与者提供了对被评级对象进行选择的决策信息，对发行人形成外部市场约束。一旦发现被评对象的风险恶化，投资者将实施选择权，放弃对这些被评对象的投资。因此，信用评级的高低，直接影响企业等主体的融资规模和融资成本，甚至影响到企业等主体能否顺利进入金融市场进行融资。基于此，信用评级对企业等发行人形成外部市场监督机制，促进发行主体为获得融资的便利条件，不断改善经营管理，提高资金的使用效率。

其次，信用评级提供审慎管理标准，提高监管效率。信用评级在国际范围内已广泛用于监管。一是利用信用评级规制金融机构的投资行为，引导金融机构的资金流向，维护金融市场的稳定性。例如，出于安全考虑，许多国家监管部门对养老基金、保险基金等重要基金的投资对象和投资级别都有严格的要求，一般限定只能投资于信用等级较高、收益稳定的投资产品。二是信用评级为监管部门提供了监管指标。监管部门利用信用评级评估金融机构的资本充足率，实现审慎监管，也可以对不同信用等级的金融资产进行分类监管。三是信用评级提供的分析研究有助于管理部门了解企业信用状况和行业经济动态，对金融风险加以防范。

【案例】全球征信业发展最新进展及趋势分析

2019 年 6 月 4 日，世界银行发布了《征信知识指南（2019 年版）》。根据世界银行《2019 全球营商环境报告》，截至 2018 年底，参与调研的 201 个国家中有 173 个已经设立了公共征信系统（中央信贷登记处）或私营征信机构，其中 122 个国家有私营征信机构。征信行业自 2000 年以来经历了前所未有的快速增长，特别是在新兴市场国家增长更为明显。截至 2018 年，在 122 个有私营征信机构的国家，收录的成年人口比例差异较大。其中经合组织国家收录比例最高，达到 64.44%；其次是欧洲和中亚，收录成年人占 51.32%；拉丁美洲和加勒比地区收录人群占比 44.09%；中东和北非地区征信机构覆盖 18.11% 的成年人，而非洲撒哈拉以南地区信贷信息基础设施最不发达，49 个国家中只有 23 个国家设立了征信机构，对成年人口的覆盖率低至 8.88%。全球公共征信系统收录人群覆盖情况如下：欧洲和中亚地区的覆盖率为 26.0%，经合组织国家覆盖率为 24.6%，而南亚则相对落后，覆盖率为 4.8%。

许多国家和地区的征信相关法规要求受监管的金融机构共享信贷数据，并在信贷业务开展过程中使用征信机构的服务。根据调查，52% 的受访机构表示本国法律要求银行必须向征信机构报数；39% 的受访机构表示本国法律要求所有金融机构（包括银行）应与征信机构进行协商，实现数据共享。除强制数据共享以外，法规还要求监管机构加强对征信业务的监管，确保各相关机构积极参与征信体系建设。过去十年间，随着金融科技的快速发展，数字化授信业务逐渐增加。比如，放贷机构与电信公司合作，使用手机和移动行为数据进行审贷。放贷机构可以基于已有数据源和潜在数据源收集信息，采用不同的模型进行信用评分，从而提供不同种类的信贷产品。不过，目前数字化授信可能带来的潜在风险也受到业界广为关注和热议。

信用数据可分为结构化和非结构化两大类。结构化数据可以被分类，易于阅读，便于分析，通常占所有可用数据的大约 20%。电子支付交易产生了大量的结构化数据，可作为传统信用信息的有效补充，用于评估借款人的偿债能力。非结构化数据直到近年才开始被大规模分析，进而有助于了解消费者行为，为用户提供良好体验的产品和服务。非结构化数据的主要来源包括在线借贷平台、移动支付公司、社交媒体网站（比如 Facebook、Twitter 等）、交易平台（比如阿里巴巴、亚马逊等）等。对政策制定者和监管机构来说，替代性数据的使用监管缺乏法律框架，如何监管替代性数据在征信业中的应用是监管部门面临的一项挑战。

（资料来源：《中国征信》，2019 年第 6 期，王静、杨渊）

第三节　信用评级的业务分类

从信用评级机构的历史看，最早的业务主要是对金融市场上发行的各类债券进行信用评级，随着市场不断发展，信用评级机构所涉及的业务逐渐扩大。经过上百年的发展历程，信用评级形成了一个庞大的信用评级业务体系，种类日趋繁多，业务也不断创新。由于信用评级机构在各个国家的发展程度不同，这导致其在不同国家开展的业务也有很大不同。信用评级业务可根据标准不同，有不同的分类形式。具体分类标准有评级对象、期限、付费形式、货币类型、是否具有国际比较性等。

一、信用评级产品分类

（一）根据被评级对象分类

根据被评级对象不同，信用评级可以分为主体评级和债项评级。主体评级也称债务人评级、发行人评级，是对受评主体偿债能力、偿债意愿整体评估，而不是针对具体某一项债务的评估，侧重于反映主体的违约概率。主体评级主要包括非金融机构企业评级、金融机构评级、主权评级、地方政府评级等。

债项评级也称债务评级，主要是对特定金融工具的评级，例如各种期限的债券、商业票据、结构化金融产品评级等，侧重于违约可能性以及违约损失率（或挽回率）的预测和评价。

（二）根据付费方式分类

根据付费方式的不同，信用评级可分为委托评级和主动评级，而委托评级可进一步分为投资人付费模式（包括订阅者付费模式）和发行人付费模式两种。委托评级一般是评级机构与委托方签订评级协定后开展的评级业务，并向委托方或投资者提供评级结果。

在一些情况下，评级机构即使没有受到委托，也会主动对一些主体或债务展开评级，并向市场发布评级结果，这被称为主动评级。在主动评级的情况下，由于评级机构主要根据市场公开信息开展评级活动，未对发债主体进行实地调查或调查不够充分，存在信息不完整的情况。在委托评级中，委托人会主动提供非公开的商业信息，信用评级机构也将进行实地访谈和调查，从而获取更多的信息。

评级机构做出主动评级的原因为：第一，积累评级经验，提高评级市场声誉。通过发出主动评级，评级机构一方面可以增加评级经验，提高评级技术水平，另一方面向投资者发出信号，表明信用评级机构不只是为了收取费用而评级，而更多从投资者利益出发，向市场提供了不同的评级结果，从而提高其声誉，这种方式也使其更像反映事实的新闻媒介。第二，开拓评级市场。研究表明，主动评级级别往往低于委托评级的级别，这在一个侧面反映了评级机构可能存在以主动评级开拓市场的情况。信用评级机构给那些拒绝委托评级的公司一个较低的主动评级，迫使被评级机构主动付费参与委托评级，从而成为评级机构的签约客户。

信用评级机构的声誉和评级经验是市场参与者选择信用评级机构的重要参考因素。对于市场新进入者和中小评级机构来说，面临业务较少、信用评级经验和声誉缺乏的困境，发布主动评级是证明其信用评级质量的较好方法，从而可以尽快让中小评级机构获得投资者和发行人的信任（ESMA，2015）。为了提高市场的竞争度，增强中小评级机构的公信力，欧盟等希望通过制度措施刺激主动评级的产生。

（三）根据评级覆盖的期限分类

根据覆盖期限的长短不同，信用评级可分为长期评级和短期评级。短期评级对象的覆盖期限通常在一年以内，比如一年内到期的短期债券、短期融资券等。在短期评级中，评级方法将对被评对象的短期现金流赋予更大权重。长期评级对象所覆盖的期限在一年以上，比如超过一年到期日的中长期债券、中期票据、永续债等。在实际评级业务中，有的评级机构会将 13 个月内到期的债务归为短期评级，13 个月以上的债务归为中长期评级。

（四）根据偿付币种分类

根据对债务偿付所需要的币种不同，信用评级可分为本币评级和外币评级。本币评级是以本币作为偿还债务货币的评级。外币评级是以外币作为偿还债务货币的评级，一般需要考虑本币和外币的汇兑风险等因素。

（五）根据评级应用范围分类

根据应用范围不同，信用评级可分为内部评级和外部评级。内部评级是商业银行等金融机构在开展业务过程中，根据内部风险控制要求，对交易对手或交易工具开展的信用评级，该评级服务于金融机构自身的业务，不对外提供应用。我国《信用评级业管理暂行办法》也规定，内部评级不得对外使用。外部评级是由独立第三方的信用评级机构提供的评级，评级的目的是为金融市场参与者提供中介服务。自《巴塞尔资本协议Ⅱ》发布以来，对外部评级和内部评级在商业银行计量信用风险资本中的应用进行了规定：商业银行可以在标准法中采用外部评级，使用内部评级法的商业银行则有初级和高级两种形式。

标准法主要采用外部评级机构的评级结果计算资产风险，为各类风险设定固定权重。内部评级分为初级法和高级法。在初级法中，金融机构需测算不同级别的违约概率（PD），而违约风险暴露（EAD）、违约损失率（LGD）及有效期限等参数由监管当局提供。巴塞尔委员会将违约概率定义为一年期的平均违约率，通过历史数据进行统计分析获得。违约损失率是指发生违约后，预期损失占风险暴露总额的百分比。违约风险暴露是指由于不能履行债务合约而可能出现损失的交易金额，如对某项贷款承诺而言，发生违约时可能被提取的贷款额。

2007 年国际金融危机后，为了降低对信用评级的依赖，主要国家和地区在监管制度中提倡信用评级的替代方式，推动金融机构提高内部评级的应用和质量。但是，应该认识到，目前还没有更好的方式完全替代外部信用评级的作用，因此，应正确发挥信用评级的作用，而不是完全抛弃这种重要的风险揭示技术。外部评级和内部评级两者结合，相互补充，也有利于更好地防范金融市场的信用风险。

（六）根据评级结果是否具有国际可比性分类

根据评级结果是否具有国际比较性，信用评级可分为国际信用评级和区域信用评级。国际信用评级是对全球不同地区的被评对象开发的统一评级体系，不同地区的评级结果是可以进行比较的。区域信用评级是评级机构针对特定区域市场开发的评级体系，该评级体系的评级结果具有地域特点，在不同区域市场间是不可比较的。区域信用评级可应用于一个国家范围，如阿根廷，也可应用于一个区域，如南美洲地区等。

（七）根据被评对象所处的市场分类

根据评级对象所处的市场不同，信用评级可以划分为股票市场评级、债券市场评级和信贷市场评级。股票市场、债券市场都属于资本市场，资本市场评级是对在该市场的主体或债务融资工具的评级。对于中国而言，资本市场评级包括在银行间债券市场、上海证券交易所和深圳交易所等市场上市和交易的债项及发行人的评级，其中债项包括短期融资券、中期票据、金融机构债券、可转换公司债券、金融机构次级债、金融机构混合资本债、企业债券、公司债券、资产证券化债券等。信贷市场评级是对非公开债务融资主体的信用评级，主要用于银行的授信，包括借款企业评级、集团公司评级、商票评级等。

二、信用评级机构的附属服务产品

信用评级机构除了提供信用评级以外，还可提供其他服务产品，这被称为附属服务。这些服务包括市场预测、经济趋势的判断、定价分析和其他数据分析以及相关的风险管理服务。信用评级机构应确保附属性服务与信用评级活动不存在利益冲突。

从收入状况来看，2018 年标普和穆迪的总业务收入分别为 62.58 亿美元和 44.43 亿美元，分别较上年增长 3.22% 和 5.68%，继续保持增长态势。标普的评级业务收入为 28.83 亿美元，较上年下降 3.51%，主要是由于美国和欧洲地区企业债评级业务较上年有所下降，评级业务收入在总业务收入中的占比为 46.07%，较上年下降 3.21 个百分点。穆迪的评级业务收入为 27.12 亿美元，较上年小幅下降 2.30%，主要是由于企业债评级业务以及公共财政、项目收益和基础设施评级业务收入有所下降，评级业务收入占总业务收入的 61.04%，较上年（65.98%）有所下降。惠誉 2016 年评级收入 8.38 亿欧元，非评级收入 3.33 亿欧元，非评级收入占总收入 28.44%。总体来说，标普和穆迪的非评级收入占比都要高于惠誉的非评级收入占比。

表 1.6　　　　　　　　　　国际三大评级机构业务收入情况

项目	2016 年	2017 年	2018 年	2019 年
标普（亿美元）				
评级收入	25.35	29.88	28.83	31.06
非评级收入	31.26	30.75	33.75	35.93
合计	56.61	60.63	62.58	66.99
评级收入占比（%）	44.78	49.28	46.07	46.37
穆迪（亿美元）				
评级收入	23.71	27.74	27.12	28.75
非评级收入	12.33	14.3	17.31	19.54
合计	36.04	42.04	44.43	48.29
评级收入占比（%）	65.79	65.98	61.04	59.54
惠誉（2016 年为亿欧元）				
评级收入	8.38			
非评级收入	3.33			
合计	11.71			
评级收入占比（%）	71.56			

注：1. 标普非评级业务主要包括标普指数、市场及商品情报；穆迪非评级业务主要包括固定收益产品定价服务、研究、数据及分析，企业风险解决方案以及其他专项服务；惠誉非评级业务包括培训、解决方案等。

2. 由于是非上市公司，惠誉年报披露不确定。

资料来源：公司年报。

2019 年标普和穆迪的评级收入呈上升趋势，分别为：标普 31.06 亿美元、穆迪 28.75 亿美元。其中，在穆迪的评级收入中，企业评级、结构化评级、金融机构评级、公共基础设施评级分别为 14.97 亿美元、4.56 亿美元、4.76 亿美元、4.46 亿美元。

随着金融科技和绿色经济的发展，国际三大评级机构积极拓展 ESG（环境、社会和治理）、人工智能以及数据分析等领域的业务。通过兼并收购这些领域的公司，三大评级机构扩大在相关领域的业务，并为评级业务发展提供支持。如，2018 年 3 月，标普收购美国人工智能公司 Kensho，推动金融科技业务的进程。2019 年 12 月，标普收购瑞士资产管理公司荷宝 SAM（Robeco SAM）的 ESG 评级部门。2018 年 8 月，穆迪收购房地产商业数据公司 Reis，为房产交易提供分析和投资咨询业务。2019 年 4 月，穆迪收购 ESG 领域的视觉感应公司（Vigeo Eiris）的多数股权。2019 年 7 月，穆迪收购金融科技公司风险第一公司（Risk First），该公司为资产管理和养老基金领域提供风险解决方案。2018 年 5 月，惠誉收购支点金融数据公司（Fulcrum），以拓展投资咨询服务。

【案例】评级公司 CRISIL 下调印度现财年 GDP 增长至 6.3%

继印度统计局公布第 2 季度 GDP 增长取得过去 6 年最低增速后，评级公司 CRISIL 下调印度现财年经济增长至 6.3%。CRISIL 认为，第 2 季度经济增长只有 5%，私人消费、制造业、出口等的增长都出现大幅下滑，表明印度经济下行的深度和广度超出预期。CRISIL 特别指出，作为经济增长的支柱，第 2 季度私人消费只增长了 3.1%，是过去 4 年的最低。另外，水泥需求增长预期将降至 5% ~ 5.5%，表明政府支出减弱，及房地产市场面临流动性紧张。

（印度金融快报，2019 年 9 月 5 日）

第四节　信用评级的经济性和矛盾性

历史上，由于交通、信息等各种障碍，人们在贸易中遇到的很大困难是如何找到合适的贸易伙伴，而现在困扰人们的问题是选择太多，如何在众多的潜在伙伴中找到最匹配的合作方。对市场进行评估并确认需求和交易对象，订立契约和执行，这些都需要付出成本。拥有几乎无限的信息来源，反而带来了信息筛选和选择的困难，这让那些帮助找到交易伙伴的中介平台站到了经济活动的核心位置。专业平台匹配买方和卖方，降低了甄别和选择的成本[①]。

一、从平台角度看信用评级市场的主要参与主体

在开展信用评级的过程中，相关参与主体主要包括被评级对象、信用评级机构、信

---

① 参见：Tirole，2020，371 – 372。

用评级使用者等。从平台角度看，评级机构连接了发行人等评级对象与投资人等评级使用者，这两类用户基于评级机构这个平台实现了交易，见图1.4。

信用评级机构是主要从事信用评级业务的第三方中介机构，独立性、专业技术水平、高评级质量是其获取金融市场参与者认可的重要基础。信用评级机构对被评对象的综合评估形成评级报告，并用简单的评级符号表示信用级别，这些评级符号隐含了对被评级对象信用质量的风险分类说明或排序。信用评级机构进行信用评级的信息一般来源于三种渠道：一是金融市场公开可获得的信息；二是被评主体提供的信息。评级机构通过现场访谈等形式，开展实地调查，并与被评机构的相关高管及其他人员进行沟通，对信息进行核实；三是评级机构自身积累的行业、宏观经济等历史数据。在初评结果出来后，评级机构往往向被评对象反馈评级结果。若被评对象对评级结果有异议，可以提供新的信息以证明其信用状况，评级机构将对信息进行评估，并确定是否更改评级结论。当确定最终评级结果后，评级结果将被对外正式发布。

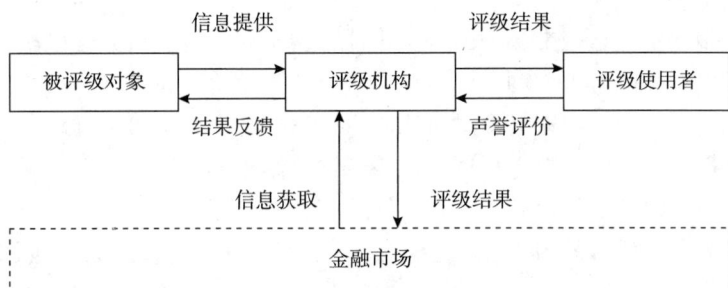

图1.4　信用评级平台及主要参与主体

被评级对象一般可分为两类：一是债券、商票等债务工具，二是发行人。债券包括一般企业发行的债券，金融机构发行的债券，还包括地方政府发行的市政债券等。对于向国内投资者发行的国债，由于其以国家信用为担保，具有极高的安全性，类似于本国发行的硬通货，因此一般没有评级的需求。但是，对于向境外投资人发行的主权债券，则一般需要国际评级机构的评级，信用评级也成为吸引国际投资者的重要定价依据。

金融市场不断发展创新，债券产品也不断扩充，比如大量结构化金融产品在20世纪80年代以后成为重要的评级对象。除了债券外，商业银行的信贷资产等债务也可能成为被评对象。自《巴塞尔资本协议Ⅱ》开始，金融机构在进行风险管理时，评级级别也成为确定风险权重的重要依据。

随着金融市场的发展壮大，进入资本市场（包括国际资本市场）开展融资的发行人越来越多，发行人的类型也不断丰富。其中包括各类非金融机构企业，商业银行、保险公司、证券公司等金融机构，地方政府及政府支持的企业。此外，还有主权国家、IMF等国际组织及超主权机构也越来越多地在国际市场通过发债进行融资。

需要注意的是，企业等机构发行的股票一般是不进行评级的。这是因为，虽然都属于直接融资范畴，但是股票与债券的基本性质不同。企业通过股票融资是不需要偿还的，因此，股票不是债务工具，其代表企业的部分所有权的股权。投资人持有的股票可以交易转让，其风险由投资人最终承担。理论上，股权持有者是剩余索取人，对其支付顺序是排在债权人之后。但是股权持有人可从公司利润增加或资产升值中获益，而债权人只能获取固定的利息。因此，债务工具是持有人获取利息和本金的契约协定，而股权工具是持有者按份额享有公司净收益和资产的凭证①。

但是有一个例外，对于优先股来说，因为其偿还顺序优先于普通股，并与投资者约定了一定的分配比率，具有公司债券的性质，所以，在美国、加拿大和欧盟等许多国家和地区成为被评级对象。优先股有两个特点：一是优先股股东一般不行使投票权；二是优先股股东获得的股息是固定的，这类似于债券②。欧盟在 2009 年发布了信用评级监管法规（2009/1060/EC），在信用评级的定义中明确包括了对优先股的评级。我国原保监会等监管部门也对涉及优先股的投资交易提出了信用评级要求。2014 年 10 月，我国原保监会发布《关于保险资金投资优先股有关事项的通知》，要求保险资金投资的优先股，应当具有 A 级或者相当于 A 级的长期信用等级，并逐步建立企业和行业内部的优先股信用评估机制。

信用评级使用者是金融市场中的相关主体，包括广大投资者、金融机构以及政府管理部门等。投资者和金融机构利用评级结果进行资产定价、投资评估或风险管理，政府管理部门则利用评级结果实现对金融机构的审慎管理和金融风险的评估。由于评级结果一般对金融市场公开，因此特定投资人在获取评级结果的同时，整个金融市场的参与者其实都可以获取评级结果。评级机构在不同国家公布的评级信息会有差异。在美国，评级机构往往只公布评级级别和简要信息。而在中国、韩国等国家，根据监管和自律要求，信用评级机构需要在指定的网站公布完整的信用评级报告，信用评级报告包括评级级别，还包括宏观经济、行业形势、被评对象自身状况等要素的分析。

评级机构也可提供其他深度分析产品，这些产品则需要付费获取。此外，当评级机构采用订阅者年度付费模式开展业务时，评级产品一般仅卖给订阅者，而不是立即向市场公开。但在信用评级行业中，发行人付费模式已经占主要比重。

经过长期的历史发展，信用评级已经联系了广大的金融市场及其产品，成为金融市场的基础设施。对发行人而言，信用评级提高了金融债务的销售，增加了发行人的可信度；对投资者、金融媒介、管理者而言，信用评级揭示了信用风险情况。因此，一方面金融市场提供了信用评级业的市场需求，另一方面高质量的信用评级也推动着金融市场的健康发展。

二、信用评级的经济性

金融是现代经济的核心。金融的本质体现了经济主体之间的债权与债务关系，这也被称为信用关系。债权债务所构成的信用关系成为现代社会中的基础关系和现代信用社会的经济基础，信用风险成为经济社会中重要的风险内容。以降低信息不对称为目的，为债权人及金融市场提供信用风险揭示和监测产品，成为经济社会分工专业化深入发展

---

① 参见：米什金，2016，24。
② 参见：米什金，2017，260。

的自然需求。

信用评级机构使用定性和定量信息进行分析，得出对被评对象在约定时间内及时偿还债券、贷款等债务的能力和意愿的综合评价，普遍应用于公司、金融机构和政府等领域。经过上百年的历史发展，信用评级在全球金融市场中发挥着重要的作用。从一般投资人到机构投资者，以信用评级作为风险评估的依据；根据监管要求，银行等大量金融机构还利用信用评级来评估风险资本需求，信用评级成为促进金融体系良好运作的重要因素（EC，2016）。

不同于机构自身开展的内部评级，信用评级机构是作为外部中介机构，对债券或发行人的违约概率进行评估。根据信息不对称理论，当债权人（保险机构、证券公司等投资者）向债务人（即发行人）提供资金时，债权人通常不知道资金被偿还的可能性，这将产生逆向选择。在债务人获得资金后，债权人不知道债务人是否能真实地遵守初始协议的条款，按相关约定用途使用资金，这将产生道德风险。

为了解决逆向选择，找到可信赖的债务人，债权人可以通过各种机制对债务人进行筛选和审查，挑选最符合标准的债务人。在资金使用权转移到债务人后，债权人可以参与监督工作，以确保债务人按照初始约定使用资金。但是，对于一般债权人而言，筛选和监督工作的成本可能非常高，只有大型机构投资者可以完全独立地承担相关成本，这是因为大型机构投资者有人员、技术、资金和信息优势。此外，中小规模的债权人可能会搭便车，这些债权人跟随大型机构投资者的投资动向，从而减少需要付出的风险分析、筛选和监测成本。与债券融资不同，银行可以从信息垄断中获取租金，其中重要的原因在于，银行的贷款业务信息是非公开的，这可以避免搭便车问题[①]。

当前，信用评级机构的主要经营模式是发行人付费。发行人选择评级机构并支付评级费用，评级级别向投资人及市场公开。把筛选和监督外包给信用评级机构，可以确保以经济有效的方式进行筛选和监督，避免市场主体重复性工作，是解决逆向选择和道德风险问题相对廉价的一种机制（EC，2016）。信用评级机构具有专业化手段和规模效应，以较低的成本降低了信息不对称，同时也降低了融资和投资的成本，由此增加了经济的整体收益和产出。

信用评级以简单的符号向市场传达债务人或债券的履约能力和风险。当信用评级结果能够提供准确的信息并及时向广大投资者披露时，它们可以在投资者之间创造平等的竞争环境。通过获取公开的信用评级信息，投资者不必担心遇到能获取更多内幕信息的交易对手，这将实现二级市场更高的流动性。此外，随着降低市场参与者之间的信息不对称，将增加经验不足的经济主体的投资意愿，从而扩大市场吸引力，为发行人筹集资金提供更多的便利。

但也不可否认信用评级可能存在的问题。较高的信用级别意味着具有较高的信用质量，这将降低融资成本。因此，发行人在选择信用评级机构时，会看重更有利的评级结果，这表明评级选购和评级夸大是有空间的。评级选购会受到声誉机制的限制，并且只有在不引起投资者质疑的情况下，评级级别夸大才可能会出现。此外，评级夸大与经济

---

① 参见：米什金等，2017，124。

周期也有关联性。在经济上升期，投资人等市场参与者对风险的容忍度提升，对评级质量的要求也会放松，对评级机构的外部监督被削弱，这将导致级别的提升。

三、信用评级的矛盾性

从经济性分析，信用评级降低了信息不对称，促进了金融市场的投融资便利。但是，信用评级也表现出许多矛盾性，这些矛盾性引起监管者、市场参与方及研究人员的争论。

（一）公共品供给与私人机构提供的矛盾

公共品指具有非排他性和非竞争性的产品。一是非排他性是指无法控制其他人对产品的消费；二是非竞争性是指产品的消费不影响他人消费产品而获益。消费上的非竞争性意味着增加消费者的边际成本为零，供给上的非排他性意味着这种产品的供给少于需求①。具备这些特征的典型产品有国防、公共安全等。公共产品导致市场不完备，因为在一个完全无管制的市场中，"搭便车"将导致公共产品出现生产不足，或根本就没有得到生产，因此公共品一般由政府等公共部门提供，或由政府部门以购买服务的形式实现。

当信息通过评级进行传递后，金融市场中的发行人和投资人可以极大地降低交易成本，评级变成了服务于整个金融系统利益的公共品（Steven & Thomas，2012）。一方面，信用评级作为一种信息服务向市场主体公开，具有非排他性；另一方面，信用评级被一个人使用不影响其他人的消费效用，具有非竞争性特点。

信用评级机构的信息服务角色对金融市场发挥了基础性的影响。但是，信用评级机构一般是私营性质的机构，公共模式评级机构的公信力反而会受到质疑。在世界各地几乎没有政府直接设立的评级机构，而且各评级机构一直试图突出其独立性和市场化的运行机制。在国际金融危机期间，欧盟曾研究建立类似公共性质评级机构的可能性，以打破三大评级机构的垄断，但最终放弃这种尝试。在实际经营中，评级机构主要采取了发行人付费模式，并没有从政府部门获得收入或补贴，而这种付费模式的确会出现利益冲突的问题。针对评级产品由私人机构提供及其公共品属性之间的矛盾，如何提高评级产品的质量和数量、并发挥公共品的功能成为市场各方关注的一个焦点。

利益冲突是一种道德风险问题，其产生于多重服务目标之间存在的矛盾。提供多元化服务的机构可能出现利益冲突问题，利益冲突不利于信息不对称的解决及市场要素的合理配置②。信用评级机构一方面对金融产品进行评级，另一方面对金融产品如何获得高评级向客户提供咨询服务，在缺乏严格外部约束下，利益冲突问题使信用评级机构没有足够的动力确保评级的准确性。

（二）评级机构的专家意见与机构免责的矛盾

信用评级机构通过评级结果，展示了专业的分析知识，为投资人提供重要的决策信息。但是，信用评级机构最初大多以出版行业起家，它们往往会以言论自由等理由作为

---

① 参见：加里，2009，44。
② 参见：米什金，2016，34。

免责依据。

信用评级机构强调技术、人员的专业性以及机构的独立性，以表明其评级结果具有权威性，并且评级机构通过定期发布质量检验报告进一步表明其评级质量具有较高的水平。许多国家和地区的监管部门认可了一批评级机构，使得这些评级机构具有了监管特许经营权。这些都表明评级机构的评级结果比其他中介机构提供的信用风险评估更有专业性和权威性。评级机构在开拓市场时，也强调评级产品的准确性，这就像其他商品生产和销售时，生产者总会强调其产品的高质量。实际上，市场一般接受的是高质量的产品，对于评级产品也是如此，高质量的评级产品才能获得市场参与者的信赖，甚至导致市场对这些信用评级的依赖。

但是评级机构为了免责，又强调评级结果类似于咨询意见，仅供参考，并不承担使用评级产品所产生的后果。标普在其评级报告中注明①：不保证内容的准确性、完整性、及时性或可用性；信用相关的分析和其他分析（包括评级和内容中的陈述）是截至发表之日的意见陈述，而非事实陈述；标普的意见、分析、预测和评级确认决策并非购买、持有或出手任何证券或作出任何投资决策的建议，也不涉及证券的适合性；虽然从认可的渠道获取信息，但标普不审计其获得的信息，也不承担相关的尽职调查义务或实施独立验证。

穆迪指出，将信用风险定义为某实体可能无法履行其到期的合同、财务义务的风险，以及在发生违约事件时的预计财务损失；信用评级并不针对流动性风险、市场价值风险或价格波动等其他风险；信用评级并非对当前或历史事实的陈述，不构成或提供投资或财务建议，亦非关于购买、出售或持有特定证券的推荐意见。

中国的评级机构也有类似表述。联合资信在评级报告中写明②：报告引用的资料由被评主体提供，联合资信对这些资料的真实性、准确性和完整性不作任何保证；联合资信履行了实地调查和诚信义务，有充分的理由保证所出具的评级报告遵循了真实、客观和公正的原则；评级报告用于相关决策参考，并非是某种决策的结论、建议。

看到评级公司的免责陈述，似乎又表明评级结果并不是准确的，甚至评级所依据的信息也不保证准确、真实。这就产生一个矛盾，市场相关方使用信用评级是因为信赖其准确地揭示了信用风险，如果信用评级是不准确的，甚至分析所使用信息都可能存在错误，那么为什么还要使用这个评级结果呢？信用评级是否是专家意见，评级机构是否免责，这在理论和司法判决中都存在争议。

国际金融危机的爆发打破了这一争论，基于评级机构的表现和信用评级的作用，主要国家和地区的立法者要求评级机构要承担民事法律责任，为评级产品履行专家义务，而不能以言论自由进行免责。信用评级与报纸等新闻媒体有一定的相似性，都是向公众公开的信息，但是评级又不完全与报纸等媒体相同。在发行人付费模式下，评级机构从发行人收费，因此有特定的付费服务对象；在结构化产品发行中又参与产品设计；同

---

① 参见标普中国 2019 年 7 月 11 日发布的关于工银租赁的主体评级报告。这也是标普作为首家外资评级机构获准以独资方式进入中国开展业务后，发布的首份评级报告。

② 参见联合资信 2019 年 1 月 8 日发布的关于工银租赁的金融债券信用评级报告。

时，评级级别代表了评级机构的专业分析和判断，表明被评对象违约的可能性及损失程度，这将对投资者的投资行为产生重要的影响。而新闻媒体面向大众提供服务，并没有限定付费用户，此外，媒体也不参与事件本身，而是对新闻事件的陈述和分析①。

（三）规模经济与提高行业竞争度的矛盾

在日常生活中，作为竞争对手的快餐企业，麦当劳和肯德基经常毗邻开业，在美国、中国等都是如此。竞争对手这样做的原因是规模经济的效应。商家扎堆可以形成商圈规模，为客户提供多样化选择会吸引更多顾客，而顾客增多也会吸引更多商家入驻，最终形成良性循环的规模效应，实现多赢。另外，麦当劳或肯德基是高度相似的快餐企业，选择在对手新开的地段营业，一方面体现了竞争精神，另一方面也以搭便车方式节约了选址成本。再比如美国硅谷、中国中关村能吸引大量高科技企业入驻，其中也有规模经济的作用，甚至这两个地区形成了品牌的正外部性，因为这两个地区已成为高科技企业的代名词。

规模经济是指随着规模的扩大，边际成本降低，收益不断增加。信用评级机构利用规模经济提供便利的信息服务，促进了金融市场的发展。从国际范围看，信用评级行业有两个突出的特点：一是评级行业表现出高度的垄断性。在美国、欧盟、日本、韩国等国家和地区都是如此。三大评级机构在许多国家和地区占据大部分的市场份额，在美国、欧盟分别达到90%以上的市场份额，而标普和穆迪两家机构的份额超过70%。二是每个国家或地区的本土评级机构数量很少。美国证监会认可 NRSRO 有 9 家，除三大机构外，本土机构有 3 家；日本、韩国监管部门认可的评级机构分别有 5 家、4 家，本土机构分别为 2 家、1 家。即使在整个欧盟，也仅有 30 多家评级机构，具体到每个国家数量一般不超过 5 家。

信用评级行业具有高集中度特性，主要是由于在声誉资本与规模经济作用下，信用评级行业存在较高的市场进入壁垒。这些市场进入壁垒包括法律障碍、经济优势（如规模经济）及网络效应等。

第一，对于评级机构而言，声誉资本是至关重要的。良好的市场声誉需要长时间的培育与积累，这个原因在于，评级结果需要经历经济周期的检验，这种质量检验无法在压缩的时间内完成。国际三大评级机构具有先发优势，在声誉资本投资较低的初期形成了良好的声誉优势。对于规模较小和新进入的评级机构而言，只有经过一段时期之后，才有可能获得市场的信任，而这个前提是充分证明产品和服务质量可以满足客户的需求（ESMA，2015）。

第二，大量法规制度引入信用评级，赋予评级机构准监管地位。被认可的评级机构出具的评级使发行人、投资人获得各种便利，如更广的投资范围、更低的资本金要求等，这为信用评级赋予了特许经营价值，被监管认可的信用评级机构享有市场开拓的优势。

第三，作为信息行业的一员，信用评级机构天然具有规模经济。与新进入市场的评级机构相比，大型评级机构具有规模经济成本优势，也具有客户群的网络效应，这些对

---

① 在订阅付费模式下，评级与新闻媒体在服务方式上有些类似。

新进入者也构成一种进入壁垒。

但是在经历了亚洲金融危机，以及国际金融危机后，市场对于三大评级机构的垄断地位提出了质疑，认为由于缺少竞争导致行业过度集中，这也使信用评级机构在危机中扮演了推波助澜的作用。但评级行业的外部性十分明显，评级结果会对金融市场交易产生影响，因此垄断弊端也逐步显现。国际金融危机后，美国、欧盟等国家和地区以打破垄断、提高竞争作为改革的目标之一，让更多的行业参与者进入信用评级行业，为市场提供更多的选择，也促进市场的有益竞争。

竞争是市场经济的本质特征，也是市场经济的效率之源。竞争活力的经济意义表现为它与价格、供求相互作用，发挥市场机制的自治功能，实现社会资源的优化配置，从而提高经济效率。但放任市场竞争可能导致"马歇尔困境"，即规模经济和竞争的矛盾①。因此，市场竞争必须有一个合理的"度"，政府在制定和实施产业政策时应追求有效竞争的格局，即将规模经济和竞争活力两者有效地协调，从而形成有利于长期均衡的竞争格局。

对信用评级来说，过度竞争可能存在以下问题：一是过度竞争使得维护声誉的激励机制减弱。贝克尔等（Becker 等，2010）指出，过度竞争会摊薄未来的声誉租金，从而导致评级机构维护当期声誉的激励降低。如果当期的违规收益大于未来的声誉租金，评级机构的理性选择将会是提供低质量的评级来降低成本或招徕发行人。二是过度竞争导致了评级选购。博尔顿等（Bolton 等，2012）发现，竞争降低了市场效率，因为竞争使评级选购更便利了，评级级别也出现了膨胀。因此，规模经济和提高市场竞争成为信用评级的又一对矛盾体。

1940 年，美国经济学家克拉克（Clark）提出了有效竞争：将规模经济和竞争活力两者有效地协调，从而形成一种有利于长期均衡的竞争格局。要实现有效竞争，就需要作为矛盾体存在的规模经济和市场竞争做出适当"让步"，因此，有效竞争就是适度规模与适度竞争的重合部分。信用评级行业同其他类型的市场一样，需要在竞争与规模经济之间做好平衡，提高市场效率，从而更好地促进评级行业的规范发展。

（四）降低评级依赖与提高评级话语权的矛盾

信用评级在金融市场中发挥了重要的信号传递作用，以下因素使信用评级的影响将被放大：一是对信用级别使用的监管要求。根据这些要求，机构投资者对债务工具建立了投资限制，当评级级别变化时，将出现对债务工具的买卖交易行为。二是金融契约存在大量的触发条款。当抵押品级别降低时，条款要求补充新的抵押品，以弥补级别降低导致的价值下跌（Steven & Thomas，2012）。

如果信用评级机构能观察到彼此的行为，并在短时间内以相似的方式回应发行人和信用工具的信用变化，那么高度集中的信用评级市场会对金融稳定造成较大影响，对评级过度依赖、产品高复杂性等问题会加剧风险后果，加剧顺周期性。因此，各国监管部门在国际金融危机后达成共识，应该降低对信用评级的依赖，尤其是僵化使用，为市场

---

① 追求规模经济的结果是产生垄断，而垄断又会阻止价格机制的作用，从而扼杀自由竞争这一经济运动的原动力。这样，增大规模经济效应与促进竞争之间存在冲突和矛盾，即"马歇尔困境"。

提供可选择的多种信用评估方式。

全球评级市场呈现垄断的格局，更多体现的是对三大评级机构的依赖。三大评级机构利用其评级话语权，对产品定价和金融市场稳定形成了重要影响。在国际金融市场中，许多投资者等市场参与方往往只关注三大评级机构的评级，这有两方面的原因：一是这些机构拥有长期的评级历史记录。历史记录是评级可持续性和连续性的标志，也使评级机构积累了声誉和市场影响面；二是市场主体已经了解这些评级机构的评级符号和方法。这意味着发行人选择其他评级机构将面临转换成本和市场质疑。

国际金融危机后，美国、欧盟及新兴市场对三大评级机构提出了严厉的质疑，都强调打破三大评级机构的垄断，降低金融市场对信用评级的依赖，但是由于信用评级还没有更好的替代方式，降低评级依赖的举措没有真正取得成效。近年来，三大评级机构似乎已从危机的阴影中走了出来，在国际金融市场中重新获得了重要的话语权。欧盟、新兴市场国家和地区为了维护本地区的金融稳定性，纷纷加强了对本土评级机构的扶持，试图提高本土评级机构的话语权。这其中的重要原因在于，短期内无法打破三大评级机构的垄断，无法找到很好的信用评级替代品，为了维护本区域的市场稳定和经济利益，需要熟悉本土环境的评级机构发出正确的声音。

第二章 信用评级的基本业务流程和方法体系

第一节 信用评级机构的业务准则

为了准确评估信用风险，从而在金融市场中充分发挥正向作用，信用评级机构在开展信用评级时需要遵循一些基本的业务要求。在信用评级的发展过程中，这些基本要求逐渐形成了一些公认的基本原则，国际证监会组织（IOSCO）起到了重要的推动作用。国际证监会组织是各国和地区证券及期货监管机构组成的国际合作组织①，是主要的金融监管国际标准制定机构之一。

一、信用评级业务准则框架的演变

安然事件后，为确保信用评级过程的公正性，保护发行人提供信息的安全，国际证监会组织 2003 年 9 月出台了《信用评级机构行为准则的声明》，描述了信用评级在全球资本市场中的作用，提出了信用评级机构在开展业务活动中应遵循的四个原则：评级过程的质量与公正性、独立性和利益冲突防范、透明度和信息披露及时性、保密信息管理。在此基础上经过完善，国际证监会组织于 2004 年 11 月发布了《信用评级机构基本行为准则》，其目标是保护投资者，提高证券市场的公正性、有效性和透明度，减少系统性风险。准则对信用评级机构提出了四个方面的从业要求：一是评级过程的质量和公正性；二是独立性和利益冲突的避免；三是对公众投资者和发行人负责，包含评级披露的透明度和及时性、机密信息的处理这两部分；四是自身行为准则的公开及与市场参与者的交流。国际金融危机爆发后，为了回应结构化金融产品中信用评级机构的角色，国际证监会组织于 2008 年 5 月修订了《信用评级机构基本行为准则》，对结构化金融产品评级进行强化，改善信用评级的透明性、独立性。

根据各国和地区的监管实践经验，2015 年 3 月 24 日，国际证监会组织发布新修订的基本准则，完善了内部控制和利益冲突防范准则，并命名为《信用评级机构基本行为准则最终版》。最终版准则形成了五方面的内容：评级过程的质量和公正性；独立性

---

① 国际证监会组织成立于 1983 年，总部设在西班牙马德里，是证券监管领域最重要的国际组织，其前身为成立于 1974 年的证监会美洲协会。

和利益冲突防范；对公众投资者、发行人负责，包括评级披露的透明度和及时性以及机密信息的处理；内部控制行为准则，包括公司治理、风险管理和员工培训；信息披露和与市场参与者的沟通。

基本准则为信用评级机构提供了基本行为规范，也为各国监管部门明确了监管重点和目标。从核心内容来看，国际证监会组织所强调的信用评级基本准则具有四部分要求：独立性和利益冲突的防范、评级披露的透明度和及时性、信用评级过程的质量和公正性、保密信息安全。关于信用评级的保密性原则，之前一直未受到重视，甚至有许多观点认为，信用评级机构开展业务所使用的信息主要基于市场所公开的信息，因此，信用评级活动没有保密的问题。下面就从这四个方面对评级机构业务准则进行分析。

二、信用评级基本业务准则

（一）独立性和利益冲突防范

信用评级机构在评级过程中要保持独立性原则，不受外来商业因素、政治因素等影响，要根据被评对象的负债和收益等信息独立地做出客观、公正的评估。独立性原则是为了对信用评级中存在的利益冲突问题进行管控，是信用评级客观性和公正性的基础。发行人付费模式会使评级机构产生利益冲突，信用评级机构可能为维持长久的业务关系而降低评级标准，以满足发行人对信用级别的要求。另一种可能产生利益冲突的方面是评级机构开展的附加服务，如信用评级咨询、风险管理等。这些业务使评级机构参与到企业的风险管理中，协助企业对债券产品进行设计，在开展评级工作时很难做到客观、公正，而是将从咨询服务获取高收益作为目标。

信用评级的独立性原则包括两个层次的要求：

第一层次是机构的独立性。信用评级不得因为评级机构与发行人之间存在关系而受到影响，因此评级机构与发行主体之间应该保持相应的独立性。评级机构应该从股权结构设置、评级业务活动、评级机构员工的利益等方面规避可能产生的利益冲突，并且将股权结构上的独立放在首要的位置。信用评级机构应完善公司治理机制，确保其主要股东及实际控制人在出资比例、股权比例或投票权等方面不存在足以影响评级独立性的情形。信用评级机构应当建立清晰合理的内部组织结构，建立健全防火墙，确保信用评级业务部门独立于营销等其他部门。

第二层次是评级人员的独立性。评级分析人员在评级过程中应保持独立性，应根据所收集的数据和资料独立做出评判，不能受评级对象及其他外部因素的影响。评级人员与发行主体之间要保持独立性，比如评级分析人员不存在直系亲属在被评主体单位任职高管的情况；评级分析人员不得参与评级业务的市场销售行为，包括收费谈判，不得为被评主体或债券提供咨询业务。评级机构、评级分析人员若存在利益冲突的，不得参与被评对象的信用评级。信用评级机构的高管和评级分析人员离职并受聘于其曾参与评级的发行人、主承销商的，信用评级机构应当检查其离职前一定时期内参与的与其受聘机构有关的信用评级工作。对评级结果确有影响的，信用评级机构应当及时披露检查结果以及调整情况。应实现评级人员的薪酬独立性，信用评级分析人员的薪酬不得与级别、业务量等因素相关联。

对于独立性，除了股权设计、回避制度外，信用评级机构应通过信息披露制度得以保证。针对利益冲突，如果评级机构或评级人员存在无法回避的情况，应向市场披露相关情况，便于投资者在使用信用评级时能够做出客观的判断。

（二）透明度和信息披露

信息透明和可获得性将为市场参与者判断评级结论的可信度提供依据，也使评级机构的执业行为受到市场的监督，从而降低评级机构与市场参与者之间的信息不对称。提高透明度要着重提高信息披露的规范性以及披露范围和频度。对于需要公开的信息，要强化信息披露的力度，如级别信息的披露、历史违约率信息、评级方法、政策和程序、可能涉及利益冲突方面的信息披露等。披露形式应便于市场获得和理解，信用评级机构应成立专门部门处理市场参与者和公众的投诉，并制定相关的政策和程序。透明度和信息披露应达到的最终目标是对公众投资者和发行人负责。当然，信息透明要在信息公开与商业机密、甚至是个人隐私之间做好平衡。对此，评级机构必须建立机密信息处理制度，在法律制度允许的范围内，实现信息的安全使用。

实际上，信息透明是强化市场监督的重要措施。出现风险是金融市场的基本特点之一，关键是风险要与投资人的承担能力、风险偏好相适应。信用评级质量存在不准确的风险，从而误导投资者，这就需要提高市场透明度和信息披露程度，充分发挥市场约束机制的作用，让投资者能够充分获得信用评级等相关信息，做出合理的决策。

（三）信用评级过程的质量保证

信用评级质量的高低依赖于评级是否能够准确、及时地揭示违约风险。为了强化评级过程的质量，最终提高信用评级质量，需要保障评级过程所依赖资源的充分性，建立内控制度来规范信用评级过程，尤其对评级过程、分析人员及信息提出要求。这些要求有：

一是评级方法和程序的控制。评级方法必须是严格的、系统的，据此做出的评级可以根据历史经验进行客观验证。应保证评级方法的一致性和正确使用，对评级方法应持续地进行适时调整，以适应外界因素的变化，调整流程应保证事后检验和持续观察反映的系统风险能及时反映到评级方法中。一致性是指评级机构在评级业务过程中所采用的评级程序、评级方法应与机构公开的程序和方法一致，对同一类型的债务人和债务工具采用一致的评级标准。

二是评级人员的合格性。信用评级分析人员应具有评级项目开展所需要的足够经验和知识，信用评级人员应当保持公平和客观，对信用评级对象进行客观判断，不应对发行人做出保证甚至威胁。

三是获取充分的评级数据。评级机构提供可靠评级结果的一个基本条件是要拥有充足可靠的数据。评级机构应确保已投入充足的资源，能够获取进行评估所需要的充足信息。信用评级应反映所有已知的信息，并且信息在信用评级分析时是具有相关性的。

为实现以上三个方面要求，评级机构应不断完善内部控制机制，这包括公司治理、风险管理和员工培训。通过健全内部控制和增强员工培训来确保信用评级过程的质量。信用评级机构应确保根据监管制度和规范建立和执行公司的行为准则，应当对内控制度的有效性进行年度检查和评估，就存在的问题提出处理措施。风险管理部门应当独立于其他部门，定期向董事会和高管报告，确保评估政策、程序和控制的适当性。信用评级机构应当定期对高级管理人员和信用评级分析人员进行业务培训和业务能力测试，采取有效措施提高从业人员的职业道德和业务水平，并做好培训和测试记录。

（四）保密信息的处理

在评级过程中，信息保密是一个重要的问题，它涉及参与评级程序中的每个主体，这也是维持评级过程完整性的一个重要因素。信用评级机构应采取必要的措施保护信息，保证信息不被未经授权的第三方披露和滥用。根据市场契约精神，当事人在订立合同过程中知悉的商业秘密，无论合同是否成立，不得泄露或者不正当地使用。对于发行人、承销商等市场主体向评级机构提供的非公开信息和评级活动产生的非公开信息，评级机构应履行保密义务，典型的是在信用评级被公开披露或向订阅用户传播之前的关于信用评级行动的信息。

信用评级是保密和公开披露相结合，在评级过程中既要维护债务人或相关自然人的商业秘密、个人隐私，又要依法客观、真实地披露相关信息。在没有法规和协议支持的情况下，评级机构及其员工不应通过新闻、研究文章公开保密性信息。如果评级人员掌握了发行者及其发行证券的保密信息时，应避免参与该证券的交易。

以上四点是信用评级机构开展信用评级业务时需要遵循的基本原则，这几个原则具有紧密的相互关系。独立性是完善的内部控制的体现，是开展信用评级的前提，也是保证信用评级过程质量的重要条件；透明度为市场参与者和监管部门提供了必要的信息，是市场约束和外部政府部门监督的基础；保密性是获取全面信息的必然要求；独立性、透明度、保密性相结合的最终目的是提高评级过程的质量，实现高质量的信用评级，评级质量也是信用评级机构实现可持续发展的必要条件。

金融危机引起了各界对评级质量的关注，一方面，人们意识到声誉以及市场惩罚不足以促使评级机构提供高质量的评级，评级需要外部监管。另一方面，监管在有助于改善评级质量的同时，也可能会降低评级行业的创新，增加市场进入壁垒以及评级使用者的成本。因此，推动评级机构提高评级质量，需要市场和监管两方面相互协调发挥合力，而市场和监管发挥合力的共同着力点就是对评级机构遵循基本原则的情况进行约束和监督。

三、数据跨境流动

关于信息安全还有一个值得关注的问题，这就是数据跨境流动。数据跨境流动是指跨越国家、政治疆界的信息流动。随着全球数字经济快速发展，数据跨境流动愈发频繁，对其监管也逐渐成为各国信息保护管理的重点领域。现代社会的突出特征是经济全球化和信息技术的快速发展，信息资源日益成为重要的生产要素，互相依存的全球经济对信息的国际流动提出了迫切需求。信息技术为大量数据的跨境转移提供可能，也改变了既有的信息处理方式。全球信息流通规模向持续性、多点方式转变，体现了网络化信息处理的趋势。由于法律体制、文化传统、经济发展水平的不同，各国数据保护机制在范围、具体内容、监督执行等方面都不尽相同，这也带来了信息跨境流动需要处理的两方面难题：各国数据保护标准的协调；数据保护法律的适用和跨境执行。如何使信息在一个全面、清晰和透明的规则下流动，增强市场的信心和信任，成为数据跨境流动面临的突出问题。

国际上对信息主体权益保护的重要性已逐步达成许多共识，围绕隐私权和信息流动使用的平衡，一些国际组织制定了数据保护的准则。数据跨境流动政策的讨论最早始于个人数据保护法律领域。1980 年，经合组织（OECD）发布了《隐私保护和个人数据跨境流动指南》，是首个国际商定的隐私原则，从兼顾个人信息保护和信息自由流动出发，提出了信息跨境流动的原则。2013 年经合组织对隐私指南进行了完善。2005 年，在与经合组织的隐私指南核心观点相符的基础上，亚太经合组织（APEC）建立了《APEC 跨境隐私规则体系》，该体系倡导数据治理规则的实用性。2011 年，亚太经合组织构建完成跨境隐私规则体系，该体系包含隐私权执法机构、问责代理机构和企业三方。

欧盟将数据保护看作是一项基本人权，是隐私保护的重要内容。欧盟数据保护的监管出发点是严格控制本人数据流动，信息处理原则上应获得数据主体同意。1950 年，欧洲理事会颁布《欧洲人权公约》，这是第一个区域性人权条约。1970 年，德国黑森州制定了世界上第一部数据保护法。

1981 年，欧洲理事会制定《个人数据自动处理中个人保护公约》（欧洲第 108 号公约），要求公约国建立与欧盟相似的个人数据保护立法，成为满足欧盟跨境数据流动"充分性保护"标准的重要参考。2018 年 5 月，欧盟对原有公约进行修订并发布了《现代化的 108 号公约》。在欧洲第 108 号公约的基础上，1995 年欧洲议会和欧盟理事会颁布《个人数据处理和自由流动指令》。根据指令，欧盟规制数据跨境流动分为欧盟境内成员国间、欧盟与其境外国家两个层次，数据保护水平的充分性与否是欧盟决定跨境信息流动的基本原则。对内，欧盟通过指令为成员国确定了数据保护的标准，禁止成员国借数据保护的名义限制个人信息在欧盟境内的自由流动；对外，以数据接受国是否达到数据保护的充分性要求，向欧盟境外转移数据将受到限制。指令对于向未提供充分保护水平的国家转移数据制定了例外条款。这些例外主要适用于数据主体同意、数据传输为合同或法律主张所必需、维护重大公共利益要求等。在例外情形下，数据传输受到严格限制。

在欧盟保护指令指引下，欧洲部分成员国央行行长签署了谅解备忘录，促进法人实体和个人征信数据在各国公共信贷征信机构之间流动，形成一个统一的征信数据共享网络。2018 年 5 月，欧盟《通用数据保护法规》生效，该法规对数据跨境流动政策大幅改革，规定数据跨境流动应当遵循充分性和适当保护原则，并增加了更多可进行个人数据跨境流动的豁免条件。2018 年 11 月，欧盟发布《非个人数据在欧盟境内自由流动框架法规》，其中一个要点是最小信息需求原则。2018 年的这两部法规形成欧盟数据治理的统一框架，以此平衡数据保护、数据安全和数字经济发展。随后，为了使企业更清楚地了解如何处理跨境数据，欧盟委员会还发布了《非个人数据在欧盟境内自由流动框架法规指南》，重点阐述 2018 年的两部数据法规之间的相互作用，尤其是数据集由个人和非个人数据组成的情况，以确保两部规则实现协调适用。

我国《信用评级业管理暂行办法》规定，对于在开展信用评级业务、处理信用评级数据库系统过程中知悉的国家秘密、商业秘密和个人隐私，信用评级机构及其从业人员应当依法履行保密义务；信用评级机构在中国境内采集的信息的整理、保存和加工，应当在中国境内进行；信用评级机构向境外组织或者个人提供信息，应当遵守法律法规以及信用评级行业主管部门和业务管理部门的有关规定。

综合来看，数据跨境流动规则分为两大体系。一是侧重于跨境传输的规范性。如经合组织《隐私指南》及亚太经合组织《隐私框架》等注重机构的商业利益，规则要求数据控制者应当确保数据跨境传输中的规范性和安全性，没有明显的地域限制，遵循以数据控制者为主的"问责制"。二是偏重于区别管理以实现数据的安全性。以欧盟为代表，其管理体系体现了欧盟境内可自由流动，而境外地区则要达到欧盟认可的"充分性"水平，才能实现数据传输，具有明显的地域区别和限制。

信用评级业务涉及企业和个人信息，借鉴国际在数据跨境流动方面的制度设计，建立跨境数据流动的机制需要从以下几方面考虑：

1. 建立以数据输出机构为中心的责任追究机制。在数据跨境流动情况下，建立以数据传输方为中心的责任分担机制，使其实际承担担保责任、连带责任，这是对数据主体权益进行损害救济的现实之举，也是在本国监管部门管辖权限制情况下加强监督执行的措施。

2. 建立和完善本国的数据保护法律制度。数据的跨境保护应以建立和完善本国的法律制度为基础，根据本国的文化、法律传统和经济等情况，制定完备的信息保护制度：一是赋予数据主体的相关权利；二是明确数据控制者应履行的合法采集、数据质量、公开透明、限定使用、安全措施、异议处理等责任和义务；三是建立有效的执行监督机制，赋予监管部门足够的监管资源和职权。

3. 坚持对等原则。跨境数据流动一方面涉及数据主体权益保护，另一方面对相关国家的经济、政治利益具有重要影响，因此在制度设计中应体现对等原则，这包括两个层次：一是体现主权对等，国与国之间应在平等互惠的基础上实现双向数据跨境流动；二是交换的内容对等，为了体现公平，信息交换的内容应该在类型、范围等方面相同或相近，比如都只提供正面或负面信息等。

4. 加强国际合作。一国的数据保护机构只能在本国主权范围内行使职权，对于跨境后的信息处理无域外监管权，无法实施真正有效的监管，因此，国际合作对数据跨境流动及保护至关重要。经合组织也指出，跨境流动数据的数量和特征使得加强国际合作以实现隐私保护成为必须。在合作形式上，可以直接开展国与国之间的双边合作，也可以通过国际性组织平台开展多边合作；在合作内容上，可在技术、法律、监管执行等方面开展合作细节的制定。

第二节　信用评级的基本业务流程和内控制度

一、信用评级的一般程序

信用评级机构应当建立完善的信用评级制度，对信用等级的划分与定义、评级方法与程序、评级质量控制、尽职调查、信用评级评审委员会、评级结果公布、跟踪评级等进行明确规定。信用评级机构的评级流程基本类似，一般遵循评级准备、尽职调查、初评阶段、评定等级、结果反馈与复评、结果发布、文件存档、跟踪评级等基本程序，具体步骤以下分别说明。

（一）评级准备

评级准备是信用评级机构与债务工具发行主体或其他委托方签订服务合同，但还未进行尽职调查前的时期内所需要进行的准备工作。在评级准备阶段，信用评级机构需要做的工作包括：对项目进行评估、与委托人签订服务合同、确定评级小组、收集和初步审核评级材料等。评级准备阶段一般按以下步骤进行：

1. 接受评级委托方申请后，信用评级机构进行业务评估和初步调查，判断是否能够按照有关监管要求和执业规范独立、客观、公正地对评级对象进行评级。

2. 评级机构与评级委托方签订评级合同，评级机构根据评级项目特点成立评级小组并指定小组负责人。

3. 要求评级对象（发行人）提供相关材料，并对所提供材料的真实性负责。评级小组对材料及信息做初步审核，确定材料中遗漏、缺失、错误的信息并通知评级对象（发行人）进行补充，以保证评级材料的完整性、真实性。

4. 按照评级需要，制定合理完善的评级计划。

在项目启动前的评估有利于评级项目的正常推进，同时降低评级机构自身的经营风险。评估主要包括两个方面：一是信息充分性、可得性等开展评级项目的外部条件是否具备；二是评级机构是否具备相应的评级能力。

信用评级机构在开展委托评级项目前，与委托人签订评级协议，明确评级双方的权利和义务。在国外，评级委托方往往是分阶段向评级机构支付费用，在完成所有评级工作后才支付全部的费用。根据穆迪披露，多数评级的债务证券①和优先股的发行人，在授予评级之前已同意向穆迪支付 0.15 万美元至 250 万美元不等的评估和评级服务费用。穆迪在日本两家公司的收费方式与此类似，发行人在授予评级之前已同意支付 20 万日元至 3.5 亿日元不等的费用。我国评级机构的收费方式与国外不同。在信用评级的准备阶段，中国评级机构与委托方签订协议时一般明确先收取全部的评级费用，之后评级机构才进场开展评级工作。

评级机构根据受评对象的类型组建相应的项目团队，投入充分富有经验的分析师，项目组成人员应当具备相关项目的工作经历或者与项目相适应的知识结构，项目组长应当有更丰富的经验和从业经历。一般情况下，评级项目组至少由 2 名分析人员组成。国际金融危机后，为了防范利益冲突，评级机构还制定了分析师轮换制度，规定分析师连续为特定被评对象进行评级的时间不宜过长。在评级时间安排上，根据受评对象所属评级行业以及性质的不同，评级项目周期的长短也有所差异。

在我国《信贷市场和银行间债券市场信用评级规范》中，对评级小组成员资格的要求为：

---

① 包括公司债、市政债和商业票据等。

1. 评级小组成员应具备以下资格：（1）品行良好，公正诚实，具有良好的职业道德；（2）遵守国家相关法律法规及信用评级行业自律规范，未受过重大刑事处罚或者与信用评级业务有关的行政处罚；（3）具备金融、财务、证券、投资、评估等一种或一种以上的专业知识；（4）具有1年以上从事评级业务的经验，并能胜任信用评级工作要求；（5）与评级对象（发行人）不存在利益冲突和关联。

2. 评级小组负责人应具备以下资格：（1）具备评级小组成员资格；（2）参与过5个以上信用评级项目；（3）从事信用评级业务时间不少于3年。

（二）尽职调查

信用评级机构应当开展尽职调查，进行必要的评估以确信评级所需信息来源可靠且充分满足使用需求。实地调查是尽职调查的重要形式。在实地调查阶段，评级小组依据对收集资料的初步审查结果，根据评级信息的需求，确定实地调查方案。

实地调查包括与被评主体或债务工具发行人的高层管理人员及有关人员访谈，查看被评主体或债务工具发行人现场，对关联的机构进行调查与访谈等方面的工作。评级小组在实地考察和访谈之后，应根据实际情况修改或补充相关资料，并建立实地调查工作底稿。

实地调查应安排充足的访谈时间，尤其是首次评级的实地调查访谈。评级小组应重点了解评级对象或相关机构的风险，形成详细的访谈记录。访谈结束后，访谈人员和受访谈人应在访谈记录上签字确认，并作为工作底稿统一归档留存。除实地调查访谈外，评级小组应对评级对象的生产经营场所进行实地考察，以对评级所收集的信息进行核查和验证。评级小组可以根据实际情况，采取电话、邮件、传真等方式作为实地调查的辅助和补充手段，也会采用独立第三方信息来源。

（三）初评阶段

评级小组在完成尽职调查后，开始进入初评阶段。初评阶段是信用评级项目组在材料收集、尽职调查的基础上，依据评级方法对被评主体或债务工具进行分析并初步确定信用等级的过程。评级机构应视评级对象的实际情况安排初评工作进度，评级作业时间应符合主管部门的规定。例如，我国评级规范要求，从初评工作开始日到评级报告初稿完成日，单个主体评级或债券评级通常不少于15个工作日，集团企业评级或债券评级不少于45个工作日。

（四）评定等级

在评级项目组初步确定信用等级和信用报告的基础上，由信用评级机构的信用评审委员会召开评审会议，对信用等级进行确定。信用评审委员会由信用评级专家组成，每次评审会需要遵循回避制度、防火墙制度，一般应达到一定人员数量，比如不少于五人。信用评审委员会采用多数票评定制度确定最终的信用等级，评审会议的人员构成较为灵活，通常根据不同评级领域和地区分别组织评审会议，以提高等级评定的专业性。评级项目组根据信用评审委员会决定的信用等级及评定意见，修改信用评级报告。

（五）结果反馈与复评

在评级结果发布前，评级机构将评级结果反馈至评级委托方，评级委托方应当在规定期限内反馈意见。如果评级委托方、受评经济主体、受评债务工具发行人不是同一主体的，信用评级机构还应当将信用评级结果反馈至受评经济主体和受评债务工具发行人。

评级委托方、受评经济主体或者受评债务工具发行人对信用评级结果有异议，且提供充分、有效的补充材料的，可以在约定时间内申请复评一次。否则，信用评级机构可不受理复评请求。复评结果为首次评级的最终信用级别，且复评仅限一次。

（六）评级结果的发布

评级结果通常以评级公告的形式向市场发布，评级结果包括信用等级和评级报告。由于评级结果对金融市场而言属于敏感信息，评级机构在级别得出与对外披露期间的时间间隔一般较短，以避免出现信息不公平性等问题。在发布时间节点的选择上，评级机构一般应避开敏感时期，考虑评级结果是否影响金融市场的正常运行等因素。

评级结果的发布方式应有利于信息的及时传播，要依据有关法规和监管规定，在互联网站、媒体上对外发布。评级结果发布的内容一般包括评级对象名称、信用等级、简要描述及要素分析等。许多国家和地区要求评级机构及时向监管部门报备评级结果。美国与日本等国家未要求信用评级事前向监管报备，而是采取事后保存以备审查的形式，且不要求免费公开评级报告，只需公开评级级别，投资者等市场参与方通过付费或订阅方式获取评级的详细报告。我国与韩国等国家则要求向监管部门报备信用评级报告，并向市场免费公开。对评级对象主动开展的信用评级，信用评级结果的发布方式也应当符合相关要求，便于市场获得。

在信用评级结果的发布中，评级机构应遵守保密规定，这包括国家秘密、商业秘密和个人隐私的相关法规和制度要求。在大数据和信息科技迅猛发展、全球经济一体化背景下，作为信息服务产品的提供者，评级机构必须遵守数据保护的制度规范，依法履行保密义务，维护信息主体的合法权益。在评级信息依法披露之前，除用于监管要求、评级协议约定用途外，评级公司不得向内部其他人员和外部泄露相关评级信息。

评级结果发布后，市场相关方往往只关注具体级别符号，而不太关心评级报告的内容。实际上，在每一个评级符号背后，分析师们都要花几周甚至几个月的时间分析各类信息，开展尽职调查，与管理层开会，并召开评审委员会，最终才出评级级别。评级机构会给出级别的说明，包括评级理由、更详尽的分析报告以及相关财务数据分析等。

（七）文件存档

信用评级机构应当建立评级业务档案管理制度。业务档案包括受托开展评级业务的委托书、出具评级报告所依据的原始资料、工作底稿、初评报告、评级报告、信用评审委员会表决意见及会议记录、跟踪评级资料、跟踪评级报告等。评级机构将评级对象的原始资料、评价过程中的文字资料进行分类保管，对涉及商业秘密的文件应单独存档。评级业务开展过程中产生的文档要保存一定期限，以便于对业务文档的复查、检查和跟踪评级的需要，这包括保存到评级合同期满后或者评级对象存续期满后若干年，例如5年。在通常情况下，信用评级机构的业务档案的保存期限不少于10年。

（八）跟踪评级

在评级结果有效期内，评级机构应当对评级对象进行跟踪评级，对评级对象信用状况的影响因素进行持续跟踪和分析，以及时反映信用状况的变化情况。评级机构建立跟踪评级小组，关注需要监测的市场指标、被评对象状况等内容，应开展定期和不定期跟踪。

评级机构和评级委托方在签订评级协议时应明确跟踪评级安排。其中，评级结果有效期为一年以上的，信用评级机构应当每年跟踪评级一次，并及时公布跟踪评级结果。在有效期内发生可能影响评级对象偿债能力和偿债意愿的重大事项的，评级机构应当及时进行不定期跟踪评级，并公布跟踪评级结果。

（九）终止或撤销评级

终止评级是评级服务有效期到期，评级机构停止信用评级的行为。撤销评级是经济主体或债务工具发行人不能或不愿履行评级协议，致使评级业务无法进行的情况下，评级机构对原有评级结果撤销的行为。发生下列情形之一的，信用评级机构一般可以终止或者撤销评级。

1. 受评经济主体或债务工具发行人拒不提供评级所需关键材料，或者提供的材料存在虚假记载、误导性陈述或者重大遗漏的，这导致与被评对象相关的信息有误或不够充分；

2. 受评经济主体或债务工具发行人解散、重组或者被依法宣告破产的；

3. 债务工具不再存续的，例如债务到期或提前兑付；

4. 评级工作不能正常开展的其他情形，例如出现利益冲突。

因上述原因终止或者撤销评级的，信用评级机构应当及时公告并说明原因。

二、评级质量的保证措施

（一）评级信息的获取及质量控制

作为开展评级业务的基础资料，评级信息的质量直接关系到评级结果的质量，获取及时、准确和全面的评级信息对于评级结果是非常重要的。在管理上，评级机构从两方面提高信息质量：一是拓展信息获取的类型和渠道；二是尽职调查，严格审核。

从来源来看，评级信息的获取主要通过外部和内部两种方式。外部信息来源渠道有：一是与评级对象（发行人）存在业务、管理、监督等关系的相关部门，包括重要客户、控股股东、担保机构、金融机构、政府部门、司法部门、国际合作组织等；二是评级机构认可的专业数据提供商、权威媒体公开信息等。

内部信息来源渠道主要包括：一是发行人提供的资料，包括通过现场访谈、电话、邮件沟通往来获取的评级信息；二是来源于发行人等授权专业机构出具的报告内容；三是如果使用第三方进行尽职调查的，评级机构应当披露聘用情况。

评级机构在收集评级信息时要评估信息的以下特性：一是及时性。要及时了解影响评级对象信用状况的一些重大变动和最新信息；二是全面性。要收集与评级对象有关的信息，这些信息可以直接或间接反映评级对象的信用状况；三是准确性。要注意信息的真实性和可验证性，甄别信息在计量上的不确定性及其对评级结果的影响。

评级项目组应当按照受评对象的类型和特征确定资料收集的内容，包括但不限于：

1. 宏观经济、区域经济和行业信息。包括宏观经济数据、区域经济数据、行业运行数据以及政府调控政策等。

2. 受评对象为发行人时，包括发行人的相关基础资料、生产经营和财务资料。

3. 受评对象为债务工具时，还应当包括发行方案、募集资金用途、偿债保障措施以及偿债计划等；对于资产支持证券，还应当包括资产池内基础资产的相关资料、交易结构设计及破产隔离法律条款等。

4. 受评对象具有增信措施的，应当包括增信方案、担保方相关资料或抵质押资产的相关资料等。

5. 其他相关资料。包括项目可行性研究报告、对外担保、法律诉讼以及其他重大事项等。

（二）信用评级模型的使用

随着评级技术的不断发展，信用分析过程逐渐由以定性分析为主向定性分析和定量分析相结合转化，评级模型的作用也日益凸显。在地方政府评级、主权评级等业务中，定性判断仍然占有较大比重，但在结构化产品等复杂对象的评级过程中，评级机构主要采用定量模型进行分析。目前，一些信用评级机构按照适用对象或复杂程度不同对模型实行分类管理，不断提高模型管理工作的规范性。信用评级机构从事评级业务，应当遵循一致性原则，对同一类对象评级应当采用一致的评级模型和工作程序，并定期对模型进行检验和完善。

（三）信用评审委员会

评级机构都会成立信用评审委员会，通过召开评审会议，以投票表决的方式最终确定评级结果。评级机构将根据每一评级项目的具体情况，安排充足且具有相关经验的人员参加评审会议。评审委员会是评级机构提高评级质量、保证评级一贯性的关键制度安排。为了使评级结果保持一致性和可比性，评级机构会安排不同地区或不同行业的评级分析师参加具体项目的审议。

信用评审委员会要保持独立性，如市场、财务、合规部门人员不得兼任评级委员会成员，公司的股东不得委派人员担任评审委员会主席，评审委员会主席也不得在市场部门和评级部门兼任职务等。

三、信用评级结果

信用评级的重要结果是以简单符号表示的信用等级。此外，信用评级报告是评级结论的重要支撑，它是对评级对象信用状况及相关要素的具体分析。从组成内容来看，信用评级报告一般包括概述、声明、报告正文、跟踪评级安排和附录等内容。对于比较复杂的信用评级或特殊评级，可根据需要适当增加或调整内容，但须充分揭示出评级对象（发行人）的信用风险。

1. 信用评级报告概述

概述部分包括评级对象的名称、主要财务数据、信用等级、评级小组成员及主要负责人、联系方式和出具报告的时间。债项评级还应当包括被评债券的名称、发行总额、发行期限和利率、偿还方式、募集资金用途等内容。

2. 信用评级报告声明

声明一般包含以下内容：评级行为独立、客观、公正的说明；评级机构与评级人员履行了尽职调查和诚信义务，有充分理由保证所出具的评级报告遵循了真实、客观、公正的原则；评级结论的有效期。

3. 信用评级报告正文

正文包括两部分：一是评级报告分析。该部分应简要说明本次评级过程及对各种因素的分析，主要包括评级对象的概况、经济环境、行业状况、评级对象（发行人）公司治理结构、业务运营、财务状况、募集资金投向分析、偿债保障能力等分析内容；二是评级结论。该部分应当写明信用等级级别及释义、评级结论的主要依据，并简要说明评级对象的信用风险点。

4. 跟踪评级安排

跟踪评级安排包括定期和不定期跟踪评级。跟踪评级安排应说明信用等级有效期内的跟踪评级时间、评级范围、出具评级报告方式等内容，及时揭示评级对象的信用变化。

5. 附录

信用评级报告附录部分应当收录与此次评级相关的其他重要事项。

四、信用评级机构的内控合规管理制度

为了保证独立、客观、公正，提高评级质量，增强行业竞争力和公信力，评级机构都需要建立一系列内控合规制度。这些制度需要向监管部门提交或报备，并向市场公开披露。这些制度体现了评级机构的专业性和自身特点，也是评级机构依法合规经营的保证，制度的完善程度和执行情况已经成为监管部门执法检查的重点内容。

（一）评级质量控制制度

为了保证评级质量，评级机构应当建立完善的评级业务质量控制制度，一般包括：评级报告质量控制制度、尽职调查制度、评审委员会制度、评级结果公布制度、跟踪评级制度等。

1. 评级报告质量控制制度

应明确评级报告的基本要求、报告内容、书写格式等；同时为落实质量责任人，需明确项目负责人、报告撰写人、内部审查人员、评审委员会等质量保障相关人员的职责。

2. 尽职调查制度

实地调查是尽职调查的重要方式，尽职调查应规范实地调查操作程序，包括在初步材料收集基础上的实地调查方案制定、与发行主体管理层的沟通、实地调查工作底稿的形成等。

3. 信用报告审核制度

评级报告审核制度是为了保证信用评级结果的客观、公正，对信用评级报告的分析内容、分析方法、信用等级等进行审查的制度。在通常情况下，信用评级机构内部可建立多级审核制度，如评级小组、评级部门和评级机构等层级的审核。

4. 评审委员会制度

评审委员会制度应当规定评审委员会的组成、运行程序、表决机制、权限及责任等

内容。

5. 评级结果公布制度

评级结果公布制度主要规定评级机构向公众和评级对象（发行人）公布结果的形式、内容、时间及公布的媒介。对不同业务性质的信用评级，有关要素可作调整。

6. 跟踪评级制度

跟踪评级制度是在首次评级结果公布后，对经济主体或债务工具的信用状况进行跟踪分析并披露结果的制度，规定跟踪评级的人员安排、分析人员的职责、跟踪评级关注范围、时间安排等，以做到及时、准确地揭示信用风险。跟踪评级包括定期和不定期跟踪两部分。

7. 评级质量检验制度

评级机构应科学、客观地分析评级质量，建立质量检验制度，对信用评级结果进行事后检验。

（二）内部管理制度要求

内部管理制度主要包括回避制度、档案管理制度、数据库管理制度等。

1. 回避及防火墙制度

回避制度和防火墙制度都是保持独立性的基本制度。评级机构应建立业务回避制度，回避主体包括评级机构、评级人员。评级机构应该回避存在利益冲突的评级业务，这包括对存在股权关系、债权债务关系的企业进行评级；高管、信用评级人员、信用评审委员会成员也应对利益冲突情况进行回避。对于不能遵循回避的情况，评级机构应进行信息披露。

防火墙制度是在评级机构的销售部门与业务部门之间设立的、避免利益冲突的制度。在通常情况下，评级销售人员与评级分析人员或信用评审委员会成员严格隔离，评级分析人员和评审人员不得参与信用评级业务拓展和价格谈判，评级分析人员和评审人员的收入不得直接与评级收入挂钩。

2. 档案管理制度

评级机构应对评级工作底稿、评级报告、相关信息等资料建立档案管理制度，主要包括：档案的接收和管理、档案的查阅、档案保管期限的划分与确定、档案的鉴定和销毁、终止或撤销评级业务档案的处理等内容。

3. 数据库管理制度

数据库管理包括如下内容：一是不同类别数据的保存期限和保存方式、保管（数据维护）人的责任等内容；二是计算机安全管理，确保数据库安全运行；三是对终止或撤销评级业务数据的处理安排。

4. 保密制度

信用评级机构在评级过程中，会获取被评对象相关商业秘密和个人隐私等信息，对于这些信息，信用评级机构有保密的义务和责任，但有关法律法规要求披露的除外。

（三）信息披露制度

为了提高公信力，便于市场的监督，评级机构应建立信息披露制度。信息披露事项包括评级机构的组织结构、内控制度、信用评级方法和程序、评级收费标准、评级人员专业资格及执业经历、利益冲突相关事项，以及监管部门要求披露的事项等。信息披露包括披露渠道、格式、语言种类、频度等，还需要对公众的反馈情况建立信息处理程序。根据监管的要求，信用评级机构尤其需要公开披露信用评级质量表现统计数据，包括违约率统计和级别变动统计等。

（四）合规性审查

针对监管法规的要求，信用评级机构需要在合规制度制定和执行中切实体现和落实，这就需要建立独立的合规部门，对制度建设和执行进行定期的合规性审查，并配合监管部门进行执法检查。评级机构最后出具报告前，往往会由合规部门审核，如在审核中发现问题，应及时修正。为了保持独立性和权威性，监管法规往往要求合规部门直接向董事会汇报工作，并且评级机构每年需要开展合规性自查，向监管机构报送合规报告。

第三节　信用评级的技术方法体系

信用评级的技术方法体系是评级机构需要遵循的整体技术框架。为了建立一致性、可检验的评级方法，评级机构会将评级方法体系形成制度性文件，并且在保护商业秘密的前提下，将这些制度文件向市场公布，以提高评级方法的透明度。

一般地，技术方法体系包括评级方法总论或原则思想、评级符号体系定义及说明、评级方法分类及分析方法、评级质量检验方法等技术内容。针对评级方法中的基本原理和逻辑，一般会形成适用于不同行业的总体评级方法论，此外，评级机构还会对评级方法所涉及的重要内容进行统一的定义和说明，最典型的就是评级符号体系的定义和说明。

评级机构的评级方法体系具有各自的特点，这就像不同企业在生产同类产品时，可能会利用不同的工艺流程。采用不同的评级方法，将有助于评级技术创新，使评级机构更关注评级方法的核心，也将有助于丰富信用评级向市场提供的信息价值。

一、评级技术方法的重要概念

评级技术方法设定了分析框架，指导评级分析人员和评审委员会确定不同行业或资产类别的信用评级。评级分析要素、技术工具等都是评级技术方法的重要内容。

（一）评级分析要素

信用评级方法设定了定性和定量两类分析要素，每个要素下可再细分为更具体的要素和指标。这些要素是决定信用风险的重要因素，评级方法列出在确定评级时考虑的主要要素和指标，但也支持一定的灵活度。因不同受评主体所属行业和个体差异，对其评级分析时所考虑的具体要素会存在一定的差异。

（二）分析技术工具

对债务人未来偿还债务意愿和能力的分析是信用评级的核心，这涉及定性和定量分析，不能完全由数学计算公式完成。信用评级的分析技术工具一般分为打分卡和评级模型两种类型，分别包括定量分析和定性分析两个部分。根据被评对象的特点，评级机构会选择相应的技术工具。

打分卡是使用多项要素得分的分析工具，其中主要使用基本的数学运算，即加权平均计算。打分卡由多个评级要素及其相应细化的指标组成，根据被评对象的行业特点，设置定性和定量要素及指标，并设置相应权重，按照权重加总得到总分数或初步信用级别。各要素和指标对信用风险的影响程度越大，分配的权重越大。为了削减周期性影响，一些定量要素和指标往往使用多年的历史平均数据。打分卡并不是机械的打分计算过程，而是以打分规则为基础的综合信用风险分析过程，因此如果有充分理由，可以对要素或指标的得分和权重进行调整。在非结构化产品的评级分析中，一般利用打分卡技术，如对非金融企业、金融机构和政府的评级。

评级模型更多体现的是定量分析工具。通过模型参数的输入，经过模型计算获得输出值，该输出值可以是评级级别，也可以映射为其他相关值，如预期损失。在结构化金融产品的评级中，评级模型发挥重要的作用，但是在确定最终级别时，不能完全排除定性分析，如对于交易结构的法律条款分析等。

二、评级方法总论

（一）一般原则

评级方法总论是评级分析中需要普遍遵循的基本原则和指导思想。制定评级方法时，应坚持独立、系统、可追溯的原则，在具体实现中一般采用宏观与微观、动态与静态、定量与定性相结合的分析方法。

信用评级是对发债主体或债务工具信用风险的一种意见，如果被评对象未能及时支付承诺的债务或利息，将构成违约。对于大多数被评对象，信用评级的分析涉及发行人通过经营活动产生现金的能力，这与被评对象的经营环境、自身财务实力、管理能力等要素有关，还与债务偿还的条款设计有关，比如债务偿还的优先程度在很大程度上决定了偿还的可能性。信用评级分析的信息是基于从发行人处获得的信息，还包括外部公开信息和评级机构积累的历史信息。

评级对象包括主体和债项。主体评级的分析一般包括主体的自身实力分析和外部支持分析两个步骤。在主体评级的基础上，债项评级需要考虑债务工具的偿还顺序、信用增进措施等要素。在债券评级中，评级结果除了反映违约可能性（违约率），还可能对债务违约之后发生的损失情况（违约损失率）有所揭示。在主体评级中，由于是对整体信用状况展开评级，分析结果一般揭示债务人的违约可能，而无法对违约损失情况进行量化。

（二）主体评级方法论

主体信用评级是对债务发行主体偿债意愿和能力的评价，包括主权评级、工商企业评级、金融机构评级、地方政府评级等。评级机构一般有基础的主体评级方法，在此基础上，根据不同行业特性进行评级方法的调整。

主体信用评级主要分析自身信用状况和外部支持两个方面。受评主体可能会获得其所属集团或相关政府的支持，在决定最终的主体信用评级之时，应将这些要素考虑在内。

1. 个体信用分析

个体信用分析是对自身信用状况的分析，主要包括两类要素分析：一是外部宏观要素分析；二是主体的财务实力、经营管理等微观要素分析。影响不同类型主体的要素存在差异，对不同类型的主体进行信用风险分析时，要充分考虑这些要素对信用风险的影响，有时也应考虑同业比较。

外部宏观环境是主体的运行环境，对主体的信用状况产生重要影响，主要包括经济风险、行业风险。对经济风险和行业风险等宏观要素的分析，整体上反映了运营环境的优势和劣势，确定了个体信用状况的基准。

经济风险分析是建立可比较的全球信用评级的基础。经济风险分析一般包括政治、法制、政府管理、经济发展和金融体系等。行业风险对行业内主体信用状况产生限制性影响，此类评估建立了行业内主体信用状况可比较的基础。行业风险分析包括行业法规、产业政策、行业发展周期、行业竞争格局、行业技术水平和创新等。企业未来的收入可能主要来自于业务的持续经营或投资等，政府机构未来的收入和现金流可能主要来自于税收收入、转移支付等，因此，针对不同类型，个体的微观要素分析存在较大差异。

2. 外部支持分析

在评估个体信用状况的基础上，还要对外部支持的可能性和支持力度进行分析。无论是工商企业、金融机构还是公共融资主体，都存在外部信用支持的可能性，这些支持因素将影响主体信用评级。

如果主体获得外部支持，且支持提供方的信用质量优于受评主体，那么这将提升受评主体的信用。在大部分情况下，由于集团或政府拥有更强大的资金来源，信用状况也通常优于受评主体，因此受评主体获得外部支持的正面影响概率更高。在某些情形下，受评主体除了可能获得集团支持外，还可能获得来自政府的支持，此时评级机构通常会分别评估两者对主体信用状况的影响，并选取较优的结果。以下是不同主体可能的外部支持来源分析。在分析可能获得的支持时，通常会考虑受评主体可获得的支持可能性与力度。

表 2.1　　　　　　　　　　　外部支持来源分析

主体	外部支持重要来源
工商企业	企业股东和集团
具有公用事业性质的企业	政府
金融机构	金融机构的股东以及政府
地方政府	上级政府或中央政府
主权政府	国际金融组织等

资料来源：根据标普方法整理。

（三）债项评级方法论

债项等级一般基于主体信用等级确定，并且一般不高于主体信用等级。标普和惠誉的长期债项评级方法类似，主要是根据债项的回收率情况，在主体评级基础上进行调整而得出的。穆迪的债项评级采用预期损失模型，以主体评级为基础，分析债项的预期损失率，从而获得债项评级。

对于不同级别的主体，债项评级调整的幅度会有差异：投资级主体发生违约的概率较小，对应债项级别进行调整的幅度也较小；投机级主体发行的债项进行级别调整的幅度较大。在分析债项时，通常会考虑债项的特征和条款、违约时的偿付顺序以及抵押品清偿等对于评级的影响。

三、评级技术方法体系基本框架

评级机构的评级技术方法体系基本相同，主要包含三个部分的内容，即基础规范类文件、评级方法和评级质量检验方法。基础规范类文件覆盖并适用于所有评级主体，主要侧重于对评级体系的规范和统一，包括评级定义和内涵、评级符号设置与含义、评级基本原则、评级流程等基础性文件。评级方法是评级理论与方法文件，主要包含工商企业、金融机构、地方政府、结构融资、主权等评级对象的评级方法，在各类下会细分行业评级方法，还有评级方法总论和一些特定风险因素的专项评级方法。评级质量检验文件从准确性和稳定性两方面来指导信用评级质量的检验。

评级技术方法体系的三部分内容之间是紧密联系的，其中基础性文件具有普遍适用的特性，为评级逻辑的制定提供了基本的理论依据，同时也明确了评级过程中需遵循的一般性原则。评级机构在基础性文件的基础上，按照评级对象进行分类，进而对不同类型评级对象设置具体的细分行业评价方法和跨行业评价方法，以适用的评级方法为依据得到评级结果。其中，跨行业评级方法覆盖了不同行业主体所面临的共同风险要素评价方法，例如国家风险的影响、政府相关发行人评级、母子公司评级关联性等。按照评级质量检验体系，评级机构检验评级结果的准确性和稳定性，进而对评级方法进行修订，进一步提高评级质量。

我国评级机构在技术方法体系方面逐步加强，但由于发展历史较短，评级技术体系建设的系统性和完整性相对欠缺，已有成果主要集中于相对微观的分行业和分产品的评级方法，跨行业的方法论成果较少，基础评级理论和专项评级方法相对较少。如，2019年底，中诚信国际披露的行业（产品）评级方法及模型类文件54篇；新世纪评级累计披露53个评级技术文件，涉及工商企业、地方政府债券、城投类政府相关实体、金融机构、结构融资等多个类别。

国际评级机构公布的行业评级方法更加细化，所涉及的评级行业较国内评级机构明显更多。例如，2019年底，穆迪共发布177个行业（产品）评级方法、26个跨行业（产品）评级方法，以及3个其他获准服务的评级方法（如货币市场基金评级、债券基金评级等）。这些评级方法分为企业评级方法、金融机构评级方法、公共项目和基础设施评级方法和结构融资评级方法等大类。此外，国际评级机构建立了较完善的跨行业评价方法，例如国家风险上限评价、流动性、母子公司关系等。

第四节 信用评级分析方法的特点

一、信用评级分析方法的基本特点

评级机构往往强调其信用评级是客观的、前瞻性的，并且体现了穿越周期的分析方法。但是，从实际的评级过程和评级结果看，以上论述只说明了评级方法特点的一半内容，并没有全面说明评级的特点。评级方法具有三个突出的特点，下面分别进行论述。

（一）前瞻性与历史性相结合

信用评级是基于历史，对未来进行预测，是对经济主体或债项未来出现信用风险情况的评估。历史是对未来最好的说明。从这个逻辑出发，信用评级机构应及时、全面、准确地采集被评对象的历史信息，这些历史信息是信用评级分析的起点。历史信息预示着未来发展的可能性，历史信用记录良好，则未来的信用表现良好的可能性更大；而历史上出现违约情况，则未来再次出现违约的概率较大。但是，历史与未来并没有简单的映射，因此评级机构需要综合分析历史信息，对未来进行判断。

评级机构从多种渠道采集被评对象的历史信息，这包括公开渠道和非公开渠道。公开信息包括网络、媒体等公开发布和披露的信息；非公开信息包括被评主体提供的内部信息，还有评级机构在实地调查等形式的尽职调查中所获取的未公开的信息。在对这些历史信息进行分析的基础上，评级机构对未来发生违约的风险进行前瞻性判断。这些历史信息对未来的评估将产生重要影响，一些历史信息要素的权重会更高，产生的影响也更大，因此，评级是前瞻性和历史性的结合。这不同于会计师事务所、审计事务所等中介机构所发挥的对历史信息和事实进行鉴证的作用。

信用评级机构需要展现出高的评级质量，这包括评级在准确性和稳定性两个方面都表现优异，这样才可以取信于市场，获得发行人和投资人的认可。评级质量的检验依赖于历史数据的验证。评级是对未来的预测，待到未来成为历史，就可以将预测情况与已经发生的历史事实情况进行对比。如果预测与事实的契合度高，表明评级具有较高的准确度；如果在未来成为历史的过程中，评级结果并没有出现剧烈的波动，包括对级别的断崖式调整、反方向调整等，则表明级别具有较高的稳定性，这也体现了准确性。评级本身是前瞻性的，因此对其质量高低的判断只能依据成为事实的历史进行分析。经过较长历史表现数据的对比和积累，评级机构才能真正建立起市场声誉。这些需要通过较长历史表现所积累的声誉，使评级业的新进入机构面临较高的准入门槛。与其他评级机构相比，国际三大评级机构在世界上具有压倒性优势的国际声誉，这也与三大评级机构依据上百年的历史记录建立起它们的"信用评级"表现有直接的关系。

（二）客观性与主观性相结合

信用评级是对信用风险的评估，这包括对被评对象的偿债意愿和偿债能力的分析。基于此，信用评级机构一般采用定量分析与定性分析相结合的方法。财务信息可以采用定量分析，如被评主体的业务收入、现金流指标等；而对于许多无法定量的信息，则需采用定性分析的方法，如行业发展环境、法律完善性、公司治理结构等。在定性和定量分析的基础上，评级机构综合形成评级结果。在分析过程中，评级分析人员和信用评审委员会成员的主观经验具有重要的作用，但是，这并不是说评级过程就可以随意判断和修改，评级人员发挥主观性必须遵循合理的基础。

随着技术的发展，计量和统计模型对于风险分析发挥越来越大的作用，但是，模型工具的使用也并非完全可以客观完成，模型的前提假设本身就是带有主观性的指定。结构化产品的评级模型高度依赖于资产违约相关系数、违约概率和回收率等参数假设。国际金融危机暴露出宏观经济冲击下的违约相关性被低估，这些相关性假设是评级机构根据历史计算和经验设定的，由于没有进行及时修正，导致评级模型不能很好地解释资产违约相关性上升的实际情况。

由于评级具有主观性，不同评级机构对同一被评对象的评级结果并不必然相同，这是客观存在的事实，也体现出评级的多样性。金融市场具有很多的双评级或多评级，其原因在于利用不同评级机构给出的评级结果进行对比，可以提高被评对象的风险揭示的准确性。因此，不同评级机构的评级流程和基本准则是相似的，但评级方法不是完全相同的。在金融市场实际运行中，也不能要求评级机构采用完全一致的评级方法，因为如果完全一致，则市场上只需要一个评级机构开展业务了，而这种唯一的风险评估结果将使市场价格产生统一的波动，不利于金融市场的稳定。

大数据、人工智能等新技术会使定量分析的数据、模型更完善，也使定性分析能在很大程度上获得机器学习等技术支持，从而增强客观性。但是未来对信用风险等不确定性分析，不可能完全是客观性的，因为各种分析要素不可能完全量化分析，人员的丰富经验仍将在风险分析中发挥重要作用。

（三）顺周期与跨周期相结合

信用评级是对信用风险的预测。作为经济运行的大环境，宏观经济的周期性波动因素会对被评对象产生正面或负面的影响，使偿债能力和信用状况产生变化。对于这些变化，不可避免地会对评级机构的信用分析产生影响，评级机构也必须及时、准确地反映被评对象的信用状况。因此，当经济处于上升期，市场的流动性增加，资产价格上升，银行信贷充裕，这些正面因素有利于提高被评对象的经营、收益和偿债能力；当经济处于下行期，各种市场要素出现不利的变化，流动性趋紧，银行惜贷，资产价格下跌，这导致被评主体不可能独善其身，许多被评主体的经营出现困难，被评债券的偿债资金来源也发生不确定性。因此，级别出现下调或上调应该是客观反映经济周期的变化，这也使信用评级出现周期性表现。

但是，信用评级机构不能简单地依据经济周期变化对评级结果进行调整，因为一些周期性因素对不同行业的被评主体的影响是不同的。例如，2020年初爆发的全球新冠肺炎疫情对一些行业的企业产生了沉重打击，这包括航空、影业、酒店等行业，各种隔离措施和社交距离的限制使得需要人员聚集性场所的行业受到打击。但是，网上平台、在线培训等行业却在新冠肺炎疫情大背景下，获得新的发展机遇。因此，评级机构必须区分经济周期对各行业的不同影响，此外，还要区分周期性因素的短期和长期差异，从而提供具有稳定性和准确性的评级结果，这就要求评级具有一定跨周期性。为了准确分析周期性的影响，评级机构往往利用较长时期的历史数据和经验进行分析，对于一些定量信息，也会利用多年的平均值。

理论上，信用评级机构一般可采用两种评级方法：时点分析法和穿越周期分析法。在时点分析法下，将某个时点能取得的所有信息作为评估依据，这种分析方法会及时反映各种要素变化，但评级结果会呈现出明显的顺周期性和不稳定性。在穿越周期分析方法下，一方面要获取充分的信息，另一方面要区分信息的长期性和短期性、决定性和偶然性的不同影响，降低评估结果的波动性。

应该承认，由于对经济周期的来临和结束时点进行事前精确判定是困难的，因而对各种经济变量和要素的周期性变化状况进行完全准确的计算是不现实的。这个事实导致各种分析方法在事后必然都体现出不同程度的周期性，而评级机构对跨周期因素的前瞻性、主观性的分析判断，也在事后体现出信用评级质量的高低。

二、信用评级与经济周期的关系

（一）实证分析

一般来说，如果信用评级具有顺周期性，则信用评级级别随着经济的上升而出现上调，随着经济的下滑而出现下调。

许多评级机构提出，信用评级利用穿越周期的分析方法，在信用评级过程中充分考虑周期性因素，但受制于对经济周期事前预判的不足、周期长度和拐点的不可准确预见以及周期的非对称性等因素，使得周期性分析存在困难，所以穿越周期评级属于理想化的评级方法。在实际表现中，信用评级结果并未体现出周期穿越的特征，评级调整往往具有较强的顺周期性。在经济复苏繁荣阶段，评级上调次数上升；在经济衰退阶段，评级下调次数上升；信用评级越低，越易受经济周期影响而发生评级调整。

从标普上下调比率[①]数据以及世界银行的全球经济增速数据来看，评级调整数据与全球经济增速走势呈现较高的一致性，见图 2.1。相关性检验结果显示，1982～2019 年两组变化幅度数据的相关系数为 0.71，在 99% 置信区间内显著。其中 1982～2007 年两组数据的相关系数为 0.55，2008～2019 年两组数据的相关系数上升至 0.81。这表明标普的评级调整行为与全球经济周期间存在正相关关系，并且顺周期性在全球性危机爆发后更加明显。

Jeffery 等（Jeffery & Craig, 2003）也对评级调整与经济周期的相关性进行了分析。从市场表现看，信用评级对经济周期展现了极强的敏感性，表现为顺周期特点。在经济衰退期，评级下调趋势更明显，约 90% 的评级调整为降级。从更长历史的周期数据分析，级别调整与经济周期也呈现高度的同向变化。康托等（Cantor & Mann, 2009）分析了 1920～2008 年违约率、级别下调率与经济周期变化的相关性，从分析来看，平均评级水平的发展方向一般与周期变化相同；级别变化与经济活动、违约率、信用利差等周期性指标具有强的正相关性。级别净下降率[②]与信用周期高度相关，与违约率的统计

---

① 上下调比率 = 上调率/下调率。
② 所有降级（权重）数量减去所有升级（权重）数量后，被评级发行人数量相除。

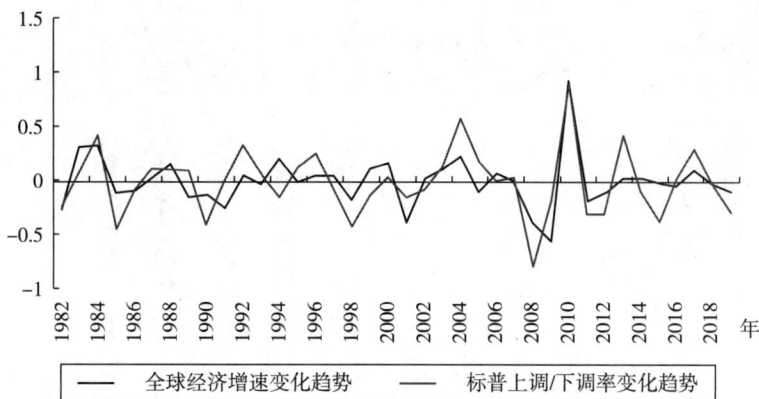

说明：1. 将两组数据标准化，然后相邻数据作差值；

2. 标准化的操作为（时点数－时间序列最小值）／（时间序列最大值－时间序列最小值），以体现时点数在时间序列中的相对位置和消除量纲差异。

图2.1　标普上下调比率与全球经济增速

（资料来源：标普、世界银行，新世纪）

相关系数为63%，与利差的统计相关系数为42%。但是，与基于市场价格的债券、股票信用测量指标相比，评级具有更好的稳定性，周期性也相对较弱，这也在一定程度上体现了穿越周期评级方法的效果。在2007年爆发的国际金融危机中，三大评级机构大规模的评级调降行为被认为加剧了金融市场的震荡和恐慌。在欧债危机中，评级机构的级别下调也被欧盟国家所诟病。

受新冠肺炎疫情和国际油价影响，标普等评级机构在2020年2月至4月初采取的评级行动也显示了与经济下行趋势的一致性。新冠肺炎疫情让全球经济展望走弱，叠加油价和资产价格下跌的冲击，不同地区和市场中各行业发行人的信用基本面受到严重负面影响。风险暴露最大的是最易受消费需求和情绪影响的部门，包括交通运输（航空、游轮等）、旅店、零售、娱乐媒体、汽车等，石油和天然气部门受油价冲击最严重。虽然各国都采取了支持性政策，但评级机构的预测和评级行动是相似的，预测全球信用环境将恶化，违约率上升，并且负面评级行动增大。随着全球经济不断恶化，标普评级负面调整的数量也不断增加，负面调整包括评级下调、展望或观察负面调整，见图2.2。

从标普对发行人的评级调整特点看（截至2020年4月10日），投机级发行人的调整比例超过投资级发行人；拉美地区发行人受到影响被调整的比例最高，超过60%，其次是北美地区超过20%；不同行业发行人的评级负面行动中评级下调基本超过一半。

（二）信用评级顺周期性的原因

信用评级的历史记录表明，信用评级具有顺周期特征。这种特征表现为：第一，在经济上行期，信用等级向上迁移的概率较大；在经济下行期，信用等级向下迁移的概率较大；第二，高信用等级的迁移概率较小、波动性较小，低信用等级的迁移率较大、波动性较大。信用评级的这种顺周期特征主要来自整个金融体系的交互作用。

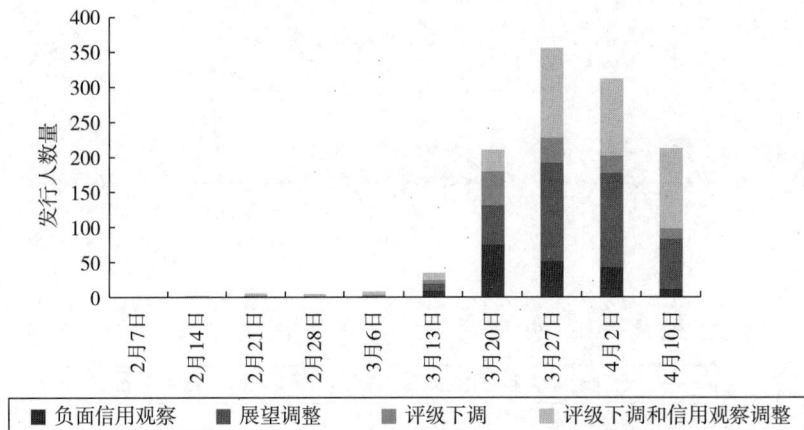

说明：数据截至 2020 年 4 月 10 日。

图 2.2　新冠肺炎疫情初期评级调整时间分布

（资料来源：标普）

1. 金融体系顺周期性对信用评级的影响

金融市场的资源和要素配置呈现出顺周期性特征。金融系统的顺周期性是指一种相互加强的正向反馈机理，在这种机理作用下，金融系统可以放大经济周期的波动性，同时反过来可能导致或加速金融体系的不稳定状况。20 世纪 90 年代，顺周期性的概念被引入金融系统，国际金融危机后，金融系统顺周期性成为了国际关注的焦点。

金融市场的反馈机制对经济波动产生显著效应。正向反馈会显著放大系统对外部冲击的反应，加剧系统的不稳定性，表现为与经济周期的同步性特征。金融系统顺周期性主要表现为资本监管顺周期性、贷款损失拨备顺周期性和公允价值计算顺周期性等方面。公允价值计量也被称为按市价计量，该方法按照市场卖价计量资产负债表中资产的价值。在经济上升期，多项指标扩张，表现在市场流动性充裕，资产价格上升，贷款增加，市场信心增强；这些指标在经济下行期则表现相反。

在金融体系顺周期性的作用下，信用评级也必然出现顺周期性特点。不确定性和风险会随着经济周期出现周期性变化，而这会对评级分析的要素产生影响，导致信用评级的顺周期性表现。当经济处于上升阶段时，借款人的财务状况改善，盈利能力增强，资产净值趋于上升，从而级别出现上升趋势。当经济步入下行期时，情况正好相反。评级顺周期性的强弱取决于其采用的评级方法，在跨周期评级法中，对数据周期性因素剥离程度越有效，评级结果的顺周期性也将越弱。

针对金融市场表现的顺周期特性，宏观审慎监管的要求在国际金融危机后被提出，以维护金融稳定为目标的逆周期调节作为监管内容被各国监管部门重视和具体细化。宏观审慎监管通过评估整个金融体系的综合实力，避免系统性的资产出售和去杠杆化，将关注整个金融体系的流动性，而非单个机构的资本充足性[①]。但是，能否真正实现逆周

---

① 参见：米什金等，2017。

期调节，改变金融市场的顺周期性还需要整个经济周期的检验。金融体系是国家经济的资金融通命脉，是现代经济的核心，在金融体系顺周期性的背景下，使评级分析体现周期中性的特征是不现实的。

2. 评级顺周期性对金融市场的影响

一是在市场交易中存在对评级级别要求的触发条款。在金融市场中，为了防范不确定性和风险，提高资金融通的效率，交易双方会在合约中设定以特定信用评级级别作为强制性交易条款的触发机制。当信用评级降低到一定级别时，将进行提前赎回、减记、追加抵质押品等，这将改变发行人或借款人的融资成本和财务状况。这些触发机制使信用评级一方面提供风险提示与预警，增强信息透明度，另一方面具有正反馈机制，使得顺周期性增强。在 2007 年次贷危机中，当雷曼兄弟的信用等级被调低后，触发了大量交易对手对雷曼兄弟抵押品的追加要求。这加剧了雷曼现金流的恶化情况，使雷曼陷入了级别调整与信用状况恶化的恶性循环。

二是信用评级在监管要求中具有认证作用。自巴塞尔资本协议正式将信用评级作为风险资本计量的依据后，信用评级的调整也通过风险资本权重的变化，推动了金融体系的流动性变动。信用评级的级别调整通过风险权重函数转化为风险资本的变化，从而导致金融机构资本需求随着经济周期的波动而波动，在经济上行期资本要求减少，在经济下行期资本要求增加。此外，监管对金融市场的投资也会直接设定评级级别的要求，比如限定保险资金只能投资一定级别以上的资产工具。当这些资产的级别降低后会引起抛售，抛售导致的断崖效应将放大顺周期性。因此监管对外部评级的依赖加剧了金融市场的顺周期效应。

三是评级调整会对市场主体的心理预期产生影响。信用评级是市场价格评估的重要参考信息，评级调整会对证券价格造成显著影响。作为降低信息不对称的基础手段，评级调整向市场参与者传达新的市场信息，或确认已有的市场变动信号，因此，评级调整会对市场主体的心理预期产生影响，依赖外部信用评级可能导致羊群行为。在市场恐慌性心理或过度膨胀心理两种极端表现的作用下，个体理性转变为集体的非理性，使金融体系的波动性增强，不稳定性增加。

四是评级机构的级别跟从行为加剧市场共振。信用评级机构可以观察彼此的行为，并通过在短时间内发布有关发行人和债务工具信用水平的相似观点来响应，这会促进顺周期性并强化系统性风险。当出现重大的外部冲击时，投资者和评级机构将会存在协同行为。如果市场集中度过高，市场份额最大的评级机构将不可避免地更具有市场影响力，在投资人眼中也更具权威性。这意味着全球重要性评级机构的早期预警会具有较大的影响力，而所有评级机构的协同活动会增加市场风险，此外过度依赖、产品复杂性等因素会进一步加重风险（EC，2016）。

（三）信用评级的跨周期

除了出现变动的情况外，评级级别还有许多是保持不变的。分析发现，这种级别维持率在经济周期发展过程中并未完全消失，甚至仍具有较高的值，这又体现出跨周期性。

以标普 1981~2019 年全球企业评级为例，投资级（BBB 级及以上）一年期平均级别维持率在 86% 以上，三年期的平均维持率超过 65%，五年期的平均维持率约为

50%。从这个角度看，相当数量的企业级别在经济波动中仍保持稳定，且级别越高，这种稳定性越突出，信用评级又具有穿越周期的特点。

将世界经济增长率与标普 1981～2019 年信用等级维持率对比，信用等级一年期维持率在 63%～79% 波动，始终保持较高水平，而经济增长率的波动性更大。在 2009 年世界经济增速下降至 -1.74% 时，信用级别维持率为 63.09%，仅比上年度下降了 3.58%。考察 1997 年亚洲金融危机和 2000 年互联网泡沫这两个时期的经济增长率下降情况，同期信用级别维持率的波动也更平缓，见图 2.3。

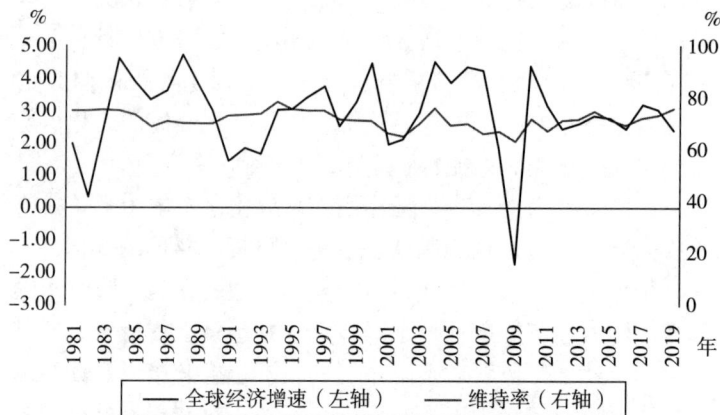

图 2.3 标普维持率与全球经济增速

（资料来源：标普、世界银行、新世纪）

总体上，信用级别维持率的波动幅度明显小于全球 GDP 增速的波动幅度。对信用级别维持率和 GDP 增速的变异系数进行分析，分别为 0.0477 和 0.4302，这表明与经济周期的离散度相比，信用级别维持率的离散度很低[①]。信用评级在经济周期中具有较高的稳定性，体现了信用评级应用跨周期思想，而并非完全是周期性。

（四）未来发展

顺周期性会加剧金融系统周期波动，也将放大系统性风险，因此削弱金融系统的顺周期性是维护金融系统稳定性的重要内容。理想状态中，穿越周期评级法需要对周期跨度做出准确判断，对周期性因素做出清楚区分，但在实际运用过程中，基于金融市场顺周期性和经济正反馈机制等限制，评级方法无法摆脱周期性因素的影响。

凯恩斯主义试图通过宏观调控来熨平经济周期。在 20 世纪 70 年代以后，货币主义、理性预期学派等兴起，认为宏观调控是无效的。国际金融危机后，为了防范系统性风险，在金融市场实施逆周期调节，从而宏观审慎监管成为新的政策取向，这也对金融市场运行产生深远影响。在此新形势下，评级机构也应不断完善评级方法，减弱周期性因素对信用状况的影响。削弱信用评级的顺周期特征，还应强化金融市场的透明度，减少金融监管和市场市场交易中对评级的僵化使用，完善信用评级的外部应用环境。

---

① 变异系数 = 标准差/均值，可以用于比较量纲不同的数组之间离散程度大小。参见新世纪，信用评级与经济周期的关系研究，公众号，2020.6.1。

第二篇
信用评级的市场发展

◎ 第三章　美国信用评级的发展及特点

◎ 第四章　国际版图下的信用评级发展

◎ 第五章　信用评级机构的经营模式

第三章　美国信用评级的发展及特点

信用评级业务最早出现于 1909 年的美国。从发展实践来看，信用评级在美国金融市场发挥重要的影响并形成制度化安排具有多方面的原因。本章对信用评级在美国的起源、发展和壮大进行了研究分析，对美国国家认可的统计评级机构（NRSRO）的情况及特点进行了历史考察。

第一节　信用评级机构的起源和发展

一、信用评级业务的产生

（一）征信机构的出现

信用评级业务最早起源于美国 20 世纪初的资本市场，但是信用评级并非与美国资本市场同时出现，而是在资本市场发展到一定阶段才出现。另外，需要关注的事实是，欧洲资本市场的出现要早于美国资本市场近 200 年。如果对比商业银行体系的发展，则欧洲比美国更早。当美国在 20 世纪初出现评级机构对债券评级时，资本市场在欧洲已出现至少 3 个世纪。

为了弥补税收的不足，主权政府在很早以前就开始通过融资借钱的方式，为战争和其他工程建设提供资金支持（Steven & Thomas，2012）。荷兰于 1609 年发明了股票筹资形式，并通过发行荷兰东印度公司的股票开始发展国内资本市场①，此时荷兰的政府债券也已发展了一些年（Sylla，2002）。到 19 世纪，政府和企业都经常通过国际金融市场发行债券进行融资（Steven & Thomas，2012）。

美国直到 18 世纪末才开始逐步发展类似于欧洲的国内金融体系。随着经济的扩张，特别是为铁路建设提供资金支持的需求，早期的投资银行逐步发展起来，成为债券发行人和投资人之间的中介。在 19 世纪后半期，铁路债券已占据美国债券市场的主要地位（Steven & Thomas，2012）。

---

① 1602 年，荷兰成立东印度公司，该公司是世界上第一个发行股票的公司；并且，荷兰建立了世界上最早的股票交易所——阿姆斯特丹股票交易所，用以交易发行的股票和债券，为东印度公司的海外业务发展筹集资本。参见祝小芳，欧洲全担保债券不败的传奇——欧美模式资产证券化对我国的启示 [M].北京：中国财政经济出版社，2011：43。

在信用评级机构出现之前，与其业务有一定相似性的是在 1837 年爆发的金融危机后出现的商业征信机构，这类机构也被称成为信用报告机构①。在这次金融危机后，美国大量的银行与企业倒闭，越来越多的企业需要了解与其合作企业的偿债能力以及信用状况，因此市场对信用风险的关注程度提高了许多，商业征信机构的出现满足了这种市场需求。这些商业征信机构主要是对商人偿付债务的能力进行评估（Cantor & Packer，1994）。商业征信机构的出现使得外部中介机构对交易双方独立开展信用风险评估的理念获得发展，这也为信用评级的产生奠定了思想和技术实践的基础。

1841 年纽约商人路易斯·塔潘在纽约成立了第一家商业征信机构，该机构设立的宗旨是帮助商人寻找信用状况良好的顾客和商业伙伴，为公司提供商业信用信息服务。后来罗伯特·邓收购了该机构，成为 R. G. Dun 公司，并于 1859 年公布首份信用质量评估指南，到 1900 年，R. G. Dun 公司提供了超过 100 万家企业的信用报告（Steven & Thomas，2012）。1849 年，律师约翰·布拉斯特在辛辛那提建立了类似的征信机构——布拉斯特公司（Bradstreet Co.），在收集整理大量资料的基础上，该公司于 1857 年汇编并出版信用指南。这一阶段的征信机构主要是评估企业的商业信用，为商业往来提供服务。前述两家机构于 1933 年合并成为邓白氏公司（D&B）。邓白氏发展至今，现在已成为美国规模最大的对企业信用状况进行调查的征信机构，其主要产品是企业信用调查报告。

邓白氏公司在 1962 年收购了穆迪公司，从而第一次使征信业务与评级业务在一个企业集团下产生了实际融合。2000 年 9 月穆迪公司从邓白氏公司脱离，再次成为独立的公司。但是，随着金融市场对信用风险评估需求的日益强烈，征信与评级这两种业务的联系却越来越紧密了。从广义来说，信用评级属于征信，作为降低信息不对称的重要方式，信用评级被认为是征信的高级形式。

伴随着经济的发展，征信机构的规模不断壮大，其业务类型也在不断丰富。当前，美国已形成了全国性和行业性机构并存的征信业态。三家具有市场影响力的全国性个人征信机构（也称为消费者信用报告机构）分别是益博睿（Experian）、艾可飞（Equifax）、环联（TransUnion），还有邓白氏从事全国性企业信用调查业务，这些征信机构也不断在全球拓展业务。此外，美国还出现了许多具有行业特色的专业性征信机构，这些征信机构在具体行业内发展业务，并与全国性征信机构开展合作，从全国性征信机构获得信用信息，将这些信息与行业性信息进行整合，从而形成行业性鲜明的信用报告。全国性和专业性机构的区别并不在于服务地域的差异，而在于信息覆盖范围的差异，因为专业性机构并不限定在某一州开展业务。按照美国《公平信用报告法》的规定，全国性消费者信用报告机构可以在全国范围内收集消费者的信贷账户信息，而专业性消费者信用报告机构只收集某一领域的信息。

根据美国金融消费者保护局（CFPB）2019 年发布的《消费者信用报告机构目录》，

---

① 这次金融危机对美国经济产生了较大的冲击，使美国经济陷入萧条。在 1839～1843 年的萧条时期，美国大量的银行倒闭，初期约有 1/4，到萧条阶段末期超过了 1/3，货币存量下降了约 1/3。参见弗里德曼等，美国货币史［M］. 巴曙松等译，北京：北京大学出版社，2009：209－210。

除了 3 家全国性消费者信用报告机构，专业消费者信用报告机构数量较多，包括 49 家机构，服务范围涉及就业核查、租房核查、支票和银行账户核查、个人财产保险、医疗记录、低收入和次级贷款人群、补充信用报告、公用事业、零售业、博彩业 10 个专业市场领域。具体机构可见本书附表内容。信息使用者在决定是否向消费者提供信贷、工作岗位、房屋租赁、保险等商业服务时，利用消费者相关领域的信用报告进行核查及参考。CFPB 规定，消费者依法享有申请获得信用报告、风险评分、核查及冻结信用报告、申请异议处理、投诉的权益。CFPB 将对数据是否正确处理、异议解决是否有效等方面进行监管。

从世界各国征信机构的发展历程看，由于经济和金融发展水平、立法传统和社会习惯等方面的差异，各国建立的征信机构各具特色，总体上形成了政府主导、市场主导和会员制三种模式。

政府主导型模式又称公共征信模式，主要特点是政府和中央银行发挥主导作用，一般由中央银行牵头建设公共征信系统（也称为公共信贷登记系统）并承担监管职能。公共征信系统从受监管的金融机构收集借款人（个人和公司）的信用信息，在金融机构间实现信息共享。公共征信系统的信息采集具有强制性，并主要用于维护金融稳定，服务于金融监管和宏观调控等目的。公共征信模式以欧洲、中国等国家和地区为代表。近些年一些具有公共征信系统的国家和地区也发展了市场化的征信机构，形成了"政府＋市场"双轮驱动的新模式。

市场主导型模式又称民营模式，主要特点是征信市场以商业性征信机构为主，由民间资本投资设立征信公司，独立于政府和金融机构之外，根据市场需求开展业务，有偿为各类商业机构和消费者提供征信服务。市场征信机构通常业务运作非常灵活，信息种类和规模都较庞大。美国、英国、加拿大等国家征信体系为此种模式。

会员制模式的代表国家为日本。日本以行业协会为主建立信用信息中心，为协会会员提供个人与企业的信用信息交换平台，通过建立内部信息共享机制实现信用信息的采集和使用，信用信息查询服务仅面向会员，不以营利为目的，只收取成本费用。

（二）信用评级机构的出现

信用评级于 20 世纪初起源于美国的直接原因是，在政府债券快速发展的同时，企业主导的大规模铁路发展导致较大的公司债券市场出现。19 世纪中叶，尤其是南北战争后，美国的铁路建设开始得到空前的发展，各个企业没有足够的资金来承担庞大的项目，因此选择发行债券进行融资[①]。债券市场成为铁路公司重要的融资手段，大规模铁路建设也促进了美国债券市场的蓬勃发展。由于各地的铁路公司经营区域分散，来自全国各地的投资者难以及时有效地获得铁路债券发行人的经营与财务信息，债券市场急需由独立第三方提供发行人和债券的信用风险评估信息，由此促进提供风险评估的第三方信息服务机构的出现。在此阶段，多家金融信息出版机构陆续成立，成为信用评级机构的雏形。

1832 年，美国铁路行业出现了介绍行业情况的出版物《美国铁路杂志》，亨利·瓦

---

① 实际上，19 世纪美国修建的一些铁路都是通过在英国销售外国债券来融资的。参见米什金等，2017，20。

纳姆·普尔（1812～1905 年）在 1849 年成为该杂志的主编。标普公司最早可追溯至 1860 年，因为在这一年普尔出版了《美国铁路手册》，该手册包含主要铁路公司的经营和财务统计数据，为投资者提供铁路行业投资指南。

1900 年，约翰·穆迪（1868～1958 年）创办了穆迪公司，于 1903 年出版《穆迪工商企业证券手册》。进入 20 世纪，美国资本市场日趋成熟，尤其是 1907 年金融危机之后，债券市场投资者对独立信用评估服务的需求进一步提高[1]。穆迪公司于 1909 年出版《穆迪铁路证券分析》，首次利用简单的评级符号来分辨 250 家公司发行的 90 种债券的信用风险，对铁路公司债券进行等级评估，这标志着真正意义上的信用评级机构正式诞生。1914 年，穆迪公司重组为穆迪投资者服务公司（仍简称穆迪或穆迪公司），同时，穆迪公司逐渐将评级业务扩展到对美国市政公用事业和其他国家政府债券、一般公司债券的信用评级。到 1924 年，穆迪的评级业务基本涵盖全部的美国债券市场。随着对信用评估需求的增加，其他评级机构也不断出现。普尔建立的普尔出版公司于 1916 年正式进入评级行业，发布公司评级信息。标准统计公司于 1922 年提供债券评级服务，惠誉出版公司在 1924 年提供债券评级服务。

1906 年，路德·李·布莱克建立标准统计公司，开始提供约 100 家美国公司的财务信息。1922 年标准统计公司进入评级行业。1941 年普尔出版公司和标准统计公司合并成为标准普尔公司（简称标普公司或标普）。标普在 2016 年 4 月 27 日改名为标普全球评级。目前，标普呈现多元化发展的趋势，除了评级业务，还有指数（包括最为知名的标普 500 指数）、提供关于企业和市场洞察的市场财智业务、能源咨询机构标普普氏三个板块。2018 年，在全球债券发行放缓背景下，标普的评级业务收入下滑 4%；但规模较小的指数业务和市场财智业务收入分别增长 15%、9%，评级收入在集团收入中的份额下降至约 46%。作为全球三大指数供应商之一，标普道琼斯指数于 2018 年 12 月宣布将把涵盖在沪深港通中符合条件的 A 股标的纳入其有新兴市场分类的全球基准指数，2019 年 9 月 23 日纳入正式生效[2]。

1962 年，邓白氏收购穆迪。20 世纪 70 年代后，穆迪开始短期评级以及银行存款评级。2000 年 9 月，邓白氏集团进行改组，把邓白氏公司和穆迪公司两家分拆，穆迪成为独立的纽约证交所的上市公司。穆迪逐渐发展为包含评级和数据分析板块的集团公司，其中评级为穆迪投资者服务，数据分析为穆迪分析公司。穆迪不断通过并购扩大业务范围和实力，如，2002 年，穆迪集团收购了在信用风险量化分析上具有优势的 KMV 公司[3]，该笔收购花费 2.1 亿美元。

三大评级机构中历史较短的惠誉也有超过一百年的历史。1913 年 12 月 24 日，约翰·惠誉在纽约成立惠誉出版公司，后来发展为惠誉评级公司。惠誉出版公司在 1924 年利用评级符号 AAA～D 提供债券评级手册。1997 年开始，惠誉连续合并、收购了多家美国国家认可统计评级机构。1997 年底，惠誉与 IBCA 公司合并并更名为 Fitch‑IB-

---

[1] 1907 年的金融危机促使 1913 年通过了《联邦储备法》，并于 1914 年成立了美联储。

[2] 参见王力为，《专访标普 CEO：评级业务入华三年后再考虑利润》，财新网，2019.5.5。

[3] 实际是由穆迪的数据分析公司完成。

CA，成为菲玛拉克的子公司。2000 年 4 月，Fitch – IBCA 与达夫 & 菲尔普斯（Duff & Phelps）合并，同年 10 月继续收购汤姆森银行观察，2002 年公司正式更名为惠誉评级。目前，惠誉也已成为集团公司，由惠誉评级、解决方案（信贷市场数据、分析工具和风险提供商）及惠誉培训（培训和专业发展公司）组成，总部设在伦敦、纽约两地，惠誉集团变更为赫斯特（Hearst）旗下公司。

早期的美国信用评级行业是一个准入门槛较低的自由竞争行业，各家信用评级机构主要靠投资者认购信用评级手册或分析报告获得收入。由于信用评级机构收集信息并做出风险评估，将评级结果出版发行，通过销售出版物获取收入，因此在某种意义上，信用评级机构代表之前出现的征信机构、投资银行、专业金融出版机构所执行功能的融合（Sylla，2002）。

二、美国信用评级制度的发展历程

从行业发展特征看，美国评级机构的发展经历了早期的市场自律、70 年代开始的行政弱规范、2006 年开始的行政强规范等阶段，而美国信用评级制度的发展演变与几次经济危机紧密联系。

（一）20 世纪 30 年代的经济危机促使信用评级地位的初步确立

1929 ~ 1933 年爆发了第一次世界性的经济危机[①]。尽管相对于其他大多数国家而言，美国经历的大萧条更为猛烈，持续的时间也更长，但是从范围上来看，这次大萧条是世界性的，是近代历史上危害程度最大、波及范围最广的一次国际性经济紧缩。据估计，1929 年 10 月，在纽约股票交易所挂牌上市的所有股票的总市值下降了大约 155 亿美元；在 1929 ~ 1933 年，美国国民生产净值的下降幅度超过了 50%。美国有 1/5 的商业银行（在大萧条开始时，其持有近 10% 的美国存款）由于财务困难而停业，再加上主动清算、吸收合并、收购等，商业银行的数量因此减少了 1/3 以上。更为严重的是，1933 年初，许多州的银行进入了歇业期，而从 3 月 6 日（周一）至 3 月 13 日（周一），全国的银行全部歇业，不仅所有的商业银行如此，联邦储备银行也是如此[②]。大萧条后，美国国会分别通过了 1933 年《证券法》和 1934 年《证券交易法》，并根据《证券交易法》建立了美国证券交易委员会（以下简称美国证监会，SEC）作为证券执法机构，负责联邦证券法律的执行工作，打击和规范市场中的投机违法行为，保护市场投资者的利益。大萧条后不久，联邦银行存款保险制度也开始实施。

在这次经济危机期间，美国有 30% ~ 40% 的债券不能如期履行债务，债券投资还本付息的可靠性受到人们的极大重视。与此同时，尽管在危机期间有超过 1/3 的债券发

---

① 关于大萧条的形成原因，不同的学者给出了不同的解释。货币主义学派的弗里德曼认为，如果在危机出现初期实施银行支付限制的话，可能会在 1930 年秋立即产生比实际发生的更为严重的恐慌，但却可以防止银行系统的崩溃和货币存量的急剧下降，而正是这两者大大加剧了此次危机紧缩的程度，甚至可能正是它们才使得一次一般严重的紧缩转变为一场灾难性的萧条。因此，弗里德曼认为 1928 年初联邦储备体系推行的严厉的紧缩政策已经挤出了股票市场的泡沫，但没有必要长期执行这项政策，以至于严重地拖累了整个经济的发展。参见弗里德曼等，美国货币史［M］. 巴曙松等译，北京：北京大学出版社，2009：114，203。

② 参见弗里德曼等，美国货币史［M］. 巴曙松等译，北京：北京大学出版社，2009：209，249 – 250。

生违约，但是被评级机构评为高级别债券的违约率却较低，总体上，信用评级表现良好①，这极大地提高了评级机构的可信度，促进了信用评级的市场声誉初步建立。希克曼采用1900~1943年美国市场上发行的债券作为样本，统计了信用级别与违约率、债券收益率、损失率之间的关系，见表3.1。可以看出，随着信用级别的增高，信用级别所对应债券违约率明显降低，名义收益率也随之降低，收益率降低代表了融资成本的下降。

表3.1　　　　　　　　　　按照级别统计的违约率、收益率和损失率　　　　　　　单位：%

级别	违约率	名义收益率	实际收益率	损失率
Ⅰ	5.9	4.5	5.1	− 0.6
Ⅱ	6.0	4.6	5.0	− 0.4
Ⅲ	13.4	4.9	5.0	− 0.1
Ⅳ	19.1	5.4	5.7	− 0.3
Ⅴ − Ⅸ	42.4	9.5	8.6	0.9
未评级	28.6	4.8	4.6	0.2

说明：由于评级机构采用不同的评级符号来反映风险，表中采用Ⅰ-Ⅸ来对级别进行排序，Ⅰ至Ⅳ级相当于最高的4类投资级别（即包括BBB级及以上的级别），Ⅴ-Ⅸ级代表非投资级（即包括BB级及以下的级别）。

资料来源：Hickman, 1958, 10-11。

经济危机的沉重打击使政府监管部门和投资者都深刻认识到经济波动的客观性以及投资风险的必然性，并重新审视信用评级所发挥的作用，开始在金融监管中参考使用信用评级结果。因此，大萧条使信用评级在美国金融市场的地位获得初步确立，市场对信用评级的需求迅速提高，并产生了一批新的信用评级公司，如：1933年成立了达夫 & 菲尔普斯公司，1941年标准公司和普尔公司合并成立的标普公司。

（二）20世纪70年代经济危机促使信用评级深化在金融市场的地位

受高通胀和高利率的双重影响，20世纪70年代美国经济出现严重衰退，经济衰退引发的债务危机导致大量债券和商业票据持有者严重亏损。在这次经济危机中，破产或违约的企业不仅包括一般工商企业，还包括一些市政债券和最初信用级别较好的企业，比如，1975年11月纽约市政府短期债券违约事件，1970年6月宾州中央运输公司商票违约及公司倒闭事件。宾夕法尼亚州（以下简称宾州）中央运输公司是由宾州铁路公司与纽约中央铁路公司在1968年合并成立的新公司。由于当时美国经济不景气及自身经营不善，合并后的公司出现亏损，在1970年6月21日宣布破产，造成对2亿美元的商业票据违约。破产前该公司是当时美国最大的运输公司，也是商业票据领域中重要的发行人，直到破产前该公司发行的商票仍被评为最高级别。20世纪70年代发生的违约和信用风险事件，一方面使政府和市场认识到信用风险分析与评估的重要性，对信用评级的需求大量增加；另一方面也使投资者和监管者意识到，市场投资风险还来自信用评

---

① 参见 Hickman W. Braddock, Corporate Bond Quality and Investor Experience. Princeton University Press, 1958, pp. 18 – 19.

级机构的评级质量。

为了规范和引导信用评级结果的使用，筛选市场认可的评级机构，美国证监会于1975年建立全国认可统计评级机构（NRSRO）制度，并首次以无异议函的形式确认穆迪、标普和惠誉为全国认可统计评级机构[1]，将这些机构的信用评级结果用来确定净资本规则下经纪人、交易商持有证券的资本要求[2]。

根据美国1934年《证券交易法》要求，注册登记的证券经纪人和交易商必须保留足够的流动资产以保证其偿付能力[3]。1975年，美国证监会发布关于确定经纪人、交易商最低清偿标准的净资本规则（Rule 15c3-1），首次将NRSRO评级结果纳入了联邦证券监管法律体系。根据该规则，经纪人、交易商在计算其净资本时，必须按一定比例扣除其持有的有价证券的市值，以抵消市场价格波动对净资本的影响。这些证券包括商业票据、不可转换债券、不可转换优先证券等。如果此类有价证券被至少两家NRSRO评为最高信用评级的前四级，即BBB级及以上等级，则其市值扣除比例可大幅降低。

最初，SEC对NRSRO资格没有明确的定义和正式的监管机制，主要根据是否被多数使用者认可为可信赖的评级。NRSRO的应用范围逐渐扩展并被纳入监管制度框架内，嵌入许多联邦和州法律、法规、投资指南和私人合同中。NRSRO制度使信用评级在金融市场的地位得到深化，但一定程度上成为信用评级行业准入的障碍，限制了信用评级业的竞争环境（Becker & Milbourn，2010）。作为首批获取NRSRO资格的评级机构，穆迪、标普和惠誉在积累声誉资本方面具备了先行优势，并通过借助NRSRO制度创造的有限竞争环境和供给限制不断发展壮大，最终形成评级行业的垄断格局。

在20世纪70年代，评级机构的业务还出现了两个重要的变化：一是收费模式从投资人付费转向发行人付费。惠誉、穆迪在1970年开始对企业发行人收取评级费用，标普随后也实行了企业发行人付费模式。实际上，标普在1968年已经对市政债发行人收取评级费用。二是评级机构细化了评级符号，提供更细小的评级分类符号以帮助投资人更好地区分风险级别。20世纪70年代早期，投机级债券或垃圾债券规模开始发展，这在增加评级需求的同时，也促进了评级符号的细化要求[4]。惠誉在1973年、标普在1974年对评级符号增加了"+、-"号，穆迪在1982年对评级符号增加了"1、2、3"数字，以分别进一步细化信用等级。

信用评级行业最早采用投资人付费模式，将评级报告以证券投资刊物的形式出售给

---

① 由信用评级机构向美国证监会提交申请，美国证监会通过出具一份无异议函授予递交申请的评级机构具有NRSRO资质。如果得不到认可，美国证监会也不会给予任何说明。

② 17 C. F. R. §240. 15c3-1。Rule 15c3-1。净资本规则对具有较高NRSRO评级的证券实施了较低的折扣。根据《多德—弗兰克法案》，2011年4月美国证监会发布规则，从净资本规则中删除对信用评级的所有引用，并用其他信用质量标准进行替代。规则建议，一般经纪交易商对其在商业票据、不可转换债务和优先股中的自营头寸进行15%的折扣，除非经纪交易商具有相关操作程序，以确定符合特定标准的信用质量；还建议从其他规则条款中删除对NRSRO评级的引用。参见《删除1934年证券交易法中对信用评级的引用》，76 Fed. Reg. 26550（2011年5月6日）；见GAO，2012。

③ 经纪人是中间人，充当投资者买卖证券的代理人，为买方或卖方寻找合适的交易对手，并由此获得佣金。交易商持有证券存货，低买高卖，从价差中获得收益，并通过买卖证券促进证券市场的流通。

④ 参见Langohr & Langohr，2008，389。

投资人。评级付费方式向发行人付费转变有以下两方面的原因：一是信息技术的快速发展。20 世纪 70 年代以后，由于信息技术的发展，信息复制和传播的效率提高、成本降低，由投资人付费购买评级结果已经不可控（White，2002）。投资人付费下的搭便车行为甚至可能导致评级市场的衰退（Skreta & Veldkamp，2009）。二是金融市场对信用风险揭示需求的提高。1970 年宾州中央运输公司商票违约及随后经济危机中的大量违约行为，使得投资风险受到进一步关注，投资人需要评级揭示风险，相关监管政策也大量引入评级要求。随着评级结果逐步反映到发行利率水平上，信用评级对于发行人的融资成本形成了重大影响，为了降低融资难度和取得投资人的信心，发行人也愿意支付评级费用。

（三）20 世纪 90 年代末亚洲金融危机和公司财务造假丑闻引发对信用评级的规范管理

20 世纪 80 年代以后，在经济全球化发展的大背景下，信用评级业务也获得了前所未有的发展机遇。随着金融市场复杂性提高和借款人多样性增加，投资人和监管者增强了对信用评级观点的依赖（Cantor 和 Packer，1994）。但与此同时，评级机构并没有对1997 年开始的亚洲金融危机作出准确预测，在美国安然公司、世通公司及意大利帕玛拉特公司的财务舞弊导致的破产案中，评级机构的表现也难以令人满意。

1997 年亚洲爆发了有史以来最严重的一次金融危机，韩国、中国香港以及东南亚各国和地区陆续发生金融海啸，这些国家和地区的股票、外汇以及债券市场出现严重动荡。信用评级机构在此次危机中的表现引起了许多国家，尤其是亚洲国家和地区的质疑。在危机爆发前，标普、穆迪、惠誉等评级机构对许多亚洲国家和地区的信用评级都给出了较高的投资级别，而在之后的 12 个月内，国际三大评级机构迅速将这些国家或地区的信用评级进行了大幅下调。以韩国为例，从 1997 年 10 月 24 日到同年的 12 月 22日，标普将其长期外币信用评级调低了 10 个等级；穆迪也在不到 30 天内将韩国的长期外币信用评级下调了 6 个等级。

21 世纪初，一些重要公司的破产进一步动摇了评级机构的公信力，尤其是美国能源巨头安然公司涉嫌财务造假而倒闭[①]，对于美国评级机构来说是一个巨大的信誉灾难。2001 年 10 月 22 日，美国证监会对安然公司展开调查。而标普直到 2001 年 11 月 1日、惠誉直到 2001 年 11 月 5 日才下调安然公司的信用等级，但依然是投资级。2001 年11 月 28 日，标普、穆迪和惠誉三大评级机构将安然公司的评级下调至投资级以下：标普将安然公司的评级由 BBB - 调低至 B - ，并将安然公司从标普成分股指数中剔除；随后，穆迪也宣布将安然公司的评级由 Baa3 调低至 B2。2001 年 11 月 30 日，安然公司的股价跌至 0.26 美元，市值由峰值时的 800 亿美元跌至 2 亿美元，12 月 2 日安然公司正式向破产法院申请破产。在安然事件中，三大评级机构事前未对安然公司真实的财务和信用状况作出准确的评估分析，事件爆发后频繁下调信用等级，更是在破产前几天大幅下调，体现出风险预警存在明显不足，见表 3.2。

---

① 2001 年，财富 500 强的安然公司破产，数万员工被裁，投资人损失惨重。安然公司倒闭的主要原因是做假账与内部审计造假等问题，这也直接导致原国际五大会计师事务所的安达信倒闭。

表 3.2 信用评级机构在安然公司事件中的评级表现

日期	破产前天数	标普	穆迪	惠誉
2001 年 8 月 15 日	110	BBB +	Baa1	BBB +
2001 年 10 月 16 日	48	BBB +	Baa1（负面）	BBB +
2001 年 10 月 29 日	35	BBB +	Baa2（负面）	BBB +
2001 年 11 月 1 日	32	BBB −（负）	Baa2（负面）	BBB +
2001 年 11 月 5 日	28	BBB −（负）	Baa2（负面）	BBB −
2001 年 11 月 9 日	24	BBB −（负）	Baa3（负面）	BBB −
2001 年 11 月 28 日	5	B −	B2	CC

资料来源：彭博。

这些事件引起各国监管部门和国际组织重新审视评级机构，也促使各方开始讨论对评级行业的规范管理。受安然公司事件的影响，2002 年 3 月，美国参议院政府事务委员会举行听证会，集中调查安然公司事件中信用评级机构的作用。调查结果指出，在对安然公司的评级过程中，信用评级机构未履行严格的尽职调查程序，仅仅根据安然公司提供的信息作为评级的依据，忽视或者刻意掩饰了明显的风险信号。此外，评级结果受到美国宪法第一修正案的保护，信用评级机构的义务十分有限，不需要为其评级质量问题承担应有的责任，这种责任豁免是有问题的。

2002 年 7 月，美国国会通过了《萨班斯—奥克斯利法案》[1]，而安然公司事件加速了该法案的通过。法案 Sec702（b）条款要求美国证监会就信用评级机构在金融市场的地位和作用进行研究说明，以加强对信用评级机构的监管[2]。2002 年 11 月，美国证监会组织标普、穆迪和惠誉召开听证会显示，穆迪收入的 90% 来自受评对象支付的评级费用，10% 来自研究和数据服务；惠誉收入中 90% 左右来自发行主体支付的费用，大约 10% 来自订购服务。评级机构与受评主体之间的潜在利益关联越发明显。

亚洲金融危机和安然等公司破产案暴露了信用评级业存在的诸多问题：一是评级机构的经营模式存在利益冲突。发行人付费和为投资者服务存在矛盾，阻碍了评级机构应具有的独立性和公正性；二是 NRSRO 机构存在竞争性不足和市场垄断。对 NRSRO 资质的认定缺乏客观标准，市场准入形成壁垒，在垄断的格局下，评级机构提升评级质量的动力不足；三是对 NRSRO 的监管缺乏。信用评级已广泛应用于金融市场和法律制度中，而对于 NRSRO 业务行为的直接监管缺失，评级行业基本处于行业自律的状态。

2004 年 12 月，国际证监会组织发布第一个信用评级机构的基本职业准则，这个准则逐步成为对信用评级采取管理措施的范本。但欧盟在研究后认为，对于信用评级机构不需要制定专门的法规制度，只需要应用自律准则即可。与欧盟不同，2006 年美国颁

---

[1] 又称 2002 年《公众公司会计改革和投资者保护法案》，由参议院银行委员会主席萨班斯（Paul Sarbanes）和众议院金融服务委员会主席奥克斯利（Mike Oxley）联合提出，在公司治理、会计职业监管、证券市场监管等方面对 1933 年《证券法》、1934 年《证券交易法》做出诸多修订。

[2] 美国证监会最终形成了《信用评级机构在证券市场中的作用和功能报告》。

布第一部评级机构监管法律《信用评级机构改革法案》，这标志着对信用评级业由自律规范到直接监管的转变。但是，美国颁布的监管法律还未检验实施效果，全球就出现了更严重的金融危机，这加速了国际对信用评级行业监管强度的深化。

（四）2007年国际金融危机促使信用评级监管的全球性改革

2007年发端于美国的次贷危机及随后的国际金融危机在全球范围内引发了对评级机构的质疑。所谓次贷是一种次级住宅抵押贷款，是商业银行向还款能力较低或信用记录较差的借款人发放的住宅抵押贷款。2000年以后，在美国宽松的货币政策和房地产价格迅速上升的刺激下，银行发放了大量的住宅抵押贷款，其中很大一部分是次级住宅抵押贷款。此外，次优级借款人（Alt–A借款人），即声明但未证明其收入状况的借款人，以及支付非常少的首付比例的借款人发现办理贷款要容易得多[1]。为了保证资金的流动性，银行将这些抵押贷款形成证券化产品。

2007年之前，穆迪、标普、惠誉等信用评级机构对大量的住宅抵押贷款支持债券（RMBS）和债务担保凭证（CDO）等结构化金融产品给予了高级别的信用评级[2]，这些债券吸引了大量投资者，包括美国和国际投资者。2006年下半年，房地产价格下降，利率上升，外部市场环境变化，借款人出现违约。从2007年开始，评级机构也将许多住宅抵押贷款支持债券和债务担保凭证降低级别。降级导致债券的价值下跌，这促使投资人在二级市场上不断抛售所持有的债券，抵押贷款支持债券和债务担保凭证等结构化金融产品的发行业务几乎停滞。随着次贷危机的发展，以2008年9月美国雷曼兄弟破产、美国国际保险公司陷入财务危机为标志，危机迅速扩散，并发展成为席卷全球的金融危机。

此后，国际社会对金融市场和信用评级的关系进行了广泛的讨论和研究，对信用评级的认识上升到宏观审慎的高度，加强对信用评级的监管成为共识。评级机构也开始对自身存在的利益冲突、技术缺陷等问题进行完善。随着对信用评级机构在金融体系中的角色及其对金融稳定的系统性影响的认识不断加深，全球主要国家和地区对于信用评级机构的监管标准发生了巨大的变化，进一步使信用评级管理从市场自律转变为强监管，促进信用评级市场的竞争，打破市场垄断。

国际金融危机发生后，为扩大市场竞争，美国证监会先后对伊根–琼斯（2007年12月）、雷斯（2008年2月）、实点公司（2008年6月）这3家投资人付费的评级机构给予全国认可统计评级机构的资格，使全国认可统计评级机构增长至10家。在2006年通过《信用评级机构改革法案》时，美国证监会曾经预计最终将有30家信用评级机构注册成为全国认可统计评级机构（SEC，2014），但是，后来仅有10家信用评级机构注册成为全国认可统计评级机构，并且这个数量在相当一段时间内都十分稳定。

三、全国认可统计评级机构规模的发展变化

美国评级行业主要由注册的本土全国认可统计评级机构主导。自1975年全国认可

---

① 参见哈伯德等，2013，16。

② 在2006年，穆迪已覆盖大约12000家公司和金融机构，超过29000家公共金融发行人，超过96000个结构化金融工具，以及100家主权发行人。参见 Langohr & Langohr，2008，397。

统计评级机构制度建立以来，共有 15 家机构先后获得此资质，比如，达夫 & 菲尔普斯（1982）、麦卡锡·克里桑蒂 & 马菲公司（1983，简称 MCM）、国际银行信用分析公司（1990，简称 IBCA）、汤姆森银行观察（1991）、多美年评级（2003）、贝氏公司（2005）等，见表 3.3。

截至 2019 年底，全国认可统计评级机构共 9 家，其中 6 家美国本土评级机构，还有加拿大的多美年评级、日本信用评级公司以及墨西哥 HR 评级公司。晨星信用评级的母公司（晨星集团）于 2019 年 7 月 2 日收购了多美年，收购价格 6.69 亿美元[①]。2019 年 11 月 15 日，晨星向美国证监会提交撤销注册申请，该申请于当年 12 月 30 日生效，同时多美年更新注册，增加晨星为分支机构。由此，全国认可统计评级机构压缩为 9 家。

多美年评级和日本信用评级公司等国外机构在美国的评级业务量很小，其业务重心还是在各自的国内领域。从收费模式看，在全国认可统计评级机构中，穆迪、标普、惠誉、贝氏、多美年评级、墨西哥 HR 评级、日本信用评级公司共 7 家机构主要按照发行人付费模式经营；伊根 – 琼斯按照投资人付费模式经营；克罗尔和晨星信用评级之前主要按照投资人付费模式经营，但这 2 家评级机构已越来越多地开展了发行人付费的信用评级业务。

至 20 世纪 90 年代早期，先后共有七家评级机构被认定为 NRSRO 机构。从 20 世纪 90 年代开始，部分 NRSRO 机构开展了并购。1991 年达夫 & 菲尔普斯兼并了麦卡锡·克里桑蒂 & 马菲公司，1997 年英国的国际银行信用分析公司与惠誉合并成为新的惠誉（公司命名为 Fitch – IBCA），2000 年惠誉收购了达夫 & 菲尔普斯和汤姆森银行观察。

表 3.3　　　　　　　　　1975～2019 年注册的全国认可统计评级机构

序号	评级机构	首次注册 NRSRO 时间	总部	备注
1	穆迪	1975 年	美国	2007 年 9 月 24 日重新注册
2	标普	1975 年	美国	2007 年 9 月 24 日重新注册
3	惠誉	1975 年	美国	2007 年 9 月 24 日重新注册
4	达夫 & 菲尔普斯	1982 年 2 月 24 日	美国	2000 年被惠誉兼并
5	麦卡锡·克里桑蒂 & 马菲公司	1983 年 9 月 13 日	美国	1991 年被达夫 & 菲尔普斯兼并
6	国际银行信用分析公司	1990 年 10 月 1 日	英国	1997 年与惠誉合并
7	汤姆森银行观察	1991 年 8 月 6 日	美国	2000 年被惠誉兼并
8	多美年评级	2003 年 2 月 24 日	美国	2007 年 9 月 24 日重新注册
9	贝氏	2005 年 3 月 3 日	美国	2007 年 9 月 24 日重新注册
10	伊根 – 琼斯	2007 年 12 月 21 日	美国	
11	日本信用评级公司	2007 年 9 月 24 日	日本	

---

① 之前，晨星信用评级在美国注册，多美年评级在美国和欧洲注册。此次收购，将会使多美年在加拿大、欧洲和美国市场的表现与晨星在美国的业务市场相结合，进而扩大晨星全球资产类别的覆盖范围。晨星信用评级最终被整合为多美年的全资子公司。

续表

序号	评级机构	首次注册 NRSRO 时间	总部	备注
12	克罗尔债券评级公司	2008 年 2 月 11 日	美国	之前称为雷斯
13	晨星信用评级	2008 年 6 月 23 日	美国	之前称为实点。2019 年 12 月 30 日撤销注册，成为多美年的分支机构
14	日本评级和投资信息公司	2007 年 9 月 24 日	日本	2011 年 11 月 27 日退出
15	墨西哥 HR 评级	2012 年 11 月 5 日	墨西哥	

说明：1. 2013 年 1 月 22 日，美国证监会与伊根–琼斯达成诉讼和解协议，根据该和解协议，美国证监会对伊根–琼斯执行一项禁令：由于伊根–琼斯及其创始人肖恩·伊根在申请资产支持证券（ABS）评级和政府债券评级的资质时涉嫌做出虚假陈述，撤销伊根–琼斯的 ABS 及政府债券评级的全国认可统计评级机构资质。

2. 截至 2019 年底，注册的全国认可统计评级机构有 9 家。

3. 多美年评级被美国证监会统计为总部在美国的评级机构。

资料来源：根据 SEC 资料整理。

1997 年，国际银行信用分析公司（IBCA）宣布商谈购买惠誉公司（Fitch），IBCA 属于法国的菲玛拉克公司（Fimalac SA）。IBCA 总部设在伦敦，最初专业从事银行、金融机构和政府机构的信用评级业务。1997 年 10 月，菲玛拉克以 1.75 亿美元取得惠誉，将其与 IBCA 合并，创建了仅次于标普和穆迪的第三大评级公司 Fitch–IBCA。通过合并，惠誉扩大了主权、公司和金融机构评级的国际影响。Fitch–IBCA 实行在纽约和伦敦双总部，到 1999 年在全世界有 400 名分析师和 21 家分支机构，覆盖了超过 1400 家发行人。

2000 年 4 月，Fitch–IBCA 宣布以 5.28 亿美元收购了达夫 & 菲尔普斯信用评级公司，这是 1932 年成立于芝加哥的一家评级公司。达夫 & 菲尔普斯信用评级公司自 1932 年开始涉及公共实体评级业务，但在 1982 年才开始为更大范围的公司提供债券评级。20 世纪 90 年代达夫 & 菲尔普斯快速发展，至 1999 年已经在 30 个分支机构有超过 300 名分析师，为 50 多个国家的 10 万只以上的债券评级。达夫 & 菲尔普斯在拉丁美洲新兴市场的资产证券化产品和政府债券评级市场占有率较大，此次兼并提高了 Fitch–IBCA 业务的全球覆盖面。Fitch–IBCA 在 2000 年晚些时候又宣布了另一项收购，从加拿大媒体巨头手上购买了总部位于多伦多的评级公司汤姆森银行观察，该公司专业从事银行机构信用评级，在 75 个国家拥有 1100 名雇员。

从历史变化可以看到，在 1975 年至 2003 年期间，除了最初获得全国认可统计评级机构资质的穆迪、标普、惠誉以外，其他在 20 世纪 80 年代以后获得全国认可统计评级机构资格的机构基本都被兼并。美国国会在 2006 年 9 月通过了《信用评级机构改革法案》，该法案要求美国证监会建立明确的指引来确定成为 NRSRO 机构的条件，并赋予证监会对 NRSRO 的内部流程制度及利益冲突等进行监管的职权，开启了对评级行业的直接监管。美国证监会在 2007 年和 2009 年分别发布了相关的监管规则。为了提高行业的竞争度，2007 年美国证监会依据新规则对全国认可统计评级机构进行了重新注册，并扩充了新的注册机构。

需要注意的是，由于次贷危机之后美国强化评级监管，导致小型评级机构合规等成本增加、业务量下滑。受此影响，日本信用评级公司（JCR）和日本评级和投资信息公司（R&I）在2010年主动申请撤销了结构化融资产品的评级资格，日本评级和投资信息公司更是于2011年10月放弃了全国认可统计评级机构所有评级资格，彻底退出美国评级市场而专注于日本本土的评级市场。近年来，美国证监会在每年的评级行业发展报告中都承认，由于存在经济和监管壁垒，小型评级机构难以与三大评级机构进行公平竞争。

第二节 信用评级在美国兴起的原因

信用评级在美国及全球的发展壮大有多种解释，有观点认为是声誉资本的积累使评级机构获得了市场的认可，也有观点将政府制度的引用看作是信用评级发展的根本原因。实际上，这两种观点都有些片面。从发展实践来看，信用评级在金融市场发挥重要的影响并形成制度化安排具有多方面的原因：一是经济危机提高了市场参与者对信用风险的认识，使信用评级得到重视；二是金融市场的发展深化提供了对信用评级的市场需求；三是数据积累、金融产品创新和技术进步也不断促进评级水平的提高和评级声誉的积累；四是有利于评级需求的制度设计加深和固化了信用评级与金融市场的融合。下面从实践的角度，对信用评级在美国发展壮大的原因进行具体分析。

一、经济危机对信用评级的发展起到了重要的推动作用

经济危机降低了社会经济的整体发展水平，并伴随大量企业破产和债务违约的出现。但在信用评级发展的初期，经济危机中出现的债务违约反而使信用评级的质量得到了市场的事实验证，这一方面使信用评级对信用风险的揭示作用得到重视；另一方面对于信用评级获得市场的快速认可起到了重要的推动作用。20世纪70年代的经济危机使部分评级机构的地位获得了官方认证，在进一步提高市场对信用评级重视的同时，也促使官方认可的三家评级机构在业务发展中占有先机，并履行了被授权的认证功能，间接引起了评级机构发展出现两极分化的情况。

亚洲经济危机和全球金融危机则促使对信用评级管理规范的要求不断出现和增强。随着评级管理法规和标准的出台，信用评级发展进入市场自律和政府规范的共同合力之中。这也促使在金融市场发展创新的过程中，政府不断纠正市场失灵，同时有效发挥信用评级的作用。因此，经济危机对信用评级的发展路径具有重要的推动作用。

二、制度安排扩大了信用评级的使用范围和影响力

大萧条以后，美国货币监管当局先后在有关法规中运用信用评级结果，信用评级在金融市场的作用日益显著。美国多家监管部门在不同时期也开始通过政策法规将信用评级结果作为审慎监管的标准，从而使信用评级不断获得政策上的支持，成为制度性安排。1931年，美国货币监理署首先要求银行对信用评级为BBB级以下的债券采取盯市

政策。根据规定，如果银行持有的债券按照面值入账，那么该债券必须获得至少一家评级机构提供不低于 BBB 级的公开评级[①]，否则对 BB 及以下的债券应按市场价值进行记账，且账面 50% 的损失要减记银行资本。1933 年《证券法》要求证券承销商不得对有价证券进行信用评级，赋予了信用评级机构独立第三方的地位。1936 年，美联储、货币监理署等部门进一步禁止银行购买 BBB 级以下的债券[②]等。表 3.4 是部分监管制度中对信用评级的要求。这些监管规定使用特定评级级别作为门槛，进一步促进了对评级结果的使用，信用评级被延伸用于对银行和储贷机构、保险、养老基金、货币市场基金、证券以及交通领域的监管，其中一些规定对金融市场的发展产生了巨大的影响。

表 3.4   美国部分监管制度对信用评级的引入

年度	采用评级的监管规定	最低级别	评级数量	监管者/监管制度
1931	要求银行采取盯市法取级别较低的债券	BBB	2	货币监理署和美联储检查规则
1936	禁止银行购买投机级债券	BBB	未定义	货币监理署、美国存款保险公司和美联储联合声明
1951	对发行人级别较低的债券提出更高的资本要求	不同的	未定义	美国保险监督官协会，强制准备要求
1975	对投资级别以下的债券，要求证券经纪商提供更高的资本头寸	BBB	2	证监会，统一净资本规则
1982	对投资级债券放松信息披露要求	BBB	1	证监会，综合信息披露体系
1984	放松非机构抵押支持债券的发行	AA	1	1984 年抵押贷款二级市场增强法案
1987	允许对抵押贷款支持债券和外国债券提供边际贷款	AA	1	美联储管理条例 T
1989	允许养老基金投资于高级别的资产支持证券	A	1	劳工部，放松《雇员退休收入保障法案》中的限制规定（PTE89 - 88）
1989	禁止储蓄贷款机构投资低于投资级别的债券	BBB	1	1989 年金融机构复苏和改革法案
1991	要求货币市场互助基金限制持有低级别的商业票据	A1*	1	证监会，在《1940 年投资公司法案》下对规则 2a - 7 的修改
1992	对特定资产支持证券发行人免除注册为互助基金	BBB	1	证监会，在《1940 年投资公司法案》下采纳规则 3a - 7
1994	银行和储贷机构持有资产支持证券的不同分层需要满足不同的资本要求	AAA & BBB	1	美联储、货币监理署、存款保险公司、美国储蓄机构监管局，追索和直接信用替代规则

---

① 货币监理署（OCC）规定，银行持有的债券只有获得至少一个"公认的评级手册"BBB 级及以上的评级才可以账面价值记账。在 1970 年之前评级机构的收费主要是通过向投资者出售公开出版的评级手册或专门的评级研究报告，1970 年之后才逐步转变为向发行人收取评级费用。

② 美国国债和市政债不受规则限制。

年度	采用评级的监管规定	最低级别	评级数量	监管者/监管制度
1998	交通部仅仅能够为投资级的项目提供信贷资助	BBB	1	1998 年的交通基础设施融资与改革法案
1999	限制国民银行成立金融分支机构的能力@	A2	1	1999 年格雷姆－里奇－比利雷法案

说明：＊A1 是短期债务的最高评级，一般意味着长期债务评级的 A 或更高级别；

@ 国民银行是根据 1863 年《国民银行法》向美国联邦政府（在货币监理署）注册并领取营业执照的美国商业银行。根据各州的银行法向各州政府注册的商业银行被称为州立银行。1913 年美国《联邦储备法》规定所有国民银行都必须加入联邦储备系统，成为会员银行。在各州注册的商业银行可以选择加入联邦储备体系的成员。

资料来源：Cantor & Packer, 1994；BIS, 2000。

在没有直接监管的情况下，依赖于市场需求和积累的声誉，评级结果逐渐被各监管机构要求使用。信用评级逐步嵌入金融市场的各个领域，这也确立了信用评级机构在金融市场上的基础设施地位。美国证监会于 1975 年建立全国认可统计评级机构制度后，美联储、货币监理署、证监会等监管当局在许多监管规则中都援引评级结果，将全国认可统计评级机构的评级结果作为监管的重要依据。这一阶段的美国信用评级业呈现出基于政府支持和市场竞争而逐步发展壮大的特点。

首批授予穆迪、标普和惠誉三家机构 NRSRO 资格后，20 世纪 80 年代和 90 年代分别只批准两家新的 NRSRO 机构。达夫 & 菲尔普斯在 1982 年、麦卡锡·克里桑蒂 & 马菲公司在 1983 年、国际银行信用分析公司在 1990 年、汤姆森银行观察在 1991 年陆续获得全国认可统计评级机构资质，但这些机构在之后的行业兼并重组中最终都归于惠誉。美国证监会通过 NRSRO 制度赋予三大评级机构监管特许权地位，使这些机构具有先行优势，也在一定程度上促使评级业走向垄断格局。

据 2002 年美国证监会向参议院提交的一份报告显示，当时至少有 8 部联邦法律、47 部联邦监管规则、100 多部地方性法律和监管规则将全国认可统计评级机构评级作为监管基准（SEC, 2002）。美国政府及监管部门对全国认可统计评级机构评级结果的日益倚重，使得债券发行人、投资者在发行、购买和持有相关债券时必须考虑这些机构的评级结果，评级机构在金融市场上的话语权和影响力得到了空前强化。由于审慎监管制度强制金融机构在购买和持有债券的决策中使用评级，评级机构的商业空间获得人为提升；而全国认可统计评级机构制度提高了评级市场的进入门槛，从而限制了供给，美国的行政管理制度起到了增加评级服务的需求和限制评级机构供给的特别作用（White, 2002）。政府部门对评级结果的广泛利用，加深了评级制度对金融市场的渗透和融合，并使评级机构带上了官方认证色彩。

美国评级业务的出现与金融市场的发展有着密切关系，而评级机构的发展壮大离不开政府部门对评级的重视、间接培育及推广。2011 年 7 月 15 日，纽约时报网站刊登了首席金融记者弗洛伊德·诺里斯（Floyd Norris）撰写的评论文章《监管机构应尽早摆脱评级机构影响》，认为信用评级机构在近几十年渐渐声名鹊起，且实权在握，大多数原因都可归于政府监管机构的依赖性——他们往往借鉴或直接将评级结果融合到市场规则的制定当中。

这种情况直到现在仍然不同程度的存在。如美联储于 2008 年 11 月 24 日推出定期资产支持证券贷款工具（TALF），帮助市场参与者满足贷款需求。美联储于 2019 年制定一项最终规则，确定纽约储备银行可根据规则审核信用评级机构是否具备 TALF 评级资格，该规则设定了信用评级的资格条件：一是注册的国家认可统计评级机构；二是拥有对特定资产支持证券的评级方法；三是有足够的经验来提供信用评级。

三、金融市场的发展为评级提供了广大的市场和有力支撑

与欧洲相比，美国资本市场的出现落后了近两百年。但是，美国金融市场的制度设计和发展促使其后来居上，并逐渐与信用评级业相互促进、不断融合。

（一）直接融资规模的扩大提供了信用评级发展的深厚土壤

长期以来，美国的金融制度一直是建立在限制商业银行活动范围的基础上，这对直接融资的发展起到了积极的推动作用。美国商业银行在业务发展初期一直受到跨区作业的限制，包括跨州营业限制和州内设置分支机构限制[①]。由于这些障碍，商业银行的规模受到极大的约束，难以满足企业长期的资金需求，债券市场等直接融资得到发展。表 3.5 是美国金融市场在 1901～1980 年的融资情况对比，可以看出，美国企业直接融资尤其是利用债券的直接融资占较大比例，20 世纪初直接融资已达 77.1%。

表 3.5　　　　　　　　　美国企业（非金融法人）资金筹措情况　　　　　　　　单位：%

	1901～1902 年	1923～1929 年	1957～1961 年	1972～1976 年	1980 年
银行贷款	22.9	25.9	12.4	18.5	30.8
债券	45.8	31.3	67.9	65.4	54.9
股票	31.3	42.8	19.7	16.1	14.3
合计	100.0	100.0	100.0	100.0	100.0

资料来源：黑泽义孝，1991，100。

此外，投资银行的存在促进了美国债券融资的进一步发展。美国金融市场在经历了 19 世纪初发行国债时代、19 世纪 30 年代发行州债时代、19 世纪 40 年代至 50 年代发行铁路债时代后，培育了大批投资者。19 世纪 70 年代，投资银行开始涉足证券业务，对企业债券积极承购发行，从众多投资者手中筹集了大量资本。投资银行以其自身的专业规范获得了企业和投资人的信任，在投资者和发行人之间建立了便利的资金融通渠道，从而对美国金融市场的发展起到了重要的推动作用。关于金融中介对于金融市场发展的重要作用，经济学家希克斯认为[②]，整个金融发展所依据的基本需要是扩大信誉好的借款人的圈子，放款人根据长期相互交易的经验了解借款人的营业状况，并以此提供信贷资金。在一个活跃的商业经济中，对信贷资金的需要将远远超出了这种狭小的圈子，此

---

①　1994 年 9 月，美国国会通过《瑞格－尼尔跨州银行与分支机构有效性法案》，允许商业银行跨州设立分支机构，正式废除了美国单一银行制。

②　参见 Hicks John, A Theory of Economic History, Oxford University Press, 1969. 中译本：约翰·希克斯，经济史理论［M］. 历以平译，北京：商务印书馆，1987：71-72。

时，利用间接了解来弥补直接了解的不足的方法主要有两个：一是担保。要是放款人所信赖的人为陌生人做保，圈子便可以扩大，汇票的承兑便是这种办法的成功的例子；二是发展金融市场的中间人是更有效的办法。资金通过中间人这种金融媒介最终贷给借款人。投资银行在当时美国金融市场中成为重要的金融中间人，促进了市场融资规模的扩大发展。

需要注意的是，当时投资银行往往是附属于商业银行的机构。根据统计，1914年，美国商业银行信贷总额的53%为商业贷款，33%为证券贷款，不到14%为不动产贷款。美国商业银行的投资占贷款额的比例从1914年的29%增长到1919年的42%，又回落到1920年的29%，随后再次升高，并在1922～1929年围绕着40%的水平上下波动[①]。商业银行较高的投资比例在一定程度上也反映了当时附属于商业银行的证券承销与发行公司的运作，通过这种附属机构，商业银行实际上变成了债券与股票的承销商与经纪商。20世纪30年代初的大萧条发生后，美国政府认为危机的产生与金融机构的混业经营有关，因此通过《1933年格拉斯－斯蒂格尔法案》，禁止金融机构同时兼营商业银行业务和投资银行业务[②]，使得投资银行成为完全独立的金融机构。

对投资银行独立性的要求，实际上有利于其在技术、业务方面的专一和创新发展。与此同时，1933年《证券法》禁止证券承销商（主要是投资银行）对其承销的有价证券进行信用评级，信用评级机构的作用也获得进一步重视。

作为世界第一的总量规模，美国发达的债券市场为评级制度提供了牢固的基本条件。表3.6显示了被投资者广泛拥有的美国四类金融资产从1926年至2009年的收益率比较。大公司是包括在标普500指数中的500家大企业。平均收益率是四类资产中的每一类在这期间的年度平均值。风险是按年收益率的波动性度量的，按每一类资产的年收益率在这一时期的标准差计算。股票投资者获得了最高的平均收益，但也承担了最大的风险。从发行人、投资人的角度看，债券分别具有较低的融资成本和较低的风险。

表3.6　　　　　　　　美国金融资产年收益率比较（1926～2009年）

资产	平均年收益率（%）	风险（%）
小公司股票	17.3	33.4
大公司股票	11.7	20.6
公司债券	6.5	8.6
美国国库券	3.7	3.8

资料来源：哈伯德等，2013，91。

---

①　除了把承销业务与信贷扩张业务结合起来，在美国1913年《联邦储备法》与战争期间的修正案批准了国民银行参与信托业务后，商业银行还强化了其信托业务。为了将银行吸引到它们各自的管辖权内，针对特许经营权的要求和对银行业务的限制，州立和国民银行系统都放松了管制，从而引发了激烈的竞争。美国银行业的上述发展是20世纪20年代整个金融业蓬勃发展的一部分。参见弗里德曼等，美国货币史［M］. 巴曙松等译，北京：北京大学出版社，2009：170－171。

②　禁止投资银行从事商业银行业务，也禁止商业银行承销企业证券，或从事证券经纪业务。直到1987年，美联储利用《1933年格拉斯－斯蒂格尔法案》第20章的一个漏洞，允许商业银行承销之前禁止的证券种类。参见米什金，2016，214。

从 1970～2000 年的数据看，美国非金融企业外部融资的来源中直接融资占较大比例，这与德国、日本和加拿大形成了鲜明对比，见表 3.7。银行贷款主要有存款类机构提供的贷款，非银行贷款主要由其他金融中介机构提供的贷款，债券类包括企业债券和商票等可流通的债务证券；股票类包括新股票的发行。

表 3.7 非金融企业外部资金来源对比（1970～2000 年） 单位：%

国家	银行贷款	非银行贷款	债券	股票
美国	18	38	32	11
德国	76	10	7	8
日本	78	8	9	5
加拿大	56	18	15	12

资料来源：米什金，2016，140。

不可忽视的是美国高收益债券（信用等级在 BBB 级以下）市场规模的不断扩大，21 世纪 10 年代末已达到 1.5 万亿美元，投机级别的公司债发行规模约为投资级别的 1/3－1/2。高收益债券一方面满足了市场不同需求的投资者，另一方面使信用评级机构获得了信用状况广泛的被评实体和金融工具，评级质量不断得到检验，从而促进了声誉资本的积累。

（二）金融产品创新不断扩大对信用评级的市场需求

企业债券，尤其是开始于 19 世纪中期的铁路债券，可以被看作是美国的一项金融创新（Sylla，2002）。相对于最初的市政债等政府部门债券所具有的政府信用支持，企业债券的偿付能力依赖于企业的经营和自身实力，信用状况已没有政府担保所具有的刚性偿付承诺，对企业债券信用评估的要求相应受到投资人的重视。

美国无担保债券在大萧条后迅速发展，在整个企业债券的比例从 1900 年的不到 10%，发展到 1965 年的 64%[①]。对于无担保债券而言，企业的经营能力和利润成为其还本付息的直接担保，因此评级便具有重要的风险揭示作用。由于 20 世纪 70 年代以来的高通胀和利率上涨，企业财务状况不好，美国企业资金筹措的重点从发行企业债转向发行短期商业票据（CP，以下简称短期商票）。短期商票实际是一种短期无担保债券，发行时不必向美国证监会公开财务内容，为了在市场上取得信誉，必须取得评级机构的评级，甚至是较高的信用等级。基于经济危机的经验教训，投资者在债券和票据市场上投资时更注重获取信用评级信息以规避风险，这在客观上促进了信用评级业的进一步发展。

20 世纪 80 年代以后，随着金融自由化和信息技术的发展，结构化金融产品等创新融资工具在美国市场不断出现，并逐步扩展到世界其他金融市场。结构化金融产品扩大了金融市场的规模，其在金融市场中的比例也不断增加。截至 2018 年末，美国债券规模为 40.02 万亿美元，较上年增长 4.94%，除地方政府债较上年略有下降外，结构化金融产品等类型同比均有增长；欧元区债券总量为 14 万亿欧元，同比增长 1.93%；日

---

① 参见黑泽义孝，债券评级［M］. 梁建华等译，北京：中国金融出版社，1991，96。

本债券总量为 1115.60 万亿日元，同比增长 1.92%。见表 3.8。

表3.8 主要经济体债券托管规模

债券类型	美国（亿美元）			欧元区（亿欧元）			日本（亿日元）		
	2016 年	2017 年	2018 年	2016 年	2017 年	2018 年	2016 年	2017 年	2018 年
国债	13.91	14.47	15.61	7.15	7.30	7.45	920.44	944.10	962.91
地方政府债	3.87	3.89	3.83	0.70	0.70	0.67	59.55	60.47	61.48
企业债	8.70	9.01	9.23	4.54	4.51	4.65	70.61	70.75	70.89
结构金融产品	10.42	10.76	11.35	1.28	1.23	1.24	17.94	19.28	20.32
合计	36.9	38.13	40.02	13.67	13.74	14.01	1068.54	1094.6	1115.6

资料来源：美国证券及金融市场协会（Sifma）、欧盟统计局、日本证券业协会，联合资信整理。

对于复杂的结构化金融产品，投资者尤其是中小投资者已经无法依赖自身的技术能力开展信用评估，对于外部信用评级的依赖进一步加深，结构化金融产品评级也成为评级机构业务发展的重要领域。金融创新，尤其以结构化金融产品为代表的创新，为信用评级提供了新的市场，现代计算机技术的迅速发展和金融计量分析方法的不断完善也为评级技术的完善和提高创造了基础。

表 3.9 是 2019 年 3 月 28 日标普向美国证监会提交的 NRSRO 表格的业务类型及数量信息，这些信息的截止日期是 2018 年 12 月 31 日。根据监管部门的要求，评级机构每年要报送机构基本信息及评级业务信息，表中的评级信息是标普发布的包括全球和区域符号体系下的评级。

表3.9 标普 2019 NRSRO 表格申报业务信息 单位：个/笔

信用评级类型	存续数量	大约开始发布时间
公司发行人	54510	1923 年
政府债券发行人	901312	1941 年
金融机构	58989	1955 年
保险公司	6562	1967 年
资产证券化发行人	36838	1983 年
合计	1058211	

资料来源：SEC。

四、巴塞尔资本协议进一步强化了外部评级的地位

巴塞尔银行监管委员会（以下简称巴塞尔委员会）先后于 1999 年、2001 年和 2003 年三次发布了对资本协议修订框架的征询意见稿。2004 年 6 月，巴塞尔委员会公布了《资本计量和资本标准的国际协议：修订框架》，即《巴塞尔资本协议Ⅱ》，并于 2006 年正式公布并生效全新的版本。《巴塞尔资本协议Ⅱ》将合格外部评级机构（ECAI）的评级结果作为标准法下计算银行风险资本权重的重要依据，见表 3.10。国际清算银行也确定了 ECAI 必须满足的标准。随着《巴塞尔资本协议Ⅱ》在全球征询意见和定

稿，外部信用评级被进行了官方宣传，评级需求扩展到金融市场的风险资产管理和审慎监管。

表 3.10　　　　　《巴塞尔资本协议 II》建议信用评级对应的风险权重　　　　单位：%

	AAA ~ AA −	A + ~ A −	BBB + ~ BBB −	BB + ~ B −	B − 以下
主权	0	20	50	100	150
银行	20	50	100	100	150
银行（短期）	20	20	20	50	150
企业	20	50	100	100	150

资料来源：Partnoy，2001。

不断增加的要求评级的管理制度和对评级供给的管理限制促进了评级机构的盈利，而《巴塞尔资本协议 II》在美国和其他国家的实施促进了这种趋势的世界性普及（White，2002）。根据《巴塞尔资本协议 II》，欧元体系的货币政策操作框架也确定了外部信用评级的需求，其认可的外部信用评级机构为穆迪、标普、惠誉和多美年评级，欧元体系可利用这些机构的评级结果评估担保品的信用状况。欧盟在评估信用评级行业监管制度的实施效果报告中指出，由于欧元体系货币政策框架确定了三大评级机构为合格的外部信用评级机构，这使新进入的小型评级机构面临市场进入的壁垒，阻碍了市场的竞争。

五、世界金融中心的地位使美国评级机构引领国际评级市场

利用第一次世界大战期间与交战国的战争贸易积累的巨大财富，美国成为当时主要国家的债权国，初步赢得国际金融市场的主导权，也逐步取代英国成为世界金融中心。第二次世界大战后，美国成为世界经济发展的火车头，布雷顿森林体系也使美元成为国际主要储备货币。依托发达的金融市场，美国吸引全球资金的流入，美国资本也逐步走向全球，在美国金融市场投融资成为全球金融机构、企业和国家的重要选择。信用评级机构的评级结果直接关系到各类投资者能否满足债券投资的监管要求，也关系到债券发行人能否成功融资，因此，随着美国金融市场演变为各国参与的国际金融市场，美国主要的评级机构也成为服务于全球的国际评级机构。通过长期的技术和数据的积累，信用评级逐步成为国际金融体系中风险管理和定价机制重要的基准之一。

20 世纪 70 年代，布雷顿森林体系被浮动汇率机制替代后，促进了国际资本的自由流动和金融全球化的开端，随着需求的增长，信用评级在其他一些国家和地区也开始发展起来。20 世纪 80 年代开始的经济全球化和自由化加快了美国信用评级机构在全球的扩张。在海外扩张过程中，美国信用评级机构在提供独立、可信的信用评级方面也显示出竞争优势（Cantor & Packer，1994）。1980 年标普只有 30 名工业部门的评级人员，1986 年增加到 40 名，1995 年标普已有 800 名分析师和总共 1200 名员工；穆迪在 1995 年也扩充到 560 名分析师和 1700 员工（Partnoy，1999）。美国和美元资本在国际资本市场占据支配性地位，发行人为获得美国投资者的认可需要聘请国际三大评级机构进行评级。依托美国后盾，国际三大评级机构建立了全球性的评级作业网络、全球评级数据库

和评级技术，树立了很高的行业竞争壁垒。

随着信用评级国际化发展，三大评级机构在业务创新的同时，通过新设、收购兼并等方式进行全球布局，确立其在全球的影响力和话语权。随着新兴市场的崛起，三大评级机构在这些地区积极拓展业务。在亚洲范围，在中国评级业份额占第一的中诚信国际股份中，穆迪最高时占到 49%，现在为 30%，惠誉也曾拥有联合资信 49% 的股份；印度收入排名前三的评级机构中，有两家由三大评级机构参股，其中 2013 年标普将对印度最大评级机构 CRISIL 的持股比例增至 67.8%，而 ICRA 也于 2014 年被穆迪控股；韩国评级机构 KIS 于 2016 年被穆迪 100% 控股。在拉美和非洲，三大评级机构也积极布局并开拓市场，见表 3.11。

表 3.11　　　　　　　　三大评级机构在新兴市场及其他地区的扩张情况

区域	标普	穆迪	惠誉
亚洲	中国大陆子公司，与上海新世纪技术合作，中国台湾的中华信用评级 51% 股份，中国香港子公司； 日本子公司； 新加坡子公司； 印度 CRISIL66.9% 股份； 马来西亚 RAM19.3% 股份； 泰国 TRIS 持有 49% 股份； 与印度尼西亚 PEFINDO 技术合作	中国大陆子公司，中国中诚信 30% 股份，中国香港子公司； 日本子公司； 新加坡子公司； 韩国 KIS100% 股份； 印度 ICRA 控股；	中国大陆子公司，中国香港子公司； 日本子公司； 新加坡子公司； 韩国评级公司 KR74% 股份； 印度尼西亚 Kasnic 持有股份； 泰国惠誉评级（泰国）公司，49.9% 股份； 印度 IRAR100% 股份
拉美	墨西哥子公司； 巴西子公司； 阿根廷子公司	秘鲁 Equilibrium 持有股份； 墨西哥、巴西、阿根廷子公司	秘鲁 Apoyo & Asociados 持有股份； 墨西哥、巴西、阿根廷子公司
非洲	南非子公司：标普全球评级欧洲公司	埃及 MERIS35% 股份； 南非子公司：穆迪南非公司	
中东	以色列 Maalot100% 股份	以色列 Midroog51% 股份	

资料来源：新世纪，根据公开资料整理。

第三节　美国信用评级行业的特点

经过上百年的发展，国际信用评级行业已经形成了以美国评级机构为主导的基本格局。据国际清算银行的研究显示，1999 年全球大约有 130 家评级机构，这些机构在经营规模、业务范围和人员数量等方面差别很大，大部分以地方性或专业性的评级业务为主，从业人员从几十人到几百人不等（BIS，2000）。发展到当前时期，国际评级行业的双层格局仍没有得到根本改变，其他国家和地区的评级机构无论在规模还是在影响力方面，都无法对美国评级机构形成真正的挑战。

三大评级机构穆迪、标普和惠誉占据了全球接近 90% 以上的市场份额。业务量最大的标普在 2009 年发布的首次评级和跟踪评级已超过 87 万笔，涉及未到期债务超过 32 万亿美元（Steven & Thomas，2012）。在美国，三大评级机构占据了约 95% 的市场份额，其中穆迪和标普占有大约 80% 的市场份额，惠誉占有约 15% 的市场份额，其他信用评级机构只有合计约 5% 的市场份额。下面分析美国评级行业的整体情况。

一、NRSRO 注册业务种类趋于完整

美国评级业主要由本土的全国认可统计评级机构（NRSRO）主导。美国证监会对全国认可统计评级机构实行业务种类的注册登记制度，并且将评级业务分为五类，信用评级机构可分别就一项或多项业务种类进行注册登记。这五类业务种类分别是：（1）金融机构、经纪商或交易商评级（简称金融机构评级）；（2）保险公司评级；（3）公司债发行人评级（简称公司债评级）；（4）资产支持证券评级；（5）政府债、市政债、外国政府债评级（简称政府债券评级）。

截至 2019 年底，十家信用评级机构在美国证监会注册为全国认可统计评级机构，每家评级机构都注册从事多种类型的信用评级业务。这十家机构分别是：穆迪、标普、惠誉、贝氏、多美年、伊根－琼斯、墨西哥 HR 评级、日本信用评级公司、克罗尔、晨星①。其中，穆迪、标普、惠誉、多美年、克罗尔五家评级机构注册了全部五种业务种类，日本信用评级公司注册了除资产支持证券评级业务以外的四种业务，其他四家评级机构均只注册了三种业务。另外，这十家信用评级机构都注册了公司债评级业务，但仅贝氏公司未注册金融机构评级业务。除了晨星外，其他九家评级机构获准以注册或认证的形式在欧盟开展信用评级业务，见表 3.12。

部分评级机构最初注册为从事单一种类评级的机构，如墨西哥 HR 评级最初只具有政府债券评级资质，晨星信用评级最初仅具有资产支持证券评级资质，现在它们也都具有多种评级业务资质。由于注册材料造假，伊根－琼斯于 2013 年受到美国证监会处罚，并被暂停政府债券和资产支持证券评级。在处罚期过后，伊根－琼斯曾向美国证监会申请重新注册资产支持证券和政府债券信用评级，但伊根－琼斯于 2018 年 11 月 2 日自愿撤销了该申请。

表 3.12　　　　　　　　美国 NRSRO 注册信用评级机构及业务类型

机构名称	评级业务种类					总部所在地	最早注册日期
	金融机构	保险公司	公司债	资产支持证券	政府债券		
贝氏（A. M. Best）		✓	✓	✓		美国	2007 年 9 月 24 日
多美年（DBRS）	✓	✓	✓	✓	✓	美国	2007 年 9 月 24 日
伊根－琼斯（EJR）	✓	✓	✓			美国	2007 年 12 月 21 日
惠誉评级公司（Fitch）	✓	✓	✓	✓	✓	美国	2007 年 9 月 24 日

---

① 晨星在 2019 年 12 月 30 日注销注册，并成为多美年的分支机构。

机构名称	评级业务种类					总部所在地	最早注册日期
	金融机构	保险公司	公司债	资产支持证券	政府债券		
墨西哥 HR 评级公司（HR Ratings）	✓		✓		✓	美国	2012 年 11 月 5 日
日本信用评级公司（JCR）	✓	✓	✓		✓	日本	2007 年 9 月 24 日
克罗尔（KBRA）	✓	✓	✓	✓	✓	美国	2008 年 2 月 11 日
穆迪（Moody's）	✓	✓	✓	✓	✓	美国	2007 年 9 月 24 日
晨星（Morningstar）	✓		✓	✓	✓	墨西哥	2008 年 6 月 23 日
标普（S&P）	✓	✓	✓	✓	✓	美国	2007 年 9 月 24 日

说明：克罗尔评级（KBRA）为之前的雷斯（LACE Financial Corp.），晨星（Morningstar）为之前的实点（Realpoint LLC.）；晨星已于 2019 年底并入多美年。

资料来源：SEC。

伊根－琼斯是最小的评级机构，但也是一直坚持投资人付费模式的机构，其成立于美国宾州的费城。伊根－琼斯在 1998 年申请 NRSRO，最终在 2007 年 12 月获得注册。多美年债券评级公司于 1976 年成立于加拿大的多伦多，在 2003 年 2 月获得 NRSRO 资质，也成为当时第四家 NRSRO 机构。多美年在获得美国评级资质后，进一步开拓欧洲市场，于 2006 年设立了欧洲分支机构。

二、信用评级行业持续稳步发展

（一）业务量稳中略降，三大评级机构主导市场

根据 2006 年《信用评级机构改革法案》的要求，美国证监会每年都要向国会提交 NRSRO 年度报告，披露各家评级机构的年度业务数量，对评级业务量的统计口径为存量的有效评级总数。

近几年，NRSRO 的存量评级总数整体呈现小幅下降趋势，2013～2018 年的存量评级总数分别为 243.7 万、242 万、233.5 万、228.6 万、219.2 万和 213.7 万，评级数量减少主要是因为政府债券、资产支持证券、金融机构几类评级业务数量减少，见表 3.13。

表 3.13　　　　　　　　　　NRSRO 评级数量历史变化

年度	2013	2014	2015	2016	2017	2018
政府债券	1868038	1854815	1818753	1787616	1744345	1688628
资产支持证券	243806	218632	194664	175258	157784	150278
公司发行人	114539	127255	124256	126877	112163	118561
保险公司	18599	22335	22079	21879	20551	20690
金融机构	192064	197057	174848	174174	157368	158460
合计	2437046	2420094	2334600	2285804	2192211	2136617

资料来源：根据 SEC 整理。

截至 2018 年末，NRSRO 存续有效评级业务数为 213.7 万笔，同比下降 2.54%。从评级业务种类来看，政府债券类别的评级数量最多，2018 年度占比达到 79.0%，而政府债券评级主要被大型 NRSRO 垄断，三大评级机构评级量占比达 98.8%；其次是金融机构评级和资产支持证券类别，2018 年度占比分别为 7.4%、7.0%；2018 年度公司发行人评级和保险公司评级分别占总评级量的 5.5%、1.0%，见图 3.1。

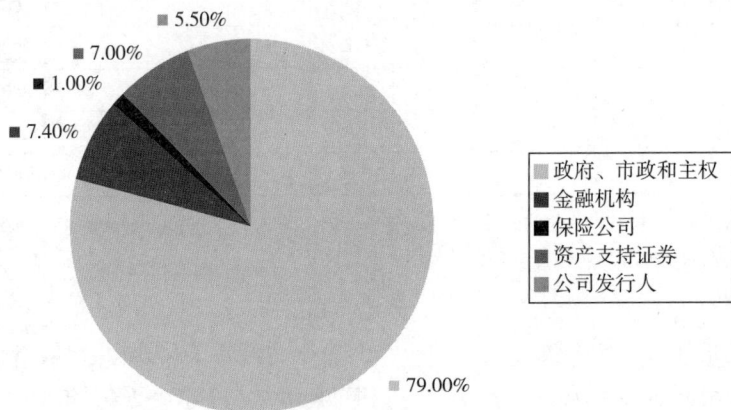

图 3.1　截至 2018 年底各类信用评级业务占比

(资料来源：SEC)

政府债券评级类别包含对主权、美国公共融资和国际公共融资的评级。政府债券评级的规模大，这是因为存在大量的政府债券发行人和多样化的政府债券类型，我国现有的债券市场发行结构与美国有很大的区别。自 2008 年以来资产支持证券评级的数量下降了 40%，这是因为受国际金融危机的影响，资产支持证券的发行规模大幅萎缩所导致。

值得注意的是，虽然美国证监会引入了新的评级机构，试图加强评级业的竞争，但是穆迪、标普和惠誉仍占据美国和全球评级的主要份额。总体上，标普、穆迪、惠誉三大评级机构一直占据了美国评级业 95% 以上的份额。2018 年度，标普、穆迪、惠誉三大评级机构存量有效评级业务数为 210 多万笔，市场占有率高达 95.3%，详见表 3.14。穆迪、标普、惠誉三家机构在所有五种评级业务中都占有主要的市场份额，除了保险公司的市场份额接近 60% 外，这三家机构在其他业务类型的数量合计份额基本都超过 80%。

表 3.14　　　　　　　　　截至 2018 年底 NRSRO 机构评级业务量占比

NRSRO	金融机构	保险公司	公司债发行人	资产支持证券	政府债券	总评级
三大评级机构	84.00%	59.40%	87.60%	79.70%	98.80%	95.30%
其他评级机构	16.0%	40.6%	12.4%	20.3%	1.2%	4.7%
标普	37.2%	31.7%	46.0%	24.5%	53.4%	49.5%
穆迪	23.5%	11.9%	25.1%	33.3%	33.8%	32.3%
惠誉	23.3%	15.8%	16.5%	21.9%	11.6%	13.5%

NRSRO	金融机构	保险公司	公司债发行人	资产支持证券	政府债券	总评级
贝氏	未注册	34.8%	0.9%	0.0%	未注册	0.4%
多美年	7.8%	0.8%	2.4%	10.7%	1.2%	2.4%
伊根－琼斯	6.6%	4.4%	6.5%	未注册	未注册	0.9%
墨西哥评级公司	0.4%	未注册	0.2%	未注册	0.0%	0.1%
日本评级公司	0.6%	0.3%	2.2%	未注册	0.0%	0.2%
克罗尔评级	0.6%	0.3%	0.0%	7.5%	0.0%	0.6%
晨星	0.0%	未注册	0.1%	2.1%	未注册	0.2%

资料来源：SEC。

整体上，标普占全国认可统计评级机构的全部评级数量大约49%，其次是穆迪32.3%和惠誉13.5%。分业务类型来看，除保险公司评级外，标普、穆迪和惠誉的评级数量在每类评级业务中都位居前三。标普在金融机构、公司发行人、政府债券评级中均拥有最多的信用评级数量，穆迪在这三类业务中评级数量都位居第二。穆迪在资产支持证券的评级数量超过标普，位列第一。在保险公司评级中，贝氏评级数量超过标普，拥有第一的信用评级数量，占比达34.8%，而标普、穆迪和惠誉的市场份额分别是31.7%、11.9%、15.8%。实际上，自2007年全国认可统计评级机构开始向美国证监会报送评级信息以来，贝氏一直位列保险评级数量的前三位。

三大评级机构在政府债券评级的占比最高，其中标普和穆迪占有绝对优势，2018年底这两家机构的评级数量合计在政府债券评级中占87.2%。与2017年相比，2018年三大评级机构在每类评级业务的数量占比都有所下降，尤其是公司债发行人和资产支持证券类别，分别下降了0.5%和4%。对于大多数小型NRSRO来说，除去政府债券评级，2018年与2017年相比情况变化不大，其中，多美年市场占比增长最多，从6.9%增长到7%；克罗尔从2.0%增长到2.7%。表3.15是2007年至2018年美国信用评级机构的市场份额变化统计表，可以看到三大评级机构虽然市场份额略有下降，但仍占有市场的主体地位。

表3.15 美国信用评级机构历年市场份额 单位：%

机构	2007年	2008年	2009年	2010年	2011年	2012年	2013年	2014年	2015年	2016年	2017年	2018年
三大评级机构	98.38	97.3	97.22	97.1	96.42	96.51	96.55	95.81	96.5	96.4	95.8	95.3
标普	47.23	40.18	42.38	42.27	44.82	45.65	46.15	48.60	49.13	48.9	49.2	49.5
穆迪	14.65	35.61	37.23	36.90	38.25	36.87	37.01	34.77	34.37	34.2	33.1	32.3
惠誉	36.50	21.51	17.61	17.93	13.35	13.99	13.39	12.44	13	13.3	13.5	13.5
多美年	0.09	1.38	1.48	1.51	1.97	1.84	1.82	1.74	1.8	1.8	2.3	2.4
克罗尔（雷斯）	0.70	0.65	0.63	0.63	0.66	0.76	0.83	0.84	0.2	0.3	0.4	0.6
伊根－琼斯	0.03	0.03	0.03	0.04	0.04	0.05	0.04	0.83	0.8	0.8	0.8	0.9
贝氏	0.34	0.28	0.26	0.25	0.26	0.26	0.25	0.39	0.39	0.4	0.4	0.4

机构	2007 年	2008 年	2009 年	2010 年	2011 年	2012 年	2013 年	2014 年	2015 年	2016 年	2017 年	2018 年
晨星（实点）	0.39	0.29	0.30	0.30	0.62	0.56	0.47	0.23	0.14	0.2	0.1	0.2
日本评级公司	0.03	0.03	0.03	0.03	0.03	0.03	0.03	0.14	0.15	0.2	0.2	0.2
墨西哥评级公司	—	—	—	—	—	0.01	0.01	0.01	0.01	<0.1	0.1	0.1
日本评级与投资	0.04	0.03	0.03	0.16	—	—	—	—	—	—	—	—
合计	100	100	100	100	100	100	100	100	100	100	100	100

说明：克罗尔评级为之前的雷斯（2007~2009 年），晨星为之前的实点（2007~2009 年）。

资料来源：根据 SEC 数据整理。

（二）评级分析师数量稳步增长，小机构占比逐年上升

从历史发展看，全国认可统计评级机构的信用分析师数量不断增加，由于业务领域的不断拓展，中小型评级机构的信用分析师总人数也保持稳步提高。在 2010~2018 年，所有评级机构雇佣的分析师数量增长了 42.5%，标普、穆迪和惠誉的分析师合计增长了 30.4%，而其他机构的分析师合计增长了 191.5%。在此期间，一些较小机构的评级分析人员的增长情况更为明显，比如，克罗尔增长 1633.3%，从 9 人增长到 156 人；多美年增长 318.7%，从 75 人增长到 314 人。表 3.16 显示 2010~2018 年各评级机构的评级分析人员的变化情况。

表 3.16　　　　　全国认可统计评级机构部分年度评级分析师数量　　　　单位：人

NRSRO	2010 年	2011 年	2012 年	2013 年	2014 年	2015 年	2016 年	2017 年	2018 年
穆迪	1088	1124	1123	1244	1486	1601	1512	1595	1714
标普	1345	1416	1436	1465	1371	1453	1532	1582	1557
惠誉	1049	1096	1092	1102	1155	1100	1137	1176	1269
贝氏	120	123	126	123	128	125	142	144	147
多美年	75	97	93	98	150	171	248	287	314
伊根－琼斯	5	5	5	7	8	12	13	16	17
墨西哥 HR 评级	—	—	29	34	36	44	43	49	45
日本信用评级公司	57	57	59	57	58	62	62	62	64
克罗尔	9	22	37	58	96	127	123	144	156
晨星	17	26	22	30	40	68	81	77	82
标普、穆迪和惠誉	3482	3636	3651	3811	4012	4154	4181	4353	4540
所有其他 NRSRO	283	330	371	407	516	609	712	779	825
合计	3765	3966	4022	4218	4528	4763	4893	5132	5365

说明：墨西哥 HR 评级是 2012 年 11 月注册成为 NRSRO 的，因此没有在此之前的相关信息。

资料来源：SEC。

评级机构的分析师总人数由 2017 年的 5132 人上升到 2018 年的 5365 人。2018 年末雇佣的 5365 名信用分析师中，包含 885 名信用分析师主管。评级分析师增长的趋势表

明信用评级市场的发展前景良好，评级机构对评级行业需求增长持乐观态度，并且不断开拓新市场，以期获得更高的评级业务量。

不同评级机构的评级分析师的数量差异极大，明显分为两个层次：第一个层次是三大评级机构。2018 年穆迪、标普和惠誉的评级分析师分别为 1714 人、1557 人和 1269 人，这三家大型评级机构共聘用 4540 名信用分析师（包括信用分析师主管），占全国评级分析人员总数的 84.6%。三大评级机构的分析师总量比 2017 年的 4353 名评级分析师略有增加，但占比略有下降——2017 年占比为 84.8%。第二个层次是其他小型评级机构。其中多美年为 314 人，贝氏、克罗尔分别为 147 人、156 人，其他 4 家都在 100 人以下，而伊根 – 琼斯仅有 17 人，见表 3.17。

虽然小型评级机构聘用人数仅占 15.4%，但近年一直稳步增加，部分小型评级机构聘用人数增幅明显，小型评级机构的评级分析师数占比由 2010 年的 7.5% 上升至 2018 年的 15.4%。从信用分析主管人数来看，小型 NRSROs 主管人数占比更高，其中日本信用评级公司和伊根—琼斯均达到或超过 50%；大型 NRSRO 主管人数占比较低，标普的信用分析主管人数仅占分析师总数的 8.2%。

表 3.17　　　　　　　　NRSRO 信用分析师和信用分析主管数量对比　　　　　　　单位：人

NRSRO	信用分析师（包括信用分析主管）		信用分析主管	
	2017 年	2018 年	2017 年	2018 年
贝氏	144	147	47	52
多美年	287	314	59	66
伊根 – 琼斯	16	17	9	9
惠誉	1176	1269	310	302
墨西哥 HR 评级	49	45	7	7
日本信用评级公司	62	64	31	34
克罗尔	144	156	28	33
穆迪	1595	1714	238	242
晨星	77	82	16	12
标普	1582	1557	129	128
总数	5132	5365	874	885

资料来源：SEC。

（三）行业收入稳中有进，小机构占比稳定

2008 年美国评级行业收入为 38 亿美元，至 2017 年已达 71 亿美元，2018 年为 70 亿美元。表 3.18 中列出了全国认可统计评级机构从 2008 ~ 2018 年的收入占比情况。在这些年度中，标普、惠誉和穆迪每年合计收入占所有机构总收入的基本都在 94% 以上，其中在 2009 年达到 98% 的份额，这三家机构合计收入具有绝对优势。2010 ~ 2018 年，小型评级机构收入占比为 5% ~ 6.5%，而 2013 年以来，一直保持在 5.5% 以上。

表 3.18　　　　　　全国认可统计评级机构部分年度的收入情况　　　单位：%，亿美元

NRSROs	2008 年	2009 年	2010 年	2011 年	2012 年	2013 年	2014 年	2015 年	2016 年	2017 年	2018 年
总收入	38	37	42	43	51	54	59	58	59	71	70
三大机构	—	98	94.6	94.0	94.7	94.5	94.3	93.7	94.4	94.1	93.5
其他机构	—	2	5.4	6.0	5.3	5.5	5.7	6.3	5.6	5.9	6.5
合计	100.0	100.0	100.0	100.0	100.0	100.0	100.0	100.0	100.0	100.0	100.0

说明：1. 证券交易法第 15E（k）要求每家 NRSRO 机构应在保密的基础上，根据证监会的规定，注册财务报表和相关信息。证券交易法第 17g - 3 要求每个 NRSRO 在财务年度结束后的 90 天内必须向 SEC 提供年度财务报告。特别是，规则 17g - 3（a）（1）要求所有 NRSRO 需提供经过审计的财务报表，其中必须包括资产负债表，损益表和现金流量表和所有权变更的声明。

2. 2008 年的三大机构数据不可得，故未列分项。

资料来源：根据 SEC 信息整理。

2016 年，所有评级机构的收入约为 59 亿美元，比 2015 年增加 1 亿美元，主要是由于债券发行量的上升以及跟踪监测费用的提高。所有评级机构在 2017 年评级收入出现大幅增长，总收入 71 亿美元，同比增加近 12 亿美元。

穆迪公司在 2017 财年收入增长 17%，全球杠杆融资评级是收入增长的主要原因，银行业和抵押贷款债券发行量增长也促进其收入增长；此外，收入的增长受益于费用类型、新费用方案和价格上涨等几个因素的综合影响。从 2006 年开始，穆迪的内部业务由穆迪投资者服务公司（MIS）和穆迪分析公司（MA）分别运营，其中 MIS 主要负责评级和债务分析，为发行人付费模式，MA 主要负责为客户提供衡量和管理风险的各种工具及解决方案。2016 年，MIS 和 MA 的收入占比穆迪之比分别为 66% 和 34%，利润分别占 83% 和 17%。

标普 2017 年收入同比增加了 18%，主要是由于美国和欧洲银行信用评级收入以及公司债券评级收入增加。美国抵押贷款和商业抵押贷款支持证券发行量增加，推动标普结构性金融产品评级收入的增加；此外，监测服务费和主体信用评级收入的增长，也促进了其总收入增长。但是，公共债务评级收入的下降抵消了标普部分收入的增长。

2018 年所有评级机构收入维持 70 亿美元。穆迪和标普的母公司 2018 年收入同比下降 2%、4%[①]。穆迪收入下降主要因为较低的非金融企业和基础设施发行数量，标普收入下降主要因为美国和欧洲较低的企业债券发行数量。晨星在 2018 年收入相对上年大幅增长，主要原因是结构化融资工具评级增多。

三、高度垄断的评级市场呈现差异化竞争趋势

（一）行业垄断程度依然保持高位

赫芬达尔 - 赫希曼指数（简称 HHI 指数）是一种度量行业中企业规模的方法，也

---

① 根据标普年报，2019 年全年收入 67 亿美元。其中，评级收入 31.1 亿美元，标普道琼斯指数收入 9.18 亿美元，市场情报收入 19.6 亿美元，普氏价格指数全年收入 8.44 亿美元。标普表示，2019 年标普推出许多新产品，推进了众多自动化项目，并通过数次并购增加了专业的数据集、产品和服务；2020 年将继续在提高技术、创新产品和全球扩张上投入资金，将大部分资金将用于自动化项目研发。

是衡量这些企业之间竞争状况和行业集中度的指标,它通过将每个竞争主体的市场份额进行平方加总后获得。公式如下:

$$HHI = \sum_{i=1}^{N} \left(\frac{M_i}{M}\right)^2 \tag{3.1}$$

其中,M_i 为第 i 个企业的规模,M 为市场总规模,N 为行业内的企业数量。

HHI 越大,表明市场集中度越高,垄断程度也越高。这是因为市场集中化程度与市场垄断程度之间存在正相关关系。HHI 的值介于 0 与 1 之间,但通常的表示方法是将其值乘上 10000 予以放大,故 HHI 在表示时应介于 0 ~ 10000 之间。当某个市场由大量规模相对一样的企业构成时,HHI 接近于 0;当在市场中的企业数目减少和这些企业之间的规模差异增加时,HHI 会增加[1]。

HHI 的倒数可理解为复制特定行业集中度所必要的相同规模公司的数量,也可表明某个行业中的集中度程度。比如,如果一个行业的 HHI 倒数值为 5.0,那么这意味着在这个行业中,整个市场基本被 5 家公司均分。通常一个 HHI 倒数值小于 4.0 的市场被认为是高度集中的市场;HHI 倒数值介于 4.0 ~ 6.67 之间的市场集中度较为适中,而大于 6.67 的市场属于竞争性市场。

根据 HHI 倒数指标显示,美国信用评级行业为高度垄断行业,这与大型评级机构(特别是穆迪和标普)的评级量占比高的实际情况一致。三大评级机构出具的有效信用评级占市场评级业务总量的 95%,竞争优势十分明显。除此之外,所占市场份额最大的多美年自 2007 年以来,其市场份额最高仅为 2.4%。表 3.19 给出了 2007 ~ 2017 年 NRSRO 评级行业结构的集中度趋势,数据显示所有评级种类的行业集中度(合计)保持高位。2007 年至 2008 年 HHI 倒数指标略有上升;但 2008 ~ 2016 年 HHI 倒数指标由 2.99 下降至 2.67,在 2017 年又上升到 2.7。

表 3.19 各类评级业务的 HHI 倒数指数

年份	金融机构	保险公司	公司债发行人	资产支持证券	政府债券	所有评级类别	除政府证券以外的评级
2007	3.37	4.02	3.27	2.71	2.35	2.65	—
2008	3.72	4.05	3.79	2.82	2.83	2.99	3.56
2009	3.85	3.84	3.18	3.18	2.65	2.86	3.58
2010	3.99	3.37	3.17	3.20	2.69	2.88	3.55
2011	4.16	3.76	3.02	3.38	2.47	2.74	3.70
2012	4.04	3.72	3.00	3.44	2.50	2.75	3.68
2013	3.99	3.68	3.03	3.48	2.46	2.72	3.65
2014	4.30	3.83	3.35	3.34	2.40	2.68	3.81
2015	3.72	3.82	3.23	3.53	2.40	2.65	3.67
2016	3.75	3.82	3.26	3.68	2.40	2.67	3.78
2017	3.88	3.79	3.26	3.79	2.44	2.70	3.94

资料来源:SEC。

---

[1] 美国司法部《1997 年并购指南》规定,市场集中度分三级:不集中、一般集中、高度集中,HHI 指数高于 1800 被认为是高度集中。

在五类评级业务中，政府债券评级的数量最多，这种业务的集中度也是最高的，2017 年底政府债券评级 HHI 倒数指数为 2.44。与此相一致的是，政府债券评级业务量占据了评级业务总量的 75% 以上，并且其中的 85% 以上由标普和穆迪进行评级。值得注意的是，如果剔除政府债券评级，美国评级行业的垄断程度出现逐渐轻微下降的趋势，2008 ~ 2017 年 HHI 倒数指标由 3.56 上升至 3.94，并且 2017 年是自 NRSRO 开始报送评级数量以来集中度最低的一次，表明产业进一步离散，市场竞争加剧。自 2008 年后，资产支持证券评级类别的竞争度上升，HHI 倒数指标从 2007 年的 2.71 上升到 2017 年的 3.79。2017 年资产支持证券评级的产业集中度也是历史最低，这反映出一些小型 NRSRO 参与此类评级业务竞争，使竞争加剧。但是金融机构评级、保险公司评级、公司债发行人评级、政府债券评级的 HHI 倒数指标总体变化不大，表明这些评级业务的集中度没有大的变化；具体来看，除金融机构评级外，2017 年保险公司评级、公司债发行人评级和政府债券评级业务的集中度比 2008 年略高。

（二）小型 NRSRO 在细分评级市场的业务不断扩大，促进市场差异化竞争

1. 小型 NRSRO 在资产支持证券评级上有一定竞争力

从评级业务类型看，资产支持证券的 HHI 倒数指标由 2007 年的 2.71 上升到 2017 年的 3.79，市场竞争度不断提高，细化分析来看有以下特点：

一是商业房地产抵押贷款支持证券评级方面。在非机构商业房地产抵押贷款支持证券（Non - Agency CMBS）评级业务中，克罗尔 2017 年市场份额排第三，2018 年市场份额排第四，2019 年上半年位居第四，但与第三的穆迪占比基本相当；晨星 2019 年上半年市场份额增长至 30.2%。见表 3.20。在机构商业房地产抵押贷款支持证券（Agency CMBS）评级中，克罗尔 2017 ~ 2018 年占该类评级总量超过 45%，多美年在 2019 年上半年占比 49.9%。在单一借款人商业房地产抵押贷款支持证券评级业务中，多美年、克罗尔和晨星比较活跃，市场份额基本都超 20%。

表 3.20 非机构美国商业房地产抵押贷款支持证券评级市场份额

（2017 年至 2019 年上半年） 单位：百万美元，笔，%

2019 年上半年排名	机构	2019 年上半年发行量	交易笔数	市场份额	2018 年发行量	交易笔数	市场份额	2017 年发行量	交易笔数	市场份额
1	惠誉	22336.8	29	57.2	50465.4	63	65.6	57482.6	65	65.5
2	穆迪	19104.2	28	48.9	32894.5	44	42.7	54655.4	61	62.2
3	标普	16183.4	27	41.4	34764.4	58	45.2	38294.1	59	43.6
4	克罗尔	16116.9	22	41.3	30302.0	38	39.4	45747.2	52	52.1
5	晨星	11812.1	20	30.2	12300.8	21	16.0	11246.2	21	12.8
6	多美年	9113.3	15	23.3	27259.2	38	35.4	26361.7	35	30.0
	市场总额	39067.6	66		76978.8	122		87812.4	121	

资料来源：SEC。

二是资产支持证券评级方面。虽然大型评级机构在信贷资产证券评级市场所占份额最大，但小型评级机构也占据一定份额。在资产支持证券评级业务中，多美年的市场份额持续超过20%，克罗尔的市场份额超过17%，晨星的市场份额从2016年的3.6%上涨到2018年的8.0%。见表3.21。

表3.21　　美国资产支持证券评级市场份额（2017年至2019年上半年）

单位：百万美元，笔，%

2019年上半年排名	机构	2019年上半年发行量	交易笔数	市场份额	2018年发行量	交易笔数	市场份额	2017年发行量	交易笔数	市场份额
1	标普	96135.9	150	56.2	184537.0	296	57.8	160648.6	242	57.0
2	惠誉	80856.5	97	47.3	154877.9	205	48.5	154302.3	207	54.7
3	穆迪	75809.0	105	44.3	153641.5	215	48.2	139030.5	192	49.3
4	多美年	43118.6	66	25.2	70430.8	130	22.1	67840.5	133	24.1
5	克罗尔	29175.8	77	17.1	55990.1	147	17.5	48783.3	124	17.3
6	晨星	15083.0	35	8.8	25506.3	53	8.0	14879.0	33	5.3
	市场总额	170943.7	276		319051.9	555		281880.8	472	

资料来源：SEC。

三是其他资产支持性证券评级方面。小型评级机构通过创新资产支持证券评级产品，在市场贷款证券评级（如：学生贷款证券评级、消费信贷支持证券评级）、清洁能源资产评估证券评级、独栋住宅租赁支持证券评级、飞机租赁应收账款支持证券评级等占有重要地位。小型评级机构是无担保消费贷款支持证券的主要评级机构，多美年和克罗尔在该领域拥有最大的市场份额，分别为71.9%和45.2%。多美年评定了50.5%的学生贷款支持交易，还评定了较多的信用卡和次级车贷支持交易。

2. 小型机构在保险公司评级形成优势

在保险公司评级中，贝氏评级数量超过标普，拥有第一的信用评级数量，2017年、2018年分别达35%、34.8%，标普、穆迪和惠誉2018年的市场份额分别是31.7%、11.9%、15.8%。自2007年评级机构开始向美国证监会报送评级信息以来，贝氏一直位列保险评级数量的前三位。与其他评级机构不同，贝氏将主要业务一直集中于保险行业。在1899年成立后，该公司就专注于保险行业的分析，在1900年出版《贝氏保险报告》，1928年进入了评级行业（Gaillard等，2018）。贝氏于1997年设立了欧洲机构，紧接着在1998年收购了专注于英国保险市场的英国金融才智及研究公司。1999年12月，贝氏在中国香港设立机构。贝氏于2005年3月获得NRSRO资质。随着保险公司与银行机构的关系变化，贝氏在2006年10月宣布，引入美国银行及附属公司评级业务[①]。

（三）小型评级机构仍面临诸多业务限制

虽然小型评级机构的市场份额在部分种类的资产支持证券评级中取得了明显增长，

---

① 参见 Langohr & Langohr，2008，406。

但仍受到一些市场准入和竞争的限制。首先，一些特定评级要求排除小型评级机构。很多公募基金、养老基金等机构投资者的投资指南明确要求基金只能投资于三大评级机构评级的证券；其次，一些衡量基金业绩的固定收益指数仅收纳三大评级机构评级的证券；最后，SEC 制定了一系列繁琐的监管制度，增加了小型评级机构的经营成本，且某些规定对于小型机构实施困难。目前，市场主体和监管当局正在研究制定一些措施，以减少对小型评级机构公平参与市场竞争的限制。

值得注意的是，虽然美国本土评级机构逐渐从国际金融危机中走出来，但是外资信用评级机构在美国仍经营困难。由于市场开拓不利，日本的 R&I 已主动退出美国评级市场，JCR 也放弃了资产证券化评级业务。

四、评级行业创新不断增强

评级机构不断完善和创新评级方法，以应对金融市场的快速发展和变化。《评级机构改革法案》《多德—弗兰克法案》等法规制度也包含了很多披露评级信息、方法和研究的条款，旨在通过信息透明化来促进机构创新评级技术和方法。一是评级信息公开。评级机构按照监管要求披露评级质量、评级历史、评级程序、评级方法变更、特定评级行为等信息，评级机构也发布报告阐述评级的基本原理、重要方法；二是评级分析拓展。评级机构不断提供各种形式的研究报告，阐述不同风险分析和行业分析等内容；三是在金融科技、大数据等技术发展创新的背景下，评级机构也在技术方面不断加强并吸收新的资源。比如，多美年强调在商业抵押贷款支持证券运用科技为投资者提供高效分析。穆迪在 2017 年创建了分析和科技解决团队，用来扩展其科技创新活动，包括机器学习和人工智能等领域。标普在 2017 年投资了英国人工智能公司 Algomi，2018 年又花费 5.5 亿美元收购了美国人工智能公司 kensho。

第四章 国际版图下的信用评级发展

随着全球金融市场的发展，20世纪70年代，其他国家和地区开始引入信用评级制度并出现评级机构。进入20世纪90年代，由于直接融资比重显著提升，新兴市场发展受到关注，进一步带动了一批本土评级机构的发展。

第一节 欧洲信用评级的引入和发展

一直到国际金融危机以前，欧盟信用评级市场处于宽松的自律发展环境，没有建立统一的信用评级法规，仅要求成员国遵守国际证监会组织的评级准则。2007年金融危机尤其是欧债危机爆发，三大信用评级机构被认为在危机中扮演了推波助澜的作用，由此引起了欧盟对信用评级机构的极大关注，彻底改变了对信用评级机构的监管方式。

2009年，欧盟发布第一个对信用评级机构进行全面监管的法规，随后在2011年和2013年对法规进行了修订。根据第一次修订要求，欧盟设立了统一的监管部门，对在欧盟境内开展信用评级业务的机构进行统一监管。

一、欧洲信用评级机构的出现和自律性发展

尽管欧洲资本市场的发展先于美国两百年，但是信用评级业的起步却很晚，这主要是由于以下原因抑制了对信用评级的需求：一是欧洲以商业银行间接融资为主导的金融体制下，债券市场规模有限；二是债券发行需要得到政府部门的严格审查和许可。直到20世纪70年代末，欧洲地区才首先在英国出现评级活动。1978年2月，英国的埃克斯特统计服务公司（Extel Statistical Service, Ltd）开始评级，但在1979年6月就停止了评级活动。1978年评级机构国际银行信用分析公司（IBCA）在伦敦成立，该机构在1990年获得美国全国认可统计评级机构的资质，主要从事金融机构评级，但1992年被法国菲玛拉克集团（FIMALAC）收购，1997年又与惠誉合并。

20世纪80年代后，穆迪、标普和惠誉三大评级机构陆续进入欧洲。但欧洲本土评级机构发展缓慢，在20世纪90年代中后期又新出现几家本土机构（BIS，2000）。在2009年以前，欧盟评级行业环境非常宽松：一是没有专门的信用评级监管法规，主要依据国际证监会组织等出台的评级准则对评级机构实行自律约束。二是欧洲各国一直未对评级行业的准入作任何限制，评级业务的开展既不需要政府的专门批准，也不需要申领特许经营牌照。三大评级机构逐渐垄断了欧盟评级市场，欧盟本土评级机构大多成长

困难。

2000 年欧元区诞生以来，欧洲金融一体化进程明显加快，债券市场规模不断提升，结构化金融产品迅速增加，这些变化扩大了对信用评级的需求。2018 年底，欧元区债券托管量达 14.01 万亿欧元，其中，企业债为 4.65 亿欧元，结构化金融产品为 1.24 万亿欧元。欧洲中央银行成立后，将信用评级引入到对商业银行的资本要求中，建立了欧元体系信用评估框架（ECAF）和合格外部信用评级机构（ECAI）制度。合格外部信用评级机构制度主要应用于欧洲中央银行进行货币政策操作，以此评估合格资产的信用状况。目前，欧洲中央银行认可的合格外部评级机构包括标普、穆迪、惠誉、多美年共四家。

二、后危机时代建立严格的市场准入和监管框架

国际金融危机爆发后，欧盟对信用评级监管制定了统一的制度《信用评级机构监管法规》，旨在提高信用评级机构的透明度、责任、公司治理和独立性，以确保高质量的信用评级结果和高水平的投资者保护。根据评级监管法规，在欧盟境内成立的信用评级机构必须注册。对于跨境开展信用评级业务的情况，法规也做了相关规定。

注册的评级机构通过背书，可将其境外关联机构的评级结果应用于欧盟境内。背书应满足：境外机构与境内机构属于同一集团；境外机构必须合法成立并受所在国监管；境外机构在利益冲突、评级方法、信息披露等方面必须达到与欧盟同等程度要求。未在欧盟境内设立分支机构的评级机构可申请认证。认证的境外机构需首先在所在国具有合法资质并受监管，同时所在国监管者必须与欧盟达成合作协议，其监管框架与欧盟监管框架相当，在此基础上境外机构可申请认证。

2011 年，欧洲证券和市场监管局（ESMA）被指定为欧盟境内唯一的信用评级机构监管机构。ESMA 是构成欧洲金融监管体系（ESFS）的三大监管机构之一，ESFS 与负责宏观监管的欧洲系统风险委员会（ESRB）一起，从微观和宏观加强金融市场的监管。欧洲金融监管体系是在国际金融危机之后建立的，目的是提高监管的质量和一致性，加强跨境集团的监管，为金融市场参与者制定统一的规则。

三、后危机时代欧盟信用评级行业的规范发展和特点

（一）注册机构不断增多

1. 注册基本情况

国际金融危机发生后，欧盟逐步建立了评级监管法规和监管机构，评级业的管理模式从自律规范转变为严格监管。为了降低对标普、穆迪、惠誉三大评级机构的依赖，欧盟也积极扶植本土评级机构的发展壮大。

截至 2019 年底，在欧盟注册的信用评级机构总数达到 27 个，另外有 4 家经认证的信用评级机构[①]。在注册类的信用评级机构中，欧盟本土信用评级机构有 21 家；在欧

---

① 截至 2019 年底，欧盟实际共有 41 家注册信用评级机构和 4 家认证信用评级机构，这包括标普、穆迪、惠誉等评级集团的注册分支机构。

洲设立法人实体的非欧盟评级机构有 6 家，分别为标普、穆迪、惠誉、多美年（加拿大）、贝氏（美国）以及克罗尔（美国）。中国大公在欧洲曾设立了大公欧洲评级公司，该公司在 2019 年被转让后又撤销了注册。标普、穆迪、惠誉为三大评级集团，分别拥有在欧洲的分支机构为 1 家、8 家和 7 家，多美年和贝氏也分别在欧洲有两家分支机构，见表 4.1。4 家认证的信用评级机构分别为日本信用评级公司、墨西哥的 HR 评级公司、美国的克罗尔债券评级公司和伊根 - 琼斯评级公司。

表 4.1　　　　　　　　　　欧盟区域的评级集团及分支机构

集团	机构数量	分支机构名称	机构类型
穆迪	8	穆迪塞浦路斯有限公司、穆迪法国 SAS、穆迪德国有限公司、穆迪意大利 S. R. L.、穆迪西班牙有限公司、穆迪英国有限公司、穆迪 EMEA 有限公司和穆迪（北欧）AB（瑞典）	除穆迪 EMEA 有限公司，其他 7 家为欧盟注册机构。 2019 年 7 月 2 日，ESMA 撤销了位于英国伦敦的穆迪 EMEA 公司的注册资格。受英国脱欧等政策变动影响，该公司决定不再向欧盟注册，于 2019 年 4 月 24 日正式向 ESMA 提交书面说明
惠誉	7	惠誉法国 SAS、惠誉德国有限公司、惠誉意大利 S. p. A、惠誉波兰公司 S. A.、惠誉评级西班牙 S. A. U.、惠誉评级有限公司（英国）和惠誉评级 CIS 有限公司（英国）	均为欧盟注册机构
标普	1	标普全球评级欧洲有限公司（爱尔兰）	在 2018 年，标普法国 SAS、标普意大利 SRL、标普信用市场服务欧洲有限公司三家机构整合为标普全球评级欧洲有限公司（爱尔兰），作为欧盟注册机构
多美年	2	多美年评级有限公司（英国），多美年评级德国	都为欧盟注册机构
贝氏	2	贝氏欧洲评级服务有限公司（英国）、贝氏评级服务 BV（荷兰）	都为欧盟注册机构
克罗尔	2	克罗尔债券评级欧洲有限公司（爱尔兰）、克罗尔债券评级公司（美国）	其中克罗尔债券评级欧洲有限公司为注册机构，克罗尔债券评级公司为认证机构
合计	22		

说明：1. 截至 2019 年底。

2. 根据欧盟《信用评级机构监管法规》相关规定，若信用评级机构明确放弃注册资格或在过去的六个月内没有提供信用评级活动，则 ESMA 有权撤销其注册资格。

资料来源：ESMA。

由于英国决定脱欧，总部在英国的信用评级机构若继续在欧盟市场服务，则需重新建立基于欧盟 27 国的机构，这导致信用评级机构注册申请数量增加。但由于整个评级行业仍然集中于三大信用评级机构，因此行业动态基本保持不变，见表 4.2。2019 年 5 月 27 日，ESMA 将因博尼斯 SA 注册为信用评级机构，该公司总部位于西班牙马德里，主要对非金融机构或保险公司发行人进行评级。基于信用评级机构的主动申请，ESMA 于 2019 年 7 月 5 日撤销法国巴黎的超越评级公司的注册资格。超越评级公司是法国主权信用评级和数据服务机构，于 2019 年 3 月 18 日注册，6 月 3 日被英国伦敦证券交易所集团收购。2019 年 11 月大公国际评级（原来的大公欧洲）撤销了注册。截至 2019 年底，将每个集团公司分别作为一家机构计算的话，在欧盟注册的信用评级机构为 27 家。

表 4.2　　　　　　　欧盟 2018 年 1 月至 2019 年 12 月注册或注销注册的机构

评级机构	成立国家	状态	生效时间
北欧信用评级 AS	挪威	注册	2018 年 8 月 3 日
穆迪（北欧）AB	瑞典	注册	2018 年 8 月 13 日
SPMW 评级	波兰	注销注册	2018 年 10 月
贝氏评级服务 BV	荷兰	注册	2018 年 12 月 3 日
多美年评级德国	德国	注册	2018 年 12 月 14 日
标普意大利 SRL	意大利	注销注册	2018 年 12 月 20 日
标普法国 SAS	法国	注销注册	2018 年 12 月 20 日
因博尼斯	西班牙	注册	2019 年 5 月 27 日
穆迪 EMEA 有限公司	英国	注销注册	2019 年 7 月 2 日
超越评级	法国	注销注册	2019 年 7 月 5 日
大公国际评级	意大利	注销注册	2019 年 11 月 14 日

说明：大公国际评级为以前的大公欧洲评级。

资料来源：ESMA。

2. 评级业务种类

欧盟的信用评级业务主要依赖于固定收益工具，评级机构可申请注册的业务种类有金融公司、保险公司、非金融公司、主权、结构化金融五类，其中金融公司在之前细分为金融公司和担保债券两类业务。

从业务范围来看，截至 2019 年，评级机构中有 7 家注册为全类别评级机构，其中欧盟评级机构仅有 2 家，分别为斯克普评级和 ARC 评级①；在欧洲设立法人实体的 6 家非欧盟评级机构中，有 5 家评级机构拥有全资质，分别为标普、惠誉、穆迪、多美年和克罗尔债券评级欧洲公司。其余信用评级机构均只开展一类或部分种类的业务，见表 4.3。其中欧拉艾玛斯评级等 9 家评级机构覆盖了 3 类或 4 类的评级业务，还有经济学人等 12 家评级机构仅开展了 1 类或 2 类的评级业务。

---

①　ARC 正式成立于 2013 年 10 月，前身是拥有 25 年历史的葡萄牙评级机构，后由葡萄牙 CPR、印度 CARE、马来西亚 MARC、南非 GCR 及巴西 SR 这五家评级机构合资而成。

表 4.3　　　　　　　ESMA 注册评级机构的信用评级服务类型

信用评级机构	份额%	非金融公司	金融公司	保险公司	主权和公共财政	结构化融资	注册类型数量
标普	42.09%	是	是	是	是	是	5
穆迪	33.39%	是	是	是	是	是	5
惠誉	16.62%	是	是	是	是	是	5
多美年（DBRS）	2.46%	是	是	是	是	是	5
经济学人（The Economist Intelligence Unit）	0.87%				是		1
科韦德（CERVED）	0.81%	是					1
贝氏欧洲	0.82%	是		是			2
德国信用改革评级公司（Credit-Reform Rating）	0.55%	是	是		是	是	4
斯克普评级（Scope）	0.49%	是	是	是	是	是	5
GBB 评级（GBB‐Rating）	0.32%	是	是				2
欧拉艾玛斯评级（Euler Hermes Rating）	0.18%	是	是			是	3
艾斯克瑞塔保险评级（Assekurata）	0.20%			是			1
科锐富（CRIF Ratings）	0.21%	是					1
埃克塞尔（Axesor Risk）	0.21%	是	是		是	是	4
ICAP 集团（ICAP）	0.19%	是					1
资本资讯公司（Capital Intelligence Ratings）	0.12%	是	是	是	是		4
ARC 评级（ARC Ratings）	0.15%	是	是	是	是	是	5
模式金融（ModeFinance）	0.13%	是	是				2
BCRA 信用评级（BCRA）	0.02%	是	是	是	是		4
INC 评级（INC Rating）	0.01%				是		1
欧洲评级（Euro Rating）	0.01%	是	是	是			3
德国专家评级公司（Rating‐Agentur Expert RA GmbH）	<0.01%	是	是	是	是		4
奇瓦利奥（QIVALIO SAS）	0.08%	是					1
克罗尔欧洲（Kroll Bond Rating Agency Europe）	0.03%	是	是	是	是	是	5
大公国际评级（DG International Rating）	0.02%	是	是	是			3
北欧信用评级（Nordic Credit Rating AS）	0.01%	是	是				2

续表

信用评级机构	份额%	非金融公司	金融公司	保险公司	主权和公共财政	结构化融资	注册类型数量
ACRA 欧洲（ACRA Europe）	<0.01%	是	是		是		3
因博尼斯（Inbonis）	—	是					1
合计	100%						

说明：1. 科韦德和 ICAP 主要针对小型本地公司提供大量信用评分。

2. 市场份额是 ESMA 于 2019 年底发布的统计，因博尼斯在 2019 年 5 月 27 日注册，大公国际评级在 2019 年 11 月取消注册。

3. 业务截至 2019 年底。

资料来源：ESMA，2019。

3. 评级机构数量趋于稳定

从注册和认证评级机构的数量变化看，经过多年发展，欧盟监管的评级机构的规模逐渐趋于稳定，在 2018 年、2019 年都为 31 家，其中三大评级机构等评级集团的分支机构分别合并统计，见表 4.4。

表 4.4　　　　　　　　　欧盟注册和认证评级机构数量变化　　　　　单位：家

机构类型	2011 年	2012 年	2013 年	2014 年	2015 年	2016 年	2017 年	2018 年	2019 年
认证	1	1	2	4	4	4	4	4	4
注册	18	19	22	23	26	26	27	27	27
合计	19	20	24	27	30	30	31	31	31

资料来源：根据 ESMA 数据整理。

2011 年，日本信用评级机构率先获得了欧盟的评级认证。克罗尔债券评级于 2013 年获得认证。2014 年，另外两家信用评级机构获得了认证，分别是墨西哥 HR 评级公司和伊根 - 琼斯评级公司。

2012 年欧盟证券与市场管理局对评级业务类型进行了分类统计，包括公司评级、金融机构评级、保险公司评级、主权评级、结构化金融评级、担保债券评级 6 种，只有穆迪、标普和惠誉三大评级机构和多美年评级的业务覆盖了所有这些类型，其他评级机构只覆盖了至多 3 种评级类型。随着《资本要求法规》①的生效，所有在欧盟注册的评级机构均已具有合格外部评级机构（ECAI）的地位。这也意味着，所有欧盟境内注册的评级机构提供的评级结果，都能作为确定金融机构资本充足率的外部评估要素。

（二）评级业务经历下滑后总体趋于稳定

受欧债危机和监管政策的影响，欧盟信用评级业规模在 2008 年后有较大幅度的波动，在 2015 年之前呈现下降趋势，但是近几年逐步趋于稳定，如表 4.5 所示。结构化

---

① 参见 Regulation 575/2013 of 26 June 2013 on prudential requirements for credit institutions and investment firms and amending Regulation（EU）No 648/2012，OJ L 176/1 of 27. 6. 2013。

金融工具和担保债券的数据为债券发行层面，但其他类别的信用评级为发行人层面。2015 年之前，保险公司、非金融公司、结构化金融工具和担保债券评级均出现下降情况。部分评级业务较危机之前处于低位，例如结构化金融工具、担保债券等。非金融公司评级数量下降主要是因为科韦德评级下降所致，该评级机构对意大利中小企业的评级减少了三分之二。一些规模较小的信用评级机构专门对特定类型的工具或特定地理区域进行评级，而规模较大的信用评级机构则在全球开展业务。自《信用评级机构监管法规》生效以来，欧盟信用评级业的竞争格局并没有发生根本改变。

表 4.5　　　　　　　　　　欧盟信用评级业务量变化情况　　　　　　　单位：笔

评级种类	2009 年	2013 年	2014 年	2015 年上半年
金融公司	1504	1239	1283	1277
保险公司	633	556	519	495
非金融公司	104642	33195	32884	28098
主权	840	893	896	904
结构化金融工具	17024	13140	12580	12173
担保债券	15388	14290	13729	13236
总数	140031	63313	61851	56183

注：数据为近似"余额"概念，即：当年信用评级数量 = 上年信用评级数量 + 当年新增量 − 当年到期数目

资料来源：ESMA。

自 2015 年以来，三大信用评级机构发布的欧洲信用评级数量显示，金融机构和结构化金融工具信用评级呈现普遍下降趋势，见图 4.1，而非金融公司、保险公司和主权的信用评级数量保持相对稳定。相比之下，中小信用评级机构发布的欧洲信用评级数量总体上要低得多。但自 2015 年以来，除了结构化金融工具评级数量保持相对稳定外，中小信用评级机构发布的所有类别的评级量都有所增加。

经背书的信用评级机构发布的信用评级可用于欧盟的监管目的。欧盟三分之二以上可用于监管目的的信用评级是通过背书引入的，几乎所有背书的信用评级都与非欧盟发行人和金融工具有关。

将升级和降级的总数与存量评级数量的比值定义为评级的波动性。欧盟不同信用评级类型的波动性在 2009 年上半年达到高峰，然后在 2010 年出现轻度降低的趋势，但是在 2011 年又达到新的上升势头，并且急剧升高。较大的波动性对评级类别的最终影响是较高的迁移率。见图 4.2。

将升级与降级的比值的百分比定义为评级的漂移率。从 2005 年至 2012 年的评级漂移数据看，这段时期显示非常明显的负面趋势，漂移率不断减低，这表明与升级相比，降级不断增多。在 2008 年下半年至 2009 年末、2011 年上半年至 2012 年上半年，这两个时期的漂移率呈现迅速下降的趋势。金融机构、主权评级经历了最猛烈的变化，而保险评级相对最稳定。这些负面趋势的影响导致评级级别分布范围向下变化，见图 4.3。

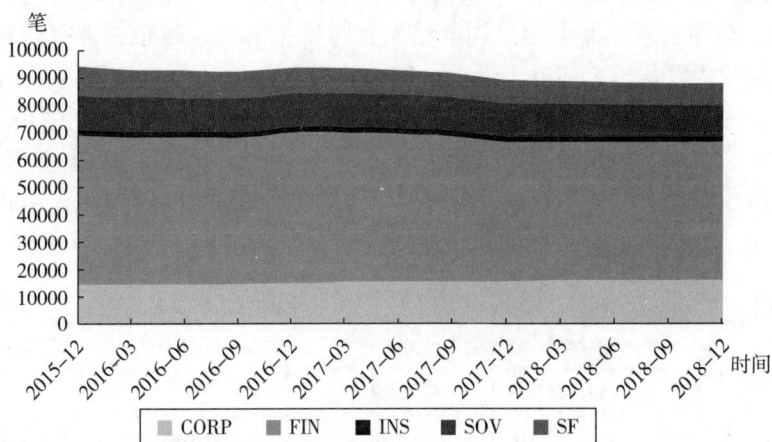

注："CORP"表示非金融公司评级，"FIN"表示金融机构评级（包括担保债券），"INS"表示保险公司评级，"SOV"表示主权评级，"SF"表示结构化工具评级。图中仅指欧盟信用评级。

图 4.1　欧盟统计的三大评级机构金融工具评级数量

（资料来源：ESMA）

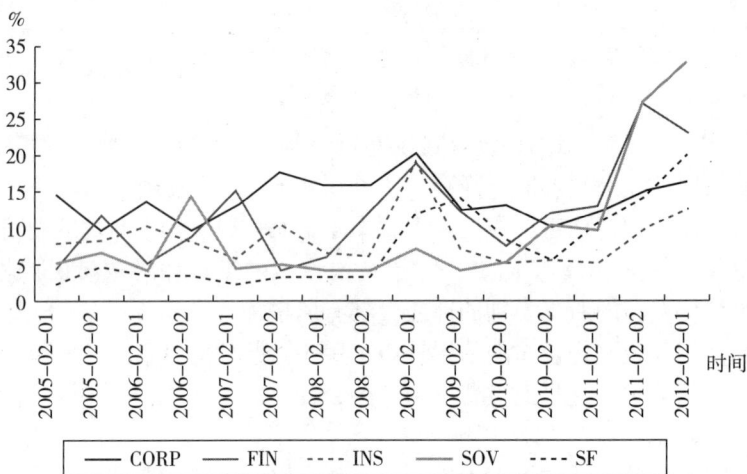

图 4.2　欧盟信用评级的波动（2005～2012 年）

（资料来源：ESMA）

（三）信用评级市场高度集中

1. 三大评级机构基本垄断市场份额

从 2019 年 ESMA 发布的基于财务数据的市场份额来看，三大评级机构在欧盟占据垄断地位，市场份额达 92.1%；其余评级机构市场份额合计仅为 7.9%，其中排名比较靠前的有多美年、经济学人、贝氏、科韦德（CERVED）和德国信用改革评级，市场份额分别为 2.46%、0.87%、0.82%、0.81% 和 0.55%，其他机构的市场份额均小于0.5%，见表 4.6。统计数据显示，虽然三大信用评级机构在 2009 年盈利明显下降，但

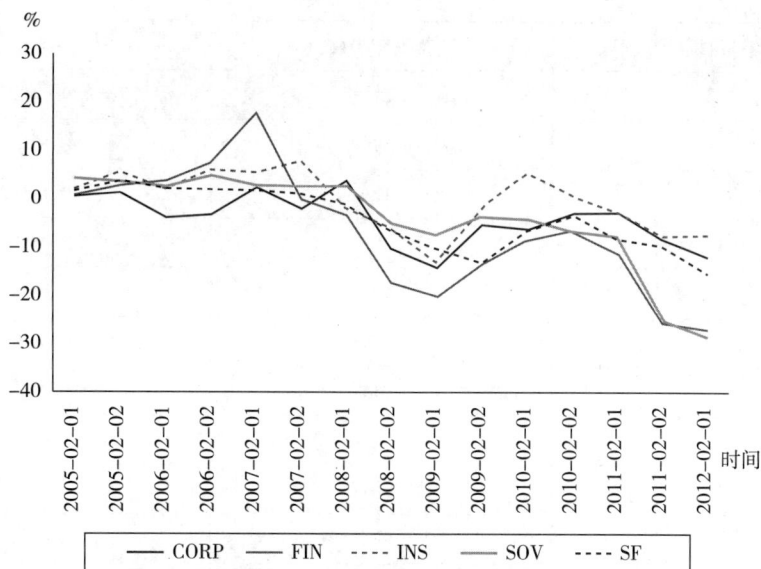

图 4.3　欧盟信用评级的漂移率变化（2005～2012 年）

（资料来源：ESMA2012 信用评级年报）

是随后便逐年回升，到 2014 年底已基本与危机前 2007 年持平甚至超过当时的盈利水平，其中一个主要原因是三大信用评级机构收费上调，且其对行业整体的定价机制有很大的影响。

表 4.6　　　　　　　　　　　　　欧盟注册信用评级机构的市场份额

信用评级机构	2018 年份额	上一年份额
标普	42.09%	46.26%
穆迪	33.39%	32.04%
惠誉	16.62%	15.10%
多美年	2.46%	1.88%
经济学人	0.87%	0.86%
科韦德	0.81%	0.82%
贝氏	0.82%	0.77%
德国信用改革评级公司	0.55%	0.51%
斯克普评级	0.49%	0.28%
GBB 评级	0.32%	0.28%
欧拉艾玛斯评级	0.18%	0.20%
艾斯克瑞塔保险评级	0.20%	0.19%
科锐富	0.21%	0.17%

续表

信用评级机构	2018 年份额	上一年份额
埃克塞尔	0.21%	0.14%
ICAP 集团	0.19%	0.12%
资本资讯公司	0.12%	0.11%
ARC 评级	0.15%	0.06%
模式金融	0.13%	0.10%
BCRA 信用评级	0.02%	0.01%
INC 评级	0.01%	0.01%
欧洲评级公司	0.01%	<0.01%
德国专家评级公司	<0.01%	<0.01%
奇瓦利奥	0.08%	0.04%
克罗尔欧洲	0.03%	—
大公国际评级	0.02%	0.03%
北欧信用评级	0.01%	—
ACRA 欧洲	<0.01%	<0.01%
因博尼斯	—	—
合计	100%	

说明：1. 市场份额是 ESMA 于 2019 年底发布的统计，至 2020 年市场份额计算结果公布之日前有效。因博尼斯在 2019 年 5 月 27 日注册，大公国际评级在 2019 年 11 月取消注册。克罗尔欧洲于 2017 年 11 月 17 日注册，北欧信用评级在 2018 日历年注册。

2. 市场份额根据信用评级机构经审计的财务报表计算，并参考 2018 年度信用评级活动及辅助服务的年度营业额。

资料来源：ESMA，2019 年 11 月 29 日。

根据评级业务类型分析，三大评级机构在结构化融资工具、非金融企业、金融机构、保险公司、主权和公共机构评级这五类评级业务中，市场份额都居前三位。信用评级机构所占市场份额根据年度营业额计算，包括从事信用评级活动和辅助服务的营业额。信用评级活动是指数据和信息分析以及信用等级的评估、批准、发布和审核，包括对债项、债务担保、优先股或其他金融工具的评级及相关主体评级。辅助服务不属于信用评级活动，包括市场预测、经济趋势估计、定价分析、其他一般数据分析和分销服务。

2. 评级市场集中度仍不断提高

在欧盟注册的信用评级机构数量总体呈增加的态势，但是从市场占有率的历史变化来看，国际三大评级机构一直保持市场垄断地位，且集中度逐年上升，从 2012 年的 87.02% 上升到 2017 年的 93.4%，2018 年仍达到 92.1%，见表 4.7。

表 4.7　　　　　　　　　　　　　欧盟信用评级机构市场占有率变化　　　　　　　　　　单位：%

	2012 年	2013 年	2014 年	2015 年	2016 年	2017 年	2018 年
标普	34.61	39.69	40.42	45.00	46.26	46.26	42.09
穆迪	34.75	34.53	34.67	31.29	31.27	32.04	33.39
惠誉	17.66	16.22	16.80	16.56	15.65	15.10	16.62
小计	87.02	90.44	91.89	92.85	93.18	93.4	92.1
其他机构	12.98	9.56	8.11	7.15	6.82	6.60	7.9
合计	100	100	100	100	100	100	100

说明：ESMA 每年会发布上年度的市场份额报告和监管报告，其中市场份额以机构的评级及辅助业务年度营业额为基础计算，比如，2018 年的市场份额实际是 2019 年 11 月 29 日 ESMA 发布的市场份额报告的计算，并且该市场份额计算结果自公布之日起，至 2020 年市场份额计算结果公布之日前有效。

资料来源：ESMA。

　　根据 2012 年的市场份额统计，欧盟注册评级机构的业务量占比以三大评级机构为主，其中穆迪、标普、惠誉的市场份额分别为 34.75%、34.61%、17.66%；2012 年其他注册的评级机构市场份额超过 1% 的只有 2 家，分别是经济学人公司和科韦德，市场份额分别是 4.65% 和 2.6%；市场份额超过 0.5% 的还有四家，分别是贝氏、多美年、费瑞欧洲评级、ICAP 集团；市场份额最小的两家都不足 0.01%，分别是大公欧洲和欧洲评级公司。

　　到 2016 年，标普、穆迪和惠誉的市场占有率分别为 46.26%、31.27% 和 15.65%，其余评级机构的市场占有率合计仅为 6.82%，其中超过 1% 的仅有多美年一家，为 1.87%。2018 年，三大机构的市场占有率合计为 92.1%，其余评级机构的市场占有率合计仅为 7.9%，其中仍然只有多美年的市场份额超过 1%，也仅为 2.46%。经过近几年的发展，标普的市场占有率增长较快，但在 2018 年略有下降；而穆迪和惠誉的市场占有率近几年出现下降后又开始回升，其他评级机构的市场占有率则呈逐渐下降的趋势，但在 2018 年出现上升。

　　总体来看，欧盟本土信用评级机构在数量上超过以标普、穆迪和惠誉为主的非欧盟信用评级机构，但其在市场占有率及评级话语权上仍处于劣势地位。国际三大评级机构在欧盟信用评级业占据垄断地位，且市场对其评级结果的认可度远远高于欧盟本土评级机构。

　　需要注意的是，虽然 1997 年惠誉被法国菲玛拉克集团控股，在纽约和伦敦设有双总部，但其仍被认为是美国的评级机构。所以，从 2009 年开始的信用评级立法行动中，欧盟一直探讨成立一家独立的欧洲信用评级机构，并从制度设计上引入双评级等，以试图动摇盎格鲁–撒克逊信用评级机构的主导地位，促进小规模的欧洲评级机构的建立（Thomas，2014）。实际上，2006 年美国赫斯特出版集团并购了惠誉的 20% 的股份，并逐步增持股份，在 2012 年 2 月购买 10% 的股份后，达到 50% 的控股规模，从而与菲玛拉克集团（控股 50%）联合控股惠誉公司，随后赫斯特出版集团进一步提高股权成为绝对控股，从而使惠誉的股权结构又回归为美国背景。

（四）评级机构以发行人付费模式为主

欧盟境内信用评级机构盈利是不均衡的，标普、穆迪和惠誉三大评级机构占市场收入份额超过90%，这三家评级机构在全球开展业务，在不同产品和不同地区具有重要的市场影响力。2016年只有三大评级机构的营业利润超过30%，超过56.5%的信用评级机构的利润为负值。

在欧盟注册的信用评级机构大多以发行人付费模式提供信用评级服务，见表4.8。从监管改革的历史看，信用评级机构自2009年以来并没有对业务模式做出重大改变。欧盟也有一些评级机构提供投资人付费评级或用户订阅付费评级，但是，除了三家评级机构以外，所有通过投资人付费模式进行评级的评级机构，也大都提供发行人付费模式的评级。这表明，在欧盟专注于投资人付费模式或订阅付费模式的评级机构在财务上独立运作存在困难。

表4.8 欧盟信用评级机构的业务模式

信用评级机构	业务模式	
	发行方支付	投资者/用户支付
贝氏	是	
ARC 评级	是	
艾斯克瑞塔保险评级	是	
埃克塞尔	是	是
BCRA 信用评级	是	
资本资讯公司	是	是
科韦德	是	是
德国信用改革评级公司	是	
科锐富	是	是
大公	是	
多美年	是	
EIU 公司		是
欧拉艾玛斯评级	是	是
欧洲评级公司（European Rating Agency）	是	
欧洲评级（EuroRating）	是	是
费锐（Feri）	是	是
惠誉	是	是
GBB 评级	是	
ICAP 集团	是	是
穆迪	是	
标普	是	是
斯克普评级	是	是
斯普瑞德（Spread Research）	是	是

说明：截至2015年9月30日的调查。

资料来源：ESMA。

四、欧盟与美国信用评级市场的集中度比较

无论对于整个市场层面，还是针对单个产品层面，欧盟信用评级市场都具有高度集中的特征，还没有评级机构发展成为三大评级机构真正的竞争者。基于此，信用评级机构监管法规并没有对市场集中度产生太大的影响，新措施想要发挥作用还需要一段时间（EC，2016）。

欧洲许多评级机构的市场份额相对较小，有些仅在当地开展业务，一些较小机构在特定领域中具有一定的市场份额，例如：部分机构面向特定国家的中小企业，贝氏公司专注于保险公司的债券发行；只有少数评级机构活跃在结构化金融工具评级市场中，其中多美年公司在近些年已经在此市场中建立和巩固了市场份额。

表 4.9 使用存续评级的数据（仅考虑欧盟境内的评级）来计算 HHI 指数，显示了从 2009 年到 2014 年每种评级类型的 HHI 指数的变化。结构化金融工具和担保债券的评级是对发行的产品，其他类别的信用评级是对发行人的评级。将这些集中度指数与美国进行比较，可以看出，美国金融机构评级的 HHI 指数显著较高；而美国的非金融公司评级、保险公司评级和结构化工具的评级集中度指数比欧盟稍高。但是 2014 年欧盟的保险公司 HHI 指数略微超过了美国，2011 年以前欧盟的结构化金融 HHI 指数略微超过美国，欧盟的主权评级 HHI 指数略微高于美国主权的 HHI 指数。总体上，这些评级业务的 HHI 指数对比显示，欧盟与美国评级市场所有评级业务都是高度集中的。

表 4.9 欧盟与美国评级的 HHI 指数

评级类型	2009 年	2010 年	2011 年	2012 年	2013 年	2014 年
欧盟						
金融机构	2641	2468	2459	2472	2518	2419
非金融公司	3042	2959	2904	2779	2802	2844
保险公司	3608	3614	3636	3623	3688	3762
主权	3058	3180	3259	3165	3140	3142
结构化工具	3304	3288	3198	3137	3091	3025
美国						
金融机构	3370	3720	3850	4160	4020	3990
非金融公司	3270	3790	3180	3020	3000	3030
保险公司	4020	4050	3840	3760	3720	3680
主权	2350	2830	2650	2470	2500	2460
结构化工具	2710	2820	3180	3380	3440	3480

资料来源：EC，2016；SEC。

第二节　亚洲信用评级的发展和特点

亚洲一些经济体自 20 世纪 60 年代起推行出口导向型战略，利用劳动密集型产业发展的时机，大量吸收国外技术与资金，陆续走上工业化发展道路，在短时间内实现了经济的快速增长，一度形成了亚洲四小龙（中国香港、中国台湾、新加坡和韩国）的发展奇迹，但是这些地区和国家的债券市场发展仍然相对滞后，规模偏小，信用评级机构也处于发展初期阶段。

亚洲债券市场和信用评级发展以日本和中国为主要代表。部分亚洲国家在 20 世纪 80 年代开始实行信用评级以促进本土债券市场的发展，其中日本是第一个成立信用评级机构的亚洲国家，中国也在 80 年代末开始发展市场化的信用评级机构。作为亚洲最早进入发达经济体行列的国家，日本也大力发展债券市场，其债券市场规模在 2019 年之前一直居亚洲第一、世界第二。但是在 2019 年 8 月中旬，中国债券市场规模已逾 90 万亿元人民币（约 13 万亿美元），这意味着中国债券市场规模已超过日本，成为世界债券规模第二的国家。本章主要介绍亚洲国家的信用评级发展情况，中国的信用评级发展将在后面章节专门介绍分析。

一、日本信用评级业的发展及变化

（一）日本信用评级的发展历史

日本是亚洲范围内率先引入信用评级的国家，这是日本债券市场快速发展和不断扩张的结果。日本信用评级业的发展大致可分为以下四个阶段。

1. 第一阶段是信用评级的抑制（1979 年以前）

在这一阶段，以商业银行为中心的间接融资体系以及债券发行合格基准对债券市场的管制，限制了信用评级的生存空间。长期以来，商业银行在日本政府和企业融资过程中发挥着核心作用。日本债券市场始于 19 世纪后半叶的明治维新时期，政府为兴办民族工业而发行公债，公司债券随后开始发展。在 20 世纪 30 年代大萧条前，日本债券市场绝大多数债券都是无担保的，一旦到期无法兑付，风险终将由承销商承担。

为保护债券市场投资者利益，日本先后制定了两个规则：一是 1938 年在日本商业法中增加强制抵押物的规则，要求公司发行债券时必须以固定资产作为抵押物；二是"二战"后日本大藏省和日本银行制定了债券发行合格基准。该合格基准对公司发债规定了严格的限制条件，根据公司财务指标来确定是否可以发行债券及发债规模，将财务能力较差的公司排除在外。该规定以不同等级来区分具体发债额度，但这一时期不同等级债券的发行利率却差别不大，因此债券市场对信用质量高的企业缺乏吸引力。这些规则在保护投资者避免市场风险方面起到了积极作用。但随着市场发展，这些规则也制约了日本债券市场的深化发展和对信用评级的市场化需求。

从 20 世纪 50 年代末到 70 年代，日本政府和一些具有较高信誉和实力的公司到美国发行债券进行融资，并获得美国信用评级机构的评级[①]。为了减少国内资源外流，日本大藏省证券交易委员会于 1977 年提出基于投资者风险自担的原则，放开对债券市场管制的建议，并且逐步引入信用评级体系[②]。

2. 第二阶段是信用评级的引入（20 世纪 80 年代）

20 世纪 80 年代，得益于利率自由化及发行无担保公司债券要求的放宽，日本公司债券开始活跃并迅速发展。在 1983 年和 1984 年，日本政府两次放宽了公司债券的担保限制，降低发行标准。债券市场的发展增强了对信用评级的需求。随着日本经济的高速发展，为适应对金融国际化的需要与管理，特别是债券发行方面的监管，日本政府借鉴美国引入信用评级体系。1979 年成立的日本公社债研究所（JBRI）于 1980 年正式发布信用评级结果。日本公社债研究所为日本经济新闻社下设的机构，这种做法与标普和惠誉等信用评级业务的起步方式相似（以出版机构起步），自此日本信用评级行业开始逐步发展[③]。

1984 年 1 月，日本大藏省与金融机构共同举办的关于公司债券的研讨会上，再次提出成立多个评级机构的建议。由金融机构参股的日本信用评级公司（JCR）和日本投资者服务公司（NIS）都在 1985 年成立，并开始发布评级（Cantor & Packer, 1994），同年穆迪和标普在东京设立办事处。

1987 年 7 月，日本大藏省效仿美国的 NRSRO 制度，将信用评级增加列为发债标准，实行指定评级机构制度（DRA），并批准穆迪、标普、惠誉三大评级机构在日本的分支机构以及 3 家本土评级机构日本信用评级公司、日本公社债研究所、日本投资者服务公司为指定评级机构。根据制度要求，发行普通债券必须有一个指定评级机构的评级，发行可转换债券至少需有两个指定评级机构的评级，由此这些指定评级机构的评级结果被用于监管目的。1989 年，在大藏省的牵头下，日本的复评级制度被正式规则化[④]。最初，日本监管部门对信用评级的制度要求主要在债券的发行环节，在《巴塞尔资本协议Ⅱ》出台并在日本等各国实施后，信用评级结果也应用于银行风险资本计量的应用。

3. 第三阶段是信用评级快速发展（20 世纪 90 年代至金融危机前）

在此阶段进一步放松对债券发行的管制，信用评级业不断发展和完善。从 1990 年起，日本逐步取消了适债基准、公司债券发行的额度限制和债券托管制度等债券发行领域的制度限制，实现了发债自由化。1990 年日本废除了债券发行标准中的数量条款，并降低发行的等级标准。1996 年 1 月日本取消债券发行合格标准，债券发行完全自由化，所有公司不论其财务状况及信用级别都可以发行债券，并且债券利率由发行者的财

---

① 参见黑泽义孝，1991，26 - 27。

② 1977 年，日本证券交易委员会发布了《怎样发展日本债券市场》的报告，报告明确建议应该解除债券强制担保制度，引入美国的信用评级体系，建立独立于无担保债券发行的复评级制度，并强调投资损失应由投资者自担。参见李萱，日本评级机构发展现状介绍，2015.08.15，鹏元。

③ 1978 年，日本经济新闻社首次在报纸上发布了一些公司债券的信用级别。参见李萱，日本评级机构发展现状介绍，2015.08.15，鹏元。

④ 参见李萱，日本评级机构发展现状介绍，2015.08.15，鹏元。

务和经营状况而定，公司债券进入快速发展时期，评级行业也得到了长足的发展。

债券发行完全自由化一方面意味着发行主体得到了拓宽，高风险公司在一定条件下也可以发行债券；另一方面也意味着信用评级并非债券发行的必要条件。由于适债基准等对发行人预先筛选机制逐渐取消，债券市场上发行人质量参差不齐，债券市场的违约事件使投资者对评级的需求不断提升，而强制评级的取消也鼓励了评级机构之间竞争。日本债券市场在1993年首次发生违约，并在此后多次出现违约事件①。在此背景下，日本的债券市场规模明显扩大，信用评级行业竞争加剧。1998年日本国债的本币发行规模为27635亿美元，公司债券的本币发行规模为10936亿美元，合计达到38571亿美元，位列亚洲第一。

1992年10月，日本新增达夫 & 菲尔普斯、国际银行信用分析公司、汤姆森银行观察为指定评级机构，随着竞争的加剧，惠誉陆续兼并收购了这些评级机构。1998年4月，日本公社债研究所与日本投资者服务公司也合并成立了日本评级和投资信息公司（R&I）。经过评级机构之间的多次并购，指定评级机构最终为日本信用评级公司、日本评级和投资信息公司、标普、惠誉、穆迪五家，全部位于东京。其中，日本评级和投资信息公司、日本信用评级公司、穆迪和标普四家评级机构在日本评级市场居于主导地位，2007年市场份额分别为日本评级和投资信息公司47%、日本信用评级公司36%、穆迪11%、标普6%。1998年日本金融厅成立后，指定评级机构具体由金融厅审批并实行有效期管理。

4. 第四阶段是建立健全信用评级监管制度（国际金融危机后）

在此阶段，完善制度并加强对信用评级的监管。指定评级机构制度旨在对用于监管目的的评级结果进行适度规范，并未涉及对评级机构本身的监管。这一宽松的监管状态在国际金融危机后引发的全球信用评级监管改革中发生了改变。2009年6月，日本通过了《金融工具和交易法案（修订案）》，第一次以法律的形式明确了信用评级机构的监管模式，由日本金融厅对信用评级业务进行监管，要求评级机构恪守诚信义务，遵循信用评级监管，禁止参与证券交易，不得与受评主体有关联关系，避免利益冲突，对评级政策和方法要及时披露，并要求外国评级机构在日本开展业务时必须成立分支机构。

日本金融厅允许未注册的评级机构发布评级结果。但是从2011年1月起，证券公司、银行等金融机构在销售金融产品时，必须向客户告知评级结果来自非注册的评级机构，以及评级结果的重要性和局限性。

随着金融自由化、债券市场的发展以及在国际债券市场地位的提升，使得日本本土的信用评级机构有机会更早地接触国际金融市场。特别是国际三大评级机构进入日本市场之后，促进了日本评级业的国际化水平提升。在制度和行业标准等方面，日本积极学习国际经验，这也有利于本土机构获得国际认可。2007年，日本本土两家评级机构获得美国证监会认定的全国认可统计评级机构资格。2011年6月，日本金融厅和欧洲证券与市场管理局建立信用评级行业监管合作机制，欧盟认定日本的

---

① 参见刘琦敏，债券违约与评级机构责任探析，2015.9.10，http：//www. pyrating. cn/research/pingjiyanjiubaogao。

监管框架与欧盟相当，这为日本评级机构进军欧盟市场提供了便利，日本信用评级公司也获得欧盟认证。

（二）日本信用评级业的特点

作为最早引入评级的亚洲国家，日本金融市场发展为信用评级提供了基础；而制度设计对日本评级行业结构产生了重要影响，形成了本土评级机构与三大评级机构共同发展、并且优势明显的特点。

1. 从发展之初就重视本土评级机构的制度培育

日本在建立信用评级制度之后，很快实行了开放式发展。从评级开放历程看，1985年穆迪和标普在东京设立办事处；1987年，日本在首次实行指定信用评级机构制度时认可了6家评级机构，包括3家外资评级机构（标普、穆迪、惠誉）以及3家本土评级机构。日本在评级业开放的同时，通过制度引导，积极培育本土评级机构，本土评级机构具有明显的市场优势。

为了扶持和培育本土评级机构，日本在发展信用评级之初建立了双评级制度，发行人若委托国外评级机构评级，则同时必须有一家本土评级机构进行评级。1989年建立的双评级制度具体要求：普通公司债券发行人委托外国评级机构的，必须同时委托一家本土评级机构进行评级；可转换公司债和带新股预约权的公司债，必须经过两家或两家以上指定评级机构评级后才能够发行。虽然日本于1996年取消了债券发行强制评级制度，双评级的要求也不再存在，但该模式已经成为市场的自发选择，超过50%的企业发行债券时会选择双评级。这是因为，从获得投资人认可的角度考虑，企业希望通过双评级甚至多评级获得认可，这也确保了本土评级机构的发展空间。

2. 本土评级机构数量基本保持稳定

日本评级行业起步于20世纪70年代末。1975年3月日本经济新闻社在内部设立公社债研究会。1979年4月，在研究会的基础上，日本公社债研究所（JBRI）成立，JBRI在20世纪70年代末至80年代初开始对日本公司债评级。1985年日本投资者服务公司（NIS）和日本信用评级公司（JCR）成立。20世纪90年代日本进入衰退期，这也导致债券市场和评级业受到负面影响。

1998年4月，JBRI和NIS合并，成立日本评级投资信息公司（R&I），从而形成两大本土评级机构并立的局面。日本评级机构都有金融机构持股的情况，这是因为1985年大藏省要求评级机构须有金融机构的资金介入，以便在评级中利用银行及证券公司的从业人员经验，利益冲突问题将通过限制持股比例来解决。

（1）评级投资信息公司

评级投资信息公司总部设在东京，注册资本5.88亿日元。主要股东包括日本经济新闻社持股42.8%，日经商业出版社持股13.41%，其余商业银行、证券公司等股东持股都低于10%。评级投资信息公司开展的主要业务有：一是信用评级业务，包括贷款和债务工具评级；二是研究与分析，包括金融市场、海外商业发展趋势等研究与分析，资产管理研究与分析，企业养老金以及其他资产管理绩效评估；三是财务及信誉评估和分析，并提供咨询服务。2019年净销售额46.76亿日元，其中评级收入占63%。评级投资信息公司的主要历史沿革见表4.10。

表 4.10　　　　　　　　　　评级投资信息公司的主要历史沿革

时间	重要事件
1975 年 3 月	日本经济新闻社设置了公社债研究会，开始着手研究债券评级。公社债指公债和公司债。
1977 年	公社债研究会开始公布可转换债的评级，同年完成了已上市的全部可转换债的评级工作，并于 1978 年开始在日本经济新闻报纸上披露评级结果。
1979 年 4 月	日本经济新闻社正式设立日本公社债研究所，日本经济新闻社公社债研究会的评级业务转到该研究所。
1980 年	日本公社债研究所开始预备评级业务，当年完成了已发行普通公司债的实验性评级并对外公布，还开始了可转换公司债的评级业务。
1985 年	日本公社债研究所作为股份公司独立，同年日本投资者服务公司成立。
1998 年 4 月	由两家评级机构 JBRI 和 NIS 合并成立评级投资信息公司。

资料来源：R&I。

（2）日本信用评级公司

日本信用评级公司（JCR）成立于 1985 年 4 月，注册资本为 5.84 亿日元，总部设在东京。JCR 的股东较为分散，有两个主要新闻机构，其余大部分为机构投资者。其中日本时事通讯社持股 19.71%，JCR 公司员工持股 9.49%，日本共同通讯社持有 5.93%；其他股东主要是保险、信托、银行等，持股比例都不超过 5%。日本信用评级公司评级覆盖几乎所有行业，主要业务范围包括：长期与短期债务评级、企业等综合偿债能力评级、保险金支付能力评级；国内外金融市场和行业趋势研究、国外政策与经济研究。

3. 本土评级机构在与外资评级机构竞争中占有优势

目前，在日本金融厅注册的评级机构共有七家，除了两家本土评级机构外，还有国际三大评级机构标普、穆迪和惠誉设立的五家分支机构。这五家外资评级公司分别是：穆迪日本公司、穆迪 SF 日本公司、标普评级日本公司、日本标普公司（也称为标普 SF 日本）、惠誉评级日本公司。标普 SF 日本和穆迪 SF 日本开展结构化产品评级业务，分别由标普评级日本公司和穆迪日本公司全资控股。根据日本监管要求，标普和穆迪将结构化产品评级业务剥离出来由子公司单独承做。标普 SF 日本和穆迪 SF 日本不属于美国 NRSRO，因此，它们授予的信用评级不是 NRSRO 信用评级。

日本评级业规模不大。从人员看，2016 年日本评级行业的分析师总数约为 211 人，人员规模较小。其中，R&I 为 72 人，JCR 为 61 人，惠誉 5 人，标普 28 人（其中标普 SF 为 6 人），穆迪 45 人（其中穆迪 SF 为 12 人）。日本本土信用评级机构成立较早，业务发展比较全面，虽在国际声誉上不如三大评级公司，但在国内市场上占有率较高。

从客户数量看，近些年来，JCR 和 R&I 的客户数量一直大大领先于国际评级机构，JCR 与 R&I 的客户数量相差不大，见图 4.4。R&I 客户数量在 2015 年之前一直高于 JCR，但 2016 年被 JCR 反超。2016 年 R&I 和 JCR 的客户数量分别为 647 家和 661 家，标普为 183 家，穆迪为 166 家，惠誉为 39 家。JCR、R&I、标普及穆迪这四家机构占据了绝大部分的市场份额，占市场总量的 95%①。

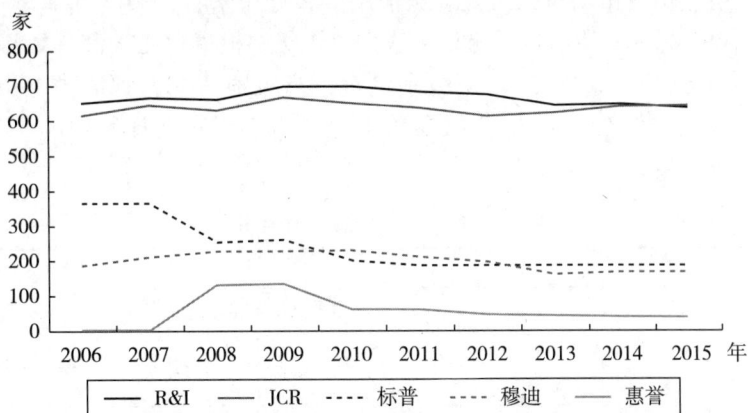

图 4.4　日本评级机构主体客户数量（2006～2015 年）

（资料来源：日本证券业协会，闫衍等（2019））

从营业收入看，2016 年从高到低依次为 R&I（30.46%）、标普（28.19%）、穆迪（19.65%）、JCR（17.05%）、惠誉（4.65%）。尽管日本本土两家评级机构承揽的项目数量占比达 70%，但收入占比为 47.51%，其余近 53% 被外资机构获得，这主要是由于外资评级机构收费高于日本本土机构所致，外资评级机构收费一般是日本评级机构收费的 2～3 倍。R&I 以 40 亿日元（约 2.4 亿元人民币）的年度营业收入成为日本最大的信用评级机构，其中信用评级相关收入（包括投资评估、信息服务等）近 23 亿日元（约 1.4 亿元人民币），占其总收入的 57%，位列第三；标普公司则以 31 亿日元的评级收入成为日本的第一大评级公司。见图 4.5。

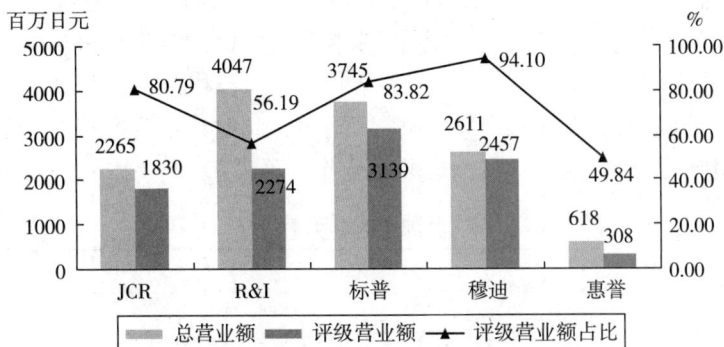

图 4.5　日本评级机构营业收入、评级收入及占比（2016）

（资料来源：日本证券业协会，闫衍等（2019））

---

① 闫衍等. 日本信用评级业现状、市场格局与成因 [J]. 债券，2019（2）：55－60.

4. 信用评级级别分布以投资级为主

虽然放开了企业债券发行资格限制，但日本债券市场的信用级别仍以投资级为主，投机级债券发行主体的市场占比较低。从信用等级分布来看，2017 年 JCR 和 R&I 对所评的 434 只和 695 只债券给出投资级信用级别，评级中枢集中在 A 和 AA 级别。2017 年标普、穆迪和惠誉给出的投资级信用级别没有最高级别 AAA，评级中枢集中在 A 级，但是这些国际评级机构给出的 BBB 级及以上也都占其当年所评债项的 97% 以上，见表 4.11。

表 4.11 　　　　　　　　　　 2017 年日本债券市场发行时信用评级 　　　　　　　 单位：只

	JCR	R&I	标普	穆迪	惠誉	总计
AAA	54	0	0	0	0	54
AA	167	379	28	23	0	597
A	188	277	245	458	60	1228
BBB	25	39	5	16	0	85
BB	0	0	4	8	1	13
B	0	0	2	0	0	2
总计	434	695	284	505	61	1979

资料来源：彭博，新世纪评级整理。

5. 本土评级机构积极拓展国际化业务

日本本土评级机构在稳固国内评级业务的基础上，也积极拓展国际业务，近些年走出去的步伐不断加快，涉及的地域也不断扩大。2007 年 9 月，R&I 注册成为美国 NRSRO。由于次贷危机后监管趋严，2010 年 6 月，R&I 退出了 NRSRO 的资产支持证券注册；2011 年 10 月 13 日，R&I 提交了撤销 NRSRO 注册的申请，并在当年 11 月 27 日正式退出了美国 NRSRO 的全部资质。

在巴塞尔监管体系下，R&I 在 2006 年 6 月作为合格外部评级机构（ECAI）获得中国香港金融管理局认定；2007 年 3 月获得日本金融厅认定为合格外部评级机构；2008 年被马来西亚中央银行（马来西亚国家银行）指定为合格外部信用评估机构。虽未获得欧盟资质注册或认可，R&I 在 2008 年被法国和比利时认定为合格外部评级机构。此外，R&I 与韩国、马来西亚评级机构也开展合作，见表 4.12。

表 4.12 　　　　　　　　　　　　 R&I 国际化发展主要事件

时间	主要事件
2000 年 4 月	与韩国国家信息和信用评估公司结成联盟
2006 年 6 月	作为外部信用评估机构（ECAI）获得香港金融管理局认可
2007 年 9 月	获得美国证监会认可成为 NRSRO
2008 年 6 月	作为外部信用评估机构（ECAI），获得马来西亚中央银行认可
2011 年 11 月	撤销了 NRSRO 注册
2014 年 11 月	与马来西亚评级公司 RAM 签订合作协议

资料来源：R&I。

2007 年 9 月，JCR 也注册成为美国 NRSRO，也是 NRSRO 中唯一的亚洲评级机构。在注册了全部的评级业务类型后，2010 年 JCR 退出了资产支持证券的注册。除美国外，JCR 在中国香港、土耳其、巴基斯坦有分支机构。其中，JCR 欧亚大陆评级总部位于土耳其伊斯坦布尔，建于 2007 年，占据了土耳其 85% 的市场份额；JCR – VIS 信用评级公司总部位于巴基斯坦卡拉奇，建于 1997 年，占据了巴基斯坦 50% 的市场份额。2011 年 1 月，JCR 获得了欧盟的认证资格。此外，JCR 在法国、比利时、卢森堡、德国、中国香港、马来西亚等地具有合格外部信用评估机构（ECAI）资格。2006 年 3 月被日本认定为 ECAI。

表 4.13 JCR 国际化情况

年份	重大事件
2000	与首尔信用评级信息公司签订合作发展协议
2001	参与建立亚洲信用评级机构协会（ACRAA）
2007	成为法国（6 月）和比利时（8 月）认可的合格外部评级机构
2007	投资 JCR 欧亚大陆评级（JCR – Eurasia）
2007	通过美国 SEC 注册成为 NRSRO
2008	成为卢森堡（4 月）和德国（6 月）认可的合格外部评级机构
2011	通过 ESMA 认证
2011	成为中国香港金融管理局认可的合格外部评级机构
2015	被印度尼西亚银行（1 月）认可为非银行企业外部债务管理的信用评级机构，由泰国证券交易委员会（10 月）批准为外资法律下的信用评级机构
2016	JCR 的 ECAI 地位在全欧盟生效

资料来源：JCR。

但是也应该看到，日本评级机构在海外拓展业务时也面临困难，尤其在美国业务开展并不理想。JCR 在美国市场的市场份额占比很低，2007～2013 年大约维持在 0.03% 的水平，2007 年后，JCR 放弃了资产证券化评级资质。即使在 R&I 退出美国市场后，JCR 业务在 2014 年有所增长，但整体规模依然不高，占比不足 0.2%，见表 4.14。

表 4.14 JCR 和 R&I 在美国评级市场发行数量及市场份额占比情况

年份	R&I		JCR	
	数量合计（只）	市场份额（%）	数量合计（只）	市场份额（%）
2007	1068	0.040	899	0.034
2008	1042	0.033	872	0.028
2009	982	0.034	822	0.028
2010	4418	0.157	736	0.026
2011	—	—	722	0.028
2012	—	—	714	0.029
2013	—	—	696	0.029
2014	—	—	3469	0.143
2015	—	—	3484	0.149
2016	—	—	3694	0.162

资料来源：SEC。

R&I 公司同样从 2007 年成为 NRSRO，并获得全部业务资质，市场份额相对 JCR 稍高，但整体占比同样很低。2010 年 5 月 14 日，R&I 主动撤销了其资产支持证券发行资质，并于 2011 年 11 月 27 日完全撤出美国评级市场。

二、韩国信用评级行业的发展情况

韩国是在政府大力推动下从 20 世纪 80 年代发展信用评级业，也是继日本之后较早发展信用评级业的亚洲国家。20 世纪 80 年代中期，为了适应日益扩大的商业票据市场的发展需求，提高金融市场透明度和保护投资者利益，韩国政府提出建设信用评级机构。韩国金融监管机构从一开始就对评级行业实施了严格的监管，建立了评级机构登记、评级标准、持续监管和保密等制度。

（一）政府培育推动信用评级的起步和发展

韩国信用评级行业的发展具有浓重的政府扶持和推动色彩，政府在发展资本市场中引入评级制度，并实施了较为严格的准入管理。20 世纪 80 年代，随着商业票据市场规模的扩大，为了保护投资者和形成利率市场化的基础，韩国政府提出建设信用评级机构的必要性。1985 年，政府规定要获得 B 级以上信用等级的企业才可以发行商业票据，揭开了信用评级发展的序幕。1986 年，韩国政府通过导入一般公司债及可转债的发行标准，开始了公司债的信用评级。由于对公司债的发行存在强制担保的要求，信用评级无法发挥揭示信用风险的实质性作用，因此，政策扶持促进信用评级业开始起步，但市场自发的评级需求不足。

为了支持信用评级业的发展壮大，1994 年韩国政府发布双评级制度，规定债券和商票的发行必须获得两家评级机构的评级。亚洲金融危机为信用评级行业的快速发展带来了新的契机。一方面，韩国大公司纷纷陷入经营困境，市场对于风险识别意识的提高促进了对信用评级的需求；另一方面，受金融危机影响，金融机构担保能力大幅萎缩，无担保债券发行规模扩大，这也进一步促进市场对信用评级的需求。1998 年，韩国政府取消强制担保的要求，规定所有无担保公开发行公司债券必须取得至少两家信用评级机构评级，并且需在 A 级以上。在双评级制度的推动下，韩国评级机构的作用得以充分发挥。此外，韩国政府通过出台法律制度，进一步扩大需要信用评级的债券产品范围。1999 年，银行债、担保机构特殊债以及资产支持证券也被要求信用评级。

国际金融危机后，2009 年《证券承销业务法规》发布，其中规定由承销商承销发行的无担保债券必须由至少两家评级机构进行评级；外国公司发行韩元债券，必须取得两家或以上评级机构的评级。一系列法规制度的评级要求促进了韩国评级业的不断发展。

（二）信用评级机构基本被外资控股

韩国信用评级准入实行特许审批制度，1985 年以后相继成立了韩国投资者服务公司（KIS）、国家信息与信用评估投资者服务公司（以下简称 NICE，国家信息与信用评估公司）、韩国评级公司（KR）和首尔信用评级信息公司（SCI），并获得了政府部门的指定和许可。

KIS、KR 和 NICE 三家评级机构最初均由金融机构发起创立。KIS 作为韩国第一家评级机构，最初由 70 家非银行金融机构于 1985 年出资设立。KR 的前身是由韩国发展银行创立于 1983 年的韩国管理咨询公司，1987 年开始信用评级业务。NICE 由 15 家大型金融机构于 1986 年投资 1 亿韩元设立。SCI 的前身是成立于 1999 年的首尔信用研究公司，该公司从事信用信息和债务托收业务，1999 年获得信用评级业务执照并在韩国证券交易所上市，2000 年获准从事资产证券化（ABS）和商票（CP）的评级业务，同年更名为首尔信用评级信息公司。

从公司治理结构看，目前除 NICE 外，韩国其他三家评级机构均已由外资控股，见表 4.15。穆迪于 2007 年 12 月控股 KIS 的 50% + 1 股，2016 年 7 月全资控股 KIS。2001 年惠誉入股 KR，最初持有 7.4% 的股权，2007 年成为大股东，后逐步增持至控股 73.55%。2011 年 2 月，当时最大股东（Svpartner）退出，由德国从事兼并收购的咨询公司（ConsusPartners）取代成为 SCI 的最大股东，持股份额为 43.6%。NICE 评级由 NICE 集团完全持股，是目前韩国唯一没有外资入股的评级公司。国家信息与信用评估公司、韩国投资者服务公司、韩国评级公司三家机构占韩国评级业务的绝大部分，并获得韩国监管部门认可为合格外部信用评级机构。

表 4.15　　　　　　　　　　　韩国主要信用评级机构情况

公司名称	成立年份	控股概况
国家信息与信用评估公司（NICE）	1986	韩国 NICE 集团控股 100%，NICE 集团的控股股东为 Kim Kwang - Soo（自然人、CEO），直接和间接持有 48.51% 股份。NICE 集团其余股东为韩国国内金融机构。
韩国投资者服务公司（KIS）	1985	2007 年 12 月穆迪公司控股 50% + 1 股，2016 年 7 月全资控股。
韩国评级公司（KR）	1987	2001 年惠誉入股该公司，2007 年成为大股东，目前控股 73.55%。
首尔信用评级信息公司（SCI）	1999	2011 年德国 Consus Partners 公司持股 43.6%。

资料来源：陶丽博，2012a，东方金城。

由于早期韩国不允许外国评级机构在韩设立独资公司，最初外资以参股形式进入韩国评级业，直至 2006 年 7 月这项措施才被废除。通过评级业对外开放，韩国政府期望引入外资评级机构来改变行业发展缓慢的状况。

（三）信用评级业规模不断提高

自亚洲金融危机后，韩国评级业规模增长迅速，从 1997 年的 100 亿韩元增长至 2007 年的 599 亿韩元。2006 年，韩国被评级商业票据的发行主体为 337 家，其评级规模维持在 60 亿~70 亿韩元；公司债评级规模维持在 230 亿~240 亿韩元；资产支持证券评级规模也维持在 200 亿韩元左右。

2018 年底，韩国债券市场规模为 1906 万亿韩元。根据发行人不同，可分为政府债券、市政债券、特殊（目的）债券、企业债券。如表 4.16 所示。约 60% 的韩国债券的发行人属于公共机构，其中又以政府债券为首，其余额占市场总额的 33.6%。此外，政府债券在交易量上更是占到了 2018 年总交易量的 65%。

表 4.16 韩国债券市场（截至 2018 年 12 月 31 日）

领域	类别	债券余额（万亿韩元）	占比（%）
公共	政府债券	640.4	33.60
	市政债券	20.9	1.10
	特殊债券	328.4	17.20
	稳定货币债券（MSBs）	171.6	9.00
私有	银行债券	301.7	15.80
	非银金融机构债券	143.5	7.50
	非金融机构债券	253.7	13.30
	资产支持证券	45.7	2.40
合计		1906	100.00

资料来源：韩国金融投资协会。

从评级业务看，韩国信用评级业主要被 KIS、KR 及 NICE 三家评级公司所垄断，并且这三家公司市场份额大致相当，SCI 主要致力于发展国际市场。表 4.17 反映 2016～2018 年初 KIS、KR 和 NICE 的存量评级数量。按照评级费用来计算，2016 年约 960 亿韩元（折合人民币 5.76 亿元），三家评级机构市场份额占比约 35.6%、32.8% 和 32.7%。近些年来，韩国评级业规模较为稳定，维持在 1000 亿韩元（约人民币 6 亿元）左右。

表 4.17 韩国信用评级机构市场占有率情况（2016～2018 年）

评级机构		2016 年初	2017 年初	2018 年初
KIS	评级数量（笔）	372	363	365
	市场占有率	33.54%	32.94%	32.68%
KR	评级数量（笔）	368	367	368
	市场占有率	33.18%	33.30%	32.95%
NICE	评级数量	369	372	384
	市场占有率	33.27%	33.76%	34.38%
合计评级数量（笔）		1109	1102	1117

资料来源：韩国信用评级机构，新世纪评级整理。

从业务类型来看，KR、KIS、NICE 都主要集中于 ABS、公司债券和商业票据等评级业务。SCI 作为后来者，主要面向国外投资者，专注于 ABS 和商业票据领域，但业务量不大[①]。韩国评级机构一般不对市政债券、优先股、共同基金和银行产品进行评级。除了信用评级业务以外，KR、NICE 等评级机构还涉足金融咨询、风险管理

---

① 其 2018 年初公布的商票（CP）评级仅有 43 个评级结果。

领域。

随着近年来亚洲国家债券市场的逐渐崛起，韩国评级机构也渐渐加大国际发展的步伐。NICE 于 2010 年 6 月首次公布了主权评级方法，并在 2011 年 4 月发布 6 个主权国家的信用评级，为国际化发展提供技术积累。SCI 在 2000 年开展评级业务之初就将业务领域定位在海外，同年与 JCR 签订战略合作关系。

三、印度信用评级业的发展

印度评级业在亚洲发展也较早，并且在 20 世纪 90 年代就建立了信用评级专业法律制度，这在国际上是非常超前的。虽然印度的金融市场并不发达，但是评级应用范围较广泛，监管制度对许多评级应用进行了强制要求，从而形成了评级业发展的特色。

（一）大多数评级机构的股东具有金融机构背景

印度信用评级业始于 1987 年印度信用评级信息服务公司（CRISIL）的成立。截至 2019 年 3 月，在印度证券交易委员会（SEBI）注册的评级机构有 7 家，见表 4.18。

表 4.18 印度注册评级机构名单

机构名	注册牌照有效期	首次注册时间	所在城市	备注
印度信用评级信息服务公司（CRISIL）	1999 年 11 月至永久	1988 年	孟买	标普持股 66.94%
印度投资信息和信用评级公司（ICRA）	2015 年 4 月 20 日至 2020 年 4 月 19 日	1991 年	新德里	穆迪为最大单一股东，持股 28.5%
凯尔评级有限公司（CARE）	1999 年 11 月 5 日至永久	1993 年	孟买	股东为多家印度国有和民营金融机构
印度评级研究私营有限公司（IRAR）	1999 年 11 月 5 日至永久	1996 年	孟买	惠誉 100% 控股，即之前的印度惠誉评级私营有限公司
印度贝克沃克评级私营有限公司（BRICKWORK）	2008 年 2 月 7 日至永久	2008 年	班加罗尔	
Acuite 评级研究有限公司（Acuite）	2011 年 2 月 22 日至永久	2011 年	孟买	之前的印度中小企业信用评级公司（SMERA）
信息评估评级私营有限公司（IVRPL）	2015 年 4 月 7 日至 2020 年 4 月 6 日	2015 年	新德里	

说明：印度要求，任何评级机构在资本市场开展活动都应该向 SEBI 注册；对注册机构区分为永久和非永久两类，首次注册须为 5 年的非永久有效期，在首个注册有效期过后可申请永久注册，未通过永久注册的机构将不能开展评级业务。

资料来源：SEBI，2019。

印度信用评级信息服务公司是印度发展最早、也是最大的评级公司，提供评级、研究、风险和政策咨询等服务，由国内金融机构和亚洲开发银行等机构推动成立。标普在

2005 年对印度信用评级信息服务公司收购了 9.57% 的股权，并逐步实现控股。印度投资信息和信用评级公司于 1991 年由金融机构（IFCI）推动成立，现在成为穆迪实际控股子公司。凯尔评级公司于 1993 年由金融机构（IDBI）推动成立，现在股东由多家金融机构组成。1996 年成立的印度惠誉是惠誉 100% 控股的子公司，现改名为印度评级研究私营有限公司[①]。印度贝克沃克评级私营有限公司成立于 2008 年。

为了服务小微企业评级，由印度小工业开发银行（SIDBI）、邓白氏印度信息服务有限公司（D&B），联合其他几个中小银行于 2005 年发起成立了印度中小企业评级公司（SMERA）。截至 2018 年 2 月，SMERA 已完成了 5 万家小微企业的评级工作。由于中小企业评级在其营业额中所占比例不到 50%，2018 年 5 月，SMERA 更名为 Acuite 评级研究有限公司，将公司定位为拥有多样化客户群的全方位服务的评级机构。

根据法规的注册要求，信用评级机构应按照《印度 1956 年公司法》成立公司，向印度证券交易委员会申请注册资质。申请注册信用评级机构的发起人必须是以下类型的机构：公共金融机构、商业银行、在印度境内的外资银行、其他国家认可的具有五年以上证券评级经验的评级机构、过去五年每年具有经审计最少 10 亿卢布净值的公司等，因此印度信用评级机构的股东构成大多有商业银行等金融机构参与。印度监管部门建议，应限制"信用评级"字样的使用，未申请注册为评级机构的公司，不允许其公司名称使用"信用评级"一词；已注册的评级机构必须将"信用评级"纳入其公司名称（MOF，2009）。韩国也有类似的限制要求，限制非评级机构在公司名称中使用信用评估等字样。为保证评级独立性，印度信用评级法规提出了多项规定，比如，评级机构不得对发起人及关联方进行评级，不得对其发起人发行的证券进行评级，不得评定发起人的借款人、子公司、关联人所发行的证券等。

此外，印度还有一些不在资本市场运作的其他评级机构，如麦克瑞尔（MCRIL）、奥妮卡（ONICRA）。这些机构只是根据《公司法》注册成为公司，主要服务于中小企业评级、个人信用评估等业务（MOF，2009）。在印度注册的 7 家评级机构中，除了印度评级研究公司、信息评估评级公司外，其他 5 家机构都获得了印度中小企业管理部门颁发的中小企业评级资质。

（二）信用评级机构的规模差异明显

2018～2019 年度，印度七家主要信用评级机构首次评级的长期公司债券数量降至 1326 只，而 2017～2018 年度为 1444 只；评级债券规模从 2017～2018 年度的 21.4 万亿卢比增加至 25.4 万亿卢比，增幅达 19%。2018～2019 年度，印度七家主要信用评级机构总共对 8687 种公司债券（合计 150.8 万亿卢比）进行了跟踪评级，而上一年度仅对 5310 种公司债券（合计 116.9 万亿卢比）进行了跟踪评级[②]，见表 4.19。

---

① 这是根据监管部门的要求改名，但仍是惠誉 100% 控股。感谢鹏元国际的胡宇力总裁和惠誉大中华区的李广聪总裁对此提供核实信息。

② 参见 The Annual Report 2018 - 19 of SEBI，p. 94。

表 4.19 信用评级机构债券评级和信用评估情况

分类	发行数量（只）		规模（千万卢比）	
	2017~2018 年	2018~2019 年	2017~2018 年	2018~2019 年
公司债券首次评级	1444	1326	2137637	2543807
公司债券跟踪评级	5310	8687	11683276	15079016

注：1. 数据属于长期公司债券（≥1 年期）；

2. 根据 2019 年 1 月 1 日的汇率，印度卢比兑人民币汇率为 0.09793，则公司债券首次评级规模在 2017~2018 年、2018~2019 年分别为 20933.9 亿元人民币、24911.5 亿元人民币，公司债券跟踪评级规模在 2017~2018 年、2018~2019 年分别为 114414.3 亿元人民币、147668.8 亿元人民币。

资料来源：SEBI。

印度信用评级信息服务公司、印度投资信息信用评级公司、凯尔评级公司为印度营业收入最大的三家评级机构，获得了金融工具、IPO 评级的绝大部分市场份额，2015~2016 财年这三家评级机构的收入分别为 15.52 亿元人民币、3.68 亿元人民币和 2.7 亿元人民币；2017 财年的营业收入分别为 17.03 亿元人民币（165.846 亿卢比）、2.52 亿元人民币（24.493 亿卢比）、3.29 亿元人民币（32.03 亿卢比）。这些信用评级机构主要服务国内市场，业务范围涉及企业主体评级、债券评级、金融机构评级、中小微企业评级等，还从事行业分析研究、咨询等服务。

作为印度最大的评级机构，印度信用评级信息服务公司业务包括信用评级、行业分析和咨询，见表 4.20，2019 年营业收入 16.96 亿元人民币（173.17 亿卢比），上年底同期为 17.12 亿元人民币（174.85 亿卢比）；税后利润 3.37 亿元人民币（34.4 亿卢比），上年度为 3.56 亿元人民币（36.31 亿卢比）。

表 4.20 CRISIL 业务结构 单位：千万卢比，%

		2017 年		2016 年		2015 年		2014 年	
		金额	占比	金额	占比	金额	占比	金额	占比
按业务	经营收入	1658.46	100	1547.51	100	1379.94	100	1253.38	100
	评级	480.29	28.96	467.64	30.22	434.12	31.46	445.04	35.51
	研究	1080.39	65.14	1003.81	64.87	879.73	63.75	744.89	59.43
	咨询	97.78	5.90	76.06	4.91	66.09	4.79	63.45	5.06
按区域	印度	527.62	31.81	462.43	29.88	439.78	31.87	432.12	34.48
	欧洲	418.43	25.23	463.68	29.96	408.93	29.63	385.32	30.74
	北美	578.44	34.88	508.47	32.86	449.5	32.57	355.69	28.38
	其他	133.97	8.08	112.93	7.30	81.73	5.92	80.25	6.40

资料来源：CRISIL。

（三）政府积极在法律政策中支持评级业务

印度采用政府主导模式来培育评级机构，印度储备银行（RBI）在 1988 年要求对商业票据发行进行信用评级，同年第一家信用评级机构—印度信用评级信息服务公司正式开展业务。随后，印度储备银行和印度证券交易委员会分别出台了要求对特定公开发行证券的发行人进行信用评级的规定：公开发行期限超过 18 个月的公司债券必须进行信用评级（SEBI，1992）；要求非银行金融机构应取得主体信用评级（RBI，1994）。

在政府制度性支持下，印度的信用评级机构对大量金融产品进行评级，包括债券、商业票据、结构性金融产品、银行贷款、定期存款和银行存款证明、共同基金债务计划、首次公开募股（IPO）等，见表 4.21。

表 4.21　　　　　　　印度发行、投资需要强制评级的产品和工具

序号	工具、投资	监管者
1	债券	印度证券交易委员会
2	IPO 评级	印度证券交易委员会
3	资本保护型基金	印度证券交易委员会
4	种子公司（plantation companies）的集体投资计划	印度证券交易委员会
5	商业票据	印度储备银行
6	银行贷款	印度储备银行（用于巴塞尔 II 银行资本计算）
7	安全收据（Security Receipts）	印度储备银行（用于 NAV 申报）
8	证券化工具（通过认证）	印度储备银行（巴塞尔 II 银行资本计算）
9	NBFCs 和 HFCs 的定期存款	印度储备银行
10	LPG/SKO 评级	石油天然气部
11	海事等级	航运总局（部分课目）
12	保险公司投资	保险监管局
13	公积金投资	公积金管理发展局

资料来源：MOF，2009。

1999 年颁布并生效的《印度证券交易委员会（信用评级机构）法规》（简称《信用评级机构法规》）明确，债券发行规模超过 10 亿卢比，发行人必须具备两家评级机构的评级结果。2003 年，印度证券交易委员会颁布《信息披露与消费者投资保护指引》规定，公开发行债券（包括可转债）必须满足由不少于两家评级机构评级且级别不能低于投资级别的要求，当发行人获得两家评级机构给出的级别时，必须披露所有评级结果，包括发行人不接受的评级。

印度对中小企业信用评级进行政策扶持。2005 年印度储备银行要求各公有银行将中小企业贷款成本与信用等级挂钩。此后，国家小工业公司（NSIC）与信用评级机构、印度银行协会以及小工业协会合作，为中小企业提供绩效和信用评级服务，银行则根据评级结果决定贷款条件。为鼓励企业参与信用评级，该项目为首次参加评级的中小企业提供评级费用补贴。此外，印度储备银行规定，银行对于特定金额以上的贷款如未取得评级机构的评级，需采用较高的风险资产权重。

《印度证券交易委员会债券发行及上市管理条例》（以下简称《管理条例》）对公司债券上市发行的要求与信息披露内容进行了说明。在 2014 年的修订版中，增加了储架发行①的机构类型和需满足的条件。根据《管理条例》，可进行储架发行的机构包括公共金融机构、银行、在印度储备银行登记的非银金融公司、在国家住房公司登记的住房金融公司和上市企业。其中非银金融公司与住房金融公司需满足净资产高于 50 亿卢比、储架发行的债券级别不低于 AA - 级等；上市公司需满足公开发行股票或债券已满三年并遵守交易所挂牌协议、净资产不少于 50 亿卢比、储架发行的债券级别不低于 AA - 级等。

（四）　建立了多部门参与的监管协调机制

印度对信用评级为多部门共同监管。在资本市场进行评级的信用评级机构受《信用评级机构法规》管理，该法规规定了评级机构在注册和开展业务时需要满足的监管要求，分别从信用评级机构的注册、义务、对利益相关方的评级限制、印度证券交易委员会监管及调查程序、违约的后续处理程序等方面做出了规定。印度证券交易委员会成立于 1992 年 2 月，统筹印度资本市场的监管，具体负责对公司债券、股票、权益类资本市场衍生工具和投资基金等进行监管，是公司债券市场的直接监管主体。

印度涉及信用评级的监管机构还包括印度储备银行、保险监管局（IRDA）、养老基金监管发展局（PFRDA），这些监管机构将信用评级纳入对监管对象的风险管理和投资指导方针中。如印度储备银行根据《巴塞尔资本协议》中对外部信用评级的要求，拥有授予外部信用评级机构资质的权力并提出业务要求。为加强监管协调，印度成立了财政部牵头的监管协调委员会，相关监管部门作为成员参加委员会（MOF，2009）。

国际金融危机爆发后，2009 年 12 月，印度财政部组织成立的高级协调委员会就信用评级机构综合监管问题进行调查，调查报告指出，鉴于印度金融监管的尽职能力以及投资者的信息处理能力，强制评级在未来较长时间内非常必要，信用评级仍然是印度金融环境中的重要工具。因此，高级协调委员会认为不断通过更多的披露来增强评级机构运作的透明性，减少评级机构商业模式中的利益冲突，以及提升评级方法与评级过程质量是关注重点。但同时，高级协调委员会也指出监管机构与投资者还需不断提高自身尽职调查的能力，在运用评级结果时执行一定的尽职调查，而非机械地使用外部评级结果；在运用评级结果时，要时刻保持谨慎；市场参与者需避免对评级过分依赖。

（五）　严格约束债券市场发展并对评级产生重大影响

长期以来，印度政府以优先发展股市和政府债券为金融市场管制导向，致使公司债券整体发展较慢。20 世纪 90 年代后期，印度政府通过实施一系列新政策推进公司债券发展，并取得了一定的效果。但由于市场基础设施建设不完善，以及对发行制度安排和组织结构等方面实行严格管制，使公司债券在规模、流动性和投资者多样性上存在着较大的不足。在市场结构上，政府债券在债券市场上长期占有较大的市场份额，金融机构在公司债券发行中占比较高。在多种政策和环境因素的作用下，印度债券市场及评级行业形成以下一些特征：

1. 市场结构不均衡

印度公司债券可以选择在一家或多家股票交易所上市交易，公募与私募公司债券需

---

① 储架发行指一次核准、多次发行的融资制度安排。

有一家或多家信用评级结果方可挂牌上市[1]。印度以监管发行股票的方式监管公司债券，强制要求信用评级，并提高信息披露要求，但同时也导致公开发行债券的综合成本远高于私募发行，因此公司债以私募发行为主。从近几年统计看，私募发行金额占总金额的比例平均超过90%，发行笔数占比甚至接近99%[2]。从发债规模看，印度政府债券长期占有较大的市场份额，公司债券占比不到30%。见图4.6。

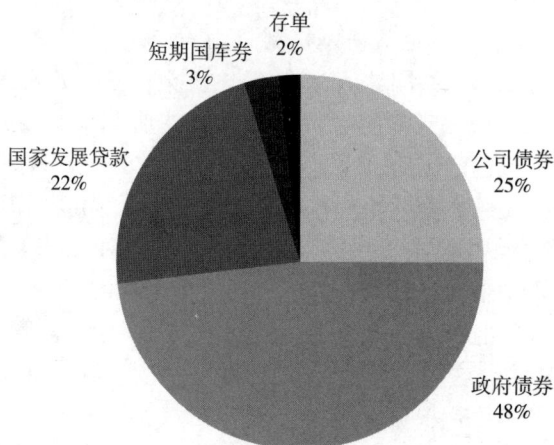

注：上图为存量债券规模，截至2018年3月31日。

图4.6　印度债券市场类型占比

（资料来源：RBI，SEBI，CCIL，CRISIL，中证鹏元整理）

2. 公司债券以高信用等级为主

很长时期内，印度证券交易委员会要求公开发行公司债的主体信用级别应达到AA级以上，而私营企业普遍负债率较高，难以获得较高的信用等级，因此，金融机构和国有企业成为公司债券的主要发行人，占发行主体的数量超过80%。直至2007年末，印度证券交易委员会才废除关于公开发行债券的级别限制，AA级以下的企业得以公开发行债券。但是，公司债券投资者主要是政府管理的养老基金、福利基金、共同基金、保险公司等，出于对投资安全性的内在需要，这些机构投资公司债券的信用等级条件仍比较严格。

从级别分布看，印度高级别债券占主要部分。从1999年以来的债券级别数量看，级别主要集中在AAA – A级。如，截至2019年9月30日，凯尔评级公司（CARE）的存续债券评级共有734笔（包含违约的61笔），其中AAA级占13.39%，评级分布中枢AA级占28.47%，A级及以上占比达67.44%，BBB级占比15.67%，投机级占比极少。从凯尔评级公司的存续债券评级的金额15.71万亿卢布看，AAA级别的金额占比

---

① 印度股票市场起源于英国殖民时期，1857年成立的孟买证券交易所和1992年成立的印度国家证券交易所是印度最大的两个交易所，印度上市公司可以在两个交易所同时挂牌交易。截至2019年7月末，孟买证券交易所共有上市公司5133家，总市值2.22万亿美元；印度国家证券交易所共有上市公司1942家，总市值2.19万亿美元。

② 2018～2019年统计，私募债券金额占比94.3%，私募债券笔数占比99%。参见SEBI，Annual Report：2018 – 2019。

达到 61.68%，AA 级的金额占比为 24.97%，A 级及以上为 91.52%，投机级占比也非常少。

在印度，银行部门仍然是企业的主要融资来源。在《巴塞尔协议 Ⅱ》执行前，银行的企业借款人一般不评级。在 2008 年 3 月《巴塞尔协议 Ⅱ》执行后，银行的许多企业借款人都获得了评级级别，这使得一方面评级的数量增加，另一方面级别分布出现降低的趋势。但是印度债券市场所具有的高级别占主要部分、评级数量较少的两个特点并未改变。

印度信用评级信息服务公司和凯尔评级公司等机构还统计了包含债券和非债券类（银行信贷等）全部评级的评级分布，从评级数量占比分布看，这两个机构的评级中枢都降为 BB；而从级别对应的金额占比看，AAA 级占比最多。如凯尔评级公司的 AAA 级别金额占比为 47.45%①。截至 2018 年末，印度信用评级信息服务公司的长期评级的企业主体数量从 10 年前的 900 家上升至 1.1 万多家。随着业务量的增长，印度信用评级信息服务公司的评级分布也发生了变化，越来越多的评级被划分为较低的评级类别，近 70% 的公司被评级为 BB 级或更低，而 2008 年末这一比例为 20%，级别中枢从 2008 年的 BBB 级下降为 2018 年的 BB 级。

严格监管债券市场对规范市场运作、降低市场运行风险是必要的，但是，长期针对公司债券管制与干预也对债券发行和交易带来了诸多不利影响。这包括一是政府债券占比较高，对公司债券发展产生挤出效应；二是对发行和交易级别的限制，使投资范围受限；三是公司债券发行制度提高了发行成本。由于发行和投资门槛的限制，导致对发行人的信用等级要求较高，发债成本也较高，同时交易还需要缴纳较高的印花税，这些因素使得投资者的风险偏好较低（甄新伟，2016），并且二级市场广度不够，流动性较差。

四、亚洲其他部分国家信用评级行业发展

（一）越南

2014 年 9 月 26 日，越南政府颁布了第 88/2014/ND – CP 号法令——《关于信用评级业务的规定》，明确财政部是信用评级业务主管部门。越南财政部联合计划投资部、越南国家银行等部门授予、撤销信用评级经营许可证。2015 年经越南财政部的许可，成立越南第一家信用评级公司（西贡思考评级公司）。2020 年 3 月，越南许可了第二家评级机构（费因集团公司）。根据越南信用评级发展规划和 2030 年展望，越南计划于 2025 年前成立最多 3 家信用评级机构，并于 2025 年前为所有发行的企业债券建立信用评级。

《关于信用评级业务的规定》对信用评级业务经营许可证管理、评级业务程序、评级合同、评级方法、评级独立性、信息披露、内控合规和信息安全等进行了规范。其中，信用评级机构设立条件列明：最低法定资本额为 150 亿越南盾、信用评级机构限制

---

① 截至 2019 年 9 月 30 日，CARE 的债券评级数量为 734 笔，金额为 15.71 万亿卢布；非债券存续金融工具的评级数量为 12767 笔，金额为 43.64 万亿卢布。

从事的领域、评级分析师的标准、信用评审委员会要求等。评级机构不得开展以下领域业务：一是会计和审计；二是证券领域：中介、咨询、担保发行、证券分销代理、投资基金管理、投资名录管理、证券投资；三是银行业务。

（二）马来西亚

马来西亚有两家本土信用评级公司。在马来西亚中央银行的倡导下，1990 年 11 月马来西亚成立了一家主要由银行参股的评级机构——大马信用评级公司（RAM Ratings），1996 年 9 月又成立了一家主要由保险公司和投资银行参股的评级机构——马来西亚评级公司（MARC），两家评级机构的股东大部分为金融机构。其中，标普持有 RAM 的股份为 19.2%，印度凯尔评级公司（CARE）持有 MARC 的股份为 10%。马来西亚政府规定，公司债券发行必须得到这两家评级机构的评级，这一政策极大地促进了本土信用评级机构的发展。

马来西亚信用评级监管的上位法是 2007 年《资本市场与服务法案》（CMSA，2012 年修订），其第 76（1）（a）条规定信用评级机构必须进行注册程序。依据该法案，马来西亚证券委员会（SC）于 2011 年 3 月发布了《信用评级机构注册指引》，取代 2006 年 1 月发布的《关于认可信用评级机构开展债券发行评级应用指引》，进一步加强评级监管。《信用评级机构注册指引》分别于 2019 年 5 月和 2020 年 4 月进行了两次修订，对信用评级机构的注册标准和程序、评级政策、评级方法标准以及违约分类等进行了明确规范，并提高了透明度、独立性以及防范利益冲突等方面的要求。

《资本市场与服务法案》规定向个人投资者发行的债券，其本土评级应为 AAA 级或者由国际信用评级机构出具 BBB 级及以上评级级别。从 2017 年 1 月起，马来西亚取消对公司债券和伊斯兰债券评级的强制要求。2019 年，由马来西亚证券委员会批准并登记发行以林吉特计价的公司债券和伊斯兰债券中，有 39 个获得评级机构评级，未评级的发行人较上年同比增长了 19.44%。

关于评级行业对外开放，在东盟金融服务自由化工作委员会（WC - FSL）推动下，东盟已完成第 8 次一揽子金融服务承诺，马来西亚证券委员会承诺允许 100% 属于东盟的信用评级机构进入马来西亚市场，并于 2019 年 10 月 7 日起生效，进一步推动东盟各国资本市场准入的一体化和自由化。

（三）泰国

泰国证券交易委员会将评级业务分为两类：信用评级和基金评级，并实行牌照管理。泰国证券交易委员会在 2001 年、2002 年分别批准给惠誉（泰国）和泰国评级信息服务有限公司（TRIS）授予评级牌照，也同时具有基金评级资格。两类评级都被应用于监管目的，例如，泰国证券交易委员会制定的投资政策要求，不得投资信用评级低于 A - 的债券。基金评级被应用于共同基金等投资政策中。

泰国评级信息服务有限公司由政府持股 18.5%，其余为私营部门所有。该公司是泰国金融公司应财政部及泰国银行的要求组建，并于 1993 年 7 月由证券交易委员会办公室批准成立，提供信用评级及信息服务。2016 年 6 月，标普收购了 TRIS 公司 49% 的股份。惠誉（泰国）于 2001 年 2 月在曼谷开业，创始股东包括惠誉、国际金融公司和泰国政府的养老基金，还有泰国的资产管理公司和保险公司，惠誉持有该公司 49.9%

的所有权。

泰国证券交易委员会曾经将信用评级纳入证券投资咨询业务监管，后于2012年将信用评级业务监管独立出来，并提出了监管要求。根据泰国证券交易委员会要求，出售或发行涉及基金投资的融资工具需要取得证券交易委员会批准的评级机构或认可的外资评级机构的评级。外资评级机构包括标普、惠誉、穆迪和JCR等，这些机构展业需要满足额外的监管要求。

（四）新加坡

国际金融危机后，新加坡修订了《证券和期货法案》（SFA法案），依据该法案对信用评级业务进行监管，由新加坡金融管理局（MAS）从2012年1月17日正式实施信用评级机构监管框架。根据SFA法案相关要求，信用评级机构展业必须获得资本市场服务（CMS）许可，并承担相应的义务，包括遵守SFA法案下适用所有CMS被许可方的法规、指南和通告。另外，信用评级机构还被要求遵守新加坡金融管理局制定的信用评级机构行为准则。根据利益冲突防范要求，信用评级机构不允许向被评级实体或其关联方提供法律、资产、负债等咨询服务。

根据SFA法案相关要求，申请CMS许可的信用评级机构需要在代表通知框架（RNF）规定下，委任和注册信用评级业务代表人。新加坡给穆迪、标普、惠誉和贝氏在新加坡的分支机构授予了CMS许可。业务代表包括相关从业人员及高管，会计师、律师、文员等从事常规工作的人员除外。每个业务代表都有一个唯一的编号，可通过金融管理局官网提供的公开业务代表名册进行验证。只有列入名册中的人员，才被允许从事受监管的金融业务活动。金融机构负责对其业务代表进行充分的尽职调查，以确保其业务代表是合适的，符合MAS的相关标准，其中信用评级业务代表被要求至少拥有相关学科的学士学位。

（五）印度尼西亚

2018年12月31日，印度尼西亚（以下简称印尼）金融服务管理局（OJK）颁布了《关于证券评级公司许可的规定》，要求从事证券评级业务的公司必须获得OJK授予的营业执照。该规定对评级定义、评级牌照申请程序及要求、评级独立性、评级质量控制、利益冲突防范和评级委员会设立等方面进行了明确规范，并着重强调评级机构建立评级质量控制体系。规定要求，证券评级公司董事会成员必须居住在印度尼西亚。

在评级应用方面，《关于持续公开发行公司债券或伊斯兰债券的规定》要求公开发行的债券需经过信用评级。另外，为了缓解中期票据（MTN）等私募发行存在的问题，金融服务管理局颁布了《关于非公开发行公司债券或伊斯兰债券的规定》，于2020年6月生效，要求非上市公司发行私募债券必须取得OJK许可信用评级机构的评级。金融服务管理局给3家评级机构授予许可，分别是惠誉印尼公司、印尼信用评级公司和印尼特效驱动公司（PEFINDO）。

（六）菲律宾

菲律宾证券交易委员会于2015年制定并实施了《证券监管法实施细则》，其中明确了信用评级机构的监管规则，对信用评级机构认证、评级程序、评级质量、信息披露、独立性以及信息保密等进行了规定。

证券交易委员会还发布了《信用评级机构认证、运营和报告指南》，从资格认证要求及程序、评级及违约定义、评级独立性等方面规范评级机构行为。指南要求申请认证的评级机构的实缴资本至少为1000万比索，且至少有5年运营经验。证券交易委员会分别在2004年和2008年认证了菲律宾评级服务公司、信用评级和投资者服务公司。以上亚洲部分国家信用评级业简况总结见表4.22。

表4.22 　　　　　　　　　　　亚洲部分国家信用评级情况

国家	监管部门	法规	评级机构
越南	财政部等	《关于信用评级业务的规定》	西贡思考评级公司、费因集团公司
马来西亚	证券委员会	《资本市场与服务法案》《信用评级机构注册指引》	RAM、MARC
泰国	证券交易委员会	相关规则	泰国评级信息服务有限公司、惠誉（泰国）
新加坡	金融管理局	《证券和期货法案》《信用评级机构行为准则》	穆迪、标普、惠誉、贝氏的新加坡分支机构
印尼	金融服务管理局	《关于证券评级公司许可的规定》	惠誉印尼公司、印尼信用评级公司和印尼特效驱动公司（PEFINDO）
菲律宾	证券交易委员会	《证券监管法实施细则》《信用评级机构认证、运营和报告指南》	菲律宾评级服务公司、信用评级和投资者服务公司

资料来源：根据各国监管部门官网信息整理。

五、亚洲信用评级发展的特点

与美国和欧洲信用评级行业相比，亚洲信用评级的发展具有以下一些特点：

（一）评级行业起步晚，国际影响力低

欧洲和亚洲的信用评级都开始于20世纪70年代末80年代初，更多的亚洲国家和地区在20世纪80年代以后才逐步引入信用评级制度，这落后于美国信用评级近80年。当美国评级机构开始在国际扩张业务的时候，亚洲的评级机构才刚开始出现。造成这种情况的原因是多方面的，其中亚洲金融市场的发展程度较低，尤其是债券市场发展滞后是一个重要的原因。

亚洲评级机构的国际影响力低。从国际视角看，总体上评级机构分两个层次：一是具有垄断地位的三大国际评级机构，即穆迪、标普和惠誉。二是其他国家和地区的本土评级机构，包括美国证监会注册的其他NRSRO评级机构。在这些本土评级机构中，虽然有的在本地区评级业务中占有较大份额，但在国际影响力方面与三大评级机构相比差距很大。实际上，在国际评级机构渗透到各国评级业的同时，亚洲一些国家也鼓励本土评级机构的国际化进程，意图提高本土评级机构的国际影响力。2001年9月，在亚洲开发银行的支持下，日本信用评级公司等机构成立了亚洲信用评级机构协会（AC-RAA）。2007年日本评级投资信息公司、日本信用评级公司获得美国全国认可统计评级机构的资质。2011年6月日本金融厅和欧盟建立信用评级监管合作机制，在此基础上，

日本信用评级公司成为欧盟认证评级机构。韩国国家信息与信用评估公司也与日本评级投资信息公司签署了战略联盟协议。但进入国际市场也并非一帆风顺。由于市场开拓不利，日本评级投资信息公司、日本信用评级公司在2010年主动申请撤销在美国注册的资产支持证券评级资格，日本评级投资信息公司更是于2011年10月完全退出美国全国认可统计评级机构的制度管理。

（二）政府积极推动评级应用，大力扶持本土评级机构发展

亚洲许多国家和地区注重对本土评级机构的支持，在制度设计上积极推动本土评级机构的发展。支持措施包括：采取资质认可的方式对准入进行管理，保持一定的信用评级机构数量；通过双评级制度、控制外资持股比例等方式对外资进入设定一定门槛，通过制度安排强化评级结果应用。例如，日本实行双评级制度，涉及普通公司债、可转换公司债和带新股预约权的公司债，该模式被市场接受。韩国也实行双评级，并对外资独资公司的设立进行限制。马来西亚指定本国评级机构参与评级。监管部门出于防范风险和保护投资者考虑，应用信用评级对高风险债券投资进行筛选，赋予了评级机构准监管地位，这也刺激了市场对信用评级的需求。

在日本、韩国等亚洲国家，政府之手对评级市场发展的影响更为突出，推动金融机构作为评级机构的重要股东成为另一个重要的扶持手段。日本、印度、马来西亚、韩国等亚洲国家和地区的评级机构多由金融机构发起或参股。这种治理结构的优势在于通过引入银行等金融机构入股，可以加强评级机构的资金和财务实力，并通过利益捆绑为开拓客户提供了保证。但是，这种金融机构控股或参股评级机构的情况也存在弊端，康托等人（Cantor和Packer，1994）及怀特（White，2002）认为，这种股权结构可能产生利益冲突的问题，因为将出现对金融机构自己的借款人客户进行评级的情况。虽然监管部门试图通过规定股东持股上限来降低潜在的利益冲突等弊端，但是利益冲突不能完全消除。

由于债券市场发行、交易等诸多限制，与国际评级机构的评级级别分布相比，日本、韩国、印度等亚洲国家和地区的信用评级级别呈现向高级别集中的趋势。国际评级机构的企业信用等级分布多呈现双峰正态分布，其中投资级别大多以BBB级为中枢，投机级以B级为中枢。日本、韩国、印度等国的评级级别分布范围短于国际评级机构，投机级别以下较少，主要集中在AAA级至BB级之间，其中，日本本土评级机构的评级中枢为A级，韩国和印度的本土评级机构的评级中枢为AA级。亚洲这些国家的级别单峰分布特点与我国评级机构类似，见图4.7。

（三）市场集中度较高，外资机构在一些地区占有较大优势

亚洲主要国家和地区的评级机构数量并不多，并且每个国家和地区基本都由少数几家评级机构占行业主导。日本有五家评级机构（穆迪和标普实际各有两家），韩国有四家评级机构，印度的评级行业份额主要有三家评级机构获得，马来西亚主要有两家评级机构等。

国际三大评级机构在亚洲部分国家和地区占有较大的市场份额。新加坡评级行业由三大国际评级机构垄断。从韩国看，三家评级机构被外资控股，本国评级机构的话语权较低。中国香港地区由三大国际评级机构占据90%以上市场份额。在印度评级行业最大的三家评级机构中，有两家被穆迪和标普分别控股。

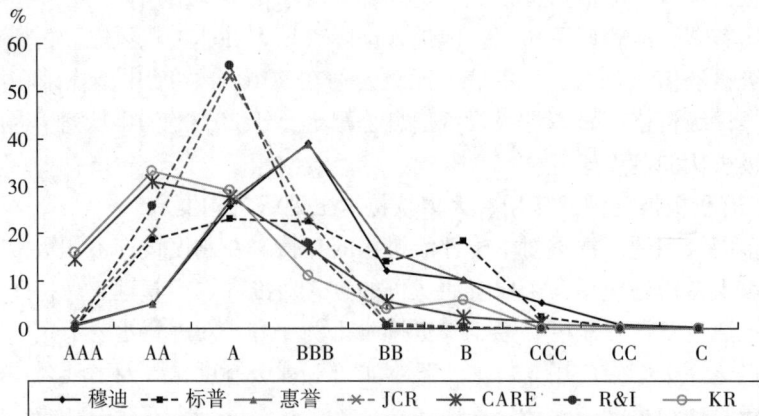

说明：1. 惠誉、标普和穆迪数据为 2018 年初的数据集；R&I 为截至 2018 年 2 月 28 日数据集；JCR 为 2018 年初的数据集；CARE 为 2019 年 9 月 30 日存续债券级别数据集，未包含违约 D 级的 61 笔；KR 为 2020 年初债券加发行人的数据集。

2. 图中为各机构级别分布，但 CARE 为 AAA，AA，A，BBB，BB，B 和 C（对应图中 CCC）的级别分布，R&I、JCR 和 KR 的 CCC 对应 CCC 及以下。

图 4.7　评级机构级别分布比较

（资料来源：根据邓博文（2018）及各公司数据整理）

与这些国家或地区相比，只有日本本土评级机构仍保持竞争优势。虽然三大国际评级机构已较早进入日本，但本土评级机构在日本评级业的业务量具有优势，不过三大评级机构的评级收入则超过了本土评级机构（邓博文，2018）。

第三节　俄罗斯信用评级的发展变化

由于欧盟并未将俄罗斯纳入其市场范围，因此，本书将俄罗斯评级发展单独进行分析。为削弱国际信用评级机构在评级行业的主导地位，俄罗斯出台相关法令，规范评级行业操作。总体上，俄罗斯评级行业刚起步，近年来本土评级机构在监管的支撑下呈现出发展壮大的态势。

一、俄罗斯评级机构发展历史

俄罗斯本土信用评级机构成立的时间较晚，原因主要有两个：一是以标普、穆迪和惠誉三大评级机构为代表的西方评级体系给予俄罗斯较低的主权评级和企业评级，俄罗斯认为给其国际市场融资造成巨大的成本和准入障碍，并且损害了其国际形象；二是随着俄罗斯债券市场的发展，评级服务需求也随之增长。

俄罗斯债券市场发端于 20 世纪 80 年代后期，1985 年俄罗斯开发和对外经济银行发行了多只以欧美国家货币计价的价值约 4.08 亿美元的外币债券（全部发生违约），1995 年俄联邦政府发行了第一只以卢布计价的国债，1996 年第一只地方政府债券获得发行。俄罗斯的债券市场规模不大。截至 2018 年，俄罗斯金融和非金融公司、中央政府和地方政府发行的债券余额为 3270 亿美元。债券市场每年潜在发行人数量为 350 ~ 450 个，潜在发行量在 500 亿 ~1500 亿美元。俄罗斯债券规模较小的原因主要是：一是债券历史发展较短。公司债发行始于 20 世纪 90 年代末，银行和股权融资仍是主要的融资途径；二是经济和外部冲击阻碍了市场发展，如 1998 年主权债务违约危机、2014 年开始的外部制裁。但总体上债券市场处于缓慢增长趋势，市场规模与 GDP 之比保持年均 1.5% 的涨幅，至 2018 年达到 21%①。

从发行方式看，俄罗斯债券可以选择场内或场外两种方式。俄罗斯有两家证券交易所——莫斯科交易所和圣彼得堡交易所，债券发行全部集中于莫斯科交易所。在莫斯科交易所，债券上市分为三级，第一级是发行额大于 20 亿卢布的债券；除了其他条件外，还需要有信用等级的要求：国内序列至少为 BBB +，国际序列至少为 BB −。

从发行人类型看，政府是最主要的发行人。2018 年末，中央政府债券余额占存量规模的 48%，其次是非金融公司 29%，金融公司 20%，地方政府债券 3%。在非金融公司债券余额中，油气行业企业占比最高，达到 51%；最大的发行人是俄罗斯国家石油公司，其债券余额占非金融公司债券的约 40%。

从投资人类型看，最大的投资者是本国商业银行及非银行金融机构，分别占 66%、13%；其次是非居民 10%，非金融公司 7%，家庭仅有 4%。

从区域评级序列级别分布看，国内评级机构给出的主体级别较高，以 A 级为中枢正态分布，其中 A 级超过 20%，AAA 级超过 10%，AA 级近 15%。

俄罗斯评级业伴随债券市场同步发展，苏联解体后俄罗斯开始市场经济转型，债券市场经历了第一轮由国债拉动的发展，开始出现本土评级机构。2000 年后公司债的崛起带动债券市场开始了第二轮快速的发展，以三大评级机构为代表的外资机构也开始进入俄罗斯评级行业建立分支机构。

2014 年克里米亚公投事件后，由于受到经济制裁，三大评级机构多次下调俄罗斯主权级别，并一度停止对俄企业进行评级，导致俄对外融资中断，国内债券市场陷入混乱乃至瘫痪，见表 4.23。俄罗斯对于三大评级机构的客观性和公正性存在质疑，认为由于存在政治文化偏向等原因，给予其偏低的主权评级。基于此种认识，2015 年俄罗斯对信用评级机构的监管框架进行重大变革，出台监管规则，明确监管主体，实行市场准入的注册制，积极培育本土信用评级机构的发展，倡议成立新型信用评级机构，以避免国际评级机构垄断俄罗斯评级行业的负面后果。

表 4.23　　　　　　　　　　标普、穆迪及惠誉对俄罗斯的主权评级

评级机构	2012 年	2013 年	2014 年	2015 年	2016 年	2017 年
标普	BBB	BBB	BBB −	BB +	BB +	A
穆迪	—	Baa1	Baa2	Ba1	Ba1	Ba1
惠誉	BBB	—	BBB	BBB −	BBB −	BBB −

资料来源：Wind，新世纪评级整理。

---

① 参见：东方金城 & ACRA. 中俄债券市场比较研究 [R]. 北京：东方金城，2019.

新的评级监管制度框架建立后，2016 年两家本土评级机构在俄罗斯央行首先完成了注册，分别是俄罗斯分析信用评级公司（ACRA）和专家评级公司（Expert RA），总部都在莫斯科。2019 年 9 月，俄央行将两家新的机构纳入评级机构注册名单，分别是国家评级机构（NRA）和 NKR 信用评级机构（NKR），总部也在莫斯科。

分析信用评级公司是俄罗斯拥有全部评级牌照的信用评级机构，由俄罗斯央行倡导并由 27 家俄罗斯主要的金融机构和企业于 2015 年发起设立，在俄罗斯评级市场的占有率近 30%，其中在政府债评级市场占有率达到 50% 以上，在金融机构评级市场占有率达到 75% 以上。分析信用评级公司有 75 名员工，约 40 名评级分析师。俄罗斯评级业的其余份额基本由专家评级公司所有，该公司于 1997 年成立，是俄罗斯最大的评级机构。截至 2019 年 10 月 1 日，俄罗斯的评级业规模约为 10 亿卢布，信用评级的总数为 1280 个，其中 520 个由分析信用评级公司提供（41%），760 个（59%）由专家评级公司提供。

分析信用评级公司积极拓展海外业务，提高国际影响力。2018 年 4 月分析信用评级公司收购斯洛伐克的评级机构——欧洲评级公司（ERA[①]），实现了进入欧洲评级行业的路径。此外，分析信用评级公司还与中国东方金诚评级公司和印度凯尔评级公司分别建立了合作伙伴关系。专家评级公司与中诚信国际也签署了合作备忘录。俄罗斯评级机构与中国信用评级机构围绕研究、信息技术共享、产品服务开发及拓展"一带一路"沿线业务等方面展开合作，就中俄宏观经济、熊猫债及中资美元债市场等保持密切交流。

二、俄罗斯信用评级的监管法律

俄罗斯央行是信用评级业的统一监管机构。俄罗斯信用评级监管经历了多部门分头监管到央行全权统一监管的过程。2015 年 7 月通过的俄联邦第 222 号法律《信用评级机构在俄罗斯联邦境内开展业务活动法》，授予俄罗斯央行监管信用评级机构的职责。之后，俄罗斯出台多项行业监管制度，设置了严格的信用评级行业准入条件和行业规范，为本土评级机构的建立和规范发展创造了条件，同时，新的法律制度对外资及合资机构在俄境内的评级活动作出了限制。

按照俄罗斯联邦法律要求，由俄央行对信用评级机构进行注册，只有完成注册的机构才能提供信用评级服务，俄罗斯央行从得到申请之日起的六个月内完成审批。信用评级机构的自有资金（资本）不少于 5000 万卢布，由俄央行决定信用评级机构自有资金（资本）大小的衡量方法。

俄罗斯央行对信用评级机构的创始人、股东、参与者有明确要求，如有信用评级机构法定资本表决权或股份 10% 及以上的，信用评级机构需向俄罗斯央行报告；信贷机构、银行控股公司、非信贷金融机构或保险集团在信用评级机构的法定资本中不得超过 20% 等。

---

① ERA 总部位于斯洛伐克共和国，是一家以市政信用评级为主要业务的信用评级机构，于 2012 年 7 月完成向 ESMA 注册，业务主要面向中欧地区。

俄罗斯央行对信用评级机构董事会（监事会）成员及高管人员进行规定。信用评级机构应设立董事会（监事会）、合议执行机构，评级机构重要的人事任命需要报俄罗斯央行批准。信用评级机构的员工人数（应超过二十人）、董事会（监事会）成员数（不少于两名成员）等应达到法定要求。信用评级机构建立利益冲突预防措施。评级方法在发布前需要报俄罗斯央行审批，标普、穆迪、惠誉三大评级机构对此不认可，因此其在俄信用评级业务基本停滞。

第四节　大洋洲信用评级的发展

大洋洲的信用评级起步较晚，发展规模较小，尤以澳大利亚为主要代表。下面通过对澳大利亚、新西兰的分析，了解大洋洲的评级行业状况。

一、澳大利亚信用评级情况

（一）行业发展

长期以来，澳大利亚债券市场发展相对缓慢，融资方式主要以权益融资和间接融资为主。20世纪80年代澳大利亚放松银行资本管制和实行浮动汇率制之后，吸引了大量的本土及外国发行人和投资者参与，离岸债券市场逐渐活跃，从而带动澳大利亚在岸债券市场发展和规模扩大。从组织形式上，澳大利亚债券市场可以分为场外市场（OTC）和场内市场，其中OTC市场是债券市场的主体，90%以上的债券在此发行。

澳大利亚债券品种可以分为政府债券（包括联邦政府债券和州政府债券）和非政府债券，非政府债券主要包括4类：金融债、企业债、资产支持证券及袋鼠债券。袋鼠债券是由境外政府、金融机构、工商企业及国际组织在澳大利亚发行的以澳元计价的债券。近年来，澳大利亚联邦政府和州政府的债券发行减少，非政府部门的债券发行增加，尤其是非政府部门发行的资产支持证券和袋鼠债券迅速增长。从2017年末的存量规模来看，澳大利亚债券市场（包含离岸市场）的发行主体以非政府部门为主。其中，非政府部门在岸市场的存量规模7974.16亿澳元，占比37.37%；非政府部门离岸市场存量债券规模5617.83亿澳元，占比26.33%。

在澳大利亚开展信用评级业务需获得金融服务牌照。目前，获得牌照的信用评级机构共有六家，除了一家本土评级机构，其他五家都是外资评级机构，这些评级机构设立在悉尼和墨尔本，穆迪、惠誉、标普、艾可飞和澳大利亚评级有限公司在2010年取得牌照，贝氏在2011年取得牌照。作为唯一本土的评级机构，自2010年成立以来，澳大利亚评级有限公司开展了债券发行、公司和固定收益管理基金方面的信用评级服务；2014年，该公司开始对在澳洲证券交易所上市的债券和混合债券进行评级。

惠誉、穆迪和标普的业务量占澳大利亚全部评级业务量的99%（超过10000个评级）；这3家机构占2016年营业总收入的90%以上，其中标普收入最多。但澳大利亚评级行业总规模并不大，2016 年仅约 1.54 亿澳元[①]。三大评级机构在澳大利亚提供了广泛类别的信用评级，包括公司、结构化金融、金融机构和主权等，而其他评级机构专注于特定的板块或聚焦于客户需求。

表 4.24　　　　　　　　　　澳大利亚注册评级机构及业务范围

评级机构名称	业务范围	总部所在地
贝氏亚太	为批发客户评级	美国
艾可飞澳大利亚信用评级	为批发客户评级	美国
惠誉澳大利亚	为批发客户评级	美国
穆迪	为批发客户评级	美国
标普澳大利亚	为批发客户评级	美国
澳大利亚评级	为零售、批发客户评级	澳大利亚

资料来源：ASIC。

贝氏、惠誉、标普和穆迪都是国际性评级机构，澳大利亚评级仅在本国开展评级业务，而艾克飞在澳大利亚和新西兰都提供评级服务。

（二）信用评级监管框架

澳大利亚信用评级的主管部门是证券和投资委员会（ASIC），为独立的联邦政府机构，根据《澳大利亚证券和投资委员会法 2001》和《公司法 2001》为拟开展信用评级业务的机构颁发金融服务牌照和进行监管，确保信用评级机构高效、诚实和公平运行。

根据法律授权，证券和投资委员会制定了配套监管制度[②]。此外，证券和投资委员会还依据国际证监会组织的《信用评级机构基本行为准则》对评级机构进行监管。依据《公司法 2001》，澳大利亚持牌评级机构会受到所有适用于金融服务牌照持有机构的处罚。评级机构如未能确保其评级有合理依据，可能因在金融服务和产品方面进行误导或欺骗行为而受到处罚[③]。信用评级机构按要求向证券和投资委员会提交年度合规报告，合规内容包括：将咨询服务从信用评级服务中区分开，以持续的方式应用评级方法，及时披露实际和潜在利益冲突，定期审查评级方法和模型，发生重大变更之后对受影响的评级进行审查和披露等。

二、新西兰信用评级概况

新西兰金融体系以银行业为主导，资本市场相对欠发达，金融市场监管部门包括新西兰金融市场管理局（FMA）和新西兰储备银行（RBNZ）。截至 2020 年 3 月 31 日，新西兰银行业资产约为 6310 亿美元，国内债券市场约为 1320 亿美元（不包括政府债务）。在新西兰交易所中，发行上市的公司债券评级主要由标普、穆迪、惠誉所评。

---

① 参见：ASIC，Report 566：Surveillance of credit rating agencies，2018.2。

② 如《澳大利亚金融服务牌照指引》《金融服务持牌机构违法行为报告》《许可：针对金融服务提供者的行政行为》《信用评级机构——向 ASIC 提交合规报告》《信用评级机构——关于 AFS 牌照条件的指导》《可执行承诺》和《市场纪律委员会》等。

③ 《公司法》1041E 和 1041H；《澳大利亚证券和投资委员会法》－12DB。

新西兰未建立起专门的信用评级监管框架，对信用评级机构的监管要求分散在其他法案和监管指引中。新西兰储备银行将信用评级广泛应用于银行业、非银存款机构和保险业宏观审慎监管中，并公布了一系列其认可信用评级机构名单：

一是所有在新西兰注册的银行都应取得并维持以新西兰元计价的长期无抵押债务的信用等级，并在季度披露声明中发布。新西兰储备银行公布的注册银行评级结果均为标普、穆迪、惠誉所评；

二是申请非银存款机构牌照需获得新西兰储备银行认可评级机构给予的长期本币发行人评级。认可评级机构共4家，分别为：艾可飞澳大利亚信用评级、惠誉、穆迪和标普；

三是为对保险公司的财务能力进行评估，新西兰储备银行还认可了3家评级机构提供保险公司评级，分别为贝氏、标普和惠誉。

第五章　信用评级机构的经营模式

第一节　信用评级机构的主要经营模式演变

信用评级机构的经营模式在历史上并非一成不变，从最初的投资人付费到现在以发行人付费为主，信用评级机构的经营模式出现了不同的形式。发行人付费模式下信用评级机构出现的失职，使得监管机构和学术界针对信用评级机构的经营模式进行了研究探讨。如何消除信用评级经营模式所带来的利益冲突等问题，不断地引起各方的争论。

一、信用评级机构经营模式简史及问题

从信用评级行业的发展历程来看，在20世纪70年代以前，信用评级机构主要是通过将信用评级结果出售给投资者这一模式来获取盈利，投资者也可以采取订阅付费的方式定期获得评级报告。20世纪70年代之后，随着金融监管对信用评级结果的倚重程度日益加深，以及信息及复印技术的发展，评级机构的经营模式实现了从投资人付费模式向发行人付费模式的转变。这是因为，随着金融市场、监管制度和技术的变化发展，一方面，由于搭便车行为，投资人付费的积极性越来越小；另一方面，发行人通过支付评级费用，并向市场公开评级结果从而完成融资的动机越来越大。

随着发行人付费模式的普及，信用评级的正外部性越来越显著，这主要体现在：通过将信用评级对市场公开，降低了投资人和发行人之间的信息不对称，促进了金融市场效率的提高。但发行人付费可能存在利益冲突问题，导致评级购买、级别虚高等情况。信用评级机构在开展结构化产品评级业务时，一方面提供咨询服务，另一方面提供评级服务，而咨询服务的重要内容就是如何进行产品设计，以获得高等级信用级别。这种经营模式使得结构化产品的初始信用级别多为高级别，但在国际金融危机期间，信用评级机构对结构化产品的级别进行了大范围的降低，使得等级虚高的问题完全暴露出来。截至2010年，在2006年和2007年发行的居民抵押贷款支持证券（RMBS）的90%被调降到垃圾债券状态，而这些证券在发行时从两个最大的NRSRO评级机构至少获得了一个投资级别（GAO，2012）。

发行人付费模式带来的利益冲突，被认为是造成信用评级机构糟糕表现的一个主要因素。信用评级行业在以下一些方面的问题引起了各方的质疑：一是在将高风险的抵押贷款证券化产品转变为投资级证券产品的过程中，信用评级机构所起的作用；二是给予

这些证券的信用评级的准确性；三是评级过程的一致性（GAO，2012）。国际金融危机后，针对信用评级机构经营模式产生的利益冲突问题，美国、欧盟等国家和地区的监管部门以及研究人员对发行人付费模式、投资人付费模式以及其他模式进行了多次争论和比较研究，以期找到一种可以消除或降低利益冲突的信用评级机构经营模式。

二、信用评级机构经营模式的理论分析

（一）信用评级机构的信息服务角色

从商品市场运行的角度分析，信用评级报告作为信用评级机构提供的服务内容，是信用评级机构通过对信息的加工生产出的产品。信用评级机构是连接投资人和发行人双边的中介机构，其通过提供评级产品满足了市场对信息的需求，降低了信息不对称现象。需要融资的发行人和相关机构提供了生产评级产品所需的原始信息材料，是原始信息的供给方。信用评级机构利用人力资源和技术优势，对信息进行分析处理，形成评级报告、分析报告、预警信息等不同产品，是信息的生产方。投资人及其他机构则使用评级产品，对信用风险进行分析和辅助投资决策，属于信息的需求方。通过提供信用评级产品，信用评级机构促进了发行人和投资人的市场匹配，实现了资源的优化配置。

信用评级机构需要获得营业收入以维持正常经营。在实践中，信用评级机构可以向其连接的发行人和投资人收费，由此信用评级行业产生出两种主要的经营模式：发行人付费模式和投资人付费模式。发行人付费模式是指，由发行债券的主体向信用评级机构支付评级费用。在发行人付费模式下，信用评级机构免费向投资人及其他信用评级使用者发布评级结果。投资人付费模式是指，投资人作为信用评级的委托方，委托信用评级机构就某一主体或债券信用状况开展信用评级，并向信用评级机构支付评级费用，但信用评级结果并不对外公开。在这两种付费模式下，信用评级机构作为受托人，其首要的责任是向委托方提供独立、客观、公正的信用评级结果，最终实现为投资人服务的目标。

这两种付费模式是目前各国和地区信用评级机构主要采取的经营模式，其中尤以发行人付费模式占主要比例。各国和地区大部分的信用评级机构一般以发行人付费为主，一些发行人付费的信用评级机构在部分业务中还采用了投资人付费的模式，只有少部分的信用评级机构完全采取投资人付费模式。投资人付费模式可以采取不同的形式，比如投资人直接委托并支付评级费用，或者投资人等市场参与者通过定期支付订阅费用获得评级报告服务，这就像订阅报纸、杂志等。

（二）基于生产者—消费者模型对经营模式的分析

信用评级机构连接了投资人和发行人两端的市场主体。发行人向市场发行债券等产品，以获得所需要的资金；投资人为了利用手中闲置的资金获取未来的收益，向发行人付出资金以购买债券等产品。如果从资金支付从而完成产品交换的角度看，发行人与投资人分别是生产者和消费者的角色。

对市场中商品流通的分析，一般以生产者和消费者理论区分市场主体。生产者根据对市场需求的分析，利用生产资料生产商品；消费者根据需求购买商品，并向生产者支付费用。生产者获得资金，消费者获得产品，从而完成了生产者—消费者的简单商品交

换过程，这个过程可被称为简单生产者—消费者模型，记为 $S-PC$，见图 5.1。

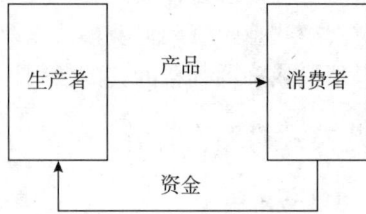

图 5.1 简单生产者—消费者模型

在简单生产者—消费者模型下，当存在多个生产者和多个消费者时，市场竞争将赋予市场主体以选择权。市场选择促进了供给和需求的匹配，从而是价格变量产生调整变动的重要驱动力，也是促进市场资源优化配置的外部压力。消费者利用这种选择权可以选择购买符合需求的产品，即选择合适的生产者所提供的产品，因此，市场选择成为生产者提高产品质量、生产符合消费者需求的激励。

信用评级机构的经营模式涉及发行人、投资人。但是与简单生产者－消费者模型不同，在发行人、评级机构和投资人之间实际包含了两个阶段的生产者和消费者关系，这可被称为两阶段生产者－消费者模型，记为 T_PC。两阶段生产者－消费者模型 T_PC 的两个阶段分别为：

第一阶段是信用评级产品的生产交换，记为 RS。在这个阶段，信用评级机构根据付费方，即消费者的要求，生产出信用评级产品；付费方可能是投资人，也可能是发行人。付费方向信用评级机构支付评级费用，获得信用评级结果。这种支付可以是提前支付；也可能是类似于赊销方式，即在获得评级产品后，再完全支付费用。这两种支付形式都不影响本模型中的分析，因此下面不再区分付费时间的先后。在付费方是发行人的情况下，评级结果向市场的投资人提供，即公开评级结果。但是信用评级机构的经营模式所包含的市场交换关系并未到此为止，第一阶段的产品交换的目的是为了实现第二阶段的产品交换，并且第一阶段的产品（评级结果）对第二个阶段的生产者和消费者关系会产生重要的影响。

第二阶段是债券等产品的生产交换，记为 BS。在这个阶段，发行人是生产者，其向市场发行债券等产品进行融资；投资人是消费者，其购买债券实现投资意愿，从而获取未来预期收益的债权。在这个过程中，第一阶段 RS 生产的产品，即信用评级产品，对完成第二阶段 BS 的产品交换具有重要的促进作用。考虑到投资人的风险偏好不同，信用级别高的债券等产品将对风险偏好保守和中性的投资者具有强的吸引力，从而促进第二阶段产品交换关系 BS 的完成，见图 5.2。

因此，信用评级机构的经营模式 T_PC 所体现的产品交换关系要比简单生产者－消费者模型 S_PC 所揭示的产品交换关系复杂。对信用评级及市场相关主体进行分析，就需要考虑在这个两阶段生产者－消费者模型 T_PC 中所体现的交换关系。

在简单生产者－消费者关系 S_PC 下，消费者关注产品质量，希望在成本不变的情况获得更高的收益，这个收益就是获得质量更高的产品。在两阶段生产者－消费者关系

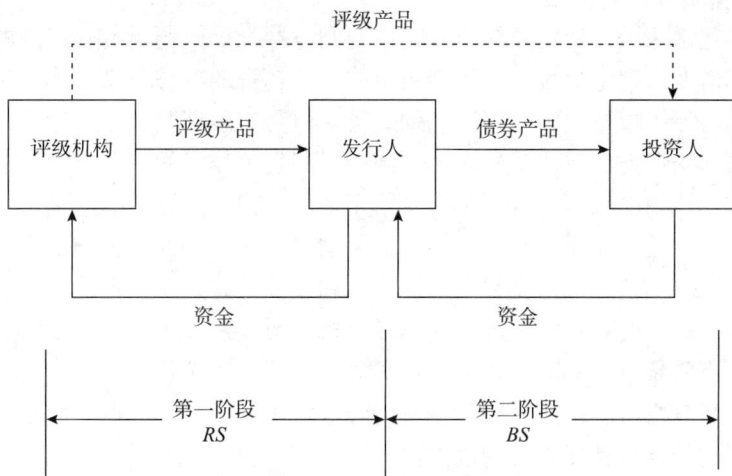

图5.2　两阶段生产者－消费者模型（发行人付费）

T_PC 下，第一阶段消费者也希望在成本不变的情况下获得更高的收益，但是第一阶段的消费者希望最终获得的收益包括第二阶段产品交换所获得的收益，因为第一阶段的产品交换实际是为了第二阶段产品的交换，发行人希望最终能以更低的价格成本融得更多的资金。因此，在当期情况下，发行人会希望将信用级别提高，以在第二阶段产品交换中获得更大的定价权，吸引更多的投资者。当信用评级机构迫于消费者选择权的压力，提供高于实际信用状况的信用评级时，就产生了利益冲突问题。这些利益冲突集中体现在不准确的信用级别，从而损害市场的正常运行，甚至产生系统性风险的隐患。基于以上分析，对两阶段模式 T_PC 分析，应综合考虑两个阶段的成本和收益的比较。

在投资人付费模式下，同样存在两阶段生产者－消费者模型。为了区分，可将发行人付费模式下的两阶段模型记为 T_PC_S，将投资人付费模式下的两阶段模型记为 T_PC_I，见图5.3。T_PC_I 模式下的分析与上述两阶段模型类似。

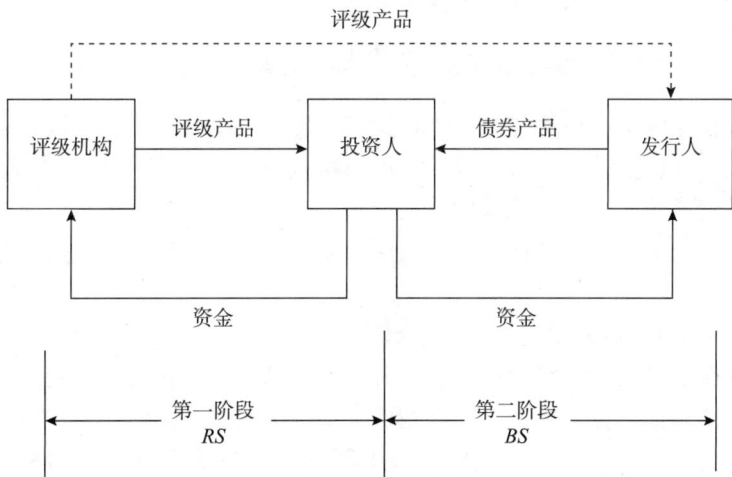

图5.3　两阶段生产者－消费者模型（投资人付费）

（三）声誉资本的约束性

声誉资本理论认为，信用评级机构将避免利益冲突等问题对准确评级的影响，以维护其声誉和可信度。理论上说，信用评级机构为了自身的声誉，将放弃短期利益，从长远考虑不断提高评级质量，以获得市场的认可。但是实践证明，单纯依靠维护市场声誉的自律机制是无法保证评级质量的。影响声誉机制发挥作用的因素比较复杂，比如市场竞争状态、市场机制的完善程度等都会对信用评级机构维护声誉的激励产生影响。究其根本，维护声誉的最重要原因是，信用评级机构可以从良好的声誉资本中获得更多的收益。但是，声誉资本的形成需要付出资源投入和较长的时间积累等成本，这是因为信用评级质量是提高声誉的核心，一方面信用评级机构要通过投入人力、技术、内控管理等资源以提高评级质量；另一方面，信用评级质量需要经历较长时间之后的市场数据进行检验。当从提高声誉所获得的未来收益不能弥补信用评级机构的投入成本时，将降低信用评级机构提高和维护良好声誉的动力。

对于新产品的信用评级，声誉资本的约束机制也将失去作用，因为缺少历史积累的检验数据，最初的评级错误和失误将被忽略，信用评级机构也不会由于这些错误产生声誉的损失（Datar，2011）。对结构化金融产品的评级就是这种情况的鲜活案例。直到次贷危机爆发，结构化产品评级中存在的评级模型错误、利益冲突导致的评级虚高等问题才暴露出来，而信用评级机构已经从结构化产品评级中获得多年大量的评级收益。由于缺少历史数据的检验，结构化金融产品评级模型的有效性被危机证明是不足的。

一般来讲，竞争将提高声誉资本的价值，因为在竞争环境下，声誉高的生产者将获得更多消费者的认可，从而可以获得更多的市场份额。但是，如果竞争激烈，也会导致信用评级机构降低信用评级质量（Anil 等，2016），因为信用评级机构获得的短期收益将超出未来长远的声誉带来的收益。这也就是未来获得的声誉资本收益，不能弥补当前的投入和所丧失的市场份额，信用评级机构将竞相对级别进行不恰当地调整以吸引客户。当市场检验机制和惩罚机制不健全时，比如没有有效的违约样本、市场不透明、投资人的监督动力不足、没有有效的市场退出措施等，这些都会降低收益和成本的界限，由此会降低声誉资本所带来的激励效应。

三、信用评级机构两种主要经营模式的比较

历史上，信用评级机构最初以向市场投资人出售评级分析手册获取收入。这种投资人付费模式在 20 世纪 70 年代出现转变，评级机构逐步采取发行人付费模式获取盈利。在对发行人付费模式的批评中，有种观点提出，应重新推行投资人付费模式，使得信用评级机构实现为投资人服务的评级目标。这就需要对这两种付费模式进行客观比较，权衡各自的优缺点。

（一）发行人付费模式的分析

在发行人付费模式下，发行人通过公开信用评级以吸引投资人；投资人免费获得评级信息，从而减少信息搜寻成本，并为投资决策提供参考，因此该模式拓展了投融资渠道，降低了信息不对称，提高了金融市场的运行效率。采取发行人付费模式将避免搭便车行为发生，也使评级结果发挥了准公共品的属性和正外部性效应。从信用评级机构的

角度来看，向发行方收费的可操作性更强。这是因为在发行方付费模式下，付费主体是确定的，在这种一对一的评级付费模式下，评级机构能够根据评级所投入的工作量，确定相应的收费标准，从而弥补评级成本并获得合理的收益。有观点认为，发行人付费模式通过为所有市场参与者提供一个透明的、全球公认的信用风险度量，提升了金融市场的深度；与此形成对比的是，在投资者付费模式下，如果投资者不愿意为特定工具或实体的评级支付费用，可能导致市场规模减小。

但是，在发行人付费模式下，信用评级机构的确存在利益冲突问题（Fennell & Medvedev，2011）。信用评级机构在安然事件、世通事件及国际金融危机中的表现不佳，其中一个重要原因在于发行人付费模式导致的利益冲突。为客户提供符合需求的产品以获取收益，是市场经济中的普遍行为。在这种买卖服务关系中，客户会货比三家，客户的选择也促使生产者不断提高产品质量以吸引更多的客户。但是信用评级机构的经营涉及两阶段的交换活动 T_PC，信用评级产品交换完成后，信用评级产品的付费者（发行人）还要实现自己的融资目的，即吸引投资人购买发行的债券，从而完成债券产品的交换。对于付费方的发行人而言，为了降低融资成本，希望在同等信用质量水平上获取更高的级别，否则可能会选购其他评级机构的产品服务。信用评级机构为了从发行人方获取评级收入，并维持长久的客户关系，可能会做出迎合发行人级别要求的行为。此外，在发行人付费模式下，信用评级机构免费向投资人及其他评级使用者发布评级结果，缺乏为投资人尽责服务的驱动力。因此，发行人付费模式下，信用评级机构可能为了从发行人处获取更多利益，发布有利于发行人的不客观、不公正的评级结果，从而损害投资人及其他评级使用者的利益。

（二）投资人付费模式的分析

在投资人付费模式下，投资者成为信用评级机构的客户，并为评级结果支付费用。最初，信用评级主要是以投资者付费模式发行的，直到20世纪70年代，发行人付费模式才逐渐增多。在这一转变时期，由于发行人面临流动性短缺，促使他们愿意为信用评级支付费用，同时影印机的日益普及，使评级报告得以广泛传播和使用，也降低了许多投资者为信用评级付费的意愿（ESMA，2015）。

原则上讲，投资人对信用评级机构的主要期望就是评级结果的准确性。为了获取投资人的认可，信用评级机构有动力尽可能确保高质量的评级结果。激励信用评级机构提高评级质量的主要源泉是来自投资人的压力，但是，投资人的风险偏好会随着经济周期变化，出现偏好高低的不同，这会使对信用评级机构的压力产生周期性的变化。在下行经济周期中，投资人的风险偏好降低，将要求更严格、保守的信用评级结果，这会提高对评级质量的监督。

在投资人付费模式中，信用评级机构和投资者的动机更有可能保持一致（Fennell & Medvedev，2011）。因此，该模式可以解决在发行人付费模式下，由于发行人拥有对评级机构的议价能力所导致的利益冲突问题。此外，由于与投资者进行直接沟通，信用评级机构将知道哪些产品值得关注，能更好地对投资人的需求做出反馈。

但是投资人付费模式也存在不足。首先，投资人付费模式会产生搭便车的问题，这将阻碍信用评级机构的业务发展（Anil 等，2016）。如何防止信息泄露，并且使个人投资者和小机构投资者能够支付信息使用费将是面临的挑战（Steven & Thomas，2012）。未付费的投资人可以通过观察并跟随已付费投资人的投资行为，即模仿掌握更多信息的投资人的决策，从而免费地享用评级信息，这种搭便车行为导致的后果就是，愿意购买评级信息的投资人数量降低。

除了投资人搭便车行为，还可能存在发行人搭便车行为。发行人了解投资人付费评级机构提供的评级，评级较低的发行人将不会申请融资，这将使本次信用评级无法为投资人带来收益，这属于发行人的搭便车行为。搭便车行为将导致信用评级需求的减少，这将削弱信用评级的覆盖范围和信用评级机构的盈利能力。信用评级的覆盖范围降低，将加剧信息不对称问题。由于信用评级机构是知识密集型企业，人员素质对评级机构的评级质量非常重要，信用评级机构盈利能力的下降会影响聚集高素质专业人才的能力，从而导致技术实力和评级质量的下降。博瓦德等认为，信息实质上是公共品，由投资人（买方）为信息付费的业务模式是很难维持的（Bouvard & Levy，2009）。此外，付费获得评级的那部分投资者会有显著的信息优势，这将带来新的市场信息不对称（王力为，2019）。

其次，在投资人付费模式下也会产生利益冲突。为了获取较高的收益，投资人希望在购买债券时压低价格，为此，可能要求信用评级机构给予较低的信用评级。为了使债券升值，未来预期卖出时获得较高的收益，债券持有人（即投资人）有调高受评债券信用等级的利益诉求，这可以在跟踪评级中对信用评级机构施加压力得以实现。此外，投资人可能有更大的风险偏好，为规避监管制度对投资级别和风险资产管理的限制，投资者会对信用评级机构施压，以通过提升的评级级别来满足投资门槛需求和监管要求，从而扩大对风险资产的投资范围。因此在投资人付费模式下，并不能避免利益冲突问题，可能出现以评级费用为筹码，威胁信用评级机构出具有利于投资人利益的评级结果，从而损害信用评级的独立性。

再次，投资者付费模式下，由于收费对象的不确定，存在合理定价的困难。信用评级机构投入大量的成本生产相关债券及主体的评级信息，这些评级信息对于投资人具有重要的决策参考价值。由于投资人数目众多，且在市场中非常分散，而投资人支付意愿并不相同，使得信用评级机构难以确认最终的收费对象，这也导致进行合理定价的困难。信用评级机构能否按照成本对所有投资人统一定价，还是根据投资人的特点进行级差定价；投资人是否按照他们购买的债券份额的比例支付评级费用；如果投资人是在二级市场购买债券的话，如何支付评级费用？这些问题都需要在定价时进行考虑。

最后，如果投资人对短期市场冲击的反应较为敏感，这势必将加大级别的波动性。为迎合投资者的需求，信用评级机构将尽力确保所出具的评级信息反映即时市场信息，这将导致评级的稳定性较差。此外，投资决策集中于能偿付评级费用的机构，这会带来市场投资行为的集中和雷同，从而导致市场波动程度的放大。因此，投资人付费模式可能引发经济的不稳定、投资决策集中受制于大型机构的情况（Steven & Thomas，2012）。投资人付费模式下，信用评级机构从被评对象得到积极配合以获取充分的信息也将出现困难，这将对评级质量产生影响。而发行人作为被评对象与评级机构直接接触，将有助于信息采集和定量因素的评估。

（三）小结

从以上分析可看出，无论是发行人付费模式，还是投资人付费模式，均存在优势和不足，都可能带来利益冲突及其他问题。以投资人付费模式替代发行人付费模式，尽管这个建议最初很具有吸引力，但实际上存在很大困难（Datar，2011）。因此，针对已有信用评级机构的经营模式，一些替代性经营模式又被提出来，下面对这些模式进行分析比较。

第二节　信用评级机构的替代性经营模式分析

从付费方的角度分析，除了发行人付费模式和投资人付费模式外，信用评级机构的其他替代性经营模式可归为以下几种形式：第三方平台付费模式（以下简称平台模式）、公共信用评级模式以及切身利益参与模式等。其中，切身利益参与模式是指信用评级机构直接或间接参与利益分配以获取信用评级费用，比如信用评级机构持有一部分被评债券至到期日、投资人入股信用评级机构等形式。

一、替代性经营模式的类型

（一）第三方平台付费模式

1. 基本思路

该模式的主要思想是在发行人、投资人与信用评级机构之间引入第三方平台，信用评级机构的选择和付费都由平台具体执行，此种模式意图消除原有经营模式所产生的利益冲突问题。当发行人计划发行债券从而需要评级时，由平台选择信用评级机构。平台根据一定的选择标准，撮合信用评级机构与发行人之间的需求匹配，评级费用也由平台根据评级结果进行支付。评级费用来源于发行人提前向平台提供的资金，平台汇总这些费用进行集中保管并用于清算。理论上，平台模式使信用评级机构的评级业务和收费模式产生分离，避免信用评级机构与被评对象之间产生直接的商业利益，从而消除利益冲突，促进信用评级机构提高评级质量。对于投资人付费模式也可采用平台模式进行改造。即投资人需要评级时，由平台选择信用评级机构，费用也由平台支付，投资人需要将费用交由平台统一管理。

在具体实现上，平台模式需要重点考虑以下几个方面的内容：

一是信用评级机构的选择方式。信用评级机构的选择需要依据一定的选择标准，这个选择标准可以是随机选择方式，也可以根据评级质量进行选择，还可通过招标等方式确定。

二是费用的来源和支付形式。费用的来源包括发行人、投资人等；可以将费用提前交由平台保管，也可从债券交易金额中扣除相关费用交由平台集中保管；平台可根据评级结果的质量来决定评级机构的报酬，也可以根据评级类型进行费用支付。

三是平台的具体承载机构。平台可以采取委员会、清算公司、撮合交易平台、交易所等不同实现形式。在委员会形式下，委员会的成员可由投资者选择，委员会挑选信用评级机构和支付评级费用。在清算公司方式下，清算公司作为中间人，撮合发行人和信用评级机构进行报价、确认、初始评级及跟踪评级、费用清算。平台模式可设计一个同业互评机制，用于激励评级机构保持竞争性。美国政府审计办公室（GAO）在报告中提出，该机制包含两种检验方法：第一，如果某评级机构所评债券的违约率与同行所评的违约率相差过大，该评级机构将会受到惩罚，比如按百分比减少评级项目数量或者评级收入；第二，也可以利用收益率进行对比，评判评级机构的评级质量，从而决定该评级机构是否受到惩罚（GAO，2012）。表5.1是平台模式的几种具体实现方案。

表 5.1　　　　　　　　　　　平台模式的几种具体实现方案

方案	平台	费用	评级机构选择
随机选择方式 1	清算公司可以是非营利机构、政府监管机构（比如 SEC），或者是公私合营组织（PPP）。	发行人向清算公司支付所有的评级费用及清算公司运营产生的费用，再由清算公司将评级费用支付给信用评级机构。	清算公司将发行人的评级项目随机分配给一个评级机构。清算公司撮合发行人和信用评级机构进行报价、确认、初始评级及跟踪评级、费用清算。
随机选择方式 2	独立的信用评级委员会，委员由监管人员、发行人代表、投资人代表和信用评级机构代表组成。	发行人将费用支付给一个针对整个市场设立的基金，然后由该基金将费用支付给评级机构。	委员会随机或依据提前规定的条件进行分配。
招标方式	该模型集中使用债权人的资源，由政府机构或独立董事会运用这些资源提起评级请求。	用户费用是从债项首次购买者支付的交易手续费中得来。	信用评级机构通过投标取得对产品进行评级的机会。
基于评级结果方式 1	委员会等多种形式。	所有的评级费用将汇总到评级基金，发行人和投资者都付费。	根据队列分配项目，基于评级机构的表现分配最终利润。表现优秀的评级机构可以分配到更多的评级项目，评级机构的表现根据评级项目的违约率和回收率判定。可多评级以比较质量。
基于评级结果方式 2	委员会等多种形式。	将所有评级机构报酬的大部分放进一个共同基金。	可根据长期评级结果的准确性来决定评级机构的报酬。
基于评级结果方式 3	将信托设立为第三方机构，此信托不具备监管职能。	信托将基于评级结果支付额外的费用。	发行人委托信托来获得评级机构给出的评级。

资料来源：根据 GAO（2012）、EC（2016）、Fennel 等（2011）整理。

2. 优势

一般而言，平台模式可减轻发行人、投资人与信用评级机构之间的利益冲突。由于平台扮演着中介的角色，它会消除发行人或投资人选购评级的能力。基于评级表现并通过平台支付报酬的模式，能促使信用评级机构在评级准确性方面，而不是在收费方面展开竞争，从而提高整体的社会效益（Chakraborty，2014）。

3. 不足

在平台模式下，设计一个合理的信用评级机构选拔标准是非常困难的。对信用评级机构的挑选标准非常重要，但是信用评级机构可能会把过多的重心放在平台的挑选规则上，以便在业务中适应规则及其变化，从而忽略了对评级模型的创新和开发。消除这种风险的一种方法是随机选择评级机构，但是这会消除评级机构在评级质量方面的竞争动力，降低创新激励，因为随机选择将导致评级表现对选择评级机构没有任何影响。向发行人随机分配信用评级机构，不太可能以合理的价格激励高质量信用评级的产生（ESMA，2015）。

对信用评级机构确定选拔标准时，一般将评级表现作为一个重要因素。但是，评级表现取决于受评对象的复杂性、样本空间的选择范围及评级表现考察的期限等条件。一方面，评级质量只能在较长一段时间内进行评估，这意味着时间范围应该足够长，以评估评级在这个时间段内的表现。比如，在一定时期内，评级量小的信用评级机构与评级量大的信用评级机构相比，评级量大的样本中出现违约的概率会较大，这会使评级量大的信用评级机构在较短时限的选择标准下处于劣势。另一方面，如果时限太长，信用评级机构的动力就会减弱，因为它们的付出只会在遥远的未来得到补偿。

此外，过于严格的选拔标准可能对金融市场产生系统性的影响。太过严格的选拔标准会导致信用评级机构在发布评级时过于保守，这将系统性地低估债券的评级级别，也就是评级所表明的风险比实际风险更大，从而迫使银行等金融机构持有超过必要水平的准备金，减少市场上的流动性资金。因此，如何确定分配信用评级机构的标准，将是平台模式不易解决的难题，也成为该模式的核心弱点（Datar，2011）。

平台模式下也会产生利益冲突。如果有多个私营平台，这会产生新的评级选购问题，因为发行人会挑选信用评级机构选择标准对它们最有利的平台。若平台由公共机构拥有和管理，在这种情况下，利益冲突可能是来自政府部门的压力，特定领域的评级有可能受到影响，比如国家主权、地方政府、对国家有战略意义的行业，或与政府有紧密联系的政府相关企业。平台是由组织和人员来运营的，如何避免与这些组织和人员相关的寻租行为所导致的利益冲突，是平台模式下需要解决的问题，这将需要建立另一套机制来监督平台的独立性。

需要注意的是，平台模式甚至可能整体降低市场的运行效率。信用评级具有规模经济的特征。大型评级机构在评级技术、信息积聚、客户关系的积累等方面形成优势，从而使信用评级的边际成本下降，但平均分配评级项目的方式会阻碍规模经济效应的发挥。平台模式本身具有一个天然存在的机制，即在切断发行人、投资人选择评级机构的同时，也取消了这些市场主体的选择权，而市场选择会对生产者产生外部压力，并发挥监督机制的作用，因此平台模式会降低发行人、投资人对评级机构的监督动力。当需要评级的项目较多时，如果平台不提高自身的运营效率，这种资源集中匹配的方式将成为信用评级乃至市场运行的一个瓶颈，使市场配置资源的效率和市场整体的运行效率下降。

（二）切身利益参与模式

1. 主要思想

该模式试图使信用评级机构在被评对象中产生直接的利益关系，使信用评级机构与付费方的目标达成一致，从而使信用评级机构更关注评级的准确性，促进评级质量的提高。实现该模式可以采用三种形式。

一是投资人生成方式。即投资人为他们投资的项目出具评级，这类似于内部评级的生成方式。在这种情况下，产生评级的成本仍由发行人承担，但评级是由投资人而非信用评级机构产生的。

二是信用评级机构持有被评债券的方式。信用评级机构持有被评级的融资工具至到期日，从而在到期日获得报酬。此种方式下，信用评级机构实际上成为对获得准确评级有明显兴趣的投资者。

三是投资人持股信用评级机构的方式。切身利益参与模式的具体实现方式见表 5.2。

表 5.2　　　　　　　　　　切身利益参与模式具体实现方式

实现方式	主要思想
投资人生成方式	投资人为他们投资的项目出具评级，类似于内部评级生成方式。在这种情况下，产生评级的成本仍由发行人承担，但评级是由投资人而非信用评级机构产生。
信用评级机构持有所评债券方式	信用评级机构通过持有被评级的融资工具（持有至到期日）来获得报酬。因此，信用评级机构实际上成为对获得准确评级有明显兴趣的投资人。
投资人持股评级机构方式	机构投资人自行设立并运营评级机构，同时采用双评级机制。具体而言，每个发行人都必须付费获得两个评级，一个来自投资人持股的信用评级机构，另一个来自任意评级机构。只有投资人持股的信用评级机构发布了评级结果后，另一个评级机构才可以发布评级结果。

资料来源：根据 Listokin 等（2010）、EC（2016）、GAO（2012）整理。

2. 优点

切身利益参与模式使信用评级机构与被评对象产生利益关联，将促使评级机构从自身利益出发给出更精确的评级结果。投资人生成方式和投资人持股信用评级机构方式，将激励投资人和信用评机构在评级产品的生产中付出更大的努力，消除了发行人与信用评级机构之间的利益冲突。如果由信用评级机构持有债券，评级的报酬是债权或股权，而不是现金，则较高的评级意味着较高的市场价值，这也意味着信用评级机构获得的股票或债券数量更少，这样可以减轻信用评级机构给予虚高评级的动机。

3. 不足

在投资人生成评级方式中，将要求投资人具备评级的能力，这需要投入人员、技术、数据库等资源，一般只有大型机构投资者才具备这些条件。因此，这种方式使大型机构投资者掌握最新的评级信息，将有利于大型机构投资者进一步获取市场的影响力和控制力，从而取得业务发展的优势。此外，如果发行人能选择出具评级的投资人，那么发行人将挑选能力有限或对自身有利的投资人，从而降低"切身参与"的约束效果。针对投资人持股评级机构方式，投资人对评级机构具有潜在的影响力，这将出现与投资人付费模式下相同的利益冲突问题。

对于信用评级机构持有被评债券的方式，信用评级机构也可能受到发行人的影响。如果发行人愿意为高评级而补偿信用评级机构，那么信用评级机构可能会选择抬高评级，从而获取额外收益。与此相反的一个情况是，为了获取更大的被评级债券的份额，信用评级机构有动机给予较低的评级。此外，在这种方式下，由于信用评级机构持有融资工具至到期日后才能获得收益，因此需要解决信用评级机构日常运营资金的缺口。

需要注意的是，如果评级机构的报酬与它们评级的融资工具的价值挂钩，信用评级机构将关注债务的总体价值，例如由于流动性或系统性风险等原因而产生的市场价格涨跌，而不仅仅是违约风险，因此在这种付费模式下所产生的评级，本质上会与通常评级方法所产生的评级形成较大的差异（EC，2016）。

（三）公共信用评级模式

1. 主要思想

公共信用评级模式（以下简称公共模式）是由政府或公共部门（包括自律组织等）出资设立一个公共信用评级机构，对发行人及债券进行评级并将结果公布，或者该公共评级机构专注于对市场上已有的评级进行再评级或主动评级。公共模式的评级过程不向市场收取费用，将由政府或公共部门提供资金予以支持。典型例子包括由新加坡大学风险管理研究所于 2009 年发起的"信用研究倡议"，以及贝塔斯曼基金会自 2012 年以来试图推动建立一个非营利性评级组织的设想——国际信用评级机构（INCRA）（ESMA，2015）。

2. 优点

公共模式以非营利方式提供评级，切断了评级机构与发行人或投资人的直接商业关系，降低了发行人付费和投资人付费中的利益冲突，有利于提升评级机构的中立性。公开的评级结果在一定程度上被认为是公共品，因此，与此相适应，公共模式可以改变信用评级机构将利润作为主要经营目标的情况，从而更多地履行社会责任，提供更高质量的评级结果。此外，在监管部门或自律组织付费下，监管部门或自律组织可以发挥自己作为付费方和评级机构选择方的权力，对评机构提出进一步强化信息披露等规范要求。

3. 不足

但是，公共信用评级机构的资金如果由税收保证，将不会产生有吸引力的薪酬体系，如何吸引和留住高素质人才以保证评级技术和质量，将成为需要解决的问题。此外，公共信用评级机构能否保持独立性存在一定质疑，因为该模式下的信用评级机构可能会受到政府相关部门的干涉，在主权、地方政府、与政府关系紧密的政府相关企业等评级中，提供与实际风险有差异的评级级别（Fennell & Medvedev，2011；Möllers，2012）。公共信用评级机构从成立之日就会获得政府相关资质的认可，并在评级业务中取得政府提供的份额优势等支持，从而在市场中对其他信用评级机构产生不公平的竞争。还有对公共信用评级模式的批评认为，如果由政府直接组织开展信用评级，这种政府垄断将导致评级方法缺乏创新（Steven & Thomas，2012）。

作为付费方，监管部门或自律组织掌握着选择和指派评级机构的职权。评级机构有很强的激励采取寻租行为，以获得更多业务。为了防范寻租风险，保证在选派评级机构时能够公平、公正，并确保所选评级机构有足够的专业性保证评级结果的可靠性，势必需要另外设计一套新的监督管理制度，这又增加了监管成本。在身兼付费方和监督人两个角色的条件下，就类似于既是裁判员、又是运动员，如何能够做到不妨碍评级过程的独立性和公正性，也是该模式下监管部门和自律组织需要解决的难题。

公共征信与公共评级最大的不同在于，从信息征集的角度看，公共征信依据行政强制力可快速地建立起对信息主体、类型覆盖面广泛的征信系统，这种数据的全面性也使公共征信模式具有权威性，因为其主要职责是全面、及时、正确地展示信息。而评级是在信息分析的基础上，给出定性和定量相结合的分析级别。这种带有主观性的分析使评级机构的独立性、客观性非常重要，而公共评级在这方面要取得市场认可，不是短期内靠行政力量能推动完成的。

二、对评级经营模式改革的国际探索

为了寻求新的经营付费模式，美国和欧盟等立法和监管部门对此进行了多次探讨。2010 年 11 月，欧盟委员会为解决发行人付费模式下的利益冲突提出了五种替代方案，包括投资人付费、基于评级结果付费、交易平台付费、政府租用模式和公共事业模式[①]；2016 年欧盟委员会对信用评级机构的不同经营模式又进行了讨论。2011 年 11 月，英国金融服务局就信用评级经营模式和评级准确性提交工作报告，对发行人付费、投资人付费、公共模式、平台模式进行了分析（Fennell 等，2011）。在 2010 年报告的基础上，美国政府审计办公室（GAO）在 2012 年进一步对信用评级机构的经营模式进行了探讨，汇总分析了七种替代方案，包括随机选择、投资人持股评级机构、独立模式、指定评级机构模式、评级用户付费模式、替代性用户付费模式、发行人和投资人共同付费模式（GAO，2012）。通过分析研究，美国和欧盟等在立法和监管实践中采取了不同的措施。

（一）美国对经营模式的研究及实施

在国际金融危机前，对于信用评级机构因经营模式导致的利益冲突问题，美国立法和监管部门已经进行了初步探讨。在 21 世纪初，由于信用评级机构在安然公司破产等事件中的不佳表现，美国国会要求证监会研究信用评级机构在证券市场中的作用和功能。2003 年，美国证监会在研究报告中指出，信用评级行业存在多个需要关注的问题，例如：信用评级行业的集中度（2003 年只有三家 NRSRO 机构），由发行人付费模式造成的潜在利益冲突，对信用评级机构缺少正常的监管程序等。为了解决信用评级行业存在的问题，美国国会通过了 2006 年《信用评级机构改革法案》，该法案建立了美国证监会对 NRSRO 机构的监管权。在 2009 年 2 月和 11 月，美国证监会修订了监管规则，意图提高评级质量的透明度，增强评级过程的一致性，并且更有效地解决潜在的利益冲突。

2009 年 4 月，美国证监会举行了圆桌会议，讨论对信用评级机构的监管问题，与

---

① 欧盟委员会，《关于信用评级机构的民意征询》（Public Consultation on Credit Rating Agencies），2010 年 11 月 5 日。

会者表示了对市场集中度的关注，并讨论了减少利益冲突、增加激励的措施，及产生准确评级的经营模式。之后，在 2010 年 9 月发布的报告中，美国政府审计办公室描述了五种替代性经营模式，并提出了评估框架。此外，该报告还审查了 2006 年《信用评级机构改革法案》实施的情况，以及美国证监会根据法案颁布的规则对信用评级的影响，包括信用评级的质量、金融市场及信用评级行业的竞争以及 NRSRO 注册流程。

2010 年 7 月 21 日，时任美国总统奥巴马签署了《多德—弗兰克法案》，对信用评级机构提出了新的监管要求。在《多德—弗兰克法案》的制定过程中，对 1934 年《证券交易法》增加 15E（w）条的修正案第 939D 节曾提出，对信用评级机构建立一个类似于随机选择的经营模式①。尽管修正案第 939D 节在 2010 年 5 月 20 日通过了参议院投票，但并没有被包括在最终的立法中。然而，《多德—弗兰克法案》第 939F 节要求，SEC 必须在法案实施 24 个月内提供研究报告（简称为 939F 研究报告），内容应包括：结构化金融产品的信用评级研究、有关发行人和投资人付费模式带来的利益冲突问题、对结构化金融产品建立评级分配系统的可行性、信用评级机构的替代性经营模式等，还应包含对法律完善的建议。《多德—弗兰克法案》规定，在完成 939F 研究后，SEC 应以投资人利益为出发点，依法建立一个评级机构分配系统，除非 SEC 认为有更好的替代方案可以服务于公共利益和保护投资人目标②。

针对结构化金融产品的评级机构分配系统（这实际上是第三方平台模式），SEC 的 939F 研究报告进行了详细讨论，并向社会征求了意见③。虽然一些意见支持执行 15E（w）条所提出的模式，但是更多的意见反对执行这些替代性模式中的任何一个，更倾向于加强现有的规则。支持方主要关注的是解决发行人付费模式下的利益冲突，反对方关心的是执行成本等问题。这些意见主要体现在以下几个方面。

一是解决利益冲突的效果方面。反对者指出，替代模式存在将一组利益冲突转换为另一组利益冲突的问题，改变"谁支付"信用评级机构不会消除冲突的可能性，它只会将冲突从一组利益相关方转移到另一组利益相关方（GAO，2012）。针对发行人付费模式产生的利益冲突，任何替代方案都不会提供实际有效的解决方案，因为每种薪酬模式都存在不可避免的利益冲突。

二是定价方面。大部分人认为评级费用应该由市场决定，而评级机构分配委员会可以适当地进行干预和监管。委员会可以对评级费用进行监控并提供相应的指导，但应该保持最低限度的价格影响，而且仅在评级机构收取不合理费用时才可干预。

三是在道德风险方面。许多意见认为，该分配系统的创立代表政府赞同对合格信用

① 修正案第 939D 节要求，SEC 需成立一个信用评级机构委员会，该委员会是受 SEC 监管的自律组织，负责决定对结构化金融产品进行评级的机构资格，并指定评级机构进行评级；指定的方法可以是随机抽取或轮流机制。委员会还负责对合格评级机构进行年度检查和评级跟踪，跟踪内容包括评级准确性、评级方法有效性等。

② 该分配系统用于指定评级机构为结构化金融产品进行初始评级和跟踪评级，系统设计必须有效地防止发行人或发起人为了评级结果而挑选评级机构。在发布任何管理规则时，SEC 也必须认真考虑和执行修正案中 15E（w）节所提到的模式。

③ 参见：SEC, Report to Congress on Assigned Credit Ratings As Required by Section 939F of the Doff – Frank Wall Street Reform and Consumer Protection Act, 2012 年 12 月。

评级机构的依赖，这违反了降低评级依赖性的初衷，而且投资人很可能因此不会对这些评级结果进行全面的分析和尽职调查。这种做法会创造出一类政府特批的评级机构，从而侵犯了其他评级机构的利益。

四是在运营可行性方面。首先，可能有成千上万个结构融资项目随时需要评级，而评级机构分配委员会需要在详细了解每一个项目之后才能对项目进行分配，这样就会造成评级延迟，发行人无法及时获得资金，从而给整个资本市场带来更高的融资成本。其次，这种不确定性可能会影响发行人的融资决策，使他们逐渐不再发行结构化融资产品。再者，如果一个评级机构没有对发行人的产品评过级，那么评级就会花费更多的时间和精力，从而无法发挥评级机构的规模效应，因为评级机构无法发挥数据积累的优势。此外，只有高薪才可以吸引到优秀的人才，而分配委员会的设定模式注定它无法拿到较高的薪酬预算。

在939F研究中，SEC提出了替代原15E（w）条的方法并沿用至今，即《证券交易法》的"第17g-5规则计划"。该规则要求，所有接受委托开展结构化产品评级的评级机构，必须将评级所使用的数据公开给所有的评级机构，使得其他机构可以进行主动评级，这种机制将大大增加发行人进行评级选购的难度[①]。

《多德—弗兰克法案》也要求审计办公室研究信用评级机构的替代性经营模式，包括促进这种模式应用的法律变更[②]。审计办公室于2012年1月提交了研究报告，该报告主要讨论了两方面的内容：一是NRSRO的替代性经营模式；二是SEC为执行《多德—弗兰克法案》的要求而采取的行动，这些要求针对SEC对NRSRO的监督、在证券法律下SEC实施替代性经营模式的职权。在2010年确认五种替代性模式的基础上，审计办公室在2012年探讨了七种替代性经营模式，其中增加了两种新的模式：替代用户支付模式、发行人和投资者付费模式。这些模式设计的目的是解决发行人付费模式下的利益冲突，使信用评级机构与用户的利益一致，提高生产可信赖和高质量信用评级产品的激励。但是，审计办公室发现，这些模式都没有在实践中得到应用。一些模式的提出者表示，由于没有引起立法者和监管者的注意，继续对模式开展研发的动力也不足。考虑到信用评级机构主要仍使用发行人付费模式，仅有少部分机构使用投资人付费模式，因此其他替代性模式的应用都需要监管部门或立法部门的推动（GAO，2102）。

在没有对经营模式进行实际干涉的情况下，美国《多德—弗兰克法案》等相关监管法律对利益冲突、独立性等方面提出了要求，包括以下方面：信用评级机构的评级费用不得与评级结果挂钩；评级业务与市场业务严格隔离；明确信用评级机构经营模式下对利益冲突的管理，要求信用评级机构披露可能产生利益冲突的相关信息；对于部分潜在利益冲突情形，要求评级机构采取禁止性行为等。其中一个值得注意的禁止性行为规定：在保密的基础上，评级机构向美国证监会披露过去一年中，使用其评级服务的前

---

① 规则17g-5要求受雇的NRSRO确定结构性金融产品的初始信用评级，并维护一个受密码保护的互联网网站，其中包含其在确定初始信用评级过程中的每种结构性金融产品的列表。该规则旨在更难对NRSRO施加影响，因为任何不适当的评级都可能通过NRSRO发布的主动评级暴露在市场上。参见GAO，2012。

② Pub. L. No 111-203, tit. IX, § 939D, 124 Stat. 1376, 1888 (2010).

20 大发行人和订阅者名单；当评级机构 10% 及以上收入依赖某一受评对象时，评级机构应禁止对该受评对象进行评级。

（二）欧盟对经营模式的分析和实施

欧盟委员会对信用评级机构的经营模式进行了多次研究和探讨。欧洲主权债务危机爆发后，为了提高评级市场的多样性，打破市场垄断，2010 年 11 月，欧盟委员会曾就增加新评级机构的方案进行咨询，包括新设一个公立的欧洲信用评级机构。但分析显示，设立一个政府机构性质的评级机构，每 5 年的花费可能达到 3 亿~5 亿欧元；政府机构性质的评级机构给各成员国进行主权评级时，其独立性会受到市场质疑；公立评级机构也可能会给私营评级机构带来不利影响。由于以上原因，欧盟委员会决定暂时不再讨论设立政府机构性质的评级机构，转而去增加评级多样性。

针对评级经营模式的差异，欧盟委员会认为投资者付费模式同样会引起潜在的利益冲突。这一模式的风险在于，机构投资者有寻求更低的评级以产生更高收益率的动机，银行投资者有寻求更高的评级以符合资本要求的动机[①]。在这一模式下，如果投资者不愿意为小型发行人的主体或工具的评级支付费用，那么小型发行人可能会被边缘化。利益冲突风险并不仅仅存在于发行人付费模式，它存在于任何由利益相关一方支付信用评级费用的模式中。

由政府资助的公用事业模式或政府雇佣代理模式也存在问题。政府参与向信用评级机构分配发行人，这可能导致市场按国别被割裂，并产生利益冲突，特别是在对主权、国有和国家控制企业、重要的本地银行和公司，以及对政治和经济发展至关重要的交易的评级方面。因此，国家参与评级机构经营，会导致对道德风险的担忧，这有悖于评级机构的独立性。德国联邦议院认识到，只有一个独立于政府的评级机构才能获得市场认可；建立一个"欧洲的评级机构"将有助于促进竞争，但如何保持该机构的独立性是不可忽视的问题（Thomas，2012）。

基于比较分析，欧盟认为，所有可能的经营模式都可能引发利益冲突，因此不能强制要求使用一种特定的经营模式（ESMA，2015；ESMA，2018）。《信用评级机构监管法规》没有规定使用任何特定的付费模式，这允许信用评级机构在发行人付费模式之外，使用投资者付费模式，并提供订阅服务。欧盟认为，这种灵活性受到市场参与者的欢迎，应予以保留。一些观点也认为，信用评级市场的多样性足以容纳多种付费模式，监管机构指定使用特定模式，或偏袒使用一种模式而不要另一种的做法并不妥当（ES-MA，2015）。

虽然欧盟在监管方面并未对评级机构的经营模式做出规定，但是在 2013 年修订的《信用评级机构监管法规》（Regulation 462/2013，简称 CRA3）中，要求信用评级机构对信用评级和其他服务收费时，应遵循两个基本原则：第一是非歧视，第二是基于实际的成本。在法规中并没有对这两个原则制定具体的标准，但是欧盟信用评级监管部门（ESMA）对此进行了解释。非歧视性意味着，对于不同客户获得同样的产品和服务时，

---

① 大型投资者可能会试图影响信用评级机构提供较低的初始评级，从而使其投资产生较高的收益率；相反的，因为监管资本的要求，银行投资者可能会努力使投资资产获得最高评级。

当成本不变时，收费价格是相同的。在实践中，如果信用评级机构制定价格是基于产品和服务给客户带来的价值，而不是基于产品和服务的成本，这将被视为是价格歧视。但是，非歧视性原则并不限制在同等条件下，信用评级机构对所有用户提供价格折扣。欧盟委员会认为，非歧视性行为应该完全基于成本，因而非歧视性原则和基于成本原则具有内在的联系；确保收费是非歧视性的，也将进一步减轻利益冲突和促进市场的公平竞争。

基于成本定价、基于价值定价和基于需求定价是主要的定价方式（ESMA，2018）。在需求定价方式中，生产者会考虑竞争者的定价，还会考虑供给、需求和其他外部因素，基于这些因素对价格进行调整。在基于价值定价方式中，生产者将分析产品或服务给客户带来的价值，在这些价值的基础上确定价格。欧盟认为，信用评级机构只能以基于成本定价的原则开展收费。

ESMA 对信用评级的收费情况进行评估后认为[1]，信用评级机构并没有完全有效地执行收费的两个原则。针对费用方面存在的问题，ESMA 提出要在以下三方面加强管理举措：一是透明度和信息披露。透明度是客户进行选择的重要前提，也是支持非歧视性收费行为和防止任意定价的重要基础。信用评级机构要确保给客户提供充分和清楚的信息，以使客户能够理解费用价目表中的主要元素以及价格变动的原因。ESMA 认为，对于有效监管收费原则的执行情况，当前的信息是不足的；这就需要更多的信息，包括信用评级机构的成本、价格偏离以及相关内控机制。二是费用设置操作，包括成本监控和相关控制。要确保成本是一个关键的价格因素，并且要有充分的控制措施以满足监管目标的要求。ESMA 表示，未来将会要求信用评级机构报送成本监控数据。三是与相关主体的交流。通过交流，ESMA 将在识别可能的风险方面获得充分的信息。

欧盟认为，准入限制、声誉积累的长期性等特征使信用评级行业呈现寡头垄断的市场状态，而这也导致大型信用评级机构设置歧视性和非基于成本价格的风险增加。为了加强对收费的监测，ESMA 建立了信息报送系统 RADAR。信用评级机构通过该系统向 ESMA 报送一般定价行为信息，以及从客户收取的评级和附属服务的费用信息。通过分析这些信息，ESMA 发现收费中存在的矛盾：一些信用评级机构的实际收费和根据价目表的理论收费之间存在差异，这可能会导致收费原则没有得到有效的落实（ESMA，2018）。ESMA 分析发现，对同样的产品在不同的国家和地区，收费价格会存在较大的差异；尤其是背书形式的评级收费价格要高于在欧盟境内发布的评级收费价格。这种相同产品在不同地域的价格差异表明，收费不是完全基于成本的，一些评级服务的收费与客户所能获得的价值相关。

欧盟监管法规要求信用评级机构应向客户提供所有必需的信息，包括价格表、标准收费范围等，这将帮助用户比较不同信用评级机构提供的产品，并促进他们的决策过程。根据监管要求，对每一项信用评级和附属服务的收费，包括费用结构、价格标准等方面的定价政策，信用评级机构都要向 ESMA 报告。ESMA 认为，为了执行非歧视和基于成本的收费原则，信用评级机构应确保落实以下最低标准：一是成本是主要的定价因

---

[1] 欧盟在 2018 年 1 月完成评估报告。

素；二是监控成本的能力；三是定期审查和控制机制（ESMA，2018）。

总体来看，尽管可替代的经营模式多种多样，但发行人付费仍是占主导地位的经营模式。自欧盟和美国新的评级制度实施以来，信用评级机构经营模式的使用几乎没有变化，甚至一些投资人付费评级机构转向发行人付费模式（EC，2016）。

（三）印度对评级经营模式的分析

在2009年底，印度财政部会同证监会、储备银行、保险管理部门等完成了信用评级监管分析报告。在该报告中，对信用评级机构的投资人付费、发行人付费、政府付费模式、清算所平台等经营模式进行了分析。根据分析结果，相关部门认为，每种经营模式都存在不足，不可能完全解决利益冲突问题，发行人付费模式还将继续存在。

对信用评级行业的自律管理方式被证明是失败的，信用评级的多种经营模式充斥着内在的问题，这些问题不可能通过防火墙等内控机制和执业规范予以解决（MoF，2009）。因此在管理和使用评级时，要提高监管者的审慎管理的能力，提高利益相关者的尽职调查水平，加强信息披露以及独立性等监管要求。报告指出，应发挥信息披露在提高评级管理中的重要作用，这些信息包括：信用评级机构和分支机构的评级收入及非评级收入、违约和评级级别迁移的统计信息。

（四）国际组织在降低经营模式对利益冲突影响的规定

作为全球证券监管机构的国际标准制定组织，国际证监会组织（IOSCO）致力于建立全球认可的证券行业监管标准。IOSCO通过制定并修订《信用评级机构基本行为准则》，规范评级行业监管标准。在准则中，IOSCO并未对具体经营模式进行选择推荐，但考量了经营模式下的利益冲突问题，部分措施建议如下：

一是要求评级机构、分析师与其他可能存在利益冲突的对象隔离。信用评级机构不得承诺级别，且应在制度操作上、合法性上，对可能产生利益冲突的业务进行有效隔离，直接参与评级过程的人员不应参与评级费用的谈判。信用评级机构应该建立和执行相关政策和程序，将利益冲突产生的可能性降至最小化。

二是要求评级机构披露评级收费安排和大客户信息。信用评级机构应该披露与被评级主体、债务人、主承销商等之间的收费安排；如果信用评级机构从某一客户处获得相当于其年收入10%及以上的报酬，则应当予以披露。

三是鼓励评级机构加强对结构化产品的信息披露。应加强对结构化产品评级的监管，信用评级机构应充分披露在开展结构化产品信用评级时的损失和现金流分析等信息，以帮助投资者或者其他机构理解信用评级的基础。

三、信用评级机构经营模式的国际实践

除了三大信用评级机构外，美国还有六家中小型信用评级机构具有NRSRO资质。从收费模式来看，包括标普、穆迪及惠誉在内的大多数信用评级机构主要采用发行人付费模式，克罗尔和伊根－琼斯在设立初期采用投资人付费模式[①]。

伊根－琼斯单独采用投资人付费模式，以收取评级报告订阅费作为收入来源。为拓

---

① 之前晨星也采用投资人付费模式，后来将两种付费模式结合使用。

展业务范围，克罗尔后来引入发行人付费模式，将两种付费模式结合使用，在接受发行人委托评级的同时，向订阅人收取研究报告和行业数据的订阅费。从业务量看，发行人付费模式下的评级机构发布了约99%的信用评级。

从收费标准来看，美国证监会没有针对评级收费作出具体规定，信用评级机构的收费情况并不一致，对不同产品的定价也会有差异。在发行人付费模式下，评级收费标准主要取决于所签订的协议，评级费用会反映为提供评级服务所付出的成本及必要的收益。针对不同的产品类型、行业属性和地域，评级收费一般会有一定的差异；同时债务发行规模、发行频率以及市场竞争状态，甚至客户谈判水平都会影响收费水平。评级费用包括首次评级收费和跟踪评级费用两部分。

通常来说，收费以债券发行面值的一定比率收取，如4～5个基点，但评级机构也会有最低费用和最高费用的限定。表5.3为金融危机前，穆迪在欧洲地区长期债券评级的收费标准。可以看到，收费标准提高了许多。

表5.3   **穆迪长期公司债务评级的欧洲收费标准**   单位：万欧元

	2000 年	2007 年
初始费	2.38	4.35
收费基点	对初始发行 47300 万欧元的为 3.25 个基点，发行超过 5 亿欧元的为 2 个基点	对初始发行 50000 万欧元的为 4.5 个基点，发行超过 50000 万欧元的为 3 个基点
最低收费	2.375	4.35
最高收费	18.9	37.2
跟踪收费		2.53

资料来源：Langohr & Langohr, 2008, 413.

穆迪披露，多数证券和优先股的发行人，在授予评级之前已同意支付 1500 美元至约 250 万美元不等的评估和评级服务费用。穆迪日本公司的收费政策大致为：多数证券和优先股的发行人，在授予评级之前已同意支付 20 万～3.5 亿日元不等的评估和评级服务费用。

欧洲主权债务危机后，欧盟在强化评级监管的同时，积极鼓励和扶持本土评级机构发展，涌现出一批新注册的本土评级机构。从评级市场份额来看，三大评级机构的市场份额占据 90% 以上，单一欧盟本土评级机构的市场份额均不到 1%。在实践中，在欧盟注册的评级机构大多采用发行人付费，很少采用单一的投资人付费模式，有些评级机构根据不同业务的需要，同时采用发行人付费和投资人付费模式。如，欧拉艾玛斯（Euler Hermes）在接受发行人和投资人委托评级的同时，还提供咨询服务；科锐富（CRIF）、斯克普（Scope）、斯普瑞德（Spread）等机构也使用发行人付费和投资人付费结合的经营模式。

日本的信用评级机构采取的是发行人付费模式。无论是普通债券还是结构化产品，评级费用均包括了发行时首次评级费用以及后续跟踪监测费用。对于普通债券，首次评级费用取决于债券发行规模，而后续跟踪监测费用则根据债券期限或品种的不同而有所差异。一般地，日本评级机构按照债券发行规模的一定比例，如 0.1% 收取评级费用，此外每年对发债企业收取一次主体评级费用。日本评级机构的单笔普通评级业务收费平均在 250 万日元左右。

韩国评级机构也主要采取了发行人付费的收费模式。韩国信用评级机构一般按企业资产规模、债券规模等进行收费。以 NICE 公司评级收费标准为例，针对不同的产品，其收费标准略有差异。总体上，NICE 对主体评级按发行人的总资产不同进行区别收费；对债券评级收费，按照债券发行规模的一定比例收取，但制定了优惠和收费上限[①]。

总体来看，主要国家和地区的信用评级机构基本上采用了发行人或投资人付费的模式，其中以发行人占主要比例。在发行人模式下，信用评级机构也开展部分投资人付费业务。此外这些评级机构还在不同程度上提供订阅服务，订阅的内容包括评级报告、信用研究及风险评估报告、行业数据等。但是，投资人付费和订阅人付费所带来的收入并不占主流，评级机构最主要的收入来源还是发行人付费所带来的业务。

在具体的收费内容方面，信用评级机构的评级费用中一般包括了初始评级费用及后续跟踪监测评级费用，同时评级费用大多与受评债券的实际发行规模挂钩，其中韩国评级机构的主体评级费用还与企业资产规模有关。我国评级机构一般按债券发行期数收费，并在签订评级合同后即收取大部分费用，这与国外评级机构收费方式存在明显差异。

一般观点认为，在发行人付费模式下，评级机构按债券发行规模的比例收费加剧了利益冲突问题，因为级别高低将对债券成功发行及其规模产生重要影响，这将增加评级机构给出过高评级的动机。取消与债券规模关联的收费方式，在债券发行前实行预付费，将减少发行人付费模式下的利益冲突。但是预付费也不能完全避免利益冲突，因为虽然减少了评级膨胀的动机，预付费却不能减少评级选购行为，这与我国评级机构存在的问题形成了印证。我国评级机构实行预付费，但仍然存在利益冲突、评级虚高等问题。博尔顿等（Bolton 等，2012）指出，预付费、所有请求评级强制公布和对评级分析标准监督这三项措施需要同时实施，将极大地降低利益冲突和评级选购问题。

四、对信用评机构经营模式选择的建议

作为风险定价的重要一环，信用评级对于金融市场的稳定运行具有重要意义。信用评级行业的特殊性要求信用评级机构在营利目的之上要兼顾社会责任，发挥降低交易成本、提高金融市场效率的作用。合理的经营模式不仅应当保证信用评级机构的正常运营与发展，还应当确保信用评级结果的独立、客观、公正，能够有效解决交易双方信息不对称问题，实现保护投资者利益的目标。无论是发行人付费、投资者付费，还是其他替代性经营模式，均存在一定的问题。为防范和管理信用评级机构的利益冲突问题，必须要构建合理的机制以保证评级机构独立性，从而更好地提升评级质量、发挥信用评级的

---

① 对资产低于 1000 亿韩元的企业，NICE 的主体评级基本费用下限为 1000 万韩元（约 6 万元人民币），对资产超过 2 万亿韩元的，主体评级费用上限为 3000 万韩元（约 18 万元人民币）；发行债项的，另收发行金额万分之一的发行费用；商票和短期债项评级按资产规模的 1/35000 收费，最高 2000 万韩元（约 12 万元人民币）；ABS 评级初评按融资金额万分之三的比例收费，一般在 300 万至 1.5 亿韩元（18 万~90 万元人民币）。

作用。

美国政府审计办公室对信用评级机构的经营模式建立了评估框架，用于评估不同模式的优缺点，以及实现政策目标的均衡性。这个评估框架的评估要素包括7个方面，分别是独立性、责任、竞争性、透明度、可行性、市场接受和选择、监督，见表5.4。GAO指出，任何替代经营模式都应解决这些因素，以充分发挥其效力。

表5.4 信用评级机构经营模式的评估框架

分析要素	主要内容
独立性	模式在降低评级付费实体与信用评级机构之间的利益冲突的能力。关键问题包括：替代模式中存在哪些潜在的利益冲突，以及需要实施哪些控制措施（如果有）来缓解这些冲突？
责任	模式在提高信用评级机构责任方面的能力，这些责任体现在提供评级的准确性和及时性方面。关键问题包括：模式如何为评级机构在发行期内提供高质量评级创造经济激励？如何评估评级机构绩效以及由谁评估？
竞争性	模式创造竞争性环境的程度，在此环境下，信用评级机构在具有竞争力的价格基础上，提供高质量的评级开展竞争。关键问题包括：模式在多大程度上鼓励围绕评级质量、评级费用和产品创新展开竞争？它在多大程度上允许信用评级机构在不同规模、资源和专业方面的灵活性？
透明度	模式对信息的可获得性、使用性和清晰度。关键问题包括：模型确定评级费用和补偿评级机构的过程和程序有多透明？评级机构如何获得评级业务？
可行性	模式在市场中简单、容易执行的程度。关键问题包括：实施薪酬模式的成本是多少？谁会为其提供资金？谁来管理薪酬模式？如果有的话，实施它需要什么基础设施？
市场接受和选择	市场接受的意愿，接受的内容包括：相关模式、在该模式下形成的评级、新的市场参与者等方面。关键问题包括：市场参与者在选择评级机构进行评级、评估评级质量和确定评级机构补偿方面扮演什么角色？
监督	对模式的评估，以确保模式的运行符合期望。关键问题包括：该模型是否提供了独立的内部控制功能？薪酬模型提供了哪些外部监督，以确保其按预期工作？

资料来源：GAO，2012。

随着金融市场的不断发展，市场参与方对信用评级机构作用的认识不断加深。债务链条的延长、债务融资工具的多样化、市场主体的多元化，这些变化使信用评级机构面临的市场需求不断增加。这一方面体现为传统评级业务量上升，另一方面则体现为新业务范围的不断扩大。这些变化有利于信用评级机构实现规模经济，提升评级机构的盈利能力和经营效率，固守单一的付费模式可能会制约信用评级机构的发展。比如，信用评级机构的客户很可能既是发行人，又是投资人，同时又希望了解自己上下游合作方的信用状况，以便确定合理的信用政策和风控手段。如果信用评级机构灵活采取收费模式，无疑可以适度满足市场的产品需求。

因此，经营模式的选择不应该是单一的，也不应该是一成不变的。事实上，没有任何国家的监管部门曾经就市场化信用评级机构应该采取怎样的经营模式做出统一的、强制性的规定。在做好利益冲突防范的前提下，信用评级机构应可以灵活选择适合的商业模式。监管部门应从维护市场公平竞争，提高市场透明度等方面入手，加强对信用评级机构经营行为和评级质量的监控，加大监管力度，提高违法成本，促进市场良性发展。实际上，利益冲突并非仅存在于信用评级行业，其在会计、审计行业也存在。会计、审计机构给他们的客户也会提供咨询服务，这将导致与信用评级机构面临同样的问题（Datar，2011）。

第三节 信用评级行业整合的国际经验

信用评级机构在经营过程中，除了收费模式的差异外，另一个需要关注的方面是，评级机构通过兼并重组做大做强，实现业务类型和范围的扩充。国际主要国家和地区的信用评级行业基本都形成了垄断竞争的市场格局：一方面本地区的评级机构数量较少；另一方面，国际三大评级机构和部分本土机构占有市场的主要份额。从全球视野看，三大评级机构通过多种形式的机构整合和业务创新，不断拓展业务类型、地域范围，形成了较大的竞争优势。

纵观评级行业的发展历史和主要评级机构的国际化发展历程，可以看到一个重要经验：通过兼并、收购和重组行业内外机构，较快地提升竞争力，促进评级行业资源的优化配置，在优胜劣汰过程中完成机构实力的升级，这是评级机构实现高质量发展和壮大的重要路径。

一、信用评级行业呈现高集中度的理论分析

多种原因造成信用评级所具有的高度集中的行业格局，这既有历史、制度的因素，也有评级行业本身具有规模效应、网络效应等隐性准入壁垒的因素。

第一，评级机构具有规模效应。实际上，评级机构属于信息服务机构，而信息服务机构天然具有规模效应。评级机构需要投入大量人、财、物等资源建立评级技术体系和信息系统，还需要积累被评对象的历史信息以及行业和国家风险信息，对于评级质量检验的数据更需要长期积累。评级机构必须经受市场的长期检验，以验证评级质量、评级方法和模型的科学性，从而不断积累声誉。先期进入市场的评级机构或大型评级机构在从业地区和业务类型等方面更广泛、更有优势，可以通过规模效应来降低各种成本，实现更高的利润。新进入的评级机构一般从单一市场、特定产品类型起步，往往无法发挥规模效应。

第二，评级服务具有很强的网络效应。评级机构的网络效应是指，评级机构及其提供服务的价值会随着用户数量的增加而提升。从双边市场理论看，评级机构作为直接融资的中介机构，提供了发行人和投资人结合的平台场所。一方面发行人希望使用那些被他们的目标投资人认可的平台；另一方面投资人也希望使用该平台来获取想要投资的发行人及金融工具的信用评级。评级对于发行人的价值，受到评级所能带来的投资人数量、覆盖范围和类型的影响，发行人总是希望选择已获得最大范围的投资人认可的评级机构。投资人也希望选择能够最大程度覆盖他们感兴趣的发行人和金融工具的评级机构。因此，从提供的产品和服务角度看，小型评级机构不足以对大型评级机构产生替

代，这一点同样有助于解释为什么评级行业一般只有少数几家机构能够生存，因为网络效应的存在，大评级机构更容易获得市场认可（ESMA，2018）。

第三，提高声誉资本需要长期的历史积累过程。声誉对于评级机构获取市场认可至关重要，而声誉资本的提高需要经过长期的历史检验和积累。短期内使评级机构迅速获得较高的市场声誉是困难的，因为评级质量的优劣最终要由违约率等表现结果进行检验，而这只能等到被评对象经历较长时期甚至到期才能实现。这种时间成本是中小评级机构和后进入市场的评级机构所面临的无形壁垒。较高的隐性壁垒意味着评级机构的发展具有很强的路径依赖，后进入市场的评级机构很难实现跳跃式发展。

第四，评级市场具有较高的转换成本。评级机构与发行人（被评主体）通过建立长期的业务关系相互熟悉、相互认知，发行人对评级机构的评级方法和评级人员比较熟悉。评级机构也通过长期的业务关系，获得评级对象的认可，这也易于获得更全面、准确和及时的信息，从而对评级对象进行评级和跟踪监测。投资人熟悉特定评级机构的技术、方法和评级结果，在此基础上，投资人对评级机构产生依赖。这些因素导致评级行业存在较高的转换成本，发行人或投资人一般不愿更换新的评级机构，新进入的评级机构面临业务拓展的隐性障碍。

由于具有较高的市场隐性壁垒，这意味着评级行业不适合小而散的发展方式，而是趋于强者恒强，评级行业形成高度集中和垄断竞争成为行业发展的必然，兼并、收购等形式是行业整合的重要方式。通过兼并收购其他评级机构和行业外机构拓宽业务类型和从业地域，是实现跨越式发展和克服市场壁垒的必然要求。通过行业内外的整合，评级机构可以实现以下目标：

一是扩大市场份额。通过并购占据市场优势，利用规模经济效应降低边际成本，拓展业务范围，从而获得新的盈利增长点。二是整合优势资源。通过并购，整合双方技术团队的经验和优势，降低评级产品研发费用，创新推广更具市场竞争力的评级产品，以更好满足客户需求。三是参与全球化发展。随着全球金融市场的开放和融合程度不断加深，跨境发债和海外融资成为利用国际资本的重要手段，在未取得当地业务准入资质前，跨境并购成为评级机构快速获得海外业务资质的有效方式。四是通过并购重组，促进市场整体效率的提升。大型机构借助优势整合不同资源，促进资源优化配置，降低市场交易成本。近几年，随着金融科技等技术的发展，大型评级机构与金融科技公司不断整合，这有助于评级机构借助科技创新力量和大数据平台优势，创新评级产品的服务。

二、信用评级机构整合的国际历程

在长期的历史发展中，以三大评级机构为代表，评级机构实现了众多兼并重组的案例，这也使评级行业呈现出不断整合并购的历史。

现代评级业起源于20世纪初的美国，并因为在大萧条期间所评债券相对优异的表现实现了第一次大发展。投资者对评级机构的信任和依赖明显增强，金融市场对信用评级产品的需求迅速扩张，评级机构数量也逐步增加。在20世纪80年代开始的经济全球化潮流中，大型评级机构也跟随资本的流向，开展了国际间的兼并收购，实现了在国际市场扩张发展的路径。兼并收购是国际评级机构实现国际化扩张的重要途径。在国内市场逐步确立主导地位的同时，国际三大评级机构凭借丰富的执业经验和较强的影响力，在直接设立海外分公司外，通过参股、并购与技术合作等方式，不断进行国际化发展与扩张。在已经占据较高市场份额的情况下，大型评级机构迄今仍未终止整合并购的过程。

1975 年标普、穆迪和惠誉成为首批国家认可统计评级机构。在 1975～2005 年，又先后有 6 家评级机构获得了 NRSRO 资格[①]。但是从 1975～2003 年，除了穆迪、标普、惠誉以外，其他获得全国认可统计评级机构资格的机构基本都被兼并收购。

在评级机构整合的历史中，最典型的就是惠誉的整合发展历程。通过一系列兼并重组，惠誉迅速壮大发展，成为可以与标普、穆迪比肩的国际第三大信用评级机构。1997 年，惠誉评级与总部位于伦敦的国际银行信用分析公司（IBCA）正式合并[②]（公司命名为 Fitch – IBCA），此举大大加强了惠誉在银行、金融机构和主权评级领域的国际覆盖范围。IBCA 于 1978 年在伦敦成立，其最初专注于银行和金融机构评级，还涉及政府评级，后由法国菲玛拉克公司拥有。Fitch – IBCA 在合并后实施纽约和伦敦双总部。

1991 年 2 月 7 日，达夫 & 菲尔普斯收购了麦卡锡·克里桑蒂 & 马菲公司的评级业务部门。2000 年 Fitch – IBCA 收购达夫 & 菲尔普斯，成立了新公司（Fitch – IBCA – Duff & Phelps）。达夫 & 菲尔普斯成立于 1974 年的芝加哥。这次合并提高了惠誉在拉美、亚洲等地区的覆盖面。2000 年末，惠誉从加拿大媒体巨头汤姆森集团收购了汤姆森银行观察评级公司，新公司改名为惠誉评级。汤姆森银行评级公司成立于加拿大的多伦多，专注于境内银行评级。此次收购进一步提高了惠誉在银行评级的国际影响力。惠誉于 2000 年还收购了法国信用评级机构 AMR，紧接着在 2001 年收购了波兰的中欧评级机构（CERA）。通过一系列兼并收购，惠誉扩大了评级市场规模，丰富了评级业务类型，提高了国际影响力，成为仅次于标普、穆迪的第三大国际评级机构。基于惠誉的影响力增大，在 2004 年 10 月至 2005 年 2 月期间，美林（2004 年 10 月）、雷曼（2005 年 1 月）和加州公务员退休基金[③]（2005 年 2 月）都分别宣布，在穆迪和标普之外，它们在证券指数计算或投资指引分析中将加入惠誉评级[④]。

此外，惠誉还不断收购风险管理等机构，以增强业务类型和技术水平。惠誉 2002 年收购了专业金融培训公司 CCR，2004 年收购了企业风险管理公司演算法（Algorithmics），以提高风险分析技术。目前惠誉已发展为集团公司，下面包含惠誉评级、惠誉培训、惠誉解决方案，提供信用评级、研究、风险管理等服务。从公司治理结构看，惠誉集团在纽约和伦敦设双总部，惠誉评级成为惠誉集团的全资子公司。2006 年，赫斯特信托从法国菲玛拉克公司（当时持有惠誉集团约 97% 的股份）收购了惠誉集团 20% 的股权，此后逐步增持至 50%。2015 年赫斯特信托将对惠誉集团的持股比例增至

① 分别是达夫 & 菲尔普斯、麦卡锡·克里桑蒂 & 马菲公司、国际银行信用分析公司、汤姆森银行观察、多美年评级、贝氏评级，前四个机构最终都归于惠誉。

② 1997 年，菲玛拉克以 1.75 亿美元购买惠誉，并将惠誉与 IBCA 合并。

③ 加州公务员退休基金是美国最大的养老基金。

④ 参见 Langohr & Langohr，2008：380，400。

80%，2018 年 4 月达到 100%[①]。

穆迪于 1985 年将第一个海外机构设在东京，1987 年在伦敦设立了欧洲的第一个办公室，次年在巴黎设立了分支机构。穆迪也在世界各地对小型评级机构进行收购，比如其对韩国投资者服务公司（KIS）的收购。创立于 1985 年的 KIS 于 2001 年开始成为穆迪控股成员，并在 2016 年成为穆迪全资子公司。2006 年，穆迪收购了总部位于捷克的 CRA 评级公司。穆迪现已发展成为美国上市公司穆迪集团，总部设在纽约，负责评级的穆迪投资者服务公司（即穆迪评级）为其全资子公司[②]。近年来，评级机构不断探索咨询和培训等新业务板块，而这些新业务的发展也主要通过并购实现资源整合。在非评级业务方面，穆迪集团下的穆迪分析公司（MA）不断通过收购提高实力，以提供更好的研究、科技和工具服务。得益于对其他评级机构的并购整合，穆迪在全球主要国家和地区拥有分支机构，实现了较高的全球市场占有率。

标普是由普尔出版公司和标准统计公司于 1941 年合并而成。1966 年，拥有出版和金融信息服务的集团企业麦格劳 – 希尔（总部位于纽约）收购了标普。标普于 1984 年在伦敦设立了第一个海外办公室，1985 年在日本设立了第二个海外办公室。紧接着在 1990 年获得法国评级机构——法国金融评估公司（ADEF）50% 的股权，1996 年完全收购了该公司。标普在 1996 年兼并了澳大利亚评级（AR），2000 年又并购了加拿大当时最大的评级机构——加拿大债券评级服务公司（CBRS)[③]。在亚洲，标普于 2005 年成为印度评级公司 CRISIL 的主要股东，从而进一步加强在 1996 年与该公司建立的关系。

标普全球评级公司现为美国上市公司标普全球公司（S&P Global Inc.）的全资子公司，总部位于纽约[④]。标普全球已成为全球知名的综合金融信息提供商，在全球金融市场提供评级服务、市场化基准及分析服务。标普全球包含以下品牌：标普全球评级、标普全球市场财智、标普道琼斯指数和标普全球普氏。标普全球在 31 个国家和地区拥有 2 万名员工。标普全球评级提供信用评级分析和研究服务。标普全球市场财智为客户制定桌面整合解决方案，为金融市场的投资顾问、财富管理人和机构投资者提供研究及分析报告。道琼斯指数是重要的金融市场指数提供商，提供投资和业绩基准指数[⑤]。标普全球普氏提供全球定价基准和供应链分析，提供市场透明度和对全球大宗商品的综合观点，帮助客户及时发现机会和管控风险。

其他中小评级机构在经营发展中也不断并购。2010 年美国的克罗尔和晨星分别收购为金融机构评级的雷斯金融和主要做资产证券化评级的实点公司，以此提高各自的市

---

① 当时这笔交易价值约为 28 亿美元，即惠誉集团 100% 股权价值约为 140 亿美元。

② 穆迪控股公司股票在纽约证券交易所上市（代码 MCO. N），2019 年 4 月 8 日收盘价每股 187.17 美元，总股本 1.91 亿，市值约为 357 亿美元。穆迪控股公司股东持股也较为分散且多数为财务投资人。

③ 参见 Langohr & Langohr，2008，pp. 391 – 392.

④ 标普全球公司股票在纽约证券交易所上市（代码 SPGI. N），2019 年 4 月 8 日收盘价每股 213.65 美元，总股本 2.48 亿美元，市值约为 531 亿美元。总体来看，标普全球公司股东持股情况较为分散且多数为财务投资人。

⑤ 2016 年，道琼斯指数并购一家专注碳排放、环境数据和风险分析的公司 Trucost，推动全球可持续发展投资人资产合理配置。

场覆盖率。2019年7月2日，晨星评级的母公司晨星集团宣布正式完成对多美年的收购计划，并于当年底将晨星评级整合为多美年的附属机构。此次收购，将多美年在加拿大、欧洲和美国市场发展与晨星信用评级在美国市场的业务相结合，进而扩大晨星集团在信用评级的覆盖范围。表5.5列出了国际评级行业的主要并购事件。

欧盟评级机构葡萄牙评级在2011年注册，于2013年更名为ARC评级，由新加坡一家控股公司收购。该控股公司由一些信用评级机构共同拥有，这些信用评级机构有印度凯尔公司（CARE）、非洲全球信用评级有限公司、马来西亚评级公司和巴西的SR评级集团。在美国和欧盟之外的国家和地区，评级业的发展也伴随着很多兼并重组。比如，日本评级和投资信息公司由两家评级机构在1998年合并而成。

表5.5 评级机构部分兼并收购案例

年份	被并购机构	发生地	并购方或结果，是否三大机构参与
1941	普尔出版公司（Poor Publish），标准统计公司（Standard Statistics Bureau）	美国	成立标普（S&P）
1991	麦卡锡 克里桑蒂·马菲（McCarthy Crisanti & Maffei）	美国	达夫 & 菲尔普斯（Duff & Phelps）
1997	国际银行信用分析公司（IBCA）	英国	惠誉（Fitch）
2000	AMR公司（AMR）	法国	Fitch – IBCA
2000	达夫 & 菲尔普斯（Duff & Phelps）	美国	Fitch – IBCA参与，成立Fitch IBCA Duff & Phelps
2000	汤姆森银行观察（Thomson Financial BankWatch）	加拿大	Fitch IBCA Duff & Phelps，成立Fitch
2000	克劳公司（Crowe），契赛克有限责任公司（Chizek & Company LLp）	美国	穆迪（Moody's）
2000	加拿大债券评级服务公司（CBRS）	加拿大	标普（S&P）
2001	中欧评级机构（Central European Rating Agency）	波兰	惠誉（Fitch）
2001	马希斯特（Magister）	阿根廷	穆迪（Moody's）
2001	渣打调查研究公司（Charter Research）	美国	标普（S&P）
2002	信用评级系统（Credit Ratings System）	美国	惠誉（Fitch）
2002	KMV公司（KMV）	美国	穆迪（Moody's）
2003	大西洋评级（Atlantic Rating）	巴西	惠誉（Fitch）
2004	国际文传电讯评级机构（interfax Rating Agency）	俄罗斯	穆迪（Moody's）
2004	智慧资本（Capital IQ）	美国	标普（S&P）
2005	演算法（Algorithmics）	加拿大	惠誉（Fitch）
2005	瓦鲁斯皮尔德（ValuSpread）	英国	惠誉（Fitch）
2005	经济网（Economy. com）	美国	穆迪（Moody's）
2005	艾斯特调查研究公司（Assirt Research）	澳大利亚	标普（S&P）
2005	印度信用评级信息服务公司（CRISIL）	印度	标普（S&P）
2005	台湾评级公司（Taiwan Rating）	中国台湾	标普（S&P）

续表

年份	被并购机构	发生地	并购方或结果，是否三大机构参与
2006	里奥克信用公司（Reoch Credit Ltd）	英国	惠誉（Fitch）
2006	CRA 评级（CRA Rating）	捷克共和国	穆迪（Moody's）
2006	华尔街分析（Wall Street Analytics）	美国	穆迪（Moody's）
2007	GSCS	迪拜	惠誉（Fitch）
2007	印尼 PT 卡斯尼克评级（PT Kasnic Credit Rating Indonesia）	印度尼西亚	穆迪（Moody's）
2007	CA 评级（CA Rating）	南非	穆迪（Moody's）
2007	艾美克咨询（Imake Consulting）	美国	标普（S&P）
2007	未知变化证券结构化服务公司（ABSXchange）	美国	标普（S&P）
2007	克拉菲公司（ClariFi）	美国	标普（S&P）
2008	比考特公司（BQuotes）	美国	穆迪（Moody's）
2008	费尔马国际（Fermat international）	比利时	穆迪（Moody's）
2008	恩伯咨询（Enb Consulting）	英国	穆迪（Moody's）
2010	雷斯金融（LACE Financial）	美国	克罗尔债券评级机构（KBRA）
2010	实点公司（Realpoint）	美国	晨星（Morningstar）
2011	凯博咨询（Copal Partners）	印度	穆迪（Moody's）
2013	印度信用评级信息服务公司（CRISIL）	印度	标普（S&P）
2016	韩国投资者服务公司（KIS）	韩国	穆迪（Moody's）
2019	多美年	美国	晨星评级被整合为多美年附属机构

说明：有些被收购评级机构并未更名，但是成为收购方成员公司，例如 Copal Partners、Crisil、KIS。

资料来源：EUROPEAN COMMISSION（EC），SEC（2011）1354，2011；Langohr & Langohr，2008，390；中诚信国际。

三、对评级机构整合发展的注意事项

（一）机构兼并重组中需要关注的问题

评级机构兼并收购的一般流程如下：一是交易前期准备及谈判、签订合同。参与兼并收购各方进行相关的尽职调查，并对交易的细节进行充分谈判和确认，签订兼并收购合同。二是通过监管部门审查。尽管兼并收购是市场化行为，但一般仍需要通过监管部门审查，这是兼并收购实现的前提条件。三是商业层面整合。在通过监管部门审查后，交易双方根据提前约定好的交易方式、交易价格等履行兼并收购合同，完成商业层面的整合。四是业务层面整合。作为评级机构来说，业务整合主要包括：更新评级资质；根据相关法规要求，在限定期限内将兼并收购事项通知债权人，以及在报纸等媒体进行公告；经营战略和组织制度整合；整合评级方法、内控制度等技术资料，以及评级业务档案、客户资料档案、业务数据库等；机构设置和人员的整合；财务整合等。在公司具体经营层面，业务、客户等的整合和续接需要签订相应的变更协议，由兼并收购后的新公司主体承担评级及其他相关服务。

机构兼并也需要注意可能存在的以下问题：一是未能充分实现规模效应。并购后的公司业务未能实现有效融合，双方未能实现优势互补，预计的收入增加、成本降低等规模效应不能完全实现，存在规模扩大但盈利下降的现象，难以实现并购预期的盈利增长。比如穆迪和邓白氏的合并，由于未实现业务的良性发展，导致2000年这两家机构又分手。二是行业垄断造成市场竞争效率降低。规模效应带来的边际成本降低在评级市场较为显著，但是随着市场集中度不断提升，过度集中将产生垄断，这不利于市场公平竞争，甚至导致评级市场创新驱动力降低。市场各方都认为，导致国际金融危机中评级机构表现的一个重要原因是，评级行业的高度垄断导致的自我约束不足和技术创新缺乏。三是对评级级别差异的处理。评级机构并购也面临一个重要的挑战，即两家评级机构对同一对象的评级级别不同，整合后需要妥善处理这种级别差异以应对市场的质疑。

（二）对评级机构整合发展的原则要求

评级机构之间的兼并重组以及随之而来的行业集中度的提高既有其理论根源，也有现实证据的支撑。国际三大评级机构的兼并整合已经形成了一套较成熟的机制，也借此进入全球开展业务，形成了金融市场的国际影响力。对于包括新兴市场的其他国家和地区来说，应发挥后发优势，通过评级机构的兼并重组，促进行业的规范发展。在机构兼并重组中应把握以下原则和方向。

第一，评级机构间的兼并重组要遵循市场化原则。评级行业的整合、发展过程需要尊重市场规律，要坚持市场在资源配置中起决定性作用。应充分尊重市场主体的意愿，实现机构间的优胜劣汰，依法合规开展兼并重组。政府部门为评级机构开展市场化并购创造良好制度环境。

第二，加强对机构并购行为的引导。引导并购企业加强优势互补，实现并购双方内部资源的优化整合，有效发挥规模经济、纵向一体化等协同效应，规范推动并购后产品创新和服务优化，提升机构经营能力和创新水平。鼓励机构并购后充分发挥在场景、资金、技术等方面的优势，通过优化境内评级行业资源配置、拓展跨境评级覆盖范围等措施，对接国家战略规划和倡议，加快评级行业优化升级，增强综合竞争力。避免因并购形成过度垄断，影响市场公平。

第三篇
信用评级的质量检验体系

◎ 第六章　信用评级符号体系的国际比较

◎ 第七章　信用评级质量的检验

信用评级为投资者和市场相关参与方提供了专业化的信用风险分析，信用评级质量的高低是有效发挥风险揭示等作用的基石。本篇首先对信用评级符号体系进行分析，然后对违约率的概念进行说明，对违约概率和违约率的计算方法进行比较，最后对信用评级质量的检验技术和国际实践进行分析研究。

第六章 信用评级符号体系的国际比较

信用评级最为市场投资人所熟悉的是各种评级符号。评级机构对评级对象定义了评级符号序列，这些序列一般是由字母或数字组成，形象简洁，每个级别符号代表了一定的信用风险分析含义。本章对评级符号体系进行国际视野的分析研究，从不同机构、不同国家或地区进行多角度的比较分析。

第一节 信用评级符号体系基础

一、信用评级符号体系概述

如前所述，信用评级可以从评级对象、期限、委托情况、货币类型等角度进行多种分类。但无论如何分类，信用评级都是评级机构对被评对象（发行人或特定债务）信用风险的前瞻性意见，评级结果将用信用质量所对应的信用级别表示。信用评级机构通常用简单、直观的符号表示被评对象的信用质量等级，评级符号体系大多由字母或数字组成，表示受评对象的相对信用风险排序。

根据评级符号及其代表的信用级别是否具有国际可比较性，评级符号体系可分为国际评级符号体系、区域评级符号体系。这二者之间的基本差异在于所涉及的范围不同：国际评级体系是基于全球范围的信用风险比较，将受评对象纳入全球受评对象群体的范围开展信用分析与评估，并形成相对信用风险大小的排序；区域评级体系是将受评对象仅纳入某区域或国家范围开展分析与评估，并形成相对信用风险排序。此外，针对不同类型的评级对象，评级机构往往也设计不同的评级符号；对于一些特别的评级产品，评级机构还建立了区别于一般评级符号体系的其他评级符号。

关于评级符号体系的定义，评级机构都会向市场公开。需要注意的是，针对国际金融危机后所引起的要求评级机构承担评级责任的呼声，穆迪、惠誉、标普等国际信用评级机构在评级符号体系的定义和说明文件中尤其强调，信用等级是信用质量的相对排序，不是购买、出售或持有证券的建议，也不是资产价值的指标，同时不能用于衡量投资的适当性。比如，惠誉表示，信用评级不是事实，因而不能被描述为准确或不准确；信用评级是相对信用质量的观点，不是特定违约概率的预测性测定。标普表示，尽管投资者可以将信用评级用于投资决策，但评级并非投资价值的指标；评级仅代表影响投资决策的一个方面，即信用质量；在某些情况下，投资者可能借此了解违约时所能预期收回投资的情况。穆迪表示，信用评级是对实体、信用承诺、债务的未来信用风险的当前意见；并非对当前或历史事实的陈述，亦非关于购买、出售或持有特定证券的推荐意见。

这些表述一方面说明要客观地看待信用评级的作用；另一方面也与评级机构定期公布评级质量报告的意图相矛盾，因为评级机构定期公布各种评级质量检验报告的目的隐含表明，其发布的信用评级具有较高的质量——在质量检验报告中往往能得出这点含义，对市场参与者的决策具有重要的参考作用。

二、国际评级符号体系

国际评级符号又称为全球评级符号，是具有国际可比性的评级符号，也是投资人等金融市场参与者通常见到的评级符号。国际评级符号涉及发行人评级和债务评级，根据期限不同又分为长期评级符号和短期评级符号。发行人评级包括对非金融公司、金融机构、地方政府和国家主权等评级，反映了被评主体及时偿付金融债务的能力和意愿。债务评级是对发行人所发行的债券、结构化金融工具等金融债务相对信用风险的判断。

（一）长期国际评级符号

针对债券期限长短的分类并未有统一、强制的标准，但一般将 1 年以内的债券称为短期债券，1 年以上的债券称为中长期债券。评级机构的长期国际评级一般包括对两类对象的评级：一是对 1 年期以上的发行人评级；二是对有 1 年以上到期日的债务评级。属于长期评级对象的债务具有多种形式，例如公司发行或负有偿债义务的信用债券、抵押债券、中期票据、可转换债券及长期银行贷款等。长期评级还可以分为长期外币评级和长期本币评级，分别衡量一个主体偿付外币或本币债务的能力。表 6.1 是穆迪、标普和惠誉的长期国际评级符号及其主要定义。

在长期信用等级的主要级别划分方面，穆迪分为三等九个级别，标普和惠誉都分为四等十一个级别，并且标普和惠誉的评级符号也基本相同。从各级别的具体含义来看，三大评级机构的长期国际评级符号定义具有相似性。其中，三家信用评级机构均设定 BBB 或 Baa 及以上级别属于投资级别，BB 或 Ba 级别至 C 级则属于投机级别。被评为投机级别的债券往往也被称为高收益债券或垃圾债券。

表 6.1   三家国际评级机构的长期国际评级符号

穆迪		标普		惠誉		
符号	等级定义	符号	等级定义	符号	等级定义	
Aaa	债务的信用质量最高	AAA	偿还债务能力极强	AAA	信用质量最高	
Aa	债务的信用质量很高	AA	偿还债务能力很强	AA	信用质量很高	
A	债务为中上等级信用质量	A	偿还债务能力较强	A	信用质量较高	投资级
Baa	债务有中等信用质量	BBB	有足够偿债能力，但若在恶劣的经济条件或外在环境下其偿债能力可能较脆弱	BBB	信用质量良好	

续表

穆迪		标普		惠誉		
符号	等级定义	符号	等级定义	符号	等级定义	
Ba	信用风险较高	BB	相对于其他投机级评级，违约的可能性最低	BB	投机性	投机级
B	信用风险高	B	违约可能性较 BB 级高，发债人目前仍有能力偿还债务，但恶劣的商业、金融或经济情况可能削弱发债人偿还债务的能力和意愿	B	投机性较高	
Caa	债务信用状况很差，信用风险极高	CCC	目前有可能违约	CCC	违约具有实际的可能性	
Ca	投机性很高，可能或几乎违约	CC	目前违约的可能性很高	CC	违约风险很高	
C	债务为最低等级，典型是违约	C	已提交破产申请或类似情况，但仍能偿还债务	C	违约风险极高	
		SD	发债人有选择地对某些或某类债务违约	RD	限制性违约。发行人对某项债务违约，但尚未进入破产、清算等中止业务程序	违约
		D	违约。发债人未能按期偿还债务	D	违约。发行人进入破产、清算等中止业务程序	

注：SD、RD 符号主要用于主体评级。

资料来源：根据标普、穆迪、惠誉整理。

20 世纪 70 年代末之前，投机级债券的发行较少，一些公司新发行债券具有投资级别，但由于经济形势不好等原因，信用等级降到了 Baa 以下，该公司被称为"堕落天使"，债券被称为"垃圾债券"。1977 年开始，在迈克尔·米尔肯及其工作的德崇证券推动下，垃圾债券市场逐步发展起来，由信用等级较低的公司发行垃圾债券，而投资者通过投资获得更高的未来收益[1]。到 20 世纪 80 年代，大约有 1800 家公司进入了垃圾债券市场，经历了 1990 年的低谷后垃圾债券逐步恢复，但国际金融危机再次降低了对高风险债券的需求[2]。

由于评级方法论存在差异，因此不同评级机构的长期评级符号定义虽有相似性，但揭示的具体信息仍有一定的区别。穆迪认为，不同的长期信用评级级别表示被评对象可

---

[1] 参见米什金，2016，203。

[2] 参见米什金等，2017，250。

能给投资者带来的信用损失的相对大小，因而其符号定义更侧重于反映被评对象的违约可能性和违约后的预期损失。标普和惠誉认为，长期债项信用评级主要衡量的是被评对象的违约风险，因而其符号定义侧重于强调偿债能力，即违约概率。此外，惠誉表示，对发行人的长期评级是衡量发行人违约可能性的基准；对债券的长期评级可能高于或低于发行人的评级，反映了债券不同的回收可能性。

针对违约情况，惠誉和标普分别设置了两种违约状态。其中惠誉以 RD 和 D 分别表示限制性违约和违约，而标普设置了 SD 和 D 分别表示选择性违约和违约。这两家机构的符号 D 表示进入破产、清算等正式违约状态。标普的符号 SD 和惠誉的符号 RD 主要用于发行人主体违约。当违约将是一般性的违约，并且发行人无法在到期时偿付所有债务时，将给予 D 评级；如果发行人有选择地对特定的债务进行违约，但将继续及时地履行对其他债务的偿付义务时，给予 SD 评级。

穆迪没有直接设置类似于 D 的违约符号，但穆迪定义，Ca 级别表示的是高投机级，并且可能或几乎违约；C 级别在典型情况下是违约的。穆迪对信用内涵的观点含有违约可能性和违约后的预期损失评估，所以在评级符号中没有对违约状态专门设置级别。

在长期评级符号序列中，评级机构又往往用其他标识符号进一步对信用质量进行细分。标普的 AA 至 CCC 各级都可以再用 +、- 号作后缀进行细分，以表示评级在大的评级级别中的相对位置或相对强度。后缀 + 表明偿付可能性在该级别相对较高，后缀 - 表明偿付可能性在该等级中相对较低。比如同为 AA 等级可区分为 AA +、AA 和 AA -。穆迪的 Aa 至 Caa 各级则以数字 1、2、3 作后缀分别进行细分，表示信用风险程度依次递增。比如将 Aa 等级从高到低细分为 Aa1、Aa2 和 Aa3。与标普和穆迪不同，对于主体评级、结构化金融产品或公共金融债务等评级，惠誉用符号 + 和 - 对 AA 至 B 级别进行细分；对于公司债务评级，惠誉则用符号 + 和 - 对 AA 至 CCC 级别进行细分。

国际金融危机后，为了突出与一般评级类型的不同，评级机构对结构化金融产品的评级符号进行了区分，大多增加 sf 标记。2010 年 8 月，穆迪在长期国际评级符号后面增加 sf，如 B1（sf）。以 sf 标记表明，与相同级别的其他债券相比，结构化金融产品有不同的信用风险特征。标普、惠誉也在长期评级符号后增加 sf 作为结构化金融产品的评级符号。

（二）短期国际评级符号

短期国际信用评级是对发行人或债务的短期信用质量的评估，该类信用评级更强调的是被评对象定期偿付债务所需的短期流动性。与长期信用评级相对，短期信用评级一般是对不足一年期的债务或发行人的评级。但是，穆迪、惠誉等评级机构将短期信用评级定义为对 13 个月以内到期的短期债券或发行人的评级。例如，惠誉表示，短期国际评级大多是针对到期日在 13 个月以内的债券，对美国政府债券来说期限最长为 3 年。

由于长期债务与短期债务的信用风险不同，且短期投资者所需要的信用信息也与长期投资者存在差异，因此短期评级符号明显不同于长期评级符号。在短期债务信用评级中，风险评估的可预见性要高于长期债务，企业对风险因素的控制能力也相对要强，所以短期评级符号等级的划分要比长期债务评级符号简单[1]。

---

① 邬润扬等. 资信评级方法 [M]. 北京：中国方正出版社，2006，96.

在短期信用等级划分方面，穆迪分为 4 个级别，各级别不做细分微调；标普分为 8 个级别，其中 A－1 级别可另加符号＋以表示偿还债务能力极强；惠誉分为 7 个级别，F1 级别可用符号＋以表示更高的信用质量。在投机级的符号设置方面，惠誉与标普的等级划分相同，都包含 B 和 C 两种符号级别。穆迪、标普和惠誉的短期信用等级符号体系见表6.2。

表 6.2   三家国际评级机构的短期国际信用评级符号

穆迪		标普		惠誉		
符号	等级定义	符号	等级定义	符号	等级定义	
P－1	发行人的短期债务偿付能力最强	A－1	偿还债务能力较强	F1	最高信用质量。表示能够及时偿付债务的最高能力	投资级
P－2	发行人的短期债务偿付能力较强	A－2	偿还债务能力令人满意。不过相对于最高的评级，其偿债能力较易受外在环境或经济状况变动的不利影响	F2	良好的信用质量。及时偿付债务的良好能力	
P－3	发行人的短期债务偿付能力是可接受的	A－3	目前有足够能力偿还债务。但若经济条件恶化或外在因素改变，其偿债能力可能较脆弱	F3	信用质量一般。及时偿付债务的能力是足够的	
NP	发行人不在任何 P 评级类别之列	B	偿还债务能力脆弱且投机成分相对高。发债人目前仍有能力偿还债务，但持续的重大不稳定因素可能会令发债人没有足够能力偿还债务	B	投机性。及时偿付债务的最小能力，而且容易受近期金融和经济情况的负面影响	投机级
		C	目前有可能违约，发债人须依赖良好的商业、金融或经济条件才有能力偿还债务	C	高的违约风险。违约的可能性确实存在	
		R	发行人由于其财务状况而处于监管之下。在监管决策未定期间，监管者可能有权力偏好一类债务而拒绝其他债务，或者偿付一些债务而不偿付另一些债务	RD	限制性违约。实体对某个或某些金融债务违约	违约
		SD	发债人有选择地对某些或某类债务违约	D	违约。表示实体已经对其所有的金融债务违约，或一个短期债务违约	
		D	债务到期而发债人未能按期偿还债务，即使宽限期未满，除非标普相信债款可于宽限期内清还。此外，如正在申请破产或已做出类似行动以致债务的偿付受阻			

注：R、SD、RD 符号主要用于主体评级。
资料来源：标普、穆迪、惠誉。

与长期信用等级不同，穆迪以预期违约率为基准估算短期信用等级，而不是基于预期损失因素，这是因为投资者更关注短期产品的违约风险。标普的短期评级符号 R 表示，发行人由于其财务状况而处于监管之下，在监管决策未定期间，监管者可能有权偏好一类债务而拒绝其他债务，或者偿付一些债务而不偿付另一些债务。标普短期评级符号中 SD 或 D 的定义与长期评级符号相似。短期评级符号 SD（选择性违约）和 RD（限制性违约）一般仅用于发行人评级。

（三）长期与短期国际评级符号的对应关系

从以上分析可看出，不同评级机构的长期评级符号具有较高的相似性，而短期评级符号差异较大。对于同一个发行人，可能同时存在短期信用评级和长期信用评级，这些评级可能是该发行人的主体评级或债务评级。

短期债务一般是为了解决被评主体的资金周转，短期债务违约或有较高风险说明被评主体的资金流动性出现问题，财务实力也会受到影响，整体信用状况就会下降。如果被评主体的整体信用实力强，那么其资金的流动性也必定良好，短期债务的信用等级也较高，但如果发行人的长期信用基本面较差，其短期评级也会受到限制。在一定程度上，可以认为短期债务的信用等级与被评主体的长期信用评级的关系是部分与整体的关系[1]。由此，长期信用级别与短期信用级别存在一种对应关系，这种对应体现了被评主体的短期信用状况与长期信用状况的相互影响和制约关系。

表6.3、表6.4、表6.5分别是穆迪、标普和惠誉的长期和短期评级符号的对应关系。穆迪的短期评级符号与长期评级符号的对应关系有交叉，比如 P-1、P-2 可能都对应 A3；惠誉的长期评级符号与短期评级符号的对应关系有交叉，比如 A+、A、A-、BBB+ 都可能对应 F1；而标普存在这两种交叉对应关系。

表6.3　　　　　　　　　　　穆迪短期与长期评级符号对应关系

长期评级符号	短期评级符号
Aaa、Aa1、Aa2、Aa3、A1、A2、A3	Prime-1（简写为 P-1）
A3、Baa1、Baa2	Prime-2（简写为 P-2）
Baa2、Baa3	Prime-3（简写为 P-3）
Ba1、Ba2、Ba3、B1、B2、B3、Caa1、Caa2、Caa3、Ca、C	Not Prime（简写为 NP）

资料来源：穆迪，2014。

表6.4　　　　　　　　　　　标普短期与长期评级符号对应关系

长期评级符号	短期评级符号
AAA、AA+、AA、AA-、A+	A-1+
A+、A、A-	A-1
A、A-、BBB+、BBB、BBB-	A-2
BBB、BBB-、BB+	A-3

---

[1]　参见邹润扬等，2006，104。

续表

长期评级符号	短期评级符号
BB+、BB、BB-、B+、B、B-	B-1、B-2
BB、BB-、B+、B、B-、CCC+、CCC	B-3
B、B-、CCC+、CCC、CCC-、CC	C
D	D
SD	SD

资料来源：标普。

表6.5   惠誉短期与长期评级符号对应关系

长期评级符号	短期评级符号
AAA	F1+
AA+	F1+
AA	F1+
AA-	F1+
A+	F1 or F1+
A	F1 or F1+
A-	F2 or F1
BBB+	F2 or F1
BBB	F3 or F2
BBB-	F3
BB+	B
BB	B
BB-	B
B+	B
B	B
B-	B
CCC+	C
CCC	C
CC	C
C	C
RD	RD
D	D

资料来源：惠誉，2017，2019。

    长、短期评级符号的对应关系并非一成不变。2019年5月2日，惠誉修改了长期和短期发行人违约评级之间的对应表。修订后的标准适用于结构性融资以外所有行业的短期评级，并应用于这些行业的国际评级符号体系。修订标准将可对应一个以上短期评级的长期评级数量由3个增加至5个：为A级长期评级新增F1+短期映射、为BBB+

级长期评级新增 F1 短期映射。惠誉认为，BBB－及以下的发行人对短期风险的考虑存在显著差异，并且这些评级迅速下调的风险较大，因此，更细维度的评级方法没有扩展到 BBB 评级以下。

虽然短期与长期评级的分析因素有差异，但也存在相关性，反映的是流动性和短期问题相对更长期限内的评价来说的内在重要性。这种相关性保证了对于同一个发行人来说，这两类等级不会相互矛盾。短期违约风险较高意味着在短期内出现违约的风险增大，这种风险不能与长期违约评估区分开来，等级低的短期发行人评级和等级高的长期发行人评级同时出现的几率很小（惠誉，2009）。

三、区域评级符号体系

（一）区域评级符号体系的内涵

区域评级符号只针对该国家或区域内的被评对象，揭示了在一个国家或区域范围内被评对象的相对信用风险，也称为国内评级符号体系或本地评级符号体系。需要强调的是，不同国家或区域的区域评级不具有国际比较性，区域评级与全球评级也不能进行比较。穆迪认为，当全球评级符号体系不能对信用提供足够的区分，或与一个国家内已经普遍使用的评级符号不一致时，将使用国家评级符号。惠誉认为，区域评级符号是评价一个被评对象相对于该国最低信用风险（即最高信用质量）的相对信用质量，该国最低信用风险一般指对该国主权政府发行或担保的金融债务的评级。

评级机构根据市场发展及投资者需求的变化，建立了多层次的评级符号体系。受限于主权级别上限，某些具有较低主权级别的国家的评级集中于少部分低级别，为了更好地区分这些实体之间的差异，或出于当地监管、业务发展所需，评级机构对部分新兴市场国家或地区建立了区域评级符号体系。区域评级序列主要针对本币和本地债务，在区域评级序列中还取消了投机级和投资级的概念。总体上，国际与区域评级符号序列的对比差异见表 6.6。

表 6.6　　　　　　　　　　　不同评级符号序列的特征对比

特征	国际评级体系	区域评级体系
可比性	全球可比	不同的区域评级序列不可比
币种	本币、外币	主要针对本币
应用范围	全球	主要在新兴市场国家和地区
级别分布	投资级、投机级	主要在主权评级较低、级别区分度不足国家或地区建立，取消投资级和投机级的区分
评级符号	国际评级符号体系	通过添加前缀或后缀与国际评级符号体系加以区分
评级类型	长期与短期	长期与短期

评级机构通过添加前缀或后缀以区别国际和区域评级符号。其中，标普采用小写的两个字母前缀表示区域评级符号体系，例如巴西国家评级体系中使用 brAAA、brBBB 等符号。穆迪采用小写的两个字母后缀来表示区域评级符号体系，例如阿根廷国家评级体系中使用 Aaa. ar、Baa. ar 等符号，见表 6.7。除了部分国家外，标普还有三个区域性的

评级序列，即东盟地区、海湾国家及大中华区。

表6.7 标普、穆迪区域评级符号体系

标普		穆迪	
国家（地区）	前缀	国家（地区）	后缀
阿根廷	ra	阿根廷	ar
巴西	br	玻利维亚	bo
墨西哥	mx	巴西	br
智利	cl	捷克	cz
海湾地区国家（巴林、科威特、阿曼、卡塔尔、沙特阿拉伯、阿联酋）	gc	哈萨克斯坦	kz
哈萨克斯坦	kz	肯尼亚	ke
以色列	il	黎巴嫩	lb
尼日利亚	ng	墨西哥	mx
俄罗斯	ru	摩洛哥	ma
南非	za	尼日利亚	ng
中国台湾	tw	斯洛伐克	sk
土耳其	tr	南非	za
乌克兰	ua	突尼斯	tn
乌拉圭	uy	土耳其	tr
东盟地区	ax	乌克兰	ua
大中华区（中国、中国香港、中国澳门、中国台湾）	cn	乌拉圭	uy

资料来源：标普、穆迪。

（二）长期区域评级符号

长期区域评级符号一般是在长期国际评级符号的基础上增加国家或区域的符号表示，有的评级机构利用国家代码的国际标准作为国家符号，如惠誉。表6.8是惠誉长期区域评级符号的定义，xxx是国家或地区的符号，如 AAA（arg）代表阿根廷的国家评级，其中 AAA（xxx）至 CCC（xxx）可用符号"＋、－"进行细分。

表6.8 惠誉的长期区域评级符号及含义

级别符号	含义
AAA（xxx）	是一个实体所能获得的最高本土评级。是对该国内发行人或所发行债务的信用等级最高的评级，通常是对该政府发行的或担保的金融债务的评级
AA（xxx）	表明与该国其他发行人或发行债务相比，被评实体或债务具有很强的信用等级。这一级别债务所具有的信用风险与该国最高级别的债务仅有很细微的差别
A（xxx）	与较高级别的债务相比，该级别债务定期获偿的能力会更多地受到环境或经济条件变化的影响
BBB（xxx）	与较高级别的债务相比，该级别债务定期获偿的能力会更容易受到环境或经济条件变化的影响

续表

级别符号	含义
BB（xxx）	与该国其他发行人或债务相比，违约风险提高，偿付在一定程度上是不确定的，及时偿付能力更易受不利经济变化的影响
B（xxx）	债务现在可以偿付，但是其安全性有限，而且对其持续定期偿付取决于一个持续、有利的商业经济环境
CCC（xxx）	违约具有实际的可能性
CC（xxx）	违约风险很高
C（xxx）	违约风险极高
RD（xxx）	限制性违约
D（xxx）	违约

资料来源：惠誉，2014。

（三）短期区域评级符号

短期区域评级是对一个国家或区域范围内短期债务或发行人的信用质量的评估。短期区域评级符号是在短期国际评级符号的基础上增加国家或区域符号形成。表 6.9 是惠誉短期区域评级符号的定义，xxx 是国家或区域的简称符号，其中，可以在 F1（xxx）后面添加符号 + 表示信用质量很高。

表 6.9   **惠誉短期区域评级符号及含义**

级别符号	含义
F1（xxx）	是一个实体所能获得的最高本土评级。通常是对该国政府发行的或担保的金融债务的评级。如果信用质量很高，可以添加"＋"作为后缀
F2（xxx）	其安全性不如更高级别的那么好
F3（xxx）	与更高级别的债务相比，其偿付能力更容易受到短期不利变化的影响
B（xxx）	其偿付能力非常容易受到近期经济金融条件不利变化的影响
C（xxx）	偿付能力完全依赖于一个持续有利的商业经济环境
RD（xxx）	限制性违约
D（xxx）	存在现实或迫近的违约

资料来源：惠誉，2014。

（四）区域评级序列与国际评级序列的映射关系

区域评级符号的应用使本地被评对象获得更大的级别区分度。虽然不同国家或地区的区域评级没有可比性，而且区域评级体系与国际评级体系也没有可比性，但是区域评级与国际评级具有相关性，这两种评级体系评出的不同发行人或债务之间的相对信用状况应该是一致的。评级机构在两个体系间维持评级相对一致性，并开发了映射表，显示国内和本币体系的关联性。

评级机构建立区域评级符号与国际评级符号的映射规则如下：将国际符号体系中的

一个级别作为锚点对应区域评级符号体系的最高级别，锚点级别的确定会参考当地的主权级别；锚点之上的国际级别都对应区域级别的最高级，锚点之下的级别分别对应区域级别的一个或多个级别。评级机构会对映射表进行调整，以反映主权级别等因素的变化。区域评级序列与国际评级序列之间的映射关系，最终通过累积违约率的统计数据进行衡量。

四、特殊评级类型符号

除了国际和区域评级符号外，一些评级机构也对其他类型的评级发布了不同的评级符号体系。例如，惠誉对银行支持评级的符号使用了1、2、3、4、5，回收率评级符号使用了 RR1 至 RR6 等。穆迪对短期市政债务评级符号利用 MIG1、MIG2、MIG3、SG 表示，对银行财务实力评级符号使用了 A、B、C、D、E 等，对债券基金（如 Aaa – bf）、股权基金（如 EF – 1）、绿色债券（如 GB1）等均有不同的评级符号以解释不同业务的风险差异。标普针对市政短期票据评级设置了 SP – 1、SP – 2、SP – 3 和 D 四个等级等。表 6.10、表 6.11 分别表示穆迪和惠誉部分特殊类型的评级符号体系。

表 6.10　　　　　　　　　　　　　　穆迪部分特殊类型评级符号

评级对象	评级符号	说明
美国短期市政债（3 年期以内）评级	MIG1、MIG2、MIG3、SG	用于期限不超过 3 年的美国市政债预期票据，发行人的长期评级是授予 MIG 评级的唯一考虑因素。投机级别短期债务授予 SG 评级。
银行财务实力评级	A、B、C、D、E	A 只能用 – 进行细分，E 只能用 + 进行细分，其他符号可用 + 、 – 进行细分
债券基金评级	Aaa – bf, Aa – bf, …, C – bf	针对主要投资于固定收益债务的公募基金和类似投资工具，衡量其中不同期限投资的信用质量。债券基金评级不考虑基金在升值、资产净值波动性或收益率方面的历史、当前或未来的表现。
货币市场基金评级	Aaa – mf, Aa – mf, A – mf, Baa – mf, B – mf, C – mf	针对共同基金及主要投资于短期固定收益债务的类似投资工具，是对其份额投资质量的意见。此类评级并不考虑基金在升值、资产净值波动性或收益率方面的未来表现。
股票基金评估	EF – 1, EF – 2, EF – 3, EF – 4, EF – 5	针对主要投资于普通股或综合投资于普通股及固定收益证券的投资基金，是对其相对投资质量的意见。此评估并非是对基金在资产升值、资产净值的波动性或收益率方面未来表现的意见。
投资管理机构质量评估	MQ1, MQ2, MQ3, MQ4, MQ5	从 MQ2 至 MQ4 可用 + 、 – 进行细分，对 MQ1 可用 – 进行细分。是对资产管理机构的相对投资专业经验和服务质量的前瞻性意见。此类评估也不用于评估投资组合、共同基金或其他投资工具在升值、资产净值波动性或收益率方面的表现。
绿色债券评估	GB1, GB2, GB3, GB4, GB5	是对绿色债券发行人管理、支配及配置募集资金以及债券所支持的环保项目报告方法等各方面的相对有效性提供前瞻性意见。此类评估授予单独的绿色债券。

续表

评级对象	评级符号	说明
市场风险评估	MRA1，MRA2，MRA3，MRA4，MRA5，MRA6，MRA7	市场风险评估仅在墨西哥使用。衡量受评基金资产净值历史波动性的相对程度，该评估并不考虑基金在价格升值或收益率方面的未来表现。
本国级股票评级	1，2，3，4	是对某一公司偿还和支持普通股派息能力的相对排序，同时也评估上述股票在其主要市场上的交易流动性。目前对阿根廷、玻利维亚、哥伦比亚和乌拉圭股票市场上交易的股票发布本国级股票评级。

资料来源：穆迪，2014。

表 6.11 　　　　　　　　　　　　惠誉部分特殊类型评级符号

评级对象	评级符号	说明
回收率评级	RR1，RR2，RR3，RR4，RR5，RR6	主要是对主体评级在 B 级及以下的公司发行人的大多数债券进行回收率评级。
银行支持评级	1，2，3，4，5	主要考察银行在需要时获取外部支持以避免债务违约的可能性。
银行实力评级	aaa，aa，a，bbb，bb，b，ccc，cc，c，f	aa 至 b 可用 + 、 - 细分。评估银行内在信用质量，是银行在没有外部支持下的实力水平。评级展望不用于该评级。该评级在 2012 年 1 月替代了以前的银行个体评级。
国际资金活力评级	v - 1，v - 2，v - 3，v - 4，v - 5，v - 6，v - NR	对投资组合回报或净资产值的对于利差、利率等市场风险参数的相对敏感型的评估。

资料来源：惠誉，2014。

　　尽管信用评级提供了关于违约可能性或违约后回收率的指示性信息，但是在一些情况下，市场需要关于债务更详细的回收率信息。为了满足这种需要，评级机构建立了债务的回收率评级，分析特定债务违约时的预期挽回情况。对短期债务工具的评级是以违约为基础，并不评估违约回收率，因此一般不进行短期回收率评级。

　　2003 年 12 月，标普率先推出了回收率评级，回收评级对象为投机级发行人的债务[1]。标普回收率评级使用 1 + 、1 、2 、3 、4 、5 、6 数字字符表示。其中 1 + 表示完全回收本金的最高预期，本金回收率预期 100% ；6 表示几乎没有回收本金，本金回收率预期 0 ~ 10% 。

　　评级等级较低，则短期内违约的可能性较高，因此回收率就更重要。对于发行人评级在 B + 级及以下的，惠誉对其发行的债券或债务推出了回收率评级。回收率评级的最终确定依赖于违约、破产、清算等与回收相关的特征，所考虑的因素包括：担保品；在

---

① 参见法博齐，债券市场分析与策略（第七版）[M]. 路孟佳译，北京：中国人民大学出版社，2011，165。

资本结构中相对于其他债务的优先级；在不利情况下企业或担保品的预期价值等。惠誉表示，回收率评级是一种序数关系，并不是为了精确预测回收率水平。表 6. 12 给出了惠誉的回收率评级符号和定义，从高到低的等级为 RR1 到 RR6。对每个回收率评级给出了回收率区间数据，表示该级别的债券与历史上将本息回收了相应区间范围的债券具有相似的特征。

表 6. 12　　　　　　　　　惠誉回收率评级体系

回收率评级	违约时回收前景定义	典型的历史回收率区间（%）
RR1	违约时具有杰出的回收率前景	91 ~ 100
RR2	违约时具有优秀的回收率前景	71 ~ 90
RR3	违约时具有良好的回收率前景	51 ~ 70
RR4	违约时具有平均的回收率前景	31 ~ 50
RR5	违约时有低于平均的回收率前景	11 ~ 30
RR6	违约时具有差的回收率前景	0 ~ 10

资料来源：惠誉，2017。

根据实践分析，回收率具有以下三个特征：一是债务的回收率与在资产结构中的受偿顺序相关。优先级越高的债务，回收率越高。二是担保物会对回收率产生重要影响。具有担保物的债务会有更高的回收率。三是回收率水平与经济周期有关。回收率在经济扩张期要高于经济衰退期。

穆迪没有回收率评级，但是利用违约损失率（LGD）来评估预期违约损失，以违约处置时的预期违约损失占本息的百分比表示，见表 6. 13。整个公司的预期违约损失率为该公司负债的预期违约损失率的加权平均值。实际上，违约损失率与回收率是一个事物的两个方面，这两个概念具有内在的反向关系。

表 6. 13　　　　　　　　　穆迪违约损失率评估

评级符号	违约损失率
LGD1	≥0% 且 <10%
LGD2	≥10% 且 <30%
LGD3	≥30% 且 <50%
LGD4	≥50% 且 <70%
LGD5	≥70% 且 <90%
LGD6	≥90% 且 ≤100%

资料来源：穆迪。

五、提升评级稳定性的符号体系

20 世纪 80 年代，为了提高信用评级的稳定性，更好地服务于投资者，一些信用评级机构先后在原有的评级体系中增加了信用评级展望（outlook）和信用评级观察（Watch/Review），通过展望或观察对信用情况进行分析，表明被评对象信用级别在未来可能的变化方向①。标普在 1981 年引入评级观察，之后在 1986 年引入了评级展望②。穆迪在 1909 年开始债券评级，但是直到 1985 年才开始发布信用评级观察，并且在 1991 年才将评级观察认定为正式的评级行动。

（一）信用评级展望

信用评级展望是对被评对象级别在未来 6 个月至 2 年之间，可能发生的走向所发表的意见，应用于长期信用评级中，对短期评级和已违约的评级并不使用。信用评级展望关注的是可能引起等级变化的趋势和风险因素，如宏观经济趋势、企业经营状况变化等，但这些因素尚未能完全明确地评估，还不足以推动级别的调整。信用评级展望主要分为四类：正面、负面、稳定和发展中。正面表示信用等级有调升的可能，负面表示信用等级有调降的可能，稳定表示信用等级不太可能改变，发展中表示信用等级可能调升、调降或不变。正面或负面的评级展望并不意味着之后必然会发生信用等级的变化，同样，稳定的展望也可能出现等级的变化。

当发行人有多个不同展望的评级时，穆迪采用"（m）"符号表示。并非所有受评主体都会获得评级展望，在某些情况下，当尚未给予一个合格机构展望时，穆迪采用 NOO（无展望）符号。历史上，授予评级展望与之后采取评级行动之间的时间间隔差异较大。穆迪指出，平均而言，初次授予正面或负面评级展望之后，下次评级行动大致在一年内出现，评级行动可以是展望调整、列入观察名单或评级调整。从历史来看，约三分之一的发行人在获负面或正面评级展望后的 18 个月内其评级被下调或上调。首次授予稳定展望后，约 90% 的评级在其后一年内未经历评级调整。

（二）信用评级观察

信用评级观察一般用来表明短期内，如 3~6 个月，评级级别可能出现的变化和发展方向。信用评级观察主要关注的是特定事件或短期趋势对于信用等级的影响，如公司的兼并重组、行业内的新监管政策、环境的重大变化等。信用评级观察分为三类：上调/正面、下调/负面和不确定/发展中，分别表示级别可能调整的方向，提请投资者应进一步分析信用质量可能的变化。当短期内有可能采取评级行动，但需要进一步分析时，评级将被列入观察名单。

穆迪的信用观察为：上调、下调和不确定；惠誉和标普的信用观察为：正面、负面和发展中。上调/正面表示可能调升评级，下调/负面表示可能调降评级，不确定/发展中表明评级可能调升、调降或不变。列入信用评级观察名单表示可能在短期内对评级进行调整，但并不意味着信用等级一定会发生变化，同样，信用等级的调整也不一定必须先列入信用观察。

观察结果可以是评级上调、下调或确认评级。评级确认即宣布此前评级列入观察名单的结果是评级无调整。与此相关的还有维持评级的概念。维持评级即公告当前的评级仍处于适当水平，信用事件对评级并无直接影响。穆迪表示，评级列入下调或上调观察名单后，通常半数以上的结果是评级发生变化。

---

① 其中，标普和惠誉使用的是 Watch，穆迪使用的是 Review。

② 参见 Langohr & Langohr，2008，176。

信用评级展望和观察在应用中具有以下主要不同点：信用评级展望仅应用于长期评级，一般是对企业、政府的主体评级、结构性融资产品评级等展望；信用评级观察则可应用于长期和短期评级，包括发行人和债务融资工具评级。

第二节　信用评级符号体系的国际应用

一、欧美评级符号体系的实践

根据监管要求，美国全国认可统计评级机构应公开信用评级符号的定义，表6.14是一些中小评级机构的长期评级符号。这些评级机构使用不同的符号对评级级别进行细分。其中多美年的评级符号包括 AAA 到 C、D 四等十级，通过 high、low 实现微调；贝氏、伊根－琼斯、日本信用评级公司、克罗尔使用 + 和 - 符号进行级别微调。表6.14中总信用等级数量是每个评级机构评级符号细分的总数。可以看出，不同评级机构的长期评级符号及序列具有较大的相似性。

表6.14　　　　　　　　部分 NRSRO 评级机构的长期评级符号

贝氏	多美年	伊根－琼斯	日本信用评级公司	克罗尔
Aaa	AAA	AAA	AAA	AAA
Aa	AA	AA	AA	AA
A	A	A	A	A
Bbb	BBB	BBB	BBB	BBB
Bb	BB	BB	BB	BB
B	B	B	B	B
Ccc	CCC	CCC	CCC	CCC
Cc	CC	CC	CC	CC
C	C	C	C	C
D	D	D	D	D
Rs				
总信用等级数量				
23	26	22	20	22

资料来源：SEC。

与长期信用评级符号不同，美国全国认可统计评级机构的短期信用评级符号的差异性较大。其中，仅标普和伊根－琼斯的短期评级符号相近，其他评级机构分别使用了独特的符号体系，如多美年的短期信用评级分为 R－1、R－2、R－3、R－4、R－5 及 D，见表6.15。贝氏、伊根－琼斯、日本信用评级公司、克罗尔的最高级别可以用符号 + 进行细分，多美年评级的 R－1、R－2 可以用 high、middle 和 low 进行细分。

表 6.15   部分 NRSRO 评级机构的短期评级符号

贝氏	多美年	伊根－琼斯	日本信用评级公司	克罗尔
AMB－1	R－1	A－1	J－1	K1
AMB－2	R－2	A－2	J－2	K2
AMB－3	R－3	A－3	J－3	K3
AMB－4	R－4	B	NJ	B
D	R－5	B－1		C
	D	B－2		D
		B－3		
		C		
		D		

资料来源：SEC。

从欧盟区域看，大多数评级机构的长期评级符号体系也具有相似的结构。除了 EIU 公司、ICAP 集团和科韦德外，评级机构的长期评级符号的子级别数量相差较小，覆盖范围一般从 18 个到 27 个，大约是 21 个。例如欧洲评级公司（ERA）有 26 个子集。部分评级机构对不同产品也设置了不同的评级序列子集，例如资本资讯公司适用于公司主体长期信用等级设置了 22 个子集，而主权信用等级则减少了"RS"等级，设置 21 个子集。总体上，信用评级机构一般应用字母符号体系 AAA－AA－A－BBB－BB－B，一些机构增加了 CCC－CC－C 层级，评级机构也会在使用大小写字母方面存在不同。信用评级机构一般应用不同的标识符区别子级别，比如 +/－、high/low、H/L、1/2/3。根据监管法规要求，结构化金融产品评级符号要区别于其他评级符号，评级机构一般在符号中增加后缀 sf。

表 6.16   欧盟部分评级机构长期评级符号比较

评级机构	公司	主权	结构化	担保债券	评级符号体系的子级数量
多美年	有	有	有	有	27
费锐（Feri）	有	有	有	有	21
惠誉	有	有	有	有	21
穆迪	有	有	有	有	21
标普	有	有	有	有	22
德国信用改革评级公司	有		有	有	20
HR 评级（HR Ratings）	有	有	有		20
JCR	有	有	有		21
克罗尔	有	有	有	有	22
BCRA 信用评级（BCRA）	有	有			18
资本资讯公司	有	有			22
ARC 评级	有	有	有		22

评级机构	公司	主权	结构化	担保债券	评级符号体系的子级数量
欧洲评级公司（European Rating Agency）	有	有			26
斯克普评级（Scope）	有		有		20
艾斯克瑞塔（Assekurata）	有				22
贝氏	有				22
埃克塞尔（Axesor）	有		有		23
科韦德（CERVED）	有				13
科锐富	有				20
欧拉艾玛斯评级（Euler Hermes）	有				23
欧洲评级（EuroRating）	有				20
GBB 评级（GBB）	有				22
ICAP 集团（ICAP）	有				10
斯普瑞德研究（Spread Research）	有				22
EIU 公司（EIU）		有			10

说明：1. "有"表明具有此长期评级符号。

2. 未评级、撤销评级、中止评级未被包含在评级数量中。

3. 多美年的担保债券和结构化金融评级符号体系有 26 个子级，没有 SD。

4. JCR 的结构化金融评级符号体系有 20 个子级，没有 LD。

5. BCRA 信用评级的主权评级符号体系有 22 个子级，包括 CCC－、CCC、CCC＋、CC。

6. 资本资讯公司的主权评级符号体系有 21 个子级，没有 RS。

资料来源：ESMA，2015。

欧盟境内评级机构的短期评级符号体系差异较大，子级别数量覆盖 4 个到 13 个。例如，欧洲评级公司（ERA）短期评级符号包括 S－1、S－2、S－3、S－4 和 NS 五个等级，而资本资讯短期评级符号则包括 A1、A2、A3、B、C、RS、SD 和 D。见表 6.17。

表 6.17　　　　　　　　　　欧盟评级机构短期评级符号比较

评级机构	公司	主权	结构化	评级符号体系									合计
穆迪	有	有	有	P－1	P－2	P－3	NP						4
科韦德	有			R－1	S－1	S－2	S－3	V－1					5
大公	有			A－1	A－2	A－3	B	C	D				6
HR 评级	有	有		HR1	HR2	HR3	HR4	HR5					6
BCRA 信用评级	有	有		A－1	A－2	A－3	B	C	D				7
JCR	有	有	有	J－1	J－2	J－3	LD	NJ	D				7
ARC 评级	有	有		A－1	A－2	A－3	B	C	D				7
惠誉	有	有	有	F1	F2	F3	B	C	RD	D			8
克罗尔	有	有	有	K1	K2	K3	B	C	D				9

续表

评级机构	公司	主权	结构化	评级符号体系									合计
资本资讯公司	有	有		A1	A2	A3	B	C	RS	SD	D		9
标普	有	有	有	A−1	A−2	A−3	B−1	B−2	B−3	C	R	SD	D	10
多美年	有	有	有	R−1	R−2	R−3	R−4	R−5	D				10
艾斯克瑞塔	有			A	B	C	D						11
欧洲评级公司	有	有		S1	S2	S3	S4	NS					13
斯克普评级	有		有	S1	S2	S3	S4						5
评级符号体系的平均层级数量													8

说明：1. "有"表明具有此短期评级符号。

2. JCR 的结构化金融评级的短期评级符号中没有 LD。

3. 资本资讯公司的主权评级的短期评级符号中没有 RS。

资料来源：ESMA，2015。

二、亚洲信用评级符号体系的实践

（一）日本

日本主要有五家评级机构，包括两家本土机构——评级投资信息公司（R&I）和日本信用评级公司（JCR），以及标普、穆迪和惠誉。国际三大评级机构在日本展业沿用其国际评级序列。JCR 和 R&I 也采用国际评级序列，长期评级符号与标普、惠誉的较为相似，短期评级符号则存在较大差异。

长期评级符号方面，R&I 的主体评级符号为 AAA、AA、A、BBB、BB、B、CCC、CC、D；债务评级为 AAA、AA、A、BBB、BB、B、CCC、CC、C。R&I 主体信用级别的 CC 表示发行人的所有金融债务都可能违约；D 表示发行人的所有债务都处于违约状态，主体评级序列序列中没有 C。R&I 长期债信用级别 CC 表示违约或极有可能违约，只能部分收回；C 表示债务违约，很难收回。JCR 的长期主体评级符号采用了 AAA、AA、A、BBB、BB、B、CCC、CC、C、LD、D 的序列。其中，C 代表极高违约风险；LD 表示债务人不履行部分债务，但履行其他债务；D 表示所有的债务均已经违约。JCR 长期债务评级符号与其长期发行主体符号基本一致，但缺少了 LD 这一级别。

短期评级符号方面，R&I 采用 a−1、a−2、a−3、b、c，其中 c 表示该期债券已经违约；而 JCR 采用了 J−1、J−2、J−3、NJ、D 的序列，其中 D 表示该期债券已经违约。此外，JCR 还定义了短期主体评级符号，在短期债券评级符号基础上增加 LD，以表示发行人已经对单个偿付义务违约，但未发生其他违约。

JCR 及 R&I 均通过在长期信用评级符号后加上 + 或 − 来细分级别，JCR 长期评级符号 AA 到 B 可以来微调，R&I 长期评级符号 AA 到 CCC 可以微调。对于短期债券评级而言，两家机构在最高评级符号后加上 + 来表示短期债券违约可能性极小。JCR 级别符号的定义适用于结构性金融产品评级，主动评级会在评级符号中加（p）以示区别。从比较可看到，两家机构的长期评级符号体系相似度较高，而短期符号体系差异较大。见表6.18、表6.19。

表 6.18 　　　　　　　　　　　　　　R&I 信用评级符号体系

主体评级	长期债务工具评级	短期债务工具评级
AAA	AAA	a－1
AA	AA	a－2
A	A	a－3
BBB	BBB	b
BB	BB	c
B	B	
CCC	CCC	——
CC	CC	
D	C	

注：主体评级符号中没有 C，从 AA 到 CCC 皆可以进行微调；长期债务工具评级符号从 AA 到 CCC 皆可以进行微调；短期评级符号 a－1 可以用＋进行微调。

资料来源：R&I。

表 6.19 　　　　　　　　　　　　　　JCR 信用评级符号体系

长期主体评级	长期债务评级	短期主体评级	短期债务评级
AAA	AAA	J－1	J－1
AA	AA	J－2	J－2
A	A	J－3	J－3
BBB	BBB	NJ	NJ
BB	BB	LD	D
B	B	D	
CCC	CCC		
CC	CC	——	——
C	C		
LD	D		
D	——		

注：长期评级符号从 AA 到 B 皆可以进行微调；短期评级符号 J－1 可以用＋进行微调。

资料来源：JCR。

（二）韩国

韩国主要评级公司包括国家信息与信用评估公司（NICE）、韩国投资者服务公司（KIS）、韩国评级公司（KR），这三家机构的评级符号体系除了在长期评级符号的微调范围有所区分外，其余基本一致。韩国信用评级机构的长期评级符号体系为 AAA、AA、A、BBB、BB、B、CCC、CC、C 和 D，D 代表已经违约。KIS 和 KR 对 AA 到 B 可以用"＋、－"进行微调，NICE 对 AA 到 CCC 可以用"＋、－"进行微调。针对短期评级，韩国信用评级机构采用了 A1、A2、A3、B、C、D，其中 D 表示已经违约，同时评级机构采用符号"＋、－"对 A2 到 B 进行微调。

表 6.20   韩国评级机构的评级符号

长期评级	短期评级
AAA	A1
AA	A2
A	A3
BBB	B
BB	C
B	D
CCC	
CC	
C	
D	

资料来源：KR 和 NICE，中证鹏元整理。

（三）印度

在印度证券交易委员会登记注册的评级机构共有 7 家。从实践情况来看，印度主要评级机构采用了统一的评级定义，但在评级符号标注机构名称前缀或加后缀进行区别，见表 6.21。

表 6.21   印度部分评级机构的长期评级符号

评级	CRISIL	CARE	ICRA	惠誉	BRICKWORKS
及时偿付金融债务的最高安全程度	CRISIL AAA	CARE AAA	LAAA	AAA（Ind）	BWR AAA
及时偿付金融债务的高度安全性	CRISIL AA	CARE AA	LAA	AA（Ind）	BWR AA
及时偿付金融债务的充分安全程度。但是，环境的变化对此类债务的不利影响比更高级别的债务更大。	CRISIL A	CARE A	LA	A（Ind）	BWR A
目前在及时支付金融债务方面的适度安全；不断变化的情况更有可能导致支付利息和偿还本金的能力减弱。	CRISIL BBB	CARE BBB	LBBB	BBB（Ind）	BWR BBB
及时支付金融债务的安全性不足；不太可能在不久的将来违约。	CRISIL BB	CARE BB	LBB	BB（Ind）	BWR BB
更大的违约可能性；虽然目前已履行金融义务，但不利的业务或经济条件将导致无力或不愿支付利息或本金。	CRISIL B	CARE B	LB	B（Ind）	BWR B
易受违约影响；只有在有利情况持续的情况下，才能及时支付金融债务。	CRISIL C	CARE C	LC	CCC（Ind），CC（Ind）	BWR C
违约或预计在预定付款日期违约。这些工具具有极高的投机性，只有在重组或清算时才能实现这些工具的回报。	CRISIL D	CARE D	LD	DDD（Ind），DD（Ind），D（Ind）	BWR D

续表

评级	CRISIL	CARE	ICRA	惠誉	BRICKWORKS
评级为"N.M"的金融工具表明，存续期评级毫无意义。其中包括发行人的重组或清算，债务在法院或法定机构等处存在争议。	NM				

说明：信用评级机构可以对 AA 到 C 的评级应用 + 或 − 符号，以反映该类别中的细分级别。

资料来源：MOF，2009。

从 CRISIL 和 CARE 的评级符号来看，除了评级符号中的公司简称前缀，这些机构的长期和短期评级符号大致相同，比如长期基础符号采用了 AAA、AA、A、BBB、BB、B、C 和 D。CRISIL 和 CARE 的长期符号从 AA 到 C 可以用 + 和 − 进行微调，短期符号从 A1 到 A4 可以用 + 进行微调，见表 6.22、表 6.23。

图 6.22　　　　　　　　　　　**CRISIL 信用评级符号体系**

长期评级符号	短期评级符号	公司信贷评级符号	固定存款评级	金融实力评级
CRISIL AAA	CRISIL A1	CCR AAA	FAAA	AAA
CRISIL AA	CRISIL A2	CCR AA	FAA	AA
CRISIL A	CRISIL A3	CCR A	FA	A
CRISIL BBB	CRISIL A4	CCR BBB	FB	BBB
CRISIL BB	CRISIL D	CCR BB	FC	BB
CRISIL B		CCR B	FD	B
CRISIL C		CCR C		C
CRISIL D		CCR D		D
		CCR SD		

注：结构化金融评级是在符号增加后缀（SO），例如 CRISIL AAA（SO）、CRISIL A1（SO）。

资料来源：CRISIL。

表 6.23　　　　　　　　　　　**CARE 信用评级符号体系**

发行人评级	长期债务评级	短期债务评级
CARE AAA（ls）	CARE AAA	CARE A1
CARE AA（ls）	CARE AA	CARE A2
CARE A（ls）	CARE A	CARE A3
CARE BBB（ls）	CARE BBB	CARE A4
CARE BB（ls）	CARE BB	CARE D
CARE B（ls）	CARE B	
CARE C（ls）	CARE C	
CARE D（ls）	CARE D	

资料来源：CARE，中证鹏元整理。

（四）马来西亚

马来西亚主要的评级机构包括大马信用评级公司（RAM）、马来西亚评级公司（MARC）。针对主体信用等级，MARC 长期评级采用了 AAA，AA，A，BBB，BB，B，C 的评级符号；短期评级采用了 MARC－1、MARC－2、MARC－3、MARC－4、SD、D 的评级符号，其中 SD 表示出现部分违约，D 表示债务已经大部分或全部违约。RAM 的长期主体评级符号体系采用了 AAA、AA、A、BBB、BB、B、C、D，短期评级符号采用了 P1、P2、P3、NP、D，其中 D 表示已经违约。

针对债务融资工具评级，MARC 和 RAM 对长期债券均采用了 AAA、AA、A、BBB、BB、B、C、D 的评级符号体系；对短期融资工具采用的符号则有较大差异，见表 6.24、表 6.25。

表 6.24　　马来西亚评级公司（MARC）评级符号体系

债务评级		发行人评级		伊斯兰债券	
长期	短期	长期	短期	长期	短期
AAA	MARC－1	AAA	MARC－1	AAA_{IS}	$MARC－1_{IS}$
AA	MARC－2	AA	MARC－2	AA_{IS}	$MARC－2_{IS}$
A	MARC－3	A	MARC－3	A_{IS}	$MARC－3_{IS}$
BBB	MARC－4	BBB	MARC－4	BBB_{IS}	$MARC－4_{IS}$
BB	D	BB	SD	BB_{IS}	D_{IS}
B		B	D	B_{IS}	
C		C		C_{IS}	
D				D_{IS}	

注：长期主体评级符号从 AA 到 B 皆可以进行微调。
资料来源：MARC，中证鹏元整理。

表 6.25　　大马评级公司（RAM）评级符号体系

国内		东盟		国际	
长期	短期	长期	短期	长期	短期
AAA	P1	seaAAA	seaP1	gAAA	gP1
AA	P2	seaAA	seaP2	gAA	gP2
A	P3	seaA	seaP3	gA	gP3
BBB	NP	seaBBB	seaNP	gBBB	gNP
BB	D	seaBB	seaD	gBB	gD
B		seaB		gB	
C		seaC		gC	
D		seaD		gD	

注：对于中长期评级，RAM 在 AA 至 C 的每个评级符号中应用下标 1、2 或 3。
资料来源：RAM，中证鹏元整理。

由于马来西亚伊斯兰金融的存在，MARC 和 RAM 针对伊斯兰债券均有单独的评级符号体系，MARC 通过在常规评级符号后加 IS 的后缀下标加以区分；RAM 伊斯兰债券的评级符号和常规符号一致，但其释义与常规符号释义存在差别。此外，RAM 还有东盟评级体系和国际评级体系，分别通过在常规符号加前缀下标 sea 和 g 加以区分，例如东盟级别标准 seaAAA、国际级别标准 gAAA。RAM 从 AA 到 C 的每个评级类别中应用下标 1、2 或 3 来微调，MARC 长期级别符号从 AA 到 B 用 + 和 − 来微调。此外，MARC 会通过在评级符号后标注 bg（银行担保）、cg（企业担保）和 s（其他担保）来标示出担保状态。

三、其他部分国家和地区的信用评级符号

（一）南非

南非在 2012 年发布了《信用评级服务法案》，其评级监管部门为南非金融部门行为监管局（FSCA）。FSCA 注册了三个评级机构，外资机构分别为标普（2018 年 7 月注册）和穆迪（2014 年 5 月注册）的分支机构，本地评级机构为全球信用评级公司（简称 GCR，2013 年 12 月注册）。标普、穆迪和惠誉三大评级机构均在南非建立了区域评级序列。其中穆迪南非本地评级序列是在其国际评级符号基础上增加了后缀 za，标普是在其国际评级符号基础上增加了前缀 za，而惠誉则是增加后缀 zaf。

南非的全球信用评级公司建立了国际与区域评级序列。GCR 的国际评级序列区分为长期与短期信用评级：短期评级符号包括 A1 +、A1、A1 −、A2、A3、B、C 以及 LD/DD；长期评级符号包括 AAA、AA、A、BBB、BB、B、CCC 以及 LD/DD，其中从 AA 到 B，可以使用 + 或 − 进行微调。GCR 的区域评级序列是在其国际评级符号基础上，增加后缀 xx 进行表示，xx 代表区域名称。

（二）俄罗斯

俄罗斯境内两家评级机构专家评级公司（ExpertRA）和分析信用评级公司（AC-RA）的评级符号体系存在一定差异。ExpertRA 分别针对非金融企业、银行及保险机构制定了评级符号体系。非金融企业的评级符号从高到低依次为 AAA、AA、A、BBB、BB、B、CCC、CC、C 及 D，其中除 AAA 及 CCC 以下等级外，其余等级均可以用 + 或 − 进行微调；银行评级符号在非金融企业评级符号基础上增加了 E 级，当银行进入清算程序或被吊销营业执照就被评为 E 等级；保险机构的评级符号体系则以 Class D 和 Class E 分别代指保险机构破产、清算或被吊销营业执照两种状态，其他等级符号则与非金融企业保持一致。ExpertRA 的俄罗斯本地评级序列是增加了前缀 ru。

ACRA 建立了国际评级序列及针对俄罗斯本地评级序列。ACRA 国际评级序列从高到低依次为 AAA、AA、A、BBB、BB、B、CCC、CC、C 及 D，其中从 AA 到 B 等级均可以用 + 或 − 进行微调。ACRA 的俄罗斯本地评级序列与其国际评级序列基本一致，但增加了后缀（RU），同时增加了 RD（RU）及 SD（RU）两个等级，前者指受评主体被监管部门接管，后者指受评主体对某一类债务违约，但仍将履行其他债务。ACRA 针对结构化产品评级符号是在其评级符号基础上增加了 sf。

四、统一信用评级符号体系的分析

（一）评级符号统一的优劣对比

评级符号统一的优势为：第一，评级行业中使用统一的评级符号，有助于市场快速学习和理解评级结果的含义，便于投资人和发行人对评级结果的使用，有助于对机构间信用评级结果的比较。第二，对于评级行业监管部门，统一评级符号体系有利于设立统一的标准，降低监管成本，更高效地掌握市场风险变化情况，也便于市场各方理解和使用相关政策。第三，有利于评级行业信用数据的积累。在统一评级符号体系下，可积累长期的信用评级数据，对等级迁移、违约率等市场表现数据进行统一口径下的统计和计量，便于监控市场整体的信用风险。

但是，评级符号统一的劣势为：第一，不利于区分各个评级机构在评级方法和评级结论上的差异。评级方法和技术体系是评级机构的核心竞争力，评级符号是其最终表现。理论上来说，不同的评级方法和技术体系应表现为不同的评级结论和评级符号，而统一的评级符号无法体现各评级机构在评级方法和评级结论上的差异。统一评级符号可能使得使用者仅关注最终的评级结果，影响其对信用风险的判断及对评级结果的认识和理解。第二，可能导致评级市场中因级别竞争而产生劣币驱逐良币的现象。使用统一的评级符号体系，客观上助长了发行人追求高级别的潜在需求，在发行人付费制度下，可能会导致"级别竞争"现象，使得市场份额被采用较为宽松评级标准的评级机构挤占。

（二）国际监管探索

作为评级结果的主要体现，评级符号体系是评级机构对被评级对象信用质量的简单、明了的表示。从以上分析可以看出，评级机构针对不同评级产品设计了不同的评级符号，各国和地区的长期评级符号体系相似度比短期评级符号体系大。针对是否需要统一不同评级机构的评级符号体系，以给信用评级的使用者提供一致的评级等级定义，不同市场参与者有不同的看法。

美国、欧盟未强制采用统一的评级符号，监管重点在于要求公开披露评级符号及其定义，并对结构性融资工具设有特殊的评级符号。《多德—弗兰克法案》第 938 部分提出，NRSRO 机构要清晰地定义和披露信用评级符号含义，不禁止 NRSRO 机构对不同类型的证券和货币市场工具运用单独的评级符号[①]。此外，《多德—弗兰克法案》第 939（h）部分提出，美国证监会应对"信用评级术语标准化，以使所有评级机构可以用统一的术语做出评级"等方面的可行性开展研究，向国会提交包含研究成果和建议的报告。

美国证监会于 2012 年 9 月向国会提交工作报告[②]认为，对评级符号和定义的标准化可能对评级机构之间的评级比较提供便利，并减少控制评级级别的机会；但是，考虑到评级机构不同的信用等级的数量和特点，对评级符号和定义进行统一是不可行的，并且，要求评级术语的标准化可能降低评级机构提高评级方法的动力。因此，美国证监会

[①] 参见 SEC, Final rules, Release No. 34 – 72936；File No. S7 – 18 – 11, 2014. 8, pp. 454 – 456。

[②] 参见 SEC, 2012 Staff Report on Credit Rating Standardization。

表示，重要的是增加评级质量和方法论的透明度，而不是执行信用等级符号等评级方法和技术的标准化。

欧盟也未对信用评级符号进行统一规定。欧盟《信用评级机构监管法规》规定，信用评级机构应披露信用等级的含义；当评级机构开展结构性融资工具的信用评级时，应当确保使用特别符号。欧盟证券和市场管理局（ESMA）指出[①]，对评级符号进行简单统一或基于历史表现建立映射，难以反映出不同评级机构评级方法的差异，不利于评级机构在评级质量方面的竞争。ESMA认为，监管部门与其统一评级符号体系，不如更好地加强对评级机构的信息披露，让评级机构披露清晰的级别定义、评级结果以及质量检验结果，由使用方根据披露的评级信息对评级质量进行判断，独立决定使用哪家评级机构的评级结果。

但是，欧盟委员会提出了不同的建议。针对欧盟信用评级行业集中度没有下降的问题，欧盟委员会认为，除了发挥监管法规中促进竞争的措施外，还有其他促进竞争的方式，鉴于专业知识和声誉的重要性，在促进信用评级竞争的同时还应鼓励信用评级机构提升专业水平和声誉（EC，2016）。这些具体方式有：对信用评级机构的表现进行记录和量化考评，完善欧央行合格外部信用评级机构认可体系[②]，鼓励发行人通过竞争性招标选用信用评级机构等。而统一评级符号体系被欧盟认为是一项有助于市场参与者评估信用评级质量的措施。如果各个评级机构出具的评级等级具有相同的解释，例如，AAA或最高等级总是意味着1/1000的违约概率，那么市场参与者就会有一个相对客观的评估方法。这将增强市场参与者识别信用评级质量的能力，加快新进入评级机构获得市场声誉的进程。

日本、韩国等其他国家或地区监管机构也未对评级符号统一提出明确要求，只是要求信用评级机构公开披露其使用的信用评级符号及含义，但在市场实际运行中，部分国家的评级符号相似度很大，如韩国。也有个别国家和组织对信用评级符号和定义进行了监管统一，如我国和印度。2011年1月，印度证监会提出建议，为了便于投资者理解，确保评级标准的公正公平，注册的评级机构应统一信用评级的定义。实际上，印度主要评级机构在之前已采用了统一的评级定义，但在级别前面标注机构名称以进行区别。中国人民银行在2006年11月发布金融行业标准，统一了信贷市场和银行间债券市场的评级符号和定义，这个标准实际上也成为整个评级行业的标准约束。国际保险业监管协会（IAIS）将外部评级进行了统一映射，在全球保险资本标准（ICS）中将国际评级机构出具的级别对应到ICS划分的七个等级。以标普为例，其所评AAA、AA（A-1）、A（A-2）、BBB（A-3）、BB、B和CCC及以下级别分别对应ICS的1~7级。

一般认为，发行人选择评级机构在很大程度上取决于评级机构在投资者中的接受程度。但是，如果评级符号体系完全统一，是否阻碍了信用评级机构的特性和方法差异，从而降低了评级的竞争性，这是需要分析的问题。在各国和地区，评级符号体系是否统

---

① 参见 ESMA，Report on the Possibility of Establishing One or More Mappings of Credit Ratings Published on the European Rating Platform（ESMA/2015/1473），2015。

② 欧盟委员会认为，因欧央行只认可了四家 ECAI，这对其他中小评级机构提高声誉造成不公平竞争。

一主要取决于当地金融市场的发展状况、监管要求、评级服务需求，以及投资者、发行人、监管方等各相关方对信用评级的理解和接受程度。从评级机构的角度来说，评级符号是评级机构的核心竞争力，是评级方法和技术体系的最终体现。一般来说，评级机构应保持评级符号体系的稳定性，但需随评级方法和技术体系的更新而完善。

第七章　信用评级质量的检验

第一节　违约的概念

根据评级对象的不同，信用评级可分为主体评级和债项评级。一般情况下，债项评级是对发行的债务融资工具的违约可能性和违约损失程度的评定，违约可能性和预期违约损失程度分别利用违约概率和违约损失率进行计算；主体评级是对受评主体按期偿还其债务的能力和意愿的综合评价，评定的级别代表其违约的可能性，即违约概率。对评级质量高低程度的检验有一系列的技术方法，这些评级质量的检验技术一般与违约率等计算有着紧密的关系。

一、违约率与信用评级的关系

（一）基本概念

1. 违约的含义

一般认为，如果不能及时按照既定的契约偿还债务，就定义为违约。各个评级机构对于违约有相似但又不完全相同的界定；而针对不同的对象，违约的定义也会有所差别。

穆迪定义以下4类事件构成债务违约：（1）未能按照协议的规定支付或延期支付合同债务的利息或本金，不包括在合同允许的宽限期内补缴未付款；（2）债务发行人或债务人申请破产或接受法律接管，可能导致未来应偿还的合同债务不能支付或延期支付；（3）发生以下对债权人不利的交换或重组的两种折价交易：一是债务人向债权人提供新增或重组债务，用于交换原始具有较多金融义务的债务；二是该交换和重组有明显的帮助债务人避免违约的意图；（4）主权政府修改协议的支付条款，导致金融债务缩减，例如强制改变币种或强制改变最初承诺的指数化或期限等其他方面。

标普对违约状态的定义是：违约是指债务人首次对债务未能按时、或未在指定的宽限期内履行支付义务，不包括在宽限期之内支付逾期利息等债务的情况，债务包括评级的或者未评级的，但不包括优先股和存在争议的债务；违约还包括不利于债权人的交换，即债权人被迫接受票息降低、期限延长或其他条款减少的方式替换原始债务。

根据惠誉定义，违约主要体现在以下三个要点：（1）债务人未能按照合同约定及时支付金融债务的本金或利息，但宽限期内偿还债务本息不在违约范畴内；（2）债务人申请破产保护、被接管、清算或停业；（3）发生债务置换，债权人被提供一种较原来债券价值低的债券，该债券的条款不如原债券。

根据《巴塞尔资本协议》，当债务人出现了下述一种或多种情况时被视为违约：（1）有充分证据证明债务人不能全额偿还其借款，包括本金、利息和手续费；（2）债务人的信用状况下降，例如冲销特别准备，或被迫进行债务重组，包括本金、利息、手续费的减免和延期；（3）债务人超过到期日90天仍未偿还债务；（4）债务人或债权人已申请债务人的企业破产。

中国银监会2012年发布的《商业银行资本管理办法》定义：债务人出现以下任何一种情况应被视为违约：（1）债务人对银行集团的实质性信贷债务逾期90天以上。若债务人违反了规定的透支限额或者重新核定的透支限额小于目前的余额，各项透支将被视为逾期。（2）商业银行认定，除非采取变现抵质押品等追索措施，债务人可能无法全额偿还对银行集团的债务，包括核销、消极重组、贷款出售、破产等情况。

可以看出，虽然以上的违约定义不尽相同，但基本都包含了三个方面的主要特征：一是未及时履行还款义务；二是发生破产或重组；三是出现低价交易。针对宽限期内偿还债务的情况，穆迪、惠誉和标普也不算做违约，但《巴塞尔资本协议》等将债务逾期90天以上算作违约。

针对违约定义的差异，为了统一评级违约率和转移矩阵的信息披露，以有利于对不同评级机构间的评级质量进行比较，2014年8月美国证监会在监管规则中给出了违约的标准定义[①]。这个违约定义并没有对违约内容完全限定，而是给予评级机构一定的差异化定义空间。这个定义规定，NRSRO申请者或NRSRO机构必须将如下任一情况归为违约：（1）债务人或者发行人没有按照合约条款及时地支付本金或利息；（2）证券或货币市场工具面临账面价值减记、实际损失或其他债务本金的减值；（3）NRSRO申请者或NRSRO机构根据自身的定义将债务人、证券或货币市场工具划分为违约的情形。本金减损将导致债券持有者受到损失，这是因为计算利息所得的基础——本金账户已经减少了，所以这通常会被认为是一种债券违约。

美国证监会对违约标准定义的第三条应用于信用评级机构已经定义了违约的情形，其目的是在标准化定义中增加评级机构的较为宽泛的定义，这将可以包括最常见的违约情况[②]。美国证监会特别说明，不要求NRSRO机构使用这个违约的标准定义去确定和指导评级，只要求在计算评级违约率统计数据时使用标准定义，为此，这个定义及相关规则没有干涉评级的实质性内容、流程或方法。

2. 违约率的相关概念

违约率是指在给定时间段内，发生未能偿还到期债务等违约情况的实际比例，是债务人的实际违约情况。违约概率则是对未来发生不能按照既定的契约偿还到期债务等违约情况的一种可能性估计。因此，违约率是对过去事项的统计，是实际的违约结果；而

---

① 参见SEC, Final rules, Release No. 34 – 72936；File No. S7 – 18 – 11, 2014.8, p.196。

② 参见SEC, Final rules, Release No. 34 – 72936；File No. S7 – 18 – 11, 2014.8, pp.198 – 199。

违约概率则是针对未来违约可能的一种估计[①]。

理论上，违约率可以用违约的债务人数量、违约笔数或金额与全部债务人数量、债务笔数或金额的比率表示。在实际计算中，前两种计算方式应用较多。国际三大评级机构中，穆迪同时计算两种违约率，标普和惠誉均仅计算基于发行人数目的违约率。值得注意的是，对于利用违约率来进行信用评级结果检验来说，以债券金额为基础的统计方法，会使得统计出的违约率过多地受到待偿金额较大债务人的信用状况影响。

与违约率相关的概念还有违约损失率。违约率与违约损失率是不同的两个概念。违约损失率是指违约发生时风险暴露的损失程度，即在发生违约的前提下，实际损失的金额与风险敞口的比率。风险敞口也叫做风险暴露，是指债权人在债务人违约时可能承受风险的业务余额。以金额计算方法为例，假如某银行在某个到期日的全部贷款仅为借款企业 A 的一笔 1000 万元的贷款，而企业 A 由于经营失败，这笔贷款确定只能偿还 200 万元，则计算的违约率应为 100%，违约损失率则为 80%。当发生违约时，违约债券持有者通常会回收其投资面值的一部分，这部分实际回收资产占风险暴露的比率被称为违约回收率，也被称为违约挽回率。违约损失率 L 和违约回收率 R 的关系如下：

$$L = 1 - R \tag{7.1}$$

当债务工具发生减值或违约时，穆迪对该工具的评级将反映对本息回收率的预期以及围绕该预期的不确定性。如表 7.1 所示，预期回收率高于 95% 的违约债券可以获得 B 评级，反之，要获得 B 评级，预期回收率的确定性应当较高。

表 7.1 穆迪预期回收率与对应评级关系

预期回收率	非结构融资	结构融资
99% ~ 100%	B1	B1（sf）
97% ~ 99%	B2	B2（sf）
95% ~ 97%	B3	B3（sf）
90% ~ 95%	Caa1	Caa1（sf）
80% ~ 90%	Caa2	Caa2（sf）
65% ~ 80%	Caa3	Caa3（sf）
35% ~ 65%	Ca	Ca（sf）
低于 35%	C	C（sf）

资料来源：穆迪。

（二）违约率、违约概率和信用评级的映射

违约率是实际的统计情况，而违约概率是对未来的估计。由于信用评级的结果是对被评对象未来违约可能的预估，因此通过预期的违约概率与实际的违约率进行对比，可

---

① 《巴塞尔资本协议Ⅱ》规定，对公司和银行暴露，违约概率是借款人内部评级一年期违约概率和 0.03% 中较大的数值。对主权暴露，违约概率就是借款人内部评级一年期的违约概率。2017 年《巴塞尔资本协议Ⅲ》将违约概率（PD）的最小值由 0.03% 提高到 0.05%。

以对评级结果进行事后检验。评级机构可以根据检验结果对评估方法体系进行修改完善，提高内部质量控制水平。事后检验也可以增强评级透明度和评级结果的可信度，有利于投资者利用评级结果确定投资风险和辅助进行投资决策。

违约概率是一个未知的参数，必须通过可以观察到的数据进行分析估计，才能够应用在实际的风险管理之中。最简单的违约概率计算方法是通过取得不同时间违约率的平均值得到。但是，违约情况往往导致考察对象集合的时间序列中止，并且违约率的统计也会受到经济变化、样本规模、统计时间区间、计算方法不同等因素的影响，违约率还需要经过经济周期和大数据量的检验和调整才更具有准确性。因此，一般不能用违约率直接估计违约概率，而是建立一些可观察的变量与违约概率之间的关系模型来实现，考虑的变量可以是微观的财务信息，也往往包括宏观经济状况、GDP 变动等宏观变量。

总体上，违约率、违约概率和信用评级三者之间的关系有以下几个要点：一是评级级别与违约率、违约概率一般具有反向关系。评级的目的是揭示信用风险，一定的级别代表了一定的风险和违约概率，级别越高，其违约的可能性越小。二是评级级别不对应固定的违约率。违约率由经济周期、行业特征、企业管理以及财务状况等多方面因素决定，对于不同时期或不同被评对象是变化的，评级级别没有与一个固定的违约率对应。三是违约率使不同评级机构的评级具有一定的可比性。信用评级是评级机构根据所掌握的信息、技术方法及模型给出的未来风险预测，由于评级方法、技术人员经验等差异，评级机构评定的结果可能存在较大的差异，不同评级机构给出的同一个信用级别所代表的风险程度存在不同。作为对评级质量的检验手段，违约率的统计有助于不同评级机构的评级结果进行对比分析。

需要注意的是，从投资角度看，违约率不能作为投资决策的唯一考虑因素。如果某个债券组合的收益率很高，足以抵消违约损失，那么很可能该债券组合在出现违约的同时收益情况反而较好，甚至超过国债。此外，由于违约债券持有者通常会回收其投资面值的一部分，因此违约损失率低于违约率。违约率强调了债券组合可能遭受的最坏结果（假定所有违约债券都完全失去了价值），评估投资于债券的潜在收益不仅需要理解违约率和违约损失率，还需要理解不同投资期内的总收益率①。

二、违约率的计量方法

理论上，根据样本空间、违约及时间区间等变量的不同定义，可以有多种方法计算信用级别所对应的违约率，这些计算方法可归为三类：户数法、笔数法和金额法，即对每一信用级别的违约情况进行统计，将违约户数、违约笔数或违约金额分别与该级别所对应的总户数、总笔数或总金额进行比较，得出该信用级别的违约率。下面主要以发行人户数法说明违约率的计算方法。

（一）样本分析理论

在违约率的具体计算中，首先需要确定考察样本空间。由于随着时间的推移，原始

---

① 法博齐. 债券市场分析与策略（第七版）［M］. 路孟佳译，北京：中国人民大学出版社，2011，164 – 165.

考察样本会因为违约、债券到期、评级撤销等因素而发生变化，因此，计算违约率需要从历史数据中筛选出样本数据，并确定当样本中个体的信用状况和级别发生变化时，对样本进行调整的规则。针对样本空间的不同确定方式，一般分为静态池方法和动态群组方法。例如，惠誉、标普使用静态池方法计算违约率、统计信用等级迁移率，穆迪则使用动态群组方法。

1. 静态池方法

所谓静态池是在每期期初形成的样本集合，例如在年初建立样本集合，包括所有在该时点之前参与评级并存续的债务发行人。在统计分析中，所有的发行人都同时属于一个或几个静态池。这种样本空间之所以被称为是静态的，是因为其组成内容是保持不变的，在下一期的期初，根据当期新增的发行人以及在前一个静态池中依然存续的债务发行人，构建出新的静态池。当一个发行人违约，这个违约将被追溯到其过去所有曾归属的静态池，并从接下来的静态池中去除；对于那些评级撤销的发行人，将会从接下来的静态池中去除，但不影响历史静态池。撤销评级是指，当债务人的所有债务被偿付、受评债务中止、债务人发生并购或者缺少合作等因素时，评级机构取消评级的情况。

例，一个评级对象于 2001 年 6 月首次评级，2006 年被撤销评级。那么该评级对象就可以被列入 2002 年、2003 年、2004 年、2005 年的一年期静态池，观察多年期的表现时可以纳入 2002 年度样本的两年期（2002～2003 年）、三年期（2002～2004 年）和四年期（2002～2005 年）的静态池中，但不能纳入五年期的静态池中，因为该评级对象的级别在第五年被撤销。

当某一个发行主体违约时，其所属的所有静态池都会被视为发生了一次违约事件。静态池法又称为未调整法，这是因为静态池是对撤销评级不进行调整的方法，撤销评级的主体只会影响撤销之后建立的静态池。为了计算违约率，静态池法会持续跟踪被撤销评级，一旦观察到撤销评级的主体违约，该违约事件也会计入所在静态池的违约个数中。

在静态池法中，由于不对评级撤销做调整，y 年[①]信用等级为 z 的群组，在时段 t（时刻 t 至时刻 $t+1$）的初始时刻有效发行人数量 $n_y^z(t)$ 的计算方法为：群组最初的发行人数量减去 t 时刻之前的所有违约的发行人数量之和：

$$n_y^z(t) = n_y^z(0) - \sum_{i=1}^{t-1} x_y^z(i) \tag{7.2}$$

其中，$n_y^z(0)$ 为 y 年信用等级为 z 的群组在初始时刻（0 时刻）的发行人数量；$n_y^z(i)$ 为 y 年信用等级为 z 的群组在时段 i 违约的发行人数量。

2. 动态群组方法

动态群组采用与静态池类似的构建方式，群组是由各等级的发行人组成的，自期初群组建立之时开始，跟踪群组中发行人信用等级的变化和违约情况，以此来统计每个群组中各等级发行人的违约率。

动态群组方法是动态的原因在于，当群组中某一个发行人评级被撤销时，将追溯至

---

① y 表示日历时间，一般为年初。

原始的动态群组，并对其进行调整，即从撤销以前的群组中剔除，这是与静态池方法的主要差别。因此，动态群组法又被称为撤销调整法。

动态群组法会对评级撤销做出调整，群组在时间段 t 开始时的有效发行人个数为，期初群组的总发行人个数减去在时间段 t 之前发生违约的发行人个数及发生评级撤销的发行人个数，此外，再减去时段 t 内撤销评级的发行人数量的一半[①]。所以，y 年信用等级为 z 的群组，在时段 t 初始时刻有效发行人数量 $n_y^z(t)$ 的计算方法为：

$$n_y^z(t) = n_y^z(0) - \sum_{i=1}^{t-1} x_y^z(i) - \sum_{i=1}^{t-1} w_y^z(i) - \frac{1}{2} w_y^z(t) \qquad (7.3)$$

其中，$n_y^z(0)$ 为 y 年信用等级为 z 的群组在初始（0 时刻）的有效发行人数量；$x_y^z(i)$ 为 y 年信用等级为 z 的群组在时段 i 违约的发行人数量，$w_y^z(i)$ 为 y 年信用等级为 z 的群组在时段 i 发生评级撤销的发行人数量。

3. 两种方法的主要区别

总体来说，动态群组法和静态池法的主要区别在于对撤销评级的调整方法不同。在静态池法中，撤销评级的发行人需要从撤销以后的静态池中剔除。如果撤销评级的发行人违约，对撤销以后的违约数量不造成影响，但要计入撤销以前的违约数量中。

在动态群组法中，对于撤销评级的发行人，需要从撤销以后及撤销以前的群组中都剔除，即在撤销前已组建的群中也要自撤销年度起，剔除该主体后进行违约率计算。由于将撤销评级的发行人从撤销以前的群组中剔除，动态群组法在计算违约率时分母较小，这导致动态群组法计算的边际违约率和累积违约率大于静态池法下的计算结果。

（二）违约率的计算

1. 边际违约率

边际违约率是指，在时段 t 的初始时刻存在于样本空间内的发行人，在时段 t 内发生违约的概率。边际违约率计算的是每一个考察期间内的违约率情况，即单位时间内样本空间中违约个体所占的百分比。当单位时间为一年时，也称为年度违约率。

定义 $d_y^z(t)$ 为第 y 年信用等级为 z 的样本空间在时段 t 的边际违约率，其计算公式如下：

$$d_y^z(t) = \frac{x_y^z(t)}{n_y^z(t)} \qquad (7.4)$$

其中，$x_y^z(t)$ 为第 y 年信用等级为 z 的样本集合在时段 t 内违约的发行人数量；$n_y^z(t)$ 为该样本集合在 t 时段的初始时刻的有效发行人数量，有静态池法和动态群组法两种计算方式。

与边际违约率相对的概念是边际生存率，即在初始时刻存在于样本集合内的发行人，在结束时刻时没有发生违约的概率。定义 $s_y^z(t)$ 为第 y 年信用等级为 z 的样本集合在 t 时段的边际生存率，其计算公式为：

$$s_y^z(t) = 1 - d_y^z(t) \qquad (7.5)$$

---

① 评级机构认为，撤销评级需要一段时间的审查时间，因此可以看作在时间段中点发生，即取第 t 时段内的撤销评级发行人数量的一半。

2. 累积违约率

累积违约率是指某一个等级的发行人在整个 T 时段内的累计的违约率，T 为时间长度。定义 $D_y^z(T)$ 为 y 年信用等级为 z 的样本集合在时段 T 内的累积违约率，则 $D_y^z(T)$ 的计算方法为 1 减去第 1 时段、第 2 时段、…、第 t 时段的边际生存率之积，其公式如下：

$$D_y^z(T) = 1 - \prod_{t=1}^{T} s_y^z(t) = 1 - \prod_{t=1}^{T} \left[1 - d_y^z(t) \right] \qquad (7.6)$$

可以看出，累积违约率实际上是一种条件概率。每个时段发行人存在违约或未违约两种状态，未违约的发行人在下一个时段又会发生违约或不违约。因此，可以用 1 减去所有时段都没发生违约的概率乘积，计算整个时期的累积违约率。

3. 平均边际违约率和平均累积违约率

考察一个较长时间内各个违约率的平均值，可以反映宏观经济影响和信用周期的情况。在平均违约率计算中，通常有平均边际违约率和平均累积违约率两种计算方法。定义 $\overline{d^z}(t)$ 为 t 时段内信用等级为 z 的样本集合在历史区间 Y 内的平均边际违约率，其计算方法如下，其中 $x_y^z(t)$ 为 y 年信用等级为 z 的样本集合在时段 t 内违约的发行人数量：

$$\overline{d^z}(t) = \frac{\sum_{y \in Y} x_y^z(t)}{\sum_{y \in Y} n_y^z(t)} \qquad (7.7)$$

定义 $\overline{D^z}(T)$ 为在时段 T 内信用等级为 z 的样本集合在历史区间 Y 内的平均累积违约率，其计算方法如下：

$$\overline{D^z}(T) = 1 - \prod_{t=1}^{T} \left[1 - \overline{d^z}(t) \right] \qquad (7.8)$$

平均累积违约率可以综合考察不同时期样本的违约情况，因此这一指标克服了边际违约率只能考察单位时间内发生违约情况的不足。需要注意的是，为减少在平均值计算中可能会受到不同个样本群规模差异的影响，在实际计算中，往往需要对违约率的值进行加权平均。即基于边际违约率，对每个样本群的违约率进行权重处理，从而得出平均边际违约率。

第二节　风险及违约概率的计量方法

随着风险评估技术的发展，信用风险度量中常用的违约概率计算方法有以下几类：专家打分法、基于会计数据的模型、基于市场价格的模型等分析方法。其中基于会计数据的模型又分为单变量研究法、多变量模型分析（包括二元选择模型、多元判别分析、混合模型等）；基于市场价格的模型分析包括 BSM 模型、KMV 模型等。

一、专家打分法

专家打分法的基本过程为：通过选取一定的定量指标（财务指标）和定性指标，

通过专家判断或其他方法设定每一指标的权重，由分析人员根据事先确定的打分表对每一指标分别打分，再根据总分确定其对应的信用级别。专家打分法比较有代表性的有5C、5P、5W、CAMPARI 要素分析法以及骆驼评级体系等[①]。如，5C 是指品质（Character）、能力（Capability）、资本（Capital）、经营环境（Condition）及担保情况（Collateral）。通过对这几方面要素的分析，揭示债务的总体信用风险。专家打分法的方法类似，但分析的要素和权重会有差别。

一些商业银行根据自身的经营业务和特点，设计了不同的基于专家打分法的内部评级体系，并将对客户的信用等级与最终的授信额度结合起来，作为发放贷款的依据。我国一些评级机构和商业银行在服务小微企业中，总结了一些有地域和行业规模特色的专家评估方法。例如利用"三品三表"（三品是指人品、产品、物品，三表是指水表、电表、海关报表），通过"B + C"（B 是指小微企业，C 是指小微企业主）、"线上 + 线下"、"定性 + 定量"的评级模式，按行业细分设计了不同种类的评分卡模型，从资本实力、偿债能力、履约能力、经营能力和发展能力等维度进行具体指标分析，对小微企业进行信用评级。

专家打分法主要依据专家经验判断，缺乏数理统计基础，其准确性不仅取决于制定模型的专家水平，还与模型操作过程中分析人员的水平有较高的相关性，因此专家打分法的准确性有较大的不确定性。由于现实环境复杂和不确定性因素多，专家经验在信用风险分析中仍是重要的。

二、基于财务数据的模型

对公司的违约概率较早的实证研究是多元判别分析方法（MDA），在此方法基础上发展起来的二元选择模型和混合模型是应用较多的评级模型设计方法。该类模型通过对公司的多项指标进行分析，综合得出一个评分或者违约概率，以区分被评对象的信用质量。

（一）多元判别分析方法

在多元判别分析方法之前，曾有对单个指标预测违约状况的研究。单变量研究方法试图通过较为单一的指标预测公司的财务危机，从而判定公司信用风险的大小。比弗（Beaver，1966）研究认为，现金流与债务的比率是最好的单变量预测指标。单变量研究方法虽然克服了专家打分法的主观性，并且具有指标关系简单、逻辑清晰的优点，但是它的模型过于简单，考虑的因素过于单一，对某一对象进行信用风险评估是不全面的。

针对单变量风险分析方法的不足，美国学者奥尔特曼（Altman，1968）提出了多元判别分析方法。多元判别分析方法建立了公司违约预测模型，也称为 Z 评分模型。

奥尔特曼对提出申请破产的 33 家上市公司和同样数量的非破产上市公司进行研究，选取了五项财务指标构建多元判别模型，并运用统计方法计算出判别阈值，即 Z 的临界值。基本过程如下：

---

① 中国人民银行. 现代征信学 ［M］. 北京：中国金融出版社，2015.1，160.

首先，将 66 家样本公司分为两组，A 组为破产类，B 组为非破产类。然后，基于经验判断和统计显著性确定模型的解释变量，并构造一个多元线性判别函数：

$$Z = c_1X_1 + c_2X_2 + c_3X_3 + c_4X_4 + c_5X_5 + \varepsilon \tag{7.9}$$

其中，X_1 = 营运资本/总资产，反映资产的流动性与规模特征；X_2 = 留存收益/总资产，反映公司累计盈利状况；X_3 = 息税前收益/总资产，反映公司资产的获利能力；X_4 = 权益的市场价值/总债务的账面值，反映公司的偿债能力；X_5 = 销售总额/总资产，反映公司的营运能力，使得该函数符合以下两个条件：

1. $\max[\bar{Y}(A) - \bar{Y}(B)]^2 \equiv G$，即组间离差平方和最大化，其中，

$$\bar{Y}(A) = \sum_{j=1}^{5} c_jX_j(A) \qquad \bar{Y}(B) = \sum_{j=1}^{5} c_jX_j(B)$$

2. $\min[D(A) - D(B)]^2 \equiv H$，即组内样本总离差平方和最小化，其中，

$$D(A) = \sum [Y_i(A) - \bar{Y}(A)]^2 \qquad D(B) = \sum [Y_i(B) - \bar{Y}(B)]^2$$

最后，求解该判别函数，得该模型的具体形式如下：

$$Z = 1.2X_1 + 1.4X_2 + 3.3X_3 + 0.6X_4 + 0.99X_5 \tag{7.10}$$

Z 评分模型从公司的资产规模、变现能力、获利能力、财务结构、偿债能力、资产利用效率等方面综合分析了公司财务状况，运用 5 个常用的财务比率作为违约预测因子，经过一定的加权，最后计算得出公司违约的可能性。Z 值与公司发生财务危机的可能性成反比，即 Z 值越小，公司发生财务危机的可能性越大。

Z 的临界值为：当 $Z < 1.81$ 为破产区，公司面临的风险较大；当 $Z > 2.67$ 时为安全区，公司风险较小，违约可能性极小；当 $1.81 < Z < 2.67$ 时为灰色区域，很难简单得出公司是否肯定违约的结论。由于每个国家的经济环境不同，各国公司面临风险的临界值也可能会不相同。Z 评分模型针对不同行业或性质的公司，要作相应的调整和变更。奥尔特曼于 1977 年对 Z 评分模型进行了改进，将解释变量扩展为 7 个，形成 Zeta 模型。

多元判别分析方法所提出的利用多个财务指标预测公司是否违约的思想，对之后评级模型的发展有着重要的影响。这种方法的主要优点是，在综合分析财务指标的基础上对公司的信用状况进行判断，数学基础相对简单，操作相对容易实现；缺点是，模型隐含了线性关系的前提假设，在实践中具有较大的局限性。

（二）二元选择模型

在现实的经济决策中，人们经常面临选择。人们需要在有限多个方案中做出选择，与通常被解释变量是连续变量的假设相反，此时因变量只取有限多个离散的值。例如，人们对交通工具选择时，可选择利用公共交通工具或私人交通工具；申请贷款时，申请者被拒绝或获得同意等。从大量的统计中可以发现，选择结果与影响因素之间具有一定的因果关系。以这样的选择结果作为被解释变量建立的经济模型，称为离散选择模型。在离散选择模型中，最简单的情形是在两个方案中选择其一，此时被解释变量只取两个值，称为二元选择模型。例如，在交通工具的选择中，选择公共交通工具记为 1，否则记为 0。

二元选择模型的目的是，研究具有给定特征的个体做某种而不做另一种选择的概

率。具体到信用评级业务，由于受评对象的信用风险可以用最终是否违约来衡量，因此，可以用1表示违约，0表示不违约，用二元选择模型得到的结果即为违约概率形式。根据违约概率分布函数的不同，形成了两种最常用的二元选择模型，即 Probit 模型和 Logit 模型。

二元选择模型分析的基本思路是：假设公司面临违约或不违约两种选择，其选择依赖于一些相关变量。假设 Y 是某公司是否发生违约的二分类因变量，取 1 或 0 两种结果：

$$Y = \begin{cases} 1 & 违约 \\ 0 & 不违约 \end{cases} \tag{7.11}$$

Y 是否违约将受到 $X_1, \cdots, X_k$ 这些自变量因素的影响，记 βX 为：

$$\beta X = \beta_0 + \beta_1 X_1 + \cdots + \beta_k X_k \tag{7.12}$$

因此，该公司违约的概率也就是在给定 $X_1, \cdots, X_k$ 自变量条件下，Y 为 1 的概率，这是建立了一个因变量等于 1 的概率模型，Y 的期望值就是 $Y = 1$ 时的概率，设 E 为期望值函数，即：

$$P(Y = 1 \mid X_1, \cdots, X_k) = E(Y \mid X_1, \cdots, X_k) \tag{7.13}$$

二元选择模型的公式为 $P(Y = 1 \mid X_1, \cdots, X_k)$，$P$ 的具体形式可选择 Probit 模型或者 Logit 模型形式。Probit 模型与 Logit 模型的主要区别是累积概率分布函数不同，Logit 模型假设违约概率服从 Logistic 累积概率分布函数，Probit 模型则假设违约概率服从标准正态分布的累积概率分布函数：

Probit 模型：

$$P(Y = 1 \mid X_1, \cdots, X_k) = \frac{1}{\sqrt{2\pi}} \int_{-\infty}^{\beta X} e^{-t^2/2} dt \tag{7.14}$$

Logit 模型：

$$P(Y = 1 \mid X_1, \cdots, X_k) = \frac{1}{1 + e^{-(\beta_x)}} \tag{7.15}$$

Probit 模型或 Logit 模型中的系数 $(\beta_0, \cdots, \beta_k)$ 可以采用极大似然法估计，即寻找 $\beta = (\beta_0, \cdots, \beta_k)$ 使得下面公式得最大值，其中 S_1 表示违约样本企业集合，S_2 表示非违约样本企业集合：

$$L(\beta) = \sum_{i \in S_1} \log P(Y = 1 \mid X_1, \cdots, X_k) + \sum_{i \in S_2} \log(1 - P(Y = 1 \mid X_1, \cdots, X_k))$$

$$\tag{7.16}$$

Probit 模型与 Logit 模型以概率为核心，分析公司出现信用风险的可能性。Logit 模型发展的主要原因是，Logistic 累积分布函数能够比累计正态分布函数计算得要快。但随着性能更高的计算机设备和软件工具的研发和应用，计算已完全交由计算机来完成，这两种模型在运算速度上的区别就不明显了。

（三）混合模型

混合模型可以说是多元判别分析方法的另一种发展，在继承定量分析的同时，加入了定性分析的模块，从而将专家经验和统计方法相结合。

混合模型的定量分析模块与多元判别分析的 Z 打分模型类似，用财务数据等定量指标得到一个分值，如果定量分析模块使用的是违约概率模型，那么需要将预测的违约概率转化为分值。而定性分析模块考虑了基于专家判断的定性指标，如行业风险、公司竞争力和管理能力等无法反映在定量模型中的因素。由于要将具有行业特殊性的指标被纳入到模型中，通常会根据不同的行业开发不同的定性模块。公司最终的信用评分是定量模块和定性模块分值的加权平均。

混合模型的主要优点在于直观和简单易行，可以充分利用难以量化的定性信息，有利于保障信用分析的灵活性、全面性和前瞻性；缺点在于对专家自身的业务素质要求较高，结果具有一定的主观性。

三、基于市场价格的模型

基于市场价格的模型也称为结构模型，结构模型是基于 BSM 模型的期权定价理论发展起来的信用风险模型。结构模型的理念源于 1973 年布莱克和斯克尔斯提出的 BS 期权定价公式[①]，之后，莫顿将该理论系统化和具体化，形成 BSM 模型[②]。1997 年，KMV 公司（被穆迪收购）对 BSM 模型进行了重要的改进，推出的预测违约率的产品被称为 KMV 模型。

（一）BSM 模型

BSM 模型提出了所有结构模型共有的基本观点：违约可以被视为权益所有者对公司资产的某种期权，当公司的资产价值下降到某个特定的违约点以下时，这种期权便被触发，即这个公司的债务就将违约。在这种模型中，违约事件被当作债券持有人赋予股东的一个期权，公司债券的价值是公司资产的期权价格。根据这种观点，可以根据期权定价原则，用公司发行人的股票价格和资产负债表数据为公司债券定价。

BSM 模型的基本设计原理如下：在债务到期日，如果公司资产的市场价值高于公司债务值（这是违约点），则公司股权价值为公司资产市场价值与债务值的差额，公司将按时偿还债务；如果公司资产市场价值与债务值的差值为负值，表明公司资产价值低于债务值（出现违约），则公司将变卖所有资产用以偿还债务，股权价值变为 0。BSM 的简化模型叙述如下：

假设：$P(t)$ = 公司在时点 t 上的资产价值，

　　　K = 公司发行的债券的到期价值，

　　　$S(t)$ = 公司在时点 t 上的权益价值，

在债券的到期日 m，公司权益价值为 $S(m)$，公司资产价值为 $P(m)$。令 V 表示债券的价值，则其在到期日 m 的价值可以表示为：

$$V(m) = P(m) - \max[P(m) - K, 0] \tag{7.17}$$

---

① 参见 Fischer Black and Myron Scholes, The Pricing of Options and Corporatr Liabilities, Journal of Political Economy, 81 (1973), pp. 637 – 654。

② 参见 Robert Merton, On the Pricing of Corporate Debt: The Risk Structure of Interest Rates, Journal of Finance, 29 (1974), pp. 449 – 470。

在到期日 m，有三种可能：

（1）如果 $P(m) - K > 0$，则 $V(m) = K$，

这种情况表明，资产 $P(m)$ 大于债券到期价值 K，此时权益价值 $S(m) = P(m) - K$ 为正，股东将全额偿还债券，并保留公司；

（2）如果 $P(m) - K = 0$　则 $V(m) = K$，

这种情况表明，资产 $P(m)$ 等于债券到期价值 K，此时权益价值 $S(m) = P(m) - K$ 为 0，股东将全额偿债券，并保留价值为 0 的公司；

（3）如果 $P(m) - K < 0$，则 $V(m) = P(m)$，

这种情况表明，资产 $P(m)$ 小于债券到期价值 K，此时权益价值 $S(m) = P(m) - K$ 为负值，股东将违约，债券持有者将得到小于债券到期价值的金额，债券持有者将拥有公司。

$\max[P(m) - K, 0]$ 可以理解为在到期时点 m，执行价格为 K 的看涨期权的回报，其基础工具为公司资产价值。由于该项在式（7.17）中为负，故这意味着看涨期权为空头，即卖出看涨期权。因此，公司债券的价值为总资产的价值减去看涨期权的价值。

（二）KMV 模型

一些公司开发了基于市场价格的信用风险模型，具有代表性的是 KMV 公司的 KMV 模型[①]。下面说明 KMV 模型的计算原理。

根据 BSM 模型的期权定价理论，将公司举债视为股东向债权人买入选择权（即看涨期权），公司资产价值视为期权的标的资产，而期权届时的执行价格是公司负债的账面价值（如 BSM 中的债券价值 K），期权的执行期限即为债务到期期限。负债到期时，若公司资产价值高于负债，则股东会履行买权，也就是股东会清偿债务；但若公司资产价值低于负债，则股东因无力偿还负债，就会选择违约。故公司违约概率的计算，就是当公司资产价值低于负债价值时的概率。

在 KMV 模型中，使用了股票价格和资产负债表中包含的信息来推断债务人的违约概率，并将违约概率称为预期违约概率（EDF）。每个预期违约概率都可以与一条信用利差曲线及一个信用评级联系，模型根据市场价格给出的信用评级被称为市场隐含评级。KMV 模型利用违约距离这个指标对公司进行分类：违约距离越大，说明公司到期偿还债务的能力越强，发生违约的可能性越小；反之，该值越小，说明公司到期偿还债务的能力越弱，该公司信用风险越大。

总体上，KMV 计算预期违约概率时需要三个步骤：第一，需要估计公司资产的市场价值和波动性。利用期权定价公式，根据公司股价、股价波动率、债券到期时间和无风险基准利率，估计出公司的资产价值和资产波动率。第二，计算违约距离。根据公司的负债情况计算出公司的违约点，从而计算违约距离指标。公司违约概率的计算，就是公司资产价值低于负债价值的概率，这一水平对应的点就是违约点（DPT），即公司的

---

① 位于美国旧金山的 KMV 公司成立于 1989 年，该公司以其创办者 Kealhofer、McOuown 及 Vasicek 姓名中的第一个字母命名，后被穆迪公司收购。KMV 模型是 KMV 公司于 1997 年建立的信用风险模型。

资产价值等于负债价值时的点。第三，将违约距离指标和历史违约率数据相结合，计算出违约距离所对应的违约概率。最后一步是该模型的主要特点，也是该模型与 BSM 模型的最大差异。KMV 模型的具体步骤包括[①]：

1. 计算公司资产价值 V_A 与资产波动性 σ_A

（1）根据 BSM 期权定价模型，其买权定价公式为，$C = f(S, \sigma, \gamma, K, T)$，其中，$C$ 表示期权的买入价格；S 表示期权标的资产价格；K 表示期权的执行价格；σ 表示标的资产价格波动标准差；γ 表示无风险利率；T 表示选择权的期限长度。

将 KMV 模型的思想套入上述函数，即用股权价值 V_E 替代期权的买入价格 C；以到期日负债价值 B 替代期权执行价格 K；以公司资产价值 V_A 替代期权标的资产价格 S；σ_A 表示公司资产价值波动的标准差；T 表示公司债务的期限；γ 不变，则可得到如下函数：

$$V_E = f(V_A, \sigma_A, \gamma_A, B, T) \tag{7.18}$$

（2）假设公司的资产价值服从正态分布，则 EDF 也就是违约概率，即为资产价值在时间 T 时小于违约点（负债）部分的累计概率。一般认为，资产价值的波动性和股权价值的波动性具有相关性，即：

$$\sigma_E = g(\sigma_A) \tag{7.19}$$

（3）根据（1）和（2）步骤的公式，联立求解，得到公司资产价值和其波动性，即 V_A 和 σ_A。

2. 计算违约距离

违约距离 DD 的含义为，预期的资产价值需要下降多少个标准差才能达到违约点，用公式表示如下：

$$DD = \frac{V_A - B}{\sigma_A} \tag{7.20}$$

3. 计算预期违约率

已知样本容量，根据 DD 值对照正态分布表，可得公司的预期违约概率 EDF，即图 7.1 中阴影部分。

（三）结构模型分析

结构模型是根据假设对违约进行分析的，即假设违约是公司发行人的资产价值小于债务价值的情况。相对于以会计数据为基础的模型而言，以市场价格为基础的模型的主要优点是，利用资本市场的价格信息进行预测，能够获得借款人财务状况更加敏感的快速变动情况，更能够反映公司当前的信用状况，其预测的及时性也更强。这种模型已被市场广泛应用。除了提供违约概率，这些模型还使债券组合管理者得以了解公司债券的信用风险与发行人杠杆水平和资产波动性的函数关系，因此，可以评估新股发行或债券发行对公司资本结构的影响。

但在应用结构模型中，应注意存在的问题：如果股票市场不成熟，市场有效性低，则股票价格没有体现全面的市场信息，将会影响模型的准确性。

---

① 参见：中国人民银行. 现代征信学 [M]. 北京：中国金融出版社，2015.1，166 – 168。

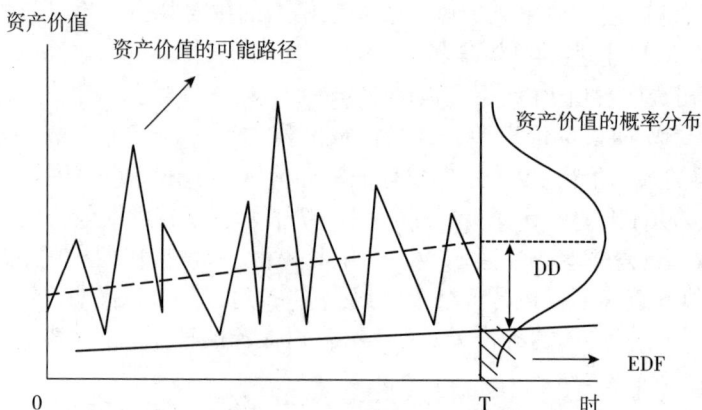

图 7.1　KMV 模型示意图

四、信用风险组合模型[①]

信用风险组合模型主要用于测算资产组合的信用风险，主要有信用计量模型（Credit Metrics）、Credit Portfolio View 和 Credit Risk + 等模型，比较典型的是 Credit Metrics 系列模型。Credit Metrics 的核心思想是资产组合的价值不仅受到违约的影响，而且受到其信用等级变化的影响，违约是信用等级变迁的特例。它将资产组合的信用等级迁移、违约概率、回收率等相关因素纳入了一个统一的框架中，根据市场信用风险价差计算资产组合在一定期限内（通常为一年）的市场价值及其波动性，进一步得出资产组合的信用在险价值 CVaR。运用该模型主要分为四个步骤：首先，根据评级公司提供的评级结果作为输入变量；其次，估计资产之间的相关性；再次，根据历史数据计算出相关资产的联合违约率，并建立信用等级迁移矩阵以及信用等级违约率矩阵；最后，计算不同信用等级下的损失率，从而估算资产现值。

KMV 模型从交易价格计算企业的资产价值和波动性，更适合于上市公司的研究；而 CreditMetrics 模型则主要通过信用等级迁移的历史数据间接获得企业资产的市场价值以及波动性。Credit Portfolio View 模型是 Credit Metrics 模型的扩展和补充，是将各种影响违约概率以及相关联的信用等级转移概率的宏观因素纳入体系。Credit Risk + 将违约率处理为一个连续的随机变量，还考虑了违约率的波动性。

第三节　信用评级质量的检验方法

准确性和稳定性被称为信用级别的特征，因此，对信用评级质量进行检验的方法可

---

① 中国人民银行征信局. 现代征信学 ［M］. 北京：中国金融出版社，2015.1，168 – 170。

以归纳为两类：一是对评级结果准确性的检验；二是对评级结果稳定性的检验。准确性检验是指被评对象的违约风险与评级结果相符合的程度，一般体现在信用等级所对应的违约率等指标应与级别高低具有相关性，比如高信用级别对应较低的违约率，低信用级别对应较高的违约率。稳定性检验是指在观察期内信用级别发生变化的概率，一般评级质量较高的评级结果，其稳定性也较高。

评级准确性检验主要是利用历史违约数据和信用利差数据来进行检验，包括违约率检验、信用利差检验、基尼系数检验等方法。评级机构对信用评级准确性的检验还有一些指标，也都是建立在对违约样本进行分析的基础上，如违约前平均信用级别、平均违约位置等。而对评级结果稳定性的检验，主要包括信用等级迁移矩阵、级别活动率等方法。

一、准确性检验方法

信用评级的基本功能之一是揭示信用风险，信用评级应具备风险排序能力，即高信用等级对应低信用风险，低信用等级对应高信用风险。

（一）从违约角度检验准确性

违约率是债务人或债务工具发生违约情况的实际比例。信用评级是对未来的预测，违约率检验就是通过信用评级级别与违约率之间的对应关系来验证评级质量。历史数据表明，违约率与级别具有反向对应关系，级别越高，其对应的违约率一般越低，且从初始级别发布至违约平均所需要的时间也较长。

不同级别对应不同的违约率，体现了信用评级的风险区分能力。各个评级机构对信用等级的评级定义、符号、评级方法等各方面都不尽相同，对评级机构之间的评级质量直接进行比较相对困难。而相同统计口径和计算方法下，违约率为不同评级机构间的评级质量比较提供了一条路径。

（二）从收益率角度检验准确性

1. 利差分析

从收益率角度分析也就是利用信用利差进行分析检验，这实际上包括对利差的统计分析和利差的差异性检验两个部分。信用利差是指债券的收益率与无风险利率之间的差额。债券收益率由两部分组成：（1）类似期限的无违约风险债券的收益率；（2）为了补偿该债券相关风险而超过无违约风险债券收益率的风险溢价。因此，信用利差也就是违约风险产生的风险溢价部分。一般地，国债由于流动性很高且没有可赎回条款而被认为无违约风险，国债的利率也被当作无风险的基准收益率。信用利差检验公式如下，其中 p 为信用利差，i 为债券收益率，r 为无风险利率：

$$P = i - r \tag{7.21}$$

在金融市场中，投资者通过要求信用利差来弥补债券违约风险，信用利差体现了投资者对债券的预期违约率的一个综合估计。由于金融市场中投资者众多，债券价格综合反映了各方投资者对给定债券信用利差水平综合博弈的结果，因此通过信用利差与信用评级结果之间关系的统计分析，可以近似得出违约率与信用评级结果的关系，以检验评级结果的质量。

对于利差增加而使债券价格下降的风险也被称为信用利差风险。除了信用级别之外，利差还受到诸如经济周期、发行规模、债务流动性等因素的影响，因此应用利差分析信用质量还应考虑多方面的影响因素。利差还可分为两类：一是发行利差，指债券发行利率减去起息日对应期限国债的收益率；二是交易利差，指债券上市首日成交均价收益率减去上市首日对应期限国债收益率。

研究大多数利用统计方法来度量信用利差中的违约风险、风险补偿等组成部分的贡献大小，并对信用利差的影响因素和作用方式进行研究。一般情况下，债券的信用级别越高，对应的信用利差均值和标准差越小。根据对美国公司债券 10 年期间（1985 年 1 月到 1995 年 3 月）的不同信用级别（投资级别以上）与利差均值及利差标准差之间的研究，长期、中期和短期债券的信用利差均值和标准差基本符合这个特点（Duffee，1998），见图 7.2，图中左竖轴对应标准差，右竖轴对应利差均值。

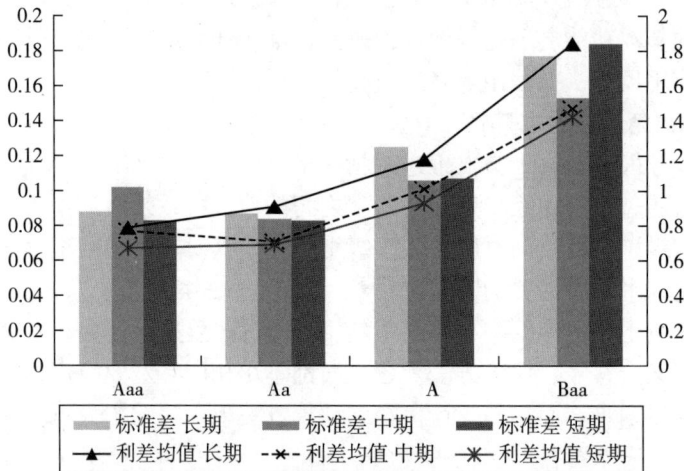

图 7.2 信用级别与利差均值及标准差关系

（资料来源：根据 Duffee（1998）整理）

需要注意的是，信用级别变化方向对利差是有不同影响的。一般地，级别下调的影响要大大高于级别上调的影响，实证数据显示，在信用评级降级出乎市场预料的情况下，评级降低与利差变化具备显著因果联系。

2. 利差的差异性检验

利差的差异性检验目的在于，检验不同信用级别之间的利差是否存在显著的差异，进而验证评级是否合理。如果不同级别对应的利差显著不同，则说明信用级别得到市场的认可。利差检验主要包括曼 – 惠特尼 U（Mann – Whitney U）两独立样本非参数检验、Scheffe 检验方法等。下面简要介绍 Mann – Whitney U 检验。

Mann – Whitney U 检验为一种常用的秩和检验方法，它假设两个样本分别来自总体均值不同的两个总体，并不要求样本数据服从正态分布，也不要求两个样本数量相等，检验两个总体的均值是否存在显著差异。Mann – Whitney U 检验的原假设是两独立总体均值没有显著差异，拒绝该假设（$P < 0.05$ 时拒绝原假设）则意味着两样本均值显著

不同。

Mann – Whitney U 检验首先在两个总体 A 和 B 中随机抽取容量分别为 n_A 和 n_B 的两个独立随机样本，将 $n_A + n_B$ 个观察值按大小顺序排列，分别计算出两个样本中观察值排序的总和 T_A 和 T_B。由此可计算出：

$$U_A = n_A n_B + n_A (n_A + 1)/2 - T_A$$
$$U_B = n_A n_B + n_B (n_B + 1)/2 - T_B$$

取 U_A、U_B 中较小的作为检验统计量 U 值，与临界值表中对应的临界值 U_0 比较；或者直接计算出 P 值，与显著性水平 α 相比较。若 U 大于 U_0（P 大于 α），则接受两个独立总体的均值没有显著差异的原假设；若 U 小于 U_0（P 小于 α），则拒绝该假设，意味着两样本的均值显著不同。

（三）基尼系数检验

基尼系数检验也称精确比例（AR 比率），或称为累积准确性剖面（CAP）模型法，用来检验评级质量的区分能力。在这种方法中，根据信用级别描绘出累计发行量比率与累计违约比率的分布情况，并采用洛伦茨（Lorenz）曲线，将观察样本从低级别向高级别排序，通过观察基尼系数的大小来对信用评级的准确性进行判断和比较，见图 7.3。

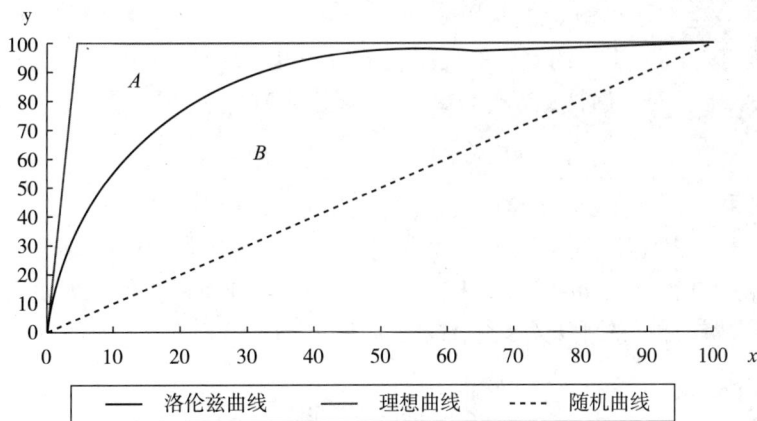

图 7.3 基尼系数计算示意图
（资料来源：标普）

在图中，X 轴是按照信用等级从低向高（从左向右）排序所对应的样本量比率，Y 轴则代表一段时期内发生违约的比率，将所有点连在一起就形成了洛伦兹曲线。图中分别有洛伦兹曲线、随机曲线和理想曲线。随机曲线为图中对角线曲线，就是高评级和低评级违约概率随机，评级效果较差；理想曲线对信用质量具有较强的区分能力，它代表违约企业全部集中在最低的信用等级上。

基尼系数（AR）是洛伦兹曲线和随机曲线围成的面积（B）与理想曲线和随机曲线围成的面积（$A + B$）之比，基尼系数越大，那么评级结果对信用质量的区分能力越强，评级效果越佳，公式如下：

$$AR = \frac{B}{A + B} \tag{7.22}$$

基尼系数值在 0 ~ 1 之间，0 表示违约平均分布在各信用级别中，而 1 表明违约都出现在最低的评级中。

（四）平均违约位置（AP）模型法

2012 年之前，穆迪每年发布 CAP 和 AR 的检验结果，检验评级的相对精确程度。2012 年以来，穆迪用 AP 模型法取代上述指标，成为检验评级相对精确性的重要方法。在该方法中，提出了相对评级位置和平均违约位置（AP）的概念，位置是基于评级序列的认识。相对评级位置是指，在一定群组中，信用级别高于本级别发行人个数占全部发行人的百分比。以 Aa + 为例，相对评级位置为：

（Aaa 级发行人 + Aa + 级发行人/2）/各级别发行人总和

根据该定义，在一个包含了从 Aaa 级别到 C 级别的群组中，Aaa 级为最高评级，则 Aaa 级别的相对评级位置应该接近于 0%，因为没有比 Aaa 更高评级的发行人；同理，C 级为最低评级，则 C 级别的相对评级位置应该接近于 100%。

平均违约位置根据发生违约的发行人所对应的相对评级位置来计算，经过加权平均得出最终的平均违约位置，结果在 0 ~ 1 之间波动，值越高表示评级的相对准确性越高。当违约更多的发生在评级相对较低的发行人中时，AP 的结果会接近 100%，表明评级系统的相对准确性高；当违约更多的发生在评级较高的发行人中时，AP 的结果会接近 0%，表明评级的相对准确性也较低。AP 的计算公式为

$$unadjusted AP = \sum_{q \in Q} d_q \rho_q$$

其中，Q 为所采用的评级系统中全部的信用级别，q 为评级对象的级别，d_q 为信用级别为 q 的评级对象发生违约数量占全部违约数量的百分比，p_q 代表信用级别 q 所对应的相对评级位置。此公式得到的 $unadjusted\ AP$ 是一个大于 0 小于 1 的数值，即使当违约企业全部发生在信用等级最低的评级对象中时，$unadjusted\ AP$ 仍小于 1。因此，可利用一个调整的 AP 指标：

$$AP = \frac{unadjusted AP - 50\%}{100\% - D} + 50\%$$

其中，D 为全部样本的违约率。这样，当违约对象全部为级别最低的发债主体时，AP 等于 1；当违约对象全部为级别最高的发债主体时，AP 等于 0，经过调整的 AP 更加合理。

举例来说，如表 7.2 所示，穆迪从 2006 年 12 月至 2009 年 12 月各个级别的发行人的数目与违约人数目。此时 Aa2 的相对评级位置为（206 + 143 + 217/2）/5354 = 8.5%，也就是说有 8.5% 的发行人级别相对高于 Aa2 级。将全部级别对应的相对评级位置根据违约人数加权平均可以得出 $unadjusted\ AP$ 为 82.9%，经过调整后的 AP 为 85%。

表 7.2　2006 年 12 月 31 日穆迪违约位置计算（三年期 2006 年 12 月至 2009 年 12 月）

主体评级	发行人数	违约数	相对评级位置 P_q	违约占比 d_p	平均违约位置 AP
Aaa	206	0	1.9%	0.0%	0.0%
Aa1	143	0	5.2%	0.0%	0.0%
Aa2	217	0	8.5%	0.0%	0.0%
Aa3	340	1	13.7%	0.3%	0.0%
A1	358	6	20.3%	1.9%	0.4%
A2	421	3	27.5%	1.0%	0.3%
A3	446	3	35.6%	1.0%	0.3%
Baa1	401	3	43.5%	1.0%	0.4%
Baa2	401	4	51.0%	1.3%	0.7%
Baa3	338	6	57.9%	1.9%	1.1%
Ba1	143	13	62.4%	4.2%	2.6%
Ba2	186	7	65.5%	2.3%	1.5%
Ba3	242	15	69.5%	4.8%	3.4%
B1	308	21	74.6%	6.8%	5.1%
B2	418	49	81.4%	15.8%	12.9%
B3	455	76	89.6%	24.5%	22.0%
Caa1	200	50	95.7%	16.1%	15.4%
Caa2	89	30	98.4%	9.7%	9.5%
Caa3	29	16	99.5%	5.2%	5.1%
Ca	11	7	99.9%	2.3%	2.3%
C	2	0	100%	0.0%	0.0%
总数	5354	310			
未调整 AP					82.9%
调整后 AP					85.0%

资料来源：穆迪。

二、稳定性检验方法

信用评级应该在一定时间内保持稳定，只有在受评对象的信用风险发生实质性变化，评级机构才做出相应的评级调整。迁移矩阵是评价评级质量稳定性的通用指标。另外，还可采用级别波动率和评级逆转率等指标来反映评级结果的变动频率、变动幅度和变动方向。

（一）信用等级迁移矩阵

一般而言，被评对象的信用状况会随时间的变化而变化，信用等级迁移矩阵体现了这种变化。迁移率是在某一级别的所有被评对象中，在给定时间段内迁移至其他级别的被评对象所占的百分比。等级迁移矩阵反映的是在一定时期内，被评对象从一个信用等级转移到另一个信用等级的迁移率矩阵表，体现了期末与期初各信用级别的迁移情况，评估了信用质量变化的路径及评级结果的平稳性。维持原信用等级的比例越高，信用评级的稳定性越高，迁移到其他级别的比例越高，信用等级的稳定性越差。

定义 $P_{i,j}(\Delta t)$ 为 Δt 时间内从等级 i 迁移到等级 j 的迁移概率。设当 $\Delta t = 1$ 时，N_i 为年初处于等级 i 的被评对象数，$N_{i,j}$ 为截至年底从等级 i 迁移到等级 j 的被评对象数，年内发生多次级别迁移时，j 取最后一次迁移到的级别，其他迁移情况忽略不计，那么 $P_{i,j}(\Delta t)$ 的估计值 $\hat{P}_{i,j}(\Delta t)$ 为：

$$\hat{P}_{i,j}(1) = \frac{N_{i,j}}{N_i} \qquad (7.23)$$

假设共有级别类型的数量为 m，期初时刻信用等级为 i，期末的信用等级调整为 j，则记该信用等级迁移率为 P_{ij}，等级迁移矩阵如下：

$$P = \begin{pmatrix} P_{11} & \cdots & P_{1m} \\ \cdots & P_{ij} & \cdots \\ P_{m1} & \cdots & P_{mm} \end{pmatrix} \text{其中} 0 \leqslant P_{ij} \leqslant 1, i,j = 1,2\cdots m \qquad (7.24)$$

且 $\sum_{j=1}^{m} P_{ij} = 1, i = 1,2\cdots m$

理想状态下，矩阵中对角线的数值应是所在行的最大值，且该单元格数值越大，说明保持原信用等级的可能性越大。实践中，高级别的迁移率相对于低级别的迁移率低，即高级别比低级别稳定，这是因为低级别被评对象的信用状况更易受不确定性因素的影响。

为了简化矩阵的运算，一般研究的迁移矩阵是具有马尔科夫性的迁移矩阵，因为迁移矩阵如果具有马尔科夫性，矩阵内的数据是相互独立的。马尔科夫性简述如下：假定状态空间为正整数（1，2，3，…），对于离散随机序列 $\{x_n\}$，x_{n+1} 的值处于状态 j 的概率，仅与前一状态 x_n 有关，记迁移概率为：

$$P_{ij}^{n,n+1} = P\{x_{n+1} = j \mid x_n = i\}$$

矩阵的次对角线元素具有一定的统计意义。研究发现，当期信用等级被下调，在下期信用等级被下调的概率超过上调的概率；反之亦然，即当期信用等级被上调，在下期信用等级被上调的概率超过下调的概率，这被称为矩阵的漂移性。这使得评级变化的独立性降低（Jeffery & Craig，2003）。

根据穆迪评级 1920～2008 年数据分析，初始评级之后，五年期内评级反转率仅为 20.2%，其他年度内的反转率更低，见图 7.4。由于矩阵的漂移性，信用等级迁移矩阵的马尔可夫性质的假设不完全成立，在对迁移矩阵进行初步分析时，可以采用马尔科夫假设，但是对于多年度的迁移矩阵，由于其存在自稳的趋势，因此马尔可夫链假设就不完全合适了。

（二）级别变动率

信用级别变动率是采用考察期内信用级别发生变动的样本所占比率来表示，具体包括大级别变更率、级别活动率和级别逆转率等检验方式。显然，信用级别变动率的这些

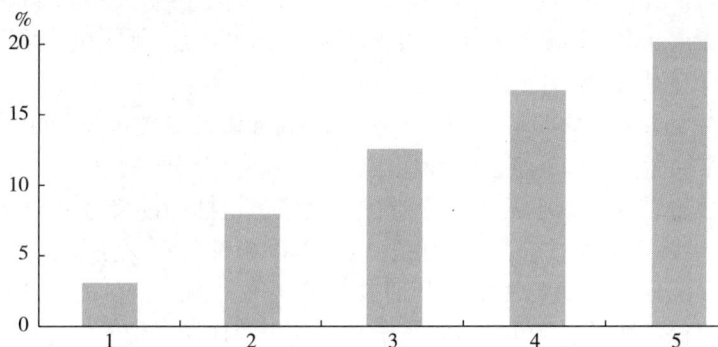

说明：级别统计是大级别，因为穆迪在 1982 年才引入 1、2、3 进行子级别区分。

图 7.4　穆迪评级不同年期的反转率（1920 ~ 2008 年）

（资料来源：Cantor & Mann，2009）

变动指标越高，表明信用评级的稳定性越差。

大级别变更率是指一段时间内，信用级别变动幅度超过一定级别数量（一般为 3 个细分级别）的样本比率。

级别活动率也称为级别波动率，采用一段时间内信用级别发生变化的比率来表示，主要衡量评级系统整体变动的频率和幅度。计算时，级别波动率统计一定时期内信用等级上调与下调量级的总和与全部评级主体对象的比值。如果同一评级对象在一定期间内评级上调与下调同时存在，即使最终级别回到原始级别也要统计为等级变动。

级别逆转率则是采用上一考察期的级别在本次考察期中发生逆转的比率来表示，即指特定期间内评级发生逆转的次数与评级对象总数的比。所谓逆转是指评级对象在一个时期内（通常为 1 年内），级别出现相反方向调整的情况。例如，一个评级对象的信用等级在 2019 年 6 月被调高，而在一年考察期内发现在 2018 年 11 月该信用等级被调低，此种情况可以定义为评级逆转。如果在一定时间内出现评级逆转现象，那么说明对于该评级对象的信用风险判断不足，一个稳定的评级系统应该尽量降低这一情况的发生。

三、评级稳定性与评级准确性的相关性

信用评级结果的使用者往往偏好于揭示信用风险的信用级别是准确而稳定的，但是，稳定性和准确性往往不能同时具备。在降低信用级别稳定性的条件下，评级机构给出的信用级别的准确率可以得到提高，即信用级别准确性得到增加会加剧级别的波动性，而增加级别的稳定性往往会导致准确性的降低。在实践中，为了平衡级别的稳定性和准确性，评级机构通过采用级别展望和级别观察体系，可以在较小降低级别稳定性的条件下，获得更高的级别准确性。此外，稳定性、准确性等检验方法与经济周期也有密切关系，经济周期的波动会对级别稳定性和准确性（因为级别对应的违约率会增加）产生较大的影响。

关于信用评级的稳定性和准确性的关系，一些评级机构往往声明，评级更关注于基本信用质量的变化，为此评级采用了穿越周期的方法。莱夫勒（Löffler，2004）研究表

明，穿越周期的评级方法提高了评级的稳定性，但评级的违约预测能力降低了。奥尔特曼等（Altman & Rijken, 2004）认为，为了获得评级稳定性，评级机构采取长期分析方法，这降低了评级对短期信用质量变动的敏感性。

康托等人（Cantor & Mann, 2007）认为，提高准确性可能降低稳定性；反之则亦然。因此在二维向量空间中，准确性和稳定性的关系存在"可能性边界曲线"，可称为准确性—稳定性边界曲线，评级系统需要在评级的稳定性和准确性间进行平衡，见图7.5。这条曲线上的每个点代表具有相应稳定性和准确性的评级系统。在这条曲线上，随着点的移动，准确性和稳定性出现此消彼长的情况。例如，在图中从B点到C点，精确性降低，但稳定性提高。在曲线以内的点所代表的评级系统的性能要低于在曲线上的点所代表的评级系统性能，例如，图中的A点与B点相比，这两个点的稳定性相同，但B点的准确性要高于A点。因此，准确性—稳定性边界曲线上的点表示，在一定技术水平下所能达到的最高稳定性和准确性的组合；处于同一稳定性—准确性边界曲线上的不同评级系统的总体性能是相同的。为了同时提高准确性和稳定性，意味着应提高评级技术水平，从而实现将边界曲线外移。

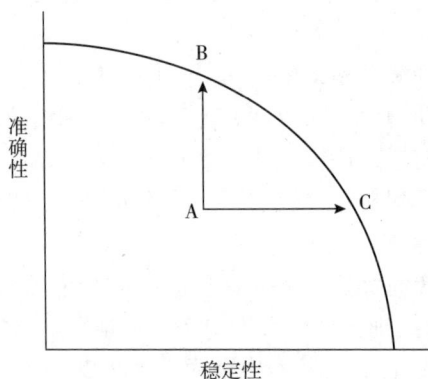

图7.5　准确性—稳定性边界

（资料来源：穆迪）

四、违约率检验方法的准确性分析

在信用评级中，理想的结论是估计的违约概率与事后的违约率没有显著不同，这将表明信用评级具有极高的准确性。这种认识存在一个潜在的前提假设，就是在信用评级分析过程中，应该包含了所有影响信用风险的信息，并且这些信息被评级机构很好地反映在最终的信用级别中。但事实上，信用评级要包括所有的相关信息只是一种理论上存在的状态，即所谓的"完美评级"。信用评级能做到的只能是努力达到这种最优状态，或者尽量与这种最优状态保持最小的差距。

（一）违约率可能随着时间、宏观经济变动等因素而发生变动

研究表明，违约率会随着时间的不同而发生变化，通常会表现出一种与经济周期相

似的周期性特征。如果违约率表现出一种动态的特征，那么不同的历史考察期就会产生不同的违约概率，因此为了实现准确反映违约概率的目的，对违约率的统计应该考察一段时间内值的变化。《巴塞尔资本协议Ⅱ》规定，对违约概率的估计必须来源于长期的平均违约率。为了计算平均值，就需要确定应该选择多长的时间序列来计算违约率。因此，违约率的使用需要考虑宏观经济背景和时间跨度。比如从 y 年开始违约率逐年上升，如果把 y 年作为基准点向前推移的话，收集的数据离 y 年越远，得出的平均违约率就会越低。由于违约率会发生不同程度的波动，因此在统计时间窗口不同的情况下，违约率会存在一定的差别，对于违约率的差异和异常变动，需要区分是因为宏观经济的周期波动造成的，还是因为评级方法不完善造成的。

（二）不同评级体系的违约率和级别的可比性

一般认为，违约率的统计可以用来评价评级质量，并使不同机构的评级结果具有可比性，但在可比性分析时需要全面考虑相关因素。

第一，对于不同的评级对象，违约的定义可能不同，即使对于同一评级对象，不同的机构也可能采用不同的违约定义和评级方法，这对违约和信用等级的比较产生了影响。例如对公司长期债券和短期债券、商业票据、银行贷款、公司主体、主权国家等评级对象可能定义了不同的违约条件，这些不同评级对象的相似级别的违约概率是否应该相同？在许多监管制度中，监管者往往要求被监管对象（如保险机构投资者）只能投资评级达到一定级别以上的金融产品。这些依赖于信用评级的监管制度隐含了一个假设，即不同评级机构发布的相似评级级别代表了相同程度的信用风险，但研究证明，不同评级机构的评级级别是有差异的，这些差异表明了评级机构制定的不同的信用风险序列和评级标准（Cantor 和 Packer，1994）。

第二，对违约率的计算可以有多种方法，包括按照金额、户数、笔数等违约率的计算，这也会带来计算结果的差异。比如，以发行人个数为基础的统计方法相比发行金额为基础的统计方法，有着较小的方差，并且金额法统计的违约率可能过多地受到发行量大的债务人信用风险的影响（韩翔，2006），因此需要利用权重调整进行分析。

第三，评级结论是在收集被评对象大量定性、定量信息的基础上得出的，因此信息的及时性和可靠性对信用级别的准确至关重要，这也会使级别的准确性及与对应的违约率产生偏差。评级所依赖的信息来源于评级机构所掌握的信息，包括公开可获得的信息，以及由发行人和其他机构提供的非公开资料和信息，此外，评级机构往往还要实地访谈和调查，以进一步确认和获取信息。但评级机构往往认为信息的准确性应由发行人保证，比如惠誉表示，评级使用者应当理解，评级机构的事实调查和任何第三方的确认都不能保证评级所依赖的所有信息是准确和全面的，因此发行人要最终对他们提供信息的准确性负责。

从以上分析可看出，评级机构的评级级别所对应的违约率不是僵化的，而不同机构发布的级别更多地体现了级别和对应违约率的风险序列。因此，需要研究同一评级对象之间不同级别的违约率序列关系，即信用级别与违约率的对应关系，在风险序列的基础上对不同机构的评级体系进行比较。为更好地发挥信用评级质量检验方法的作用，信用评级的使用者需要对评级机构的违约定义、信用级别与违约率之间的对应关系、评级方法和技术有一定的了解，从而更深刻地认识信用评级作为信用风险预警的参考价值。基于此，评级方法及质量检验信息的透明性和及时性对市场参与者具有重要的意义。

第四节　信用评级质量检验方法的历史分析

穆迪、标普和惠誉等评级机构都会定期披露评级质量检验报告，主要包括评级结果、违约率在考察周期内随时间变化的情况，以此向金融市场说明自身评级结果与实际违约率的关联关系，增强投资者及管理部门对其评级结果的信任度。总体上，这三家评级机构的评级质量检验都是基于违约率分析与评级变动两方面来检验评级的精确性和稳定性。三大评级机构中，穆迪同时计算基于发行人数目和发行金额的违约率，标普和惠誉则仅计算基于发行人数目的违约率。在违约率计算方法上，穆迪采用动态群组法，此外还使用平均违约位置、投资级发行人违约率、违约前平均信用等级等来展示违约情况；标普与惠誉则采用静态池法，并用平均累积违约率和基尼系数等来展示评级质量。

下面对这三家评级机构在全球企业信用评级方面的质量检验情况进行了对比分析，以研究信用评级质量检验方法的应用和实践，对比分析中的评级符号主要为长期国际评级符号。在企业信用评级业务方面，标普、惠誉和穆迪的分析样本分别从 1981 年、1990 年和 1920 年开始统计。例如，截至 2012 年，标普的样本数据集合包含了 1981 ~ 2012 年的 32 个静态池，可以提供 32 个年度迁移率、31 个两年期迁移率、30 个三年期迁移率，以此类推；惠誉包含了 1990 ~ 2012 年的 23 个静态池样本群；穆迪则包含了 1920 ~ 2012 年的样本数据。

一、准确性检验

（一）违约率检验

就违约率与信用评级的对应关系来说，穆迪希望反映被评级对象在一定基数范围内的相对信誉度，也就是说将违约率对应在一定基数范围内：要尽量避免违约出现在高等级、特别是投资级别的评级对象中，而且要尽早赋予最终发生违约的评级对象以较低的、至少是投机级的级别。

图 7.6 显示了穆迪企业信用评级的累计违约率。可以看出，信用级别与违约率之间存在明显的反向对应关系，即高等级的信用评级结果对应较低的违约率水平，低等级的信用评级结果对应较高的违约率水平。投资级别的违约率保持在较低的水平，并且明显低于投机级别；随着时间窗口的增加，同级别的违约率呈上升趋势。

表 7.3 是标普企业信用评级的一年期违约率区间统计分析，也反映了信用级别与违约率及其标准差的反向关系。受全球金融危机的影响，2008 年的违约率水平明显高于历史平均水平，其中 AAA 至 CCC/C 的违约率分别是 0.00、0.38、0.39、0.49、0.81、4.10、27.27。随着经济好转，2011 年各级别的违约率呈现明显下降的情况，但是 2018 年的 CCC/C 级的违约率出现上升情况。

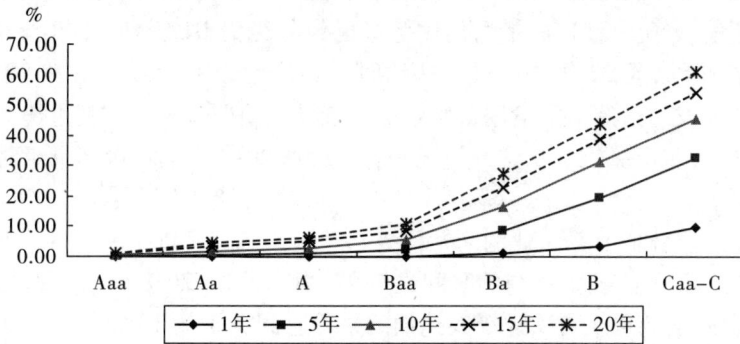

图 7.6 穆迪平均累计发行人权重全球企业违约率级别分布（1920～2018 年）

（资料来源：根据穆迪数据整理）

表 7.3　　　　标普一年期（1981～2018 年）全球企业违约率的统计分析

	AAA	AA	A	BBB	BB	B	CCC/C
最小值（%）	0.00	0.00	0.00	0.00	0.00	0.25	0.00
最大值（%）	0.00	0.38	0.39	1.02	4.22	13.84	49.46
加权长期平均值（%）	0.00	0.02	0.06	0.17	0.65	3.44	26.63
中位数（%）	0.00	0.00	0.00	0.06	0.58	3.40	24.83
标准差	0.00	0.07	0.10	0.26	1.00	3.29	11.47
2008 年违约率（%）	0.00	0.38	0.39	0.49	0.81	4.10	27.27
2011 年（Q1～Q4）违约率	0.00	0.00	0.00	0.00	0.00	0.98	15.94
2018 年（Q1～Q4）违约率	0.00	0.00	0.00	0.00	0.00	0.98	27.18

资料来源：标普。

　　评级系统应避免出现违约前信用等级仍保持较高水平的情况，对此穆迪利用违约前平均信用级别的方法进行检验。图 7.7 为 1983～2018 年穆迪所评企业主体中，超过

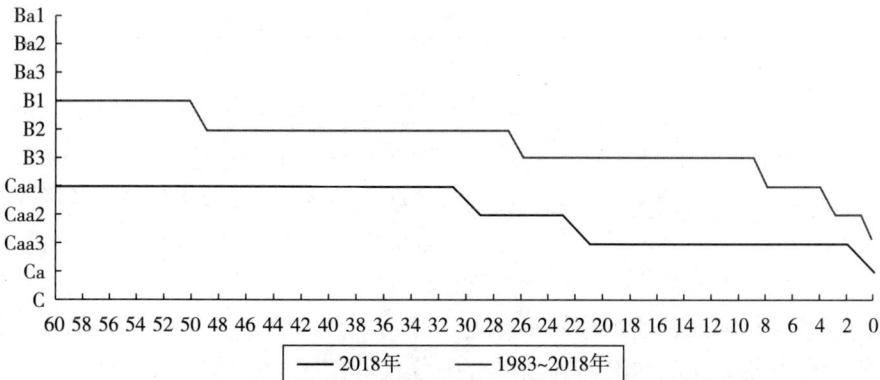

图 7.7 穆迪企业评级违约前信用级别中值（1983～2018 年）

（资料来源：穆迪）

2000 家发生违约的企业在违约前的信用级别中值。从历史情况来看，穆迪所评企业在发生违约 5 年前（60 个月）的平均信用等级已经降级为 B1 级别，3 年半前降至 B2 级别，2 年前时则降低至 B3 级别，最终违约时平均信用级别为 Caa3。从 2018 年的情况看，评级对象在发生违约前的信用级别较历史统计均值明显降低，发生违约前 1 年时信用等级已经降至 Caa3 级别。从这一情况来看，穆迪 2018 年的评级结果绝对精确性高于历史平均水平。

标普认为，整体而言，企业的初始评级与其违约时间呈负相关关系，即初始信用评级较高的企业，其可能发生违约的时间也较久。如 1981 ~ 2018 年所有违约企业中，初始评级为 A 和 B 的企业从首次评级到违约的平均时间分别为 13.5 年和 4.9 年，对应的标准差为 8.5 年和 4.1 年；而级别为 CCC 或更低级别对应的时间只有 2.3 年，对应的标准差为 2.9 年。表 7.4 给出了标普企业评级的首次评级到违约的时间统计值，并且在最后一列给出了每个级别的极差——时间最大值减最小值。根据标普报告显示，违约时间跨度较长的是美国的 AMR 公司，首次评级为 BBB－，到违约总共是 30.9 年；美国拖车桥梁公司（Trailer Bridge Inc.）违约时间则非常短，其在被评级为 CC 级别的 15 天后，所发行的高级担保债没有偿还本金和利息。

表 7.4　　　标普全球企业首次评级到违约的时间情况（1981 ~ 2018 年）

首次评级	违约数	首次评级到违约的平均时间（年）	首次评级到违约时间的中位数	首次评级到违约时间的标准差	极差
AAA	8	18.0	18.5	11.4	23.0
AA	30	16.0	16.8	9.2	35.7
A	98	13.5	10.9	8.5	34.5
BBB	208	8.8	7.1	6.5	36.1
BB	613	6.8	5.2	5.5	35.8
B	1523	4.9	3.6	4.1	30.5
CCC/C	274	2.3	1.3	2.9	17.4
合计	2754	5.8	4.0	5.5	37.2

资料来源：标普。

一定的信用评级结果对应的违约率水平并不是恒定不变的。在不同的宏观经济环境下，同一信用等级的违约率可能有所不同。图 7.8 显示了穆迪公司企业评级在 1922 ~ 2018 年投机级、投资级及全部企业对应的 1 年期违约率（发行人权重）。从图中可以看出，投机级的每年违约率水平与经济周期密切相关，其违约率受到外部宏观经济环境的重大影响，在发生重大经济危机和经济衰退的情景下，违约率水平会大幅上升；而在经济扩张和平稳增长期间，违约率水平则处于相对较低水平。典型的是大萧条、石油危机、亚洲金融危机和互联网泡沫、国际金融危机等期间，违约率大幅攀升。其中 1933 年投机级违约率达到 15.71%，2009 年为 12.11%。

从整体情况来看，穆迪、标普和惠誉三大评级机构的平均累积违约率均反映出了不同信用级别间的违约率差异，尤其是投资级别对应的违约率要显著低于投机级别，并且

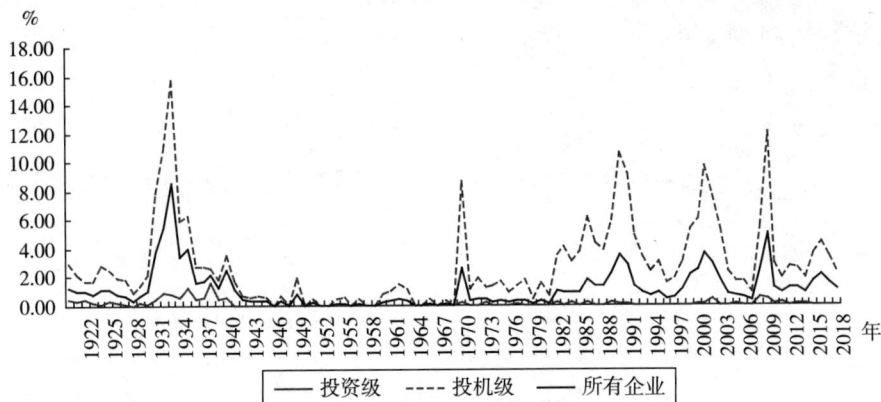

图 7.8 穆迪公司全球企业发行人评级违约率（1922~2018 年）

（资料来源：穆迪）

随着时间期限的增加，这一差异更加明显。表 7.5 是三大评级机构企业评级一年期平均累计违约率不同级别的对比。可以看出，三大评级机构企业评级中，AAA、AA 级违约率最高的是惠誉；A、BBB、B、CCC/C 级违约率最高的是标普；BB 级违约率最高的是穆迪；总体上，除 BBB-B 外，其他级别（AAA-A、CCC/C）违约率最低的是穆迪。

表 7.5　　　　　　　　　　　三大评级机构平均累计违约率（1 年期）对比　　　　　　单位：%

	穆迪 1970~2018 年	标普 1981~2018 年	惠誉 1990~2018 年
AAA（Aaa）	0	0	0.12
AA（Aa）	0.02	0.02	0.05
A	0.05	0.06	0.05
BBB（Baa）	0.16	0.17	0.13
BB（Ba）	0.88	0.65	0.66
B	3.32	3.44	1.94
CCC/C（Caa/C）	9.77	26.89	21.86
投资级	0.08	0.09	0.09
投机级	4.00	3.66	2.52
全部	1.52	1.48	0.69

资料来源：根据穆迪、标普、惠誉数据整理。

　　穆迪使用平均违约位置来评估评级体系的排序准确性（见图 7.9）。平均违约位置衡量违约发行人的平均位置，即同等或更高评级的发行人所占百分比的权重均值。平均违约位置越高意味着评级体系更具区分性，评级高于违约企业评级的发行人更多。图 7.9 显示 1983~2017 年平均违约位置持续较高，一年平均为 91.88%，5 年为 86.71%。1983~2018 年平均违约位置类似，一年平均为 91.8%，5 年为 86.5%。穆迪认为，其评级可有效预测较短和较长时间范围内的违约。其中，最低的一年平均违约位置出现在

2008 年，当时雷曼兄弟和其他一些重要金融机构破产。此后，平均违约位置反弹，2017 年达到 94.39%。

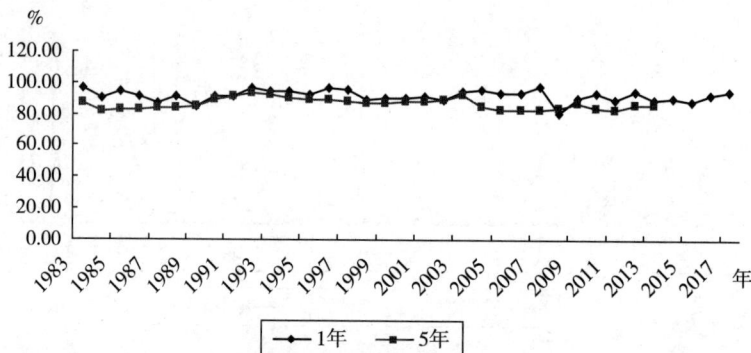

图7.9　穆迪平均违约位置（1983～2017 年）

（资料来源：穆迪）

　　违约债务的回收率大致与资本结构中的受偿顺序相关，受偿顺序越靠前，则平均回收率越高。穆迪指出，其信用评级代表关于相对预期信用损失的看法，是违约概率和违约损失（LGD）的函数。1983～2018 年穆迪评级范围内企业发行人的年均信用损失率从 2015 年的 1.1% 升至 2016 年的 1.5%，而 2017 年、2018 年分别降到 0.7%、0.6%。从历史表现来看，1983 年以来受评发行人的年均信用损失率为 0.9%。

（二）基尼系数检验

　　基尼系数仍被标普和惠誉采纳为评级质量检验的内容，这些评级机构在公开披露信息中会公布自身评级结果的洛仑兹曲线和基尼系数，作为其评级质量的持续证明和直观表现，并供投资者进行比较。穆迪则利用违约位置替换基尼系数检验。图 7.10 是标普

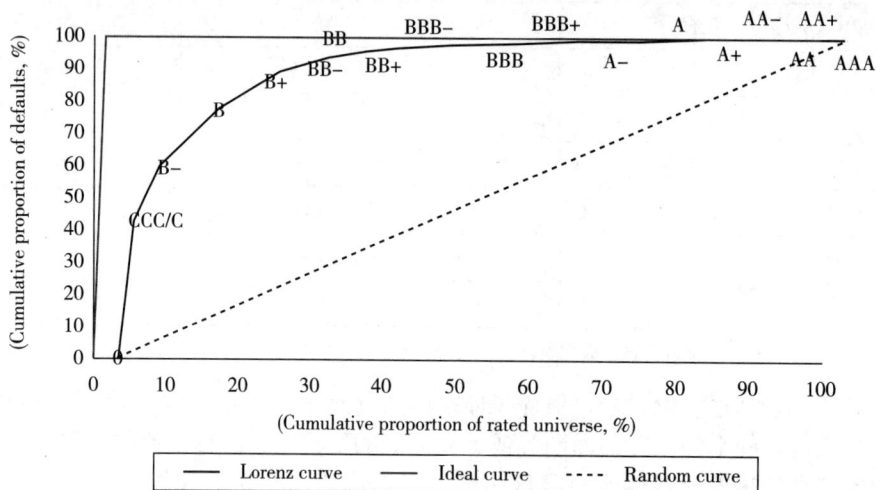

图7.10　标普 1 年期全球企业相对评级表现（1981～2018 年）

（资料来源：标普）

对企业信用评级的基尼系数检验情况。标普 1981~2018 年全球企业评级的 1 年期基尼系数为 82.5%。2018 年标普企业评级的基尼系数是 93%。惠誉 2018 年企业评级的基尼系数是 95%，见图 7.11。

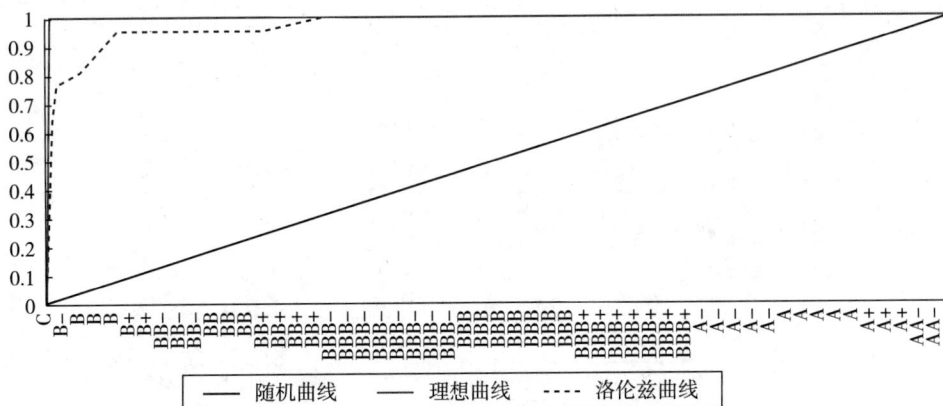

说明：包括金融和非金融发行人。

图 7.11　惠誉企业评级表现 2018 年 CAP 曲线

（资料来源：惠誉）

需要注意的是，对于较长的时间段，高信用级别存在更多地被下调信用级别的可能，因此基尼系数将随着时间跨度的增加将下降。表 7.6 是标普全球企业评级的多年期基尼系数统计，也反映了这个特点。标普 1 年期、3 年期、5 年期、7 年期的平均基尼系数逐步降低，分别为 82.50%、75.17%、71.49%、69.49%。

表 7.6　　　　　标普全球企业评级平均基尼系数（1981~2018 年）

	时间跨度			
	1 年	3 年	5 年	7 年
加权平均（%）	82.50	75.17	71.49	69.40
平均（%）	85.31	78.34	74.15	71.04
标准差	5.61	5.15	5.44	5.36

资料来源：标普。

二、稳定性检验

信用评级需要在稳定性与精确性两方面平衡，绝对低的评级波动性可能会导致评级预警能力不足，从而无法保证评级的精确性。同时，在一定时间内，稳定的评级系统对级别的调整不应过于频繁，应在评级对象的信用风险发生实质变化时做出评级调整。

（一）迁移率检验

数据表明，从长期来看，信用评级级别越高越稳定，投资级的发行人比投机级的发行人表现出更大的信用级别稳定性。三大评级机构高等级的级别维持率明显高于低级别，说明高等级的稳定性显著高于低级别；投资级别的稳定性相对较高；评级下调的迁移率要明显高于评级上调的迁移率，级别越低，撤回评级（或未评级）的比例越高。图 7.12 是三大评级机构企业评级的平均年度等级迁移矩阵中对角线数据的对比。等级迁移矩阵的对角线数据体现了评级级别的稳定性，是考察期内信用级别未发生变化的比率。

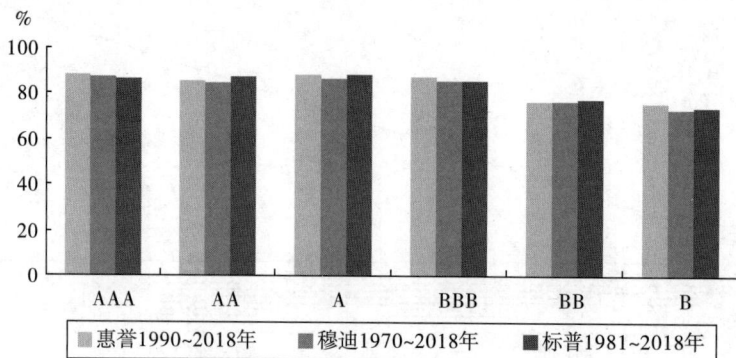

图 7.12　三大评级机构平均年度级别维持率比较
（资料来源：根据穆迪、标普、惠誉数据整理）

从图中可看出，各评级机构企业评级的级别平均年度稳定性与级别高低基本呈同向关系，即级别越高，其稳定性越好。三大评级机构的投资级别的稳定性相对较高，投资级的维持率均在 85% 以上；投机级则在 77% 以下，尤其惠誉和标普的 CCC－C 级的维持率分别仅为 47.35% 和 43.51%，而穆迪的 Caa 级和 Ca－c 级的维持率分别仅为 68.17% 和 38.79%。总体来看，三大评级机构的级别维持率基本相同，除 AAA 级、BBB 级和 B 级外，惠誉在各级别的稳定性都要略高于其他两大评级机构，这可能与惠誉较少的样本集和较短的考察期有关。

图 7.13 是惠誉在 1990～2018 年，企业评级的多年期等级迁移矩阵对角线数据的对比情况。可以看到，总体上呈现三个特点：投资级别的维持率高于投机级别的维持率；随着级别降低，投机级的级别维持率严格单调递减；随着考察期限拉长，每个级别的级别维持

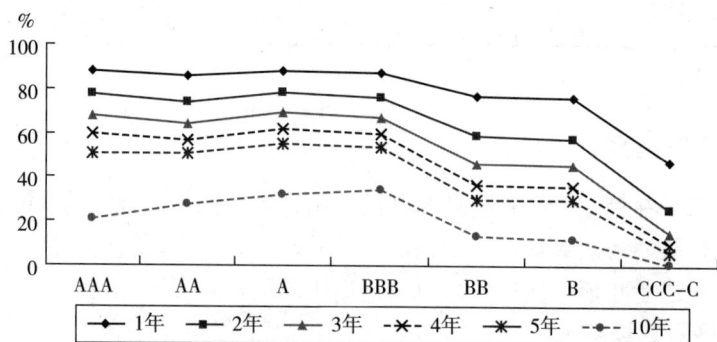

说明：包括金融和非金融发行人。

图 7.13　惠誉级别稳定性比较（1990～2018 年）
（资料来源：根据惠誉数据整理）

率都下降。但是，具体分析，每个考察期的级别迁移情况与理论有偏差，投资级的评级并未完全遵循级别高低与级别稳定性高低的正向关系，如 10 年期的 AAA 级、AA 级、A 级、BBB 级的维持率反而单调递增，分别为 20.74%、27.69%、32.12%、34.44%。

（二）级别变动率检验

信用评级的级别变动率统计的是特定时间内信用级别发生变化的比例，具体包括多种计算方式。穆迪的评级迁徙率是以单个发行人平均上调子级数减去单个发行人平均下调子级数计算的。2016 年受评发行人信用质量继续走弱，评级下调多于评级上调。2016 年，评级迁徙率从 2015 年的 −9% 下降至 −15%，但评级迁徙率在 2017 年和 2018 年分别增长到 0.7%、2.3%，见图 7.14。

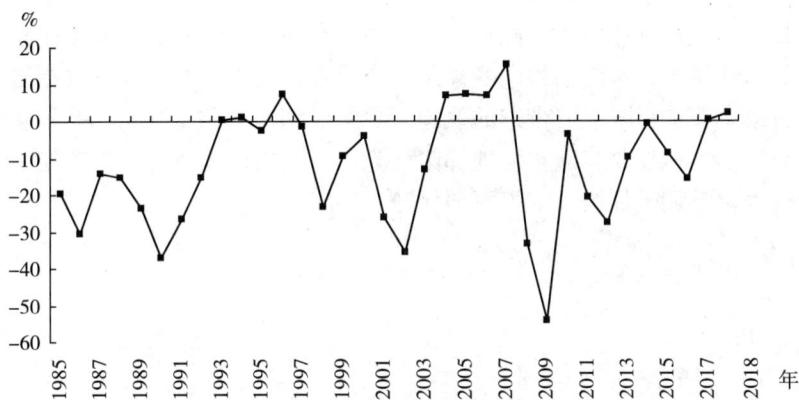

图 7.14　穆迪企业评级迁徙率变化（1985~2018 年）

（资料来源：穆迪）

级别活动率是稳定性检验的另一个直观的指标，往往统计一定时期内级别上调或下调的比率。根据历史统计，级别活动率尤其是级别下调比率与经济形势有密切关系，评

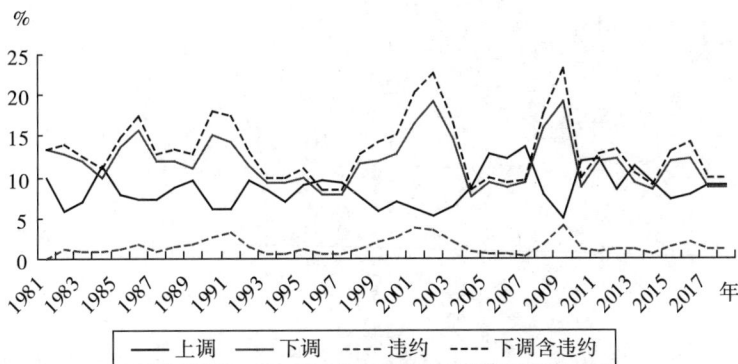

说明：对比每年年初评级与年终评级的净变动，全年所有中间进行的评级行动不做计算；下调含违约是指将下调（评级未包含下调到违约 D）与违约合计。

图 7.15　标普全球企业评级级别变动（1981~2018 年）

（资料来源：根据标普数据整理）

级大幅波动的情况通常发生在经济衰退时期。图 7.15 是标普企业评级中级别变动的历史情况。2002 年、2009 年级别下调率分别达到 19.13%、19.09%，违约率分别为 3.6%、4.19%；而 1981 年至 2018 年的级别下调率的权重平均值为 11.55%，违约率的权重平均值是 1.48%。

三、信用评级机构之间级别的依赖性

在分析评级质量时，一个值得关注的现象是，不同评级机构的评级级别变动呈现相似性。在寡头垄断的市场中，公司常常会以对竞争对手的了解来决定本公司的战略。从理论上讲，这意味着评级机构在不断猜测或判断其他评级机构如何应对市场情绪变化时，自身的判断力也会受到影响（ESMA，2015）。信用评级机构之间的相互依赖程度可以为各机构提供观察和模仿彼此行为的空间，在同一时间范围内就实体和工具的信用评估达成类似意见。这可能会给金融稳定带来风险，比如许多评级机构在同一时间对某些金融机构或主权进行降级所带来的风险。例如，可以看到 2012 年欧洲主权债务危机期间主权评级的类似变化，欧盟管理部门认为，三大信用评级机构都改变了看法，并在一定时期内大幅下调了评级，变得更加保守。

第四篇
信用评级的技术方法

◎ 第八章　银行信用评级方法及分析

◎ 第九章　地方政府评级方法及分析

◎ 第十章　主权信用评级方法及分析

◎ 第十一章　结构化金融产品评级方法及分析

◎ 第十二章　中央银行信用评级方法及分析

在本篇中，将用较大的篇幅具体分析主要的评级方法，包括银行、地方政府、主权、结构化产品等评级，并研究了中央银行评级方法。对每种评级方法分析时，会将相关的背景知识进行不同程度的介绍，以有益于对评级方法的深入理解。

第八章　银行信用评级方法及分析

金融是现代经济的核心,其提供了社会经济活动的资金融通和信用创造。金融机构包括银行、保险公司、证券公司、基金公司、财务公司等类型,其中,银行是金融机构的主要组成部分,是金融体系的基础。银行的主要特征是通过负债和资产业务,吸收存款者手中的闲散资金,向资金需求者提供贷款,从而实现了信用转移和资金的跨期匹配,也促进了商品交换的实现,实现了经济活动的高效运转。维护银行体系的正常运行,对于金融市场的稳定和经济社会的发展具有重要的意义。对银行的信用评级也正是基于信用风险揭示和风险控制等目标开展的。本章首先对银行的复杂性和银行危机进行分析,然后对银行的信用评级方法进行比较研究。

第一节　银行的复杂性

一、银行业务的经济学分析

(一)一般原理

金融市场所履行的基本职能是将资金从拥有闲置资金的居民、企业、政府那里转移到资金短缺的经济主体手中,这些经济主体包括需要资金的居民、企业、政府等。金融市场中的资金转移有两种方式,也就是直接融资方式和间接融资方式。在直接融资中,借款人通过金融市场发行股票、债券等证券工具直接从投资者手中获取资金,金融市场提供了基础设施平台以实现这种资金供给者与需求者的直接对接。间接融资则是通过银行汇聚存款资金,再由银行向资金需求者发放贷款,在此过程中,资金的最初提供者,即存款人一般并不知道资金需求者(借款人)的情况,存款人、借款人都是分别与银行建立了债权债务的契约关系。一方面,存款人将资金存入银行从而成为债权人,而银行是债务人;另一方面,银行将资金贷给企业等借款人,从而在这层关系中银行成为债权人,企业成为债务人。

通过银行实现这种资金匹配,资金实现了多种职能的转换,核心是将资金从没有生产用途的人手中向有生产用途的人转移,这对资源的合理配置起到了重要的作用,从而促进了企业、家庭经济活动的运转,提高了经济产出和经济效率。由于金融市场发挥了资源配置的重要作用,运行良好的金融市场是经济健康发展的基础支撑。市场运行的本质是实现供给和需求的匹配,供给者和需求者在市场中找到价格的结合点,从而市场看不见的手促进了供给者和需求者对当前商品交换目标的实现，并为下一步的活动奠定基础，这也就是市场实现经济主体的即期需求和远期需求的功能。

需要注意的是，将贷款人与信誉良好的借款人联系起来是有成本的。贷款人对潜在借款人的信息是不完善的，因此必须承担审查和评估这些借款人的成本，并在发放贷款后对其进行监控。这些成本加起来就是外部融资溢价，即向高风险借款人提供资金的全部成本与向中央政府这样的借款人发放贷款的成本之差（Bernanke，2018）。

在业务合作过程中，银行与借款人等客户建立了长期的业务关系，从而形成了关系型银行和关系型客户。通过这种关系合作，银行积累了客户全面的历史信用信息，借助这种信息优势，银行从借款人那里也获得了信息租金。因为银行主要是以非公开方式发放贷款，而不是在证券市场公开市场交易，这种信息使用方式避免了搭便车行为。其他银行无法获得这些借款人的历史信用信息，从而使关系银行对借款人的资金获取业务形成了一定程度的垄断，这种垄断方式避免了竞争带来的价格（即融资议价）下降的可能，从而形成了信息租金。

由于逆向选择很容易使贷款遭受信贷风险，因此贷款人对新的借款人发放贷款非常审慎，或对贷款实行配给制。为了降低信息租金，提高信贷发放的效率，可将各家银行积累的信用信息在行业内实现共享，在保证个人隐私和商业秘密的前提下，供银行在信贷决策时合法使用，这也是在美国、欧洲等发达国家和中国等新兴市场国家和地区迅速发展起来的征信体系建设。通过征信体系的应用，实现了银行间的信用信息共享，降低了信息不对称，促进了融资效率的提高和贷款的可获得性。

大量的实证研究表明，竞争程度更高的银行体系具有更高的效率和稳定性。原因包括：一是竞争可能提高银行对潜在借款者的筛选能力、对融资项目的后期管理能力以及对银行风险的管控能力，这些改善反过来会提高银行体系的稳健性；二是能提升银行业效率的竞争往往更可能使得贷款利率下降，这有助于降低企业破产概率，从而提高银行业稳定性（Ross，2018）。但 Ross（2018）研究表明，竞争与稳定性之间存在此消彼长的关系，银行业竞争程度提高会降低银行的特许权价值（往往代表利润的下降），并增加银行的风险。因此，促进银行业的竞争应是适度和规范的。

银行是家庭、企业、政府与之打交道最多的金融中介。随着金融和科技的发展融合，银行提供的金融服务已深深嵌入到大众的日常生活中。买房、上学、买车、国内或出国旅游、转账汇款等，都需要通过银行体系提供的庞大网络办理相关资金业务，这些网络包括银行的"实体门店"、24 小时服务的自助服务网点、网络银行、手机银行、商场和旅游景点提供的 POS 终端等。实际上，银行自身的服务网络、中央银行的网络通过连接构建了更为庞大和复杂的金融服务网络，这种双层架构的网络模式实现了经济中资金的迅速、准确、便捷地清算和转移，加速了商品流通。

（二）银行的资产负债表业务

作为接受存款和发放贷款的金融机构，银行是经济中最大的金融中介机构。银行实际上包括商业银行、储贷协会、互助储蓄银行、信用社、专业银行等形式，这些银行核心业务是相同的。由于银行对经济社会的特殊作用，银行也是受到准入限制和严格监管的行业。

银行主要依靠发行债务来筹集资金，并用筹集的资金购买资产以获得利润。从银行的资产负债表来看，银行通过存款等负债业务来获取资金，并用这些资金发放贷款或购买债券进行投资，这些贷款和投资也构成了银行的资产。资金从银行的负债转变为资产，在银行的资产负债表都得到体现。银行资产超过银行债务的部分，称为净值或银行资本，代表银行的股东产权。表 8.1 是一个典型的银行资产负债表的构成项目。

表 8.1 银行资产负债表

资产	负债
准备金及其他现金	活期存款
贷款	非交易存款
企业	储蓄存款
家庭	定期存款
银行间	借款
其他贷款	从中央银行借款
证券	从其他银行借款
企业债券	其他借款
政府债券	其他负债（比如发行债券）
其他资产	银行资本

1. 银行的负债业务

银行的负债业务包括支票存款、储蓄和定期等非交易性存款、借款、银行资本等。

支票存款也称为活期存款，是可以随时提取的账户存款。活期存款是交易用途的存款，因为其可以在交易活动中签发支票进行支付，方便了交易活动。由于可以签发支票这个特性，这种存款对存款人来说是流动性很强的资产。银行中的活期存款可以看作最短期的金融工具，也是一类无固定期限的合同，重要的是，存款很容易被取出用于支付，从一家银行转至其他银行，或交换成其他资产[1]。

非交易存款包括储蓄存款和定期存款。储蓄存款不能签发支票，是为居民积蓄货币而开办的存款业务，支用时只能提取现金。储蓄存款账户也被称为存折账户，由银行发给存款人存折或储蓄卡作为取款凭证，存款人在取款前需要给银行一定日期的提示期，如 30 天。但是现实中，银行通常放弃这一要求，因此存款人可以对储蓄账户的资金随时提取或增加。

定期存款也称为存单，可以有从几个月到许多年的不同到期日。定期存款可以获取高于储蓄、支票存款的利率水平，但如果在到期日前提取，定期存款将被银行扣除一定利息作为违约惩罚，比如将原定的定期存款利率转为储蓄存款的利率计息。小额定期存款主要面向的是家庭居民的存款，大额定期存款主要面向的是机构的资金。为了提高吸引力和流动性，监管规定允许一定面值以上（比如 50 万元以上）的大额存单可以在市场上进行交易转让，在到期日前投资者可以在二级市场上买卖这些大额存单。

---

[1] 参见明斯基，2018，178。

为缓解流动性不足，银行可以向中央银行、其他银行等机构借款。向中央银行借取的资金被称为再贷款，一般要支付贴现率。从其他银行的借款是银行间资金拆借，这些借款期限往往较短，比如隔夜，也就是当天借入，第二天就偿还。

银行还可通过回购协议等方式从企业借入资金。回购协议是通过出售资产获得资金，并承诺在约定时间按一定价格购回该笔资产的契约，这些资产往往是国债等高等级债券。回购协议也被称为货币市场工具。银行等信贷提供者主要通过短期负债的方式为其贷款融资，这些负债包括传统的活期存款，还包括批发金融形式，比如回购协议和商业票据。银行和其他金融中介喜欢批发融资的低成本，以及它吸引大量投资者的事实。在 2007 年金融危机爆发前的几年里，信贷中介对批发融资的依赖程度迅速提高（Bernanke，2018）。

银行还可以通过发行债券进行融资，比如发行一般金融债、次级债、混合资本债、可转换债等，这些债券也是评级机构的重要评级领域。这是银行运用资本市场工具进行融资。

银行资本是通过发行股权或留存收益而形成的资金，代表了银行股东的产权。留存收益是银行税后利润减去普通股和优先股股利后的余额，也是未分配利润。将留存收益补充增加银行资本金是提高银行资本的重要方式。银行资本也被称为银行的净值，从资产负债表看，银行资本等于银行的资产额与负债额的差值，见下式。

$$银行资本 = 银行资产 - 银行负债$$

银行资本是银行应付资产价值下跌的缓冲器。银行资产价值减损可能会使银行丧失清偿能力，如果银行资产总值跌至负债总值以下，银行就破产了。应对资产价值下跌，防止银行破产的办法之一是保持一定规模的银行资本，另外是保持贷款损失准备金。贷款损失准备是银行为了防止贷款违约等损失给银行造成不利影响而预先做的资金储备。

为拓宽商业银行等各类金融机构资本筹集渠道，提升商业银行主动负债能力，推动金融行业改革与发展，我国于 2004 年推出商业银行次级债券和证券公司短期融资券之后，2005 年 5 月推出了商业银行和企业集团财务公司的普通金融债券。普通金融债券是一种商业信用类的债券，改变了只有政策性银行发行政府信用类债券的局面，为商业银行提供了主动负债工具，尤其是满足了中小商业银行需要。2005 年 8 月浦东发展银行发行了第一单普通金融债券。金融机构还发行了可以用于补充资本的债券，如 2006 年推出商业银行混合资本债券；2014 年根据新的资本监管要求，推出了二级资本债等创新型资本补充工具。2000～2017 年，银行间债券市场累计发行金融债券 32.1 万亿元，其中，政策性金融债 25 万亿元，商业银行债 1.5 万亿元，商业银行次级债 2.5 万亿元，证券公司短期融资券 1.2 万亿元。

2019 年 1 月 20 日，中国银行获批发行 400 亿元无固定期限资本债券（即永续债）以补充资本金，债券期限为 5 + N 年，计入所有者权益中的"其他权益工具"。商业银行永续债的发行，一方面有利于充实商业银行资本，提升风险抵御能力；另一方面也有利于丰富债券市场投资品种，满足投资者多样化需求。为提高银行永续债的流动性，我国央行设计了票据互换工具（简称 CBS），公开市场一级交易商可以将其持有的合格银行发行的永续债与央行发行的 CBS 进行互换，将主体评级不低于 AA 级的银行永续债纳入人民银行中期借贷便利（MLF）、定向中期借贷便利（TMLF）、常备借贷便利（SLF）和再贷款的合格担保品范围。同时放开了保险机构投资商业银行发行永续债的权限，这些政策有效提高银行永续债的市场流动性，进而支持银行发行永续债补充资本。

永续债具有"债"和"股"双重性质的金融工具，主要特征包括：不含有利率跳升机制、其他赎回激励，且必须含有减记或转股的条款。在《巴塞尔资本协议Ⅲ》框架下，符合合格资本工具标准的永续债可被计入其他一级资本。从全球来看，永续债是商业银行补充其他一级资本的重要工具。商业银行永续债的发行丰富了我国债券市场的产品体系，拓宽了商业银行其他一级资本的补充渠道。

2. 银行的资产业务

银行的资产业务是运用资金的业务，是银行赖以取得收入的主要方面。银行的资产业务包括现金资产、证券投资、贷款及其他资产，这些资产的流动性依次降低。

现金是银行资产中流动性最强的资产，但它基本不为银行带来直接的收益。因此，银行只会保留一部分现金，而将其他资金运用于贷款、投资等资产业务。现金资产包括准备金、同业存款等。准备金包括存在中央银行的法定存款准备金和银行自身持有的超额存款准备金。由于要满足存款人的随时提款要求，履行债务责任，因此银行要持有超额存款准备金。

根据监管部门的许可，银行可投资于企业债券、国债、地方政府债券等证券，这是银行具有较稳定收益的资产。但是，从安全角度考虑，银行一般不允许从事股票的买卖，因为股票的价格波动非常大，属于高风险资产。

银行主要通过发放贷款取得利润。放款是银行的业务重点，是运用资金取得利润的重要途径。通过贷款业务，银行定期获取贷款利息，当贷款到期时，收回全部本息。由于贷款缺乏流动性，而且有些贷款的违约风险较高，因此贷款的利息较高，银行通过赚取存款、贷款利差获得较高的收益。银行的贷款涉及对企业、政府部门的贷款和个人消费者的贷款，包括信用贷款和抵押贷款等形式。

为了提高银行资产的流动性，信贷资产证券化在许多国家和地区发展迅速。银行将一定数量和相关类型的贷款资产打包卖出，相关机构将这些贷款资产设计形成资产池，以资产池中的贷款利息收入等资金流作为对债券还本付息的保证，向投资者发放资产支持证券。通过信贷资产证券化，首先使存量信贷资产从银行出表，银行在贷款到期前获得了流动性资金，也可进一步优化银行的信贷结构；其次能改善资产负债表，化解不良贷款，提高资本充足率；最后银行通过对资产池中的贷款利息进行管理，获得了管理费等收入。在资金运行的流程上看，信贷资产证券化与银行发行债券融资是相反的两个程序。其中资产证券化将信贷资产设计为债券市场的产品，从而将间接融资与直接融资方式连接起来；而银行发行债券，再利用债券融资投资于新的贷款等资产业务，则是与证券化过程相反，将直接融资资金转变为间接融资市场的资产。

随着金融创新的不断发展，银行经营的各种资产负债业务种类越来越繁多。除了存款、贷款、投资等负债和资产业务外，银行还开展一些所谓的中间业务，这些业务不需要运用银行自己的资金，是代替客户承办支付或其他委托事项而收取手续费的业务，包括汇兑、证券担保、贷款出售、贷款承诺、信用证、代收等业务。这些业务给银行带来了利润，但不体现在资产负债表中，因此也被称为表外业务。随着金融创新的发展，表外业务也不断丰富，互换和期权等信用衍生产品、理财、资产管理、备用信用证等金融产品交易收费也成为重要的表外业务。表外业务不断扩充对银行的影响也越来越大，不少银行从表外业务获取的收入已超过表内业务。监管部门也逐步完善监管规制，要求对银行的风险进行全面管理。

二、银行金融中介角色的替代性分析

由于市场存在的信息不对称和交易成本，产生了对中介机构的需求。金融中介在竞争中形成了规模经济、网络外部性等特点。金融中介机构具有降低交易成本的专业能力，而且，金融中介机构的规模庞大，能够获得规模经济效益，即随着交易规模的扩大，平摊在每单位资金的交易成本减少。金融中介机构还通过多样化投资，帮助个人降低风险以实现风险分担。由于金融中介机构获得了大量客户的信息，这些信息被应用于许多不同的金融服务中，这也进一步降低了每一次服务的信息生产成本，这也被称为范围经济[1]。

银行通过销售负债，然后利用所筹资金购买具有不同特征组合的资产来赚取利润。这些负债和资产业务分别具有一定的流动性、风险、规模以及回报率等特征，这种资产转换过程实现了借短贷长。在金融市场中开展交易是需要花费成本的。比如找到合适的借款人、签订相关合同，这些事情都需要花费时间和金钱，这也是交易成本。

由于信息不对称，在金融市场交易时存在逆向选择和道德风险问题。那些最可能造成不利（逆向）后果——存在信贷风险的人就是那些最积极寻求贷款，并最可能获取贷款资金的人。贷款前，高风险的贷款人往往为了获得贷款而同意较高的贷款价格，因为他们可能利用这些贷款从事高风险的投资，寄希望于获取更高的收益，但往往导致贷款无法收回。当不能获得潜在贷款人的全面信用状况时，往往会出现选择错误的贷款人，这被称为逆向选择。获得贷款后，贷款人不能按照合同要求尽职尽责地使用好资金，无法保证资金的收益，或将资金投资于合同禁止的高风险领域，这是道德风险问题。信息不对称所导致的逆向选择和道德风险进一步提高了市场中的交易成本。

由于交易成本的存在，使得许多存款者和借款者无法进入金融市场进行直接贷款交易。即使像发行证券所进行的直接融资方式，也有许多类型的金融中介机构提供风险揭示等不同的中介服务，以利于融资过程的开展。一些发展中国家企业的信息比工业化国家更难获取，因此，证券市场所能起到的作用就较低，银行等中介机构的空间更大[2]。为了控制金融风险对个人和企业的负面冲击，监管部门也禁止未经许可开展存贷款等业务。这些许可是对开展金融中介的基本条件要求，比如要具备专业的设备、场所、相关专业人员，有一定规模的能吸收损失的资本金要求等。

银行把许多存款人的资金聚合起来，再选择合适的贷款人放贷，或选择适宜的项目

---

① 参见米什金等，2017，22 – 25。

② 参见米什金，2011，170。

进行投资。银行依靠自身的业务模式，形成了规模经济效应。银行把许多小额资金聚合到一起，在完成一笔大额资金交易时，花费的时间和金钱等成本并不是完成多个单笔小额资金交易成本的累加，平均下来，每单位资金的交易成本是降低了，这也就是规模经济。

银行通过业务积聚了大量客户的历史信息，形成了不同特征借款人、贷款人的历史画像，这些信息成为银行获取竞争优势的重要资源，因此银行也经常被称为是经营信息的企业。借助科技分析和经验判断，银行对新的具有类似特征的借款人进行风险评估，比如利用信用评分等技术，从而降低了逆向选择。银行利用自身人员和机构优势，监测借款人的经营行为，可以及时发现借款人的违约使用资金的风险或经营异常情况，从而约束了借款人的行为，降低借款人的道德风险。

银行是一国金融体系的重要机构类型，在现代各国金融体系的运转中发挥主导作用。通过存款、贷款等资产负债业务，银行降低市场中的信息不对称，从而降低了交易成本，也对市场潜在的风险进行识别和分担，从而使存款人和借款人都可以从金融市场中获取利益，促进了经济社会的运行。

三、银行业的新发展趋势

（一）金融科技发展对银行业务的影响

金融创新改变了金融体系，金融科技的发展对银行业务创新发挥了巨大的促进作用。银行不断利用信息科技提高服务能力，金融科技已成为银行等金融机构提高效率和效益的重要工具。信息科技通过提高信息存储量、提升信息计算速度、提供便捷终端设备等，不断促进银行等金融机构的产品创新，提升金融产品的覆盖面和可获得性。金融创新的源动力包括获取竞争优势的创新、规避监管规制的创新，信息科技为金融创新提供了强大的支持工具。信息科技与金融业务的深度融合，使银行业务不断发展，促进了产品的丰富和金融效率的提高。

金融机构研发新产品来满足客户需求，提升了自身产品的广度和深度。为满足市场降低利率风险的需求，期货合约等金融衍生工具在20世纪70年代开始不断推出。当制度约束性过大，为降低这些约束带来的合规成本，就会出现利用约束的漏洞，在规则允许的边界开展金融创新，从而通过规避制度约束获取利润。

随着信息科技持续发展，金融与科技出现了深度融合，使银行等金融机构出现了新的发展，也引起了各国监管部门的重视。不断发展的电子支付技术，使携带现金的不便成为历史。电子支付的形式包括借记卡、贷记卡、数字货币等形式。近两年，数字货币的发行成为世界主要国家中央银行讨论的热点，多国中央银行正在就发行央行数字货币（CBDC）的可行性积极进行探索和研究。央行数字货币是一种由中央银行数字化发行的新型法定货币。相比于现金，数字货币的最大特点是不具有物理形态。电子支付、数字货币等是否最终完全替代纸质货币，有几个因素需要考虑：

一是信息安全。电子支付方式需要保证准确、及时、无抵赖的货币支付，在这个过程中需要应用加密等安全技术实现无差错交易。随着信息的不断积累，在大数据的环境下，支付交易体系还需要建立全面的安全架构，防止网络攻击，确保海量信息的保存、处理等方面的安全。

二是个人隐私保护。电子支付会遗留下大量关于消费者购买习惯的个人信息，使商业机构和监管机构可以采集更多的个人信息，这些个人信息形成了每个人的行为画像，这增加了信息泄露和被滥用的风险。与现金相比，数字货币的优势在于可支付利息，可防盗，损失后可追回，无需面对面交易，管理和交易成本低。但现金不存在网络风险，可实时结算，并且现金交易可完全匿名进行，充分保护用户个人信息。因此，如何在保护个人隐私和信息适度使用之间建立平衡，面临着越来越迫切的现实和法律诉求。

三是对传统金融体系的影响。数字货币具有促进金融效率提高等重要作用，但也应关注其可能带来的问题。数字货币可能与银行存款产生竞争，会对金融稳定带来影响，因为，发行央行数字货币可能导致在资金面正常时，带来金融去中介化的情况。央行数字货币可能会导致银行存款流失和货币创造能力下降，尤其是危机时期，央行数字货币提供快速逃往安全资产的便捷通道，可能加剧银行挤兑和恐慌，这将对货币政策和金融稳定造成影响。

实际上，电子支付与纸质货币的替代问题可能类似于电子书籍和纸质书籍的替代问题，在可预计的较长时期，这两种形式都会满足不同人群的需求，从而两种形式共存并协同发展。

全球金融科技的迅速发展，给银行业带来了压力和改变。这种改变为公众提供了便利性的融资渠道，提高了金融中介的运行效率，同时也给监管者带来挑战，包括加强消费者和投资者保护、更好地监测和评估金融风险等。IMF 指出，技术进步一直是金融业转型升级的重要推手，金融与科技的结合互动始终没有停止。一方面，随着各种新型支付工具的兴起，金融服务市场涌入各种技术型企业，主要集中于互联网平台和电信企业等；另一方面，得益于自动化、专业化和去中心化等技术发展，金融机构使用消费者和企业数据更加高效、深入，极大地提升了内部经营效率和金融服务质量。

金融科技发展在便利金融交易、提供精细化金融产品和服务、推动普惠金融发展方面发挥了积极作用，但各种技术应用也存在损害市场公平竞争、挑战金融服务公信力、影响货币政策传导和引发新型金融风险等问题。例如，新的货币媒介将降低货币当局的调控能力，如中央银行不能主导虚拟货币的发行、账户设立、交易清算和信用创造，那么央行宏观调控效率将大打折扣。监管部门应不断完善监管框架，同时也应避免压制创新，可以包容审慎方式引导并促进创新，督促机构合规经营。

（二）银行业的规模变化

由于金融创新、金融自由化的促进作用，金融并购、金融混业经营不断发展，导致更大、更复杂的银行机构出现。1982 年开始，美国各州通过约定逐步改变禁止其他州的银行在本州设分支机构的要求，直到 1995 年美国出台法案彻底取消该约束（Ross，2018）。美国《1999 年金融服务现代化法案》①允许金融业从分业经营转变为混业经

---

① 亦称《格雷姆－里奇－比利雷法案》，废除了 1933 年制定的《格拉斯－斯蒂格尔法案》有关条款，从法律上消除了银行、证券、保险机构在业务范围上的边界，结束了美国长达 66 年之久的金融分业经营的历史。参见金融时报公众号，《沃尔克规则终被修订，华尔街之狼"紧箍咒"没了！影响有多大？》，2020.6.26.

营，金融控股公司可以同时经营银行、证券和保险业务，这也促使美国逐渐出现了巨大的银行实体，在世界银行业处于规模领先的地位，见表8.2。

表8.2 　　　　　　　　　　　2005年世界十大银行资产 　　　　　　　单位：百万美元

国家	银行	资产
美国	花旗银行	1484100
日本	瑞穗金融集团	1306600
法国	巴黎银行	1228030
美国	摩根大通	11138470
苏格兰	苏格兰皇家银行	1119900
美国	美国银行	1110460
英国	汇丰银行集团	1031290
日本	三菱东京金融集团	1014560
英国	巴克莱银行	1002090
法国	农业信贷银行	987790

资料来源：米什金，2011，245。

引人注目的是，近十几年随着中国改革开放的深入和金融对外开放的深化，中资银行在行业竞争中迅速成长，不断壮大，在世界10大银行中占有多个席位，这与金融改革开放之初，中资银行被许多海外媒体预言破产的情形形成了鲜明的对比，见表8.3。近年来，我国商业银行规模持续增长，2019年末，我国金融业总资产318.69万亿元，同比增长8.6%，其中银行业总资产290万亿元，同比增长8.1%，规模居全球第一；金融业总负债289.43万亿元，同比增长8.1%，其中银行业总负债265.54万亿元，同比增长7.7%[①]。银行规模的不断扩大也对监管提出挑战，规模大的机构倒闭会导致系统性风险；但是受惠于大而不能倒的优惠政策，大机构过度冒险的动机增强。

表8.3 　　　　　　　　　　　2019年世界十大银行 　　　　　　　单位：十亿美元

排名	去年排名	国家	银行	2019年一级资本	2018年一级资本
1	1	中国	工商银行	338	324
2	2	中国	建设银行	287	272
3	4	中国	农业银行	243	218
4	3	中国	中国银行	230	224
5	5	美国	摩根大通	209	209
6	6	美国	美国银行	289	191
7	7	美国	富国银行	168	178
8	8	美国	花旗银行	158	165
9	10	英国	汇丰银行	147	151
10	9	日本	三菱日联金融集团	146	153

资料来源：英国银行家，2020。

---

① 参见：中国人民银行官网，2020.3.23。

银行业一方面存在激烈的竞争，另一方面在许多国家和地区出现集中度提高的倾向，规模庞大的银行在许多国家和地区出现。前十大经济体中，有 6 个国家在 2015 年都表现出较高的银行业集中度，其前五大银行资产占比均超过 70%（Ross，2018）。从贷款情况看，近些年美国银行业仍然呈现高度集中态势，但最大型机构的市场份额有所下降。国际金融危机以来，大量银行破产或与其他银行合并，导致资产向大型机构集中，银行业整体显现大型机构快速增长的趋势。近年来，在一些措施的促进下，银行业集中度有所放缓，前 10 大银行的贷款份额占比从 2008 年的超过 60% 降至近几年的不到 60%，见图 8.1。

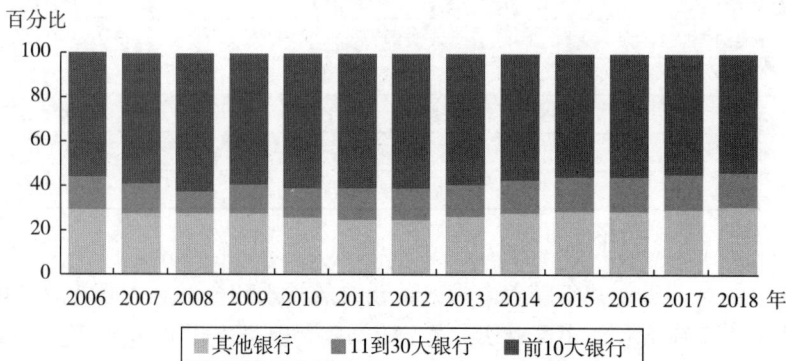

说明：2018 年为第二季度末的数据，其他年为年底数据。

图8.1　美国银行业的贷款集中度
（资料来源：美联储，2018）

四、银行与货币政策目标

（一）银行参与的货币创造和供给

货币供给是一国货币被投入、创造的过程。从最初来源看，大量的货币通过中央银行提供的通货被创造出来。银行体系在货币创造过程中发挥了极大的作用，其创造的货币构成了货币供给的绝大部分。银行行为直接关系货币与信用存量，影响着整个经济活动，因此银行在保证经济与金融体系有效、稳定运行方面发挥着极为重要的作用。

在以中央银行为最后贷款人的银行体系下，货币供给开始于基础货币。货币创造过程涉及中央银行、银行、贷款人和存款人四种角色。基础货币 B 等于流通中的现金 C 加上银行体系的准备金。由于基础货币是货币创造的源头，基础货币又被称为高能货币。银行准备金包括：一是银行的法定存款准备金 R，这部分在中央银行；二是银行的超额准备金 RR，是银行的库存现金。中央银行通过公开市场操作、再贷款等方式向银行体系投放基础货币，从而增加了银行的存款准备金。银行保留的存款准备金一般得不到利息收入或利息很低，因此银行不愿保存过多的超额准备金，而要以信贷等方式形成资产业务，获得收益。银行将获取的资金以贷款发放出去，获取贷款的经济主体并不会将这些资金拿在手中，而是会将这些资金存入银行账户进行使用。此时这个贷款人又成为存款人，从而贷款又以存款的形式进入银行体系，而这些新的存款会被银行再次放贷出去。经过这样的反复过程，最初的基础货币数量在银行体系内不断扩张，存款货币也就被银行体系创造出来，实现了货币供给和创造的过程。基础货币 B 是中央银行最初发行的货币，而存款货币 D 是银行体系创造出来的货币，这两种货币也被称为外部货币和内部货币[①]。

从以上分析可看出，广义货币（即货币供应量）M 包括两部分，分别是通货 C 和银行存款 D：

$$M = C + D$$

基础货币的既定变化，引起货币供应量变化的比率称为货币乘数。这个乘数体现了基础货币转化为货币供应的倍数，反映了基础货币等因素对货币供应的影响。根据货币乘数公式，货币供应 M 等于货币乘数 m 与基础货币 B 的乘积：

$$M = m \times B$$

而

$$B = C + R + RR$$

因此：

$$C + D = m \times (C + R + RR)$$

所以货币乘数 m 为：

$$m = (C + D)/(C + R + RR)$$

将上面货币乘数公式的右边的分子分母分别除以 D 得：

$$m = (1 + C/D)/(C/D + R/D + RR/D)$$

将该公式简化为：

$$m = (1 + c)/(c + r + e)$$

其中：

$$c = C/D, r = R/D, e = RR/D$$

所以货币乘数 m 是存款人决定的现金比率 c、中央银行决定的法定准备金率 r、银行决定的超额准备金率 e 的函数。

当基础货币增加时，货币供应相应地增加。根据函数中变量的关系，货币乘数和货币供应与 c、e、r 分别成反比关系，现金比率、法定存款准备金比率和超额准备金比率提高，都会导致货币乘数变小。如果公众不把货币持有在手中而全部存入银行，银行也不留超额准备金，则 c 和 e 都为零，从而当基础货币增加时，增加的基础货币全部进入银行存款的扩张过程，货币供应量的增加量等于银行存款的增加量。因此，基础货币增加的部分，如果增加的是现金，则不会发生乘数效应；如果增加的是支持存款的基础货币，则会发生乘数效应，实现货币的多倍扩张，见图 8.2。

在中国最重要的传统节日春节中，节前居民对现金的需求量很大，中央银行会通过货币政策工具向商业银行相应补充流动性，由此基础货币会大量增加，但由于新增的流动性大部分转为居民手中的现金，因此银行体系流动性（超额存款准备金）保持基本

---

① 欧央行. 欧洲央行货币分析工具及框架［M］. 北京：中国金融出版社，2014，4。

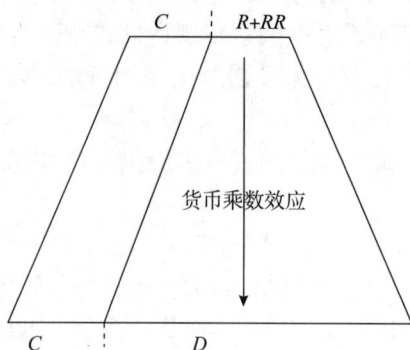

图8.2　货币乘数效应示意

稳定[1]。这也就是现金比率 c 增加，抵消了基础货币增加对货币供应扩充的效应。

银行收缩贷款，会引起银行体系的活期存款的成倍收缩，导致货币供应减少。当发生银行恐慌时，储户纷纷到银行提款，将存款转变为通货持在手中，导致通货比率大幅上升，货币供给大幅收缩。银行为保护自身免遭存款外流的影响，提高了超额准备金率，这又使存款成倍收缩使货币供应进一步下降。所以，当银行发生危机，通货比例将上升，超额准备金率将上升，货币乘数变小，货币供应减少。银行恐慌在通货比率和超额准备金率的相互作用下，使货币供应急剧下降。

1930～1933 年大萧条时期，虽然基础货币上升了 20%，但美国货币供应却下降了 25%，其原因就在于由于货币乘数的大幅下降，基础货币的增加没有支持存款的扩张，这表明在银行恐慌期间，现金比率 c 和超额准备金率 e 的变动对货币供给决定的重要性[2]。国际金融危机中，随着 2008 年秋季雷曼兄弟公司的破产，银行和其他机构为恐惧所吞噬，连接基础货币和货币供应量的货币乘数呈现急促的下降。为了抵消这种影响，美联储快速扩张自身的资产负债表，实施量化宽松政策，给正常信用渠道已经关闭的机构提供创新性的贷款计划，不久之后又直接收购了大量的抵押贷款支持证券和其他相关证券。

（二）银行在货币政策传导机制中的作用

1. 货币政策及工具

货币政策是中央银行对利率和货币的管理政策。从总体上看，货币政策目标的核心是稳定物价、提高就业率和促进经济增长，这也是宏观经济政策的最终目标。为了实现货币政策的目标，中央银行会选择一些中间目标，这些中间目标的可控性更强。中间目标包括货币供应量和长期利率等数量型和价格型的目标。为了对中间目标进行调整，还需要确定一些直接操作目标变量，这些变量也被称作短期中间目标，比如短期利率、基础货币等。

针对货币政策中间目标的调整，可以利用公开市场操作、准备金率调整、再贴现率

---

[1] 中国人民银行. 中国货币政策执行报告（2018 年第二季度）[M]. 北京：中国金融出版社，2018.

[2] 参见米什金，2011，328。

调整三大政策工具。中央银行利用货币政策工具对中间目标进行调整，从而促进最终目标的实现。这些货币政策工具可以影响基础货币和货币乘数，从而实现对货币供应、利率等变量的影响。由于调控的灵活性、主动性，公开市场操作成为发达经济体在货币政策操作中的主要工具，发达经济体已较少使用存款准备金率作为货币政策工具。当然，公开市场操作在货币政策操作中的成功实施，与具有发达的债券市场和丰富的债券产品是密不可分的。

1989 年 12 月新西兰通过《新西兰储备银行法》，在 1990 年生效后第一个实行通货膨胀目标，之后被越来越多的中央银行所效仿。通货膨胀目标制不单纯是一种政策规则，而是一种政策框架，其特征是公开宣告在某一时期内的官方目标范围，承诺以维护价格稳定作为货币政策的唯一目标或首要目标。随着新型金融机构不断涌现、金融服务不断创新、货币品种不断增加，完整、准确地统计货币供应总量变得越来越困难，精确、及时地调控货币供应量就更加困难，因此，许多国家中央银行的货币政策目标由数量型转向价格型。

2. 货币政策规则及泰勒公式

货币政策规则利用政策利率与经济变量形成的数学公式，例如泰勒规则。依据规则实施货币政策将对经济变化做出可预期的反应，这有助于提高货币政策的透明度和引导市场预期。泰勒规则是以价格型调控为主的货币政策框架的具体实施规则，由斯坦福大学教授约翰·泰勒于 1993 年提出，是根据美国货币政策的实际经验确定的一种短期利率调整的规则。作为常用的货币政策规则，泰勒规则描述了货币政策应如何根据通胀率和实际产出水平调整短期利率，成为美联储等多国中央银行在国际金融危机之前制定货币政策的重要参考依据。国际金融危机之后，受零利率下限等因素影响，美联储货币政策逐渐偏离了传统的泰勒规则。泰勒规则可以表示为：

$$R_t = r + \pi_t + 0.5(\pi_t - 2) + 0.5Y_t$$

其中，R_t 表示联邦基金利率；π_t 为通胀率；Y_t 为实际 GDP 和目标 GDP 的偏差。r 为均衡利率（也称为自然利率或中性利率），一般是指在充分就业和通胀稳定情况下，使得实际 GDP 等于潜在 GDP 水平的实际利率，r 在实践中一般为 2。

基于规则的货币政策有助于提升货币政策的透明度，避免货币政策的过度随意性，但在现实中也面临诸多挑战和局限。基于规则的货币政策对规则本身提出了较高要求，不同政策制定者可能存在不同偏好，找出一个被政策制定者广为接受的规则并非易事。现实中，货币政策需要具有更强的适应性，根据经济指标灵活进行调整，这不是简单数学规则可以做到的（Yellen，2015）。规则对应的模型本身并非一成不变，其重要参数需根据经济形势的发展变化进行适当调整。这需要政策制定者准确把握现实经济动态，深入辨别周期性变化和结构性变化。同时，如何在特殊条件下对规则进行调整仍是政策制定者面临的难题。

3. 货币政策传导机制

中央银行通过货币政策工具影响中间目标的变化，通过中间目标的变化影响经济增长、物价稳定等最终目标的实现，这就是货币政策传导机制的运行。总体上说，中央银行货币政策的调整会影响货币供应量和利率价格，从而影响社会总需求，根据总需求曲线和总供给曲线的变动原理，确定新的社会总产出，从而实现货币政策的最终目标。货币政策传导机制可以通过不同的渠道实现，依据货币政策影响的指标大体可以分为三类：一是资产价格传导机制，二是利率传导机制，三是银行信贷传导机制（张成思，2019）。针对货币政策传导机制的渠道不同，有不同的理论分析。

根据信贷途径观点理论，中央银行在公开市场购买债券，增加了银行贷款的供应量，而银行贷款是企业融资的重要渠道，这将引起企业投资的增加，从而总支出增加。该理论有一个重要含义，货币政策对小企业的影响要大于对大企业的影响，这是因为大企业可以更顺畅地在资本市场获得融资，而小企业更依赖于银行机构的间接融资。

从货币政策传导机制、货币政策中间目标、货币政策工具等方面的分析可以看到，通过银行体系的乘数效应，是货币政策最终有效实施的基本渠道。当银行体系出现问题，整个货币创造的乘数效应将无法实现，导致货币供应下降，无法满足货币需求，经济运行出现危机。货币政策传导机制很大程度上由银行体系竞争程度塑造，在竞争更激烈的银行体系中，银行信贷对央行政策利率的变化更为敏感，由此，在评估监管和货币政策效果时，也应分析银行体系的竞争结构（Ross，2018）。

五、银行经营的原则

与一般企业一样，银行是利润的追求者，力图利润最大化。不同的是，银行是经营货币的特殊企业，主要靠负债来经营，其盈利来自于各种生息资产的收益和各种管理费用。银行经营的好坏，不但关系到银行本身的利益，而且关系到众多的存款者和企业的利益，对整个金融体系和社会经济的稳定运行都有影响。银行必须在流动性、安全性和盈利性之间权衡，在降低风险的前提下，实现利润最大化，同时还要持有流动性资产来确保其足够的流动性，应对存款人的取款等需求。

（一）流动性管理

流动性是指一种资产转换为交易媒介的难易程度和速度。货币在所有资产中流动性最高，因为它本身就是充当一般等价物的交易媒介，可以直接在市场中用于商品和劳务的购买，还发挥着价值尺度、储藏手段等作用。因此，流动性也是资产不发生损失的条件下及时转变为现金的能力。银行靠负债经营，而负债大都是存款，存款者会随时到银行提取现款。如果当客户要求提款时，银行不能及时兑付，可能会引起恐慌，使银行信誉下降，严重的还会引起存款者的挤兑风潮，导致银行停业或破产。

为了应付随时提款的需要，银行必须在手头保持足够的资金。当发生存款提取时，持有超额准备金能让银行避免发生下列成本：从其他银行或企业借款，出售证券，向中央银行借款，收回或出售贷款。以上获取资金的方式都需要银行付出利息或损失预期收益，甚至影响银行的声誉资本。

国际金融危机期间，某些最后贷款人工具的受益机构由于担心"污名效应"问题而不愿使用这些工具。例如，美国银行宁可选择支付溢价近 50 个基点的定期拍卖工具，也不愿意通过贴现窗口获得等量的资金。也有证据表明，危机期间，英格兰银行的贷款安排乏人问津，主因是巴克莱银行使用该贷款安排而产生的负面市场效应，从而迫使英格兰银行将之更名为常备贷款安排（G30，2018）。

超额准备金是对存款外流所引起的各种成本的保险。存款外流引起的成本越高，为降低成本，银行愿意持有的超额准备金就越多。但银行也不必要保持十足的资金，因为根据经验，所有储户同时提款的可能性极小，这就需要权衡持有资金的机会成本。银行到底应该保留多少资金作为对支付的准备，是银行管理的重要问题。对此，各国中央银行对准备金比例做了要求，银行按比例缴纳存款准备金到中央银行，这被称为法定存款准备金比率。除了法定存款准备金，银行还保留一部分超额准备金，以加强流动性管理。金融危机的教训表明，银行必须持有充足、稳健的高流动性资产以应对严重的市场动荡，国际金融危机后出台的流动性要求显著提高了银行业机构高流动性资产的比例。

（二）资本充足性管理

资本充足性管理是指银行对持有多少银行资本作出判断，这是银行安全性管理的一个重要方面。一方面，银行资本可以防范银行破产。当银行无法履行对存款人和其他债权人的偿付责任时，将出现偿付危机并被迫停业。如果银行持有较高的资本金水平，将减少发生资不抵债的可能性。在银行出现不良贷款时，银行资本还可以起到缓冲作用，将损失吸收掉，让银行免于陷入困境，从而防范银行倒闭，这也保护了股东和众多储户的利益。因此银行资本越多，银行越安全，银行股东的投资也越安全。

另一方面，持有银行资本是有代价的。银行资本的数量多少影响银行股东的回报，银行资本越多，银行的每一单位资本的收益就越少。体现银行盈利情况的有两个重要的指标，即资产回报率和资本回报率，下面进行简要分析。

资产回报率 ROA 是银行资产盈利能力的基本指标：

$$ROA = 税后净利润/资产$$

银行所有者关心他们的股权投资收益，资本回报率 ROE 这个指标体现了股权资本的回报率：

$$ROE = 税后净利润/股权资本$$

根据公式计算得出：

$$税后净利润/股权资本 = 税后净利润/资产 \times 资产/股权资本$$

因此得：

$$ROE = ROA \times 资产/股权资本$$

从以上公式可以看出，在银行资产和资产回报率一定时，如果银行持有较少的资本金，资本回报率会增加；反之资本金越多，资本回报率就越低。

因此，银行资本金既能带来收益又产生成本付出。银行的安全性反映在银行资本上，银行持有较多的资本金，降低了破产的可能性，从而使银行股东的投资更安全。但是，在资产和资产回报率既定的情况下，资本金越多，资本回报率就越低。因此，银行的经营需要在流动性、盈利性和安全性之间做好平衡，在决定资本持有量时，必须进行综合考虑。对此，监管部门也对银行资本提出要求，规定了银行资本充足率的要求。

图 8.3 是美国银行业 2006～2018 年的盈利指标情况，其中资本回报率 ROE 等于净利润/平均股权资本，平均资产回报率 ROAA 等于净利润/季度平均资产。可以看出，金融危机后，借助于经济的复苏，美国银行业的盈利水平持续回升，在 2018 年第二季

度达到近十年的最高值。2017 年 ROE 和 ROAA 的下降是由于美国实行了一次性税的原因。根据 2017 年 4 月发布的减税规定，企业把在海外的资金带回美国，会享受一次性税的优惠税率。

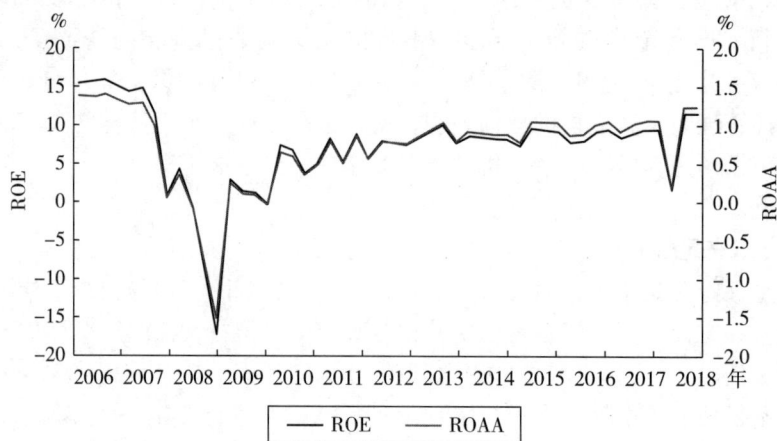

图 8.3　美国银行业盈利情况
（资料来源：美联储，2018）

六、小结

　　银行等金融机构的本质特征是将存款资金转化为投资资金。通过吸收储户的存款，银行在负债的同时，获取了新的经营资金，这些资金可用于贷款、投资等资产业务。存款的主要部分是活期存款和储蓄等，理论上来说是随时可以被储户取出的，因而是短期性质。在自身资本和储户资金的基础上，银行对资金需求者发放贷款，这些贷款的期限往往较长，因而银行通过借短贷长对社会资金完成了期限匹配，实现了资源配置，促进了资金的流通。尤为重要的是，银行是中央银行实现货币投放和回收的主要渠道，是实现货币和信用创造的基础设施。通过货币的乘数效应，银行实现了信用创造，配合实现了中央银行的货币供给目标，满足了货币需求。此外，银行提供资金清算的渠道，方便了资金的转移和结算。基于资金融通、信用创造和资金清算等作用，在现代社会发展中，银行对市场主体和经济运行具有不可或缺的作用。

　　银行与其他企业最大的不同在于，银行是存款的吸纳者和信贷的提供者。由于这个职能，在每个国家，银行业都是特许经营和受到严格监管的行业。作为重要的金融机构，银行是经营资金的机构，也是经营风险的机构，因而信心对于银行的正常经营是非常重要的。由于羊群效应，银行业的恐慌往往是相互传递的。一个银行出现风险，产生的挤兑现象会对其他储户产生负面心理影响，从而传染到其他银行和及其储户，造成储户的大面积的非理性挤兑。挤兑会对银行的资金产生严重打击，甚至造成银行出现流动性枯竭，导致资不抵债和破产。

　　一家银行的倒闭可能会引起行业多家银行的危机，这种恐慌和传染效应将对银行业整体产生冲击和严重影响，使整个经济处于危险的境地，从而最终使危机预期"自我实现"。回顾金融危机的历史，银行危机对于发达国家和新兴市场国家的负面冲击没有消失，2007 年爆发的国际金融危机对全世界造成的影响，也验证了银行危机的冲击是对各国无差别的。

全球范围看，过去 50 年金融增长远快于实体经济的增长，金融规模和复杂性持续上升，中国金融体系复杂程度也大幅上升。金融体系复杂化带来的负面影响值得关注，例如，可能加剧金融失衡，使风险隐患加大，即资产价格较快上涨和信贷快速扩张的同时出现杠杆率攀升和期限错配加剧，这些给金融监管、金融稳定和货币调控等都带来了负面冲击和挑战（潘宏胜，2017）。

第二节　银行危机的本质

为了理解银行风险，需要在金融市场的大背景下认识金融危机的概念。金融危机的历史可以追溯到许多世纪前金融市场最初形成之时，它伴随着几千年前古代文明中金属货币的引入而诞生。在那个时代，国王为军事扩张和其他开发性融资而大量铸造货币，这通常导致严重的通货膨胀[①]。

现在社会中，金融危机是金融市场、金融机构和经济活动的大破坏和大崩溃，它通常伴有前期私人和公共债务或货币供应的快速扩张，房地产、股票等资产价格不断攀升产生泡沫。但不断放大的泡沫终归要破灭，当泡沫被刺破时，房地产价格、股票指数、汇率等价格出现急剧下跌，信贷规模大幅收缩。资产价值的急剧下降和大批银行与金融机构的倒闭，往往是金融危机的突出特征，使社会投资缩减和总体经济活动水平下降，引发经济产生螺旋式下降的恶性循环。

一、理性预期与有效市场假说

预期是人们对未来发展和行动的评估和决策。20 世纪 60～70 年代理性预期学派兴起，理性预期成为宏观经济学分析中的主导性假设。1961 年，针对之前适应性预期理论的不足，经济学家穆斯提出理性预期方法。适应性预期认为，预期的形成主要基于过去形成的经验，也就是在过去经验信息的基础上形成预期。理性预期的核心思想认为，对未来的预期是人们利用所有可得信息作出的最优预测，这个预测也是对未来的最佳估计。因此人们在决策时，不仅会利用过去的历史信息，还会利用其他相关可得的信息，如果不是这样，这个人的行动将不是理性的行动。在 20 世纪 70 年代卢卡斯等经济学家的发展下，理性预期成为主流经济学理论。理性预期并不一定完全准确，它只是根据所有可得的信息做出的最大可能预测。

理性预期在金融市场中的应用形成了有效市场假定，也被称为有效资本市场理论。在有效市场假定下，市场是完美的，在金融市场中的价格蕴含了所有可以获得的信息，也包含了市场中的所有风险。有效市场假定有几个重要结论：第一，它意味着在有效资

---

① 参见托马斯，2012，2。

本市场上，由于有价证券的价格是正确的，因此投资项目之间没有优劣之分；第二，它说明证券的价格反映有关该证券内在价值的所有可得的信息；第三，它意味着市场投资者可以利用证券价格对成本进行正确评估，这样价格就可以帮助投资者作出某项投资是否值得的决策①。

但是人们的思维并非完全理性的，经常表现出过度的自信，有时甚至会表现出盲目冲动。凯恩斯将人们在投资中的冲动行为归纳为动物精神，美联储前主席格林斯潘也称之为非理性繁荣下的动物精神。过度自信、从众心理的羊群效应往往导致资产价格高估，以及投机产生的经济泡沫。对金融市场中的非理性行为的研究，也促使行为金融学的出现，它利用其他社会学科，比如社会学尤其是心理学中的理论来解释金融市场中的人们的行为。

当市场出现危机时，有效市场假定不断遭到质疑。不曾消失的金融危机证明市场是不完美的，人们经常是非理性的，或是个体理性，但群体行为表现为非理性。获取信息是需要成本的，在一些情况下，这些成本甚至很高，因为市场主体往往希望将有利于自己信息传递出来，而隐藏不利于自己的负面信息。由于信息不对称及人们存在非理性行为，金融市场并不完美。历史上经济发展呈现出繁荣与萧条的轮回，虽然金融市场、交易工具有了很大的发展和变化，但在每次金融危机中人们的非理性思维的表现却惊人地相似。

二、金融危机的理论模型——金融不稳定理论

（一）理论概况

针对金融危机的周期性特征，美国经济学家海曼·明斯基在凯恩斯投资周期理论、费雪的债务紧缩理论、西蒙斯的制度学说等研究的基础上，经过多年的积累研究，于20世纪80年代逐步形成了金融不稳定理论。经过了近30年的国际金融发展的相对稳定期，金融不稳定理论在国际金融危机后获得世界各方的关注和认可。从流动性泛滥到流动性迅速枯竭，金融不稳定理论对于国际金融危机产生的原因和危机发展阶段表现出高度的预见性，这个理论被众多经济学家和政府管理者所引用，人们也把以资产价格崩溃为特征的金融危机爆发称为"明斯基时刻"②。

根据金融不稳定理论，在倾向于发生投机性繁荣的资本主义经济中，有着内在的、本质的不稳定性。明斯基认为，历史上的金融危机表明，经济并不总是与瓦尔拉斯的经典均衡模型相符合。在瓦尔拉斯均衡模型中，经济运行的规律是恒定地寻求均衡并维持经济体系。金融不稳定的根源是内生性的，而不是依靠外生的冲击来产生周期波动。不稳定性是现代金融资本主义的一种正常结果，银行和其他金融机构的本质特征将不可避免地导致严重的金融危机，试图使经济在合理的范围内运行的干预及监管制度使情况更加复杂化了。

---

① 参见米什金，2011，144。

② 但明斯基教授于1996年去世，未能见证这一时刻。

（二）基本变量的逻辑分析

金融不稳定理论始自资本主义经济的两个特征：昂贵的资本资产和复杂的金融体系。理论分析的重要因素是投资、为投资进行的融资以及融资结构的转变。

明斯基认为，资本主义经济的资本发展，伴随着当前货币与未来货币之间的交换。当前货币用来购买各种资源，用于投资生产，而未来货币是生产获得的利润，这些利润将会积累到用于生产的资本资产上。投资实现了生产资料的获取，其依赖于融资过程。通过融资产生了负债，因此融资的前提是经济主体对负债承诺在约定时间和条件进行足额偿还。

由于银行的特殊功能，其在融资过程中处于核心地位。融资主要通过银行系统发生，银行系统在借给它钱的储户与其贷款客户之间提供了资金匹配的保障，而贷款者可用贷款实现融资需求。因此，经济中的融资可以被构建为约定日期的支付承诺，其间银行承担起中心角色，资金通过银行进行交换流转。金钱首先从储户流入银行，再流入公司，这一交换是为投资融资；然后，在后来的某一时间，从公司到银行并从银行到其储户，这种交换满足了先前融资合约里偿付的承诺。

企业为了投资开展融资行为，是由于有盈利预期。利润预期决定了融资需求和现在的融资成本。乐观的预期将使融资需求提高，从而推高市场价格，这也增加了融资的成本。利润的实现决定着融资合约中的承诺能否实现，也就是能否及时履约偿还债务。综上分析，金融不稳定理论中的基本变量驱动关系见图8.4。

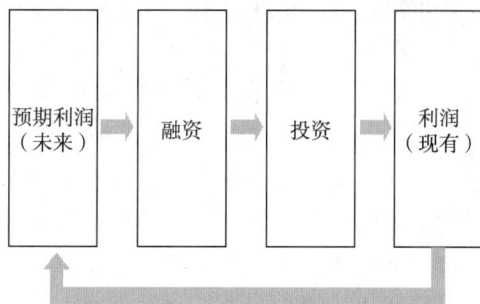

图8.4　金融不稳定模型基本变量驱动关系

未来的预期利润促使企业等经济主体通过融资进行投资，而实现的利润取决于投资。在明斯基的模型中，对金融关系的分析，可从一般商业负债扩展至对家庭、政府的负债结构的分析，因为这些主体都有融资需求和行为，比如政府大量发行债券融资。

在资本主义经济中，过去、现在、未来不仅被资本资产和劳动力特征连接起来，更重要的是被金融关系连接起来。关键的金融关系将两方面联系起来：创造和拥有资本资产与金融关系的结构、这一结构的内在变化。这实际是融资结构和结构的变化通过金融连接起来。

（三）融资结构及转变

在金融不稳定理论中，融资、投资行为的变化是重要的内生变量，为投资进行融资是经济中不稳定性的最重要来源。明斯基对借款人的预期现金流入和偿还债务发生的现金流出之间的关系进行了比较，将居民、企业、银行等经济主体的融资分为以下三种：一是对冲性融资，指借款人能够用投资项目产生的未来现金流来偿还贷款的全部本金和利息；二是投机性融资，指借款人的现金流只能覆盖利息，若贷款到期需要偿还本金，借款人就不得不争取新的贷款来借新还旧；三是庞氏融资，指借款人未来预期的现金流连贷款利息都无法覆盖，需要依靠出售现有资产或举借新的贷款来偿还现有贷款的利息，债务迅速增长①。

在负债结构中，权益融资的分量越重，该主体成为对冲融资主体的可能性越大。投机融资主体不能从现金流偿付本金，需要发行新债，以满足到期债务的承诺。银行通过负债获取资金，并对外进行贷款等投资行为，这实际上也是融资和投资的活动，当然银行的贷款为居民、企业的融资需求提供了资金。投机性融资涉及利用短期融资为长期头寸融资，因此，银行就是投机性融资主体的原型。

对于庞氏融资主体来说，来自运营的现金流不足以满足偿付本金或者到期的利息，这些主体将会卖掉资产或者借贷。一个采用庞氏融资方式的主体，降低了它提供给其债权人的安全的边际。在收入不足的情况下，对冲性融资主体可能变成投机性融资主体，投机性融资主体也可能转变为庞氏融资主体。

在融资结构中，如果对冲融资占主导地位，经济可以成为寻求并维持均衡的系统，经济处于稳定状态。相反，投机性或者庞氏融资的分量越大，经济成为偏差放大系统的可能性越大。在一个以对冲融资为主要融资方式的经济中，利率的模式使得利润能够通过具有激进性的投机安排来获得，因为短期利率明显低于长期利率。因此，在一个赚取并预期有资本收益的制度中，存在有利于扩展投机性和庞氏融资的环境。在经过一段长时间的好时光后，经济倾向于从一个由对冲式融资的结构，转向一个大量卷入投机类或者庞氏式融资的结构。

在经济扩张阶段，收入预期增长，投资膨胀，信贷需求增加，利润伴随投资不断增长，这又持续强化收入预期并鼓励更多投资。在对经济充满乐观预期的环境下，企业和银行都对风险的包容度增加，企业希望借款，而银行也愿意扩大贷款规模。融资的便利，使得对未来经济的乐观预期不断膨胀，为长期投资进行的短期融资不断增加，并成为经济中的常态。管理者、银行经营者等各方人士都认为新时代到来了。

明斯基认为，金融创新极大地扩张了信用规模，也大幅度地提高了资产价格，从而促进信贷和资产价格泡沫不断膨胀。这不仅鼓励了更多的金融创新来充分利用赚取利润的机会，同时也导致债务规模扩张和更高的杠杆水平。经济繁荣发展，助长了银行和借款人对风险的偏好，降低了对风险的补偿，鼓励了更高的杠杆比率。

在经历持续繁荣后，稳定经济中的金融结构发生改变，从主要是对冲性融资向投机性融资，甚至是向庞氏融资的比重逐步升高的发展，内生的变化使经济不稳定的力量越来越强，投机狂热和泡沫也不断积累，金融体系从一种稳定状态转换到另一种不稳定

---

① 庞氏骗局来源于 20 世纪 20 年代的一个名为庞齐的经理在经营贷款公司时，通过欺诈进行融资的故事。现在已代指没有实际生产和收入，依靠高息等为诱饵，从新借入的资金偿还已有债务的本息，从而不断借新还旧的融资行为，随着债务积累，这种融资的债权债务关系最终不能维持。

状态。

（四）危机的产生——明斯基时刻

金融不稳定理论可得出两个结论：第一定理，经济在一些融资机制下是稳定的，在一些融资机制内是不稳定的；第二定理，经过一段长时间的繁荣，经济会从有助于稳定系统的金融关系转向有助于不稳定系统的金融关系。

如果经济有庞大的投机类主体，此时又处于通胀状态，当局将试图通过货币紧缩来治理通胀，这将导致利率升高。这进一步使投机融资主体变成庞氏融资主体，以前的庞氏融资主体的净价值将很快蒸发，后果是现金流不足的主体将被迫通过出售头寸来偿还债务。这将可能会引发资产价值的崩溃，导致金融危机。整个金融不稳定理论的模型见图 8.5。

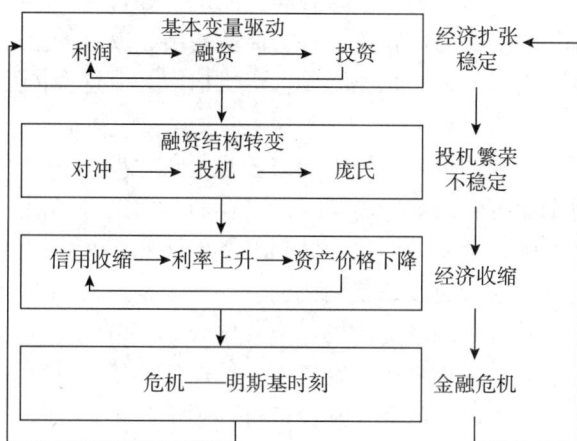

图 8.5　金融不稳定模型

图 8.5 中基本变量的驱动关系简化为利润、融资和投资的相互驱动。融资方式的转变推动经济从稳定向不稳定的转变。在一个稳健的融资结构中，获利机会使得融资机构从稳健变为脆弱成为一种内生现象。明斯基认为，金融不稳定性不是因为受到石油危机、战争或货币的意外冲击，而是由于其本质属性所决定。

利润驱动着企业进行融资，以进行投资获取新的利润。一段增长相对稳定的时期之后，出现的不稳定会带来一种投机性繁荣。这是因为，作为对经济成功运行的反映，企业和金融机构可接受的和预期的债务结构发生了改变。投机性繁荣之后必然出现投机性恐慌、债务紧缩和经济衰退。

在对冲融资为主要融资方式的经济中，流动性非常充足，对于贷款主体和银行而言，都存在用更多的短期债务来为长期债务进行融资从而获利的机会。在主要是投机性融资和庞氏融资的融资制度中，不稳定性源于不断变化的利率，它是在投资扩张和繁荣发展时期形成的。在经济繁荣的环境下，对融资的需求增加将使利率上升。不断提高的利率将减少或消除作为投资性融资基础的安全边际，这将导致投资主体减少投资或出售头寸还贷。当出现普遍的出售头寸获取资金的行为时，资产和金融工具的价格会大幅下降。信用收缩，债务违约增加，利率上升，资产价格的大幅下降，更多的银行破产，形成了一个恶性循环。

（五）对金融不稳定理论的分析

每次危机的发生都对经济理论的发展起到了促进作用，危机的严重程度与经济理论获得的成果成正比。作为凯恩斯思想的坚定继承者，明斯基认为，金融不稳定理论是对凯恩斯的《通论》基本内容的一个阐释。金融不稳定假说还借鉴了熊彼特对货币与金融的信用观点，并吸收了卡勒基和李维关于利润的观点，认为总需求的结构决定着利润。在简单的模型中，假设利润收入和工资接受者的高度简化的消费行为，从而总利润等于总投资。在更复杂的结构中，总利润等于总投资加上政府的赤字。

金融不稳定假说是一个关于债务对系统行为影响的理论。与传统的货币数量理论不同，金融不稳定假说将银行业务视为寻求利润的行为，银行通过融资行为寻求利润。像一般企业家一样，银行家意识到创新保障利润。因此，银行家努力创新获得资产以及推销负债，这是银行业务和融资的创新特征。明斯基指出，复杂的金融结构，加上政府更大规模地介入成为金融机构与普通企业的再融资机构，会令这个体系的行为变得与以往相比更复杂。

明斯基认为，银行业和融资是经济中极具破坏性的力量，但如果没有银行的运转，融资的灵活性以及对企业融资的响应是不可能存在的，而这种灵活性和响应对于经济的活力和健康发展是必需的。金融结构从稳健到脆弱的演变，其中原因在于一套既定的制度和规则下，给予金融创新者更多的获利机会。银行等金融机构、企业和家庭总是在不断寻找融资的新路径。随着利用融资的投资繁荣出现，经济的脆弱性就会显著增强。融资关系使得投资繁荣会形成一个投机性融资不断增加的环境，继而导致危机出现。金融体系内在脆弱性在资本主义经济的融资和投资过程中不断出现。

由于经济逐利的本性和投资者的投机行为，决定了金融体系中的天然的内在不稳定性，这种不稳定必然演化为金融危机，并由此导致了资本主义经济的周期性波动。当经济繁荣时，投资者倾向于承担更多风险，随着时间推移，投资者承担的风险不断积累，直到超出收支平衡点，导致资产价值崩溃，这也就是"明斯基时刻"爆发。人们是健忘的，危机过后，随着经济的回暖，人们的兴奋情绪逐渐兴起，上次的危机所造成的伤害也逐渐淡出人们的记忆。人们包括监管者总认为，这次不一样，现在的繁荣是建立在坚实的经济基础、结构性调整、技术创新及合适政策的基础上，并且已经从历史中吸取了教训[①]。

金融稳定是一种特殊公共品，其利益是长期的、不确定的，而成本则是即时的、确定的（张朝洋，2018）。金融不稳定理论强调内在机制导致金融的脆弱性，随着全球一体化的深入发展，外部冲击对金融稳定的影响也应引起重视。国际间各种冲击的传导更多地表现为双向和多边传导的特征，溢出效应会放大金融风险的传播效应，并对全球金融稳定造成威胁，而这在各国具有不同经济金融周期的情况下更为显著。

---

① 参见莱因哈特等，2018，11。

三、金融危机的类型

2007 年开始的金融危机波及全世界，造成了自大萧条以来对世界影响最严重的危机。由于经济全球化和金融全球化的深入发展，各国通过商品、资产和金融体系紧密地联系在一起，这也使危机具有更强烈的传染性。大型金融危机从起源地像多米诺骨牌般向外扩散，最终影响其他地方的居民。从美国爆发的次贷危机向外传染，影响到其他国家和地区，并进一步引发随后的欧洲主权债务危机，使全世界又一次关注到金融危机的巨大负面影响。

金融危机是以资产价格急剧下降以及许多银行等金融机构和非金融公司倒闭为特征的金融市场大动荡。当金融体系遭受破坏，金融市场中逆向选择和道德风险问题不断增加，导致市场不能有效地实现资金匹配和完成资金融通。金融危机往往伴随着银行贷款的萎缩，这导致货币创造的乘数效应迅速下降，货币供给降低推动利率价格的上升，这使贷款需求进一步下降，使经济出现螺旋式下降的恶性循环。

金融危机可区分为四种类型：银行危机、主权债务危机、通货膨胀危机和汇率危机[1]。莱因哈特等（2018）将金融危机分为两类：一类是可量化定义的危机，包括通货膨胀危机、货币危机和货币减值；另一类是事件定义的危机，包括银行危机、外债和国内债务违约。莱因哈特等人对金融危机的分类实质上与前面的四种分类法是相同的，因为货币减值实际是变相的通货膨胀。货币减值是指，流通中硬币的金属含量减少但面值不变，或者用新币替代已大幅贬值的旧币。

在金融危机中，银行危机最为普遍。虽然发达国家已极少发生主权债务危机和恶性通货膨胀，但没能避免银行危机和汇率危机。银行危机的典型特征是，一国的大部分银行出现恐慌和挤兑，信贷投放急剧下降，甚至出现大规模的破产倒闭，经济出现严重震荡。美国共经历了 1819 年、1837 年、1857 年、1873 年、1893 年、1907 年、1929 ~ 1933 年、2007 ~ 2009 年等一系列银行危机[2]。在银行危机中，经济状况中没有被预期到的变化诱发的大范围贷款违约，系统性地降低了银行资产的净值。在经济困难时期，如果银行的大部分贷款变成坏账，其资产价值也就下降，资本相应减少。当银行的总资产下降到总负债以下水平时，银行资本变成负数，也就意味着破产了。

大多数金融危机都始于银行资产负债表的恶化、利率急剧上升、股市急剧下挫以及主要的金融或非金融企业的破产所引起不确定性的增加。由于经济状况恶化和对银行状况的不确定，存款人纷纷提款，导致银行恐慌，从而使信用规模减少，推动经济活动萎缩。银行资产负债表的恶化、不确定性的增加、利率上升及股市下挫等，使信用市场上的逆向选择和道德风险问题变得更严重，其中银行危机进一步使贷款人不愿发放贷款，从而导致投资和总体经济活动进一步的萎缩。历史上美国的金融危机、新兴市场国家金融危机大都是这样的发展路径[3]。

---

① 参见托马斯，2010，2。
② 参见托马斯，2012，9。
③ 参见米什金，2011，186。

银行危机是概率均等的威胁，无论是发达国家还是发展中国家，都会受到银行危机的冲击。莱因哈特等（2018）考察了66个国家从1800年到2008年的银行危机指出，平均而言，在发达国家和新兴市场之间，银行危机发生的频率和数量没有显著不同。在实际中，金融危机的多种类型往往交错发展，互相促进，推动经济的不断恶化。金融危机不仅会引发衰退，更多的是成为一个放大机制，产出的下滑、财富的缩水会导致一系列贷款违约，造成银行信贷萎缩，这又进一步使产出下滑，债务违约，不断恶性循环。

四、银行危机对经济社会的影响成本

总体上，严重的金融危机的后果通常有几个特征：一是资产价格发生深度的、持续时间很长的下跌。主要体现在房价、股价的下跌幅度大，持续时间长达几年。二是危机的后果通常和产出、就业的大幅度的下跌联系在一起[①]。三是政府实际债务出现较大增长。四是对中小企业打击最大。中小借款人在危机中受到的冲击与其规模不相称，银行贷款渠道是个核心因素。银行贷款更倚重过往业务关系记录，外界对中小企业借款人缺乏品牌认可，与大企业相比，中小企业在债券和股票市场上融资也比较难。因此，衰退期间信贷渠道的崩溃对中小企业打击最大（Bernanke，1983）。

由于银行恐慌和危机的巨大破坏性，各国政府一般都会对处于困境的银行实施救助，特别是如果该银行具有系统重要性，将可能造成系统性风险。越大的银行的倒闭，可能引起越严重的恐慌，于是出现"大而不能倒"。"大而不能倒"问题最初出现于1984年，当时作为美国十大银行之一的伊利诺伊大陆银行陷入资不抵债的境地后，相关部门提供了救助措施[②]。国际金融危机后，为了防范道德风险，强化监管要求，监管机构通过强制要求具有系统重要性的金融机构制定"清盘计划"（俗称"生前遗嘱"）防范系统性风险。"生前遗嘱"说明在金融机构陷入重大财务困难或经营失败时，将通过分拆、重组、清算或出售资产和业务等方式以有效处理危机，减轻对金融体系可能产生的不利影响。

在2007年开始的国际金融危机中，许多国家对银行进行了救助，例外是美国投资银行雷曼兄弟于2008年9月被允许倒闭。国际金融危机中，相关主要经济体央行采取量化宽松、前瞻指引和负利率等非常规货币政策，阻止了危机蔓延并促进了经济复苏。同时，政府向银行体系提供了有效担保，对避免违约蔓延和银行挤兑起到了关键作用。注资是应对危机、减少对实体经济影响的重要工具。国际金融危机中，各国曾大量采用了注资计划，既针对特定公司，如美国花旗集团、德国商业银行、英国苏格兰皇家银行，也针对广义银行部门，如美国的不良资产救助计划、英国的银行资本重组基金（G30，2018）。为解决银行面临的问题，美国国会于2008年10月通过了不良资产救助计划（TARP）。该计划为财政部和美联储提供了7000亿美元，财政部通过购买银行的

---

① 失业对人们的打击尤其大。失业使劳动者丧失了稳定的收入来源，领取救济金降低了生活的尊严和自信，甚至丧失了未来生活的激情。对于年长的失业者，要掌握新的技能以获取新的工作机会更困难。

② 参见米什金等，2017，365。

股票等方式提高银行的资本，见表8.4。

表8.4　　　　美国 TARP/CPP 计划下获得财政部投资最多的 10 家金融机构

银行	财政部投资的金额（10 亿美元）
摩根大通	25
花旗集团	25
富国银行	25
美洲银行	10
高盛公司	10
摩根士丹利	10
PNC 金融服务集团	7.579
U. S. Bancorp	6.599
阳光信托银行	4.850
第一资本金融公司	3.555

资料来源：哈伯德等，2013，302。

起源于美国次级贷款市场的金融危机引人关注的地方在于，其产生于世界上最重要的金融中心。这次金融危机使信用评级机构及其发挥的作用引起了世人的关注。许多结论认为，信用评级对次级抵押贷款形成的资产证券化产品的虚高评级助推了危机泡沫的发生。在 2007～2009 年危机引致的 18 个月的经济衰退中，美国真实 GDP 下降了3.8%。这是自大萧条以来至新冠肺炎疫情前，美国历史上真实产出下降幅度最大、持续时间最长的一次经济衰退[①]。2010 年 10 月的长期失业劳动力（指连续失业 27 周以上）比率比 1987～2007 年的平均水平还要高 5 倍。

伯南克认为，经济学家和政策制定者低估了 2007 年金融危机导致的经济衰退的深度和严重性，为纠正这种错误，需要在经济模型和预测中更全面地纳入信贷市场因素。大衰退的严重程度在很大程度上反映了金融恐慌对信贷供应的负面影响。国际金融危机影响经济活动的两个主要渠道是：一是 21 世纪初家庭债务的增加，加上房价的崩溃，抑制了家庭支出；二是金融体系的脆弱性，包括过度冒险和对短期批发融资的依赖，导致了恐慌和信贷紧缩。这两个渠道有重叠之处（Bernanke，2018）。伯南克（1983）分析，在大萧条中，美国银行体系接近一半的机构倒闭，金融体系花了很长时间才恢复信贷功能。金融体系的崩溃也是大萧条持续时间长的主要原因。

现代经济对复杂的金融体系产生了深度依赖，大多数经济体要依靠金融部门从存款人手中归集资金，并调配到经济中的项目上去。金融市场与实体经济活动之间的联系非常紧密，金融市场的正常运行已成为实体经济的运行基础。当银行体系不能发挥作用时，经济增长就会大受影响甚至停滞，经济体很难恢复正常的经济活动。中央银行的两个重要职责是维护经济社会的发展，维护金融市场的稳定。这两项目标都依赖于货币政策的运用，而货币政策的有效实施依赖于银行体系的货币创造作用的发挥。需要注意的

---

① 参见托马斯，2012，22。

是，由于具有高度传染性，银行危机经常呈现集群效应，即若干国家几乎同时遭遇危机[1]。

五、银行危机分析的另一种视角

（一）部分存款准备金制度的发展及影响

银行发挥期限转换的作用，依托短期存款发放长期贷款。活期存款可以随时支取，而贷款的期限较长，并且贷款的流行性很低，这就出现了资金的期限错配的问题。当存款人对银行履行债务偿付能力丧失信心，出现大规模提款时，挤兑就发生了。挤兑就是存款人同时拒绝给银行提供资金。为了应对挤兑，银行在用尽留存资金后，只能被迫抛售资产获取资金，抛售常常被迫压低价格以尽快变现。这种抛售对银行的资产收益造成严重打击，也导致资产负债表急剧恶化。

银行危机的根源可以追溯到百年前的部分存款准备金制度。在该制度下，银行和其他存款机构只持有很小一部分的存款债务作为准备金，这最早由英国 17 世纪的伦敦金匠演化而来[2]。通过存款准备金率在金匠体系和现代银行体系的实施，一国货币的数量并不严格与贵金属的储藏量相挂钩。这有以下一些优点：一是避免了贵金属资源禀赋的限制，一国的货币生产不再受限于生产金属货币的贵金属的资源限制；其次对于货币的供给具有灵活的调节手段，不再受限于金属货币的储备。

但是，部分存款准备金制度也蕴含一些天然的不足。由于部分存款准备金制度不要求货币发行与贵金属储备挂钩，当货币政策受外界影响时，可能会造成货币供给过多，导致通货膨胀的问题。部分存款准备金制度还容易造成银行危机的周而复始。出现银行恐慌的一个重要原因就是因为人们知道存在部分存款准备金，按照先来先服务的原则，先到银行取款的存款人会先得到存款资金。部分存款准备金制度的假设是存款人不会同时提取存款，但当挤兑出现时，存款人的确会蜂拥到银行，都希望排到取款队伍的前面先提取存款资金，这对银行的资金造成了严重的压力。当银行不能在短期内筹措资金以满足提取要求时，往往要收回贷款或变卖资产，甚至低价卖出资产以迅速获取资金。这种方式也对银行的资产业务造成巨大损害，当资产下降，而存款提取的需求仍不能完全满足时，在没有外力支持时，银行往往面临破产。

这种信心缺失将变成自我实现的预言，因为它会导致循环恶化，出现货币供给减少、信贷收缩、银行倒闭以及经济活动萎缩。在缺乏存款保险制度和最后贷款人制度的情况下，部分存款准备金制度似乎不可避免地会经历周期性恐慌。19 世纪的美国处于周期性、系统性银行恐慌的频发时期，在 1819 年、1837 年、1857 年、1873 年、1884 年以及 1893 年，美国均发生过大型银行恐慌。平均来说，每 17 年美国就发生一次银行

---

① 参见托马斯，2012，17。

② 在近 400 年前，东印度公司和其他特许从事长途贸易的英国公司积累了大量黄金。在 17 世纪的伦敦，这些公司以及商人和其他有钱人需要一个存放金银之类贵金属的地方。金匠们原来是珠宝商人，由于他们存放珠宝的地方十分安全，该场所自然而然地成为了储存金银的场所。金匠们也逐渐具备最初银行的功能，因为金匠们发现，可以将部分金银放款出去，不必全部同时存储。参见托马斯，2012，27。

危机①。而 1907 年的危机最为严重，直接促成了美国中央银行即美联储的成立②。

在现代金融市场中，最终完善的银行体系形成了以中央银行为核心的体系，中央银行为银行提供金融服务，维护金融稳定，通过银行进行信用创造。需要注意的是，即使存在存款保险制度和中央银行作为最后贷款人，现代社会也无法避免银行危机的发生，国际金融危机又一次验证了这个结论。在国际金融危机期间，著名的挤兑案例是英国五大抵押贷款银行之一的北岩银行，该行于 2007 年 10 月由于挤兑最终导致倒闭。

因为银行业务的复杂性和不透明性，存款人等市场主体对银行的监督机制往往无法有效实施，从而也很难知道银行的风险状况。此外，由于金融安全网的存在，存款人监督银行风险的积极性也大大降低。摩根（Morgan, 2002）分析了标普和穆迪评级结果的差异性。在分析结果中，评级机构对银行的评级差异性更大，只有保险公司的差异性超过银行。这表明，与其他行业相比，银行是内在更不透明的，这种不透明性也使银行产生了风险和不确定性。

尽管每次金融危机发生都有所不同，但危机发生有共同的深层次原因。在中央银行出现前，金融危机的主要表现是挤兑。银行为了应对挤提而减少信贷供应，将加剧恐慌对经济活动的损害，使得本来处于正常状态的贷款出现违约，信贷进一步收缩。一家银行的危机或破产，会使恐慌在银行间传递。由此产生银行体系的恐慌。金德尔伯格等从资本国际流动的角度，分析了银行危机对国家间的国际影响③。实际上，金融中介机构之间的关联性使金融风险的传染性更加复杂，具有很强的不可预知性和外溢性，金融体系复杂化某种程度上也强化了相关主体的侥幸心理，风险管理的准备不足（潘宏胜，2017）。

自 1970 年开始，62% 的金融危机产生都是由于银行挤兑和银行系统活期存款的暴跌。中央银行出现前后，危机的根本原因是类似的：将金融系统中的短期债权兑换成现金的大范围需求④。2008 年的恐慌与 20 世纪 30 年代的大萧条不同之处在于，金融体系的挤兑是在批发融资的情况下发生的，而且是通过电子方式发生的，而在之前，散户储户在街头排队。但整体效果是一样的：信贷提供者的信心丧失导致信贷供应暴跌，外部融资溢价飙升，实体经济迅速收缩（伯南克，2018）。

（二）银行危机能否预测

每个国家都希望能提前预测危机发生的可能，以做好应对，防范未来即将来临的风险。但不断发生的危机似乎表明没有预测危机确切时间的机制。是否有一些信号能部分提示危机的来临？危机爆发前各种标准化指数变化可体现在：信贷规模、资产价格、杠杆率、经常项目赤字等指标的不断高企。利用资产价格上升程度、公共和私人债务扩张幅度、国际经常账户赤字的大小和持续时间，以及测量近期经济活动变化等指标，现有

---

①　参见托马斯，2012，31。

②　1668 年，瑞典就成立了中央银行（瑞典国家银行），英格兰银行成立于 1694 年，在随后的几百年，伴随着英国在国际上的强大经济地位，英格兰银行一直是全球最有影响力的中央银行。1907 年银行危机后，美国进行了改革，于 1913 年设立了美联储，美联储的成立替代了英格兰银行的国际地位和影响力。

③　金德尔伯格等人对此进行了精彩的论述。参见金德尔伯格等，疯狂、惊恐和崩溃—金融危机史：第七版 [M]. 北京：中国金融出版社，2017.

④　参见戈顿，2016，35 – 36。

模型在解释以往危机的发生概率方面取得了一定进展。但是，这些模型却不能很好地预测危机发生的准确时间。

很难有十足把握去确定资产价格的异常上升是否由变化中的经济基本面所导致，尤其是在早期和中期阶段。同时，实施的货币和财政政策也存在时滞，不能预知这些工具的运用是否为最优方法。当经济环境的变化累积到一个时间点，危机的发生已经不可避免。因此，从本质上说，不可能预测到未来危机发生的具体时间[①]。

一些显示银行自身实力的微观指标可以辅助对银行危机进行判断，但是由于银行的不透明性，对这些指标的及时、准确获得是困难的。一些公开的宏观变量可以被用来对经济情况进行预测分析，但是完全准确的预测指标是不存在。任何一个或多个指标都不能作为完全可依赖的预测工具，准确预测银行危机的时间是困难的（Hardy，1998）。

经济理论和实践表明，由于信心以及公众对未来事件预期的变化无常，使得准确预测危机到来的时刻非常困难。历史表明，下次金融危机可能以无法预期的方式从任何系统性风险源中产生，危机应对及预防都很必要。但是，既然整体的危机无法准确预测，每个银行的风险管理水平就尤显得更加重要。因为每家银行在安全、效益、流动性原则下健康运行，是延缓出现危机或降低危机后果的重要基础。

第三节　银行风险管理

一、危机治理下的监管制度提升

（一）监管体系演变

银行等金融体系是受到最严格监管的行业，银行业监管可分为几个基本类型：准入限制、业务许可、资本金要求、存款保险要求等。但是银行也是典型的危机治理推动型的行业，每次金融危机都引起监管者的反思和监管制度的完善。危机过后，随着经济回升和繁荣，监管力度逐步放松。银行业在科技的推动下，也不断进行金融创新，在回避法规监管限制的同时，也促进了银行业的快速发展，但金融创新也使监管制度滞后。

1907 年的银行危机推动成立了美联储。大萧条使美国在 1933 年通过了《格拉斯—斯蒂格尔法案》[②]，将银行业与证券业分离[③]。此外，美国还在大萧条后设立了证券交易委员会和联邦存款保险制度，证券业务由新设立的证券交易委员会监管。国际金融危机之后，G20、金融稳定理事会（FSB）和巴塞尔委员会从提高银行风险抵御能力、降低金融危机破坏性和建立风险管理长效机制等方面着手开展改革工作，主要目的是建立微观审慎和宏观审慎相结合的监管框架。世界主要经济体在金融监管方面的力度加强，特

---

① 参见托马斯，2012，21。

② 也称作《1933 年银行法》。

③ 禁止商业银行承销公司证券和从事经纪商的业务，同时还禁止投资银行从事商业银行的业务，但允许商业银行承销新发行的政府债券。

别是银行业监管框架进一步改革。

巴塞尔银行监管委员会完成了《巴塞尔资本协议Ⅲ》，各国央行和监管部门还加强银行体系监管，多数经济体引入了宏观审慎框架，补充了微观审慎政策框架。在宏观审慎方面，要求预防和缓解金融体系整体风险过度聚集的影响，引入逆周期资本缓冲，预防周期性系统风险，加强对系统重要性银行的监管。金融危机后建立了包括美国的金融稳定监督委员会、英国的金融政策委员会、欧洲系统性风险理事会、中国人民银行的金融稳定局和宏观审慎管理局等在内的新宏观审慎监管机构。

降低金融危机对实体经济和金融体系的冲击和破坏，必须强化银行的危机处置和自救能力。对此，国际金融危机后，监管改革提出商业银行应设立"生前遗嘱"，建立恢复和处置计划，保持业务连续性。其中，在处置机制方面，要求银行在面临危机时，不仅要由股东承担损失，银行的债权人也可能需要分担一定的损失，并通过监管当局的处置措施，尽可能将风险限制于银行体系之内。国际金融监管改革强调了公司治理的重要性，通过出台《商业银行公司治理原则》及其他监管指引，推动银行形成稳健经营的内在机制和动力（肖远企，2018）。

在国际金融危机后，全球主要经济体的广泛改革有助于建立更稳定、更有韧性的金融体系，同时，改革也为危机处置和应急提供了有益的新工具，见表8.5。这些工具分为两类：一是处置和应急机制，即在不引发广泛危机的前提下允许问题机构破产；二是应急干预机制，即当金融机构或市场陷入严重困境且可能引发更多不稳定的情况下需采取的措施，包括最后贷款人职能、担保和注资等。建立了新的处置和应急机制是全球金融危机后最显著的进展之一，其核心是希望维持陷入困境公司的继续运营，最大限度地降低其对金融服务业的负面影响。但也应认识到，虽然这些新机制为应对大型复杂的金融机构倒闭提供更有效的策略，但未经过一个完整经济周期的检验（G30，2018）。

表8.5 全球金融危机以来各主要经济体的重大法规调整

经济体	改革措施	相关变化
美国	《多德—弗兰克法案》	建立有序清算制度（OLA）；授权对系统重要性金融机构（SIFIs）进行压力测试；根据第13条第3款限制美联储应急贷款项目范围和限制联邦存款保险公司（FDIC）权力；新的中央处置要求。
欧盟	《欧盟条例第806/2014号决定 建立单一处置机制和单一处置基金》	建立新的单一处置机制（SRM）和单一处置基金（SRF）；集中管理欧元区处置方案。
欧盟	《建立欧洲稳定机制（ESM）条约》	建立欧元区永久稳定机制。
欧盟	《欧盟银行恢复与处置指令——2014/59/EU指令》	为欧盟各国处置制定了标准化框架；建立了管理银行破产的新工具，其中包括自救安排。
英国	《2009年银行法》	建立特别处置机制（SRR）。
英国	《2012年金融服务法》	改革监管框架，建立新的监管框架；扩大特别处置机制（SRR）涵盖的机构类型。
日本	《日本存款保险法修正案》	允许日本存款保险公司接管有可能扰乱金融体系的金融机构。

资料来源：G30，2018。

（二）存款保险制度

大萧条对银行业产生严重冲击。由于破产和兼并，到1933年底，仍在坚持经营的银行只有1929年的一半多一点。幸存下来的银行也都损失惨重（Bernanke，1983）。1933年6月13日，美国国会通过《格拉斯—斯蒂格尔法案》，根据该法案美国建立了联邦存款保险公司。1950年，美国国会还出台了专门的《存款保险法》。联邦存款保险公司和存款保险法律逐渐形成了美国的存款保险制度。

在美国建立存款保险公司后的前30年，只有6个国家采取了存款保险制度。但是，20世纪60年代后局面开始转变，在20世纪90年代，多达70个国家采用了存款保险制度①。银行危机的频繁爆发促进了存款保险制度在世界逐步推广。例如，1961年印度《存款保险法》、1967年加拿大《存款保险公司法》、1971年日本《存款保险法》；1994年欧洲议会和欧盟理事会出台《存款保障计划法令》，要求所有成员国建立存款保险制度；亚洲金融危机后，印尼在2004年成立印度尼西亚存款保险公司。中国《存款保险条例》于2015年5月1日正式施行。根据国际存款保险协会（IADI）统计，截至2017年9月，全球共有140个国家和地区建立了存款保险制度（周学东，2018）。但在实施存款保险制度时，也应该注意可能产生的道德风险。

（三）巴塞尔资本协议

资本是否充足是监管部门的主要监管内容。对银行实行资本金要求，是要求银行必须持有最低限度的资本金。以前是以杠杆比率，即资本与银行资产总额的比率为基础，现在是以风险和杠杆比率为依据来确定资本金要求。国际清算银行的巴塞尔银行监管委员会（以下简称巴塞尔委员会，BCBS）提出了巴塞尔资本协议，并在金融危机的推动下，进行了多次完善，形成了不同版本。

巴塞尔委员会于1988年推出了《关于统一资本计量和资本标准的国际协议》，被称为《巴塞尔资本协议Ⅰ》，首次提出全球统一的风险资本框架，建立了银行资本的国际监管标准，提出风险加权资产的计算方法和资本充足率8%的最低监管要求。

随着20世纪90年代金融自由化改革的深入，金融机构日益庞大，银行业务日趋复杂化，这一简单的计量体系已无法满足风险计量全面性和精确性的要求。2004年6月，巴塞尔委员会公布了《资本计量和资本标准的国际协议：修订框架》，即《巴塞尔资本协议Ⅱ》，并于2006年正式公布全新的版本并生效②。《巴塞尔资本协议Ⅱ》的重大变革在于，建立了由资本充足率要求、监管当局监督检查和市场纪律（信息披露）构成的三大支柱。支柱一旨在将银行的资本金要求与其实际风险联系起来，允许银行利用标准法或内部评级法计算风险加权资产；支柱二强调银行的监管，尤其强调评估银行的风险管理质量及评价；支柱三是市场纪律，通过增强银行披露其信用风险暴露、准备金及资本金规模、控制银行的管理人员等信息实现③。

关于资本充足率的核算，《巴塞尔资本协议Ⅱ》提出了内部评级法和标准法。内部

---

① 参见米什金等，2017，364。
② 到2008年初，《巴塞尔资本协议Ⅱ》才被欧洲的银行实行，到2009年被美国全面实行。
③ 参见米什金，2011，254。

评级方法允许银行基于内部模型计量信用风险、市场风险和操作风险，提升了风险计量敏感性。使用内部评级方法计算资本金需测算四个风险参数：违约概率（PD）、违约损失率（LGD）、违约风险暴露（EAD）和期限（M）。内部评级法又分为初级法和高级法，基本区别在于：初级法下，银行只需自行估计违约概率，其余三个风险参数采用监管当局的估计值；而在高级法下，银行必须在满足最低标准的前提下自己估计四个风险因子。标准法也就是利用合格外部评级机构的评级对资产风险的权重进行计算。《巴塞尔资本协议Ⅱ》首次将银行内部评估方法和外部评级建立了直接的对应，在提高外部评级的重要性的同时，也促进了商业银行的内部评级的发展和完善。

根据《巴塞尔资本协议Ⅱ》要求，银行业建立以风险为基础的资本要求。监管规定将银行的资本金分为核心资本和次级资本，核心资本或称为一级资本包括股本和公开储备；次级资本也称为附属资本或二级资本，包括资本重估储备、普通准备金、混合性债务资本工具和次级债务工具等。次级债务是指在支付了存款人和其他债权人之后才支付的债务。根据《巴塞尔资本协议Ⅱ，》资本充足率至少要为8%，其中核心资本充足率为4%，并且附属资本不得超过核心资本。

《巴塞尔资本协议Ⅱ》正在全球执行过程中，爆发了国际金融危机。政府对金融机构和私营企业的大规模救助成为这次危机中的突出特点，这引起了各方对金融监管的反思。巴塞尔委员会意识到标准法和内部评级法都对资本质量信用风险计量存在严重不足，不能很好地反映风险，包括顺周期性和流动性枯竭的危险，为此巴塞尔委员会于2010年发布了完善后的《巴塞尔资本协议Ⅲ》。《巴塞尔资本协议Ⅲ》引入宏观审慎监管视角，从逆周期和系统重要性机构两方面提升资本要求，在最低监管资本的数量和质量、建立资本缓冲区、大额风险敞口、最大杠杆率、重新估算风险加权资产等提出量化措施，强化了风险资本监管框架。自2012年起，巴塞尔委员会启动了修订，并于2017年12月发布《巴塞尔资本协议Ⅲ》最终方案（肖远企，2018）。虽然巴塞尔监管框架为国际活跃银行设计，旨在减少国际活跃银行的不平等竞争，但是由于《巴塞尔资本协议Ⅲ》相对复杂，并且不完全适用于规模较小、业务复杂性低的银行，使监管当局在制定适应本地区的监管政策时面临较大挑战。2020年3月，为应对新冠肺炎疫情影响，巴塞尔委员会将《巴塞尔资本协议Ⅲ》最终框架推迟至2023年开始执行，2028年完全实施。

《巴塞尔资本协议Ⅲ》提高了资本监管要求，将一级资本充足率由4%上调到6%，将普通股构成核心一级资本充足率由2%提高至4.5%。此外，计提不少于2.5%的防护缓冲资本和不高于2.5%的逆周期准备资本，总资本充足率维持8%。

二、监管评级与银行内部评级

监管评级是银行监管机构对银行的风险、内控、管理、经营等方面进行的审慎评估，形成对银行的健康情况的综合评价，评估结果用于监管考核、非现场监测等方面。根据监管评级的结果，监管部门将确定对银行的业务、高管等方面采取不同的监管措施，比如监管评级低的银行将被纳入高频次的现场检查范围，监管评级高的银行将可获取更多的业务开展许可。

具有代表性的监管评级是美国的骆驼评级法，现在被美联储称为统一金融机构评级系统。骆驼评级法关注六方面的要素，分别是资本充足性（Capital adequacy）、资产质量（Asset quality）、管理（Management）、盈利（Earnings）、流动性（Liquidity）、市场风险敏感性（Sensitivity to market risk），这六个要素的首字母组成了英文 CAMELS，因此被称为骆驼评级法。

20 世纪 20 年代末，为了加强管理，美联储开始对监管的银行进行等级分类和综合评价，最初主要考察管理、资产质量、资本充足率等三项指标。1952 年美联储和货币监理署决定将银行评级体系统一为五项要素：资本充足率、资产质量、管理、盈利和流动性，银行的骆驼评级体系基本形成。1978 年 5 月，美国联邦存款保险公司也宣布采用该体系对银行进行监控。20 世纪 80 年代末开始的金融自由化和经济全球化在促进金融市场快速发展的同时，也使金融市场面临的各种风险不断复杂化。为提高监管的效率和针对性，美联储于 1996 年在原有评级体系中增加了市场风险敏感性要素，形成了新的银行评级体系。

骆驼评级结果一般分为 5 个级别，一级是最高级，代表银行经营稳健；五级是最低级，代表银行经营难以维持，需要立即采取监管行动或破产清算。在骆驼评级的基础上，一些国家监管当局制定了自己的监管评级体系，但核心考核要素与骆驼评级体系是类似的。如新加坡的评级监管体系 CAMELOT，在骆驼评级的基础上增加了操作风险和其他风险（O）、技术风险（T）。

需要注意的是，监管评级、银行内部评级、评级机构的银行评级是不同的评级体系。这三类评级的区别在于：

一是评级方法不同。监管评级是对银行自身实力及经营状况的考评，不考虑外部支持的因素。评级机构银行评级是对银行履约能力和意愿的评价，在分析中首先分析银行自身信用状况，在此基础上还要结合外部支持要素进行综合分析，最终评定银行评级的级别。这些外部支持是政府、母公司等在银行处于危机时，提供的流动性支持等紧急援助，以支持银行履行债务，恢复正常经营。银行内部评级是银行依据自身的技术、人员、数据等资源开展的评级，一般以客户的行业特征、财务状况、经营管理能力等要素为基础，在评级时需要分析被评对象的自身实力和外部支持的情况，然后进行综合判断。

二是评级范围不同。监管评级是对银行整体运营情况的评价，类似于主体评级。评级机构的银行评级的评级范围包括银行主体评级，也包括银行各类债务的评级，如高级债务和次级债务等。内部评级是对银行的企业客户开展的评估，在评估的基础上确定信贷投放标准等风控措施。

三是评级结果不同。由于银行业务的复杂性，评级机构银行评级的结果也非常丰富，包括主体、债务评级，具体针对不同债务还有各项债务评级，另外，在评级过程中还确定了各种中间评级结果，这在下节将具体分析。而银行监管评级和内部评级一般只是对具体银行和企业的整体状况的评估，评级结果相对单一。

四是评级目的不同。监管评级是监管部门对银行健康状况的评估，以此确定对银行的分类监管措施。内部评级是银行对客户开展的评估，是银行实施内部风控的重要措施。根据内部评级结果，银行将决定是否对新客户发放贷款，或对老客户已有的贷款采取补充抵押物等增信措施，在银行的授信流程、贷款定价、风险限额、压力测试和监管资本测算等方面发挥重要作用。评级机构的银行评级是债权人对银行信用状况分析的重要参考信息，以此判定是否购买银行发行的债务；银行评级也可以给监管部门等市场其他参与主体提供银行的信用风险信息，供这些市场主体决策参考。

第四节　银行信用评级方法概述

银行信用评级始于 20 世纪 70 年代，当时标普、穆迪、惠誉等评级机构开始对银行债务进行评级，并逐渐扩展到银行存款评级上（中债资信，2013）。银行评级结果包括发行人评级和银行债务评级两大类。由于银行的复杂性，银行评级方法的分析步骤较多，评级要素和分析指标非常丰富，反映资本充足率、资产质量、盈利、收入等银行信用状况的定量指标也非常多。与其他评级方法相比，银行评级的结果具有更多的形式。这些评级结果的核心是，反映了银行及时履行债务偿付责任的能力和意愿。

一、银行信用评级的基本方法

信用评级机构的银行信用评级方法一般适用于商业银行、储蓄银行、房屋抵押贷款机构、合作银行等，也可适用于多边开发银行、开发金融机构等。银行信用评级方法一般包括两部分，即自身信用状况分析和特殊支持分析。自身信用状况是在没有外部特殊支持的情况下，分析银行违约的可能性。特殊支持是指当银行处于困境时，可以获得的外部特殊援助，这些援助的来源包括母公司或集团内部其他机构、政府（包括中央政府和地方政府）以及超主权机构（比如 IMF），见图 8.6。

银行的自身信用状况包含宏观和微观两类分析要素。其中，宏观要素有国家经济状况、行业情况等；微观要素是指银行自身的特定因素，包括经营情况、管理和战略情况、财务情况、风险情况等。经济、行业等宏观经济要素是银行经营运行的外部环境，对银行的信用状况有重要的影响。平稳向上的宏观经济发展有助于存贷款等业务的发展，促进投融资的实施。如果经济出现衰退，发生政治波动或其他动荡，那么银行的运营也会受到影响。行业情况的宏观要素包括金融市场发展、法律制度、监管环境等。各项宏观要素的综合分析结果也被称为国家信用风险分析，这对银行业都是相似的分析。

国家信用风险的结果决定了银行信用评级的起点，在此基础上，评级机构对银行特定要素进行分析，确定自身信用评估级别。银行特定要素是银行所具有的不同于其他机构的微观要素，包括定性和定量两方面的要素指标。由于银行是经营资金的中介机构，其在资金方面的定量指标非常丰富。在监管要求方面，最著名的是巴塞尔资本协议，协议的核心是对资本充足率、流动性以及风险管理等方面提出要求。结合这些要求，评级机构也在分析中形成具体的分析指标。

对于银行自身信用评估的分析，有两点需要注意的地方：一是要考虑主权级别的限制因素。银行自身信用评估级别一般不高于主权级别，这是因为，主权的状况会对银行产生重要影响。在特殊情况下，银行信用评级的级别可以突破主权评级的限制。在银行

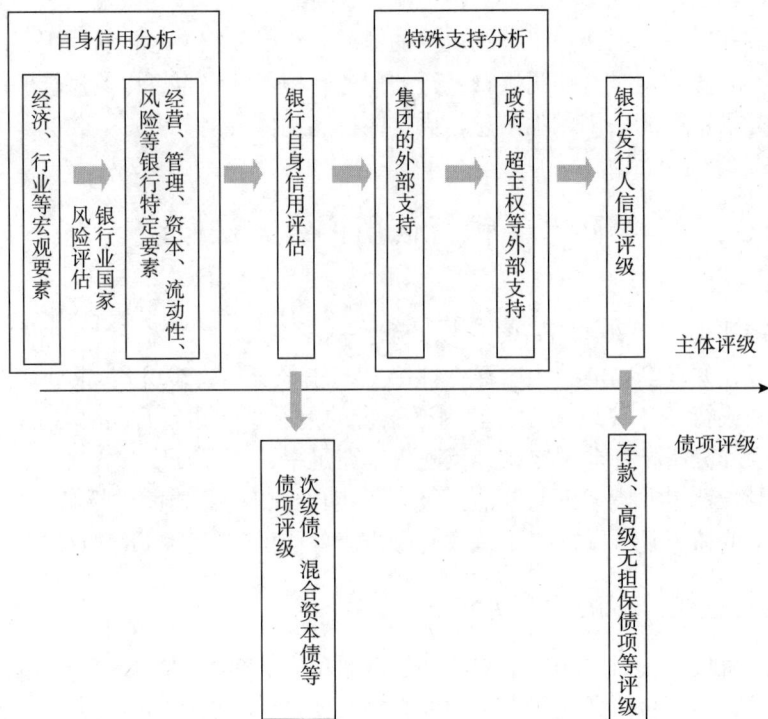

图 8.6 银行信用评级的一般模型

信用评级的过程中，主权要素会被纳入到宏观、微观和其他级别调整要素的分析。二是区分考虑一般性支持和特殊支持要素。

银行获得的外部支持包括两类：第一类是一般性支持。这些支持对于银行业来说是全覆盖的、系统性的，包含在银行自身信用评估分析中。中央银行提供的正常流动性支持、银行间市场提供的同业拆借等资金支持都属于一般性支持。第二类是特殊支持。这是指集团内部、政府、中央银行等对处于支付困难的银行提供特定的流动性帮助。对于不同的债务工具，这些支持的力度是不同的。在银行自身信用评估分析的基础上，结合特殊外部支持进行综合分析，确定银行的发行人信用评级。

发行人信用评级反映的是一家银行按时兑现承诺的总体能力和意愿，这属于主体评级。在银行发行人评级和自身信用评估的基础上，对银行的存款、不同优先级的债务进行分析和级别调整，从而获得银行的债务评级。银行次级债务往往基于自身信用评估结果进行分析，高级债务则基于银行发行人信用评级结果进行分析。

对银行债项的评级需要考虑债项持有人的相对优势地位，还需要分析债项的期限、履约条款，以及违约后的回收率特性。评级机构一般认为，银行得到主权国家或机构所有者的支持，其假设是银行的以下债务将会得到支持：高级债包括有保险的和无保险的零售类、批发类和同业存款等。在涉及主权支持时，以下的资本工具通常不能获得支持：优先股；混合资本债，包括准备金工具（RCIs）和普通股；证券化工具（惠誉，2009）。因此，次级债、混合资本债和优先股的长期信用等级要低于高级债务评级和发行人信用评级。

二、银行信用评级的主要分析要素

银行信用评级的分析要素有宏观要素、银行特定微观要素、特殊支持要素三类。其中宏观要素有经济、行业两方面，微观要素主要包含经营情况、管理、风险情况、财务情况等，特殊支持包括政府和集团母公司的特殊援助。下面具体进行分析。

（一）宏观要素

银行的经营表现经常受到宏观环境的限制。经济波动、社会和政治机关的运作效率、法律制度的效率、银行体系的竞争动态和行业结构等因素，都会对银行的信用状况产生影响。宏观环境的评估应用在银行体系的全部银行。对于在不同国家开展业务或取得利润的银行，将根据资产或利润等指标进行权重综合评估。

1. 经济环境

宏观经济的波动会对经济主体赖以生存的环境产生影响，包括投资、生产和消费等各个环节，进而影响借款人的还款能力，从而影响到银行信用风险。经济周期波幅较大的国家有较高的运营风险。当经济呈上升态势时，投资增加，货币供应量增加，信贷规模增加较快，银行盈利增加；当经济转入下降趋势，各项宏观经济指标也进入下降过程，银行信贷紧缩，融资和盈利能力下降，信用违约将会显著增加，银行盈利大幅下降甚至面临较大的损失。

在分析宏观经济要素时，主要根据宏观经济数据，判断宏观经济、宏观政策状况及其变化趋势，并在此基础上重点分析这种趋势对未来银行业整体业务发展、经营风险和盈利能力的影响。关注的指标主要有 GDP 增长率和波动、国民收入等宏观经济数据的变化。

2. 行业环境

行业环境因素主要包括以下几个部分：一是法律制度；二是监管；三是银行业的竞争格局以及变化趋势。

（1）法律制度

银行业是受到严格监管的行业，因此在监管制度许可的范围内合规运行是非常重要的。审慎性监管规定和监管执行是维护行业健康有序发展的重要约束。监管制度公开透明能够提高监管的预期，进而提高市场规制的有效性。监管制度和标准应结合国际惯例，适应本土实际情况。监管标准的主要内容包括资本、资产质量、流动性、准入等。

需要注意的是，行业分析还需要考虑国家的整体法治水平。这是因为，银行也是一类企业和经济主体，如果国家整体法治完善，将营造公平、有序的市场环境，健全、执法严谨的合同法、破产法等制度能够便利银行的日常运营，促进银行与其他经济主体的债权债务合约的执行，以及违约后的资金清偿和回收。

（2）监管环境

从制度经济学来说，有效的制度框架包括制度的制定和执行。缺乏有效的执行，即使是最严格的监管标准也不会发挥效用。监管执行需要独立、可信的监管机构，具有履职所需素质能力的监管人员。银行自身实力极易受到监管环境的影响。如果银行监管机构拥有可信和显著的执行权力，实施最佳的有效管制和监督标准，这将推动有效的银行执业方法和限制过度的风险偏好，银行的自身实力也会得到改善。监管机构的主要目标一般集中于保障存款人的权益，以及建立稳健的银行体系，最终促进经济增长。如果监管是审慎、积极的，银行体系的整体稳健状况不会出现大幅度的恶化。

（3）行业地位和格局

银行业整体的行业地位以及内部格局影响着行业整体的市场规模以及盈利能力，从而对银行的信用风险水平构成影响。分析银行行业地位时，需要判断银行业在金融业中所处的竞争地位及其变化趋势，进而分析对银行业的影响，具体指标包括直接融资与间接融资比例、银行业资产规模、银行业市场份额等指标及其变化趋势。分析银行业竞争格局时，主要分析银行业机构数量、各类机构市场份额、全行业的资本充足率、不良贷款率、行业集中度等指标。

（二）银行特定分析要素

1. 经营情况

（1）经营稳定性

经营稳定性是评估当遇到经济和市场波动时，银行经营的可持续性。对银行经营来说，信心是非常重要的。如果金融机构有大量的交易操作，尤其是衍生品交易操作，这将在市场波动时造成对信心的冲击。经营稳定性可从收入的稳定性、市场份额、客户基础等方面进行分析。

（2）规模与市场份额

一般来说，资产规模、资本规模水平高的银行，其所能容忍的风险损失能力也越强。同时，经营规模还影响着银行服务客户的能力和市场地位。高市场份额显示稳定的市场地位以及广泛的品牌认可度，这往往伴随着较高的定价能力，表明银行地位可能具有持续性和抵抗竞争冲击的能力。但是，较高的市场份额同时也是阻止其他竞争者进入的壁垒。在进行规模和市场份额分析时主要关注银行资产规模、资本规模、收入来源、存贷款市场占有率等，通常以地域、产品和客户为根据。

（3）地域的多元性

通常贷款等业务过度集中于经济多元化程度较低的单一地区会提高银行的信用风险，削弱其资产质量。若银行的业务分布在经济多元化的不同地区，其将具有广泛的存贷款客户群，风险资产的区域分布也更为分散。

与较大的地区相比，小地区更常依赖于较少的行业，而经济多元化的程度也较低。银行在较大地区或多个地区开展业务的，在渡过业务周期方面具有更大的优势，不会对资产质量造成过度损害。

（4）盈利稳定性和多元性

收入结构的稳定性取决于银行的业务结构，稳定且多元化的收入是银行健康经营的标志。银行业务的内在风险性体现在杠杆比率高、非流动资产（贷款）由短期负债（存款）提供资金、周期性业务环境等方面。稳定、多样化的盈收是获得较高的自身信用评估的必要条件。银行业务缺乏多元性，过度依赖一种或有限几种业务，导致银行业务极易受到宏观政策、市场变化的影响，收入的波动性较大。

对于主要依靠批发性、交易性等业务的银行，虽然盈利性较高，但业务的波动性较高；零售业务较稳定，但盈利程度可能降低。传统的零售银行本质上有贷款与吸收存款的不同业务，因此不应被视为单一业务银行。

2. 管理

（1）公司治理

高质量的公司治理会降低未来出现风险的可能性，并在问题发生时加快补救的速度。公司治理包括所有权结构、公司战略的可行性、公司组织架构、领导人能力以及董事会、管理层和股东之间的关系等。

（2）内部控制

完善和执行效率高的内部控制制度，有助于提高银行的管理水平，降低银行的运营风险。银行是人力和技术密集型的行业，内控制度是银行提高效率的重要手段。效率能让银行更容易满足股东对盈利增长的预期而不需过度承担风险。银行需要针对监管要求，投入必要的资源完善内控机制建设。内控需要处理好以下方面的内容：内控制度的执行、业务发展与风险控制的平衡、内控管理部门的独立性等。

（3）财务报告透明度

财务报告的质量体现了机构管理的水平和完善程度，准确、及时、透明的财务信息有利于市场约束机制的发挥，严谨、透明的财务报告与自身信用状况是成正向关系的。

3. 风险情况

（1）信用风险

银行是经营风险以获取盈利的金融机构，风险管理能力的高低直接关系到银行运营的安全性，进而影响银行的信用风险水平。信用风险是银行无法及时足额偿还债务的风险。若银行在行业、客户、区域等方面存在较大的集中度，会带来盈利的波动性，增加银行的信用风险。

（2）流动性风险

银行出现危机的重要原因往往是无法及时获得充足的流动资金。若贷款等非流动资产由信心敏感的融资来提供资金，则流动性风险较高，如资本市场短期融资或银行同业融资。银行获得市场融资的渠道取决于外界对其信誉的看法，不利消息可能会使银行迅速陷入挤兑风险。流动风险评估将针对融资能力、融资可持续性和多元性。此外，银行应建立流动性风险管理应急方案，设置流动性监测和预警指标，定期进行压力测试。

（3）市场风险

市场风险是指未来市场价格的变化导致银行头寸遭受损失的风险，主要有利率风险、汇率风险等。市场风险的评估重点是评估银行业务对于市场价格重大变化的敏感程度，以及出现负面影响的防范机制。

（4）操作风险

操作风险是指由不完善或有问题的内部操作过程、人员、信息系统或外部事件所造成损失的风险。完善的内控制度、独立有效的内审机制以及员工对制度的规范执行是防范操作风险的重要内容。操作风险的典型案例是英国巴林银行在1995年的倒闭事件。由于巴林银行新加坡期货公司执行经理私自买入大量期货合约等衍生品，这些衍生品的暴跌导致巴林银行破产，而这个经理年仅 28 岁。

4. 财务基本面

（1）盈利能力

盈利能力是衡量一家银行创造经济价值的能力。一个具有良好盈利的银行会更容易获得投资者的认可，意味着银行可以具有较强的筹资能力。盈利能力通过增加其资源储备，为债权人提高风险保障的能力，是银行吸收信贷相关损失和缓释风险的重要保障。关于盈利能力，不仅要考虑银行盈利水平的高低，还要关注银行盈利的来源、构成以及稳定性，银行经营和业务的多元化程度对盈利能力有重要影响。

（2）流动性

银行出现危机的最终表现都是流动性出现问题，缺乏流动性是导致银行出现困境甚至倒闭的关键因素。银行应保持适当的流动性，以避免流动性风险。资产流动性高可以帮助实力较弱的银行在困难时期仍可获得足够的资金。对流动性分析时，融资能力是很重要的方面。融资能力对信心的敏感性很高，因为获取市场融资的能力依赖于对银行信用的信任。银行通过借短贷长获取收益，这个内在的特点决定了控制期限匹配的差异程度，保有必要的流动性资金对于债务及时偿付是非常重要的。

（3）资本充足性

银行是高负债、高杠杆的行业，资本是银行审慎管理的重要工具，是吸收损失的重要缓冲工具。银行必须符合资本的最低监管要求。资本的充足性要求限制了银行风险资产增长速度及风险累积程度。但是，银行保留较高的资本充足率也存在成本。从历史看，资本比率与银行级别往往呈现反向关系，高评级银行的负债比率通常高于低评级银行，因为高级别银行具有庞大的运营规模、多元化的业务组合、严格的风险管理、稳定和可预期的盈利等有利因素，足够抵消疲弱的资本比率。

在分析资本时主要关注银行资本充足性水平、资本的构成及补充资本的渠道。在具体评估时，通常以巴塞尔资本协议规定的资本构成及资本充足率作为标准，一些评级机构制定了更严格的指标区间。主要指标包括核心资本充足率、资本充足率等，计算公式如下：

①资本充足率 = （核心资本 + 附属资本）/风险加权资产 × 100%

②核心资本充足率 = 核心资本/风险加权资产 × 100%

（4）资产质量

资产质量是未来盈利的主要动力，也是资本产生和损耗的关键因素。贷款组合通常是银行资产负债表内的重要部分，因此，贷款质量是决定银行信用状况的主要因素。银行经营管理层对风险的偏好在很大程度上决定了其资产组合的风险特点和质量，同时银行的风险管理制度建设及执行情况也会对其资产质量造成显著影响。对银行的资产质量进行评价时，一般要考察贷款组合、不良贷款、呆账的冲销速度、坏账损失准备等方面的指标情况。

（三）外部支持分析要素

外部支持包含一般性支持和特殊支持两方面，一般性支持包含在银行自身信用评估中分析，特殊支持是在银行自身信用评估之外考虑。特殊外部支持由政府或集团母公司提供，在分析时，评级机构一般选取政府支持评级和集团支持评级的较高者作为特殊支持的级别，再结合自身信用评估综合评定最终级别。对银行外部支持的考察主要从外部支持的可能性和支持能力两个方面进行分析。

1. 政府支持

一般性支持是系统性的，对所有银行都是可获得的。当银行业陷入危机的时候，政府为了维护整个金融和经济体系的信心，极大可能会向银行业提供系统性支持。特别支持是政府对特定银行提供的支持，包括注入资本金、购买或担保问题资产、资产置换、提供短期流动性等。为了避免道德风险，政府在银行出现危机前一般不会明确表明支持的态度。评级机构一般从系统重要性、与政府的关联程度等方面分析政府对银行提供特殊支持的可能性，根据主权级别分析提供支持的能力。政府支持可能包括中央政府支持、地方政府支持，有时还可能出现超主权机构如 IMF 提供支持的情况。

表 8.6 列出了 20 世纪 70 年代至 90 年代，部分国家和地区银行危机的救助成本。面对系统性银行危机，政府对银行部门开展救助的手段包括：存款保险资金的运用、给问题银行提供再贷款资金、购买问题银行的不良资产、让其他稳健的机构并购问题银行、政府直接接管银行等。亚洲金融危机中，泰国、马来西亚、印尼、韩国大约有 15% ~ 35% 的贷款变为坏账，救助银行的成本占这些国家 GDP 的 15% 以上，印尼更是超过 50%。1997 年亚洲金融危机也使评级第一次引起世界范围内的关注，并促进了美国、欧盟等国家和地区对评级的反思和监管变革。

表 8.6 一些国家和地区救助银行的成本

年份	国家/地区	成本占 GDP 的比重（%）
1977 ~ 1983	以色列	30
1977 *	西班牙	16.8
1980 ~ 1982	阿根廷	55
1981 ~ 1983	智利	42
1982 *	加纳	6.0
1988 ~ 1991	科特迪瓦	25
1988 ~ 1991	美国	3
1989 ~ 1990	约旦	10
1989 ~ 1991	捷克斯洛伐克	12
1990 ~ 1993	挪威	8
1991 ~ 1994	瑞典	4
1991 ~ 2003	日本	24
1991 ~ 1994	芬兰	11
1991 ~ 1995	匈牙利	10
1992 ~ 1994	斯洛文尼亚	15
1993 ~ 1994	马其顿	32
1994 ~ 2000	墨西哥	19

续表

年份	国家/地区	成本占 GDP 的比重%
1994～1995	委内瑞拉	22
1994～1999	巴西	13
1995～2000	巴拉圭	13
1996～2000	牙买加	44
1997～2002	印度尼西亚	55
1997～2002	泰国	35
1997～2002	韩国	28
1997～2001	马来西亚	16
1998～2003	菲律宾	13
1998～2001	厄瓜多尔	20
2008～2012	英国	8
2007	美国	4

说明：＊指危机开始时间。

资料来源：米什金，2011，267；莱因哈特等，2018，121；米什金等，2017，380。

监管机构救助银行的目的是维护金融体系的稳定，保持市场的信心，因为信心对于银行体系的运转非常重要。在大萧条后，美国率先成立了存款保险机构，随着存款保险制度的建立，银行破产率大幅下降。随后许多国家借鉴美国建立了存款保险制度，中央银行作为最后贷款人的职能在各国也不断明确和强化。在一些国家，即使不存在存款保险制度，政府也通常为面临风险的银行提供流动性支持。金融自由化鼓励竞争，提高金融体系的效率，但金融自由化也使得道德风险变得更为严重，银行更容易冒险。虽然各国存款保险制度的发展程度不同，但各国都存在金融安全网，即政府时刻准备救助银行，这种救助机制也加剧了银行的道德风险问题。在对银行进行评级的时候，评级机构要考虑的一些重要因素是最后贷款人或拯救者是否存在，银行是否会得到支持，在什么情况下能得到支持。

2. 集团支持

对集团支持的分析也包括支持的可能性和支持能力两方面。银行股东所能提供的支持包括注入资本金、购买或担保问题资产、资产置换、提供短期流动性等。银行对集团的重要性、战略符合度和影响、与集团的关联性等方面是分析集团提供支持可能性的要素。提供支持的母公司的信用状况决定了提供支持的能力。对于政府作为股东的银行，股东支持一般作为政府支持进行分析。

第五节　国际评级机构银行评级方法

一、主要分析要素

标普、穆迪、惠誉三大评级机构的银行评级要素覆盖了前文描述的要素内容，但每家评级机构在具体要素和指标设置时有差异。这一方面反映了银行的复杂性，另一方面也体现了评级机构分析方法的特点。总体上，三大评级机构的评级要素分为自身信用评估涉及的要素和外部特殊支持涉及的要素两大类，见表8.7。

表8.7　　　　　　　　　　　评级机构分析要素大类

要素分类	穆迪	标普	惠誉
自身信用要素分析	基本信用评估	个体信用评估	生存力评级
外部特殊支持分析	支持和结构化分析	政府或集团特殊支持	机构和主权支持

资料来源：根据标普、穆迪、惠誉整理。

在具体要素设置上，标普个体信用评估的评级要素包括经济风险、行业风险、经营状况、资本和盈利、风险状况、融资和流动性六个一级要素。穆迪的基本信用评估的要素大类包括宏观状况、财务状况、定性调整因素，每个大类有一些一级要素和具体的指标，比如宏观状况的一级要素有经济实力、制度实力、风险事件的敏感度、信贷环境、融资环境、行业结构；财务状况的一级要素有偿付能力、流动性。惠誉的生存力评级的一级要素包括运营环境、公司状况、管理和战略、风险偏好、财务状况。三大评级机构的自身信用评估的一级要素和二级要素对比见表8.8。

表8.8　　　　　　　　　　评级机构自身信用评估的分析要素对比

标普		穆迪		惠誉	
一级要素	二级要素	一级要素	二级要素	一级要素	二级要素
经济风险	经济结构和稳定性、经济主体的信用风险	经济实力	GDP增长率和真实利率，参考资本项目、外汇储备和汇率等对外部门指标，资产价格（尤其是房地产价值）	运营环境	主权评级、经济环境、金融市场发展、管理和法律框架
行业风险	制度框架、银行监管、竞争动态、从市场和政府的融资	制度实力	制度框架和有效性、政策可信性和有效性	公司状况	特许权、经营模式、组织架构
经营状况	经营稳定性、集中度和多元性、管理和公司战略	风险事件的敏感度	政治风险、政府流动性风险、外部冲击风险	管理和战略	管理质量、公司治理、战略目标、执行
资本和盈利	监管要求、资本水平、资本和盈利质量、盈利能力	信贷环境	私营部门信贷/GDP、私营部门信贷/GDP的三年变化值	风险偏好	承保标准、风险控制、增长、市场风险
风险状况	风险敞口的增长和变化、风险的集中度和分散性、风险的复杂性、未被RACF覆盖的风险	融资环境	市场融资政策、中央银行资产负债表	财务状况	资产质量、盈利和利润、资本和杠杆、融资和流动性

续表

标普		穆迪		惠誉	
一级要素	二级要素	一级要素	二级要素	一级要素	二级要素
融资和流动性	融资、流动性	行业结构	行业饱和度、金融自由化、行业集中度、竞争情况等		
		偿付能力65%	资产风险25%、资本25%、盈利15%		
		流动性35%	融资机构20%、流动性资源15%、流动性35%		
		定性调整因素	经营多样性、不透明和复杂度、企业战略和管理等行为		

资料来源：根据标普、穆迪、惠誉整理。

特殊支持要素方面，三家评级机构都包括机构支持和主权政府支持，但穆迪在特殊支持分析中增加了解困损失分析，这是与其他机构不同的。每个评级机构的具体分析要素会有差异，比如穆迪的关联机构支持分析要素包括控股情况、品牌、管理、地域、战略符合度、财务关联等，政府支持分析要素包括公共政策、国内存款和贷款市场份额、市场影响力、公众涉入度等，见表8.9。

表8.9　　　　　　　　　　特殊支持要素对比

标普	穆迪	惠誉
关联机构支持	关联机构支持	机构支持
政府支持	解困损失LGF（初级、高级LGF分析）	主权支持
	政府支持	

资料来源：根据标普、穆迪、惠誉整理。

在全球银行之间，各个主要评级要素的相对重要性可能会存在差异，要素权重会进行区别设置。对于部分指标，高风险应获得更高的权重。在成熟市场上运营的银行通常受益于更为有效的财务报告体制和监管环境，在信用分析时给予财务数据更高的权重；对于发展中市场的银行，由于较高的经济波动、监管疲弱和财务报告可靠性较低等原因，财务数据的权重相应减低（穆迪，2007）。

在评级指标选取过程中，国际评级机构同样强调分析师的灵活性和专业判断能力。评级机构认为，打分卡是协助分析师及信用评审委员会作出评级决定的工具，但如果打分卡的结果未能准确反映银行未来的信用风险状况，则不应受到打分卡的束缚。分析师可以发挥其专业判断能力，根据实际情况对评级指标进行灵活调整。在指标评价方面，评级机构使用可变权重，突出评级要素对于个体评级结果的差异化作用。

二、标普银行评级方法

标普银行评级流程有两个关键步骤：一是确定个体信用评估（SACP）；二是评估政府或关联机构的特殊支持。个体信用评估是在没有特殊外部支持的情况下，对银行的信用状况进行的分析。对特殊外部支持进行分析，需要分析支持的来源和可能性。结合个体信用评估和外部支持分析获得发行人信用评级（ICR）。银行评级可以超出主权评级，但这种情况极少，因此银行的 SACP 或 ICR 的级别一般不高于所在国家的主权评级。标普是在主体评级的基础上，对债项进行评级。在发行人信用评级的基础上，对高级无担保债券评级；在个体信用评估的基础上，对优先股和混合资本债进行评级，见图 8.7。

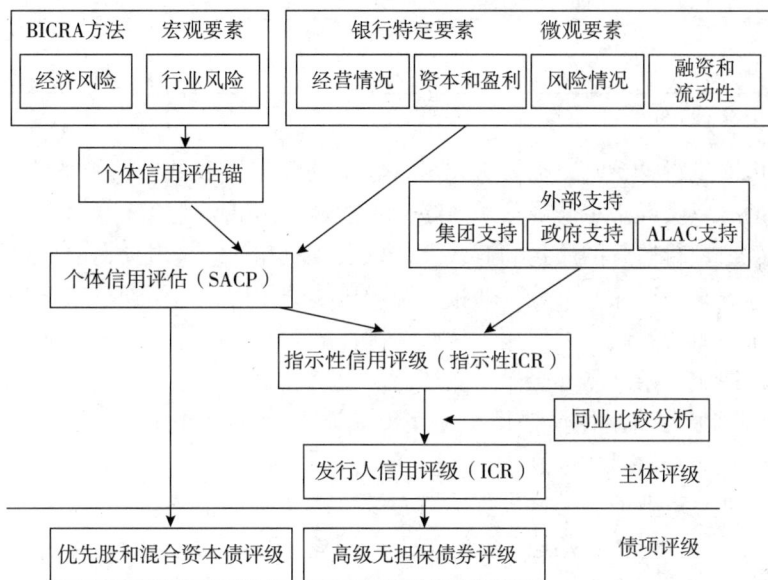

图 8.7 标普银行评级方法

（资料来源：根据标普，2018b 整理）

（一）个体信用评估

1. 银行业国家风险评估

标普应用银行业国家风险评估方法（BRICA）分析宏观经济风险和行业风险，分别给出经济风险和行业风险的得分，利用矩阵映射得到个体信用评估锚（SACP 锚）。经济风险和行业风险分值范围分别从 1（非常低的风险）到 10（非常高的风险），见表8.10。作为银行的运行环境，经济风险和行业风险锚定了银行的信用状况。当银行在多个国家开展业务时，计算加权平均经济风险得分，权重是其在各个国家的业务量比重，权重计算只包括银行业务量超过 5% 的国家。投资银行以总部所在地的国家分析经济风险得分。若银行在多个国家开展业务，行业风险得分则以银行主要被监管的母国来衡量，不进行权重分析计算，这主要考虑银行的母国监管框架对银行的重要性。

表 8.10   个体信用评估锚的映射矩阵

行业风险	经济风险									
	1	2	3	4	5	6	7	8	9	10
1	a	a	a −	bbb +	bbb +	bbb				
2	a	a −	a −	bbb +	bbb	bbb	bbb −			
3	a −	a −	bbb +	bbb +	bbb	bbb −	bbb −	bb +		
4	bbb +	bbb +	bbb +	bbb	bbb	bbb	bb +	bb	bb	
5	bbb +	bbb	bbb	bbb	bbb −	bbb	bb +	bb	bb −	b +
6	bbb	bbb	bbb −	bbb −	bbb −	bb +	bb	bb	bb −	b +
7		bbb −	bbb −	bb +	bb +	bb	bb	bb −	b +	b +
8			bb +	bb	bb	bb −	bb −	bb −	b +	b
9			bb	bb −	bb −	b +	b +	b +	b
10				b +	b +	b +	b	b	b −

资料来源：标普，2018b。

对经济风险进行分析时，需要考虑国家经济的稳定性和结构、经济政策的灵活性、潜在的不平衡，以及经济主体的信用风险。行业风险分析评估银行业的三方面的特征：一是制度框架或银行监管的质量和有效性，以及政府在处理金融动荡的历史记录；二是行业竞争情况，金融产品和实践，非银行金融机构的作用；三是通过市场或政府融资的情况，包括中央银行和政府的作用。这些持续性的政府支持被包括在 SACP 中。行业风险的竞争动态决定复杂产品和金融衍生产品的使用程度，这些产品的过度应用将导致较高的行业风险。个体信用评估锚用小写字母 a 至 b 表示，并用"＋、−"进行微调，以与发行人信用级别符号相区别。

由于银行业具有业务波动性较强、信心敏感性高和高杠杆等特点，个体信用评估锚的最高级别只是 a，这也是从国际金融危机中吸取的教训。危机后发达国家系统重要性银行的信用水平出现大幅下滑，标普将银行业个体信用评估锚框定在较低范围内，全部落入 a（风险最低）到 b −（风险最高）区间，发达国家银行的个体信用评估锚落在 a 到 bbb 的范围。个体信用评估锚是全球一致的。通过国家风险评估，标普突出了经济风险和行业风险对于最终评级结果的影响，提高了银行在全球范围内的可比性。

标普通常将中国范围的银行评级基准定为 bbb ＋、证券公司定为 bbb −、除证券公司外的非银金融机构定为 bb ＋。三类机构的评级基准不同是因为：银行受到高度的监管，而且拥有良好的融资渠道且融资成本较低，但证券公司和金融公司不吸收存款且融资渠道较少；金融公司进入壁垒较低，市场竞争较为激烈。

2. 得出个体信用评估

确定个体信用评估锚之后，围绕受评银行的特定分析要素展开分析，特别分析要素包括经营状况、资本和收益、风险情况、融资和流动性等四项。每一项特定要素均由若干项子要素来衡量，例如经营状况包括经营稳定性、集中度与多元性、管理与公司治理等三项子要素。标普结合评级子要素的具体表现和同行业比较的结果综合判断每个特定评级要素的评分，特定要素评分分为非常强劲、强劲、适当、中等、疲弱、非常疲弱六种。

可比分析和同业比较的主要目的是为评估要素提供背景信息和确定 ICR。根据

SACP 评级要素的不同，适用不同的可比分析。对经营状况、风险情况和融资情况的分析通常是相对性分析，而对资本、收益和流动性分析则是绝对性分析。资本和收益、流动性分析将评级对象与全球所有银行进行比较；而经营状况将评级对象与具有相同行业风险的银行进行比较，风险情况将评级对象与具有相似经济风险和产品组合的国内或国外银行进行比较，融资情况将评级对象与国内所有银行进行比较。一旦确定任何特别支持的影响后，还可能开展最后的同业比较，最终确定 ICR。

根据特定要素得分，对个体信用评估锚进行调整，并将四项特定要素调整结果累加得到个体信用评估级别。一般最低调减 5 级，最高调增 2 级，融资和流动性最高调增 1级，见表 8.11。

表 8.11 个体信用评估锚的调整区间

分析要素	最高调整级别范围	最低调整级别范围
经营情况	2	−5
资本和收益	2	−5
风险情况	2	−5
融资与流动性	1	−5

资料来源：标普，2018b。

在没有外部支持的前提下，只有具有较强的经营情况，并且具有充足的资本来抵御极端压力时，银行才可以获得较高的个体信用评估级别。考虑到资本充足率和流动性的重要性，标普将监管资本要求和流动性两项子要素与个体信用评估级别相挂钩，设定级别上限，见表 8.12。监管要求是资本和收益要素中的子要素，流动性是融资与流动性要素中的子要素。即使银行有超出平均水平的融资评分，但如果流动性评分是中等以下得分时，SACP 也将受到评级上限的限制。

表 8.12 标普个体信用评估的上限约束

评级子要素	子要素评级级别	主要分析内容	个体信用评估级别上限
资本监管要求	处于风险	银行满足资本监管要求，但不高于资本要求的 1%	bb +
	监管容忍范围	尽管违反资本监管要求，但监管部门仍允许银行继续运营	ccc +
	无力偿还	违反资本监管最低要求，且未来也不具备达到要求的前景	cc
流动性情况	中等	流动性比率和市场指标表明，银行与本国其他银行相比具有较弱的流动性	上限为 bbb；若融资指标评分低于平均水平，上限为 bb
	疲弱	流动性比率和市场指标表明，银行与同业相比具有值得注意的较弱的流动性	上限为 bb；若融资指标评分低于平均水平，上限为 b
	非常疲弱	流动性比率和市场指标表明，银行与本国其他银行相比具有非常弱的流动性	上限为 ccc；若融资指标评分低于平均水平，上限为 cc

资料来源：标普，2018b。

（二）结合外部特殊支持确定银行评级

1. 获得指示性信用评级

在特殊外部支持中主要分析政府、集团两方面的支持，此外，还会考虑其他损失吸收能力的支持（ALAC）。政府支持分为两大类：第一类政府支持包含在 SACP 分析中，包括系统性支持、直接支持、政府干预、短期支持四种。第二类支持是特殊外部支持。在获得个体信用评估后，将结合这类特殊外部支持进行综合分析，获得银行的指示性信用评级和发行人信用级别（ICR）。

系统性支持是政府提供给金融系统中所有银行的支持，这类支持包含在经济风险和行业风险的分析中。政府通过法律基础设施、银行监管框架，以及对银行融资、保持金融体系的信心等方式提供系统支持，比如存款保险制度。系统支持的目标是维持金融体系的信心。

政府直接支持是向个体银行提供流动性、资本注入、购买或担保风险资产。此类支持包含在银行特定要素（资本和盈利、风险、融资和流动性）分析中。一旦政府作出支持承诺，这将被作为直接支持包含在 SACP 分析中。

政府干预是指一些将削弱银行信用状况、影响银行经营决策的政府行为，这些行为造成了市场无序和低效率，分别在 BICRA 和个体信用评估中的风险情况中进行分析。如果系统重要性银行的 SACP 评级迅速下降，预计政府会提供额外短期支持，标普将在考虑这种短期支持的基础上，暂时提升银行的 SACP 评级。

标普将分别评估政府特殊支持和集团特殊支持对 SCAP 的影响，然后选择较高的结果获得指示性 ICR。在集团母公司支持方面，主要根据母子公司评级标准将受评银行区分为核心子公司、具有战略重要性子公司、不具备战略重要性子公司三种类型分析。

在政府支持方面，将银行区分为政府相关实体和私营银行两类分别进行分析，得出政府支持的可能性评级。一般情况下，政府支持私营银行的动机不如对政府相关机构明确。政府相关实体履行了公共服务的职能，或者政府作为银行（政府相关实体）的股东是战略性和长期性的。对于政府相关实体，利用政府相关实体评级方法（GRE）评估政府提供特殊支持的可能性，其中重点分析银行对政府的重要性、政府与银行的关联程度。政府相关实体的重要性主要评估其违约对于主权政府的影响程度，具体分为关键、非常重要、重要、有限重要等四个层次；关联程度分为一体化、非常紧密、紧密、有限紧密等四个层次。通过矩阵映射表，得出政府相关实体获得政府支持的可能性评级。政府需要维护国家经济和金融体系的稳定，这经常导致对系统重要性的金融机构的特殊支持。

对私营银行，通过系统重要性和政府支持倾向进行分析，利用可能性映射表获得支持的可能性评级。私营银行的系统重要性分为高、中、低三类，主要以规模作为参考性指标；政府支持倾向方面根据政府在危机过程中对银行进行救助的意愿和能力判断，分为高支持性、支持和不确定三类。根据可能性映射表，得到政府支持银行的可能性，具体分为高、中高、中、低四档，见表8.13。

表8.13　　　　　　　　　　　　政府特殊支持可能性映射表

系统重要性	政府对私营商业银行的支持倾向		
	高支持性	支持	不确定
高	高	中高	低
中等	中高	中	低
低	低	低	低

资料来源：标普，2018b。

对于政府支持，在支持可能性级别的基础上，标普建立不同的主权本币评级与个体信用评估级别的映射表，给出相应的指示性发行人级别。对于集团母公司支持，结合集团母公司级别和个体信用评估进行分析，确定指示性发行人级别。针对子公司战略重要性不同，确定指示性级别的方法如下：核心子公司级别与母级别挂钩等同，不具备战略性的子公司级别等同于个体信用评估评级，具有战略重要性子公司的级别介于其自身个体评级与母公司级别之间（中债资信，2013）。

2. 确定最终的银行评级

标普将评级对象与具有类似个体信用评估评级（个体评级相差一个子级以内）的银行进行比较分析。在最后的同业评估中，比较的主要指标是资本可持续比率和盈利缓冲比率。资本可持续比率反映银行通过留存收益实现增长和资本积累的能力，以资本积累和资本要求的差额衡量；盈利缓冲比率衡量盈利能够覆盖正常损失的能力。

根据受评对象在同行业中的相对信用状况对指示性级别进行微调，得出银行的主体评级。一般而言，最终级别与指示性级别的差距控制在一个子级以内，大部分情况下级别是相同的。资本和流动性对银行评级非常重要，因此，如果受评对象的监管要求落入"处于危险中"或流动性落入"疲弱"中，主体评级与指示性级别相同，不做调整。考虑到国际金融危机的教训，根据标普的评级方法，银行只有具有较强的信用状况时，才能获得最高级别AAA，这些条件包括比大多数银行在2007年前具有更强的资本水平。

银行的普通债券（一般为高级无担保债券）参考主体级别得到，混合资本工具评级以个体信用评估为基准进行调整。当个体信用评估级别在bbb－（含）以上时，最低下调两级；当个体信用评估级别在bb－（含）以下时，最低下调三级。混合资本债券的权益属性主要指融资工具带有不付息、推迟付息、本金减记、转为普通股等特征，从而能够吸收损失的程度。标普认为，政府在金融危机期间对于银行的救助实质上掩盖了混合资本工具债券的权益属性，而危机后部分国家出台法律将混合资本工具债券持有人排除在救助计划之外，促使混合资本工具债券持有人具有承担银行破产损失的可能性。因此，在新的评级准则下，标普将混合资本工具和优先股的评级与个体评级相挂钩，进一步明确其权益属性。

一般来说，高级无担保债券（或称优先无抵押债券）的评级与ICR一致，但当发行主体同时发行了大量的高级有担保债券时，其高级无担保债券的评级可能低于ICR。另外，鉴于次级债务在发行主体资本结构中的偿付顺位相对靠后，此类债务的评级可能低于ICR。

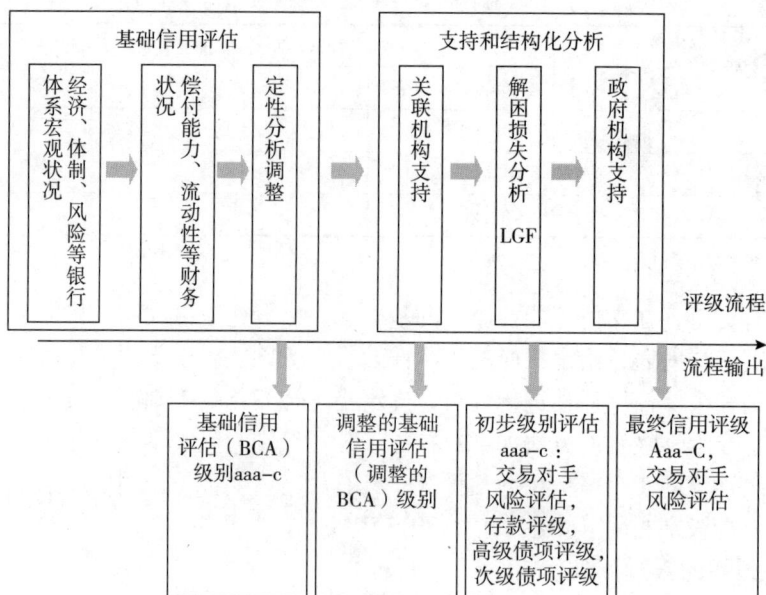

图 8.8 穆迪银行评级模型

（资料来源：穆迪，2016b）

三、穆迪银行评级方法

在调整前，穆迪的银行业评级方法主要包括利用打分卡模型确定银行财务实力评级，将银行财务实力评级映射为基础信用评估级别；对母公司、合作/互惠集团、地方政府和国家及系统性支持的支持概率和违约相关系数进行评价；利用联合违约概率模型（JDA 模型）得到银行存款评级；最后，以基础风险评估级别为基准给出混合资本工具债项级别，以存款评级为基准给出银行债务级别。

调整后，穆迪银行评级方法主要包括两部分：一是基础信用评估，主要从宏观因素和财务要素进行分析，并根据一些定性因素进行调整，形成基础信用评估级别，这些级别是用小写的字母符号表示。二是支持和结构化分析。这个阶段主要分析外部支持的情况。外部支持包括关联机构或者政府的支持，依据 JDA 模型进行分析。若分析师或评级委员会认为打分卡不能全面反映该银行的风险状况，可能会调整现有指标，前提是相关分析是通过全球性的比较，而并非仅限于对本地数据的比较。

（一）基础信用评估

基础信用评估（BCA）分为三个主要步骤：一是对宏观要素进行分析。宏观状况涉及银行的运行和经济环境，细分为六个一级要素，分别是经济实力、制度实力、风险事件的敏感度、信贷环境、融资环境、行业结构。每个一级要素又包含一些具体指标，如经济实力包括增长动态（比如 GDP 增长波动性）、经济范围（比如名义 GDP）、国民收入三个方面指标，权重分别是 50%、25% 和 25%。通过对宏观经济状况进行分析，确定银行系统宏观情况评分。二是分析财务状况。银行财务指标的分析主要是评估偿付能力和流动性，这两个子要素的权重分别是 65% 和 35%。在得到财务得分后，根据财务和宏观情况映射表获得初始得分。三是根据定性调整因素对初始得分进行调降或调升，获得 BCA 级别。定性调整因素包括经营多样性、不透明和复杂度、企业战略和管理等行为。基本信用评估用小写字母序列 aaa - c 表示，这样与最终评级结果区分。在评估最终 BCA 级别时，需要考虑主权级别对银行评级的限制性影响，以及母公司或集团的信用质量对银行信用状况直接或间接的影响。

穆迪指出，银行评级一般不超过主权的长期本币评级。但是，当存在降低银行和主权信用依赖性的条件，银行评级可以突破主权评级级别，比如直接对政府的敞口相对小、银行在其母国外经营高度多样化、银行从国内资本市场融资的依赖程度低等。BCA 是信用评级的一个中间结果，评估了银行寻求支持以避免违约发生的可能性。

（二）支持和结构化分析

1. 关联机构支持分析

在基础信用评估的基础上，分析银行获得关联机构的各种支持因素。这些支持包括母公司的支持，也包括集团内其他分支机构的支持。通过关联机构分析对 BCA 评估进行调整，形成调整的 BCA 级别。关联机构分析主要包括两方面因素：关联机构提供支持的可能性和能力；实体间的依赖或关联性。关联机构分析利用了联合违约分析（JDA）。关联机构支持的可能性需要分析的要素包括控股情况、品牌、管理、地理、战略符合性、财务关联性等，支持的能力体现在关联机构的评级情况。实体间的依赖性分析包括机构间的紧密程度、各自的运行环境。政府所拥有银行的上级支持一般放在政府支持中分析。

2. 解困损失分析（LGF）

解困损失分析主要评估在没有政府外部支持的情况下，受困银行的预期损失，并区分各种债务工具和存款将会蒙受的损失情况，以及不同债权人面临的风险。根据是否建立了银行陷入困境时进行处置的制度，分为初级和高级解困损失两种分析。处置机制通过具体立法在一定程度上明确存款人和其他债权人在银行陷入困境时可能受到的影响。对于已确立解困处置机制的地区的银行，高级解困损失分析将考虑各类债权人在银行处置过程中从受偿顺序较低的债务中获得的减损保护。根据解困损失分析，建立解困损失级别与调整 BCA 的对应关系。表 8.14 是在初级解困损失情况下，解困损失级别与调整 BCA 的部分对应关系。

表 8.14 　　　　　　　　　　　**初级 LGF 级别表**

债务类型	初级 LGF 级别
银行存款	与调整 BCA 一致
银行高级无担保债务	与调整 BCA 一致
银行次级债	调整 BCA - 1
交易对手风险评估	调整 BCA + 1

资料来源：穆迪，2016b。

根据调整 BCA、解困损失分析以及其他调整因素，获得了在没有政府支持情况下的银行信用状况分析，称为初步评级级别（PRA）。其中，银行存款评级是就银行能否如期偿还其存款债务的意见。

3. 政府支持分析

在这个阶段，分析政府支持对银行信用评级的影响，从而形成最终的级别，并获得交易对手风险评估结果。实际上，提供支持的公共机构包括政府、中央银行和超主权机构。通过评估政府支持，特别是对每类债务工具的政府支持分析，获得每类工具的信用评级。政府支持分析主要包括：政府支持的可能性和支持能力，政府和银行的依赖或关联性。支持可能性的分析要素有：公共政策、国内储蓄和贷款的市场份额、市场影响力、公众涉及程度等。一般，公共实体的长期本币评级代表了提供支持的能力。

穆迪在分析中引入了交易对手风险评估，评估发行人避免对某些高级银行运营合约及其他契约责任违约的能力。该评估综合考虑发行人的个体实力，以及必要时关联企业和政府提供支持的可能性，这反映了交易对手契约责任在负债结构中有优先受偿的可能性。该评估也考虑政府在处置银行时，为了保存其主要运营而采取的其他措施。

国际金融危机表明，政府支持的意愿和能力对不同债务类别是不同的，并且政府支持的可能性会发生快速变化。比如与次级债务相比，高级无担保债务更可能获得政府支持。需要注意的是，银行发行的结构化债券的评级，应用的是结构化金融评级方法。

四、惠誉银行信用评级方法

惠誉针对银行违约风险的两个主要方面进行评估：第一，银行由于其自身原因而陷入困境的风险。这种风险由对该银行的个体评级来评价，现在被称为生存力评级。第二，银行陷入困境时得到第三方支持的可能性。提供支持的主体可能是国家或是机构所有者，由对该银行的支持评级来评价。银行的长期发行人违约评级由其生存力评级和支持评级中较高的一项决定。这一方法（孰高法）与联合违约概率方法有所不同，后者评估的是两件事同时发生的可能性。

在长期发行人违约评级的基础上，分析获得银行短期发行人违约评级、衍生对手方评级，这些都属于发行人主体评级。最后，分别以生存力评级和主体评级为基准，对次级债务和高级债务进行分析和级别调整，获得银行相应债务的评级，见图8.9。

（一）生存力评级

生存力评级体现了银行自身基本信用状况，主要围绕运营环境、公司状况、管理和战略、风险偏好、财务状况等五个方面的要素进行分析。每个要素又包括多个二级要素，比如运营环境包括主权评级、经济环境、金融市场发展、管理和法律框架；财务状况包括资产质量、盈利和利润、资本和杠杆、融资和流动性。

生存力评级的分析要素是相关的，依赖于运行环境和个体机构的特征不同，分析要素的相对重要性是不同的，因此，惠誉没有给每一个要素赋予固定的权重。在生存力评级中，运营环境中包括主权评级的分析。主权评级上限作为一般原则执行，但在特殊条件下，银行评级会突破主权上限的限制，比如银行具有非常强的信用状况、融资和存款等条件。作为分析过程的一部分，惠誉会建立一个国内或国际同类银行组进行比较分析。比较的内容在全球范围内基本一致，但针对银行的不同类型会有所变化，如商业银

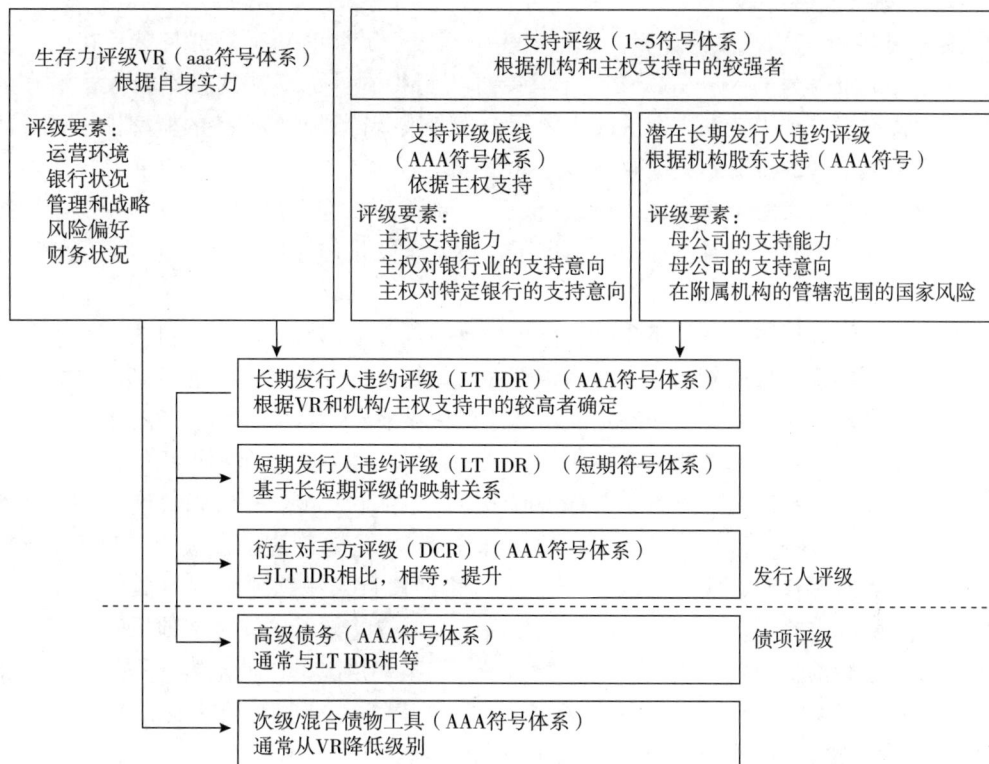

图 8.9 惠誉银行评级方法

（资料来源：惠誉，2017）

行、投资银行与零售商业银行。

在引入生存力评级前，惠誉以个体评级评定银行的自身信用状况，个体评级的等级范围为大写字母 A（最好）到 F，F 于 2007 年引入。A 表示受评银行财务状况稳健；F 表示受评银行已经违约，或如果没有得到外部支持，该银行就会违约。

从 2011 年 7 月起，惠誉引入生存力评级代替个体评级，符号体系为 aaa、aa、a、bbb、bb、b、ccc、cc、c、f，从 aa - ccc 可以利用 + 、 - 进行微调，使其与支持评级底线、主体级别符号更为一致。符号 f 代表银行失败。当银行出现以下两种情况时，银行被标示为失败：一是出现违约或进入破产程序；二是需要特殊支持，或需要对次级债务计提损失，以此恢复活力。

生存力评级评估银行出现困境的风险，这些困境是指银行违约或者需要获得特殊外部支持以恢复生存力。银行的自身信用状况在本币方面要强于外币方面，生存力评级将考虑较高的债务风险，也就是外币计价的债务带来的风险。在分析生存力评级时，会区分一般支持和特殊支持。一般支持是所有银行在经营中通过正常渠道获得，包括从中央银行或金融市场可以获得的流动性，这在生存力评级中分析。特殊支持是对处于困境或将出现困境的银行提供的，以支持银行恢复正常活力，在支持评级或支持评级底线中分析。

（二） 确定支持评级

惠誉于 1980 年引入支持评级，该评级表示当银行需要时获得外部特殊支持的可能性，评级等级符号为 1～5。等级 1 表示，受评银行得到外部支持的概率极大，潜在的支持提供者本身的评级特别高。等级 5 表示，受评银行得到外部支持的概率极小，可能是由于提供支持者的意愿不大或财务能力非常差。

特殊支持主要来源于股东或主权政府，分别被称为机构支持和主权支持。支持评级选择这两个支持中的较强者。在一些情况下，国际金融机构、地方政府也可能是特殊支持的来源。

在支持评级分析中，将分析支持实体提供支持的能力和意愿。对于机构支持还要分析潜在的限制要素，这些限制是指受困银行在利用提供的支持时，可能遇到的法律制度等障碍，这也被称为国家风险。决定支持意愿的因素有：担保和承诺、相互关系、银行的重要程度等。提供支持的能力取决于对支持者自身长期发行人违约评级的评定。

在支持评级的基础上，惠誉于 2007 年提出了支持评级底线的概念，进而将支持评级转化为传统评级符号体系，即是大写的字母符号体系，这提高了评级的透明度。支持评级底线由支持评级直接得出，决定了该银行长期发行人违约评级的最低等级，见表8.15。特殊外部支持更多情况下来自主权支持，因此支持评级底线更多地反映了当有主权支持时，银行的长期发行人评级的最低水平。在某些情况下，如果银行得到主权支持的可能性几乎不存在，支持评级底线将被标为"无底线（NF）"，在实际应用中，这大约相当于得到支持的可能性小于 40%。

表 8.15　　　　　　　　　　惠誉支持评级符号及定义

支持评级级别	含义	支持评级底线
1	受评银行得到外部支持的概率极大。潜在的支持提供者本身的评级特别高，并且支持受评银行的意愿非常高。	A - 或以上。
2	受评银行得到外部支持的概率大。潜在的支持提供者本身的评级高，并且支持受评银行的意愿高。	BBB 范围。
3	受评银行得到支持的概率中等，因为潜在支持提供者的能力和意愿存在不确定性。	BB 范围。
4	受评银行得到支持的概率有限，因为其潜在支持提供者的能力和意愿存在明显的不确定性。	B + 或 B。
5	受评银行虽然有可能得到外部支持，但是却不能依靠这样的支持。可能是由于提供支持的意愿不大，或财务能力非常差。	B - 或以下。

资料来源：惠誉，2017。

支持评级底线是在综合考虑支持方级别、受评银行功能（商业、公共）、所有权（国家、私营）、系统重要性等因素的基础上综合评定。支持评级与支持评级底线存在对应关系，且支持评级越高，其对应的支持评级底线范围越大。在实践中，惠誉往往对同一国家的系统重要性银行评定相同的支持评级底线。

主权国家或机构所有者的支持，其假设是银行的高级债将会得到支持，而优先股、混合资本债、普通股等次级债务将不会得到支持。与发达国家相比，新兴市场国家的政府和银行所有人提供支持的意愿和能力受制于更多的外部不利因素，因此，新兴市场国家的银行支持评级和支持评级底线的波动可能更剧烈。新兴经济体面临的另一主要威胁是"不可抗力"，即国家政治机构对外汇的强制管制、银行存款冻结、支付系统中断、企业被没收以及战争。这些风险在受评国的主权评级中已经得到反映，因此，如果由主权提供支持，则这些风险直接纳入支持评级和支持评级底线的考虑范围；如果由机构所有者提供支持，则通过主权上限间接纳入考虑范围。

（三）获得银行发行人评级

长期发行人违约评级通过生存力级别与支持评级较高者给出，反映受评主体按时兑现财务承诺的能力。对于支持评级基于主权支持的银行来说，由于支持评级底线的存在，其长期发行人违约评级与支持评级直接相关。

发行人信用评级衡量了发行人的违约概率情况，因此被称为发行人违约评级。银行违约有几种形式，包括债务逾期未偿付、不利于债权人的债务重组以及进入破产程序等。短期信用评级评判由于期限短，因此更强调有足够的流动性，从而能按时兑现财务承诺。具有长期发行人评级的主体一般都会有短期发行人评级，通过映射表可以建立短期和长期发行人评级的对应关系。

衍生对手评级是发行人评级，表示银行在衍生合同中违约的可能性，评级符号是在大写评级符号的后面标识后缀"dcr"进行区分，比如 AAA（dcr）、RD（dcr）。衍生对手评级以银行的长期发行人评级为基准进行调整。

（四）获得债项评级

银行债务评级包含了长期和短期债务评估。长期债务评级包含了债务违约概率和回收率的评估，短期债务仅仅包含债务工具违约风险的评估。当银行长期发行人评级是 B+ 或更低时，惠誉通常会给银行的被评债务（具有长期评级）赋予一个回收评级。

具体来说，债项评级在考虑债券偿付顺序、证券期限、条件条款、违约回收率特性等方面的基础上评定。高级债务以长期发行人违约评级为基准进行调整。次级债、混合资本债以生存力评级为基准进行级别调降，调降的幅度依赖于违约的风险和违约时的回收率。对混合资本债进行级别调整主要基于其回收率特性。债项级别的调整幅度与受评主体级别密切相关：对投资类级别的银行通常是 1~2 个小级；对投机级别银行通常是 2~3 个小级。

对于存款履约责任来说，短期和长期信用评级都可能被调高。总体来说，存款人从中央机构得到支持的可能性较高。如果存款获得明确的支持，通常赋予存款评级比长期发行人评级高一个子级，当长期发行人评级处于 B 级及以下时，将可能调高多个子级。发行人担保债券评级和有担保的贷款人评级也可能比相应的长期发行人违约评级要高。具有特别优势的银行在某种情况下，可能其评级要比主权本币评级等级高，但等级调高基本只限于一个等级（即三个子级）。所有针对银行的发行人违约评级和债项评级，都由信用评级委员会结合生存力评级及支持评级进行综合分析，进而做出最终判定。

五、银行评级方法的特点

（一）自身信用评估与特殊支持分析相结合

维护金融体系的稳定对社会经济的平稳发展是非常重要的。作为金融体系的重要组成机构，银行在资金融通、支付结算、货币创造、货币政策执行等方面都发挥了基础设施的作用，因此，当银行出现危机时，国家往往采取注入资金、购买问题资产、接手托管等措施实施救助。但是，为了避免对政府救助行为形成定式，从而助长道德风险，政府一般并不提前明确对哪些银行进行救助以及如何救助。针对此情况，对于银行的评级方法都包括了两个重要的部分，分别是自身信用风险评估和特殊外部支持分析。

自身信用评估是分析银行的个体信用违约的可能性，这是在没有特殊外部支持的前提下开展的分析。在自身信用风险分析的基础上，再结合特殊外部支持进行综合判定，获得银行的最终评级。在自身信用评估中，包含了系统性、常规性的外部支持要素，这体现在金融机构的法律基础设施、监管框架、获得中央银行日常的流动性支持、维持银行体系信心的承诺等。而特殊外部支持是指，针对特定银行开展有针对性的危机救助，这包括政府支持和母公司等机构的支持。需要注意的是，评级机构结合自身信用评估和特殊支持综合分析确定银行评级时，综合分析方法有差异：标普应用了关系映射法，穆迪使用联合违约分析法，惠誉利用孰高法。此外，惠誉对主权支持还增加了支持评级底线的分析；穆迪引入了解困损失分析，以此评估在没有政府外部支持的情况下，受困银行的预期损失。

（二）分析环节多，流程复杂

银行具有复杂性高、透明度低的特点。为了全面地分析银行的信用状况，评级机构在设计银行评级模型时，一般采取较多的分析步骤，以包含更多的评级要素。虽然银行评级方法主要包括自身风险状况和外部特定支持两部分，但是，每个部分都包括众多的分析环节，在每个环节分析不同的影响要素和指标集合。这也使得银行评级方法呈现出环节多、流程复杂、分析要素多的特点。

采用分析环节多、流程复杂的评级方法，一方面可以覆盖尽可能多的评级要素，从而使评估更全面；但是另一方面也可能导致对评级的负面影响，比如对要素分析的重点不突出，或可能会加入过多的主观因素的影响。穆迪承认，银行打分卡因素数量多会导致对打分卡的摊薄，从而难以出现评级范围两端的预测，这将通过专家经验进行弥补——由评级委员会分辨在全球比较的情况下，应获得评级范围两端的少数银行的评级（穆迪，2007）。

（三）定量因素虽然多，仍是定量与定性分析相结合

银行是经营资金的特殊企业，因此银行信用评级方法中的定量指标非常丰富。为了减弱周期性影响，一些评级机构在分析方法中采用财务指标的平均值，比如3年平均值。但是，银行风险的高低不可能只对财务指标通过公式获得，还需要结合定性要素进行综合分析。这是因为，银行也是经营风险的企业，银行所处的外部环境的制度、监管、银行自身的管理、公众信心等定性因素对银行的经营产生重要影响。虽然《巴塞尔资本协议Ⅱ》在全球得到执行，但国际金融危机爆发说明，只有符合标准公式的资

本充足率等定量指标的要求是不够的，即使资本水平充足，银行也可能因丧失流动性而陷入困境。

在要素分析中，还需要进行行业比较分析，结合分析人员的经验进行综合判断。银行评级反映了对于长期相对风险的意见，这种意见必然是前瞻性的。历史经验表明，仅考察银行当前的财务状况并不总能准确地预测其未来的表现。有些重要的定性因素在确定银行长期财务表现的稳定性与可预测性方面发挥着关键作用，因此分析方法除了定量分析外还包括重要的定性分析，并结合了经验丰富的分析师的意见和判断（穆迪，2007）。

（四）银行信用评级结果多样化

由于评级流程复杂，业务类型多，因此在整个分析流程中，银行的评级结果比较多，这些结果包括分析流程的中间和最终的评级结果。这些评级结果具有一定的关联性：一般情况下，债务评级是在主体评级的基础上进行分析和评级调整获得；次级债务一般是基于自身信用评估的结果进行级别调整确定，因为外部特殊支持往往不对次级债务提供；高级债务一般基于支持评级分析后获得的银行主体评级确定。这些评级结果包括许多中间评级，中间评级结果不一定是全球可比较的，而最终评级结果往往是全球可比较的。为了提高评级结果的一致性和可比较性，在银行评级方法中，评级机构一般都要在分析过程中增加同业比较，这将借助专家经验进行比较判断，确定最终的评级结果。

六、银行评级方法的质量检验

（一）评级方法不断完善和发展

穆迪于1995年引入银行财务实力评级（BFSRs），用于衡量银行的个体财务实力。2007年2月穆迪发布新的财务实力评级评级方法，新方法纳入了联合违约分析（JDA）模型。国际金融危机后，穆迪对银行评级方法进行了完善。2015年3月穆迪发布了新的银行评级方法，其中包括几项新的内容：在基础信用评估（BCA）的过程中引入宏观因素，并且在BCA打分卡中不仅包括财务指标，也包括范围更广的指标和定性因素；解困损失（LGF）分析；交易对手风险评估。

近年来惠誉银行评级所发生的变化都试图提高分析流程和评级原因的透明度。惠誉于1980年提出支持评级的概念，2007年引入支持评级底线。2011年7月引入生存力评级（VR）代替个体评级，将符号体系从个体评级的A-E修改为生存力评级的aaa-f。2017年惠誉发布了新的银行评级方法，完善了评级要素的分类，将生存力评级中的运营环境、公司状况、管理和战略、风险偏好所包含的子要素分为核心属性及附属属性，这也是试图解决评级方法复杂、要素庞杂的不足。

2004年3月，标普发布了《银行业评级方法概论》。标普在2011年彻底检查了银行评级方法，对系统范围风险、通过盈利增加资本等方面给予更多重视（Packer等，2011）。

银行业是创新发展迅速的行业，也是易受风险冲击的行业。创新发展使银行业务越来越复杂，这促使评级方法不断完善，风险周期使评级方法不断得到检验和进一步修正。应该说，与其他行业的企业相比，银行给评级机构开展评级带来了更多的挑战。银行是内在复杂和不透明的特殊机构，并且面临多样化的风险冲击，银行业务有以下三个特征：一是信息不对称，二是面临实际或潜在的监管干预，三是创新发展非常迅速。这些特征将持续给评级机构带来评级方法提高和完善的动力。评级方法修改反映了评级机构从金融危机中不断汲取的经验，以及对银行业和监管环境发生变化的应对。

（二）银行评级方法的检验

Packer 等（2011）对穆迪和惠誉的银行评级方法进行了研究和检验，对自身信用状况评级和银行随后的应急措施进行了分析。穆迪的自身信用状况评级是财务实力评级，惠誉的自身信用状况评级是个体评级。自身信用状况评级是这两个评级机构在 2007 年中对 60 家大银行的评级，应急措施包括这些银行从 2007 年中到 2009 年底发行的固定收益产品、资本和混合资本工具，以及卖出的资产价值的合计。为了统计方便，这个合计值被 2006 年的股票市值进行了相除计算。分析表明，银行评级级别与随后银行的应急措施之间不具有关联性，许多级别高的银行，随后仍采取了较多的应急措施，这表明，评级并没有体现真正的自身财务实力，见图 8.10、图 8.11。

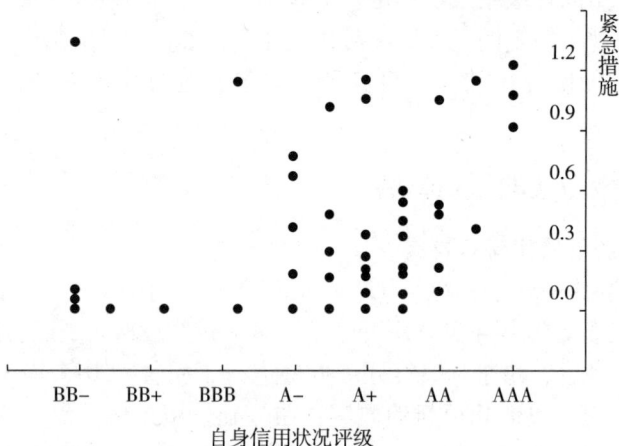

图 8.10　穆迪银行评级危机表现

（资料来源：Packer 等，2011）

由于银行的复杂性和不透明性，银行评级的表现似乎不佳。其他市场指标是否能对银行的信用状况进行预测，比如信用利差和资本充足率。信用违约互换利差等市场指标反映了投资者对银行业财务健康性或风险的认识。根据 Packer 等（2011）的分析，信用违约互换利差（CDS 利差）和资本充足率与银行的紧急措施也没有表现出强相关性[①]。银行在危机前的 CDS 利差与随后的应急措施并没有表现出正相关性，检验结果表明，这两者关系甚至是负相关。根据资本充足率（2006 年）与应急措施分析，具有较

[①]　信用违约互换的发行方承诺，在债券违约时向买方进行支付，以交换从买方获得的收入。信用违约互换实际上是一种保险，在国际金融危机期间，信用违约互换普遍地与抵押贷款支持证券和担保债务凭证（CDOs）联合使用的。参见哈伯德等，2013，208。

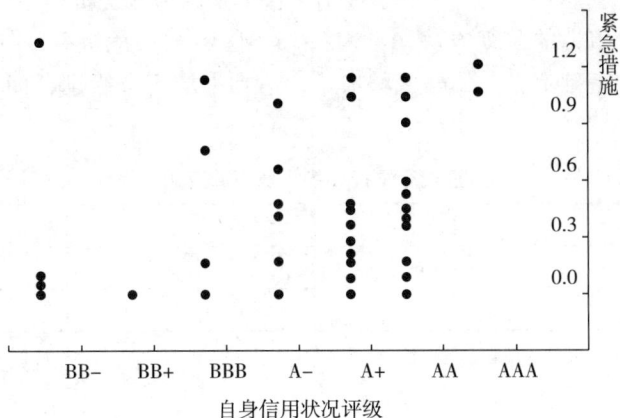

图 8.11　惠誉银行评级危机表现

(资料来源：Packer 等，2011)

高一级资本充足率的银行大多也采取了应急措施，在这个背景下，资本充足率较高的银行业采取了较少的应急处置措施，而资本充足率较低的银行采取了最多的应急措施。

　　应该说，对银行危机的精确判断是困难的。国际金融危机期间，允许雷曼公司倒闭是否正确，各界一直存在较大的争议。一种观点认为，由于美联储对危机形势的低估，导致放任雷曼的倒闭，这加重了市场的危机程度。前美联储主席伯南克也对此进行多次解释，以表明当初救助美国国际集团（AIG）等公司，而没有救助雷曼的合理性。为救助 AIG，美国政府最终安排了 1820 亿美元的资金[①]。

　　发挥金融中介的角色和维护金融稳定的作用，决定了银行获得救助的程度。但重要的是，银行何时能获得救助，这对于银行评估是非常重要的。包含政府支持的银行评级对债权人和交易对手是重要的，这决定了银行履约的最终判断，但是，银行自身信用评估对于监管部门了解银行实力是更直接的分析内容。

　　侯等（Hau 等，2012）对三大评级机构从 1990～2011 年的银行评级进行了质量分析，结论是大银行、提供更多证券化评级业务的银行将从评级机构那里获得更有利的银行评级。因此，侯等（Hau 等，2012）认为，为了降低评级机构在当前金融系统中的过度影响，最佳方式是更好的信息公开和更多的银行报告。

（三）评级差异性变化

　　由于银行的复杂性，评级机构发布的银行评级级别有较大的差异性。根据三大评级机构关于 70 家大银行评级级别的对比，只有 8% 的银行评级是相同的，这些评级包括外部支持。但是，危机过后，评级机构的银行评级的差异性在降低，例如，2007 年中穆迪与惠誉的银行评级差异平均为 1.6 个级差，2011 年降到 0.8 个级差（Packer 等，2011）。

　　从银行评级级别来看，国际金融危机后，银行级别出现下降的趋势，包含外部支持

---

　　① 1919 年，施德（Cornelius Vander Starr）在中国创建了 AIG。1926 年，施德将其业务扩展到了美国，20 世纪 60 年代末以后，该公司实现了快速发展。参见：哈伯德等，2013，332。

的银行评级下调范围在 0.6 个到 1.3 个级别，这也是因为评级机构吸取危机的经验，对银行评级采取更加审慎的评级方法，见表 8.16。国际金融危机后，外部支持对银行评级在自身信用评估基础上提升的幅度增加了，达到平均 3 个级别，而 2007 年则是提升到 2 个级别。

表 8.16　　　　　　　　　　　　危机后银行评级级别下调变化

	标普	穆迪	惠誉
含外部支持的银行评级	-0.6	-1.28	-0.54
自身信用评估		-1.54	-1.75

说明：指子级别差异；时间为国际金融危机中（2007 年中）和危机后（2011 年 4 月）。
资料来源：Packer 等，2011。

但一般认为，与危机前相比，全球银行业更加稳健，抵御经济金融冲击能力更强。自 2009 年以来，大型跨国银行的核心一级资本规模和资本充足率增加了一倍多，而杠杆率却下降了一半。同时，得益于持有更多的政府债券等高流动性资产、对批发性融资依赖程度降低等因素，银行业流动性状况也有所改善[①]。

【案例】穆迪对印度 Yes Bank 评级及标普信评评定工银租赁评级

2019 年 6 月 11 日，穆迪将印度 Yes Bank 的外币发行人评级调整至 Ba1，还将该银行长期外币和本币银行存款评级下调至 Ba1，外币优先无担保 MTN 计划评级调降至（P）Ba1，并将基准信用评估（BCA）调降至 ba2。与此同时，穆迪将 Yes Bank 交易对手方风险评估（CR 评级）下调至 Baa3（CR）/P-3（CR），确认该银行的短期外币和本币银行存款评级为 NP。这一负面调整考虑了管理层的积极策略，该策略已经转化为过去 4~5 年的快速贷款增长，以及一些印度综合企业集团的高度集中化。这一调整还考虑到印度储备银行（RBI）对该银行运作的各个领域发现的若干失误和监管违规行为。

2019 年 7 月 11 日，标普信评评定工银金融租赁有限公司（工银租赁）主体信用等级为"AAA"，展望稳定。

标普信评在工银租赁个体信用状况基础上调升 4 个子级获得"AAA"的主体信用等级，以体现该公司对于中国工商银行（以下简称工行）的极高重要性和工行的极高信用质量。该公司是中国最大的商业银行工行的全资子公司，也是工行最大的非银类子公司之一。标普信评认为工银租赁是工行的核心子公司，工银租赁的主体信用等级与母行的信用质量之间是密切相关的。母行不仅对于工银租赁的日常经营提供持续性的支持，而且根据监管规定须在公司出现困难时提供特殊性支持。

标普信评为银保监会批准设立的金融租赁公司评定主体信用等级采用的基准为"bbb-"，工银租赁"a+"的个体信用状况较这一基准高出 5 个子级，反映该公司相比一般金融租赁公司在多个方面的显著优势。标普信评对工银租赁的部分分项评估：初始评级基准 bb+；调整后评级基准 bbb-；个体信用状况 a+；集团支持 +4；主体信用等级 AAA；

---

① 参见：金融稳定理事会（FSB），《G20 金融监管改革实施和效果年报》，2019 年 10 月。

评级展望/观察为稳定。

　　由于来自工行的资本金补充，工银租赁的资本充足水平能够满足业务发展需要和监管要求。虽然盈利会受到利率风险和信用风险的影响，但该公司总体上维持着健康的盈利性水平。工银租赁采用母行的风险管理技术，建立了有效审慎的风险管理体系。虽然工银租赁存在显著的资产负债期限结构错配，但基于该公司自身的行业地位和母行背景，其融资渠道广泛，再融资风险低，流动性保持充裕。

　　（资料来源：穆迪，2019 年 6 月 13 日；标普信评，2020 年 4 月 7 日）

第九章　地方政府评级方法及分析

地方政府是对一个国家的限定区域内提供公共服务和进行社会管理的政府组织总和。除了税收和上级政府的转移支付外，为了弥补建设资金的不足，地方政府也可以通过借款、发债等形式进行融资，因此，地方政府也成为一类特殊的被评级对象。地方政府的特殊性在于，由于其具有社会管理和公共服务的职能，当违约时，不能简单地对地方政府通过破产清算进行债务偿还，因此其评级方法与企业评级存在不同之处。地方政府评级主要关注地区经济、财政、政府治理、债务管理、政治层级等方面。在某些政体中，对地方政府评级的信用风险分析还要考虑国家的主权评级因素，以及中央政府（或上级政府）对地方政府的外部支持。本章主要对地方政府债务及评级进行分析比较。

第一节　地方政府债券分析

一、地方政府的层级

（一）政府分层的意义

一个国家通常选择既有中央政府，又有一个或多个层次的下级政府。政府分层的原因有：一是政府分层有助于提供多样化的需求服务。各个地方的经济发展及人文情况等不同，各地的居民会有不同甚至较大的需求差异。相对于中央政府，地方政府对当地的实际情况更了解，也能更好地了解居民的偏好，因此分层的政府能更好地满足这些不同的需求，提供的公共产品更加符合当地居民的需要。二是政府分层有助于高效率地提供公共品。地方性资源配置如果由中央政府统一安排，由中央政府完全提供地方性公共产品和服务，一方面会忽视各地居民不同的消费偏好，另一方面也会降低地区的积极性，压制各地区的有效竞争。在这种集中式资源配置下，地方政府对成本提高及资源浪费的关心度会下降，最终将导致公共产品提供的低效率，甚至出现决策失误。各地居民的偏好相差越大，中央政府统一提供的福利损失也越大。三是政府分层有助于满足公共产品的不同受益性。事权是政府职能的合理设置，也是确定政府财权和政府收入支出的前提。财权要与事权平衡，也即是通过收入支出履行政府职能，贯彻事权。不同的公共品有不同的受益范围，比如国家领土安全、外交是国家范围都可受益的公共品，而地区性博物馆等设施的受益群体主要是当地居民。因此应有不同层次的政府依据事权，通过不同的税收等收入支持财政支出，提供相应受益性的公共产品。

各国政体的不同，决定着政府间职责划分的差异。按照集权程度的大小划分，最主要的政体类型可分为联邦制和单一制国家，典型联邦制国家如美国、德国等，单一制国家如中国、日本等。联邦制国家的主要特性有：中央和地方的事权都是由宪法分别授予的，各级政府有充分的自治权；倾向于财政分权化制度。单一制国家的主要特性有：地方政府的事权通常由中央政府以法律授予，地方政府虽然有自治权，但中央政府仍然保有监督权；倾向于财政集权化制度①。

（二）财政分权制度下的美国政府间层级关系

作为世界上最大的经济发达国家，美国是典型的联邦制国家，其政府体系由联邦政府、州政府和地方政府三个层次组成。在联邦宪法的框架下，各级政府高度分权。各州拥有立法权，具有较大的独立性。从政府层级划分来看，联邦政府与州政府并不是严格意义上的上下级从属关系，政治关系比较松散。州以下的政府被称为地方政府，按照各州的宪法组织起来，并没有统一的模式。

美国地方政府可分为两类：一般性地方政府和区。一般性地方政府有县、市、镇三种类型。区包括有专区、学区两种类型。在美国的 50 个州政府下，有 8 万多个地方政府，地方政府之间不必然存在隶属关系，比如县与自治市是平等关系，自治市作为一个独立的城市法人，具有自治权力。这与中国政治层级的省、市、县、镇的从属关系不同②。

与三级政府相对应，美国财政体制也按照联邦、州、地方三级划分。各级政府拥有各自的财政收入与支出范围，相对独立地行使其职权。美国财政体制的主要特点有：

1. 各级财政体制相对独立。作为联邦制国家，美国各级政府间的关系通过法律确定，各级财政相对独立。美国宪法授予联邦政府征税的权力，同时规定任何征税议案必须由众议院提出。但美国州和地方政府有着实质上的自主权，在联邦宪法和本州有关法律的授权下，各级地方政府有独立的税收立法权和税收管理权。当然，如果地方出现不适当课征时，联邦法院有权对其作出停征的判定，这也是对州与地方政府税收的约束和监督。

财政独立性使各级政府承担债务偿付的最后责任，防止政府举债后可能出现的道德风险。根据财政分权制度下的美国政府间财政关系，对州和地方政府的财政问题，美国联邦政府并不必然具有救助责任，也不会由联邦政府兜底。一旦个别州和地方政府发生债务清偿困难的债务危机，最终可以通过破产重组等方式来解决。

2. 依据政府间权责分工划分财政支出。在美国宪法框架内，各级政府相对独立地行使其职权，都有明确的事权划分，权力和责任相互区别又相互补充。联邦政府主要负责国防、外交与国际事务，保持经济的增长，维持和促进社会发展和保证社会稳定，其支出主要用于这些方面，包括国防费用、外事关系、社会保险和保健、教育、就业和社会服务等。州和地方政府的财政支出主要用于州或地方政府的公共管理和服务。州政府

---

① 贾康．地方财政问题研究［M］．北京：经济科学出版社，2004．

② 比如，洛杉矶县是美国人口最多的一个县，居民总数超过 1000 万人，洛杉矶市是其下属最大城市。

提供本州的基础设施和社会服务，促进本州的经济社会发展；地方政府主要负责由本级政府提供的辖区内的公共事务，如治安、消防、道路和交通、健康服务、家庭和社区服务、公用设施支出等。

3. 以分级税收为主的财政收入体制。税收是各级财政收入的主要来源，90%以上的联邦财政收入来自税收，州和地方政府的税收收入占到收入的70%左右。各级政府都有一些主体税种作为其主要财源。部分税种由中央和地方政府同时开征，采用税率分享的办法划分收入，比如所得税。

美国地方政府的主要税种是从价税，历史显示，财产税在经济周期中比销售税、所得税及其他地方政府收入更稳定（穆迪，2016）。作为美国地方政府的一个重要税种，财产税对稳定定地方政府收入具有重要作用。在国际金融危机中财产税也体现了这个特点。危机期间，财产税没有出现大幅度的下降，实际上财产税收入在2009年增长了，而所得税下降了17%，销售税下降了7.5%（标普，2017）。

由于承担了较多的事权，除了税收收入外，州和地方政府还通过联邦政府或上级政府的转移支付获取部分收入。此外，州和地方政府获得资金的方式还有对外借款和发行债券。

二、地方政府的市政债券

（一）市政债券的基本概念

1. 市政债券的定义

中央政府发行的债券被称为国债，与此相区分，地方政府发行的债券一般被称为地方政府债券或市政债券。具体来说，市政债券是指，地方政府或其授权机构作为发行人发行的，向投资者承诺按时偿还本金和支付利息的债权债务凭证。市政债券的融资主要服务于公共管理和基础设施建设，比如公路、机场、港口、学校、水电、医院、居民保障性住房等建设。这些基础设施和项目具有外部性（甚至代际外部性），比如高校、企业项目；或具有公共品性质，如公路；许多公共项目还具有"规模效益"，即只有当其服务于相当多的人群时，才会有较低的人均成本。由于这些设施具有外部性、公共品等特性，在供给方面存在市场失灵的问题，通过市场不能有效地进行资源配置，不能提供有效供给，因此需要政府出手提供直接的支持和建设。

债券市场的起源可以追溯到政府借贷，尤其是战时的政府债务。从中世纪后期威尼斯共和国发行永续债券开始，中世纪的意大利城邦国家和欧洲其他国家通过债券筹集战争经费，这些具有国债性质的产品使债券市场逐步发展起来①。作为债券市场的一类重要品种，市政债券是地方政府的一种债券融资工具，起源于19世纪10年代的美国。当时城市建设需要大量的资金，地方政府部门开始通过发行市政债券筹集资金，融资的便利性和较稳定的收益性，使得市政债券市场逐渐发展壮大。总体看，国家政治体制的形式、政府间的财政关系决定市政债券市场的制度框架，对市政债券的发展和管理起着决定性的影响。

---

① Chris，2016，1。

2. 市政债券的分类

按照偿债资金来源的不同，市政债券主要分为税收支持债券和非税收入支持债券。税收支持债券又称为一般责任债券，是以地方政府的征税能力作为担保发行的市政债券，偿债资金为地方政府的税收收入。由于有些税源被设置了征收上限，一般债务债券又可分为无限税收权和有限税收权，分别以发行人的无限税收能力和部分税收能力做担保。

非税收入支持债券是以项目建成后所获得的收益作偿债担保的市政债券，因此又称为收益债券，例如以公路、机场、供水设施、港口等项目建成后取得的使用收费作为还款来源。收益债券体现了"受益者付费"的理念，它是由项目的受益者支付的现金流偿还债务，而不是由所有的居民付费偿债。这种债券一般为某个项目融资，而项目可以由组建的项目公司经营，或者由政府建成后转租给私营企业运营。由于发行程序相对简单，近年来，各国地方政府越来越多地采用收益债券的形式为基础设施项目融资。

市政债券期限可长可短，可发行 1 年以内的短期债券，也可发行 30 年以上、甚至上百年和无限期（永续债）的长期债券。期限的灵活性有利于满足地方政府偿债期限的不同需求。对于中长期市政债券融资的项目，其也实现了基础设施受益者和建设资金付费者的跨期匹配。期限小于 1 年或 13 个月的短期债券，有时也被称为票据。

（二）市政债券的国际比较

债券融资对发债主体的信息披露要求，有利于约束地方政府的财政纪律。从国际经验看，发行市政债券已经成为发达国家和一些新兴市场国家地方政府的重要融资渠道。从全球看，截至 2017 年，美国、欧洲、日本市政债券发行占比约 72%，其中德国市政债券市场占欧洲市场规模超过一半。美国、德国、日本市政债券市场各有其鲜明的特点，下面对这些国家的市政债券进行对比分析。

从发行比重看，各国的债券融资在市政融资中占比上升。美国直接融资占比为80%，长期以来，美国市政融资绝大部分通过发债解决。在日本和德国，2000 年以前银行贷款在市政融资中占比较大，但随着日本和德国金融结构向直接融资发展，日本市政债占地方总债务的比例从 2000 年的 15% 显著增至 2015 年的 36%，德国则从 2000 年的 19% 大幅升至 2016 年的 62%（万泰雷等，2018）。

从发行主体看，各国发行主体多样化。美国各级政府之间财政独立性强，州、地方政府及其授权机构都可发行债券，市政债券发行主体多，存量债券数量大。"二战"后，日本新修订的宪法允许地方政府通过债券融资。依据日本地方自治法和地方财政法，都道府县及市町村被允许举借地方债，此外，地方公共团体也可举债。自 2003 年4 月首次发行以来，日本地方债的联合公开发售方式为地方政府提供了联合举债的平台。德国地方债券发行人包括州及州以下地方政府、公共机构及抵押银行。实际上，德国地方政府发债以州政府为主，州以下政府很少发行债券，一直以银行贷款为主要融资模式，或由州政府代为融资。德国地方政府和公共机构发行的地方债券，一般以地方政府的税收作担保。抵押银行为中小市政基础设施提供无担保贷款，通过发行市政债券为这些贷款进行融资。德国从 1996 年开始兴起的联合发行也占有一定比例，对财政规模较小的州是一种重要的融资方式。在操作中，德国市政债券通过银行代发或更多地通过承销商发行。

从发行审核看，各国建立了不同的审核机制。在美国，政府发行市政债券无需获得上级政府批准，但要遵守财务约束等要求，一般责任债还需获得本级选民同意。德国2009年通过的《债务刹车法案》对地方债务进行严格限制。该法案规定，各州应在2020年前消除结构性赤字，平衡预算，2020年起各州不允许新增债务。《债务刹车法案》实施之前，地方债券可由地方政府依据州法律发行，联邦政府约束力较弱。2006年前，日本地方政府发债实行中央政府主导的审批制，地方政府须向总务省上报发债计划，经批准后方可发债。总务省还要与内阁其他部门协议，听取意见，因此也称为协议审批制。从2006年开始，日本地方政府发债实行由中央与地方共同管理的协商制。地方政府债券发行前不一定要得到总务省（都道府县发行）或都道府县（市町村发行）的许可，增加了地方议会的批准权限。每财年总务省公布许可发债的标准，财政状况不好的地方政府发债仍要取得上级政府的许可。

从监管形式看，各国对市政债券的监管模式存在差异。美国对市政债券发行主体实行直接的法律监管豁免，对市政债券的监管主要利用反欺诈条款和信息披露规则，通过对经纪商和交易商的监管来实现，自律组织是重要的管理机构。德国、日本则主要借助相关法律，实现对发行主体及相关方的直接监管。

从税收形式看，各国对市政债券都有税收减免优惠。美国市政债券的最大特点就是利息税免税。德国税收立法完全由联邦负责，州没有税收立法权。德国公民在国内债券市场交易通常要缴纳0.1%至0.25%的交易税，大多数州政府发行的市政债券是免缴交易税的。在日本，享受日本国家债券免税的实体也享受当地政府债券免税（利息税）。

从产品形式看，各国的产品结构不断创新。日本地方政府债券有普通地方政府债券、联合发行债券和居民参与型债券等形式。居民参与型债券的主要销售对象为地方公共团体居民。除传统形式的债券外，德国比较有特色的债券产品是类资产证券化的全担保债券，由抵押贷款或公共部门贷款组成的资产池提供担保，全担保债券被广泛用于地方政府的融资。抵押贷款银行通过发行全担保债券进行融资，再向地方政府发放贷款。美国市政债券有固定利率、可变利率、零息票，还有资产证券化等结构创新产品，利率互换是常用的衍生工具。

从外部支持看，各国的违约处置和外部支持不同。德国有联邦救助和互助原则（宪法法院解释），若某州无法偿付债务，联邦政府及其他州可以援助。日本不允许地方政府破产，目前也未发生支付失败的情况。根据日本宪法，即使地方财务恶化，也要偿付债务，同时在早期风险预警框架下，中央政府严格监管地方政府制定财政重组计划。日本对于获得协商认可的地方债，其本息偿还资金会纳入地方预算，并且中央政府会予以救助。对于未协商认可的地方债，日本中央政府则不承担其融资和偿还财源。美国各级财政独立性强，上级政府没有救助责任，《破产法》对地方政府破产进行了明确规定。

从信用评级看，市场化程度高的市政债券评级比例也较高。美国、日本、德国三国地方债券均未强制要求进行信用评级。一般认为德国、日本市政债券的市场化程度低，存在隐性担保，因此这两国的市政债券较少评级，已有的评级级别也较高，基本与主权评级一致。德国不超过10%的债券被评级，并且获得的级别也很高，多在 AA 以上。国际金融危机后，日本市政债券的评级比例上升，2012 年 52 个发行市场公募债的地方政府有 48% 进行了评级，其中 5 个地方政府采取双评级，评级都在 A 以上（刘宝亮，2014）。2018 年初，美国十年期市政债平均收益率为 2.3%，近 95% 的市政债券获得评级机构 A 级或 A 级以上评级，美国市政债券受到投资者的普遍欢迎（琳内特，2018）。

市政债券是地方政府融资的重要平台，也是债券市场的重要组成部分。推动市政债券市场化和规范化发展，提高信息透明度，不仅是强化地方政府债务约束的重要举措，也是发挥价格机制、活跃债券市场、推进金融创新的重要前提。借鉴各国的市政债券的发展经验，将有利于促进中国地方政府债券的规范发展。

第二节　美国市政债券分析

一、美国市政债券的概况

（一）美国市政债券的发展历史

美国州和地方政府主要通过发行市政债券、银行借款及融资租赁等形式进行债务融资，其中市政债券是地方债务的主要构成形式。市政债券一方面为各种公共项目和其他政府需要融资，另一方面为公益性私人项目融资（通过所谓的管道融资），已经成为美国地方政府建设项目的重要资金来源。2017 年底，美国债券市场总规模为 40.8 万亿美元，市政债券余额约 3.9 万亿美元，是全球最大的债券市场和地方政府债券市场，具体见图 9.1。

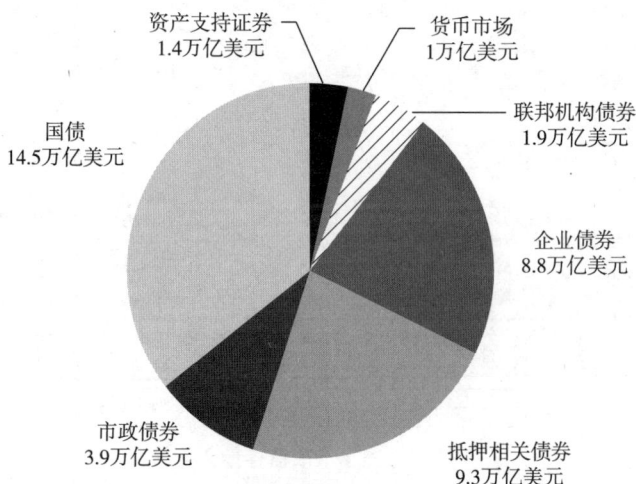

图 9.1　2017 年底美国债券市场规模

（资料来源：MSRB，2018）

美国市政债券的发展历史已经超过 200 年。在美国历史上，地方政府借债甚至追溯到建国前，可以说早于美国国债的历史。在美国独立战争期间，当时许多殖民地的政府曾发行债券，为战争费用筹资。美国正式建国后，为把这些地方债务归到联邦政府而首次发行了国债。作为联邦制国家，美国授予地方政府法定权力，这些权力包括州及州以下政府可自行决定投资哪些公共项目、如何为公共项目融资等（琳内特，2018）。

美国市政债券正式出现于 1812 年，当时纽约市政府通过发行债券筹集资金建设伊利运河等基础设施。地方政府通过发债解决了在基础设施建设方面财政资金不足的问题，随后各州纷纷效仿，美国市政债券逐渐发展起来。从 19 世纪 40 年代开始，美国大部分城市都开始发行债券。1843 年城市发债数量达 2500 万美元，之后 20 年美国城镇的高速发展与市政债的急剧增长密不可分[1]。在 1840～1880 年，美国城市人口爆炸性增长，同时美国西部开发和铁路建设也极大地推动了地方政府债务的迅速膨胀，地方政府的负债规模超过了联邦政府的 50%。通过发行市政债券募集的资金大部分都投入到城市发展、铁路建设和免费公共教育系统中。此后，每遇大规模增加基础设施建设，美国地方政府的债务都会剧增。

1873 年经济危机和 20 世纪 30 年代初的大萧条抑制了市政债券市场的发展。第二次世界大战时，由于大多资源都优先拨给了战争需要，市政债券的流通数量急剧下降。战后，由于其广泛的应用，市政债券的发展开始了新的纪元[2]。

历经 200 年的发展，美国市政债券的发行和监管不断规范和完善，从最初的弱监管模式，逐步发展为通过经纪商和交易商监管发行人的间接监管模式，市政债券的规模不断扩大，已成为美国债券市场的重要组成部分。图 9.2 是 1996 年至 2014 年市政债券规模变化情况。1996 年以来，美国市政债券发行量持续走高，存量也随之迅速增长，截

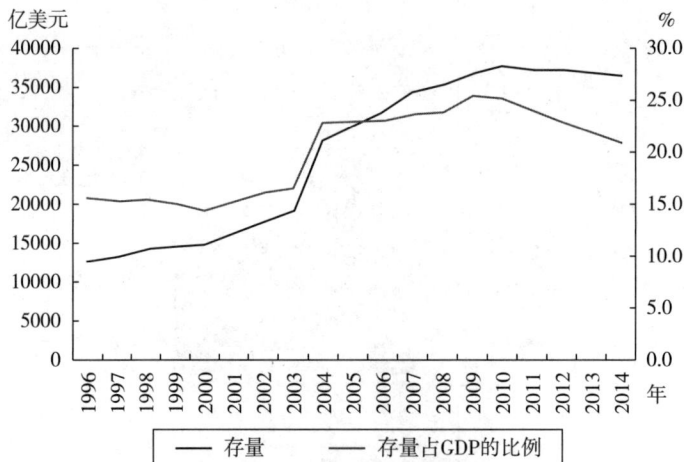

图 9.2　美国市政债存量变化

（资料来源：sifma）

---

[1]　参见 Judy，2010，62。

[2]　参见 Judy，2010，62-63。

至 2010 年末余额已累计 3.77 亿美元；2011 年后，随着美国地方财政状况好转，美国市政债余额有所下降；截至 2014 年末，美国市政债券余额达到约 3.65 万亿美元。

（二）美国市政债券的分类及变化

按照偿债来源不同，美国市政债券分为一般责任债券和收益债券。州和地方政府都可发行一般责任债券。一般责任债券完全依赖于州和地方政府的自身信用，信用质量仅次于国债，安全性强。从历史看，一般责任债券中违约的情况极少。由于州和地方政府可能需要提高某项税收，如财产税或所得税以偿付债券本息，因此，一般责任债券的发行需要经过严格的预算审批程序，有时需要获得选民投票通过。

收益债券是由州和地方政府或相应授权机构发行，以投资项目收益作为偿债资金来源。这些项目主要是为公共服务的市政项目，包括收费公路、港口、机场、供水设施、污水处理设施、供气设施等公共设施。利用项目收费进行债券本息的偿付，风险相对较小，因此收益债券的信用级别也较高。但因为偿债资金的来源比较单一，收益债券的信用风险高于一般责任债券。一般来说，如果受经济影响较大、需求弹性大，收益债券的信用等级会较低。收益债券的发行审批相对宽松，一般不需要经选民投票通过。当出现两种不同收入来源作为偿债保证时，这种市政债券又被称为双重担保债券，这种债券一般利用税收收入和项目收入等作为偿债资金来源。

美国市政债券发行期限种类很多，但以中长期债券为主，10～20 年占 46%，其次是 5～10 年占 30%。在利率形式上，市政债券包括固定利率、可变利率和零息票三种形式。以项目收益作保证的收益债券的风险高于以税收收入为保证的一般责任债券，因而收益债券的利率也显著高于一般责任债券。

美国市政债券发展初期以一般责任债券为主。20 世纪 70 年代之后民众对不断增长的财产税日益不满，而收益债券遵循受益者付费的原则，不由全体纳税人担负偿债责任，收益债券得以快速扩张。目前美国市政债券发行中，收益债券成为美国市政债的主流产品，其发行量超过一般责任债券，一般占市政债券总量的近 60%。2017 年，收益债券在美国发行的市政债券中占比为 55%。

（三）美国市政债券融资的主要用途

市政债券是美国州和地方政府重要的融资工具，占州和地方政府资本输出比重的80%。州和地方一般都有法律规定举债的使用范围和规模。除美国州、地方法律外，美国的税收法律也对市政债的发行和税收政策进行了明确。除少数例外，市政债券不能用于经常性支出和弥补财政赤字，只能用于资本性支出。经常性支出包括员工的工资和福利等日常业务支出。资本性支出主要用于基础设施建设和公益项目支出，主要资金来源就是市政债券。早期市政债券主要为铁路、公路等交通设施投资，20 世纪 60 年代后美国市政债券融资的用途转向教育、一般用途（不规定投向）、公共事业和设施、医疗、交通运输、住房和其他等方面。图 9.3 是 2015 年 4 月美国市政债券资金的具体用途。

二、美国市政债券的主要特点

（一）市政债券免税

美国市政债券大多免税，这也成为市政债券区别于其他债券的重要特征。市政债券

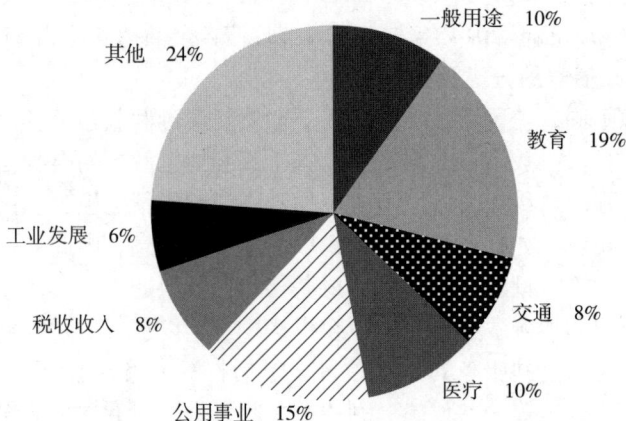

图 9.3　美国市政债券资金用途（2015 年 4 月）

（资料来源：sifma）

免税是指投资者获得的利息收入免缴联邦所得税，也免缴州和地方所得税。需要注意的是，许多州规定只有本州发行的市政债券才免缴地方所得税，但其他州发行的债券是不免税的。此外，当融资投向依据税法不是服务于公共目的时，则不符合免税条件，仍需缴纳利息税。根据美国联邦法律，市政债券不豁免缴纳资本利得税，在债券买卖价差中获得的资本收益，要支付所得税。

对市政债券免税最早始于美国 1913 年的第一部联邦所得税法，其中明确市政债券利息可免税。1913 年美国宪法第 16 修正案获得批准，授权国会通过联邦所得税法。该修正案规定，国会有权对任何来源的收入征收所得税，无须在各州按比例分配，也不必考虑任何人口普查统计。从此以后，所有有关税法都明确了市政债券免缴所得税。根据宪法及所得税法的精神，在 1933 年《证券法》、1934 年《证券交易法》以及其他有关证券交易的法律中，也都明确了市政债券的免税待遇。但联邦所得税法及之后包括1986 年修订的国内税法等，都对免税市政债券的种类、发行金额提出了更多的限制。

从历史来看，市政债券免税依据是宪法中规定的"政府间相互免征税"原则。1895 年的波洛克诉农民贷款及信托有限公司案将这一条款运用到市政债券，该案也促成了宪法第 16 修正案建立现代所得税制度。在本案中，美国最高法院认为，州政府可免受联邦政府干涉其举债能力，裁决市政债券利息收入免交联邦所得税，因为利息税会给地方政府在成负担，影响其借款能力[1]。免税政策极大地促进了个人购买市政债券的积极性，也使得市政债发行人支付较低的利息，降低了融资成本。1913 年之前，市政债券的利率和公司债的利率大致相同，之后由于市政债券的免税效应，市政债券的利率急剧下降[2]。

免税市政债券传统上占市政债券的绝大部分。2008 年，应税市政债券发行金额占

---

① 参见 Judy，2010，241。

② 参见 Judy，2010，35。

市政债券总发行金额的 11%，2009 年、2010 年分别上升至 18%、32%。这两年应税市政债券上升是由于 2009 年通过了《美国复苏和再投资法案》，该法案授权发行建设美国债券（BAB）[1] 和其他可征税市政债券。BAB 于 2010 年 12 月 31 日到期，之后，应税市政债券 2011 年发行金额占市政债券总发行金额的比例降到 9.4%，回到历史平均水平。

（二）债券保险是最主要的外部增信方式

增信，也称信用增进，是使被评级对象的信用等级得以提高的各种措施，比如通过担保、抵押等。市政债券的信用增进形式包括银行信用证、银行授信额度、政府担保和债券保险等。信用增进的作用体现在以下方面：一是提高信用等级，为投资者提供了更好的安全保障，有利于扩大投资范围；二是缩小利差，降低发行人的融资成本；三是提高价格发现效率，增加市场流动性，最终促进市场的发展扩大。

债券保险是保险机构承诺在发行人违约时，按照合约规定对债券的本息进行偿付的契约。信用证和授信额度都是商业银行提供流动性支持的信用增进形式。信用证是由商业银行发行的书面付款保证，涉及三方——信用证提供者（也就是商业银行）、发行人、债券受托人。在发行人违约时，信用证可以用来支付投资者（也就是受托人）债券本金和利息。信用证比银行授信额度的保障力度更强。拥有信用证的债券信用级别，往往与发行该信用证的商业银行的信用等级是一致的。

市政债券保险已成为美国市政债券市场主要的市场化增信手段，保险期通常覆盖了债券的持有期。在市政债券保险发展初期，大多数投保的债券是一般责任债券，但近些年投保的债券大多是收益债券。市政债券保险始于 1971 年，20 世纪 80 年代初市政债券引入可变利率后，具有信用增进的市政债券开始流行。美国较早成立的市政债券保险公司有：1971 年成立的美国市政债券保险公司（AMBAC），1974 年成立的市政债券保险协会有限公司（MBIAC），1983 年成立的金融担保保险公司（FGIC），1985 年成立的财物安全保险公司（FSA）等。自 1980 年以来，债券保险发展迅速，1980 年债券保险仅占当年 463 亿美元长期新债的 2.5%，到 1999 年债券保险占了当年 2268 亿美元长期新债的 46%[2]。

在国际金融危机前，信用增进已经非常普遍，超过一半的市政债券通过信用增进方式发行，见图 9.4。然而，由于国际金融危机对银行和市政债券保险公司的影响，自 2008 年以来，包括债券保险在内的信用增进方式的可获得性显著下降。2009～2011 年，市政债券发行中只有 17% 实现信用增进。信用增进的下降使投资者重新关注市政债券及其发行人的信息披露和实际的信用状况。

---

[1] 为了给地方政府提供支持，奥巴马政府在 2009 年 2 月签署《美国复苏和再投资法案》，设立新型的地方政府债券，被称为建设美国债券。建设美国债券连续两年于 2009 年、2010 年发行，利息收入不免税，较高的利差也吸引更多投资者，尤其是国际机构投资者。但为了弥补政府发行人的损失，联邦政府给地方政府发行机构退还利息的 35%。由于预算压力和财政紧缩政策的上升，以及建设美国债券项目在 2010 年底结束，2011 年市政债券发行总额下降为 2852 亿美元，远低于 2010 年的 4303 亿美元。

[2] 参见 Judy，2010，17。

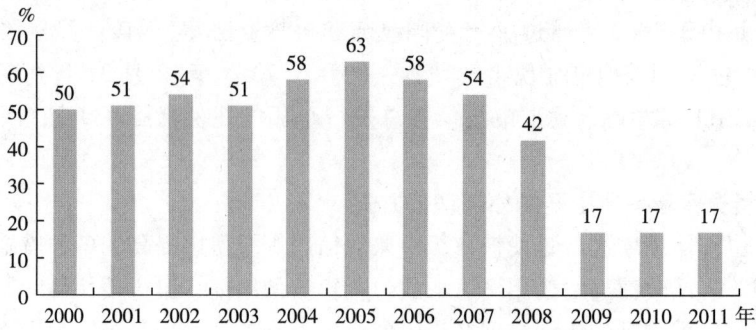

图9.4　美国市政债券每年发行的本金中信用增进比率

（资料来源：sec，2012c）

（三）总体违约率低

美国市政债券发行利率由市场决定，到期收益率的高低体现了风险溢价，与发行期限、税收等因素有关。由于免税因素，高信用等级市政债券的到期收益率较低。从级别来看，美国市政债的评级较高，根据穆迪公司对2015年第一季度发行的市政债信用评级，AA级的市政债发行量最大，占总发行量的41.74%。

从历史上看，美国市政债券的违约率非常低，远低于公司和外国政府债券。穆迪和标普数据显示，Baa/BBB或更高级别的市政债券的违约率低于Aaa/AAA级别的公司债券的违约率。从1930年至1960年，美国没有一个州出现过违约。据穆迪统计，从1970年到2017年，美国共有113只市政债券违约，一年期违约率为0.02%，1年期投资级违约率为0，投机级违约率为1.3%。根据标普统计，2007年市政债券违约2.26亿美元；2008年市政债券违约率上升，违约金额82亿美元，涉及162个发行人；但自2009年以后，市政债券违约率恢复到历史平均水平。

从违约债券的类别看，一般责任债券和属于政府基本职能、公共基本需求（水、电等项目）的收益债极少违约。大部分违约市政债券是工业发展类收益债券，其次是支持医疗保健和住房类的收益债券，这三种债券占1980~2011年所有违约市政债券金额的67%（SEC，2012c）。此外，违约市政债券最终的回收率也很高。大萧条时期，1932年违约的市政债券有135亿美元，仅2亿美元最终无法收回，占违约债券的1.48%（SEC，2012c）。据统计，截至2003年，历史上违约市政债券的回收率为66%，而同期公司债券的回收率仅为42%。

（四）以个人投资者为主

市政债券每年为州、地方政府、其他公共和私营实体筹集数千亿美元，是建设和维护基础设施的关键，投资者主要包括个人、共同基金、银行和保险公司等。由于免税和较低的违约率，能给公众带来较稳定的收益，因而市政债券的持有者中个人占比较高。基金是第二大投资者，但共同基金本身的主要投资者其实也为个人。个人投资者直接或通过共同基金、货币市场基金和封闭式基金间接持有约70%的市政债券，成为美国市政债券的第一大投资者。

市政债券市场传统上被描述为"买入并持有"市场，因为许多投资者持有市政债券直到到期日。实际上，许多个人在市场上扮演双重角色：一方面他们是州和地方的居民及纳税人，因而是债券建设项目的受益者，也是偿债资金提供者；另一方面是市政债券的投资者，因而是融资资金的提供者。

（五）发行主体多元化

市政债券的发行主体包括州和地方政府，还包括政府相关授权机构，如住房、医疗保健、机场、港口、经济开发部门等。州和地方政府有时会以市政债券的名义为私营项目筹资，通过降低融资成本，鼓励私营资本进入，促进地区经济发展。因此，市政债券的发行主体是多样的。

美国市政债券有大约 5 万个不同的发行主体，有 100 多万只存量的市政债券；而公司债券只有大约 1 万个发行主体和约 3 万只存量公司债券（MSRB，2018），这些市政债券的金额为 3.9 万亿美元，而公司债券是 8.8 万亿美元（不包括资产支持和抵押相关债券）。因此，市政债券发行主体多，每笔发债金额相对较小。大部分政府机构属于小规模的发行人，而大规模发行人多为较大的州和地方政府及授权机构，近些年，加利福尼亚州、纽约市、得克萨斯州一直位于市政债券发行量的前列。小型市政主体可能每隔许多年才发行一次债券；而大型发行人每年多次发行债券且发行规模以十亿美元计。

三、市政债券的市场结构及运行情况

美国各级政府都可以发行政府债券，债务融资主要应用于资本项目，但不允许为经常项目借债融资。联邦政府发行的债券也就是美国国债，被认为是世界上最安全的国债，又称为"金边债券"。州和地方政府发行的债券被称为"类金边债券"，金额较小，但种类较多。下面对市政债券的市场结构进行具体分析。

（一）投资结构及变化

市政债券的投资者主要包括四类：一是个人投资者；二是共同基金，包括开放式基金、货币市场基金、封闭式基金；三是商业银行及保险公司；四是国外机构投资者，见图 9.5。其中个人占比 42%，共同基金占比 24%，商业银行和保险公司分别占比 15%、13%。在投资者中，境外机构投资者所占比重很小，持有规模为 1170 亿美元，占比仅为 3%。市政债券免缴所得税、信用资质较高、违约率低，为投资者提供了稳健的收入来源，且募集资金用于本地基础设施建设投资，投资者的投资积极性高（琳内特，2018）。实际上，共同基金主要是个人投资代理，这样个人直接投资与通过基金间接投资合计占比近 7 成。

在 20 世纪 80 年代中期之前，商业银行投资者占主要比例，但之后投资者分布比例发生了改变，个人投资占据主要比重。表 9.1 显示了变化前后的情况。1980 年个人投资者（包括直接投资和通过个人代理的投资者）占所有市政债券投资的比例是 34.3%，到 1999 年该比例上升到 74.5%[①]。商业银行在 20 世纪 80 年代是最大的机构投资者，1980 年债券持有量达 37.3%，到 1999 年该比例下降到 7.2%。个人投资者和商业银行

---

① 1980 年在市场上流动的市政债券共有 3994 亿美元，到了 1999 年末，这一数字增长到 1.5 万亿美元。

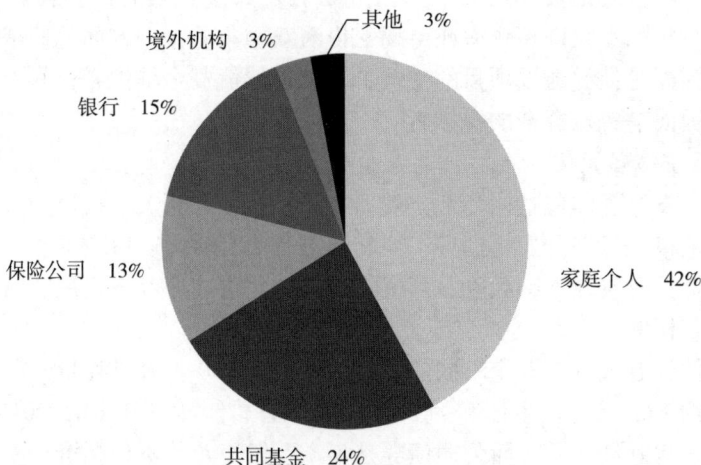

图 9.5　2017 年底美国市政债券投资者所占比例

（资料来源：MSRB，2018）

投资比例发生了彻底的转变。

表 9.1　　　　　　1980～1999 年市政债券投资者市场分类变化　　　　　单位：%

类别	1980 年	1989 年	1999 年
个人	26.2	48.2	35.0
共同基金	1.6	15.9	33.7
银行个人信托	6.5	6.4	5.8
商业银行	37.3	11.8	7.2
财产和人身保险公司	20.2	11.9	13.7
其他	8.3	5.8	4.6

资料来源：Judy，2010，21。

投资人结构发生改变的原因是，1986 年发布的税收改革法案取消了商业银行投资市政债券的税收减免政策。1986 年前，商业银行被允许扣除购买市政债券资金利息成本的 80%（1982 年允许 85% 的利息扣除，1984 年进一步减少到 80%），1986 年税收改革法案取消了这一优惠，商业银行不再享有市政债券利息税收减免规定。自此，银行对市政债券的配置需求显著降低，商业银行持有的市政债券从 1971～1972 年的 51% 跌至 1999 年的 7.2%。但因为低违约率和相对稳定的收益，一些银行仍然偏好投资于市政债券。

（二）发行结构及变化

美国市政债券发行人有大约 5 万个，其中大部分属于小规模的发行人。美国证监会不对发债规模、债务用途进行审批，发行人只需向自律组织提供发行文件和信息。目前，市政债券自律组织已经建立了基于互联网的信息披露系统。

一般责任债券最初占市政债券发行的多数，发行需严格审核，并须获得选民同意，选民支持的意愿会随着经济和政治环境的变化而波动。20 世纪 70 年代后，收益债券发行逐渐占市政债券的主要比重。1996 年市政债券发行量为 1852 亿美元，其中收益债券占 65.1%；在 2010 年发行量达到最高值 4303 亿美元，其中收益债占 65.9%；2014 年发行量为 3375 亿美元，其中收益债券占 54%。收益债发行程序相对简单，但发行受宏观经济影响较大。由于 20 世纪末互联网泡沫破灭及 2007 年国际金融危机的影响，1999 ~ 2000 年、2008 ~ 2009 年收益债券的发行都出现大幅度的下降。值得注意的是，收益债券在 2010 年出现反弹，部分原因是建设美国债券的发行。

（三）一级市场的发行方式

从利率角度看，市政债券可以有不同的发行形式，如固定利率、零息票或可变利率。固定利率债券在期限内利率不变，定期支付利息，通常为半年。历史上，大多数市政债券都是固定利率证券。零息债券是以贴现方式发行，不附息票，在到期日一次性支付本息的债券。可变利率债券根据变化的利率支付利息，该利率随基准利率、相关指数的变化而变化。

从是否公开发行看，发行方式包括公募或私募发行。公开发行的债券通常由一家或多家承销商承销，承销方式主要分为协议承销和竞争性承销两种，即议价承销和竞价承销。在竞价承销中，发行人从参与投标的承销商中确定中标人，由其负责债券包销。在议价承销中，发行人选择承销商，与其协商发行利率后由该承销商负责债券的发起和承销工作。通过竞价招标的发行人都是债券结构简单、信用等级较高的发行人，对于债券结构复杂或等级较低的发行人，往往采用议价销售的方式。私募发行即不对公众发售，是向特定投资人销售债券的方式。私募方式没有投标过程，发行人在实际发行前就确定承销商。如果发行人的信用较低或者未评级，就可能以私募的形式发行债券。

从 1978 年以后，议价发行就超过竞价发行成为主要的发行方式[①]。在 2011 年，13463 个市政债券发行中，54.4% 是通过议价销售完成的，42.4% 是通过竞价销售完成的，其余 3.2% 是通过私募发行完成的（SEC，2012c）。目前，美国市政债公募发行方式远大于私募发行，通常采取议价方式发行。

从发行期限看，市政债券平均期限较长，中长期市政债券占到总发行量的 90% 以上，个别市政债券甚至达到上百年，存量债券的平均久期维持在 15 ~ 20 年。这种期限设置也支持了受益人付费及代际公平的理念。

（四）二级市场的流动性

美国市政债券和公司债券主要是在以交易商为中介的场外交易市场（OTC）进行交易。与其他债券相比，市政债券在一级市场的发行量较小，并且许多投资者倾向于"买入并持有"债券直至到期日；但市政债券在二级市场的存量数量和品种繁多，市场上有超过 100 万只存量市政债券，因此二级市场交易规模相对较大。

二级市场发挥两个重要作用：一是它们使金融工具更具有流动性。因为二级市场使出售金融工具从而变现资金更加便捷。随着流动性的提高，金融工具更受欢迎，从而促

---

① 参见 Judy，2010，79。

进了一级市场上的发售；二是给一级市场提供价格参考。二级市场影响了发行企业在一级市场上的证券的销售价，这是因为投资者在一级市场上购买证券的价格不会高于他们对该证券在二级市场上的价格预期。因此，二级市场的价格与证券发行价格紧密相关，在二级市场上预期证券价格越高，在一级市场上出售新证券的价格也越高①。总体上，便利、高效的二级市场为投资者提供了流动性支持，促进投资者购买和交易债券，也有助于一级市场的发展。

2017年，市政债券平均日交易量为39397笔，日交易金额（面值）为118.7亿美元；年交易总额超过2.98万亿美元，交易笔数接近989万笔。从利率类型看，固定利率市政债券的年交易金额占首位，其次是可变利率债券，零息债券最少；从资金偿付来源类型看，收益债券的年交易额占首位，其次是一般责任债券，双担保债券的交易量最少；从税收类型看，免税市政债券的年交易金额最多，其次是赋税债券。按年交易笔数对比，利率类型、资金偿付类型、税收类型的市政债券也有类似的特征。

图9.6显示了2006～2017年二级市场交易情况。国际金融危机爆发后，市政债券的年交易金额在2008年、2009年大幅下降，但从2011年开始年交易金额基本处于稳定规模。市政债券的年交易数量总体呈现上升趋势，这表明市政债券的二级市场交易越来越受到小规模交易的影响。因此与公司债券相比，市政债券的流动性相对较低。一般情况为，3万只存量公司债券平均每天交易约6万笔，而100万只存量市政债券平均每天交易近4万笔，只有约4%进行交易（MSRB，2018）。

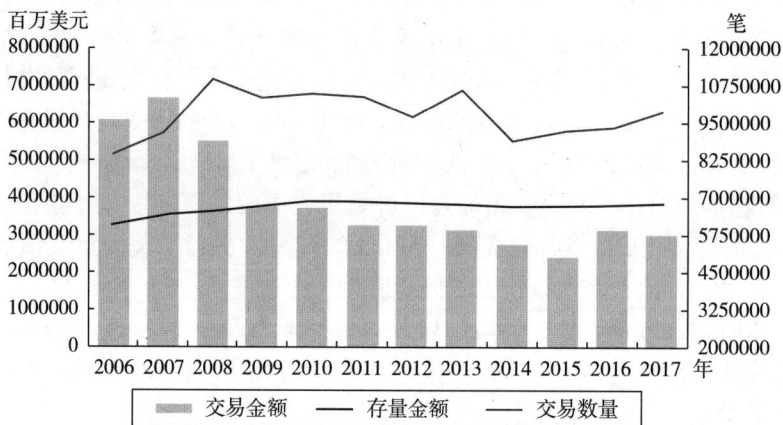

图9.6　美国市政债券交易情况

（资料来源：MSRB，2018）

四、美国市政债券的监管模式

美国市政债券的管理分为行政监管和市场自律两个层次。从管理机构看，美国证监

---

① 参见米什金，2016，24。

会等监管机构和美国市政债券规则制定委员会（MSRB）、美国金融业监管局（FINRA）等自律组织分别履行相应职责，维护市政债券市场的规范运行。

（一）监管模式变迁

在发展初期，一般认为市政债券的风险小，对其监管较少。大萧条后，美国完善证券市场的法律制度，接连出台1933年《证券法》和1934年《证券交易法》，旨在提升证券市场的监管力度，但这些法律均对市政债券免于直接监管。市政债券豁免《证券法》的注册要求和《证券交易法》的定期报告要求，仅适用证券法律的反欺诈条款。证券法律的反欺诈条款的精神是，任何人（包括发行人、交易商等）利用虚假陈述等欺骗性手段买卖证券是非法的[①]。

为了应对市场规模的不断扩大及个人投资者的不断增加，打击市场出现的欺诈行为，1975年6月美国通过《证券法律修正案》，为市政债券制定了有限监管制度。修正案将市政债券的经纪商和交易商都纳入监管之中，要求市政债券经纪商和交易商强制注册，赋予证监会制定规则和执法权力。修正案还成立了市政债券规则制定委员会（MSRB），作为市政债券的自律管理组织，并授权其颁布规则，管理经纪商和交易商销售市政债券的行为。由此，美国市政债券逐步建立起政府监管与行业自律管理相结合的监管模式。

（二）政府监管

美国证监会的职责包括两方面：一是对经纪商和交易商实施注册管理。所有参与市政债券发行和交易的证券公司、银行、基金等经纪商和交易商均需在证监会注册。《证券交易法》将经纪人广泛地定义为"为他人的证券交易而从事相关业务的任何人"，而交易商被定义为"任何人通过经纪人或其他方式为该人自有账户买卖证券"。二是根据反欺诈条款对市政债券实施监管，对发行、交易环节出现的虚假陈述、重大事项隐瞒等欺诈行为进行处罚。2017年8月美国证监会宣布因信息披露问题对加州博蒙特市的市政债券发行人和承销商进行处罚。

在没有对发行人强制注册和报告的情况下，美国证监会对市政债券投资者保护工作主要通过对经纪商和交易商的监管来完成，这些监管通过证券法律的反欺诈条款、交易法规则15c2-12以及对MSRB的监督等来实施。除了美国证监会之外，依据税法，美国联邦税务局从税收管理角度对市政债券发行、交易进行监管。为加强监管合作，联邦税务局和证监会于2010年3月签署了谅解备忘录，在免税债券和市政债券相关风险等方面建立信息共享机制。

（三）自律管理

根据1975年证券法律修正案，美国于当年设立了市政债券规则制定委员会（MSRB），赋予其发布有关管理规则的职责，约束市政债券的经纪商和交易商的行为。MSRB属于自律性组织，作为政府监管的补充，受美国证监会的监督。为推动市政债券的公正、规范发展，MSRB针对经纪商和交易商等中介机构制定了自律规则，第一个规

[①] 具体规定体现在《证券法》第17（a）条、《证券交易法》第10（b）条和根据证券法律颁布的规则10b-5等相关条款。

则是建立了参与人员的资格考试制度。

《多德—弗兰克法案》扩大了 MSRB 的权力，将市政债券顾问纳入 MSRB 的规则管理范围。现在 MSRB 制定规则来约束经纪商、交易商和市政债券顾问的市场行为；并代表这些中介向发行人和债务人申请赔偿维权。《多德—弗兰克法案》还改变了 MSRB 的委员会成员组成，要求公众代表占大多数。目前由 21 名成员组成委员会，除了被监管机构的代表之外，委员会还拥有大多数代表公众利益的成员[①]。

需要注意的是，MSRB 没有检查和监督其规则执行情况的权力，具体规则的执行监督主要由美国全国证券交易商协会（NASD）承担。该协会是根据 1938 年的《玛隆尼法案》（该法案修订了 1934 年《证券交易法》）成立的市场自律组织，接受证监会的监督、管理。2007 年 NASD 与纽约证交所监管委员会合并成为美国金融业监管局（FINRA），相关监管职能转由 FINRA 承担。

此外，国会在其他多个监管机构之间划分了执法监管的责任，联邦储备系统、货币监理署和联邦存款保险公司都在执行 MSRB 规则中发挥了辅助监管的作用。这些银行监管机构主要检查在美国证监会注册的银行类交易商。同时，MSRB 通过监管合作和执法支持措施促进证监会、金融业监管局及银行监管机构的执法工作，这些措施包括向这些机构提供市场信息和潜在违规行为的报告。

美国市政债券市场已建立了政府监管与自律管理相结合的方式，市场自律组织在整个监管体系中发挥了重要的作用，这也是美国市政债券管理的鲜明特点。此外，市场其他主体在规范方面也发挥了积极的作用，评级、精算、会计、法律、审计等中介机构和协会组织对信息披露等方面发挥了各自的专长和规范作用。

五、风险控制机制

市政债券的安全性高于公司债券。据穆迪统计，1970～2017 年，美国投资级市政债券的 10 年期累计违约率为 0.1%，而投资级公司债券的 10 年期累计违约率为 2.32%。美国市政债券的违约率非常低，除了监管之外，还得益于其他风控机制，包括评级、信息披露、财务约束等措施。

（一）市政债券面临的各种风险

自大萧条以来，地方政府几乎没有发生过较为严重的信用违约问题。至 20 世纪 70 年代中期，市政债券的投资者和交易者已习惯于有保障地收回本金并获得利息。金融债务环境在 20 世纪 70 年代发生了改变，从纽约、克利夫兰市政债的违约开始，市场各方越来越关注地方政府的信用问题。1983 年华盛顿公共能源供应系统发行的 20 亿美元债券最终违约，1994 年富裕的橘子县破产，这都显示了金融风险的不可预测性[②]。2013 年 7 月，密歇根州底特律市申请破产，涉及约 180 亿～200 亿美元的债务。2017 年，美国所属波多黎各进入破产程序，涉及大约 700 亿美元的债务。实际上，市政债券必然面

---

① 最初该委员会由 15 名委员组成，其中 5 名来自交易银行、5 名来自证券公司，5 名为公众利益代表（至少包括 1 名市政债券发行人的代表、1 名投资人代表）。

② 参见 Judy，2010，186－187。

临一些风险，比如信用风险、利率风险、提前赎回风险等。

信用风险是指市政债券发行人遇到财务问题，使得难以或不可能全额支付利息和本金，从而违约的风险。可能影响信用的因素有：当地经济条件、不利的政治、立法或监管发展等，选民的意向对债券的发行、偿付也会造成影响。

投资者可能还面临提前赎回的风险，这是指发行人在债券到期日之前兑付的可能性。可赎回债券允许发行人在规定的时期赎回部分或全部未偿付债券。当利率较高而且波动较强时，赎回条款的价值更为明显，因为赎回条款使发行者能够在利率较低时偿还债务，从而降低融资成本，但这将给投资人带来未来收益的损失。

利率风险是指由于债券利率的变动而引起价格变动，从而对投资者造成收益损失的可能性。债券具有固定面值，如果债券持有到期，投资者将获得面值和利息金额。债券价格将随着利率的下降、上升进行反向的变动，因此债券的市场价值可能高于或低于票面价值。利率上升时，在到期日前出售债券的投资者将会亏损。此外，投资者还面临税收风险。边际税率越高，免税特点的价值越大，对投资者的吸引力也越大。当边际税率下降，或免税优惠丧失，这都将导致原免税市政债券的价值下降，以使其能提供与类似应税债券相似的收益率[①]。

（二）多种风险控制方式

1. 市政债券的信用评级制度

在美国，通常由信用评级机构为市政债券评定信用等级，这是信用风险管理的重要环节之一。信用评级机构分析发行人的财务收支状况、债务结构、政治环境、地区经济发展、政府治理等。在综合分析的基础上确定信用等级，为市场相关方提供决策参考，也对发行人形成市场监督，促进发行人的自我约束和风险管理。

美国信用评级行业高度垄断，业务主要集中在标普、穆迪、惠誉等三大评级机构，市政债券也主要由这三家公司开展。从评级业务结构看，包括市政债券在内的政府债券评级所占比重最大，近几年政府证券占比超过70%，这也体现了市政债券的评级数量多。从市场份额看，在政府债券存量评级业务量中，三大评级机构占比高达99%，其中标普占比超过50%，其次是穆迪和惠誉。

2. 市政债券的信息披露制度

提高透明度可以促进市场有序竞争，发挥价格信息的作用，使参与者能够评估市场中的最佳行为方式，降低因信息不对称引发的市场风险，推动市场形成帕累托最优。基于证券法律的反欺诈条款、证监会规则15c2-12、MSRB规则以及一些行业组织发布的指引，市政债券发行和持续信息披露的制度框架已经形成（SEC，2012c）。

1975年证券法律修正案没有对市政债券发行人建立直接的监管要求，并且禁止证监会或MRSB直接或间接地要求市政债券发行人在债券发行前提交任何申请、报告或文件，发行人仍豁免执行法律规定的注册和信息披露要求——只要求经纪商和交易商强制注册。但法案确认了市政债券参与者必须遵守证券法律的反欺诈条款，MRSB被授权要求经纪商和承销商提供关于发行人信息的权力。

---

① 参见法博齐，2011，199。

作为对 20 世纪 80 年代多起市政债券违约的回应，美国证监会制定了市政债券信息披露的规则，通过中介对发行人的信息披露提出了监管要求，从而改变了对发行人信息披露监管不足的情况。1989 年 7 月美国证监会依据《证券法》制定了《规则 15c2 – 12》（于 1990 年 1 月生效），规定承销商必须获得发行人的披露信息，并及时将信息传递给投资者。该规则规定所有债券发行额在 100 万美元以上的承销商必须获得发行人的正式声明，通过该声明公布发行人的责任和义务，正式声明是发行人提交的公开销售债券的正式文件。随后，美国证监会又陆续完善了信息披露规则，要求连续披露财务状况和对债券偿付有影响的发行人信息，提高信息披露的质量和及时性要求，主要修订见表 9.2。

表 9.2 《规则 15c2 – 12》的重要修订内容

时间	主要内容
1994	如果市政债券发行人不能提供连续性的信息披露，承销商不能购买或销售该市政债券。
2008	建立一个集中的信息披露数据库，用于收集和提供关于市政债券的信息，提高市场对市政债券信息的可获得性。这个数据库（简称 EMMA）由 MSRB 具体建设和维护，在互联网对所有投资者免费开放。
2010	进一步扩大发行人持续披露义务的要求，要求在 10 个工作日内提交所有活动信息。要求适用于 2010 年 12 月 1 日或以后发行的市政债券。

资料来源：根据美国证监会资料整理。

MSRB 也通过制定自律规则，加强信息披露。另外，MSRB 通过信息化手段不断提高披露水平和透明度。MSRB 于 2005 年建设了交易报告系统，2008 年建设了发行和交易信息披露系统（EMMA 系统），EMMA 系统向公众免费提供市政债券的发行、交易及评级信息。比如，根据规则 G – 14，要求交易商在交易 15 分钟内向 MSRB 提交交易数据。

《多德—弗兰克法案》没有改变这些规定，只是要求美国总审计长对市政债券的信息披露要求进行审查，提出可能的完善建议。但《多德—弗兰克法案》修订了《证券交易法》第 15B 部分，要求市政债券顾问在证监会注册，并由 MSRB 管理，从而扩大了 MSRB 的权限。即使如此，美国证监会仍认为信息披露存在不足，比如，在初始发行和持续性的财务信息的及时披露方面，并希望获得更多的法律授权，进一步提高发行人的透明度。应该说，政府债务缺乏透明度是通病。即使在美国，其透明度也存在不足。在情况不好时，政府会尽其所能地隐藏账目，就如同金融机构在 2007 年国际金融危机中的表现一样，政府债务通常是各类金融危机中普遍遇到的问题[①]。

3. 地方政府的财务约束

美国各级政府实行独立的财政制度，政府预算各自独立编制，预算支出分为经常性支出、资本性支出两类。经常性支出用于维持政府日常开支和运转，资金来源为税收收入，受经常账户平衡预算规则约束。资本性支出主要用于基础设施建设和公益项目支出，主要资金来源就是市政债券融资，这些发债收入不能用来弥补财政赤字。

———————————

① 参见：莱因哈特等，2018，前言 p. 7。

虽然州和地方政府在发行债券上具有自主权，不需要上一级政府批准，也豁免《证券法》的注册规定，但各州的法律对市政债券的发债规模、发债比例、期限、发行目的、类型等进行限制和明确。在债务比例方面，一般对市政债务的关键指标做出限制，包括人均债务率（债务余额/当地人口数）、人均债务收入比（人均债务/人均收入）、偿债率（债务支出/经常性财政收入）、负债率（政府债务余额/GDP）等，用这些指标衡量负债水平和偿债能力，以此进行债务限额管理。除了通用指标之外，一些州或地区还设置了其他的规模控制指标。例如，因为房地产税是地方政府的主要税收来源，纽约州规定一般债务余额不得超过应税房地产市值五年滚动平均估值的10%；马萨诸塞州规定一般责任债券的还本付息额不得超过财政支出的10%。很多州政府建有监管系统，通过债务监控、定期对财政信息开展同行评审、监测基准财务指标等，追踪地方政府财政状况（琳内特，2018）。

六、风险处置方式

由于一般责任债和收益债的偿债资金来源不同，风险处置方式也存在着差别。收益债券以公共设施或项目收入作抵押，当此类债券发生偿付困难时，政府不进行兜底，如果存在债券保险等增信方式，则根据增信协议进行债务偿还，比如保险公司承担偿付义务。对于一般责任债券，根据风险程度通过降低政府开支、财务重整等手段处理和化解偿付风险。

如果采取上述措施后，地方政府仍无力偿还债务，可以依照《破产法》提出和解或破产。美国《破产法》第九章规定，无力偿还债务的地方政府可以申请破产保护程序，破产保护申请基于自愿原则，但州政府必须对申请给予授权许可，符合规定的主体包括县市镇及学区、特区等。各州法律明确是否允许辖内的市政债发行主体申请破产保护，进行债务重组，包括延长债券期限，减少本金和利息，借新偿旧等。

美国地方政府破产法源于20世纪30年代的大萧条，在1934年5月颁布了地方政府破产法。但两年后该法案被最高法院认定违宪并宣告废止。1937年，美国国会重新通过了修订的地方政府破产法，破产法经过多次修正。现行的地方政府破产法是在1976年进行的重大修订版本，历经多次修订，其中在1994年将获得州政府的特别授权作为地方政府申请破产的前提条件（刘汉波，2015）。地方政府破产法的内容在1978年也成为美国《破产法》的第九章。

破产机制是处置无偿付能力的地方政府的一种监管机制，也是在地方政府失去偿付能力后对有关各方（包括地方政府本身）利益的保护，为政府提供了扭转财政困境和财政恢复重建的时间，避免地方政府因债务违约风险进一步扩大而陷入债务恶性循环。地方政府破产是财政上的破产，不改变政府的行政职能。私人机构破产时所有资产都可能被扣押，政府提供服务的公共产品性质决定债权人对地方政府资产的扣押权受到一定限制，因此，政府破产通常采取重组的方式，而不是清算的方式。在债务重组的过程中，需要保证地方政府能够继续提供必需的公共服务（张帆，2016）。

实际上，根据《破产法》第9章正式申请破产保护的地方政府数目较少。自1980年至2011年3月，平均每年只有大约7.5个市政主体申请破产，其中大多数来自内布拉斯加州（51）、加利福尼亚州（38）、得克萨斯州（37）和科罗拉多州（22）（James，2011）。1981 年至 2000 年 3 月，在这 20 年间只有 156 起市政主体申请破产，对比截至 2000 年 3 月一年间的 38109 起商业破产，地方政府破产案可以说是很少的①。地方政府破产数量较少可归因于法律和实际等原因：申请破产对地方政府的信用评级产生负面影响，对未来资本市场准入造成障碍；由于破产申请的限制，促使财政困难的地方政府往往依赖第 9 章以外的机制来重组债务，比如再融资、接管等。

第三节　地方政府评级方法概况

尽管地方政府的责任范围不一样，但地方政府共同的任务是为本地区提供公共服务和基础设施建设，它们一般都通过征税、收取费用或者上级政府的转移支付、发行债券获取资金。为弥补基础设施建设资金的不足，许多国家的地方政府越来越多地从金融市场进行融资，信用评级成为地方政府在金融市场，尤其是在国际金融市场上融资的先决条件。作为一类特殊的受评主体，评级机构对于地方政府关注的要素与其他类型的被评对象有所不同，主要包括地区经济、财政、政府治理等方面；除了自身信用风险因素之外，评级机构还会考察上级政府支持的影响。

一、地方政府评级的一般模型

地方政府评级是对地方政府及时、足额偿还债务的能力和意愿的评价，包括地方政府主体评级和地方政府发行的债券评级两种形式，这两种形式的评级方法是类似的。地方政府评级分析的核心是一个与政府信用相关的分析模型，涉及地方政府自身的经济情况、预算管理和执行情况、财政收支情况以及制度环境等方面的变化分析。评级机构通过一系列定性和定量分析得出最终等级得分，并通过评分分值与级别的对应关系，在综合分析的基础上确定地方政府的最终级别。

地方政府评级获取相关信息的渠道包括：地方政府的财政或预算声明、报告，国家统计部门的数据，以及其他信息来源和评估内容（穆迪，2018）。由于各地情况差距较大，有些数据指标不易获得，或者不同地区的可比性差，基于此，评级机构需要选择可比性较强的数据。比如，不同国家的失业率计算方法可能不同，需要将这些数据剔除差异性影响。

地方政府评级模型首先需要对地方政府自身的信用状况进行分析。由于评级是对偿债能力和意愿的分析，因此收入和支出情况、负债及或有负债情况、管理能力等对地方政府还债有重要影响的自身因素需要重点分析。但地方政府运行在一个具体的国家环境中，包括法律制度、上下级政府的财政关系、国家整体经济实力等因素都可能对地方政府的信用产生影响，因此，还要进一步结合这些外部因素的影响进行综合考虑。

地方政府评级模型一般都具有以下几个重要的设计思想：首先，根据地区经济发

---

① 参见 Judy，2010，187。

展、财政状况、债务负担等因素确定地方政府自身信用水平；然后，考虑其他因素对自身信用等级的影响，包括上级政府的外部支持等正面因素，还需要考虑主权级别等因素对地方政府的影响；最后，根据自身信用等级和外部影响因素，综合评定地方政府的信用等级。地方政府评级的最终级别由评级机构的信用评级委员会完成评定，委员会由相关领域和行业的高级分析师和专家组成。地方政府评级模型见图9.7。

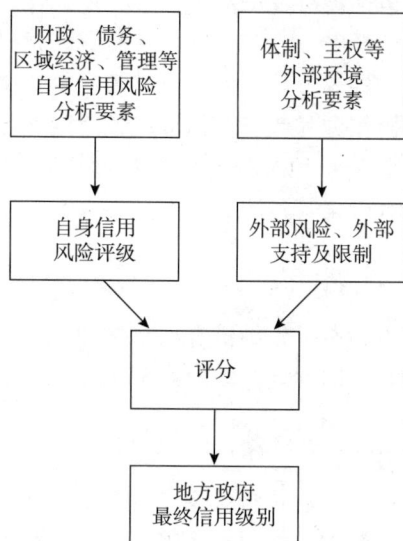

图9.7 地方政府评级的一般模型

由于国家的体制环境和主权不同，会对地方政府信用风险造成不同的影响，因此应该考虑各种体制环境、国家主权风险，将这些因素作为地方政府个体风险之外的外部风险和外部支持因素进行考虑。体制要素包括了政府间层级关系的制度框架，确定了地方政府的权利和责任，形成了地方政府公共政策和责任的稳定性，影响地方政府是否有足够的财政实力履行这些责任。典型的，体制要素分析需要考虑法律环境和执行情况，还包括上级政府对地方政府预算执行的监督，现有框架所能提供的对变化应对的灵活性等。体制要素分析更多地体现了定性分析的思想。

地方政府信用评级方法需要结合国家主权评级进行评价，原则上地方政府不超过所在国家主权信用等级。只有在特殊情况下，根据地方政府的财政独立性、财政收支平衡等要素分析，地方政府信用等级可以超过国家主权信用等级。

外部风险是指地方政府受到所处环境的影响，这些环境包括国家的宏观经济情况、财政金融关系，以及中央政府与各级政府的政府间层级关系等，这些要素主要包含在主权、体制框架等分析中，对地方政府的信用风险有很大的影响。

当地方政府面临流动性危机和违约情况时，可能获得上级政府或中央政府的特殊支持，这种流动性支持被作为特殊外部支持的分析要素。上级政府的外部支持在国与国之间差异较大，受各国政治体制的影响，与政府间层级关系紧密相关，这种救助要求往往也在宪法等制度中体现。需要注意的是，上级政府每年会给予地方政府一定的补助、转移支付等资金，这些资金被看做一般性支持，包含在自身实力的信用分析因素中，不属于模型中的外部支持。

二、地方政府评级的主要分析要素

尽管分析时侧重点不尽相同，但地方政府信用评级一般均考虑了以下五方面的重要要素：一是地区经济状况。包括经济发展水平、产业多元化、人口统计趋势等，评估地方政府收入规模、稳定性和增长潜力；二是地方政府财政状况。包括财政收支平衡、收入和支出的灵活性、资金流动性等要素，考察地方政府收支情况；三是地方政府债务水平及结构。包括地方政府直接债务和或有负债构成，考察地方政府的总体负债情况；四是地方政府管理与治理效率。分析地方政府的财政预算制定及执行、基础设施建设规划、历史债务处置情况，还有应急管理能力；五是主权因素及体制框架。下面对这些要素具体分析。

1. 地方政府经济实力

地方政府经济是财政收入的源泉，经济发展状况和趋势是影响地方政府财政收入水平和未来增长趋势的重要因素，因此地方政府经济实力分析是地方政府信用水平分析的基础。

（1）地方经济增长前景

通常从当地产值与收入增长、通货膨胀率、就业率、商品零售额等宏观变量的变化趋势分析中获得。评估地方经济增长潜力，还需要考虑区域资源禀赋、地理位置及战略地位、地方政府所拥有的资产、基础设施的质量、企业家的水平、创新活力等因素。

（2）地方经济结构

合理的产业结构有助于保证地方收入稳定增长，这体现在多元化的产业结构布局。如果地区对某个产业的依赖程度较高，则区域经济的发展容易受该产业波动的影响。而高失业率等问题也会影响地方经济增长的稳定性。

（3）地区人口情况

人口趋势体现了人口增长趋势、年龄结构、劳动力结构、受教育程度和技术水平等情况。人口数量、年龄分布结构也会对地方经济的收入能力及公共服务的需求产生影响，并且会影响地方从中央政府得到的补助数量。

2. 地方财政实力及绩效

地方财政实力体现了收支情况，但政府会计在许多方面区别于企业会计。企业会计最终关注的是企业所有者的利润，因此企业试图使利润最大化；政府必须完善年度财政预算[①]，一般要做到收支平衡，不追求盈余。财政收支具有灵活性，更可能在面临外部冲击时调节收支，保持偿债能力。

（1）收入结构及灵活性

可支配财政收入直接影响地方政府的偿债能力。收入结构合理和来源多样化，则财政收入增长较为稳定。存在行业集中度高的税收结构，收入会受到产业发展波动的影

---

① 参见 Judy, 2010, 91。

响。一般来说，经济规模大的区域，税基也相对较大；经济增长速度快，税率也可有提高的空间。增加收入可通过提高税率或扩大税基来实现，两种方法的比重体现了政府增加财政收入的灵活性。提高税率在很大程度上依赖于当地的经济状况，而扩大税基则要求地方政府有较强的税收征管能力。但税基和税率的调整需要考虑经济和社会的承受力，否则对经济产生负面影响。

如果财政转移支付是收入的主要来源，则收入灵活性不高。实行单一制的政府组织机构，地方政府的权力取决于中央政府和上级政府的授权，对税种的管理权限高度集中在中央，一定程度上影响了地方政府偿债的灵活性。

（2）支出结构及灵活性

地方政府的支出结构包括非必要支出和刚性支出占总支出的比重。刚性支出占比越低，可支配收入越多，财政支出的可调节性越大。一般而言，地方政府财政支出也可分为经常性支出与资本性支出。经常性支出是政府机关保持运作的必需开支，具有较强的刚性特征，资本性支出刚性相对较弱。如果地方政府的经常性支出比例较高，财政支出弹性相对较小。如果地方政府的资本性支出比例较高，财政支出的可调节空间较大，有利于释放可支配财政资源来保障债务偿还。

历史上，地方政府在经济下行、财政收入下降时期削减支出的记录，可以体现其控制支出的灵活性情况。

（3）处理预算赤字的能力

评价地方政府财政状况还要考虑政府计划的质量和政府处理收支失衡的能力。若地方政府不能通过开源节流调节收支失衡，而总是依靠借贷来弥补预算的不足，将逐渐损害地方政府财政管理的公信力。

3. 地方政府债务

地方政府债务包括直接负债和隐性承担最终偿债义务的或有负债。债务管理规范，有利于降低地方政府的债务风险。

（1）流动性及负债管理水平

一般来说，债务结构不合理，偿债时期过于集中，会在偿债时面临较大的压力。负债收益比等反应流动性充足的指标通常用来衡量地方政府的举债能力，也有利于确定地方政府负债额度的上限。

（2）管理债务负担

管理债务负担的重点在于直接债务与可自由支配收入的比率、税收支持的公共部门的负债相对于地方 GDP 的水平或该负债的人均水平。

地方政府的债务负担并不是一个信用质量的绝对指标。负债水平较高的地方政府仍有可能享有较高的信用评级。这是因为高级别政府往往有较高的流动性支持、更可预期的收支结构和预算的灵活性等，这使它可承受更高的债务水平（标普，2018）。

（3）管理表外负债

表外负债项目主要包括债务化证券、承诺、未明确担保人的国有企业、地方政府负有或可能负有责任的公私合营企业和证券等。这些负债项目风险通常难以衡量，但一旦暴露，往往会对地方政府的财政金融状况造成严重的不良影响（Lili，2009）。

（4）债务管理的可信性

对地方政府而言，维持一个较低的应付款比率和零违约记录十分关键，因为违约记录会增加地方政府进入金融市场的难度。

4. 地方政府管理和治理效率

地方政府制定管理标准和维持健全财政体系的能力，执行预算管理的态度以及控制预算的能力都是评估过程中需要考虑的重要因素。地方财政管理效果体现在财政报告系统的质量，包括预算编制和财政报告生成过程的及时性、全面性和严谨性，还包括合适的会计系统、内部审计和外部审计的质量等要素。地方政府信息透明度高，经审计机构进行审计并及时公布，体现了政府管理的高效率，这也有利于公众和社会监督，进一步促进地方政府管理质量的提升。

5. 体制框架及主权因素

体制框架包括法律及执行环境、政府间层级关系等。主权因素往往对地方政府的信用级别起限制性作用。不仅地方政府的经济、财政、金融环境受国家宏观经济管理和风险的影响，而且地方政府的筹资能力和改善信用级别的能力也受主权信用级别的约束。比如，国家面临的经济萧条也会对地方经济产生重大影响，国家宏观税收政策变化可能会直接影响到地方政府税收和财政收入。

2001年以前，穆迪、标普、惠誉等主要评级机构给出的地方政府信用级别均不高于所在国的主权信用级别，从2001年开始，信用评级机构逐渐放弃地方政府信用级别以主权级别为上限的原则（Lili，2009）。如果条件满足，三大国际评级机构允许地方政府获得高于主权信用级别的等级。比如，穆迪评级方法指出，如果地方政府财政高度自治，受主权的影响较小；并且对市场隔离程度较高，借款和融资需求有限，可充分获得大量流动性资金，则地方政府信用级别可不受主权级别的限制。表9.3是这三家主要评级机构主权级别限制的例外条件。

表9.3　　　　　　　　　　地方政府信用级别突破主权限制的主要条件因素

机构	主要考察因素
穆迪	地方政府财政高度自治；地方政府对市场的隔离程度高，借款和融资需求有限，可充分获得大量资金储备。
标普	地方政府的信用度；金融自治权；抗拒来自中央政府潜在压力的能力。
惠誉	国家权力分化程度；制度认可度；财政、金融自治权。

资料来源：Lili，2009；穆迪，2018。

三、地方政府信用评级的特点

（一）定性分析与定量分析相结合，定性分析比重大

地方政府评级模型中包括定性和定量分析，不同评级机构的设计流程是相似的：首先，通过选定的评级指标进行评级打分，并依据设定的权重加总获得初始评级；然后，通过一些外部影响或限制性指标对评级进行调整；最后确定地方政府的信用级别。地方政府信用评级中的评价要素较多，但重合度高，见表9.4所示为标普、穆迪、惠誉地方

政府评级一级要素对比，这些一级要素分别对应多个二级要素和分析指标，这些要素和指标的主要包括经济、财政、债务、治理、体制和主权等。对于税收水平、财政指标等可以定量分析；但是对于政府治理、体制、上级政府支持等要素进行定量分析是困难的，这些要素需要更多地借助专家经验进行定性分析。因此评级机构均采用专家打分卡的方法，对各个评级要素制定了打分规则。

表9.4　　　　　　　　国际评级机构地方政府评级分析要素

分析要素	信用评级机构					
	标普		穆迪		惠誉	
	美国体系	国际体系	美国体系	国际体系	美国体系	国际体系
一级分析要素	体制框架	体制框架	经济实力	经济	收入框架	体制框架
	经济	经济	财政实力	财政绩效和债务情况	支出框架	经济状况
	管理	管理	政府治理（包括体制框架）	治理和管理	长期债务负担	债务和其他长期负债
	流动性	流动性	债务管理	体制框架	营运绩效	财政绩效
	预算表现	预算表现				管理和治理
	预算弹性	预算弹性				
	债务及或有负债	债务				
		或有负债				
调整要素	调整要素	主权等影响要素	其他调整因素	系统风险（主权）	管理、经济风险等调整要素	主权等影响要素
				外部支持等影响因素		

资料来源：根据穆迪（2016，2018）、标普（2017，2018）、惠誉（2016，2018）整理。

（二）在自身信用风险分析的基础上考虑外部支持

地方政府评级方法，一般均明确了支持评级的思路，即首先确定地方政府独立信用水平；然后考虑外部支持对地方政府的影响，调整地方政府的独立信用等级；最后综合评定地方政府的信用等级。外部支持是上级政府或中央政府对地方政府提供的流动性支持，这种救助责任往往在各国差异较大，与各国的政治体制和历史传统有紧密的关系。

从救助的普遍性看，外部支持可以分为三种：第一种是上级政府在每年给地方政府提供的转移支付、补助等常规性支持资金，这种资金在预算中是具体的；第二种外部支持是当地方政府遭遇自然灾害、严重的经济危机时，上级政府提供的紧急援助，这种支持对于每个地方政府都是系统性和可获得的；第三种外部支持是特殊支持，当地方政府遇到流动性危机，不能履行债券偿付责任时，上级政府或中央政府给予流动性支持。特殊支持不是普遍性的，而是从地方政府的重要性和影响等方面考虑，给予特定地方政府的临时性救助支持。前两种外部支持往往包含在地方政府自身信用状况进行分析，第三种特殊支持被作为自身信用风险之外的外部支持考虑。

（三）主权要素对地方政府评级有重要的影响

主权是地方政府的运行环境，一个国家的宏观经济影响国内发行人的信用状况，因此，主权因素会对地方政府评级产生重要影响。虽然评级机构已经放松了主权封顶原则，但仍将其作为一般原则在执行。主权具有宏观经济政策制定的职责，国家全局性的货币政策和财政政策在主权层次制定，这会影响国家和地区经济增长，进而影响政府财政状况，甚至可能导致收入降低，支出增加。主权还拥有货币发行职能，因此主权往往拥有更多的资源作为收入和偿债的基础，这些情况也会对地方政府的收入和支出产生影响。

主权信用质量的衰退一般伴随国内信用的收缩，甚至出现银行等金融系统危机。只有当地方政府融资需求有限，并且没有赤字导致对外融资需求时，才能降低这种金融市场收缩带来的影响。主权违约往往导致地方政府违约率的迅速增加，主权级别降低时，主权和国内发行人之间的这种信用关联性将更显著。当地方政府在宏观经济、中央税收、国内银行系统等方面对主权的依赖性更强时，这种关联程度也将增加（穆迪，2018）。因此，地方政府评级需要考虑主权信用级别的影响。

第四节　地方政府信用评级方法的国际比较

标普、穆迪以及惠誉三大评级机构都将地方政府信用评级分为两类，一类是美国体系，针对美国地方政府的信用评级；另一类是国际体系，针对美国之外其他国家或地区的地方政府信用评级。这两类评级方法的主要区别在于是否将外部支持作为重要因素考虑。总体上，这些评级机构对于每类评级方法的分析评级框架有差异，但核心思想是相同的，只是在评级要素的具体设定和权重分配，以及具体评级流程有差别，以体现评级机构自身的特点。

三大评级机构都认为，根据政府间层级关系，美国地方政府的财政独立性强。在地方政府出现偿债危机时，美国联邦政府没有救助责任，并且美国《破产法》第九章专章对地方政府破产进行了规定。与美国相比，其他国家和地区在政治体制、经济规模、金融体系、资本市场成熟度等方面都存在较大的差距，地方政府的财政自主权普遍较弱。因此，对国际体系地方政府评级时，在自身信用风险分析之外，需要考虑中央政府或上级政府的外部支持的可能性及力度，还需要分析主权评级上限的限制因素。除非地方政府的独立性强，财政、债务等因素良好，国际体系地方政府的信用评级一般不超过主权的评级级别。

一、国际评级机构地方政府评级的主要评级要素

（一）标普地方政府评级要素

1. 美国体系

标普对美国地方政府评级的一级评级要素有 7 个，分别为：体制框架 10%、经济30%、管理 20%、流动性 10%、预算表现 10%、预算弹性 10%、债务及或有负债10%。其中流动性、预算表现、预算弹性又被归为财政措施方面。在评分设计中，这 7

个要素分别从强到弱被赋予 1 ~ 5 分。这些分析要素与对国际体系地方政府的评级分析要素类似，只是在权重和侧重点方面有所差异。

体制框架是评估地方政府运行的法律和实践环境，相应地，美国同一个州中相同类型的地方政府的体制框架评分是相同的。体制框架包括预期性、收支平衡、透明度和审计、系统支持四个方面的二级要素。这四个二级要素的权重设置相同，从强到弱分别赋予 1 ~ 5 分。根据二级要素得分获得加权平均分，然后通过映射表得出体制框架的评估分值，即 1 ~ 5 分的分值。在体制框架中包括上级政府的系统支持分析，这些支持包括上级政府的控制和监督，以及紧急贷款或其他流动性支持。

2. 国际体系

标普在对国际体系地方政府开展信用评级时，一级评级要素为 8 个，分为两类：第一类是个体信用状况分析要素。这类要素及评分权重分别是：经济（20%）、财政管理（20%）、预算表现（10%）、预算弹性（10%）、流动性（20%）、债务负担（10%）、或有负债（10%），这七个要素的加权平均结果被称为个体信用状况。根据地方政府违约历史，薄弱的流动性和财政管理是导致违约的重要原因，因此对流动性和财政管理给予特别权重的考虑，分别赋予 20% 的权重。第二类评级因素是体制框架。体制框架是基于国家基础分析各个不同层级政府的评级要素，包括地方政府所处的法律制度环境、政治实践等，作为地方政府的经营环境来进行打分。

体制框架要素的评分范围从强到弱为 1 ~ 6 分，其他 7 个一级要素的评分范围从强到弱都为 1 ~ 5 分。这八个一级要素分别包含一些二级分析要素，见表 9.5 所示。这些二级分析要素都被赋予 1 ~ 5 分的分值，然后根据权重得出对应的一级要素的权重平均分。体制框架包含可预期性、收支平衡、政策透明和审计，权重分别是 25%、50%、25%。与美国体系地方政府评级要素设置对比可看到，在国际体系地方政府评级中，体制框架要素中未将系统支持显性列出。但标普表示，在体制框架评估中都要考虑上级政府的系统性支持。

表 9.5　　　　　　　　　　　标普国际地方政府评级分析要素

一级要素	二级要素
体制框架	可预期性，收支平衡，政策透明和审计，（系统支持）
经济	收入水平，经济多元性，经济增长前景，社会经济和人口统计情况
财政管理	政治和管理力度，长期资本和财政计划，收支管理，债务和流动性管理，政府相关实体管理
预算弹性	收入弹性，支出消减意愿和能力
预算表现	运营平衡，资本账户平衡
流动性	内部流动性，承诺银行信用支持，外部流动性获得
债务负担	债务和利息负担预期评估，市场风险对债务的影响、养老金不足和退休福利负担
或有负债	政府相关实体带来的或有债务，公私合作项目（PPP），证券化，诉讼，其他或有负债

资料来源：标普，2018。

获取高质量的信息对于信用评级的质量具有基础性的影响，因此标普在体制框架中设置了政策透明和审计子要素，以此来分析地方政府的信息公开和可信情况。具有透明度和可审计的体系将提升强制审计、外部控制、长期财政计划等方面良好行为的执行。标普通过公共部门或被认可的私营审计机构对财政的审计情况来评估信息的可信度。

在对地方政府信用评估时，除了以上的分析要素外，还需要考虑一些影响因素。这些影响因素包括正面和负面两方面，涉及流动性和财政管理、债务和或有负债、预算表现、风险事件等内容。

对比分析可看到，标普地方政府评级的主要分析要素是类似的，只是在权重设置和归类存在差异。比如，在美国体系地方政府评级中将债务及或有债务归为一个要素，而在国际体系地方政府评级中将这个因素分为债务负担、或有债务两个要素。

（二）穆迪地方政府评级要素

1. 美国体系

穆迪对美国体系地方政府的评级方法主要是对一般责任债券的评级。在评级方法中，基于经济实力、财政实力、政府治理和债务管理四个一级要素进行分析，权重分别是30%、30%、20%、20%，具体见表9.6。穆迪通过打分卡及加权平均方法来分析这些因素，并得出地方政府的等级范围。

表 9.6   穆迪美国体系地方政府评级打分卡要素

一级评级因素	权重（%）	二级因素	权重（%）
经济/税收基础	30	税基大小	10
		人均值	10
		财富（中等家庭收入）	10
财政实力	30	基金余额/收入	10
		基金余额趋势（5年变化）	5
		现金余额/收入	10
		现金余额趋势（5年变化）	5
管理	20	体制框架	10
		运行历史	10
债务/养老金	20	债务与全部价值比率	5
		债务与收入比率	5
		（穆迪调整）净养老金债务（3年平均）与全值比率	5
		（穆迪调整）净养老金债务（3年平均）与收入比率	5

资料来源：穆迪，2016。

除了打分卡列出的4个一级分析分析要素和13个二级分析要素之外，还要分析其他调整因素。这些调整因素包括两类，一类是基础调整因素，另一类是没有完全体现在打分卡中的其他因素。比如经济要素的分析得分出来后，还需要考虑机构入驻情况（比如地区是否有大学、军事基地）、地区经济中心、经济的集中度、超出失业或贫困线等调整因素，这些因素会对地区经济及税收产生影响，从而需要对经济要素的评估级别进行调整,见表9.7。在基础调整后,对评级要素评估还需要进一步考虑其他调整因素。比如对于经基础调整因素修正后的经济要素级别,还需要考虑的因素有劳动力组成或就业机会、人口状况趋势、房地产价值走势、非正常的税基下降或上升情况等。

表9.7　　　　　　　　穆迪美国体系地方政府评级的调整因素

要素	调整因素	调整方向
经济	机构入驻	上调
	地区经济中心	上调
	经济集中度	下调
	大规模失业或贫困水平	下调
	其他分析师对经济要素的调整	上调/下调
财政	超额或有负债风险	下调
	异常波动的收入结构	下调
	其他	上调/下调
管理	上级政府管理或支持	上调/下调
	异常强或弱的预算管理和规划	上调/下调
	其他	上调/下调
债务/养老金	异常强或弱的安全特性	上调/下调
	债务/养老金结构导致的异常风险	下调
	债务未偿还历史	下调
	其他	上调/下调
其他	未反应在数据集中的信用事件或趋势	上调/下调

资料来源:穆迪,2016。

2. 国际体系

在国际体系地方政府评级中,将评级要素分为两类:一类是评估基本信用状况方面,另一类是外部支持因素。基本信用评估方面的分析要素实际又分为两种分析要素:自身信用风险分析和系统风险分析。

自身信用风险分析要素包含4个一级要素,是发行人信用实力分析的重要内容,每个一级要素分别包含多个二级要素及对应的具体指标,具体分析要素及权重如表9.8所示。在打分卡中,每个一级要素从强到弱被赋予1~9分。

表9.8　　　　　　　穆迪国际体系地方政府评级自身信用风险分析要素

一级评级要素	权重（%）	二级要素（权重%）	具体指标描述
经济基本面	20	经济实力（70）	地区人均GDP与国家人均GDP的比值
		经济波动性（30）	工业集中度
体制框架	20	法律环境（50）	可预期性、稳定性、责任
		财政灵活性（50）	财政收支灵活性

一级评级要素	权重（%）	二级要素（权重%）	具体指标描述
财政绩效和债务情况	30	营运边界（12.5）	营运收支余额/营运收入
		利息负担（12.5）	利息支出/营运收入
		流动性（25）	现金和流动性管理
		债务负担（25）	直接和间接债务净值/收入
		债务结构（25）	短期直接债务/全部直接债务
治理和管理	30	风险控制和财政管理	内控和计划质量
		投资和债务管理	管理政策和实践
		透明度和信息披露	信息质量

资料来源：穆迪，2018。

在治理和管理要素中，要考虑信息公开和信息质量的具体情况。对于信用评级和其他信息服务机构来说，信息的可获得性包括能否准确、及时、全面地获取信息，这对于评级质量是重要的基础。在这方面，需要分析地方政府是否及时提供年度、阶段性的财政报告，以及或有负债的报告（比如养老金方面），信息是否准确、全面、足够详细，是否经过独立审计。较强的透明度和信息披露，及时、准确地提供相关报告，将在信息质量指标中获得较高的分值。

自身信用风险和系统风险构成基本信用评估。系统风险是地方政府的运行环境相关风险的分析，这种分析对该国所有地方政府是相似的。系统风险分析包括宏观经济、金融的关联性等，主要考虑国家的主权债券评级。当以下两个情况满足时，系统风险评估将可能高于主权债券评级：一是市场的隔离性。这是指地方政府的借款和融资需求有限，并且在一定时期内，大量现金储备的可得性极强；二是地方政府财政高度自治。

外部支持评分卡的评级要素包括三方面的二级要素内容：体制框架、上级政府的历史支持行为、地方政府的个体特征。体制框架需要分析支持的法律要求或障碍、相关府政政策、上级政府对下级政府财政的监督程度、声誉风险及影响、上级政府的道德风险等。地方政府所具有与上级政府相关的自身特点，对于上级政府决定是否提供特别支持具有很大的促进作用，这种自身特点分析包括地方政府的战略地位、债务结构两方面。

（三）惠誉地方政府评级要素

惠誉对美国体系地方政府评级的分析要素包括两类：基本要素和其他风险要素。其中基本要素包括四个：收入框架、支出框架、长期债务负担和营运绩效，见表9.9。惠誉指出，在对这些要素进行分析时，需要考虑体制框架的内容。

表9.9　　　　　　　　　　惠誉美国体系地方政府评级要素

一级要素	二级要素
收入框架	收入增长前景，政府提高收入的法律能力
支出框架	支出增长速度，主要支出项目的弹性
长期债务负担	长期债务负担
营运绩效	衰退期的财政弹性，复苏期的预算管理

资料来源：惠誉，2018。

惠誉对国际体系地方政府评级的分析要素包括三方面：体制框架、个体信用状况、主权因素。体制框架分析包括：宪法和法律规定、上级政府的控制和监督、均等化筹资、财政灵活性和责任程度、透明度和审慎管理。个体信用状况分析有四个一级要素：债务和其他长期负债、经济状况、财政绩效、管理和治理。主权评级一般是地方政府评级的上限。

二、国际评级机构的地方政府评级框架

标普、穆迪以及惠誉三大评级机构都将地方政府信用评级方法按美国体系和国际体系两种方法描述，评级框架略有不同。

（一）美国体系地方政府评级方法

1. 标普

相对于自身的区域经济趋势和财政状况，地方政府对财政调整的能力和意愿，以及它与上级政府的法律和政治关系，对于偿债更重要。与政府相比，经济衰退将更直接损害企业的偿债能力，原因在于企业受需求弹性的影响，提高售价或降低成本是困难的，因为这可能面临需求的大幅度降低。与之相反，具有足够自治的地方政府可以提高税收或削减公共服务，而不会引起人口的大规模迁离本地区。没有这种自治权的政府，与上级政府的财政关系将是恢复财政平衡的重要因素（标普，2017）。政府间的经济、财政关系，及其依赖性将决定地方政府级别高于主权级别的可能。美国地方政府享有高度的自治，在某些税收、收费等方面具有自主权，因此，标普认为美国地方政府并不自然受限于美国主权评级或州政府评级。

标普采用定量和定性分析相结合的方法，通过打分卡来确定定性和定量的指标分值，对地方政府的体制框架、财政、地方经济、管理以及总体债务等方面进行分析，见图9.8。

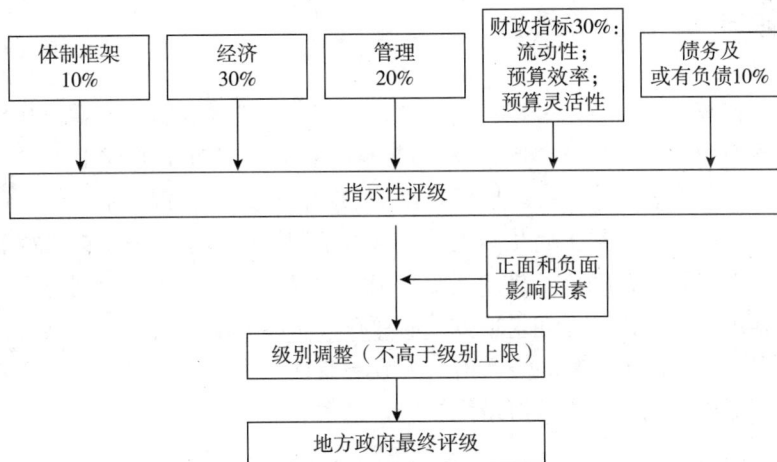

图 9.8　标普美国体系地方政府评级框架

（资料来源：标普，2017）

在评级方法中，赋予每个一级要素的分值范围为数字 1 ~ 5，表示各个要素信用特征的强弱。这些一级要素细分成多个二级要素并形成具体指标，按打分卡的标准进行打分。然后根据 7 个一级因素的加权平均分得出总评分，根据分值与级别的对应关系获得指示性评级，见表 9.10。随后再考虑其他影响因素进行调整，最终得出一个地方政府的最终评级。

表 9.10 　　　　　　　　　　标普美国体系地方政府评级指示性等级对应表

要素的加权平均评分	指示性信用等级
1 ~ 1.64	AAA
1.65 ~ 1.94	AA +
1.95 ~ 2.34	AA
2.35 ~ 2.84	AA −
2.85 ~ 3.24	A +
3.25 ~ 3.64	A
3.65 ~ 3.94	A −
3.95 ~ 5	BBB − B

资料来源：标普，2017。

评级方法需要考虑一系列影响因素。这些影响因素将对指示性级别进行调整。当多种调整因素同时存在时，最终级别只能低于影响因素确定的上限级别。正向影响因素主要是政府系统性支持与提供债务支持的意愿。负面影响是对指示性评级有不利影响的因素，包括资本市场进入限制、较高的未来债务、较弱的财政管理，与衍生产品及可变利率负债相关联而产生的高风险等。

2. 穆迪

对美国地方政府评级时，穆迪首先对经济、财政、管理、债务要素进行分析。每个二级分析要素对应 1 ~ 6 分的打分值，然后根据权重获得打分卡的权重平均分。根据分值与级别的映射关系表获得地方政府的初步级别。在打分卡分析要素之外，还要分析其他调整因素。这些调整因素主要是两类：一类是基础调整因素，另一类是没有完全体现在打分卡中其他因素。在综合分析的基础上确定最终级别，最终的级别与打分卡输出的级别有可能是不同的。比如，如果地方政府存在严重的流动性不足或持续的退休系统资金不足等情况，这将严重影响地方政府的财政稳定性，将导致对打分卡中的要素权重进行调整，从而形成不同的地方政府最终级别，见图 9.9。

3. 惠誉

根据惠誉地方政府评级的方法，在美国地方政府评级时，首先对地方政府的基本要素进行分析，这主要包括收入、支出、债务负担和营运绩效四方面的要素，得出初步的级别；在此基础上考虑其他风险要素，综合分析获得最终级别。

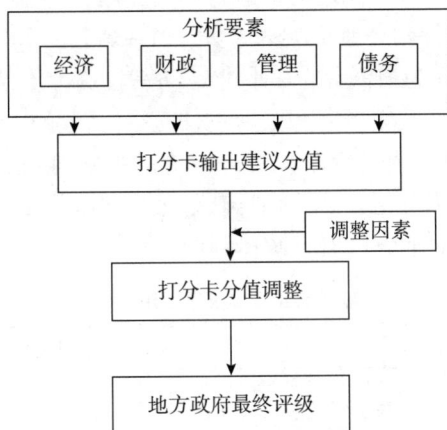

图 9.9 穆迪美国体系地方政府评级方法

（资料来源：穆迪，2016）

（二）国际体系地方政府评级方法

1. 标普

标普对国际体系地方政府信用评级的分析方法如下：首先，通过经济实力、财政管理、预算表现、预算弹性、流动性、债务负担、或有负债七个要素来分析地方政府的个体信用状况。每个要素都通过分值1~5进行打分评价，根据相应的权重获得平均分值，得出地方政府的个体信用状况。其次，考虑行政体制影响，根据个体信用状况和行政体制矩阵表，获得地方政府的初步级别，类似于美国体系地方政府评级方法中的指示性级别。然后，考虑影响因素，包括正面和负面的因素，对初步分析结果调整，获得独立信用状况。最后，结合主权级别因素、上级政府的外部支持因素确定地方政府的最终信用等级，见图9.10。

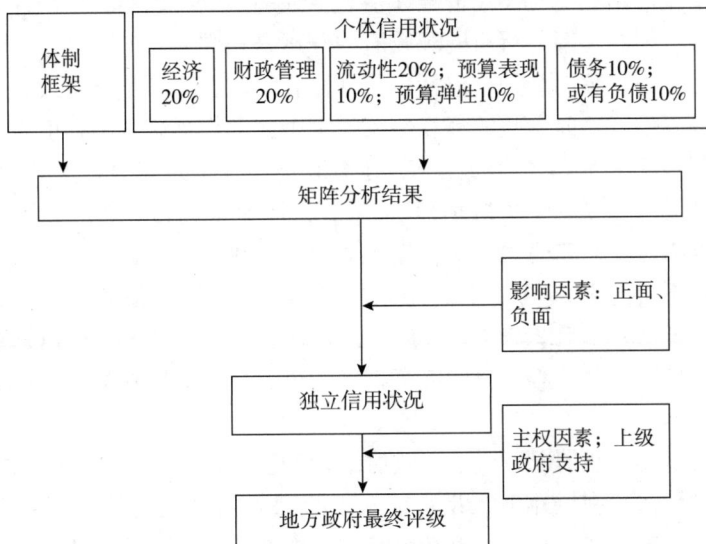

图 9.10 标普国际体系地方政府信用评级方法

（资料来源：标普，2018）

在确定矩阵分析结果时，可能还需要进行同类比较，并考虑对分析要素未来表现的预期情况，见表9.11。在评估体制框架时，赋予1~6分的分值，1为最高分，表明预期性、可获得支持极强；6为最低分，表明非常动荡且资金不足。通常基于行政体制的可预期性、财政收支平衡、政策透明和政府责任三个二级分析要素进行分析，这三个二级要素分别通过1（很强）~5（很弱）分来评价，并分别赋予25%、50%、25%不同的权重，由此可得到权重平均值。然后根据映射表，将权重平均值对应到体制框架的类别（1~6个类别），得出对地方政府行政体制的评价。

表9.11 标普国际体系地方政府评级矩阵分析表

体制框架		个体信用状况								
评分	描述	1	1.5	2	2.5	3	3.5	4	4.5	5
1	可预期、支持性极强	aaa	aaa	aa+	aa	aa-	a	bbb+	bb+	bb-及以下
2	非常可预期、财政平衡好	aaa	aa+	aa	aa-	a+	a-	bbb	bb	b+及以下
3	变革中，但平衡	aa+	aa	aa-	a+	a-	bbb	bb+	bb-	b及以下
4	变革中且不平衡	—	a+	a	a-	bbb	bb+	bb-	b	b-及以下
5	波动且不平衡	—	a-	bbb+	bbb	bb+	bb-	b	b-	b-及以下
6	非常动荡且资金不足	—	—	bbb-	bb+	bb-	b+	b-	b-及以下	b-及以下

资料来源：标普，2018。

体制框架评估一般与所在国家的主权信用质量有很强的关联。主权级别高的国家具有审慎的政策制定、可预期和稳定的体制，这也对应在主权政府和其他层级政府之间具有一个均衡性和支持性的法律和管理框架。因此，将体制框架评估与主权级别建立了一般对应原则。比如，AAA和AA主权级别将对应体制评估得分1或2，BB对应5，B对应6等。特殊情况下，体制评估也会偏离这种对应关系，被调整为高于或低于对应的评分。一般地，主权信用状况对体制框架评估有很强的影响，因而，主权评级也成为体制框架评估的上限。体制框架分析对同级政府的分析是相同的。

影响因素有正面和负面两种，包括：流动性和财政管理、债务和或有负债、预算表现、风险事件等方面。负面调整的程度依赖于多个薄弱指标结合的程度。如果流动性或财政管理的分数指定为5（5分为最差），地方政府独立信用级别的上限为bb+，并且将会比矩阵级别低（多至一个大级别）。如果地方政府在管理方面的分数反映出信用环境恶劣或者地方政府正面临违约风险，当流动性和财政管理的分数均为5时，地方政府独立信用级别将不会高于b-。如果地方政府同时处于很高的债务负担和财政赤字的情况，一般会将矩阵结果降低2个子级。风险事件包括即将出现的或迅速升级的战争、国内冲突等政治风险，以及地震等自然灾害带来的风险，这些风险都会导致对矩阵分析结果进行调整。

主权因素是指，一般情况下，地方政府的信用级别不高于所在国的主权信用级别。当地方政府按时偿债存在困难时，是否能从上级政府得到及时的特殊信用支持将被考虑。如果及时的特殊支持是直接针对某个特定的地方政府，这种特殊支持是暂时的，目标是债务偿还，将这种支持作为独立自身信用之外的要素进行分析。这种外部支持需要宪法或法律赋予上级政府支持的权力，以及必要的工具手段。在许多国家，法律框架所确定的政府间财政关系决定了外部支持的可能性和具体操作程序。当这种外部支持具有足够的可预期性时，地方政府级别将比独立自身信用级别高一个子级。

上级政府的系统性支持包括针对自然灾害、重要基础设施、严重的经济危机提供的支持。系统性的支持是在一定情况下，对所有地方政府都是可获得的。系统的、持续性的支持被作为良好的法律环境包含在体制框架中的收支平衡中进行分析，地方政府将通过上级政府的这种支持来平衡收支。因此，这些支持往往具有财政均等化的性质。

2. 穆迪

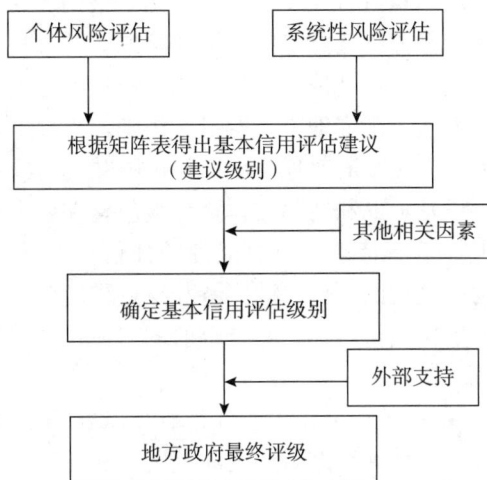

图9.11 穆迪国际体系地方政府评级方法
（资料来源：穆迪，2018）

穆迪对国际体系地方政府的评级思路为：首先结合地方政府个体信用风险和系统性风险分析确定地方政府基本信用实力，然后再考虑外部支持，最终确定地方政府的信用级别，见图9.11。具体步骤为：

第一，分析个体风险。利用打分卡确定经济基础、体制框架、财政绩效和债务情况、政府治理与管理的要素分值，用加权平均分值来评价地方政府个体信用风险。

第二，分析系统风险。在分析基本信用评估时，还要利用打分卡方法分析地方政府的运营环境，包括宏观经济和财政联系，这被称为系统风险评估。系统风险包含在主权评级中，因此以国家的主权债券评级为基础评估系统风险。系统风险评级一般与主权债券评级相同。由于与主权信用风险的相关性，一般地方政府评级的级别要对应或低于主权级别，超越主权级别的情况极少。

第三，获得地方政府的基本信用评估建议级别。根据个体风险和系统风险的矩阵关系对应表（BCA矩阵表），获得建议信用级别。基本信用评估是指，在没有不同层次政府特别外部支持的情况下，对地方政府自身实力的独立信用评估。矩阵关系对应表是个体信用风险得分与系统风险级别之间的二维对应关系，从而确定建议级别。例如，系统风险级别为Aaa，个体风险评分为5，则根据BCA矩阵表得出基本信用评估的建议级别为 a1。地方政府基本信用评估级别用小写字母级别符号表示，与全球长期信用等级符号相对应，例如 aaa 所代表的风险与 Aaa 相当，aa1 代表的风险与 Aa1 相当。

单独的地方政府个体风险得分在国家间是不可比的，个体信用风险需要结合系统风险进行分析，而基本信用评估级别提供了国家间的可比性。

第四，考虑其他影响因素，对基本信用评估的建议级别进行调整。相比于在打分卡模型中的权重而言，某些事件或者特别环境因素可能对评级结果产生更大的影响；也可能存在一些对评级结果产生重大影响，但不完全包含在打分卡中的其他额外因素。针对这两类因素，需要进一步分析其对基本信用评估的影响。这也体现了在地方政府评级方法中，专家经验和定性分析因素占有重要的位置。比如根据违约历史，可能调低基本信用评估级别；对于降低履行债务责任意愿的政治风险或干预，将调低信用评估级别；对于长期的保守财政管理政策，将调高信用评估级别等。

第五，分析外部支持因素，确定地方政府最终级别。外部支持是指当地方政府发生严重流动性危机的情况下，上级政府对地方政府提供财政支持或其他保护措施，以避免债务违约。上级政府提供正常补助和转移支付资金被包含在基本信用评估中，不属于这里的外部支持。对获得上级政府特殊支持可能性的评估，主要通过提供支持的政府级别、两个实体之间的违约相关性的评价、政府特殊支持程度等三方面来分析，具体要素有体制框架、上级政府的历史支持行为、地方政府的个体特征。支持程度设置为五个等级：低（0%～30%）、中等（31%～50%）、强（51%～70%）、高（71%～90%）、非常高（91%～100%），采用打分卡方法进行分析。以外部支持和基本信用情况为基础，通过打分卡生成一个指示性评级结果的区间范围。在此基础上，经进一步综合分析后，确定最终信用等级。

3. 惠誉

惠誉对国际体系地方政府信用级别思路如下：首先评估地方政府的体制框架；其次分析地方政府的个体信用状况，分析要素包括债务和其他长期负债、经济、财政绩效、管理和治理四个评级要素；最后考虑主权等因素，对个体信用评估获得的级别进行调整，获得最终级别。

三、国际评级机构评级方法比较分析

（一）评级方法趋同

穆迪、标普和惠誉三大评级机构都将地方政府评级方法分为美国地方政府、其他国家地方政府两种，也都对评级方法的适用性进行了说明。标普表示，地方政府评级方法既适用于发行人主体评级也适用于债券评级。穆迪指出，美国地方政府评级方法适用于一般责任债券，国际体系地方政府的评级方法为地方政府主体评级方法。惠誉则表示，国际体系地方政府的评级方法为地方政府主体评级方法；美国地方政府评级方法适用于税收支持债券评级，包括一般责任债券、特殊税收支持债券和拨款支持债券（后两种债券实质上属于特殊的一般责任债券）。对于收益债券的评级，评级机构则更多考虑项目自身的经营、管理、环境等，与企业相关评级方法类似。

虽然三家机构的评级方法有所区别，但核心流程是相似的，都是要先分析自身信用风险要素，在此基础上分析其他影响要素，对自身信用风险级别进行调整。如果是国际体系地方政府评级，其他影响因素主要指主权、外部支持的影响。对于美国地方政府评级，则考虑对自身信用风险有影响的其他因素，这些因素可能是打分卡已经包括的因素，但需要根据地方政府的特征对权重进行调整。

（二）分析要素重合度高

虽然在地方政府评级时，三大评级机构的分析要素的数量和权重设置存在差异，但分析对比后可看到，这些主要分析要素是相近的，都包括地方经济、财政、债务、管理、主权等方面。其中有代表性的是体制框架、主权等要素的设置。

如果是美国地方政府评级，体制要素一般被作为自身信用状况分析的二级要素，也就是包含在地方政府自身信用风险分析中。即使像标普将体制框架作为美国体系地方政府评级的一级分析要素，权重设置也不大。但对于国际体系地方政府评级，三大评级机构基本都将体制框架作为自身信用风险分析之外的环境要素，都作为一级分析要素，其权重也增大。这样将体制要素和自身信用风险结合分析，一方面提高体制框架的影响权重，另一方面将外部支持作为独立的因素进行分析。关于主权因素也有类似的分析，对于国际体系地方政府评级，一般在分析自身信用风险的基础上考虑主权风险的影响，主权级别一般是地方政府评级的上限；但对于美国地方政府评级，实际上将主权因素作为自身风险要素考虑。

标普等机构也指出，评级方法论并不旨在全面囊括分析时考虑的所有因素。在适当情况下，评级机构可能在分析中采用不同的定性或定量指标，以反映特定发行人、债项或证券类型的分析情形。评级委员会可能调整评级方法论的具体应用方式，以便更好地反映分析当中的具体情形。

对于三大评级机构来说，由于监管规定、为了取得市场的信任、基于自身实力的自信等原因，都对评级方法模型进行公开。在较长的评级历史发展中，评级机构相互借鉴评级方法和分析要素，评级方法和分析要素出现趋同也是必然的现象。

（三）以打分卡为基础进行定量和定性分析

三大机构地方政府评级都应用了打分卡方法，在打分卡中设置定性和定量要素和分值。在打分卡分值计算中，需要结合专家经验进行分析判断，而不是简单地进行打分。打分卡提供了信用风险分析的工具，但打分卡不是一个计算器，根据打分卡获得的结果不是评级的最终结果，许多要素尤其是定性分析要素需要在打分卡外进行考虑分析（穆迪，2018）。在一些情况下，由于个别分析要素的重要性，可能需要改变其在评级方法中预设的权重。从这方面来说，打分卡是地方政府评级分析的起点。

地方政府不同于企业。一般企业的主要目标是通过经营获取利润，对企业信用风险的分析可以更多地从资产负债表、现金流量表等定量指标的角度进行分析。但政府的主要目标是提供公共服务和管理，取得税收等收入是其履行职能的手段，政府之间还涉及上下级政府的依赖性。此外，虽然一些国家允许地方政府破产，但这只是财务上的破产，破产的目的也是为了债务重整，而不能将地方政府简单地进行清算。相较于政府来说，对企业的约束更多，也更具有刚性，因此，对企业的分析相对单纯。

地方政府评级需要考虑政府的治理、外部支持、甚至领导人的品质等主观因素，这些都无法完全归为数字特征。穆迪表示，评级方法中包含对未来表现的预期判断，而打分卡中的信息都体现的是历史，预期判断与以前的表现可能存在差异，因此，评级分析师对未来的预期判断会影响最终级别（穆迪，2016）。标普也表示，地方政府评估要考虑评级要素在未来的可能变化，比如，体制框架的增强或削弱，这也使评级方法具有前瞻性的观点（标普，2018）。

四、地方政府评级质量检验

（一）准确性分析

美国州和地方政府一般责任债券违约情况极少。穆迪认为，未来这种违约发生的几率仍然很小，大多数州和地方政府将继续维持在投资级别，主要集中在 A 和 Aa 级（穆迪，2016）。根据标普统计，一方面，各种类型美国州和地方政府都发生过违约；另一方面，只有在经济非常严峻时，州和地方政府的违约数量才增加，并且其中大多数州和地方政府会继续偿还债务，违约州和地方政府最终偿付债务的记录非常高。此外，根据历史数据，州级政府的信用违约并不必然对地方政府造成信用压力，这种联系的关联性较弱（标普，2017）。美国州和地方政府 1839~1965 年违约数量及类型见表 9.12。

表 9.12　　　美国政府违约数量及类型（1839~1965 年）

年份	州	县	市镇	学区	其他区
1839~1849	9		4		
1850~1859	2	7	8		
1860~1869	1	15	22		
1870~1879	9	57	96	4	2
1880~1889		30	61	5	1
1890~1899		94	143	9	12
1900~1909		43	84	11	11
1910~1919		7	22		7
1920~1929	1	15	49	14	107
1930~1939		417	1522	1241	1590
1940~1949		6	38	5	30
1950~1959		12	35	23	42
1960~1965		17	90	41	44
合计违约	22	720	2174	1353	1846
1963 年州和地方政府数量	50	3043	35141	34678	18323

资料来源：标普，2017。

美国州和地方政府违约率低，尤其是一般责任债券违约率低，其原因在于（穆迪，2016；标普，2017）：首先，州和地方政府的法律、体制和实践环境具有稳定性和保护性。大多数州和地方政府是永久性实体，而且是警察、消防、监狱和教育等基本、法定服务的垄断性提供者。违约会对州和地方政府的声誉造成损害，也提高了资本市场准入的长期成本。其次，美国州和地方政府主要依赖自己的收入来提供公共服务。这种自我依赖性使得美国州和地方政府及类似的政体具有较低的债务水平和财政稳定性。最后，州和地方政府的债务负担存在许多限制性措施。地方政府一般都要遵循预算平衡原则，大多数州和地方政府需要提交年度审计情况，并且预算需要接受公众监督；许多上级政府实施财政监督计划，对地方政府实施监督；而实现《破产法》第九章中的破产需要有州政府的许可。

根据标普统计，2012 年底有 19 个非美国地方政府违约，这些违约政府最初评级都不是投资级的。据统计，1970～2017 年，从 1 年期到 10 年期的美国投资级市政债券累积违约率都小于同期全球企业投资级评级的累积违约率，其中美国投资级市政债券的 10 年期累计违约率为 0.1%，而投资级企业债券的 10 年期累计违约率为 2.32%，见图 9.12。地方政府的历史违约与主权面临的压力有关，比如阿根廷和俄罗斯；也与薄弱的流动性和财政管理有关，如 2012 年墨西哥地方政府违约。流动性和财政管理也成为地方政府违约的一般前驱指示性指标，因此，标普将流动性和财政管理作为地方政府评级方法中评分卡输出的调整因素。

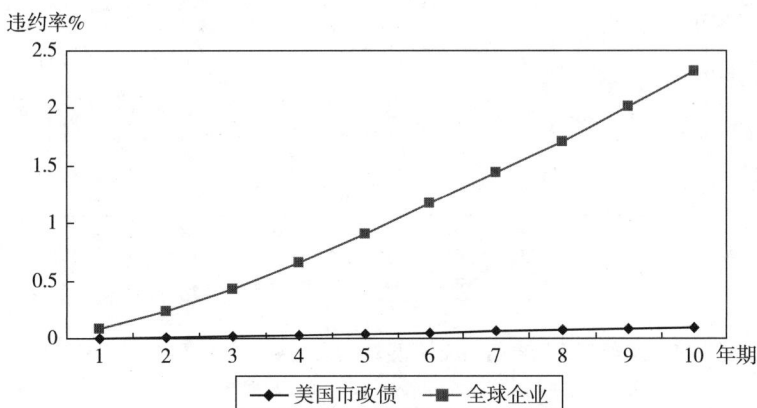

图 9.12　美国市政债与全球企业投资级违约率对比（1970～2017 年）
（资料来源：根据穆迪（2018b）数据整理）

从违约率和评级级别的对应关系看，1970～2017 年，美国市政债券 10 年期平均累积违约率与评级级别体现了逆向对应关系，即较高级别对应较低违约率。其中 Aaa、Aa 级的违约率是 0%、0.02%，Baa、Caa－c 的违约率分别是 1.15%、26%，见图 9.13。

（二）稳定性分析

总体上，美国地方政府评级的迁移矩阵反映了级别与稳定性的正向关系，即高级别对应低的级别迁移率。1970～2017 年，美国市政债券平均 1 年期转移矩阵对角线维持率在各级别比同期企业评级的维持率要高，体现出稳定性更好。其中市政债券的 Aaa、Baa、Caa－C 级别的维持率分别是 94.91%、89.59%、73.08%，而企业评级 Aaa、Baa、Caa－C 级别的维持率分别是 87.67%、85.71%、68.75%，见图 9.14。

违约率%

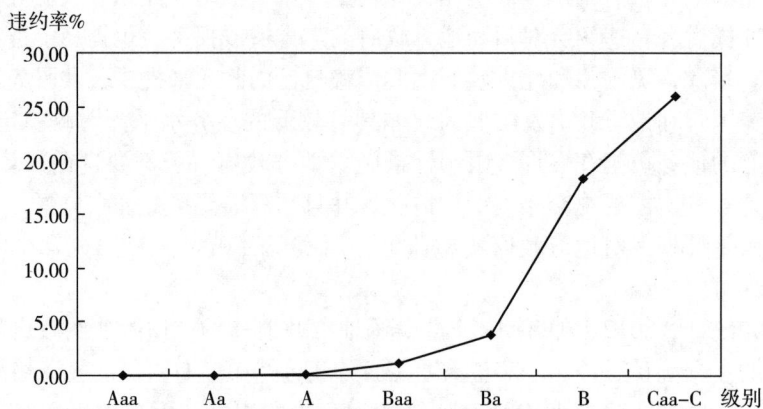

图 9.13　美国市政债 10 年期平均累积违约率（1970～2017 年）

（资料来源：根据穆迪（2018b）数据整理）

维持率%

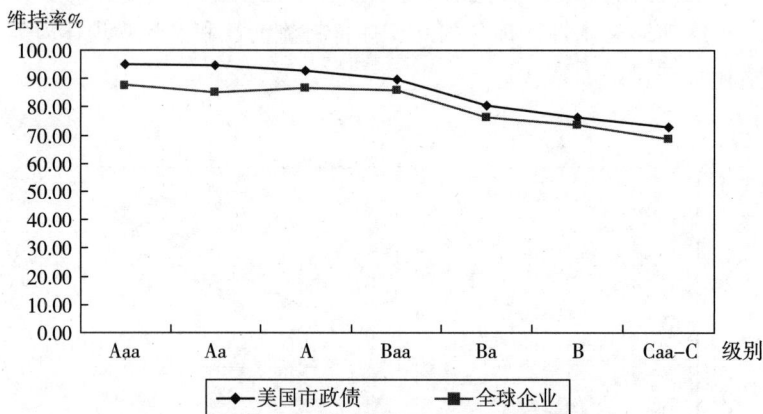

图 9.14　美国市政债券与企业评级 1 年期维持率对比（1970～2017 年）

（资料来源：根据穆迪（2018b）数据整理）

第十章 主权信用评级方法及分析

主权信用评级是一种重要的评级业务，但在亚洲金融危机和欧洲主权债务危机中，主权信用评级备受质疑。为了探究这种评级业务的特点和存在的问题，本章对主权信用评级的发展、评级技术等进行分析，并围绕稳定性和准确性的评级质量检验方法对这种评级业务的表现进行研究。

第一节 主权信用评级的发展和分类

一、主权信用评级概述

主权债务危机是指一国中央政府对债务不能及时偿还的情况。在发展中国家和新兴市场地区，主权债务危机较常见，但在历史上，一些现在的发达国家在其发展初期也不同程度地经历过债务违约。如，法国、西班牙、俄罗斯、土耳其等国家曾经连续出现主权债务违约事件，西班牙政府在历史上出现过超过 12 次的债务违约①。而 2007 年美国次贷危机引发了欧洲主权债务危机，使希腊、葡萄牙、冰岛、西班牙、意大利等中等收入国家出现了严重的债务问题，也波及国内的金融机构和企业的经营状况。

主权信用评级是信用评级机构对一国中央政府作为债务人履行偿债责任的能力和意愿的预测，是对主权国家的政治、经济和信用状况的综合评定。主权信用评级是信用评级业务的重要类型。融资主体寻求信用评级是为了扩大投资来源，降低融资成本；投资者则将信用评级应用于价格计算、买卖或持有证券的操作。对于具有相似信用风险的债券发行，国际资本市场的投资者更倾向于选择被评级的债券。因此，通过降低投资者对风险揭示的不确定性，主权信用评级使得许多政府，包括一些具有债务违约历史的政府，获得进入国际资本市场的渠道（Cantor&Packer，1995）。

通过对一国中央政府按时足额偿还债务本金和利息的风险揭示，主权信用评级直接影响了该国政府及其国内企业在国际资本市场上的融资成本和举债能力，对于主权范围内的债务定价、风险评估和市场流通发挥着重要的参考和推动作用，进而影响一国的金融市场和宏观经济运行状况。

需要注意的是，主权信用评级与国家风险是有联系又有区别的两个概念。国家风险

---

① 参见托马斯，2012，2。

一般指主权或政府等对主权范围内市场参与主体的商业行为产生负面干涉的风险，包括产权保护不足、没有稳定预期的法律体系、外汇转移和外汇兑换风险等情况。主权信用评级所涉及的主权信用风险则关注主权政府对债务违约的风险。主权信用评级与国家风险又高度相关，在开展主权信用评级时往往要考虑国家风险的因素，具有高信用等级的主权往往具有较小的国家风险，体现在稳定的政治体系、完善的法律框架和良好的经济运行机制等方面。

二、主权信用评级的发展历史

（一）主权债券评级的发展

信用评级机构对主权整体风险的评级，也就是现代意义上的主权信用评级，开始于20世纪70年代。然而，穆迪在第一次世界大战前夕就发布了对外国政府发行的扬基债券的信用级别，对这些外国政府债券进行的评级业务在一定程度上具有主权评级的性质（穆迪，2003a），但与现代意义上的主权评级又具有差别，本书将这种评级称为主权债券评级。境外发行人在一个国家的国内市场发行本币债券时，一般以该国有特色的事物命名。比如，在美国债券市场，境外发行人发行的债券被称为扬基债券；在英国债券市场，境外发行人发行的债券被称为猛犬债券；境外发行人在中国债券市场发行的债券被称为熊猫债券；外国实体在韩国发行的韩元债券被称为阿里郎债券，发行的外币债券被称为泡菜债券。

外国债券发行人包括外国中央政府和其下属机构、公司及超主权组织等。超主权组织是指由两个或两个以上的中央政府通过国际条约形成的主体，如国际复兴开发银行（世界银行）、亚洲基础设施银行等。主权政府为了弥补本国资金短缺，到外国市场发债筹资在很早就有实践。表10.1是1822～1825年拉美新独立国家或地区在伦敦发行的债券量。拉美国家新的领导人对国家建设资金的渴求，使得伦敦对拉美国家的主权借款猛增，1822～1825年拉美国家共筹集2000多万英镑的资金[①]。

表 10.1　　　　　1822～1825 年拉美新独立国家或地区在伦敦发行的债券量

国家和地区	发行的债券量（英镑）
阿根廷（布宜诺斯艾利斯）	3200000
巴西	1000000
中美洲	163300
智利	1000000
哥伦比亚、厄瓜多尔、委内瑞拉	6750000
墨西哥	6400000
秘鲁	1816000

资料来源：莱因哈特等，2018，73。

---

① 参见莱因哈特等，2018，74。

在 20 世纪 20 年代，受美国资本市场快速扩充的影响，国际债券市场非常活跃，穆迪对主权扬基债券进行评级的数量不断增长，同期，普尔出版公司和标准统计公司也参与了对扬基债券的评级。到 1929 年，穆迪对大约 50 个中央政府发行的债券进行评级（Cantor & Packer，1995）。普尔出版公司对 21 个国家发行的扬基债券进行了评级，其中欧洲国家 11 个、南美国家 5 个、亚洲国家 2 个（中国、日本）、大洋洲国家 1 个，北美国家 2 个（Bhatia，2002）。

债务违约在大萧条中爆发，许多主权债券的评级被降低。在 20 世纪 30 年代后期，欧洲各国的主权债券评级级别也迅速下降，到 1939 年，除了英国外，其他欧洲国家的主权债券评级都被降到投机级。随着大萧条的爆发，主权债券评级的需求也减少。到第二次世界大战期间，除了加拿大、美国和一些南美国家，大多数主权债券评级都处于停滞状态。第二次世界大战结束以后，穆迪、标普等机构又开始对主要工业国家发行的扬基债券进行评级。1963～1974 年，为减少资金外流，美国推出利息平衡税，对本国居民购买外国证券（不包括加拿大）所得到的利息收入征收 15% 的税负。利息平衡税成为促成欧洲美元市场发展的主要因素之一，使得美国金融市场之外的跨国金融活动活跃起来。

（二）主权信用评级的发展

现代意义上的主权信用评级体系开始于利息平衡税废止后的 20 世纪 70 年代中期（Bhatia，2002）。随着 70 年代国际债券市场的复苏，1975 年，标普对加拿大和美国进行评级，穆迪对加拿大、美国和澳大利亚进行了评级。主权信用评级在 20 世纪 80 年代进一步发展，但评级对象主要是工业化国家。20 世纪 80 年代末和 90 年代早期，主权信用评级开始快速发展，尤其是 20 世纪 90 年代，新兴市场国家和转型经济体成为主权信用评级快速发展的主要来源。

越来越多的发展中国家为融入外资开始进入国际金融市场。由于新兴市场国家和转型经济政府逐渐增加在国际资本市场的发债，主权评级的级别也出现变化，见图 10.1。1985 年前，标普和穆迪发布的大多数主权评级是 AAA 级别或 Aaa 级别；在 20 世纪 90 年代，这两家机构发布的主权评级级别的中值降到投资级别的最低级 BBB 级别或 Baa 级别；到 2000 年，标普、穆迪的主权评级数量分别是 83 个和 108 个，其中近 40% 为投机级。因此，主权评级需求的增长与对较低信用质量的主权进行评级的趋势相伴而生。评级机构对评级方法也进行了完善和调整以应对新的市场发展情况。

主权信用评级大多为主动评级，由于这个原因，最初开展主权信用评级的机构很少，在国际上有影响力的主要是标普、穆迪和惠誉三大评级机构。21 世纪以来，我国的大公、中诚信、联合、新世纪等评级机构及其他国家和地区的部分评级机构开始探索主权信用评级业务。也有一些被评主权经济体与评级机构签订了付费和信息获取协定，政府获取主权评级实际上也是为了寻求国际资本市场的认可。随着信用评级需求的增加，主权信用评级活动不断活跃。到 2014 年上半年末，穆迪、标普和惠誉主权评级的数量分别达到 123 个、128 个和 108 个，其中评定的 AAA/Aaa 级主权的数量分别为 12 个、13 个、13 个，信用等级为投资级的主权评级数量占比分别为 55.28%、54.68%、62.96%。

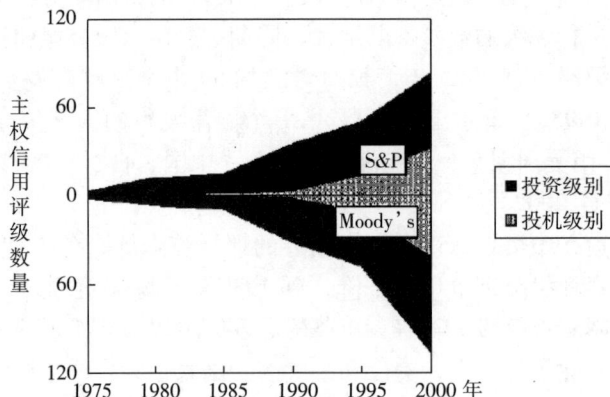

图 10.1　主权评级数量的历史变化（1975～2000 年）

（资料来源：Bhatia，2002）

标普对中国、法国、日本和美国的评级已至少有二十多年的历史。除中国外，其余三国的初始评级均为 AAA。国际金融危机对所有国家都造成了打击，尤其是高收入国家。标普将法国和美国的主权信用评级下调一级①，将日本的评级下调三级，中国主权评级的展望为"稳定"。

国际三大评级机构于 20 世纪 90 年代开始对中国进行主权评级。2004 年前，中国主权评级一直为 BBB 左右，2005 年逐步被提高至 A，2010 年达到 AA，但 2017 年又降至 A＋。自标普于 1992 年 2 月首次授予中国评级以来，曾将中国的长期主权评级上调五级，从 BBB 上调至 AA－。2012 年 3 月中国拥有与日本相同的长期主权评级，也与美国和法国同处 AA 评级组别。目前标普给予中国的信用评级为 A＋，代表前景稳定，与穆迪和惠誉给出的评级一致——2017 年，标普曾将中国评级由 AA－降至 A＋。

【案例】疫情停摆加剧经济困境，阿根廷或将迎来第九次主权债务违约

在新冠肺炎疫情的打击之下，阿根廷可能即将迎来第九次主权债务违约。4 月 17 日，阿根廷政府向国际债权人提出债务重组方案，包括推迟还款期限、削减利息等，但方案被指"令国际债券持有人蒙受不公平的经济损失"，遭到债权人拒绝，该国最早在下个月违约的可能性升高。

尽管已做好最坏的打算，但阿根廷的债务重组方案还是让国际债权人大失所望。4 月 17 日，阿根廷针对 662 亿美元债务提出重组方案：利息方面，2023 年 11 月 15 日之前阿根廷政府将不会支付任何利息，而 2023 年开始支付的利息较债券发行时也出现大幅下降，总计 62% 的利息支出将被削减，金额达 379 亿美元。本金方面，阿根廷政府用于交换原有债券的新债券多为折价债券，且 2026 年之前不会偿还本金，也将造成 5.4% 的本金损失，金

---

①　2011 年 8 月 5 日，标普将美国长期主权信用评级由 AAA 降至 AA＋，这是美国主权评级首次失去最高级别，同时标普首次将美国主权评级展望从稳定调整为负面。标普对此次降级的解释为，美国国会和政府达成的财政解决方案不足以缓解美国政府需要的程度。

额达 36 亿美元。阿根廷当前共有 830 亿美元的外币债务，均面临债务重组。其中 100 多亿美元根据本地法律发行，700 亿美元根据国际法发行。4 月 6 日阿根廷政府宣布，决定将基于阿根廷法律发行的美元债务本金和利息推迟至 2021 年偿还。从历史上看，阿根廷已有八次违约历史，21 世纪已经发生了两起，规模最大的一次主权违约发生在 2001 年，创下千亿美元的违约纪录，最近的一次违约发生在 2014 年。

2018 年的阿根廷比索暴跌，导致阿根廷以美元计价的债务激增，（前总统）马克里被迫向 IMF 求助，与 IMF 达成 571 亿美元备用贷款协议。IMF 指出，自去年 7 月份以来，阿根廷比索兑美元已贬值超过 40%，阿根廷的外汇储备减少了 200 亿美元，截至 2019 年底，阿根廷公共债务占 GDP 比重接近 90%，违约风险上升。IMF 认为，阿根廷需要从私人债权人那里获得大量的债务减免，以恢复债务的可持续性。除了宣布阿根廷债务"不可持续"外，IMF 还称，在 2020 年至 2024 年，阿根廷几乎没有向私人债权人偿债的余地。

4 月 20 日，阿根廷新增新冠肺炎确诊病例 90 例，累计确诊 3031 例。新增死亡病例 8 例，累计 142 例。疫情使本就"风雨飘摇"的阿根廷经济"雪上加霜"，IMF 预测，2020 年阿根廷经济将萎缩 5.7%。中诚信国际 4 月 20 日发布公告，将阿根廷政府主权信用级别由 Bg－下调至 CCg，评级展望由稳定调整为负面。中诚信国际认为，在阿根廷经济衰退、持续面临高通胀及货币贬值的背景下，疫情加剧了阿根廷经济的脆弱性，财政实力和对外偿付实力进一步削弱，债务违约风险攀升。下调阿根廷主权信用级别的因素主要包括：（1）阿根廷债务负担持续加重，疫情冲击下债务违约风险攀升，或面临第九次主权债违约；（2）阿根廷经济实力一般，疫情加剧了阿根廷经济的脆弱性，短期内难以扭转衰退态势；（3）货币贬值及资本外流压力下，对外偿付风险加剧。

（资料来源：2020 年 4 月 21 日《21 世纪经济报道》；4 月 20 日，中诚信国际）

三、主权信用评级的特征

（一）主权信用评级的主要特点

主权信用评级是对被评政府完全、及时偿还商业负债的能力和意愿的评估，总体上，主权信用评级具有以下几方面的特点：

第一，对于被评对象的范围，主权信用评级关注的是中央政府及其信用状况。主权信用评级是对主权的信用风险的评估，其评级级别一般也是主权范围内其他被评对象信用等级的上限。

第二，对于评级目标的选定，着重关注偿债意愿的评估是主权信用评级与其他评级类型的一个显著区别。与公司债务类似，主权债务的偿还不但与支付能力有关，还关系到偿债意愿，但主权的偿债意愿包括影响政府政策的经济和政治因素，而公司债务的评级往往较少涉及这些要素。这些因素体现了以下可能出现的风险：即使主权国家具有还债能力，但如果它判断社会或政治成本太大，也可能不履行偿债义务，或对债务选择性违约。为了体现这些要素，评级机构要对一系列定性要素进行评估，包括体制实力、政治稳定性、财政和货币政策的灵活性、经济活力等。除定性因素外，主权信用评级还要考虑一些定量要素，如债务水平、官方国际储备、债务结构（特别是货币类型和到期结构）、债务负担等。此外，主权国家遵守债务义务的历史记录是体现偿债意愿的一个重要指示信息，因为这方面的记录特征是客观的衡量因素。

第三，对于债务的范围，主权信用评级主要评估的是私人债权人所拥有的主权债务的信用状况。主权信用评级评估的债务包括银行贷款、国债等，但不评估官方债权人拥有的主权债务的信用风险。官方债权人包括政府部门、多边机构（如 IMF 和世界银行）等。当然，对于私人债权人的主权债务的信用风险，往往与官方债权人的主权债务的信用风险具有联系，比如，如果对官方债权人的债务出现逾期，其原因是主权不断增加的金融压力或缺少偿付意愿，这将对主权信用评级的级别产生负面影响。

第四，对于主权违约事件的处理，由于法律追偿手段有限，债权人追索重要资产的可能性较小。这个特点是主权债务和公司债务的又一个重要差异。如果主权国家拒绝支付债务还款，通过法律程序追索主权债务要比追偿公司债务困难许多，因为公司债务可以通过司法程序冻结公司资产，而主权国家的资产冻结涉及的因素复杂，往往难以执行。对此，希克斯认为，在一些情况下，国家信用之所以不如可靠的商人信用，原因在于对国家难以强制执行要求，而对商人则比较容易强制执行要求[①]。

第五，对于评级方法和模型的设计，主权信用评级存在较大的主观性和复杂性。评级机构在评估主权债务风险时，考虑的影响因素包括宏观经济指标、政治风险、政策灵活性、外部流动性等多个方面，其中包括大量的主观定性分析。定量模型不能解释对不同国家的主权评级的所有变化，因为定性的社会和政治考虑也是主权评级中非常重要的评估因素。因此，与一般的公司评级不同，主权评级更为复杂，主观性更强，甚至无法完全排除某些隐含的政治倾向，往往难有统一的标准与结论，这也导致对不同国家主权评级的差异产生较大争议（IMF，2010）。此外，由于主权实际违约的数量有限，也限制了基于历史数据验证的实证模型对主权信用状况和违约概率进行评估的方法。

【案例】黎巴嫩决定拖欠 12 亿美元债券债务

新华社 3 月 8 日报道，黎巴嫩总理哈桑·迪亚卜 7 日宣布，因外汇储备短缺，黎巴嫩将不会支付 9 日到期的 12 亿美元债券债务。当天，在黎巴嫩总统米歇尔·奥恩主持下，黎巴嫩内阁召开会议，决定债务违约。迪亚卜会后发表电视讲话说，黎巴嫩外汇储备短缺，国家需要满足基本民生，因而被迫拖欠这笔债务。

据悉，黎巴嫩今年共面临大约 46 亿美元的到期债券债务。近年来，黎巴嫩经济状况持续低迷，尤其自去年 10 月全国范围爆发大规模反政府示威以来，经济更是处于崩溃边缘。因美元短缺，黎巴嫩银行业多次被迫歇业，并对美元提现和向境外汇款采取严格限制措施。

此前，国际评级机构穆迪将黎巴嫩的信用评级从 Caa2 下调至 Ca，同时把展望调整为"稳定"。标准普尔将黎巴嫩的评级从 CCC 下调为 CC，把展望定为"负面"。

东方金诚下调黎巴嫩共和国主权信用等级至违约级。鉴于黎巴嫩政府宣布暂停偿还 3 月 9 日到期的 12 亿美元欧洲债券，东方金诚国际信用评估有限公司决定自 3 月 10 日起将黎巴嫩长期本、外币主权信用等级从 Bw－下调至 Dw。其中一个理由如下：

---

① 参见：Hicks John. A Theory of Economic History. Oxford University Press，1969. 中译本：约翰．希克斯，经济史理论［M］. 历以平译，北京：商务印书馆，1987，87.

黎巴嫩政府此次债券违约为主权债务违约行为。其一，黎巴嫩此次违约的欧洲债券属于商业性金融债务，而非国际组织及他国政府提供的援助性多双边债务。其二，3月9日黎巴嫩政府未按时偿付当日到期债券，令债权人利益受到实际损害。

（资料来源：2020年3月8日，新华社；2020年3月7日，东方金城）

（二）主权信用封顶规则

主权信用等级一般为该主权境内企业及其他机构评级级别的上限，这被称为主权信用封顶原则。该原则最早由标普于1975年开始采用，之后成为标普、穆迪和惠誉三大机构开展信用评级时遵循的一个基本规则（孙章伟，2011）。由于主权信用评级分为本币主权评级和外币主权评级，主权信用封顶又可以分为本币信用封顶和外币信用封顶两种形式。主权信用级别是主权范围内评级的顶点，主权的国债收益率也被作为零风险回报基准利率与其他国内投资进行比较。因此，主权信用评级会影响国内其他借款人的评级，公共或私人部门的评级级别不会超越它们国家的主权评级，这个原则对一国金融资产的定价产生了重要的影响。

但是，主权信用封顶原则有时也会被突破。首次执行"超越主权"信用评级理念的是1996年标普和穆迪实施的评级，这两家机构给予1家巴拿马企业、2家墨西哥企业的扬基债券级别分别高于本国主权信用评级级别。随后，标普又给予阿根廷和巴西14家银行和企业高出政府主权两个级别的信用评级（孙章伟，2011）。此后，穆迪、标普和惠誉三大评级机构逐渐在评级方法论中弱化主权信用封顶原则的硬性规定。穆迪明确表示，在一些情况下主权信用级别是可以超越的；如果被外汇转移和兑换风险冲击的影响降低，或存在其他降低风险的特征，一个经济实体可以获得超出"国家顶层"级别的外币评级。标普指出，在评级方法中已没有主权信用封顶原则，如果经济实体比主权有更强的信用特征时，可以获得更高的信用级别。

四、主权信用评级的分类

通常，主权信用评级分为本币主权信用评级和外币主权信用评级；主权信用评级也可以反映长期、短期两个方面；广义上，主权信用评级还可区分为发行人评级和债务评级。这些评级用以评估主权在不同时期、不同方面的偿债能力和意愿。

（一）本币主权信用评级和外币主权信用评级

1. 本外币主权信用评级的概念和特征

一般情况下，对每个主权国家，评级机构都要评定本币主权评级和外币主权评级。本币主权评级和外币主权评级都是对主权偿还债务的能力和意愿的评估，但这些债务一般分别以本币或外币计值发行和偿还的。本外币主权评级具有以下两个特征：

一是本币主权级别一般高于外币主权级别。对于发达经济体，这两个评级一般极少有差异，但对于新兴经济体和发展中国家，本币主权评级一般要比外币主权评级高或至少与外币主权评级相同。根据实际数据显示，标普所评本币评级一般比外币评级高0到3个细分级别（标普，2008）。在亚洲金融危机后的2002年7月，标普对主权的本币和外币评级的级别差异增加，在91个具有标普所评本币和外币评级的经济体中，51个本币评级与外币评级不同，但都是本币评级高于外币评级，总体上高1~4个细分级别

（Bhatia，2002）。

二是外币债务比本币债务的违约频率较高。为了偿还外币债务，主权必须确保外汇的充足性，这个限制成为外币债务比本币债务具有较高违约频率的原因之一。通过对主权债务进行分析，1970～1994 年，外币债务和本币债务的违约数量分别是 33 个和 9 个；本币债务违约经常是由于政治或经济调整的原因，29 个外币违约是通过对银行债务的重新安排（Cantor 和 Packer，1995）。由于债务重新安排往往造成债权人的损失，因此评级机构一般将此归为违约情况。

2. 本外币主权评级级别差异的原因

本币主权评级高于外币主权评级，这是对主权政府的税收权力、控制本国货币和金融系统的能力，从而利用本币资源潜力的正面评估。虽然相同的政治和经济因素影响政府对本币和外币债务的偿债能力和意愿，但影响程度上存在差异。理论上，政府通常有更多的方式归还本币债务，政府拥有对国内收入纳税、借款，甚至发行本币的能力，如果政府愿意征税并控制国内金融体系，那么就能产生足够的本币来偿还本币债务。但是，对于外币计价的债务就并非如此，一国政府必须购买外汇以偿还外币债务，这依赖于经济运行产生外汇的能力和市场参与者的汇兑意愿，因此偿还外币债务比偿还本币债务要困难。然而，增加税率或货币超发可能导致政治和经济后果，如通货膨胀，并且本币相对于作为债务标价货币的外币显著贬值将削弱一国政府偿还该债务的能力，因此，主权国家一般不轻易使用增税或货币超发的方式，而是可能选择重组本币债务等方式从而产生债务违约。

货币政策的灵活性是决定本币和外币主权评级的一个重要因素，基于此，本币和外币主权信用评级的差异往往也被看作是货币政策独立性的函数。这体现在：第一，如果主权经济体保持浮动汇率，并能从相对成熟的国内金融市场适度融资，它的本币和外币评级的级别差异一般较大（Bhatia，2002）。首先，一个国家如果具有发达的国内资本市场，能够提供低成本和便利的长期本币融资，这将有利于获取较高的本币评级。其次，在浮动汇率情况下，若汇率波动较大或创汇能力较弱，在发生外部冲击时，本币贬值幅度较大，进而可能无法偿还外币债务，这也会导致本外币评级的较大差距。第二，若主权放弃独立的货币和汇率政策，成为一个货币同盟的成员，或使用其他主权国家的货币，比如货币美元化的国家，或采取长期固定汇率政策，则这类主权的本币和外币评级往往是相同的。

一些评级机构认为还有其他因素可能导致本外币主权评级的差异，比如标普认为，地缘政治风险因素也能导致本币和外币评级的细微差别，因为它可能削弱政治体制，造成较大的财政不平衡以及政策执行困难。

（二）短期评级和长期评级

与公司评级一样，主权评级可有长期和短期两种形式。长期评级的有效期超过 13 个月以上，而短期评级的有效期一般为 13 个月或更少的期限。评级机构对长期和短期的评级符号是不同的体系，并且短期的级别序列要少于长期的级别序列。

（三）发行人评级和债务评级

从广义上来说，主权评级可以包括发行人评级和债务评级。发行人评级表明被评主体的总体信用状况，当发行人是一个国家政府时，发行人评级即狭义上的主权评级。债务评级表明对某个具体债务工具信用状况的评估，当发行人是主权经济体时，前面所讲的主权债券评级可归为此类。在许多情况下，主权评级和债务评级被看作是相同的评级，但在主权违约策略方面，这两种评级显示出细微差别。实际上，主权对所有债务违约的情况较少出现，主权违约往往是有选择性和排序的，显示出不同主权债务的优先级别。在评级符号上，评级机构也设计不同的符号表明发行人的选择违约情况，如标普利用符号 SD 表示。

【案例】中国主权信用评级情况

2019 年 7 月 4 日，穆迪发布公告，维持中国长期发行人评级、高级无抵押债务评级以及外币高级无抵押储架发行评级为"A1"，长期外币存款评级和债券评级上限分别为"A1"和"Aa3"，长期本币存款评级和债券评级上限则仍为"Aa3"，短期外币债券和银行存款评级上限仍为"P－1"，评级展望仍为稳定。穆迪认为，短期内中国需在去杠杆和维持经济强劲增长之间进行政策权衡，而全球贸易摩擦增加了其工作难度，预计今明两年中国 GDP 增速将略有放缓，分别为 6.2% 和 6.0%；尽管中国的经济杠杆率可能会继续升高，金融体系短期面临明显压力，但中国政府仍然能够通过多项政策措施来保持杠杆平稳，并维持金融体系稳定性。

2019 年 7 月 18 日，马来西亚评级机构 RAM 发布报告，确认中国在全球和东盟范围内的信用评级分为 gAA3（pi）/稳定和 seaAAA（pi）/稳定。RAM 认为，尽管受中美贸易紧张形势的影响，中国 GDP 增速在 2019 年的前两个季度分别为 6.4% 和 6.2%，经常项目顺差在 2018 年缩减至 GDP 的 0.4%，国际货币基金组织预计中国政府的财政赤字率在 2019 年会扩大到 6.0%，债务水平也将进一步上升到 GDP 的 55.4%，但中国国内低利息负担和融资灵活性为财政提供了相当大的空间，并支撑了财政的可持续性。

（资料来源：穆迪，RAM）

第二节 主权信用评级的方法论

一、主权信用评级的分析要素

（一）一般分析要素分类

由于要对一国中央政府作为债务人履行偿债责任的意愿与能力进行综合评判，因此主权信用评级需要关注一系列相关的分析要素，这些分析要素从大类上可分为宏观经济增长、公共财政、债务、金融部门、外部金融、政治、组织结构等方面。在分析中，这些要素具体化为定性和定量的指标，因此，主权信用评级包括定性和定量分析两种分析方式。定量分析包括一系列对经济性能测量的指标，而许多定性分析的重点在于政策搭配的合理性。

总体上，经济风险和政治风险是主权信用评级中要着重分析的两方面风险。经济风险侧重于对政府偿债能力的评价，在评估经济风险时，往往要同时使用定性分析和定量分析。政治风险是侧重于对政府偿债意愿的评价，因为政府虽然有能力偿还债务，但未必都愿意偿还债务。在评估政治风险时，需要对影响政府经济政策的政治和经济因素着重进行定性分析。

在分析方法中，不同评级机构对每一类评级要素细化为不同的指标项，这些指标项所涉及的具体信息有很多重叠或相似的内容。例如，穆迪的宏观增长包括人均 GDP、经济规模、经济和贸易的集成度、名义产出的长期波动等；惠誉的宏观增长包括人均GDP 和 GNP、货币政策和财政政策的协调性、长期发展的可持续性、经济的竞争力、本币的需求深度、宏观政策等。虽然不同评级机构的主权评级指标项集合有相似的地方，但评级机构对其具体分类和侧重点仍存在差异，惠誉、穆迪将分析信息分为 4 类一级要素，标普分为 9 类一级要素，见表 10.2。这些一级要素分别包含一些二级分析要素，每个二级分析要素可能还有更细化的指标内容和权重。

表 10.2　　　　　　　　　　　　　主权信用评级要素一级分类

公司	主要要素
穆迪	经济实力；体制实力；政府财务实力；对风险事件的敏感性
标普	政治风险；经济结构；经济增长前景；财政弹性；一般政府债务负担；境外和或有负债；货币灵活性；外部流动性；外部债务负担
惠誉	宏观经济表现和前景；经济结构特征；公共财政；外部金融

资料来源：根据惠誉、标普、穆迪整理。

康托等人（Cantor 和 Packer，1996）研究了穆迪和标普的主权信用评级的考虑指标，通过模型分析认为，人均国民收入、GDP 增长、通货膨胀率、外部债务、经济发展水平及违约历史这六个指标对确定主权评级具有重要作用，它们对主权信用评级的解释能力超过 90%。其中人均收入、经济发展水平与主权评级级别正相关，而通货膨胀、外部债务、违约历史与主权评级级别负相关。然而主权信用评级与 GDP 增长可能缺乏一个简单的对应关系，因为许多发展中国家往往比发达国家具有更快的经济增长率，但发展中国家的主权评级级别较低。由于发展中国家往往比发达国家具有更大的增长潜力，经济增长指标还是要作为经济体系分析的重要内容（Bhatia，2002）。同时，分析表明穆迪和标普对以上一些指标也赋予不同的权重。下面具体介绍标普、穆迪、惠誉三大评级机构的主权评级要素及其指标内容。

（二）标普的主权评级要素

标普在主权评级中考虑的政治和经济风险主要包括五个方面内容：政治风险、经济结构和前景、财政灵活性、货币灵活性、外部金融。前四个方面直接影响本币的偿还能力和意愿。由于国际收支限制经常是外币债务最重要的约束，而财政和货币政策最终影响一个国家的对外收支平衡，因此它们和外部金融都对外币负债的偿还能力和意愿产生影响。标普主权评级的分析框架围绕以上几方面进一步细分为 9 类一级要素，其中经济结构和前景分为经济结构、经济增长前景，财政灵活性分为财政弹性、一般政府债务负担、境外和或有负债，外部金融分为外部流动性和外部债务负担。这 9 类一级要素包括的具体指标如下：

1. 政治风险：政权结构的稳定性和合法性，民众参与政治进程，领导者更替机制，经济政策的决策和目标的透明度，公共安全，地缘政治风险。

一国政治体制的稳定性、可预测性和透明度在很大程度上影响政府应对不断变化的环境的能力。司法独立、尊重产权的历史也是影响政府应变能力的重要因素，因为这些因素有助于审核和平衡政策的制定。标普指出，2011 年 8 月 5 日下调美国政府评级的原因之一，就是认为由于此前数月围绕提高债务上限问题的争论，使得标普质疑美国政府决策的稳定性、有效性和可预测性。

2. 经济结构：经济市场化程度，收入差距，金融部门在资金媒介和信贷可获得性方面的影响，非金融私人部门的竞争与盈利能力，公共部门效率，保护主义和其他非市场影响，劳动力弹性。

健全的体制通常能让普通民众分享经济繁荣，因此体制的实力与人均国内生产总值（GDP）高度相关。人均收入高一般意味着经济结构适应性强。

3. 经济增长前景：储蓄和投资的规模及结构，经济增长率和增长模式。

较高的经济增速通常能提高财政收入，改善预算表现。持续、稳健的经济增长不仅令一国繁荣，也将促进政策的改善，后者反过来会促进体制的进一步完善。

4. 财政弹性：政府总收入、支出和盈余赤字的趋势，财政与货币及外部因素的包容性，收入增长的灵活性和效率，支出的效率与压力，财政报告的及时性，全面和透明度，退休金支付与转移支付。

5. 一般政府债务负担：总债务和净债务，收入中用于利息的支出，债务的货币和期限结构，本国资本市场的深度和广度。

6. 境外和或有债务：非金融公共企业规模及经营，金融部门的稳健性。

或有负债主要来源于一国的金融体系及政府拥有或支持的非金融实体，也是影响其财政状况的一个重要因素。

7. 货币灵活性：经济周期中的价格行为，货币和信用扩张，汇率制度与货币政策目标的相容性，机制因素如中央银行的独立性，货币政策工具的范围和效率，指数化和美元化。

对货币灵活性的分析会考查一国政府货币机制的实力，控制通胀和广义物价的历史记录，金融部门的韧性等。

8. 外部流动性：财政和货币政策对外部账户的影响，经常项目结构，资本流动结构，国际储备的充足性。

9. 外债负担：总外债和净外债，期限结构，币种构成及对利率变动的敏感性，获取优惠资金的途径，债务负担。

对本币信用状况分析的重点是政府的经济策略，特别是财政和货币政策、私有化计划、微观经济改造等。当评估外币债务的违约风险时，在对外部流动性、国际收支平衡、外债负担产生影响的指标上赋予更多的权重。因为主权一般征收本币税费，并且必须从货币市场或中央银行购买外汇，因此对外部金融分析着重于产生外汇的经济能力。标普主权信用评级的一个特点是将政治风险作为一级要素单列分析，强调政治风险要素对主权信用的影响。此外，标普将"美元化"纳入评级模型的货币灵活性要素中，这一指标把一国主权信用与美国的关系挂钩，突出了标普所认可的价值观点，即美元的国际储备货币地位和美国的全球影响力。

（三）穆迪的主权评级要素

穆迪认为主权信用评级结果由经济实力、体制实力、政府财务实力、对风险事件的敏感性四种一级要素决定。体制实力描述一国政府在制度框架构建和政策实施方面的能力，对风险事件的敏感性表明突发事件危害主权信用状况的可能性。在主权评级过程中，经济实力、体制实力组成经济弹性，经济弹性和财务实力又决定了财政实力。主权信用评级四类一级要素分别包括以下二级要素，二级要素又分别包含不同的指标项。

经济实力：动态增长，经济规模，国民收入。

体制实力：体制框架及有效性，政策可信度及效果。

财务实力：债务负担，债务可承受的能力。

对风险事件的敏感性：政治风险，政府流动性风险，银行部门风险，外部脆弱性风险。

穆迪主权评级分析一级要素的每一个子要素都包含一些定性或定量指标，例如，经济实力中的动态增长包括实际 GDP 平均增长率、经济增速波动、国际竞争力指数，国民收入包括人均 GDP（PPP）；对风险事件敏感性中的政治风险包括国内政治风险、地缘政治风险等。

（四）惠誉的主权评级要素

惠誉主权信用评级包括以下四个方面的一级要素：一是宏观经济表现和前景；二是经济结构特征，结构特征决定经济体在多大程度上能够抵抗"冲击"，分析的内容具体包括威胁宏观经济稳定的相关风险、金融部门导致的公共财政风险，以及政治风险和治理因素等；三是公共财政，包括公共债务的结构与可持续性，以及财政融资等方面；四是外部金融，这类要素一方面注重对国际贸易平衡、经常账户融资、资本流动三个方面的可持续性分析，另一方面也关注对外债规模与结构的分析。与穆迪相似，惠誉的主权信用评级方法也未将政治风险指标设置为一级要素，而是将其包含在经济结构特征中。

信用评级机构一般利用公开信息开展主权评级，有时也获得主权国家提供的信息。与其他信用评级业务一样，数据质量是主权风险分析的重要基础，更全面、准确的主权数据和更好的透明度有益于主权评级质量的提高。为了突出对数据可得性的重视，在 1997 年亚洲金融危机后，标普等评级机构在开展主权信用评级时，对主权政府财政数据的透明度和质量赋予了更多的权重。

二、主权信用评级方法

主权信用评级结果与评级分析要素之间并不存在简单的线性关系。没有一个量化模型可以将影响主权信用的众多复杂因素都考虑进去，因为根据定量因素所确定的纯模型化的方法不能完全模拟政治、经济、金融和社会等因素之间复杂的相互关系，因此对主权政府进行评级需要综合分析考虑。根据这个思想，信用评级机构形成了各自的主权信用评级方法。

（一）穆迪主权信用评级方法

穆迪主权信用评级对四类一级要素信息所包含的二级要素赋予不同的权重，采取了分步骤评级的方法，见图10.2，总体上分三个阶段进行汇总分析和评估：

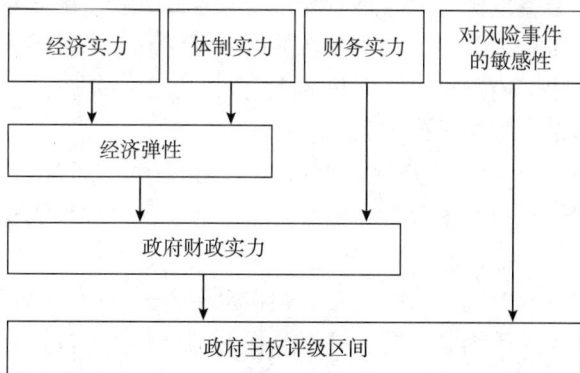

图10.2　穆迪主权评级方法模型

（资料来源：穆迪）

第一是根据经济实力和体制实力得出国家经济弹性评分，对国家经济抗冲击能力进行评估。经济实力和体制实力对于经济弹性的构成有相同的权重，这反映了对体制实力的重视，因为体制实力表明一国体制特点是否有利于支持该国的偿债能力和偿债意愿。较高的经济弹性反映了较强的体制实力、经济竞争力，从而对经济波动具有较强的抗冲击能力。某一国家抗冲击能力是指：该主权国家在面临经济、金融或政治冲击时，能够并且愿意在不对该国人民的收入和财富带来沉重负担的情况下，承担其债务的程度。

第二是根据财务实力和经济弹性得出政府财政实力评分。财务实力和经济弹性在组成政府财政实力中的权重是非线性的。在这一非线性关系下，经济弹性相对于财务实力的权重呈现两头高、中间低的关系。随着经济弹性的值从高向低变化，在确定政府财政实力时，经济弹性相对于财务实力的权重对比变化呈现凹形曲线变化，即从高到最低再逐步变高。在穆迪的分析框架中，拥有较高经济弹性和较低经济弹性的国家的信用状况不易受到政府债务指标变化的影响，并且在这些情况下确定政府财政实力时，经济弹性的权重占比要明显高。政府财政实力分析主要确定公共财政强弱程度，目的是评估政府动用资源以偿还债务的能力。

第三是根据财政实力和对风险事件的敏感性初步确定评级区间。分析政府对风险事件敏感性的主要目的是，确定债务环境是否会因为突发和极端的事件而进一步恶化，从而导致增加违约的可能性。结合政府财政实力和对风险事件敏感性初步明确主权评级区间，在此基础上，信用评级委员会根据与政府信用可靠程度相关的信息及同业比较信息，最终确定主权信用评级结果。

需要注意的是，在2013年之前，穆迪采用的是2008年9月公布的主权评级方法，旧的主权评级分析方法是：首先通过经济实力和体制实力确定国家的经济弹性，在确定经济弹性时，经济实力被认为是更重要的因素；其次通过政府财务实力和对风险事件的敏感性确定政府财政稳健性；最后根据经济弹性和政府财政稳健性决定主权信用评级区间。目前的评级模型与旧的分析模型相比，一级分析要素相同，但一级要素分析的权重、每个一级要素所包含的二级分析要素、一级要素的组合逻辑及流程等方面发生了变化。这体现了在国际金融危机，尤其是欧洲主权债务危机后，穆迪对体制实力、风险事件敏感性影响的进一步重视；也反映了在新的国际经济形势下，评级机构对主权信用评级方法的不断完善，以适应世界经济形势的变化和发展。

（二）其他评级机构的主权信用评级方法

标普主权评级模型对 9 类一级要素分别从 1（最强）到 6（最弱）进行评分，最终，每类要素的趋势和绝对水平都将在最终评级中考虑。主权评级模型没有直接用公式把不同分析要素的分值相加以获得最终级别，标普认为，主权评级的分析变量是相互关联的，对于不同的主权和时间，分析变量的权重也不是固定的。标普指出，依据主权国家的发展水平、政治挑战等因素，主权评级分析的重点存在差异，由于有时需要更多的定性分析，这也会导致主权评级的困难。

惠誉主权评级模型的主要方法是，将四大类一级分析要素的变量按照长期信用评级体系得出一个分数，在此分数基础上经信用评级委员会综合考虑，给出最终的主权评级结果。虽然本币和外币主权评级的相关币值不同，但债务人是相同的主权，因此这两个评级的评定是相互联系的。

（三）主权信用评级方法的差异

尽管评级机构在主权评级中所使用的要素和指标有较大的重叠，但对指标信息的分类不同，对要素赋予的相对权重也存在差异，这对不同评级机构和不同国家类型都是如此。例如对于固定汇率国家，国际储备水平是一个更显著的分析因素。许多研究对主权评级中每类信息要素的相对权重与最终评级的关系进行了研究。根据分析（IMF，2010），穆迪对偿付能力赋予较高的权重，惠誉和标普更多地关注偿付意愿；与其他两大评级机构相比，穆迪对债务水平赋予较高的权重，尤其是体现偿付能力的相关官方国际储备和其他主权资产。表 10.3 是穆迪主权评级要素权重设置，其中每个二级要素还包括一些更具体的三级分析要素，例如，经济实力的动态增长包括实际 GDP 平均增长率（体现了经济增长速度，占子要素权重的 50%）、实际 GDP 增长率的标准差（即经济增速的波动，占子要素权重的 25%）、世界经济论坛全球竞争力指数（即国际竞争力指数，占子要素权重的 25%）；对风险事件敏感性的政治风险包括由国内政治不稳定产生的风险和地缘政治风险。

表 10.3   穆迪主权评级要素权重

评级一级要素	评级二级要素	二级要素权重（针对一级要素）
经济实力	动态增长	50%
	经济规模	25%
	国民收入	25%
	调整因素（信贷繁荣）	1~6 分

评级一级要素	评级二级要素	二级要素权重（针对一级要素）
体制实力	体制框架和效果	75%
	政策可信度和效果	25%
	调整因素（违约记录）	1～6分
财务实力	债务负担	50%
	债务可承受能力	50%
	调整因素（债务趋势、政府外币债务、其他公共部门债务、公共部门财政资产或主权财富基金）	1～6分
对风险事件的敏感性	政治风险	最大值函数
	政府资金流动性风险	最大值函数
	银行部门风险	最大值函数
	外部脆弱性风险	最大值函数

说明：最大值函数是指，一旦评级二级要素所包含的某个风险领域导致了一个更高风险的评估，在确定该子要素风险评分时，对风险事件的整体敏感性就被记录到这个更高的水平。

资料来源：穆迪，2013。

除了评级要素分类和权重存在不同外，每个评级机构的主权评级模型也存在不同的目标侧重点。标普主权评级关注于对违约概率的前瞻性预估。由于在 2007 年 6 月推出了主权挽回评级，因而标普表示，对于大多数投机级评级，现在在某种程度上也包括了回收前景。穆迪评级的重点是预期损失率，预期损失是预计违约发生后违约概率和预计回收率的函数。惠誉对发行人评级以违约概率为基础，对债务工具评级则以预期损失率为基础。

三、信用评审委员会和同业分析

由于经济、政治等因素的非量化原因，主权信用评级不能通过模型进行直接的量化决定，也不能仅对信息要素的权重进行简单确定分析，因此，在主权信用评级的决策方法中，需要对主观和客观因素进行综合评定，最终由信用评审委员会根据相关信息分析讨论后投票决定。可以说，信用评审委员会成为主权信用评级决策中的重要平台。

信用评审委员会一般由对不同行业、不同地域评级的具有丰富经验的高级分析师和专家组成。为了避免在主权评级中出现地域性或行业性的歧视，以使评级方法和标准的一致性得到保证，在不同行业和地域开展评级的分析人员的同行经验需要进行融合和弥补，因此，信用评审委员会在挑选组成人员时将考虑地域和行业的覆盖性。在信用评审委员会讨论分析时，也将对不同地域和时间发布的主权信用评级结果进行比较，以获得主权评级的风险序列的一致性和可比性，比如，惠誉表示，主权评级应确保时间和国家间的一致性，在时间一致性方面，要区分周期性和结构性影响因素。

由不同评级小组、部门和地区的人员组成信用评审委员会的另一个原因是为了减少利益冲突。国际金融危机爆发后，为了减少在评级中可能存在的利益冲突等问题，一些评级机构采取措施进一步拓宽了评审委员会的代表范围。在避免利益冲突的规定方面，欧盟和一些国家在国际金融危机后制定的评级法规中开始要求评级机构采取定期轮换机制，包括分析师轮换和评级机构轮换两个层次。但实施这种轮换机制也需要注意谨慎平衡，以避免丧失信用评级的一致性要求（IMF，2010）。

四、主权信用评级符号

穆迪、标普和惠誉的主权评级符号使用的是国际信用评级符号体系，表10.4是这些评级机构的长期主权评级符号对比。其中，标普和惠誉的符号基本相同，但标普可对AA至CCC级别通过增加"＋、－"进行细分，而惠誉则可对AA至B级别用"＋、－"进行细分；穆迪的符号与其他两家不同，并且除Aaa、Ca、C外，通过数字1~3进行评级级别细分。

表10.4　　　　　　　　　　　　　长期主权评级符号

		标普	惠誉	穆迪
投资级		AAA	AAA	Aaa
		AA＋	AA＋	Aa1
		AA	AA	Aa2
		AA－	AA－	Aa3
		A＋	A＋	A1
		A	A	A2
		A－	A－	A3
		BBB＋	BBB＋	Baa1
		BBB	BBB	Baa2
		BBB－	BBB－	Baa3
投机级		BB＋	BB＋	Ba1
		BB	BB	Ba2
		BB－	BB－	Ba3
		B＋	B＋	B1
		B	B	B2
		B－	B－	B3
		CCC＋		Caa1
		CCC	CCC	Caa2
		CCC－		Caa3
		CC	CC	Ca
		C	C	
违约		SD	RD	C
		D	D	

资料来源：标普、穆迪、惠誉。

标普在 1999 年 1 月对符号体系增加了 SD，表明发行人的选择性违约。当发行人处于总体违约时，标普用 D 标识，标普对债务工具的违约也用 D 标识。惠誉对违约用 RD 和 D 评定。穆迪用 Caa 至 C 评定违约风险，这些评级级别分类应用于债务处于高风险的情况，其中 C 级为实质违约。

图 10.3 是 2010 年年末穆迪主权评级和公司评级级别占比分布。可以看到，在 Aa 级及以上，主权评级数量占比高于公司评级数量占比；在 Caa – C 级别，公司评级的数量占比远高于主权评级数量占比。此外，公司评级数量占比基本呈 Baa 和 B 为中枢的双峰正态分布，但主权评级占比分布的规律性不强。

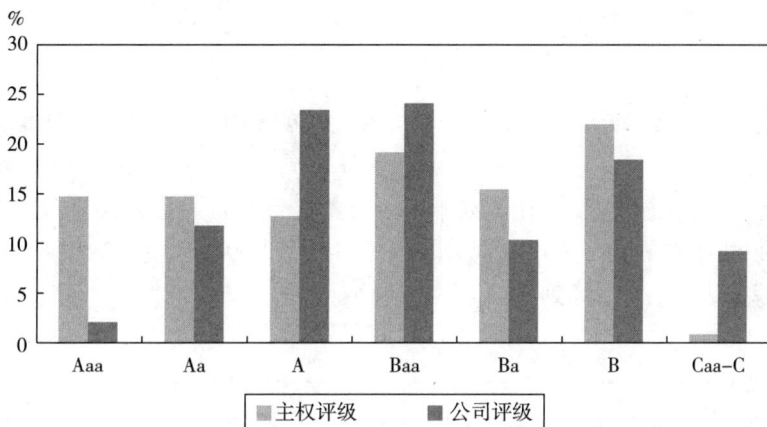

图 10.3　2010 年年末穆迪主权和公司评级分布

（资料来源：穆迪）

第三节　主权信用评级的质量分析

一、主权信用评级的一般性表现

（一）稳定性表现

根据同一评级机构的数据分析，与公司信用评级相比，主权信用评级结果的稳定性一般也与级别成正向关系，即高信用级别比低信用级别更稳定。图 10.4 对穆迪主权评级和公司评级 1983～2018 年平均一年期级别迁移率稳定性进行了对比，图中为考察期内各级别被评主体未发生级别变动的比率，即等级迁移矩阵的对角线数据。可以看出，除了 B 级别，主权信用评级的级别越高，级别的稳定性越好；并且，主权信用评级一般比公司信用评级在各级别的稳定性更强。

主权信用评级的评级范围自 20 世纪 80 年代以后不断扩大，主权信用评级的级别也从集中于高等级向低等级扩散。图 10.5 是穆迪在 1983～2010 年的主权评级具有投资级和投机级级别占比的历史变化。在 1983 年，投资级的穆迪主权信用评级数量占比为

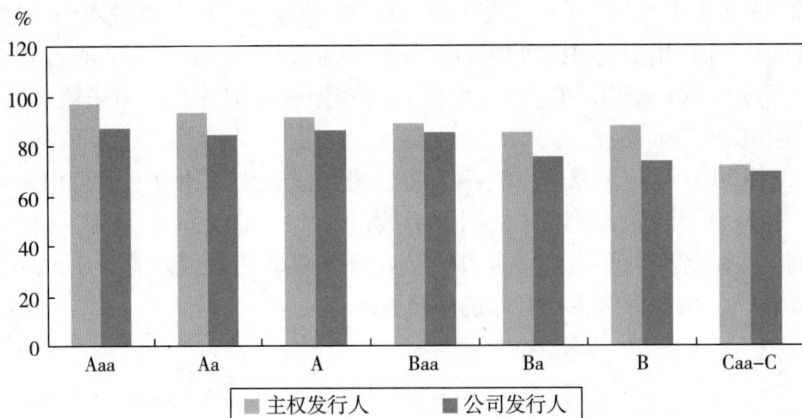

图 10.4　主权评级和公司评级平均一年期级别迁移稳定性对比（1983～2018 年）
（资料来源：穆迪）

100%，此后，投资级别数量占比不断下降，投机级别数量占比不断上升；到 2000 年，投资级别和投机级别的数量占比分别为 62% 和 38%；2005 年，投资级别数量占比略有上升，但到 2010 年，又下降到 61%。

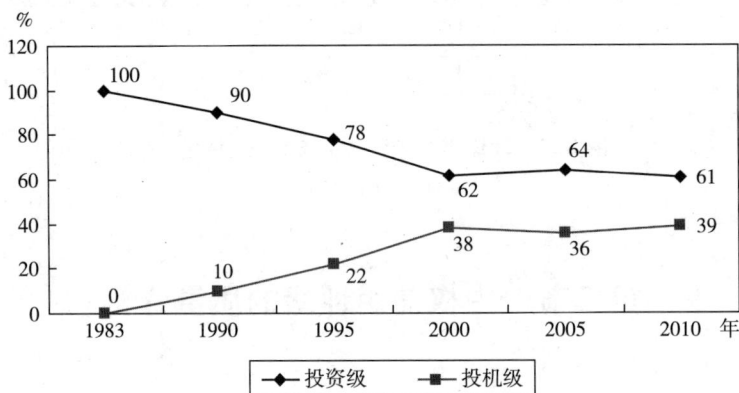

图 10.5　穆迪 1983～2010 年度主权评级级别占比分布
（资料来源：穆迪）

　　总体上，不同评级机构对同一主权的信用评级普遍存在差异。根据分析，穆迪和标普的主权信用评级的差别显示出以下特征：一是高投资级别（AA/Aa 或以上）相同程度较高；二是对于低质量主权的信用评级级别差异量明显增加，与高投资级别相比，投机级的评级级别相同的数量比例降低超过 2 倍；三是针对投机级的评级，主权信用评级比公司信用评级的差异性更加显著（Cantor & Packer，1995）。

　　以上三方面的差异体现了对主权信用风险进行评级的不确定性。主权信用评级的大量主观定性因素和评级人员的经验水平是造成这些评级级别差异的重要原因。这也表明，评估主权信用风险比评估公司信用风险更困难，因为在主权信用评级中，评级机构不但要考虑影响偿付能力的因素，还要充分考虑影响偿付意愿的因素，例如政治体制的稳定性、社会和经济的凝聚力、融入世界经济体系的程度等。对于这些主观定性因素的评估和权重设置的标准，不同评级机构必然存在差异性。

（二）违约率表现

信用评级机构对主权信用评级违约的定义具有相似性。穆迪对主权信用评级违约的定义为，对于主权国家的任何一种评级债务（国内货币计价或国外货币计价），主权国家有以下任何一种行为都视作违约：1. 债券发行人没有履行或者延期履行利息或本金的支付义务，包括在宽限期内的延期支付。2. 发生了不利于债权人的交换：（1）发行人提供给投资人一种新的承担较少金融义务的金融证券或打包证券，如具有较低息票或票面价值的债务工具，用以交换具有较多金融义务的原始债务。（2）这种交换有明显的帮助借款人避免更严重违约事件的意图，如不履行利息或本金的支付义务。

标普对主权信用评级违约的定义为，当发生下列任何一种情形，则视作主权违约：1. 对于中央政府发行且非公共部门持有的本币、外币债券和票据，中央政府没有按期履行债务支付义务，或者发生不利于债权人的交换，比如用含有较少收益条款的新债务替代原债务；2. 对于以中央银行发行货币计价的票据，将其转换成票面价值较低的以一种新货币计价的票据；3. 对于银行贷款，中央政府没有按时履行债务支付义务，或与银行债权人协商，以债权人减少收益条款的条件，对本金和利息重新安排，即使出于法律上和监管上的原因，债权人自愿接受这种重组。

主权信用评级违约是对代表主权国家或经济体的中央政府或中央银行所发生的违约行为的定义。与一般公司信用评级的违约定义相似，标普、穆迪、惠誉等评级机构对主权信用评级违约的定义具有两个共性：一是没有在约定期限内偿还利息或本金；二是对债务进行重组、交换或其他形式重建，这种形式又被称为限制性违约。但是，主权信用评级违约的定义中没有破产的内容，这是与一般公司评级违约定义的重要差异。

历史数据显示，整体上，随着信用级别下降，主权违约率升高；但是与一般公司信用评级相比，相同信用级别的主权违约率较小。表 10.5 是惠誉和穆迪的主权信用评级平均一年期违约率的比较，两个评级机构的主权评级违约率在投资级都为 0；而在投机级别范围，随着级别降低，违约率急剧升高。需要注意的是，统计分析结果可能会受到主权信用评级数量和违约数量较少的影响。

表 10.5　　　　穆迪（1983～2018 年）和惠誉（1995～2018 年）
主权评级平均一年期违约率比较

惠誉		穆迪	
级别	违约率（%）	级别	违约率（%）
AAA	0.0	Aaa	0.0
AA	0.0	Aa	0.0
A	0.0	A	0.0
BBB	0.0	Baa	0.0
BB	0.27	Ba	0.506
B	1.09	B	2.619
CCC－C	27.7	Caa－C	11.709

资料来源：惠誉、穆迪。

二、主权信用评级的信息价值

研究表明，主权信用评级级别与市场价格信号有紧密的联系。较高的主权信用评级级别意味着较小的信用利差，并导致较低的融资成本。而较高的信用利差和融资成本可能产生通胀风险、政治不稳定等影响。康托等人（Cantor 和 Packer，1996）发现，主权信用评级可以在相当程度上解释主权债券收益率，当主权信用评级降低时，主权债券收益率将上升，这也意味着利差增加，如图 10.6。图中样本国家或经济体是 1995 年 9 月被穆迪和标普都评级的 35 个国家或经济体，利差是样本国家或经济体的欧洲美元债券与美国国债的收益率差值。可以看到，在主权信用评级级别低于 A 后，主权债券比同级别的美国公司债券的信用利差要高。

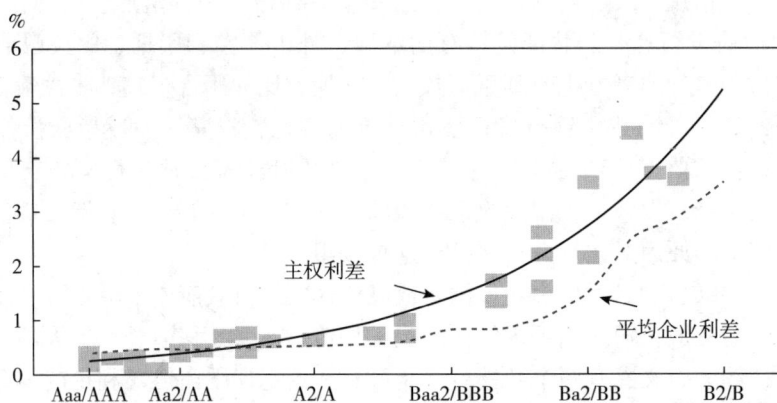

图 10.6　主权债券收益率与主权评级的关系（1995 年 9 月 29 日）

（资料来源：Cantor & Packer，1996）

康托等人（Cantor 和 Packer，1996）认为，主权信用评级有效地总结和补充了包含在宏观经济指示变量的信息，因此与市场决定的信用利差具有强相关性。主权信用评级的级别变动、评级观察或评级展望的宣布将导致现有利差的变动，其中，评级级别宣布对投机级的主权的影响要显著于投资级的主权。如果一个评级机构的评级级别宣布确认了以前或其他评级机构的评级声明，那么评级级别宣布产生的市场影响将更大。

国际货币基金组织通过利差分析认为，主权信用评级的确对金融市场产生了影响，但更多的是通过信用警告，如评级展望、评级观察，而不是实际的评级变化。然而，当跨过投资级别门槛时，实际评级变化将对市场产生重要影响，这也成为支持降低评级依赖的改革的证据，因为这些"认可"效应并没有完全反映新信息的影响。但国际货币基金组织也认为，通过实证显示，评级机构对主权违约风险的排序非常准确，即违约一般聚集在低评级级别，尤其是在短期时间窗口内（IMF，2010）。

阿雷兹基等（Arezki 等，2011）对欧洲债务危机研究显示，主权评级降级在统计和经济上都具有跨国和跨金融市场的显著溢出效应。相对大的经济体接近投机级的级别下调，将对整个欧元区产生系统性溢出效应；在银行监管、CDS 合约和投资限制等存在的评级扳机，是造成这些溢出效应的重要原因。费里等（Ferri 等，1999）研究显示，主权评级的顺周期性可能加剧了亚洲金融危机，这是因为评级机构给定性判断赋予了超过经济基本面的更大权重；在危机后，评级机构也变得更保守了。

理论上，由于主权信用评级与市场价格的关系，主权信用评级可以产生逆周期效应，利用这种效应可以减少市场的波动幅度（李建军等，2012）。然而，实际信用评级总是伴随着顺周期效应。随着全球经济特别是金融一体化程度的提高，各国之间的依赖性显著提高，金融资本受主权评级等因素影响在各国之间的流动也更加频繁，因此，应加强逆周期调节和国际间合作，防范危机恶化发展。

三、主权信用评级在经济危机中的表现和不足

在亚洲金融危机和国际金融危机中，评级机构的表现备受指责：危机发生前没有预警危机的出现，危机爆发后，过度反应导致急剧降低评级级别，产生的顺周期效应进一步恶化了经济环境。此外，危机末期评级机构没有正确地反映各国和地区对危机治理的措施和努力。虽然信用评级机构往往声称评级方法是穿越周期的，但在亚洲金融危机和国际金融危机中，评级机构的主权评级显示出极大的不稳定性。

由于违约数据较少，制约了违约率检验等准确性检验方式在主权信用评级中的应用，在这里主要利用稳定性检验对主权信用评级在危机中的表现进行分析。任何级别的调高或降低的变动都标志原先发布的评级已经与实际情况不相适应，遵循这个原则，可以认为评级不稳定性如果超过一定的限度，应被看作评级失败，这也是前面章节中稳定性检验的大级别变更率的核心思想。在此定义评级失败为：在 12 个月内级别被降低或调高超过 3 个或 3 个以上的细分级别。从实际角度看，超过限度的快速级别变动将造成对脆弱市场的不稳定性冲击。

（一）亚洲金融危机中的评级质量

1997 年 7 月，泰铢发生危机，7 月 2 日，泰国决定放弃固定汇率，实行浮动汇率制，亚洲金融危机爆发。但穆迪与标普给予泰国的主权信用评级仍为 A 级，直到 12 月才加以调整，同样的事情也发生在印度尼西亚和马来西亚的信用评级上。在泰铢波动的影响下，菲律宾比索、印度尼西亚盾、马来西亚林吉特相继成为国际炒家的攻击对象，最后包括新加坡元在内的东南亚货币相继失守，这场危机迅速波及日本、韩国、菲律宾、马来西亚、印尼、俄罗斯等国家和地区。危机发生前，国际三大评级机构并没有发出清晰的预警。危机发生后，信用评级机构不断发布信用评级下调的消息，加剧了国际资本流出并助长了恶性循环，成为推进危机的加速器，见表 10.6。

表 10.6　　　　　　　　亚洲金融危机中标普、穆迪的信用评级表现

时间/国家	失败评级（日期）	更正评级（日期）	调整幅度
标普			
1997：泰国	A （1997 – 09 – 03）	BBB – （1998 – 01 – 08）	4 ↓
1997：印度尼西亚	BBB （1997 – 10 – 10）	B – （1998 – 03 – 11）	7 ↓
1997：韩国	AA – （1997 – 10 – 24）	B + （1997 – 12 – 22）	10 ↓
1997：马来西亚	A + （1997 – 12 – 23）	BBB – （1998 – 09 – 15）	5 ↓
1998：韩国	B + （1998 – 02 – 18）	BBB – （1999 – 01 – 25）	4 ↑

续表

时间/国家	失败评级（日期）	更正评级（日期）	调整幅度
穆迪			
1997：泰国	A2（1997 – 04 – 08）	Ba1（1997 – 12 – 21）	5↓
1997：韩国	A1（1997 – 11 – 27）	Ba1（1997 – 12 – 21）	6↓
1997：印度尼西亚	Baa3（1997 – 12 – 21）	B3（1998 – 03 – 20）	6↓
1997：马来西亚	A1（1997 – 12 – 21）	Baa2（1998 – 09 – 14）	4↓
1998：俄罗斯	Ba2（1998 – 03 – 11）	B3（1998 – 08 – 21）	4↓

资料来源：Elkhoury，2008；Bhatia，2002.

1997 年 11 月中旬，金融危机蔓延至韩国。11 月 17 日，韩元对美元的汇率跌至创纪录的 1008∶1；11 月 21 日，韩国政府向国际货币基金组织求援。到了 12 月 13 日，韩元对美元的汇率又降至 1737.60∶1。而穆迪到 12 月 21 日才将韩国的主权信用等级下调 6 个子级至 Ba1 级，标普到 12 月 22 日才将韩国主权信用评级从原来的 AA – 急速调降到 B +，一天内调低韩国主权评级 10 个子级。其后标普又在 1999 年上调韩国 4 个子级至 BBB – 级。

汇总统计看，在亚洲金融危机中，三大评级机构的主权评级显示出极大的不稳定性，比如，三家评级机构都对韩国的主权评级进行了调整，级别级差的均值为 – 9，最大的级差达 – 12，最小的也达到 – 6；三家评级机构对印尼、马来西亚、泰国的主权评级调整的级差均值也分别达到 – 6、– 5、– 5。这表明尽管主权评级模型不同，但三大评级机构之间存在级别跟随的情况，这些评级机构的主权评级显示了高度的关联性。如果一个评级机构的评级失败导致其他评级机构的评级失败，则羊群效应进一步增强，可能加深投资者的恐慌心理，放大市场的波动性。表 10.7 中的负值表示主权级别调低的级差，正值表示调高的级差。级差是指调整后与调整前的细分级别差值。

表 10.7　　　　　　　　1997～1999 年亚洲金融危机中的主权评级统计

国家	主权评级的级别级差			评级机构数
	均值	最大	最小	
印尼	– 6	– 7	– 6	3
韩国	– 9	– 12	– 6	3
韩国	5	6	4	2
马来西亚	– 5	– 5	– 5	2
罗马尼亚	– 3	– 3	– 3	2
俄罗斯	– 4	– 5	– 3	3
泰国	– 5	– 5	– 4	2
委内瑞拉	– 3	– 3	– 3	1

说明：1. 韩国在 1997 年 10 月至 12 月被惠誉和标普降级；在 1998 年 2 月至 1999 年 1 月又被升级。

2. 不包括降级或升级进入、移出 CCC/Caa 及以下级别，也不包括在 CCC/Caa 及以下级别区间的变动。

资料来源：IMF，2010；Bhatia，2002。

（二）国际金融危机中的评级质量

2007 年美国次贷危机爆发，受此影响，欧洲随后爆发了主权债务危机。欧债危机的开端是冰岛的金融危机。冰岛 1997 年以后金融监管宽松，金融机构快速扩张，金融杠杆高企，在次贷危机的冲击下引发了金融危机。2009 年 10 月 20 日，希腊政府突然宣布 2009 年的财政赤字占 GDP 的比例将超过 12%，大大超出欧盟允许的警戒线水平 3%，随后葡萄牙政府也宣布 2009 年的财政赤字将可能高达 8%，欧洲主权债务风险逐步暴露。从政府债务水平来看，在次贷危机后欧洲政府债务水平全面上升。2007 年欧元区政府债务与 GDP 之比为 67%，但自 2008 年开始，政府债务占比逐年攀升，2009 年达到 82%。

2009 年 12 月，惠誉、标普和穆迪三大信用评级机构先后下调了希腊的主权信用评级。12 月 8 日，惠誉率先将希腊主权信用级别由 A－下调至 BBB＋，同时将希腊的前景展望调整为负面；12 月 16 日，标普将希腊的长期主权信用评级由 A－下调为 BBB＋；12 月 22 日，穆迪将希腊短期主权信用级别由 A1 下调至 A2 级。连续的主权信用级别下调不仅使希腊陷入了政府融资成本被抬高的困境，而且对存续债券造成了极大的减值压力。2010 年 4 月 27 日，标普将希腊的长期主权信用评级由 BBB＋下调 3 个子级别至 BB＋，评级展望为负面，短期主权信用由 A－2 降至 B，评级展望调整为负面。至此希腊成为了自欧元启动以来，第一个长期主权信用评级被评为垃圾级的欧元区国家，见表 10.8。

表 10.8　　　　　　　　　　　希腊主权信用级别下调过程

惠誉		标普		穆迪	
评级日期	评级	评级日期	评级	评级日期	评级
2004－12－16	A 稳定	2004－11－17	A 稳定	2002－11－04	A1
2007－03－05	A 正面	2009－01－09	A 关注降级	2009－10－29	A1 关注降级
2008－10－20	A 稳定	2009－01－14	A－稳定	2009－12－22	A2
2009－05－12	A 负面	2009－12－07	A－关注降级	2010－04－22	A3 关注降级
2009－10－22	A－负面	2009－12－16	BBB＋关注降级	2010－06－14	Ba1
2009－12－08	BBB＋负面	2010－03－16	BBB＋负面	2010－12－16	Ba1 关注降级
2010－04－09	BBB－负面	2010－04－27	BB＋负面	2011－03－07	B1
2010－12－21	BBB－关注降级	2010－12－02	BB＋关注降级	2011－05－09	B1 关注降级
2011－01－14	BB＋负面	2011－03－29	BB－关注降级	2011－06－01	Caa1
2011－05－20	B＋关注降级	2011－05－09	B 关注降级	2011－07－25	Ca
2011－07－13	CCC	2011－06－13	CCC 负面		
		2011－07－27	CC 负面		

注：文字为评级展望。

资料来源：Wind，新世纪评级整理。

希腊的救助计划落实后，国际三大评级机构并没有就此暂停调级行动。随后爱尔兰、葡萄牙、西班牙也遭到降级，危机逐渐蔓延到欧洲其他国家，并且伴随着进一步的主权评级展望、观察和实际降级，欧洲债务危机不断加深，商业银行评级也不断被下调，融资成本提高，直接威胁到欧元稳定的基础。2010 年 4 月 27 日，标普将葡萄牙的长期主权信用从 A＋下调 2 个子级别至 A－，评级展望为负面。同年 5 月 5 日，穆迪将葡萄牙 Aa2 级主权信用评级列入负面观察名单。5 月 6 日，穆迪发布报告称希腊债务危机可能扩散至欧洲多国银行业，其中葡萄牙、西班牙、爱尔兰和英国将是最易发生危机的几个国家。5 月底，惠誉宣布将西班牙的主权评级从 AAA 级下调至 AA＋级。至此希腊主权债务危机演变成欧洲主权债务危机，欧元连续出现暴跌，欧洲股市也大跌。

2010 年 5 月，欧盟联合 IMF 推出规模为 7500 亿欧元的庞大救助机制以稳定市场。而 2010 年 8 月，标普下调爱尔兰主权信用评级 AA－至 A－。2010 年 11 月，爱尔兰正式向欧盟申请援助，贷款总规模 850 亿欧元。

在此次欧债危机中，一般认为评级机构的总体表现糟糕，其评级的独立性、有效预警作用备受质疑，而且评级加剧了宏观经济的周期性波动，敏感时期的评级调整更加大了经济金融系统的不稳定性。表 10.9 是 2007～2010 年国际金融危机中的主权评级失败统计。表中的负值表示主权级别调低的级差，正值表示调高的级差。级差是指调整后与调整前的细分级别差值。可以看出，在 2007～2010 年，标普、穆迪、惠誉三家评级机构对表中国家的主权评级的稳定性较差，比如，三个评级机构都存在级别调整的希腊、冰岛和拉脱维亚，级别级差的均值分别达到 －5、－6 和 －4。其中，冰岛经历了两次降级，在 2008 年 5 月至 2008 年 12 月被降级，在 2008 年 12 月至 2009 年 11 月又被降级。

表 10.9　　　　　　　　国际金融危机的主权评级（2007～2010 年）

国家	主权评级的级别级差			评级机构数
	均值	最大	最小	
希腊	－5	－6	－4	3
冰岛	－6	－7	－5	3
冰岛	－5	－5	－5	1
爱尔兰	－3	－3	－3	1
拉脱维亚	－4	－4	－3	3
立陶宛	－3	－3	－3	1
圣马力诺	－3	－3	－3	1

说明：1. 冰岛经历了两次降级。

2. 不包括降级或升级进入、移出 CCC/Caa 及以下级别，也不包括在 CCC/Caa 及以下级别区间的变动。

资料来源：IMF，2010。

进入 2011 年，随着葡萄牙财政紧缩政策受挫，葡萄牙的债务出现风险，而持有葡萄牙三分之一公共债务的西班牙受其影响，市场恐慌加剧。国际三大评级机构再次进行大规模的调级行动。2011 年 3 月 24 日，惠誉将葡萄牙的长期外币和本币发行人违约评级由 A＋下调至 A－，将该国短期发行人违约评级由 F1 下调至 F2，并将这两项评级列入负面观察名单中。同日标普将葡萄牙长期主权信用评级从 A－下调 2 个子级别至 BBB，而仅仅 5 天之后，3 月 29 日标普再次将葡萄牙的主权信用评级下调至 BBB－。

2011 年 9 月，标普将意大利主权债务评级从 A＋调至 A，评级展望为负面。2011 年 10 月 13 日，标普将西班牙长期主权信用评级由 AA 下调至 AA－，评级展望为负面。2011 年 11 月 24 日，惠誉也将葡萄牙主权信用评级由 BBB－下调至 BB＋。2011 年 11 月 25 日，标普将比利时主权信用评级从 AA＋下调至 A。此外，2011 年 10 月，穆迪一次性下调了 12 家英国金融机构的评级，导致伦敦市场银行类股下跌。如将苏格兰皇家银行（RBS）的评级下调 2 个级别，从 Aa3 下调至 A2；将莱斯银行（Lloyds）的评级下调 1 个级别，从 Aa3 调整为 A1。

　　2011 年 11 月下旬，穆迪对英国、法国的主权评级发出警告。2011 年 12 月 5 日，标普将包括德国和法国在内的 15 个欧元区国家的主权信用评级列入负面观察名单。2012 年，法国和奥地利被降级，德国、荷兰和卢森堡的主权信用评级展望也从稳定调为负面。2012 年 1 月 13 日，标普下调欧元区 9 个国家的主权信用等级，给欧洲各国的债务融资带来冲击，见表 10.10。其中，法国、奥地利首次丧失 AAA 评级，马耳他、斯洛伐克、斯洛文尼亚被下调了 1 个级别，意大利、西班牙、葡萄牙、塞浦路斯被下调了 2 个级别。在欧元区 17 个国家中，只有德国、荷兰、芬兰、卢森堡四国还保持着 AAA 等级。2012 年 2 月 14 日，穆迪下调意大利、葡萄牙和西班牙三国的主权信用评级，并将法国、英国和澳大利亚这三个拥有 AAA 主权信用评级的国家列入负面观察名单。2012 年 4 月 26 日，标普再次将西班牙的长期主权信用评级下调了 2 个等级，从 A 下调至 BBB＋，评级展望为负面。

表 10.10　　　　2012 年 1 月 13 日标普下调欧元区 9 国的长期主权信用评级

国家	调整前	调整后	调整幅度
塞浦路斯	BBB	BB＋	2
意大利	A	BBB＋	2
葡萄牙	BBB－	BB	2
西班牙	AA－	A	2
奥地利	AAA	AA＋	1
法国	AAA	AA＋	1
马耳他	A	A－	1
斯洛伐克	A＋	A	1
斯洛文尼亚	AA－	A＋	1

资料来源：公开资料，东方金诚整理。

　　客观分析，欧债危机是欧洲自身经济结构、政策体制、人口福利等问题日积月累的结果，受次贷危机和评级机构推波助澜等因素影响使问题逐步恶化。评级机构密集下调主权评级，降级从冰岛、希腊、爱尔兰等国家扩大到意大利、英国等欧盟核心国家，政府债务危机传导至银行和社会等方面。从欧债危机的发展来看，评级机构没有及时预警，在欧盟和国际货币基金组织（IMF）出台救助方案之后，评级机构依然继续降低欧洲各国的主权评级，客观上加剧了金融市场的动荡。

　　在欧洲主权危机的影响下，各方进行了反思，促使欧元区制度框架发生了重大变化。当前的经济和货币联盟需要在真正的金融一体化方面取得进展，完善财政稳定机制与危机管理工具，协调监管安排与中央银行决议的一致性（帕布罗，2019）。值得注意的是，在欧债危机中频繁调降欧盟成员国主权信用级别的国际三大评级机构，在次贷危机后相当长的时期内，并没有调降美国主权信用级别，仅有标普于金融危机后第四年即2011年将美国的长期评级从 AAA 调降到 AA＋，穆迪与惠誉则只是将展望从稳定调整至负面或关注。

四、主权信用评级的发展完善

主权信用评级在危机中的质量检验表明，主权信用评级方法存在不足，并且可能存在信息风险、利益冲突等问题。实际上，主权信用评级自出现后，其评级方法和模型一直处于不断完善的过程中，经济危机进一步促进了评级机构对主权评级方法的完善进度。例如，标普主权信用评级一级分析要素的分类数量多次变化调整，在1997年4月、2002年4月和2008年5月发布的主权评级方法中，一级要素的数量分别为8个、10个和9个。

亚洲金融危机后，评级机构对主权信用评级方法进行了重要的检查和改变。惠誉调整了评级方法，其中重要的一点是：对具有较高短期外债比例的国家进行更严密的监控，即使该国的总债务水平是适度的。标普也提高对外债的关注度，包括私人部门外债和或有债务，并引入国际流动性、或有负债等要素。

国际金融危机又一次引发对主权评级方法的修改和完善。标普于2011年6月发布了主权评级方法修订报告，认为2008～2009年是欧盟建立以来首次全局性的衰退，作为货币联盟中的国家，其外部环境和财政绩效具有特殊的重要性，因而主权评级方法也应充分考虑到这一点。穆迪也在2013年对评级方法和分析流程进行了较大的调整。2019年6月12日，穆迪更新主权评级方法。更新后的方法仍然基于经济实力、机构和治理实力（现有的体制实力）、财政实力和对风险事件的敏感性四大要素进行主权信用评级，主要有以下四个方面的变化：一是将一些定量指标替换为以定量信息为基础的定性指标，以此提高定性判断的透明度；二是剔除部分重叠指标，增加调整因素的透明度；三是调整部分评分范围和评分子因素的权重；四是修改评分因素及评分表，确保评分命名与其他方法中的命名保持一致，如将从"非常高（＋）"到"非常低（－）"的15分评分表替换为由 α 和字母数字组合的8分至20分评分表。可以预见，随着全球政治、经济的发展，主权信用评级的方法论和假设仍将不断地适时调整和完善，以适应不断变化的国际经济和政治环境。

我国主权评级市场起步较晚，2011年5月大公首次发布50个国家及地区的主权评级结果，标志着国内机构的主权评级业务正式展开。近些年，我国开展该项业务的评级机构数量不断增多，例如大公、中诚信、联合、中证鹏元等，但我国评级机构的主权评级在市场上的影响力很低，并未获得广大投资者的关注和认可。

第十一章 结构化
金融产品评级方法及分析

结构化金融产品评级是发展非常迅速的评级业务，也已成为评级机构的重要盈利产品。在国际金融危机中，结构化金融产品评级一度被认为是万恶之源。本章将对结构化金融产品的发展及其评级技术进行深入分析，并对这种评级业务进行评级质量检验，对其特点和不足进行分析。

第一节 结构化金融产品的发展和特点

一、结构化金融产品概述

（一）资产证券化的概念和分类

结构化金融产品往往被认为与资产证券化（或称为资产支持证券化）是一个事物的两种表述，但实际上，这两个概念所表示的对象既有联系而又不完全相同。

资产证券化是更广泛的概念。资产证券化是用来创造资产支持证券的过程，也是一项融资技术，其中金融资产被集中成资产池，并转化为可在金融市场出售的融资工具，这些融资工具被称为资产支持证券。资产证券化是 20 世纪金融市场的重要创新。在基本的资产证券化过程中，一个实体（通常是金融机构）发起或购买一项金融资产池，如多项抵押贷款，然后发行由这些金融资产作为支持的证券；或者该实体出售该金融资产，将金融资产置于一个专门设立的投资机构，让该机构发行由这些金融资产作为支持的证券。资产支持证券的偿付主要依赖于基础资产池中产生的现金流。对资产支持证券可能设定其他权利旨在保证对证券的及时偿付，这些措施通常称为对资产支持证券的信用增级。一般认为，构成资产池的资产的流动性较差。

对以上的描述可概括为：资产证券化是指将贷款、抵押品或其他债务工具等缺乏流动性、但具有可预期收入的资产打包形成基础资产池，通过对其风险和现金流进行结构性重组和信用增级，将资产池的预期现金流转换为可出售的证券产品的过程。由于证券化过程涉及了贷款的发起和最终的证券分销，因此这一过程也被称为发起—分销的商业模式。

资产证券化有两种基本类型：一是过手证券化，也称为转手证券化。在过手证券化中，发行人将一系列资产形成资产池，然后发行以资产池产生的现金流为支持的债券。

这种债券结构将抵押贷款资产池的还款按购买债务的比例，转手支付给债券的投资人，发行人或信托等并没有对产生的现金流进行重组、分类等设计，因此称之为过手证券化。由此，通过过手证券化发行的债券的性质是相同的，每个投资者按照投资债券的数量多少，对底层资产拥有不同比例的追索权。过手债券具有结构简单的特点：首先，抵押贷款等资产被打包成资产池，不做其他设计；其次从资产池收到的利息和本金支付，在扣除服务费后，按份额比例转付给投资者；最后资产池的各种风险由投资者无差别地承担，并且债券期限单一①。二是分层证券化。分层证券化具有更复杂的结构，在形成资产池后，发行人创建不同类型的债券分层，根据分层级别的高低，这些不同的分层债券对底层资产池拥有不同优先级的追索权。由于资产池的现金流在支付给投资者前被进行了重组、分类，实现分层的结构化设计，故这种债券被称为分层证券化。

（二）结构化金融产品及其基本分类

1. 结构化金融产品的分类

结构化金融产品是分层证券化的金融产品，其种类众多，不同的研究对其分类也不一致。一般地，根据基础资产的类型不同，结构化金融产品可分为狭义资产证券化工具（狭义 ABS）、抵押支持证券（MBS）和债务担保凭证（CDO）等。见图 11.1。

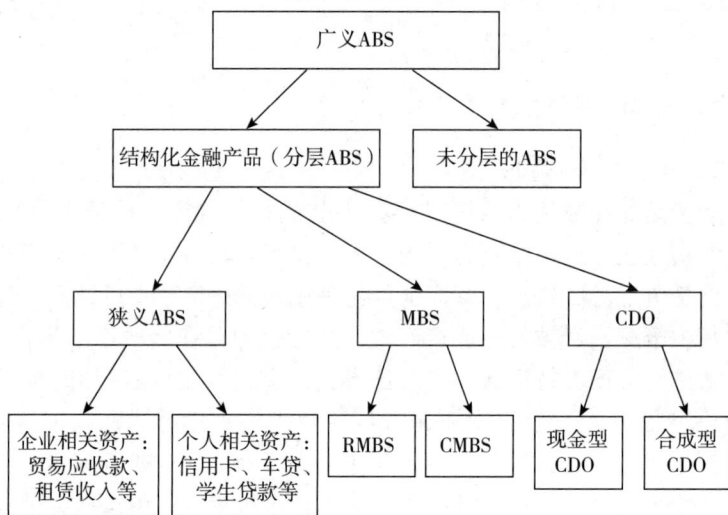

图 11.1　结构化金融产品分类

狭义 ABS（狭义的资产支持证券）的基础资产包括以汽车贷款债权、信用卡应收账款、租赁合约租金等资产支持的分层证券化的债券。

所谓抵押负债是设置有抵押品的负债，在这种负债中，债务人赋予债权人对抵押资产的留置权，当出现债务人未及时清偿债务时，债权人可以出售抵押资产来偿还债权人的本金和利息。抵押贷款是一种以一些特定不动产做抵押品的贷款，如果借款人违约，贷款人有权扣押资产以确保债务被偿付。抵押贷款支持证券是将商业银行等抵押贷款机

---

① 参见祝小芳，2011，85。

构持有的具有未来现金流的一批房地产抵押贷款打包形成一个资产池，以贷款组合产生的现金流收入作为偿还投资者本金和利息来源的资产支持证券。

抵押贷款支持证券包括居民住宅抵押贷款支持证券（RMBS）及商业房地产抵押贷款支持证券（CMBS）。RMBS 的资产池是个人住房抵押贷款，以贷款获得的本金和利息作为偿债资金来源。CMBS 的资产池是商业地产抵押贷款，以商业地产未来租金收入和运营收入等作为偿债资金主要来源。

债务担保凭证（CDO）为结构化金融产品的重要类型，是主要以 MBS、贷款担保凭证（CLO）、CDO、其他 ABS、公司债券等债务工具为支持的分层证券化产品，一般可分为现金型和合成型[①]。CLO 是一种商业贷款的证券化产品。其他 ABS 主要是对汽车贷款、汽车租赁、销售贷款、信用卡应收款、学生贷款、设备贷款、设备租赁等的证券化产品。在 2007 年美国次贷危机爆发前，债务担保凭证已经成为次级 RMBS 的最大购买者和最大的需求驱动（SEC，2008）。根据统计，以债券作为底层资产组合的 CDO 的资产池高度集中于个人住房相关资产，其中 70% 的资产池是 RMBS 或住房权益贷款（HEL）债券[②]，19% 是以住房资产支持的 CDO 分层（Efraim 和 Jennifer，2010）。

根据是否实现资产的真实销售，债务担保债券可划分为现金型 CDO、合成型 CDO。现金型 CDO 是最基本的 CDO 类型，在该类 CDO 下，发起人将资产池的所有权转移给特别目的载体（SPV，见本章第二节介绍），利用资产池产生的现金流为 CDO 债券还本付息。合成型 CDO 是建立在信用违约互换基础上的一种 CDO 形式。通过信用违约互换，拥有某项资产的市场参与者可以在不转移资产所有权的情况下，将与资产相关的信用风险转移给另一方。在合成型 CDO 下，发起人仍是资产的实际控制人，但发起人通过购买信用违约互换产品转移信用风险，将资产池的违约等信用风险转移给特别目的载体，再通过特别目的载体发行合成型 CDO，从而把资产组合中对应的信用违约风险传递给投资者。合成型 CDO 将信用衍生品融入传统资产证券化中，实现了资产负债表内的信用对冲，该模式也摆脱了对资产真实出售的法律限制，某些产品甚至在结构设计上无需特别目的载体参与，从而扩展了结构性融资的范围。除了以上两种 CDO 外，还有一些 CDO 在结构设计中既包括现金型交易，也包括合成型交易，这种 CDO 被称为混合型 CDO。

2. 信用衍生产品与结构化金融产品的融合

在结构化金融产品发展的同时，信用衍生品也在不断发展壮大。信用衍生品是依附于股票、债券、存单等金融资产而产生的金融工具，其价值变化取决于原生金融资产的价值变化，一般分为互换、远期、期权和期货四类。

1994 年，J. P. 摩根首创了一种新的信用违约风险管理工具，即信用违约互换

---

① 也可分为贷款担保凭证（CLO）和债券担保凭证（CBO）等分类形式。

② HEL 是由住宅产权为支持的、属于次级抵押贷款的抵押贷款产品。HEL 分为封闭式和开放式，多数住房权益贷款证券化都是由封闭式住房权益贷款支持的。封闭式住房权益贷款的设计与完全分期还款住房抵押贷款相同，有固定期限，截至到期日是完全分期偿还贷款。开放式住房权益贷款是一种信贷额度，根据借款人在其财产中的产权数量，房屋业主能够在一定期限内、规定的额度内借入资金。参见法博齐，2011，237。

（CDS）合同[1]，对信用工具的本金和利息支付的违约提供了担保。金融机构通过购买信用违约互换，可以在无需转移资产的情况下，将信用风险转移给信用违约互换的卖方。随着信用违约互换的出现，CDO 发行人开始使用它来分散风险。1997 年，J. P. 摩根的信用违约互换模型 BISTRO 应用于最早的合成型 CDO 产品模型[2]。随着信用违约互换在 20 世纪 90 年代后期快速增长，以信用违约互换为基础的合成型 CDO 变得更普遍，尤其在欧洲金融市场更是如此（Ingo 和 John，2005）。欧洲金融市场普遍发展合成型 CDO 的原因是，德国等欧洲国家一般禁止信贷资产的所有权转移，而信用违约互换的引入能规避这个法律限制。根据国际清算银行统计，基于信用违约互换组合的信用衍生品市场规模从 2004 年年末的 1 万亿美元增长到 2007 年中期的 18 万亿美元（IMF，2008）。随着信用衍生品市场的扩大，合成型 CDO 的规模也不断提高。但是，结构化金融产品设计在利用信用衍生品来分散风险的同时，也造成复杂性的进一步增加。

随着信用违约互换等衍生品应用范围的扩大，其在金融市场中的价格信号作用也凸显。银行系统的改善情况体现在信用违约互换利差、市场杠杆率等市场指标的变化，较高的杠杆率和较低的利差反映了投资者对银行业的较好财务健康情况或较低风险程度的看法。图 11.2 是 2006～2018 年美国 CDS 利差和市场杠杆率变化，2018 年这两项指标均接近国际金融危机前的水平。

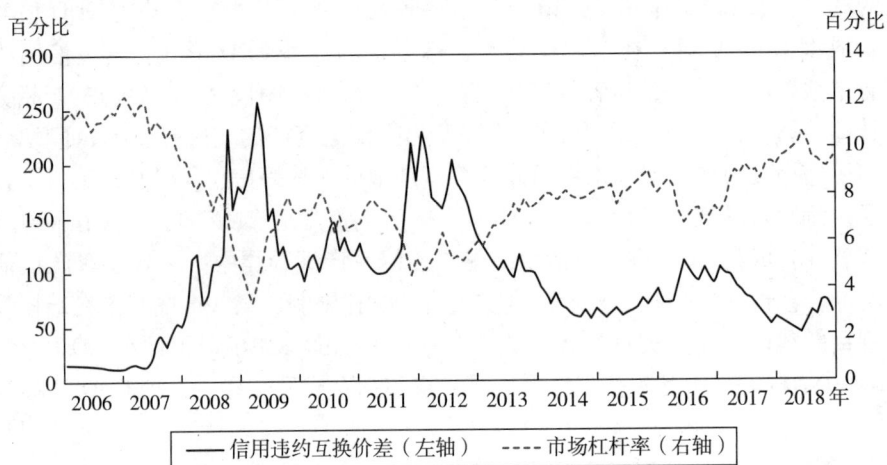

说明：市场杠杆率 = 股票市值/（股票市值 + 所有负债）；信用违约互换利差是八家美国大型金融机构和 4 家外资大型金融机构的情况。

图 11.2 美国 CDS 利差和市场杠杆率变化（2006～2018 年）

（资料来源：美联储，2018）

（三）结构化金融产品之间的主要区别

总体来说，CDO 与狭义 ABS、MBS 的区别主要体现在以下几方面：一是资产池的

---

① 参见祝小芳，2011，97。

② 参见祝小芳，2011，97。

组成类型不同。MBS 的资产池是房地产抵押贷款债权。狭义 ABS 的资产池是房地产抵押贷款以外的债权，如信用卡应收账款、租赁租金、汽车贷款、学生贷款、消费贷款等。CDO 的资产池主要是一些债务工具，如高收益的债券，还包括 MBS、狭义 ABS 甚至 CDO，因此 CDO 可以看作是在一般资产证券化基础上的再证券化。二是资产池的资产组成数量不同。ABS 和 MBS 的资产组合常常由大量的同质资产组成，CDO 则一般由相对较少数量的异质资产组成（CGFS，2005）。典型的，一个 CDO 资产池往往由 100～200 个债券组成，而 RMBS 的资产池则由大量抵押贷款（常常是上千个不同的贷款）组成。三是资产池的管理方式不同。CDO 的资产池可以被动态管理，因而它的底层资产池可能随着时间而变化，而 MBS 和狭义 ABS 的抵押贷款资产池一般是保持静态不变的（SEC，2008）。

二、结构化金融产品的发展

在 20 世纪 30 年代初美国经济大萧条中，许多商业银行由于无法收回住房抵押贷款而破产。为了对购买住房提供支持，美国政府先后成立多家机构并推出促进政策，推动抵押贷款业务的发展，住房抵押贷款逐渐形成庞大的规模。住房抵押贷款业务的发展也促进了资产证券化的出现和创新。美国政府陆续设立了吉利美、房利美及房地美等机构，这些机构对抵押贷款市场的发展发挥了重要作用。

（一）美国抵押贷款业务的发展

在第二次世界大战之前，美国多数房屋抵押贷款都是短期的，比如一两年（现在普遍都是 15～30 年)[①]。在大萧条时期，许多厌倦了风险的放款人当贷款到期时拒绝放贷。由于经济状况恶劣以致多数借款人不能支付余款，导致他们的房子被没收了。为应对此情况，美国政府在 1934 年根据《国民住房法案》建立了联邦住房管理局，为符合条件的住宅项目提供房屋抵押贷款担保，以降低商业银行的房贷风险，促进商业银行增加住房抵押贷款和适度降低贷款条件。

为了向房贷市场注入更多的资金，美国政府开始采取进一步的措施解决住房抵押贷款二级市场的流动性问题。1938 年，美国国会批准成立了一家联邦相关机构——联邦国民抵押贷款协会，该机构由政府全资拥有，通常被称为房利美（Fannie Mae），负责为住房抵押贷款建立一个具有流动性的二级市场。房利美通过发行债券和票据等筹集资金，用以购买由联邦住房管理局担保的住房抵押贷款，并通过对这些抵押贷款的购买和出售来促进住房抵押贷款二级市场的发展。此外，1930 年 7 月美国政府成立了退伍军人管理局，为退伍军人提供服务。1944 年 6 月，美国《退伍军人权力法》生效。根据该法案，为支持退伍军人的购房行为，退伍军人管理局为退伍军人的住房抵押贷款提供担保，这些抵押贷款也纳入了房利美的购买范围。

20 世纪 60 年代后期，美国经济出现新的变化：一是随着第二次世界大战后出生的一代（被称为美国婴儿潮）逐渐加入购房大军，购房需求激增；二是由于通胀加剧和利率受到管制，大量在商业银行的存款转移到货币市场基金。商业银行开始出售存量资

---

① 参见米勒等，2014，140。

产以提高流动性，美国政府也采取措施满足金融市场发展的需求。1968 年，根据《住房和城市发展法案》，美国国会将房利美拆分为两家机构：现在的房利美和政府国民抵押贷款协会。政府国民抵押贷款协会又称为吉利美（Ginnie Mae），它接手原先房利美发挥的政府职能，定位为一家联邦相关机构并隶属于住房和城市发展部，其职责是利用美国政府的信用来支持政府担保的抵押贷款市场的发展。房利美转化为一家政府授权的企业，主要为住房抵押贷款二级市场提供流动性。

1970 年，美国国会通过了《紧急住房融资法案》，授权设立了联邦住房抵押贷款公司，该公司又称房地美（Freddie Mac）。作为一家政府资助企业，房地美创立的目的是为传统抵押贷款提供流动性支持，并与房利美展开竞争，提高市场效率。传统抵押贷款是指政府不为这些抵押贷款提供担保，而是由非政府部门提供担保的抵押贷款。此时，房利美也被授权进入传统抵押贷款领域，而在此之前，房利美只能购买由政府担保的抵押贷款。实际上，房利美和房地美都是政府资助企业，得到了美国政府发放的许可证，其任务是向抵押贷款市场提供流动性支持，支持抵押贷款市场的流动性和稳定性，并且它们必须将一定比例的贷款发放给中低收入家庭[①]。

自此，房利美、房地美和吉利美这三家机构搭起了美国抵押贷款二级市场的基本框架。房利美和房地美的股票都在纽约证券交易所上市交易，这两家机构逐步形成两项主要业务：一是通过为抵押贷款池提供担保，构建"机构"抵押贷款支持证券；二是直接投资于抵押贷款资产。这两家政府支持企业以政府特许身份获得了重要的竞争优势。虽然房利美和房地美在技术操作层面上都独立于联邦政府，但都受到国会的监管。1992 年，美国立法授权联邦房地产企业监管办公室来监管房利美和房地美，但是该办公室被授予的权力有限，直到国际金融危机爆发，2008 年 7 月美国才立法设立更有力的监管机构——联邦住房金融局[②]。

（二）过手资产证券化的出现

信息技术进步提高了金融市场信息的可获得性，并促进了新型金融工具与市场的发展。通过不断增强金融市场上信息传播和处理能力，信息技术促进了商业票据市场、垃圾债券市场的崛起以及资产证券化业务的发展[③]。

资产证券化的最初目的是进行资金管理，扩充资金来源，起源于 20 世纪 70 年代美国的住房抵押贷款市场。有研究认为起源于 18 世纪末的欧洲担保债券（covered bond）也是资产证券化的一种形式。欧洲的担保债券是指银行等金融机构以住房抵押贷款、对公共部门的贷款等高质量的资产构建担保池，直接或间接发行的一种融资债券。担保债券的担保资产仍留在银行资产负债表内，债券投资者对高质量的担保资产池和发行人都具有追索权，因此这种债券又被称为表内双担保债券。欧洲担保债券与资产证券化的主要区别是，担保债券不转移信用风险，信用风险保留在发行人中，因此，欧洲中央银行

---

① 为了控制信用风险，尽管房利美和房地美已经可以买卖任何类型的住房抵押贷款，但被打包为证券的抵押贷款仅限于政府贷款和满足其承销（发行或担保发行）标准的传统抵押贷款。参见法博齐，2011，236。

② 参见米什金等，2017，243。

③ 参见托马斯，2012，52。

认为应将担保债券看做高级担保债券，而不是资产证券化①。

统计显示，欧洲担保债券发行量在2009年接近2000亿欧元，之后呈上升趋势，2011年峰值接近2400亿欧元；但在2012年、2013年连续两年下降；在2014年后发行量回升，见图11.3。发行量回升的部分原因是欧洲中央银行的担保资产购买计划以及投资者的追捧。

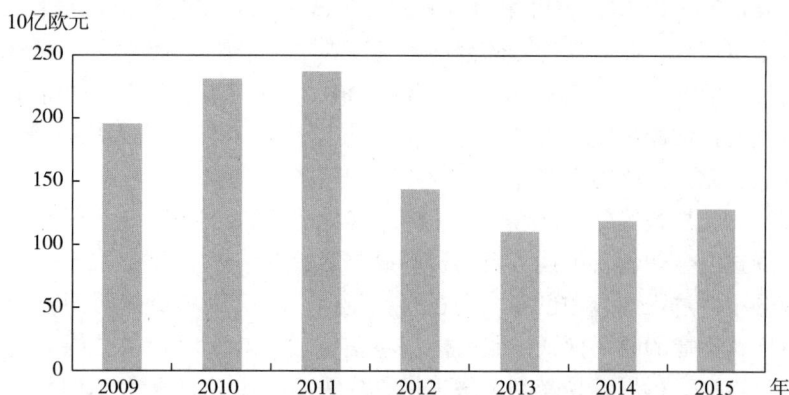

图 11.3　欧盟担保债券发行变化
（资料来源：ESMA）

为了进一步促进住房抵押贷款市场的发展，20世纪70年代美国政府允许抵押贷款机构发行住宅抵押贷款支持债券，从而抵押贷款支持债券逐渐发展壮大，成为结构化产品的重要组成部分。美国商业地产抵押贷款支持债券则是在住宅抵押贷款支持债券发展到一定程度上的出现的。20世纪70年代早期，美国首次出现过手住宅抵押贷款支持债券。具有官方背景的吉利美和房地美在当时开始发行过手抵押贷款债券，以此来盘活抵押贷款市场，鼓励贷款人发放贷款，推动房地产市场的发展。1970年，吉利美将房地产抵押贷款打包后率先发行过手抵押贷款支持证券（MBS）。该债券的构造为：首先从银行等金融机构购买抵押贷款资产，然后将特征相似的一些抵押贷款资产打包形成资产池，以这个资产池产生的利息和本金为担保，按固定份额的形式向市场销售债券，投资者根据持有的债券份额定期获得相应比例的利息和本金，其中需扣除相关服务费。经过几十年发展，2017年底，美国债券市场总规模为40.8万亿美元，其中资产支持证券1.4万亿美元，抵押相关债券9.3亿美元，联邦机构债券1.9万亿美元。

从历史看，抵押贷款支持债券最初为过手债券，是一种通过集中抵押贷款作为债券担保品，并发行授权投资者得到抵押贷款组合一定比例现金流的债券产品。由于只有一种类型的债券持有者，因此这些债券有时也被称为单一类别抵押贷款支持债券②。目前，美国的抵押贷款支持债券包括两种类型，分别是机构抵押贷款支持债券和非机构抵押贷款支持债券。机构抵押贷款支持债券是指由吉利美、房利美和房地美发行或担保的

① 参见 European Central Bank，Covered Bonds in The EU Financial Sysytem，2008.12。
② 参见法博齐，2011，243。

住房抵押贷款支持债券，这类抵押贷款支持债券实际获得了政府特别支持和较高的信用保证，在市场上具有很高的流通性。非机构抵押贷款支持债券则是由商业银行、储蓄机构等其他机构发行的住房贷款抵押支持债券。与机构抵押贷款支持债券不同，非机构抵押贷款支持债券必须在美国证监会登记发行[①]。

在三家具有政府背景的机构带动下，私营机构在20世纪70年代末开始进入抵押贷款支持债券领域。1977年，美国银行（Bank of America）作为私营机构首次发行非机构抵押贷款支持债券，此后其他私营部门也逐渐涉足这个债券领域，产品规模取得了令人瞩目的增长。根据统计，截至2014年第1季度，在美国抵押贷款支持债券市场中，机构抵押贷款支持债券规模为5.9万亿美元，占比达到78%；非机构抵押贷款支持债券为1.7万亿美元，占比为22%。

资产证券化让贷款等低流动性资产成为可交易的证券，从而为银行提供新的融资方式，银行利用这项金融创新可购买新的资产或改变资本结构。证券化成为一项从根本上影响银行金融中介过程的金融创新，这在银行负债表的资产和负债两端都能表现出来。通过转向更依赖市场的融资模式，银行能够将信贷活动与吸收存款的能力脱钩，但是，这项金融进步也让银行更容易受到金融市场震荡的冲击（安德烈等，2015）。

（三）分层资产证券化的创新发展

随着美国金融市场的发展创新，后来出现了分层抵押贷款支持债券产品，这是通过重新定位抵押贷款的现金流支付顺序而创建的债券。以个人住房抵押贷款资产池为担保的分层债券（也称为抵押担保凭证，CMO）在1983年首次发行（CGFS，2005），其实质是分层的抵押贷款支持债券。抵押担保凭证的设计结构是对资产池分类，并以此发行不同类别的债券，所创建的债券类别被称为债券层级或组别，每种类别的债券按顺序依次进行偿付。这一产品是由所罗门兄弟公司和第一波士顿公司为房地美设计的，是资产证券化向风险隔离以及不同期限、不同收益风险匹配结构的重要创新，以此满足各类不同风险偏好投资者的需求[②]。分层证券化产品的出现标志着结构化金融产品开始发展。

作为资产证券化的一种实现形式，结构化金融产品是对债券、贷款，甚至其他结构化金融产品等打包形成资产池，以资产池产生的现金流为基础，向投资者销售对现金流具有不同优先级的债权。结构化金融产品的关键是通过对资产池分层和增信操作来发行具有不同信用质量的债券，资产池产生的现金流被分解成不同部分，作为对不同债券持有者的偿付来源。

结构化金融产品设计的主要目的是分散发起人资产负债表中的金融资产风险和实现融资，这些发起人常常是金融机构，风险一般以长期贷款或其他债务工具的形式持有。利用投资者的不同风险偏好和不同投资时间窗口，结构化金融产品发起人给投资者提供了分享其部分资产产生的现金流的机会，而不是对作为一个企业发行人的整体现金流的分享（IOSCO，2008b）。

---

① 参见法博齐，2011，320。
② 参见祝小芳，2011，88。

抵押贷款支持债券在美国兴起后，随着美国利率市场化的进程，资产证券化迅速发展，其基础资产种类和范畴不断拓展。作为资产证券化的重要创新，结构化金融产品以其设计的灵活性、降低融资成本和风险管理成本以及丰富的投资品种等优势，成为金融市场的重要投融资工具。到 2007 年 7 月美国次贷危机爆发前，结构化金融产品一直处于快速发展的阶段。根据统计，美国和欧洲发行的 MBS、ABS 和 CDO 从 2000 年的 5000 亿美元增长到 2007 年的 2.6 万亿美元，而全球发行的 CDO 从 2000 年的 1500 亿美元增长到 2007 年的 1.2 万亿美元（IMF，2008），CDO 成为结构化金融产品中增长最快的类型，见图 11.4。

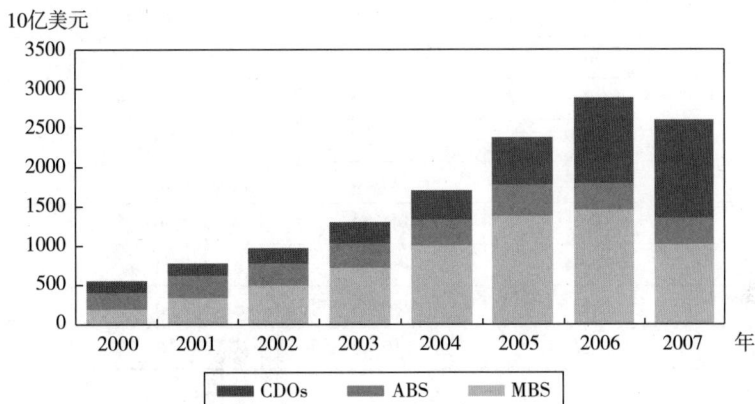

说明：ABS 包括汽车、信用卡等，不包括 MBS；MBS 为房地产抵押支持债券，不包括美国的机构 MBS。

图 11.4　美国和欧洲结构化金融产品发行变化

（资料来源：IMF，2008）

（四）国际金融危机对结构化金融产品的影响

2001 年，房利美和房地美开始发行次级抵押贷款债券，这些次级债券是偿付顺序排在最后的债券。在美国次贷危机爆发后，结构性金融产品成为万恶之源，投资者对结构性金融产品及其评级的信心受到极大的打击，结构化金融产品的全球发行量急剧下降，对其评级数量也随之降低。由于美国次贷危机的影响，2008 年 7 月，陷入困境的房利美和房地美被美国政府暂时托管，并被注入救助资金。2008 年 9 月，通过让财政部保证向每家企业提供高达 1000 亿美元的资金以交换两家企业 80% 的所有权，美国政府将两房国有化了，并将两家企业的管理授权给联邦住房金融局[①]。截至 2014 年，随着美国经济的复苏，房利美和房地美已基本偿清美国政府的救助资金。

在美国次贷危机爆发后，美国非机构资产支持证券规模出现急剧萎缩。这里的非机构资产支持证券是指除了吉利美、房利美和房地美之外，其他机构发行的 RMBS、CMBS 和其他资产支持证券。表 11.1 是非机构资产支持证券发行规模的变化，表中仅计算美国境内发行的非机构资产支持证券，发行按照发行年度及种类分类（美国证监

---

① 参见哈伯德等，2013，360。

会注册、144A 规则①或传统的私募发行）。可以看出，非机构资产支持证券发行规模在 2006 年达到最高值，为 20699.5 亿美元；此后迅速下降，在 2009 年达到最低值 2055.8 亿美元；发行规模从 2010 年开始缓慢回升，但 2013 年也仅为 3936.1 亿美元。

表 11.1　　　　　　　　美国非机构资产支持证券发行规模　　　　单位：10 亿美元

年度	注册发行	144A 发行	私募发行	合计
2002	617.13	122.07	2.00	741.20
2003	790.47	149.20	0.17	939.85
2004	1024.16	186.53	0.85	1211.53
2005	1450.33	322.64	3.70	1776.68
2006	1446.07	623.38	0.50	2069.95
2007	1048.81	518.59	0.55	1567.95
2008	140.70	130.80	0.00	271.49
2009	85.45	120.14	0.00	205.58
2010	51.01	163.30	14.01	228.32
2011	74.94	139.06	13.58	227.59
2012	157.15	186.53	0.00	343.68
2013	174.06	219.47	0.08	393.61

资料来源：SEC。

美国全国认可统计评级机构在 2007～2013 年资产支持证券类型信用评级的数量变化，也体现了结构化金融产品评级在国际金融危机前后的变化趋势，见表 11.2。表中资产支持证券包括 RMBS、CMBS 和其他资产支持证券。可以看出，自 2008 年起，全部评级机构的资产支持证券信用评级数量逐年下降，在 2008 年为 40.2 万笔，到 2013 年已下降到 24.4 万笔。此外，标普、穆迪和惠誉三大评级机构的资产支持证券评级数量占比在 2007 年以后也在下降，2007 年占比大约为 97%，该数字在 2013 年下降至 90%。

表 11.2　　　　　　美国 NRSRO 机构部分年度的资产支持证券评级数量变化

评级机构	2007 年	2008 年	2009 年	2010 年	2011 年	2012 年	2013 年
标普、穆迪和惠誉	97%	96%	94%	94%	91%	91%	90%
其他机构	3%	4%	6%	6%	9%	9%	10%
标普	197700	198200	124600	117900	108400	97500	90000
穆迪	110000	109261	106337	101546	93913	82357	76464
惠誉	72278	77480	69515	64535	58315	56311	53612
贝氏	54	54	54	54	56	55	56

①　美国证监会 1990 年颁布实施《144A 规则》，主要目的是吸引外国公司在美国资本市场发行证券，提高美国私募证券市场的流动性和有效性。根据《144A 规则》的规定，允许将符合条件的私募证券向合格机构投资者发行，并在合格机构投资者之间转让交易，而不受相关注册、信息披露、证券转售等严格限制要求。

续表

评级机构	2007 年	2008 年	2009 年	2010 年	2011 年	2012 年	2013 年
多美年	840	7470	8430	10091	9889	10054	10706
伊根－琼斯	—	14	14	13	13	N/R	N/R
墨西哥 HR 评级	—	—	—	—	—	N/R	N/R
日本信用评级公司	68	71	64	N/R	N/R	N/R	N/R
克罗尔	246	0	0	0	40	352	1401
晨星	10235	9200	8856	8322	16070	13935	11567
日本评级投资信息公司	214	210	186	N/R	—	—	—
合计	391635	401960	318056	302461	286696	260564	243806

说明：N/R 表示 NRSRO 没有注册资产支持证券的信用评级业务；"—"表示信用评级机构没有注册为 NRSRO。2010 年 8 月克罗尔收购了雷斯公司。晨星以前称为实点，2011 年更名。日本评级和投资信息公司于 2011 年 10 月向美国证监会申请撤消了其 NRSRO 的注册。墨西哥 HR 评级在 2012 年注册成为 NRSRO。

资料来源：SEC。

三、结构化金融产品快速发展的原因

结构化金融产品从 20 世纪 80 年代开始发展，在美国乃至国际金融市场逐步成为重要的金融产品，这其中有多方面的原因。

（一）对发起人来说，资产池的结构设计降低了融资成本，优化了资产负债结构

通过结构化产品而不是仅仅发行一般公司债券来筹集资金的原因有：一是可以降低融资成本。对资产池的分层设计可以对风险进行多样化和分散化，也使结构化产品内在具有信用增信机制，担保品等其他信用增级措施能进一步提高资产及其对应债券的信用质量，从而能以一般资产为基础发行具有较高级别的不同类别的债券，实现以较低成本进行融资。二是优化资产负债结构，增加业务收入。对银行来说，资产证券化是解决银行发起人资产负债期限错配的重要工具。巨大的需求也可使发起人增加新的业务模式，即通过出售贷款获得融资并作为资产池的管理机构赚取服务费收入。三是信用违约互换与结构化产品的融合能进一步降低交易成本。信用违约互换与资产证券化的结合既能节省监管资本，又能达到降低交易成本的目的，且不会对客户关系造成损害。因为有些贷款可能附加了禁止出售的限制性条款，银行无法实现这些资产的所有权转移，并且真实销售会涉及抵押权变更，提高了交易成本，信用违约互换避免了这些情况的发生。

（二）对投资者来说，结构化产品扩大了投资范围和提高了投资收益

首先是投资者可以选择不同的投资类型。结构化金融产品为不同风险偏好的投资者提供了差异化的风险资产选择，投资者可以根据风险偏好选择不同层级的债券，从而拥有结构化产品的不同部分。其次是结构化产品扩大了投资渠道。结构化产品可以允许投资者对之前被禁止的资产类型进行投资。金融管理政策一般对投资品有级别限制，通过结构化产品设计，以低级别资产池为基础可发行符合投资级别限制的产品，从而间接实现对低级别产品的投资，实现对高收益的追求目标。同时由于层级化的结构设计，与直接投资过手债券相比，结构化产品最高级债券持有者承受损失的机会将较小。最后是投

资结构化产品可以获得较高收益。与相同评级级别的公司债券或主权债券相比，结构化产品往往具有较高的收益率，对有投资级别限制的投资者来说，结构化产品成为有吸引力的投资工具；投资者，尤其是机构投资者，对结构化产品的需求也不断增加。

（三）金融监管政策对结构化金融产品的发展也具有较大的推动作用

根据《巴塞尔资本协议Ⅱ》，对银行等金融机构的最低资本充足率要求，依赖于它们资产负债表中资产的评级等要求。通过资产池和分层，部分债券可以获得较高的级别，从而一方面使债券符合投资级别的要求，另一方面也将部分风险资产从商业银行的资产负债表中移出，实现了风险转移，并减轻银行的资本压力，满足资本监管要求。此外，一些金融机构发现，通过结构化产品可以发起更多的贷款，而不用直接提供资金或承担信用风险（IMF，2008）。因此，发行结构化金融产品受到商业银行的追捧，商业银行试图按照监管要求对资本进行更有效的管理。但是，结构化产品也可能产生发行方的道德风险，比如，发行方将低质量产品推向市场，并由于偿付义务证券化，发起方可能会忽视对原基础资产中贷款人的某些合约性限制。目前，一些新的监管规定对这个动力起到了一定的消解，这些规定要求发起机构对最低层级债券的持有数量要达到一定比例，在一定程度上降低了道德风险，也降低了释放资本金的效果。

四、对结构化金融产品发展意义的进一步分析

从理论分析，信息不对称和市场分层造成了市场不完全，结构化金融产品可以针对这两方面增加资产池的价值。首先，在信息不对称条件下，发起人可以通过结构化产品来解决逆向选择的问题，因为通过分层设计，缺少信息的风险厌恶型投资者可以通过购买高级别分层来避免违约的情况。其次，投资者的不同风险偏好或各种投资限制将影响交易成本，并且在投资者类型中创建了多层次的市场格局。这会导致可以通过结构化产品进行套利，因为发起人或发行人可以根据特定投资者的偏好进行资产池和分层设计，从而获取资金（CGFS，2005）。

从实际发展来说，结构化金融产品的产生也具有重要的意义：首先，结构化金融产品的产生为更多的投资者提供了投资于信贷市场的机会。资产证券化使投资者有机会进入传统的金融服务领域，分享专属于金融机构的贷款业务收益。结构化金融产品的出现，使得商业银行甚至可以在不转移信贷资产所有权的前提下向投资者转移信用风险，投资者也获得了承担信贷风险而获利的投资机会。其次，发行结构化金融产品能够将资产组合的信用风险转移给广大的投资者，有利于降低风险资产数量，从而降低监管资本要求，提高资金周转速度，以及提高发起人的净资产收益率。最后，结构化产品的出现加快了信用风险由银行系统向资本市场的转移，使金融市场的直接融资和间接融资板块产生了深度融合，在提高整个金融市场资金配置效率的同时，也使金融市场的整体性、系统性更为加强。

五、资产证券化监管改革进展

美国没有关于资产证券化的专门立法，但 1933 年《证券法》、1934 年《证券交易法》等几部主要法律，事实上构成了资产证券化业务的监管框架。由于资产证券化在金融危机中暴露出诸多问题，2010 年 6 月生效的《多德—弗兰克法案》专门在第九篇

第四节"资产支持证券过程的完善"中试图重塑资产证券化监管框架。其主要内容包括推行风险自留机制、消除评级机构误导以及提高信息透明度。此外，沃克尔规则的推出也对资产证券化产生重大影响。

（一）风险自留

《多德—弗兰克法案》对 1934 年《证券交易法》中部分内容进行了调整，授权货币监理署、住房和城市发展部、联邦住房金融局等监管机构共同起草监管规则，要求资产证券化机构发起人在向第三方转让或出售的基础资产中必须保留一定比例的经济利益，通常要求是自留不低于 5% 的信用风险，并且对于该部分信用风险不得采取直接或间接对冲措施。配合法案要求，货币监理署还对可纳入资产证券化的基础资产贷款的首付款比例、贷款价值比等给出了明确规定，以遏制发起人的"道德风险"。该机制将覆盖主要的证券化品种。

2014 年 10 月 22 日，美国证监会、美联储、联邦存款保险公司、货币监理署、联邦住房金融局以及住房和城市发展部等 6 家监管机构联合发布了风险自留的最终规则。该最终规则基本保留了 2013 年 8 月发布的建议稿相关框架，要求资产证券化的发起人需持有不少于 5% 的信用风险，禁止发行人将持有的信用风险转移或对冲。该规则对于合格住房按揭（QRM）给予定义并对其证券化给予豁免，如果商业性贷款、商业按揭贷款及汽车贷款能够满足较高水平的发放标准，其证券化也可获得豁免。大多数国家和地区也采纳风险自留原则，要求发行人直接或间接持有 5% 的资产证券化信用风险。

（二）信用评级机构改革

长期以来，美国法律体系中缺乏关于信用评级机构法律责任的条款。1933 年《证券法》第 11 节规定，律师、会计师、评估师、承销商等须对其在发行登记文件中的重大不实陈述承担法律责任，但信用评级机构不在此列。《多德—弗兰克法案》加强了责任追究力度。法案要求，SEC 制定违反相关规定的处罚措施。如果评级机构给出失真信用评级，SEC 有权对其处罚直至撤销其注册资格。同时，法案赋予投资者就评级公司失误进行民事诉讼的权利，评级机构应承担"专家责任"。

（三）提高信息透明度

配合《多德—弗兰克法案》的要求，SEC 修改后的监管规则主要包括：发行人对基础资产进行尽职调查及披露、资产回购担保信息披露以及证券在存续期内的信息披露。这些监管规则均于 2011 年生效。SEC 要求资产支持证券的发行人亲自或委托第三方专家对基础资产进行尽职调查，在募集说明书中披露相关结论，且必须保证信息、资料的准确性。SEC 要求发起人充分披露贷款资产层面的具体信息，如贷款的地域、信用评分、就业状况、收入状况等，有利于投资者充分评估风险并进行投资决策。

（四）沃尔克规则

沃克尔规则为国际金融危机后美国推出的监管规则[1]，该规则旨在限制银行自营交

---

① 美联储前任主席保罗·沃尔克于 2019 年 12 月 8 日星期日在纽约逝世，享年 92 岁。沃尔克曾于 1979 年 8 月至 1987 年 8 月间任美联储主席，经历卡特和里根两任总统，在任期间，成功控制了高通货膨胀，为美国在 80 年代和 90 年代的长期经济增长奠定了基础。2009 年 2 月至 2011 年 1 月，沃尔克在奥巴马政府担任经济复苏顾问委员会主席，推动出台了沃尔克法则。

易引起的风险。2010年1月，时任经济复苏顾问委员会主席保罗·沃尔克提出，将银行自营交易与商业银行业务分离，即禁止银行利用参加联邦存款保险的存款，进行自营交易、投资对冲基金或者私募基金。《多德—弗兰克法案》采纳了该原则，法案第619部分在1956年《银行控股公司法》中加入了新的第13章，禁止或限制银行或非银行类金融机构从事自营交易或者与担保基金产生利益关系，该条款通常被称为沃尔克规则。由于担保基金的定义包括了依据1940年《投资公司法》某些条款获得豁免的机构，因此，许多依赖这些豁免条件存在的资产证券化实体将受到影响，其中包括贷款担保凭证（CLO）、CDO以及资产支持商业票据（ABCP）的渠道等。2013年12月10日，美联储、联邦存款保险公司、货币监理署、证监会以及商品期货交易委员会等五个监管机构联合采纳了沃尔克规则的最终版本（自2014年4月1日起生效），禁止银行从事证券、衍生品、商品期货和金融期权等自营交易，但也制定了豁免的情形。

第二节　结构化金融产品的基本结构

一、结构化金融产品的基本结构和构造

在构建结构化金融产品时，涉及众多的参与者，主要有发起人、特别目的载体（SPV）、投资者、信用评级机构，见图11.5。此外，结构化金融产品的构造过程还可能包括信用增进机构、承销人、服务商（servicer）、法律顾问公司、登记结算机构及其他资产中介服务机构等参与者。这些参与者在构造结构化金融产品的过程中充当不同的角色，有时一个参与者承担多个角色。服务商负责收集资产的现金流、跟踪资产的情况、管理资产池中产生的资金及利息、管理违约资产账户等。服务商一般由发起人承担，这样对资产池的情况相对更熟悉[1]。

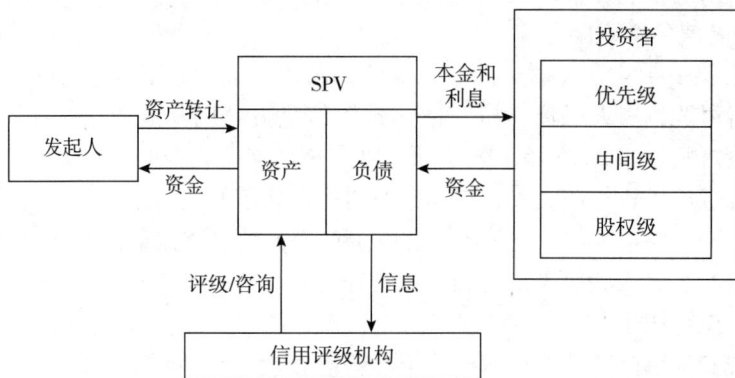

图11.5　结构化金融产品的构造和主要参与者

---

① 参见郑磊等，2016，41。

发起人是形成金融资产（如抵押贷款、汽车贷款或信用卡应收款）的实体。发起人可以是出售其资产的商业银行，这时商业银行也是原始权益人；也可以是通过购买资产成为发起人的投资银行。因此，发起人选择或购买拟证券化的资产或权益，将其作为证券化工具的担保品。特别目的载体是为发行结构化金融产品而组建的独立公司，特别目的载体有时也以信托的形式出现。在我国当前公司法和破产法等法律体制下，资产证券化产品的风险隔离基本都是通过信托实现①。资产池的资产被转让给特别目的载体后，特别目的载体发行债券并以所得收入购买基础资产池。发起人或特别目的载体可以分别委托资产服务机构、资金保管机构及其他机构提供相应的服务。

信用评级机构在结构化金融产品的构造中发挥了重要的作用：一方面给特别目的载体或发起人提供产品设计的咨询服务，另一方面面向投资人提供分层债券的信用评级结果，投资人据此购买不同级别的债券。需要注意的是，为了控制金融风险，发起人或特别目的载体现已被要求持有一定比例的股权级债券，这称为风险自留原则。

由于结构化金融产品的存续期较长，因此基础资产的违约风险和提前偿付风险较高，这要求发起机构担任的贷款服务机构在债券存续期内加强对基础资产的管理。风险自留原则就是为了这个目的，适当的风险自留使发起机构承担一部分资产的风险，从而促进对资产的管理。风险自留原则在国际金融危机后得到重视，一般要求资产支持证券的发起人在向第三方转让或出售的基础资产中，必须持有不少于5%的信用风险，且禁止将持有的信用风险转移或对冲。

结构化金融产品设计的基本流程如下：首先发起人（一般是金融机构）将一系列贷款或债券组合形成资产池；然后发起人将资产池转让给特别目的载体；特别目的载体以该资产池产生的现金流为保障，向投资者发行不同等级的债券，这种形式的债券也被称为债券分层或债券组别，债券分层级别一般包括优先级、中间级和股权级。特别目的载体利用债券发行获得的收入向发起人提供购买资产池的资金；特别目的载体以资产池为限向投资者承担支付债券的义务，即通过购买资产池获取资产池的现金流（本金和利息收入），进而履行对投资者的本金和利息的支付义务。

二、结构化金融产品的信用增进方式

结构化金融产品所有层级的债券都对应同一个基础资产池，但却具有不同的收益率与风险，原因在于这些债券根据获得的不同信用保护程度，提供相应的票面利率。信用保护被设计来保护分层债券由于资产违约所造成的利息和本金损失，这种提供给每层债券的信用保护程度被称为信用增进。信用增进作为一种金融服务，是提高信用品质的操作，其本质是从信用的角度来考察现金流，通过对金融产品的结构进行设计或协议安排，以降低信用风险，提高债券等金融产品的信用等级。

总体上信用增进可分为内部增进和外部增进两大类，内部增进主要由结构化产品的自身设计完成，外部增进则由第三方提供信用支持，它们共同提高了被评级对象的信用质量。信用增进方式既可以单独使用，也可以结合使用，这取决于资产支持证券的资产

---

① 参见郑磊等，2016，45。

类型。内部增进主要包括以下形式：

1. 建立优先次级结构分层。所谓优先次级结构，就是在分层的债券中创建一个损失吸收的层级关系，对不同分层有不同的偿付优先级，资产池产生的现金流（利息和本金）按优先级顺序偿付给不同层级债券的持有者。

在分层结构中，投资者拥有的追索权级别是不同的。当违约发生时，损失首先由最低优先级的投资者承担，然后才是较高优先级的投资者承担。与之相反，结构化金融产品的分层结构产生的现金流先向高优先级债券的持有人支付利息和本金，如果有剩余再向中间级债券持有人支付，最终支付给股权级债券持有人。因此，只有当所有较低层债券都不能完全吸收资产池的损失时，最高层债券才出现损失。典型情况下，资产池结构的最高层的优先级往往被设计成可以获得最高级评级，从而该级债券的风险最小，而资产池的信用风险主要集中于低优先级尤其是股权级债券，因此股权级债券的收益率也是最高的。不同级别债券是以不同的收益率在市场上出售，债券级别的信用评级越低，其提供的收益率一般也越高。

2. 超额担保。也称为超额抵押，就是资产池中的本金数量超出债券发行的本金数量，超出的本金部分为债券提供信用支持。超出的本金可被用来创建一个股权级分层，这个分层在对外发行的最低层级债券之下吸收损失。股权级债券往往由特别目的载体或发起人持有，一般不评级，也不存在偿付义务，从而对债券实现超额担保的作用。

3. 超额利差。超额利差就是每月资产池的所有利息收入超出对所有投资者应偿付利息债务的差值数量。超额利差收入可以被用来建立损失储备或偿付拖欠的利息债务。如果超额利差被留在债券结构中而不是用于支付，那么它就可以在准备账户中积累，为未来损失提供储备资金。账户中的超额利差可以用于抵消担保资产的当期损失，当基础资产实际损失超出正常违约率后，利差账户成为吸收资产池损失的工具，对优先级债券起到了保护作用。

信用增进程度可以通过其他外部机制进一步获得提高，这也称为外部增进，比如债券保险、企业担保、信用证、衍生交易操作（如信用违约互换）等。债券保险是较常见的外部增进形式，是由保险公司提供的财产担保，当基础资产池产生的现金流无法偿还本金和支付利息时，保险公司将按约定履行保险操作，偿还本金和支付利息。内部增进形式比外部增进形式复杂，并且即使在没有发生违约的情况下，也可能改变资产池的现金流特征。由于信用增进方式的差异，从信用评级角度来说，对内外部信用增进的关注点不尽相同，对内部增进更多关注支持信用增进的资产价值和处置方式，对外部增进则更注重外部信用支持机构的独立性和财务状况等。

由于信用增进措施的应用，结构化金融产品的高级别评级所占比例较高，远远超出资产池中抵押品的级别。通过对 CDO 的 3912 个分层进行分析，艾夫瑞姆等人（Efraim 和 Jennifer，2009）发现，虽然分层的大多数级别是 AAA，抵押品的平均级别只是 B + 。数据显示，在金融危机爆发后，穆迪对结构化金融产品的评级在 2009 年 1 月 1 日仍有 72% 达到投资级，约 37% 为 Aaa 级，见图 11.6。而穆迪结构化金融产品评级在 2008 年初的高级别占比更大，投资级为 88%，Aaa 级为 50%。此外，金融监管政策、《巴塞尔资本协议Ⅱ》等也对结构化金融产品具有高级别产生重要的推动作用。

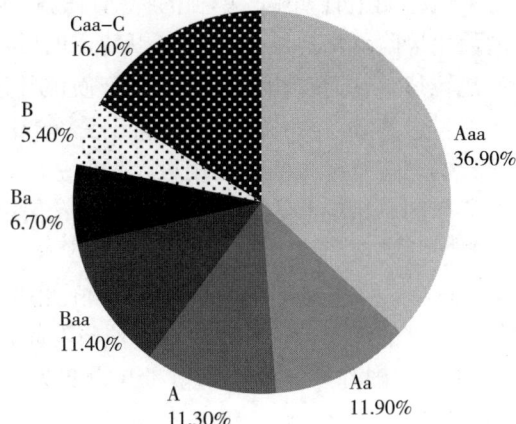

图 11.6　穆迪结构化产品评级（2009 年 1 月 1 日）的级别分布
（资料来源：穆迪）

三、结构化金融产品的特点

与传统债券相比，结构化金融产品构造复杂，市场参与者较多，发行目的不但是为了融资，还可以将资产风险转移或分散。综合来说，结构化金融产品具有以下一些主要特征。

（一）通过资产组合形成资产池

结构化金融产品由一系列资产构成一个资产池，并以资产池产生的现金流作为发行债券的基础，被证券化的资产可以包括住房抵押贷款、信用卡收入、银行贷款、债券等信贷或债券资产。将缺乏一定流动性但能产生可预测现金流的资产组成资产池，以未来的现金流作为偿付的基础，其实质是把资产的未来现金流收益权转让给投资者。将流动性低的资产转化为流动性较高的债券，也实现了风险转移或分担。

（二）以资产池为基础对债务分层

这个特点将结构化金融产品与传统过手债券区别开。传统的资产证券化产品利用资产池分散风险，但现金流不分层级，而是按照投资比例提供给证券的投资者，因此所有投资者获得同样的收益率并承担相应的风险。结构化产品以资产池为基础对债务分层，向投资者发行不同等级的债券，其中一部分债券的级别较高，另一部分债券的级别较低。为了这个目的，证券化的资产必须根据它们的风险进行区分，即对资产池进行分层，对具有相似风险的贷款、债务工具或其他资产进行归类。分层需要对资产池中的不同资产的信用质量排序，级别越低，持有者损失投资的可能性越大，最高层级持有者的投资损失的可能性和损失价值则很小。由于分层获得的信用支持，在较低级的债权资产首先吸收信用损失的范围内，最高级债权将最后受基础资产池违约风险的影响。

（三）与发起人的风险隔离

传统的债券发行是以发行人为基础，发行人作为债务承担者，其信用风险是债券违约可能性和违约程度的重要评估标准。结构化金融产品一般不是由发起人直接发行的，而是由特别目的载体发行。通过使用有期限、单独的特别目的载体，结构化产品把资产池的信用风险与发起人的信用风险隔离。结构化产品以特定的资产池为基础发行债券，把对投资人的保障向资产池转移，并通过相关的增信措施使债券达到很高的信用级别，以资产池的现金流作为还本付息基础。对债权人的偿付仅受资产池质量的影响，而不受发起人的信用质量变化的影响，与发起人实现信用风险隔离；同时，资产池损失也仅限于资产本身，不会追溯至资产的原始权益人或发起人，由此，信用风险隔离实现发起人或资产的原始权益人与资产池之间双向风险的隔离。

此外，如果发起人本身破产，发起人其他债务的债权人也不能要求对资产池行使权利，资产池的资产不能作为清算的财产，这被称为资产池与发起人之间的破产隔离。破产隔离和信用风险分离特征使基础资产池的信用质量与发起人自身的信用水平分离开来，也使投资者权益受到保护。

（四）较高的复杂性和较低的透明度

结构化金融产品使风险分散于大量投资者，每类投资者可以选择适合自己风险偏好的分层部分。但是，分层也促使结构化金融产品的复杂性和风险属性的增加。可以说，分层一方面可以满足不同层次投资者的需要，另一方面也使投资品结构变化复杂，使投资者难以做出全面判断，可能形成风险积累和叠加。分层改变了担保资产池的风险特征，导致了交易的复杂性，也决定了结构化产品的风险属性，因此结构化产品将比有类似级别的普通债券具有更大的风险（CGFS，2005）。通常，优先级和中间级债券向投资者发行，需要进行信用评级，而股权级债券往往由发起人自己持有，从而不需要进行信用评级，基于此种结构设计，高风险高收益的股权级债券的风险属性也可能被掩盖。基础资产池经过证券化和再证券化后，收益和风险被多次重新分配，风险的源头已经难以把握。

结构化产品涉及复杂的金融工具和众多的资产，甚至包括互换衍生品，而这些底层资产的公开信息较少，因此，结构化产品比一般债务工具复杂，并且也具有较低的透明度。比如，在结构化金融产品中，资产池常常包括成百上千笔贷款，每一笔贷款的评估均需要花费时间和成本。在这种情况下，借款人和贷款最终提供方的隔离会在结构化产品各参与者之间产生重大的信息不对称，投资者对资产池的信用质量和其他相关特征占有较少信息。此外，由于这些结构化产品经常被机构投资者购买和销售，与公开交易的普通债券相比，许多国家在投资披露方面的要求也较少（IOSCO，2008b）。

（五）对信用评级的依赖性更强

由于资产池和分层设计以及其他第三方机构的参与，导致结构化金融产品的复杂性，这也是信用评级在此类产品中发挥特别作用的重要原因。通过发行由不同底层资产作担保、具有不同权利、不同层级的债券，发起人将以较高的债券评级和较低的成本实现融资，而这比发行传统公司债券具有较大的优势。在信用评级机构参与设计下，无论底层资产池的最初类型如何，结构化产品的一个主要特征是相当一部分分层债券被评为AAA级以及其他高级别。为了达到期望的债券级别，在正式开展评级前，评级机构往往参与对结构化金融产品的设计。同时，投资者对 CDO 和 RMBS 等复杂的结构化金融产品进行投资时，也更依赖于信用评级来确定投资对象和投资价格；对许多投资者来说，信用评级成为对结构化产品估值的重要参数。这样，信用评级在结构化产品的估值中发挥了重要的映射作用——从级别到价格的映射，虽然这种映射后来被发现是不可靠的。

关于对信用评级的依赖性，美国证监会也认为，由于结构化金融产品的复杂性和信息不对称，对投资者披露的资产池信息可能不够详细，这使得投资者不能充分地评估债券背后担保品的质量，从而不能准确地评估债券的信用风险。为了控制信息获取方面的不利因素，大量投资者使用信用评级来形成其对结构性产品的投资决策。由于这些原因，结构化融资产品市场日益发展成为一个"已评级"的市场，该市场中的信用风险由信用评级机构评估，产品的估值在很大程度上依赖于这些评级[①]。

第三节　结构化金融产品的评级方法

一、结构化金融产品评级的一般流程

结构化金融产品创建和最终销售的一个重要步骤是对分层债券进行信用评级，通过评级对资产池产生的现金流能否充分偿还债务进行评估。结构化金融产品评级一般由发起人或特别目的载体发起，并向评级机构提供组成资产池的贷款或债券的信息，以及期望的资本结构和增信水平。

与普通债券信用评级不同，结构化金融产品的信用评级不仅要考虑资产池的违约风险，还要考虑非违约风险。这些非违约风险与资产池违约不直接相关，而是由交易结构引起的风险，并影响分层的信用违约风险，比如法律风险、资产管理人资质等结构风险，核心是对现金流分配进行分析。通过现金流分析，测算资产池产生的现金流满足债券本金和利息支付要求的概率，或测算不同情景下债券的损失情况，进而确定债券的预期损失率。减少非违约风险的规则也常常进一步提高了结构化金融产品的复杂性。因此，结构化金融产品评级的关键在于：一是对资产池信用风险的评估；二是对资产池产生的现金流在不同债权持有人之间进行分配的分析（CGFS，2005）。结构化金融产品评级流程的主要步骤如下（见图 11.7）：

第一步，信用风险分析。这一步骤是对资产池的信用质量进行分析，运用分析模型评估资产组合的信用风险。在资产证券化交易中，一般会先分析基础资产的信用状况，评估所需的增信水平，这也需要分析资产类别的历史记录。分析模型的选择可因基础资产的特征和不同的评级机构而不同。评级机构一般要根据单个资产的信用质量信息（如信用级别等），与历史统计数据（如违约率表现）对比分析，得出分析模型的关键假设。

在信用风险建模过程中，评级机构的评级方法论一般有三个主要的模型假设输入：一是违约概率，即资产池中单个债务的违约概率和变化情况；二是回收率；三是资产池中各资产间的违约相关性，这决定多个违约发生的倾向。以上假设及其他变量将被转化为资产池信用质量的总体评估。结构化产品以资产池的信用为基础，而不仅仅是单一债

[①]　参见 SEC, Release No. 34 - 72936；File No. S7 - 18 - 11，2014.8。

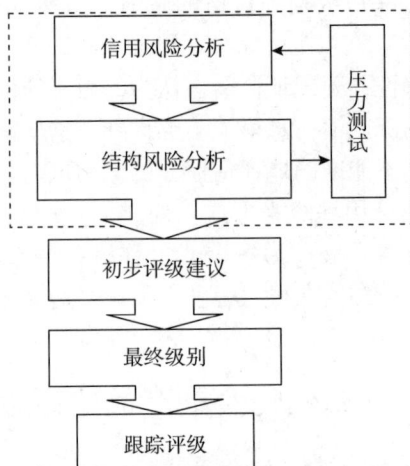

图 11.7　结构化金融产品评级的基本流程

务的信用，因此结构化产品评级不但要考虑资产池中每个债务的违约概率，也要考虑资产池的违约相关性等假设，从而根据个体的信用状况评估总体资产池的信用质量，即资产池的总体违约概率分布或损失率分布，并对期望达到的级别所需要的信用增进程度进行分析。

第二步，结构风险分析。结构性风险并不直接与资产池的违约相关，但会影响分层的信用风险。结构化金融产品的质量不仅依赖于资产池的信用风险水平，也依赖于交易结构产生的风险，因为这个结构使资产的信用风险转变为债务的风险特征，这里债务也就是分层的债券。结构风险分析主要包括对市场风险（如利率和汇率风险）、法律风险、第三方机构风险等方面的分析。第三方机构风险包括服务商、外部增信提供者等第三方机构的风险。结构分析的重点是现金流分布，包括具体的现金流模式分析——依赖于信用风险分析的结果，反映产品结构在多大程度上能保证投资者按时得到偿付。法律结构风险分析是对特别目的载体或信托形式、真实销售、兑付危机处理、信用风险隔离在法律上的有效性等有关法律问题的分析。

标普在结构性产品的结构风险分析中，通常关注以下方面：一是在分析法律和监管风险时，会关注交易结构中基础资产的真实出售情况以及特殊目的载体的破产隔离效果。二是在分析交易结构和现金流机制时，会关注交易文件的设计，并分析现金流是否充足，从而评估交易是否有足够的增信水平和流动性。三是在分析运营和管理风险时，通常会关注服务机构或受托机构的履职能力，包括是否能及时收取回收款，以及对拖欠资金的催收能力等。四是在分析交易对手风险时，通常会考虑交易对手的债务状况，并且评估其对产品的信用质量可能产生的影响。

第三步，压力测试。在进行风险分析时，需要进行压力测试，分析在特定压力条件下，基础资产池的交易结构能否保证按时还本付息。信用评级机构将结合不同的违约假设对债券结构进行压力测试。现金流分析的结果将以在特定模型假设条件下的压力测试形式反馈给信用风险分析模型，以分析在不同压力情况下，资产池所支持的债券发生违约的情况，从而考察和调整分析模型的假设。

第四步，给出评级建议。在以上分析的基础上，评级小组分析师将得出初步的评级建议，向信用评级机构的信用评级委员会提供推荐评级级别。

第五步，信用评审委员会确定最终级别。信用评审委员会综合以上评估信息，结合其他分析数据，对每一分层的信用评级投票，对应给出结构性产品各分层的信用评级结果。信用评级机构通常会将评级结果在正式发布前通知发行人，发行人可以对评级结果提出异议并申请复评，前提是向评级机构提供补充信息和资料，以使评级机构能重新审核是否对评级结果进行调整。通常，美国的信用评级机构只有在信用评级发出后才获得付款（SEC，2014）。这与我国不同，我国的评级管理规定往往要求在签订评级协议后，评级委托方就要付款。

第六步，跟踪评级。结构化产品的跟踪评级与其他评级业务的跟踪评级类似，对于影响信用级别的变化情况和信息要及时反映在调整的信用评级级别中。为了避免原评审委员会成员遵从他们最初的评级立场，一些评级机构建立了新的分析团队开展跟踪评级，这个团队使用与提供最初评级不同的分析师和评审委员会成员组成监控小组。

在以上结构化金融产品评级的步骤中，信用风险分析、结构风险分析和压力测试是关键的分析环节[①]。

二、结构化金融产品评级的不同点

结构化金融产品在产生之后，很大程度上已经成为一个重要的评级业务领域。发行人希望通过评级促使投资者购买新的产品，而投资者尤其是机构投资者也往往受到监管制度关于投资级别的约束，因此评级成为结构融资工具创建过程中的重要环节。虽然结构化产品与一般公司债券的评级符号体系基本相同——这种相同性在国际金融危机后发生了变化，但与一般公司债券等评级业务相比，结构化金融产品评级具有一些不同点。

（一）信用评级机构的作用不同

在传统债券评级过程中，信用评级机构的作用主要是对被评对象发布第三方独立的信用评估结果。在结构化产品评级中，为了满足发行人对于将发行债券分层的信用级别的期望，评级机构会参与到债券的结构设计过程中，为发行人提供各种结构设计的咨询建议，从而使债券分层获得期望的信用评级，如对于选择基础资产类型和建立适用于不同债券分层的信用增进方面提出建议。评级机构参与到结构设计操作中，这个特征也成为结构化产品评级与传统债券评级的一个重要差别。由此，与传统债券产品评级相比，结构化产品的评级操作显示出相反的过程，并且也具有了一定程度上的"事前"的特点，因为评级前已经进行了结构化设计以满足特定评级级别的需求，这种评级操作特性也招致产生利益冲突的批评。

（二）评级结果不同

在传统债券发行时，评级机构往往只是对债券本身的信用质量进行评级，有时还会

---

① 惠誉评级于 2019 年 5 月更新结构化融资（SF）评级的全球标准。该标准描述了整体分析方法，明确提出 SF 评级时的关键因素包括：资产隔离、法律结构、资产质量、财务结构及操作风险等。新标准取代了 2018 年 5 月 15 日的报告，但由于更新内容有限，预计对相关评级结果的影响有限。

对债券发行人进行主体评级，但评级结果都是一个具体的评级级别。在结构化产品评级中，要对资产池设计分层，形成优先次级结构，根据优先级的不同对各层级实施收益分配和损失承担，因此结构化产品评级要对分层债券形成对应的信用评级，从而一个结构化金融工具将被评出多个评级级别。

（三）评级发起模式不同

普通债券评级有委托评级和主动评级两种评级模式。对于委托评级的普通债券，评级机构会公布初次评级结果和跟踪评级结果。在某些情况下，没有被委托的评级机构也会对债券或发行人进行信用评级，即实施主动评级，例如，主权评级大多是主动评级。

由于结构化产品的公开信息较难获得，并且基础资产池的结构复杂，因此对这类产品的主动评级极少。即使评级机构参与了前期的产品设计和咨询，如果没有被最终雇用也不会主动发布产品的评级，因为当债券发行时，债券的最终分层结构可能已经发生变化（IOSCO，2008b）。在实际业务中，结构化产品评级一般为发起人或发行人要求的委托评级。

（四）评级技术方法的差异

结构化产品评级是以资产池为基础评估债务履约的可能性，而传统债券评级是以债务人的整体信用状况为基础评估债券履约的可能性。与一般公司债券评级相比，由于资产池的资产数量众多，结构化产品的大数据量特征使评级机构更多地利用模型开展定量分析。结构化评级模型的定量分析重点是资产池产生的现金流；而一般公司债券评级是在更有限的范围内对资产负债情况进行定量分析，关注于个别债务人的整体经营情况所产生的现金流（CGFS，2005）。

这些结构化评级模型不排斥在交易结构合法和有效性、交易机制风险等方面采用定性分析。此外，对结构性产品进行评级时，评级机构主要是从发行人或发起人获取关于担保资产及其结构信息。而在一般债券评级中，评级机构除依赖于发行人提交的信息外，还有很大一部分信息是利用公开可得的数据，如审计的财务报告等。

三、CDO 信用评级方法

（一）概述

CDO 是资产证券化领域重要的金融创新，也是结构化金融产品的重要类型。CDO 包括 CLO、CBO 等。由于 CDO 的资产池具有多样性，CDO 的复杂性也最高，甚至形成 CDO 的平方（资产池包括 CDO）、CDO 的立方（资产池包括 CDO 的平方）等。

资产池的现金流是结构化产品偿付债务的来源，因此资产池的风险特征决定了结构化产品的信用风险。信用评级机构的评级模型都是从基础资产的信用风险假设出发，进而得出资产池风险状况和各层级的初步信用风险等级。在 CDO 信用风险分析模型中，有三个重要的假设：基础资产的违约概率、基础资产违约时的回收率、基础资产之间的违约相关系数。

违约概率由资产池中单个债务的评级和到期日决定，据此这些评级被转换为不同的违约概率。一般情况下，公司债券的历史评级质量将被用于结构化产品中基础资产的违约概率。回收率是指当违约事件发生之后，投资者能从基础资产中获得的资金占面额的比例，资产类型和发生地域对回收率有重要的影响。资产违约相关性是用来衡量当一个资产违约时，其他资产发生违约的可能性，这个可能性可以用相关系数进行衡量。

相关系数是衡量两个变量之间依赖性的一个统计概念。债券组合存在以下风险：某些引发投资组合中某只债券违约的事件，将对投资组合中的另一只债券产生负面影响，从而增加另一只债券的违约概率。在信用风险管理中，这种风险被称为违约相关系数。一般地，相同行业部门中的发行人的违约相关系数较高[1]。

针对 CDO 评级，不同评级机构采用不同的评级方法，重要的模型有：穆迪开发的基于预期损失的 BET 模型，标普、惠誉基于 MCS 技术的模型。

(二) BET 模型

BET 模型也称为二项分布模型，是穆迪公司于 1996 年开发的对 CDO 进行评级分析的量化模型，用来描述基础资产的预期损失分布。BET 模型的基本思想是：首先计算资产池的分散化评分（DS），将 CDO 的基础资产组合转化成由 DS 种同质资产组成的假设资产组合；在假设资产组合中，各种资产之间不存在违约相关性，并且是具有相同违约概率的同质资产，以此来模拟实际资产组合的预期损失程度。BET 模型的实质是，为了计算预期损失分布，将实际资产组合替换为一个更简单的假设理想资产组合，而且该组合中的资产是同质且不相关的。在分散化评分和原始基础资产池的违约概率确定后，进而估计资产池的违约概率分布。

由于假设资产池中的资产数量为 DS，且是不相关的，因此 DS 总是小于实际的资产数量。考虑假设资产组合的同质性，资产池的表现可用 DS+1 个违约状态描述，即 0 个资产违约、1 个资产违约等，直到 DS 个资产都违约，每个违约状态的发生概率可利用二项分布公式计算。在每种违约状态下计算现金流和损失后，这些结果和违约概率被转换为理想资产池的损失分布估计。

1. 计算分散化评分

在 BET 模型中，分散化评分被用于消除资产组合中的违约相关性。为了计算资产池的 DS，首先要根据债务的类型对所有资产进行行业分组。穆迪已建立了 33 个行业类别。在此基础上，计算资产池中债务的票面价值和平均价值（总票面价值除以资产数量）；然后将计算出的各组 DS 进行加总，得出资产池的 DS。在实际计算中，分散化评分从两个层面被度量，分为四个主要步骤：一是从单个基础资产的层面上，将每个基础资产的面值除以平均面值，以得到每个基础资产的等价单位得分，其最大值限定为 1；二是从行业类别层面上，将属于该行业的所有基础资产的等价单位得分加总得到行业总等价单位得分；三是通过函数将行业总等价单位得分转化为行业分散化评分；四是将所有行业的分散化评分加总，即得到 CDO 基础资产池的分散化得分[2]。计算公式如下：

$$DS = \sum_{k=1}^{m} G\left\{ \sum_{i=1}^{n_k} \min\left[1, \frac{F_i}{\overline{F}} \right] \right\} \quad \text{其中} \quad \overline{F} = \sum_{i=1}^{n} F_i / N \tag{11.1}$$

---

[1] 参见法博齐，2011，519。

[2] 参见：郑磊等，2016，167。

其中，$n = N$ 为资产数量；m 为行业数量；n_k 表示第 k 个行业的资产数量，且 $\sum_{k=1}^{m} n_k = n$；F_i 为票面价值；$\overline{F}$ 为平均票面价值；$G(x)$ 表示由穆迪公司所设定的对应关系函数。

2. 计算加权平均违约概率 PD

在理想的 CDO 基础资产组合中，加权平均违约概率 PD 可通过加权平均评级因子 WR 和加权平均期限 WL，对照理想化累积违约概率表获得。WR 和 WL 的计算公式如下：

$$WR = \sum_{i=1}^{n} RF_i \times \frac{F_i}{\sum_{i=1}^{n} F_i}$$

$$WL = \sum_{i=1}^{n} T_i \times \frac{F_i}{\sum_{i=1}^{n} F_i}$$

RF_i 是基础资产池的资产的评级因子，F_i 为票面价值，T_i 为其到期期限。

3. 利用二项式计算基础资产池中第 j 个资产违约的概率及对应的损失现金流

$$P_j = \frac{DS!}{J!(DS-j)!} PD^j (1-PD)^{D-j}$$

$$L_j = jF(1-WRR)$$

利用这两个公式可以计算出全部 $DS+1$ 个违约场景的概率和对应的资产损失。PD 为资产平均违约概率；P_j 是 DS 个资产中 j 个资产同时违约（第 j 种违约状态）的概率；L_j 表示第 j 种违约状态下的资产损失。F 为理想资产组合中一个标准资产的面值，$F = \sum_{i=1}^{n} \frac{F_i}{DS}$，$WRR$ 为加权平均回收率，其计算方法与 WR、WL 类似。

4. 计算 CDO 的预期损失

根据以上计算公式，可以获得理想资产组合的预期损失 EL，计算公式如下：

$$EL = \sum_{j=1}^{DS} P_j L_j \tag{11.2}$$

通过公式 11.2 可以计算出 CDO 各分层债券的预期损失，从而初步确定各个分层的信用级别。这种 BET 模型又称为单一二项式方法（SBM）。SBM 方法适用于基础资产池具有较高同质性的结构性产品评级。

2000 年，穆迪公司开始使用备择多样化分数（ADS）来替代式（11.1）的 DS，对所谓的多行业 CDO 进行评级。ADS 的公式如下：

$$ADS = \frac{\left(\sum_{i=1}^{n} p_i F_i\right)\left(\sum_{i=1}^{n} (1-p_i)F_i\right)}{\sum_{i=1}^{n} \sum_{j=1}^{n} \rho_{ij}\left(p_i(1-p_i)p_j(1-p_j)\right)^{1/2} F_i F_j} \tag{11.3}$$

其中，p_i 表示资产 i 的违约概率；F_i 为第 i 种资产的面值；ρ_{ij} 表示资产 i 与资产 j 之间的违约相关系数。

BET 方法可以简洁方便地计算资产池的损失分布，但是用 DS 替代资产违约相关性只适用于同质性较强的资产池。针对此限制，为提高方法的适用性，在 SBM 方法之后，穆迪公司还开发出两种二项式方法：一种是多重二项式方法（MBM），适用于对基础资产组合具有较高异质性的结构性产品进行信用评级。这种方法的基本思路是将原始基础资产池再划分为多个性质的子资产池，然后再运用 BET 方法针对每个子资产池的损失分布进行分析，最后将每个子资产池看做是资产池的基础资产，加权计算出整个原始基础资产池的违约损失。另一种是相关二项式方法（CBM），于 2004 年 8 月推出，这种方法允许在计算多样化分数后，不同行业之间依然存在一定程度的相关性。CBM 方法考虑了 CDO 资产池存在的"厚尾"损失分布现象——即由于基础资产之间的相关性导致较大的违约概率，这体现在概率分布图中更厚的尾部，通过增加代表性群组的相关系数来评估预期损失分布出现的厚尾现象[1]。

（三）基于蒙特卡洛技术（MCS）的模型

MCS 技术在许多领域得到了运用，它的基本思想是通过大量随机模拟实验来对事物整体的概率分布进行分析。在 CDO 评级中，MCS 被用来评估资产池的违约特征，其基本思想是：通过模拟资产池中每个资产的违约行为来评估整个资产池的违约分布，即在假设相关性结构下，根据随机违约试验来评估整个资产池的属性。违约事件是在 BSM 模型的框架下进行模拟，当债务人的资产价值低于其债务时，就判定违约发生。BSM 模型的描述请看前面章节中的介绍。

基于 MCS 技术的模型的主要输入变量是资产的违约概率和两两资产间的相关系数，输出变量是资产池的损失分布或违约概率分布。模型计算的基本过程为：通过反复模拟各种违约状态下的损失，得到整个基础资产池的损失概率分布，模型输出与其他变量一起决定每个 CDO 分层为获得期望级别所需要的信用增进水平（Ingo 和 John，2005）。评级机构在 CDO 评级模型中一般利用资产相关系数对违约相关系数进行替代，并依据历史数据对相关性建模（CGFS，2005）。标普的 Evaluator 模型和惠誉的 Vector 模型都是建立在 MCS 基础上的 CDO 评级模型，它们根据资产池的违约损失分布和其他变量来划分各层级债券的信用等级。

惠誉 Vector 模型的违约概率由一个违约矩阵产生，该矩阵建立在债券历史违约率的基础上，根据信用评级和成熟期来向各种资产指派违约概率。两两资产间的相关系数是以行业内和行业间的相关系数为基础，还考虑了资产回报的地域相关性估计，惠誉对 25 个行业指定了一个内部和外部的相关系数。

标普在 2001 年推出了 Evaluator 模型，原理与 Vector 大致相同，区别在于：Evaluator 以一期模拟为基础，而 Vector 利用多期模拟来计算违约分布；惠誉模型的相关性假设以股权收益率为基础，而标普模型的相关系数假设以历史违约值为基础，通过历史违约相关性对资产相关性进行调整（Ingo 和 John，2005）。

（四）BET 模型和基于 MCS 的模型的简要比较

BET 模型和基于 MCS 的模型都是 CDO 信用风险分析的重要方法，见表 11.3。BET 模型通过同质资产假设来分析资产池的损失分布，基于 MCS 的模型为计算资产池的违

---

[1]　参见：郑磊等，2016，168。

约损失分布需要进行大量的随机计算。目前，MCS 技术在评级机构都得到了应用：穆迪公司在继续使用 BET 模型对现金型 CDO 评级的同时，又引入基于 MCS 的 CDOROM 模型对较为复杂的 CDO 进行评级，比如对静态合成型 CDO 和 CDO 平方等评级。CDOROM 的相关性假设也是以股权收益率为基础。

表 11.3   评级机构 CDO 模型

评级机构	量化模型
穆迪	BET、MBM、CBM、CDOROM
标普	CDO Evaluator
惠誉	Vector

资料来源：根据公司信息整理。

第四节　结构化金融产品评级的质量分析

一、结构化金融产品评级的历史表现

（一）结构化金融产品评级的发展概述

信用评级机构在 20 世纪 70 年代首次对 MBS 发布评级，随后，评级机构开始对其他类型的 ABS 债券进行评级，包括那些以信用卡、车贷、学生贷款和设备租约为担保的债券。20 世纪 90 年代，评级机构开始对合成型 CDO 进行评级。随着结构化金融产品的快速发展，对其评级也成为评级机构的重要收入来源。从 1996～2003 年，结构化产品的评级收益每年递增近 30%；2003 年，穆迪在结构化金融产品评级方面的收入占其评级总收入的 40%，达到 4.6 亿美元；惠誉在 2003 年从结构化金融产品评级中获得超过 50% 的收益（CGFS，2005）。

针对结构化金融产品，尤其是以 RMBS 等为基础的 CDO 等高复杂度的产品，投资者对评级的依赖性更强，许多机构投资者也将评级作为价值评估的重要参考。造成这种依赖的因素是多方面的：对资产组合风险的相关性分析的量化困难；与其他成熟产品市场不同，由于许多结构化产品相对较新，结构化产品的二级市场还没有出现被广泛接受的其他评估方式和价格发现机制；一些管理制度也促使投资者更依赖于评级机构的评级，比如《巴塞尔资本协议Ⅱ》所倡导的合格外部信用评级机构等。

（二）结构化金融产品评级的质量分析

根据历史表现，与普通债券评级相比，结构化产品的违约率和级别变动情况都较高。结构化产品的信用利差一般要大于具有类似评级级别的传统债券，这表明，除了违约风险，对结构化产品的市场定价还考虑了其他类型的风险，比如流动性或市场风险（IMF，2008）。相对于其他的结构化金融产品，CDO 的信用等级降级的概率更高，升级的概率更低，这表明 CDO 的潜在风险高于 ABS、MBS 等其他结构化金融产品。

为了区别结构化产品和一般企业债券的违约定义，穆迪在 2003 年引入结构化产品损害（impairments）的概念，损害进一步分为本金损害和利息损害两种类型。本金损害包括本金减记或损失、降级到 Ca 或 C 级等情况。利息损害是指虽然未发生本金损害，但出现利息不足的情况。根据穆迪对结构化产品评级的数据，损害率在 2002 年和 2007 年大幅度提高。在 2007 年前利息损害的频率相对较低，因为大多数利息损害最终被纠正并从损害列表中去除，或者变为本金损害的情况。由于全球经济继续下滑对结构化金融交易产生了负面影响，穆迪所评级的结构化产品发生实质损害的数量从 2008 年的 12726 个增加到 2009 年的 14049 个。在 2009 年，出现本金损害的债券数量是 13153 个，发生利息损害的债券数量是 896 只，见表 11.4。

表 11.4 穆迪结构化产品评级中本金和利息发生损害的数量

年份	本金损害	利息损害	总损害
1994	3	0	3
1995	1	0	1
1996	17	0	17
1997	37	0	37
1998	25	0	25
1999	52	2	54
2000	50	0	50
2001	101	2	103
2002	270	3	273
2003	195	15	210
2004	231	4	235
2005	89	1	90
2006	104	3	107
2007	2134	13	2147
2008	12634	92	12726
2009	13153	896	14049
合计	29096	1031	30127

资料来源：穆迪。

图 11.8 为穆迪的企业债券评级与结构化金融产品评级的累计违约率对比。可以看出，结构化金融产品投资级和投机级的累计违约率都随着考察年度的增加而增加，在相同考察年度期，结构化金融产品的投资级累计违约率都小于投机级的值。但与一般企业债券相比，相同级别档次的结构化金融产品的历史累计违约率较高。

在评级稳定性方面，结构化产品评级与普通债券评级也有较大不同。图 11.9、图 11.10 为穆迪的企业债券评级与结构化产品评级的多年期等级迁移矩阵对角线数据的对比。一般情况下，企业债券的评级稳定性与级别基本呈正向关系，即级别越高，稳定性也好；同时，随着时间期限的增加，级别稳定性降低。需要注意的是，穆迪企业债券评级（1970～2010 年）平均 5 年期等级迁移矩阵中，Ca－C 的稳定性降为 2.633%。但结构化产品的级别稳定性与级别则并未呈现简单的线性关系，见图 11.9。可以看出，结构化产品一年期级别稳定性基本体现了级别高低与稳定性高低的正向关系，而三年期、五年期级别稳定性则未体现这种关系。

%

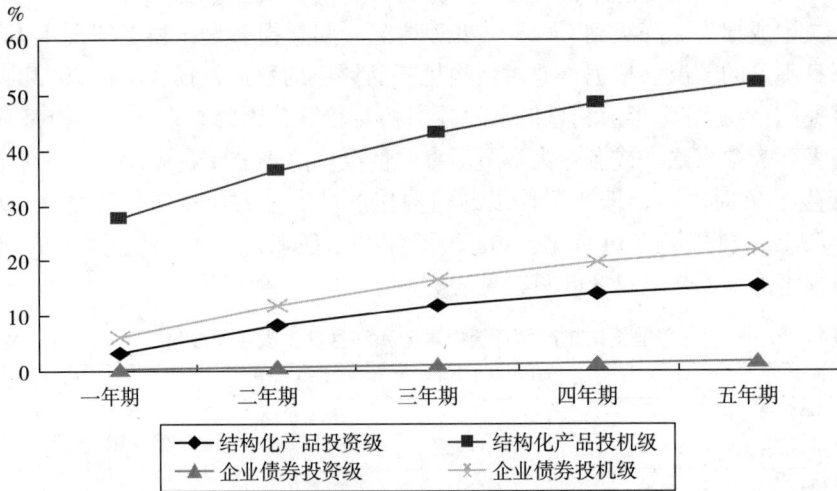

图 11.8　穆迪结构化产品（1993～2009 年）和
企业债券（1994～2010 年）评级累计违约率比较
（资料来源：穆迪）

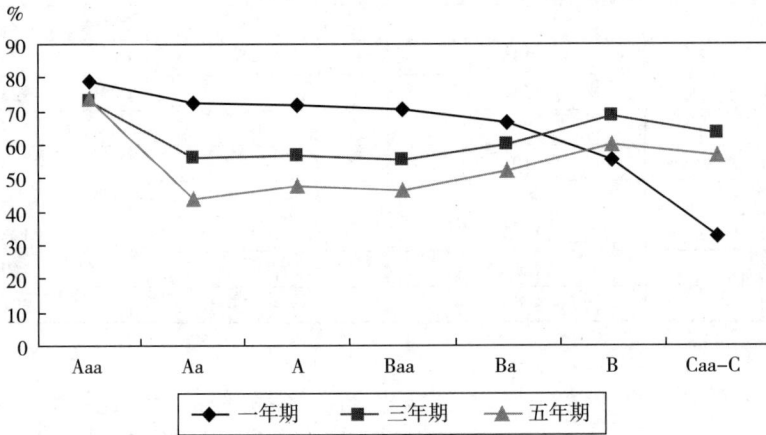

图 11.9　穆迪结构化评级（1993～2009 年）平均期限迁移矩阵对角线数据对比
（资料来源：穆迪）

二、结构化金融产品评级在危机中的表现

从 2007 年开始，美国次级抵押贷款①的债务拖欠和抵押品赎回权丧失的比率急剧增加，这对以此类贷款作为支持的 MBS 以及与 MBS 关联的 CDO 造成了重大冲击。随

---

① 当抵押贷款的借款人的信用质量较低，或抵押贷款不拥有对房地产的第一留置权时，该贷款属于次级贷款。抵押贷款的留置地位表示由于债务人违约，房地产被迫变现时的贷款优先级。对于第一留置权而言，如果房地产将被收回，贷款人拥有对房地产的变现收入的优先索偿权。参见法博齐，2011，229。

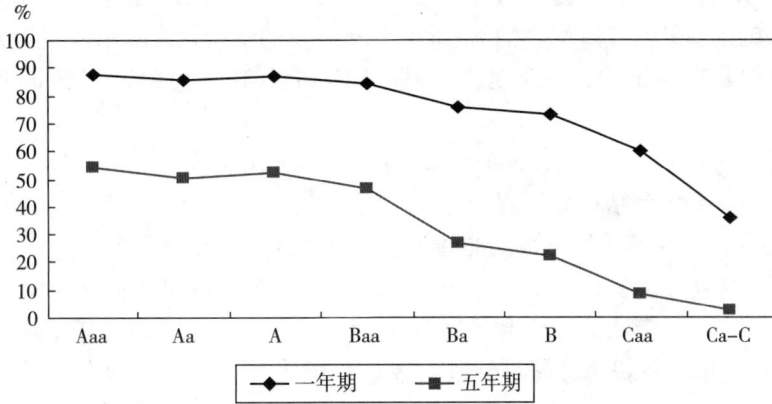

图 11.10 穆迪企业债券评级（1970～2010 年）平均期限迁移矩阵对角线数据对比

（资料来源：穆迪）

着这些债券的信用质量持续恶化，对这些债券开展评级最活跃的标普、穆迪和惠誉三家评级机构下调了相当数量的评级级别。评级机构对结构化产品的评级质量引起了广泛的质疑，包括评级的准确性和评级操作的一致性（SEC，2008）。为此，2007 年 8 月 31日，美国证监会对三大评级机构发起了包括 RMBS 评级业务和 CDO 评级业务的检查，检查范围覆盖了从 2004 年 1 月到当时检查时点的业务范围，超过 50 名证监会人员参与了这次检查。

（一）稳定性表现

2007 年美国次贷危机爆发后，结构化产品评级出现了大面积的降级。其实，在2006 年就有机构提出要注意次级按揭贷款存在的潜在危机，国际三大评级机构在 2007年上半年对美国抵押和结构产品的级别调整仍以上调为主，在 2007 年下半年开始，国际三大评级机构大量下调美国相关抵押和结构化产品的级别，见表 11.5。

表 11.5　　　　国际三大评级机构对美国抵押和结构化产品的级别调整情况

	2007 年								2008 年			
	第一季度		第二季度		第三季度		第四季度		第一季度		第二季度	
	上调	下调	上调	下调	上调	下调	上调	下调	上调	下调	上调	下调
穆迪	447	158	279	380	562	1619	315	7498	111	4751	223	16563
标普	418	194	414	372	407	1230	292	4741	216	8883	106	4903
惠誉	654	221	637	643	335	2053	132	3099	335	4901	166	5769
合计	1519	573	1330	1395	1304	4902	739	15338	662	18535	495	27235

资料来源：ESF，Securitization Data Report Q2 2008 ［DB/OL］. www.europeansecuritisation.com。

根据惠誉的研究报告，2007 年有 14% 的结构化产品被降级，是正常水平的 2.5 倍，而降级范围最广的为次级抵押贷款支持债券和 CDO。穆迪评级也存在类似的情况。在2007 年和 2008 年，结构化产品的信用质量急剧恶化，36346 个被穆迪评级的分层债券被降级，其中大约 1/3 曾经是评为 AAA 级别。按基础资产类型分析，2007 年和 2008 年降级的结构化产品中有64%是以住房权益贷款（HEL）和第一抵押作为担保的债券，以 ABS 为基础的 CDO 在降级（尤其是最严重降级）的结构化产品中占相当大部分；在全球金融机构资产减记中，42%是由于基于 ABS 的 CDO 造成的（Efraim 和 Jennifer，2010）。

艾夫瑞姆等人（Efraim 和 Jennifer，2010）对穆迪结构化产品数据库和另一个数据库 OSR（包含 30499 个结构化产品分层）进行研究发现，从细分级别变动数量上看，在 2002 年前，结构化产品细分级别的降级数量与升级数量相差不大。在 1998 年，结构化产品评级降级数量显著上升，由于 2001～2002 年经济下滑和企业债券信用质量恶化，许多以企业债券为资产池的结构化产品在此期间进一步大幅降级。在 2002 年和 2003 年，降级的数量增加较快，已超过升级的数量。2007 年开始的次贷危机及随后的国际金融危机中，结构化产品评级的降级频率和幅度更加严重：2007 年初结构化产品被评级的数量（存量）比 2006 年初存量增加 31.7%，但降级数量增加 8 倍，由 2006 年的 986 个急剧增加到 2007 年的 8109 个，见图 11.11。

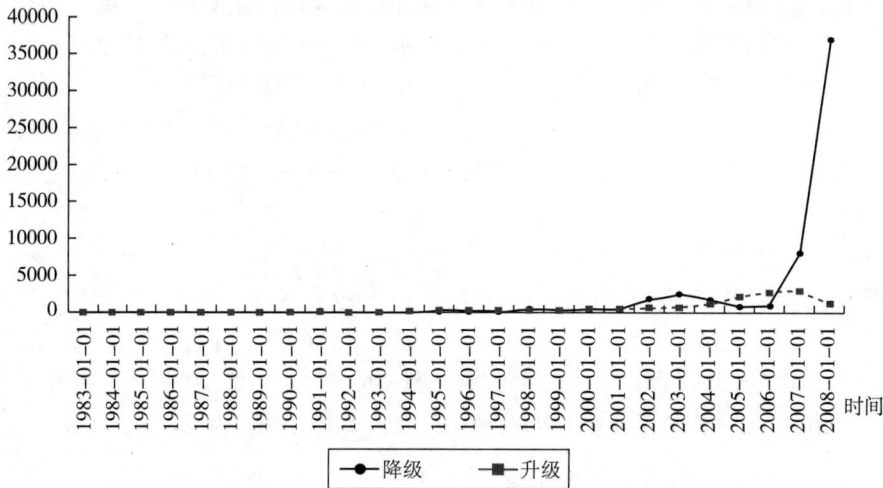

图 11.11　结构化产品评级的降级和升级数量对比
（资料来源：Efraim&Jennifer，2010）

根据艾夫瑞姆等人的研究数据，从子级别变动的幅度看，虽然降级数量的比例低于 10%，但在 2007 年开始的危机中，结构化产品的降级频率和幅度都创造了新的最高水平。2007 年和 2008 年，结构化产品降级的数量占比分别为 7.2% 和 6.7%，平均降级幅度为 4.7 个和 5.6 个子级别，而 2005 年和 2006 年降级都只为 2.5 个子级别，这期间升级的频率和幅度变化不大，见图 11.12。穆迪企业债券评级在 2005～2008 年（前第三季度）的平均降级幅度分别为 1.5 个、1.3 个、1.4 个和 2.2 个子级别，与此对比可以看出，结构化产品评级没有很好地预测这些债券在经济衰退环境下的表现。

国际金融危机初期，对于结构化金融产品的大幅度降级——平均降级在 2007 年和 2008 年分别是 4.7 个和 5.6 个子级，并且对结构化金融市场中的大量主体和债券级别突然和未预期的信用级别降低，这导致市场流动性的大量丧失和迅速枯竭（Datar，2011）。

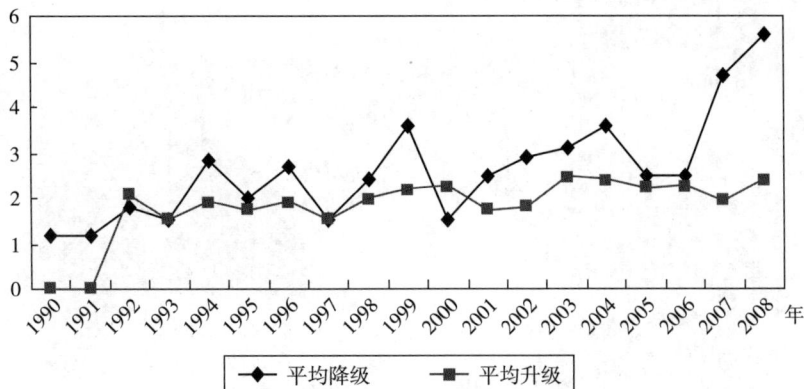

图 11.12 结构化产品年度降级和升级平均幅度比较

(资料来源：Efraim&Jennifer，2010)

(二) 准确性表现

据标普报告统计，在 2005～2007 年，新上市的 CDO 类别中获得 AAA 级信用评级的占比达 85%；惠誉公司 2007 年 7 月的统计显示，73.7% 的中间等级 CDO 产品获得了 AAA 级信用等级。但次级抵押债券的市场违约率在 2006 年第四季度却达到了 14.4%，到 2007 年第一季度更进一步提升至 15.75%。

美国次贷危机发生后，结构化产品评级的违约率呈现大幅提高的情况。图 11.13 是穆迪结构化产品评级 A 级别以上的一年期违约率情况，可以看出，在 2007 年危机发生后，结构化产品评级的违约率（损害率）急剧升高。

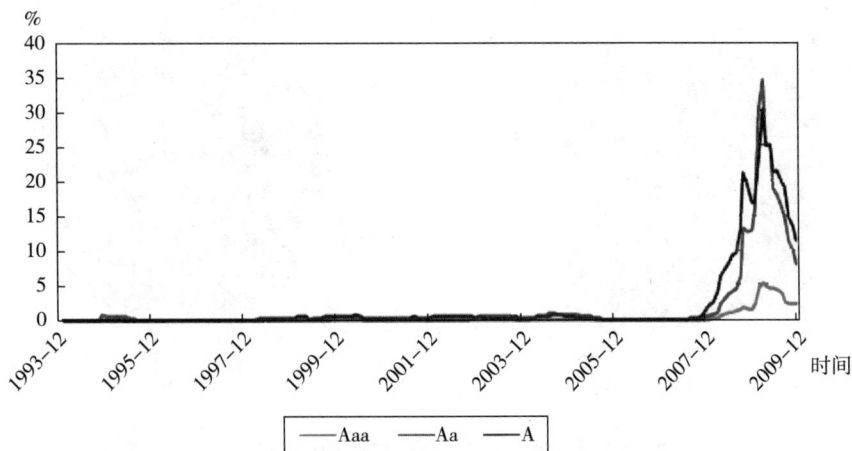

图 11.13 穆迪结构化产品评级一年期违约率

(资料来源：穆迪)

结构化产品中高信用级别较多，但出现违约的高信用级别也有相当大的比例。穆迪结构化产品评级 2009 年发生违约的有 14049 个，投资级以上的达到 89.1%，其中初始级别为 Aaa 的占 23%，见图 11.14 (a)；这些发生违约的结构化产品在 2006 年和 2007

年创建的占到 61.4%，见图 11.14（b）。

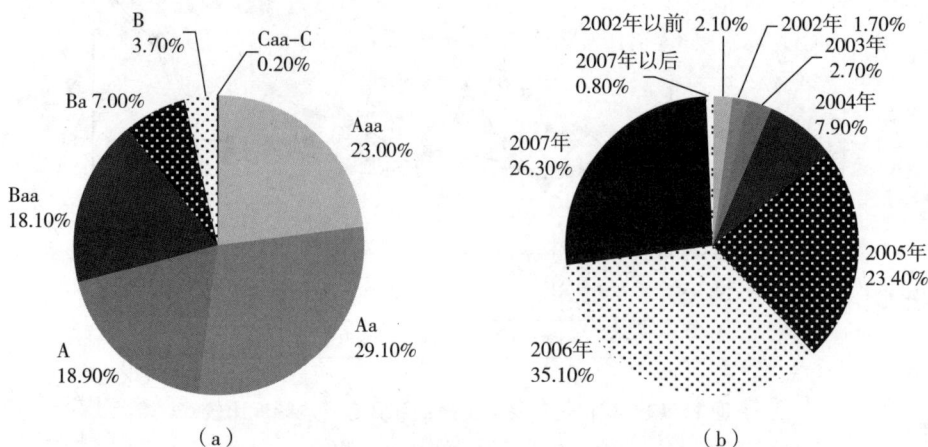

图 11.14　2009 年穆迪结构化产品评级中发生违约的初始评级和产品创建年份

（资料来源：穆迪）

　　穆迪的 CDO 评级（不包括贷款担保凭证 CLO）在 2009 年发生损害的有 2054，CLO 发生损害的为 463 个，都呈现出高级别（投资级以上）发生违约的比例很大的特点。图 11.15 是穆迪 CDO 和 CLO 评级违约的初始评级分布，其中图 11.5（a）是 CDO（不包括 CLO），图 11.5（b）是 CLO。

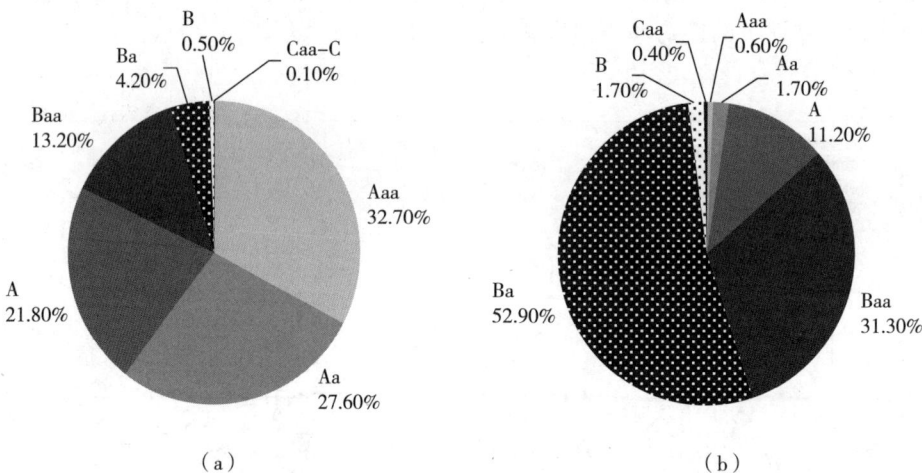

图 11.15　2009 年穆迪 CDO 和 CLO 评级中发生违约的初始评级分布

（资料来源：穆迪）

三、结构化金融产品评级的风险分析

（一）模型风险

总体来说，结构化产品的评级模型高度依赖于资产违约相关系数、违约概率和回收率等参数假设，不同评级机构对这些模型的假设前提是不同的，这导致了评级结果的差异，也将产生风险评估的不确定性。

首先，结构化产品评级模型一般假设过去和未来，或者相似资产之间具有一定程度的可比性和连续性，但是经济和金融环境发生改变时，这些假设前提就遇到了挑战。当经济危机出现时，宏观经济冲击下的违约相关性被低估，而评级机构没有对评级模型及假设进行及时修正，这导致评级模型不能很好地解释资产违约相关性上升的实际情况。因此，在市场出现系统性风险的情况下，由于没有正确评估违约相关性，结构化产品的评级模型将无法充分评估资产池的损失分布和回收率。针对前提假设存在的这个问题，国际金融危机爆发后，标普、穆迪和惠誉三大评级机构声明，它们已提高了 CDO 评级模型中次级 RMBS 的相关性假设（SEC，2008）。

其次，当资产具有较高的违约相关性时，相对于基于 MCS 方法的模型，BET 模型倾向于低估预期损失，尤其是高级别分层的预期损失。这种低估的原因在于，BET 模型对较高的违约相关性一般转换为较低的分散化评分（DS）所造成的（Ingo 和 John，2005）。由于 BET 模型低估了预期损失，从而也低估了所需要的信用增进水平。

（二）模型套利

穆迪评级以预期损失为基础，而标普和惠誉评级以违约概率为基础。预期损失和违约概率评级提供给市场不同的信息，从而给出不同的评级结果。根据分析，与基于违约概率的评级方法相比，基于预期损失的评级方法对高级分层给出的评级级别要高，而对于中级分层的评级级别要低（Ingo 和 John，2005）。

由于不同评级机构利用不同模型对结构化产品评级，这将产生级别差异，由此可能导致评级模型套利，即评级选购。不同评级机构的评级基础不同，对相关系数的假设也不同，因此发行人可以策略性地选择评级机构和调整分层债券的结构设计，以获得更高的信用等级和较低的融资成本。当债务具有更高的杠杆性，即购买的资产和发行的债券之间的评级级别差距增大时，套利的可能性也更高，这将加重评级选购的情况，对结构化产品评级的一致性造成损害。

在实际评级业务中，结构化产品大多是双评级甚至三评级。艾夫瑞姆等人（Efraim 和 Jennifer，2010）对 30499 个结构化产品债券样本进行统计分析，在整个考察期中，双评级和三评级的结构化产品占比超过 80%，其中双评级的比例最高，达到 59.26%，三评级的比例为 26.8%。根据分析，如果结构化产品是单评级，则更可能被降级，并且降级幅度更大，这表明单评级存在较大程度的评级虚高，也反映了评级选购的结果，而有多评级的结构化产品较少显示出评级选购导致的问题倾向。

（三）利益冲突

在结构化产品评级中，发行方付费和评级机构参与结构设计的咨询服务将造成利益冲突，这可能影响评级的独立性。在结构化产品评级中，由发行人付费所产生利益冲突与其他评级业务并无实质不同，但评级机构的咨询服务对利益冲突具有更为严重的影响。当结构化产品评级成为国际主要评级机构增长最快的收入来源时，利益冲突将变得更为突出，也将进一步影响评级结果的独立性和公正性。

侯等人（Hau 等，2012）分析了标普、穆迪和惠誉 1990~2011 年银行评级认为，大银行、向评级机构提供更多证券化评级业务的银行等机构获得了更有利的评级，这种评级歧视显示了利益冲突对评级结果的影响。格瑞芬和唐（Griffin 和 Tang，2012）对1997～2007 年发行的债务担保凭证（CDO）的评级进行研究，对定量模型之外的主观性进行分析得出，实际获得 AAA 评级的 CDO 与评级机构信用风险模型之间的相关性仅为 0.49，而调整幅度越大的 CDO，之后经历了更严峻的降级；对评级进行定量模型之外的主观调整是造成评级上调的一个重要原因，因此应提高模型操作的透明度。欧盟委员会于 2011 年指出，在金融危机期间，大型发行人发行的结构化产品比小型发行人所发行类似质量的产品具有更有利的评级级别[1]，这被视为大型发行人可以利用其议价能力获得更高评级的证据。

在次贷危机爆发前，评级机构通过大量开展结构产品的评级业务，获得了高速增长的利润；通过给予高评级，依靠过去积累的声誉，评级机构与发行人一起使这类结构化产品在市场上实现了快速销售。2008 年美国证监会对某大型评级机构检查发现，其分析师在 2007 年 4 月 5 日的电子邮件中自信地表明：（即使是）奶牛也可以被结构化，并给出评级（SEC，2008）。在危机中具有高等级的结构化产品的资产价值大幅缩水，评级机构大规模下调评级，这种大规模下调加深了系统性共振，引起了相关产品市场流动性的缺乏和动荡。

四、对结构化金融产品评级的进一步思考

理论上，结构化产品拓展了资产证券化的范围，丰富了投资者的投资工具类型，提高了资产的流动性，从而扩大了金融中介工具的广度，增强了金融市场的深度和广度。结构化产品可以集中资产池的信用风险，但又通过债务分层分散这些风险。分层使信用风险实现了变化，由基础资产池的风险特征转变为具有不同风险特征的分层债券。风险分层和分类使信用风险转移更便利，并且促进市场交易的完成，推动更有效的市场定价，提高信用风险的分散度。因此，从这些角度看，结构化产品似乎可增强金融稳定性。

然而，爆发国际金融危机后，投资者对结构化金融产品的信心受到极大的打击。实践似乎证明，更广泛和更深层次的风险转移并不能发挥稳定市场的作用，反而使得市场变得更加不稳定。造成这种不稳定性的原因在于，结构化产品的属性导致某些市场参与者处于风险更高的位置，因而产生或放大风险事件的不确定后果。评级机构不但提供对债务的评估，还参与对债务结构的设计和咨询服务，结构化产品市场对评级的依赖和评级机构在其中的显著作用，反而可能对金融稳定产生不利影响。此外，由于能够将信用风险出表，降低了商业银行实施借款人分析和贷款质量管理的激励，从而极大可能导致整体金融市场信用质量的下降[2]。

---

[1] 参见：EC，Impact Assessment accompanying the proposal for a Regulation amending Regulation No 1060/2009 on credit rating agencies，SEC（2011）1354。

[2] 结构化产品等证券化提供了风险分担，增强了信贷市场的流动性，降低了贷款利率，但是证券化也加大了金融体系中逆向选择的可能性，因为银行等贷款机构可以通过证券化迅速将贷款变现资金，他们将不再关心贷款质量。参见：哈伯德等，2013，258。

国际货币基金组织（IMF，2008）指出，尽管结构化产品在允许风险分散方面是有益的，但一些复杂的分层产品几乎没有增加金融系统的经济价值；更进一步，当底层的基础资产恶化时，增加了它们价值的不确定性，这导致结构化产品可能加剧危机的深度和持续时间。针对评级机构在结构化评级中的作用，国际货币基金组织认为，由于与公司信用评级和主权信用评级相比，结构化产品评级可能受到更严厉和更多的降级影响，用不同的评级符号将有助于使差异更明显。除了利用不同的评级符号，评级机构应给投资者提供更多的关于潜在评级波动的分析信息，并提供降级风险的量化信息。

针对评级机构在结构化产品中的作用所引起的问题，国际证监会组织进行了总结。这些突出问题包括：评级机构的透明度、独立性和避免利益冲突、评级机构竞争及其对独立性的相互作用。为此，国际证监会组织在 2008 年 5 月修订了《信用评级机构行为基本准则》，在透明性、独立性、利益冲突和竞争性等方面更新了要求，突出对结构化产品评级的约束，其中包括：要求评级机构应区分结构化评级与其他评级，最好使用不同的评级符号体系；禁止评级分析师参与对本评级机构评级的结构化产品的设计建议和咨询服务等。

但也应该客观地认识到，2007 年开始的金融市场动荡以及直接与评级失败相关的责任，远远超出了评级机构自身的范围（IOSCO，2008b）。在金融危机前后，机构投资者是否忽略了内部治理和风险管理而过度依赖评级；发起人是否在评级过程中提供了不准确或误导性的信息，是否为了获得期望的级别而进行了评级选购；监管者也要重新审视将低违约风险等同于低波动性和低流动性风险的政策，这些政策可能鼓励了市场参与者依赖于信用评级，而不是自身做出全面和独立的风险评估，以上这些问题都是值得深入思考的。同样需要注意的一个问题是，在信用评级中，发行人提供信息的准确性应由评级机构确认，还是应由发行人承担信息准确性的最终责任？这将影响对信用评级有效性的分析角度。

因此，市场参与各方应认识到评级的局限性，尤其对于结构化产品，由于其分层设计和违约相关属性等导致的复杂性，基于预期损失或违约概率的信用评级并不能完全评估结构化产品的风险。尽管一些市场参与者相信信用评级代表一个投资价值的判断，这个概念尤其被一些级别用"投资级"术语标明而加重，但评级机构的观点仅与被评债券未来表现的可能性相关，高级别并不必然意味着一个债券必定是好的投资品，信用级别的高低只应是决策的依据之一。

在国际金融危机以前，人们曾认为，由于管理和金融技术创新的提高，市场将远离危机，因为新金融技术将风险分散在那些能评估并可承受风险的经济主体上。但是，危机使人们承认，新技术反而助长了危机的产生和蔓延[①]。

---

① 参见托马斯，2012，25。

第十二章 中央银行
信用评级方法及分析

中央银行信用评级是中央银行开展的，服务于货币政策操作和金融稳定等目标的评级工作，评级对象涉及金融机构、工商企业等。欧元区和中国等地区和国家的中央银行开展了具有鲜明特色的信用评级业务。中央银行评级与信用评级机构的评级业务既有相同点，又有较大的差异。本章对中央银行提供信用评级的情况进行研究和比较分析。

第一节　中央银行信用评级的需求

一、欧元体系合格担保品制度

（一）欧元体系与合格担保品

1999 年 1 月 1 日，欧盟国家开始实行单一货币欧元，并在欧元区实施统一的货币政策。在国际货币体系中，欧元已成为仅次于美元的货币，广泛应用于国际储备、国际贸易、外汇交易、信贷和债券发行等方面。欧洲中央银行成立于 1998 年 6 月 1 日，总部位于德国法兰克福，具体负责欧元区统一的货币政策。由欧洲中央银行和欧元区成员国中央银行组成了欧元区中央银行体系（简称欧元体系，ESCB）。欧元体系的主要目标是保持价格的稳定性。为了实现这个目标，欧元区中央银行货币政策框架确定了欧元区各中央银行在货币政策工具和执行程序的一致性标准。合格担保品制度（也称为合格质押品制度）是欧元体系货币政策框架的一部分，是欧元体系执行货币政策操作的重要基础，其内容是当申请中央银行体系的流动性时，对担保资产所做的系统性制度要求。

合格担保品是对在货币政策操作过程中，中央银行允许交易对手提供的作为直接交易或偿债担保资产的统称。欧洲中央银行负责货币政策操作的担保品管理，其管理的一般原则是：一是保护欧元体系免受损失，所有欧元体系的信用操作都要求基于充分的担保品；二是增强货币政策操作的有效性和透明度，在货币政策操作中的合格资产应符合一定的标准；三是促进在欧元区内形成统一的市场，并且避免对国内担保品的过度依赖，这可通过成员国间的跨境担保品来实现。国际金融危机爆发后，合格担保品的地位和作用持续增强，欧洲中央银行依据市场交易对手的资产情况和货币政策操作需求，逐步扩大了合格担保品的范围，以实现流动性管理。

（二）合格担保品的范围

根据欧元体系货币政策框架的要求，所有提供流动性的货币政策操作都要以充足的担保品为基础。交易对手方提供担保品的形式可以是所有权发生转移的担保品，如买断交易或回购协议业务；也可以采取质押、抵押等方式，如抵押贷款等业务。为了解决之前担保品不统一、透明度不足等问题，欧元体系从 2007 年 1 月 1 日开始正式采用扩充后的合格担保品单一名单。根据该名单，欧洲中央银行可以接受的合格担保品包括两类：市场化资产和非市场化资产①。实际上，欧洲中央银行在 2004 年就首次发布了合格担保品单一名单，但当时这个名单仅限于市场化资产。除了非市场化资产不能用于买断交易外，市场化和非市场化两类资产在资产质量和用于欧元体系货币政策操作的合格性方面是相同的。

合格担保品的市场化资产包括政府及公共部门债券、公司债券、担保债券、资产支持证券等，比如欧洲中央银行发行的债务凭证、各成员国中央银行和政府及超主权机构发行的债券、信贷机构及公司发行的债券等市场化债务工具，欧洲中央银行会在其官方网站上公布合格市场化资产的名单。由于流动性高低是影响担保物价值的主要因素之一，根据流动性的差异，欧洲中央银行将市场化资产分为五类，流动性最高的为 Ⅰ 类，最低的为 Ⅴ 类，见表 12.1。

表 12.1　　　　　　　　　　　市场化资产流动性分类表

Ⅰ类	Ⅱ类	Ⅲ类	Ⅳ类	Ⅴ类
中央政府债务工具	地方政府债务工具	传统担保银行债券	信贷机构债务工具（无担保）	资产支持证券（ABS）
中央银行发行的债务工具	大型担保银行债券	非金融公司及其他发行人发行的债务工具	除信贷机构外其他金融公司发行的债务工具（无担保）	
	代理债务工具	其他担保银行债券（如结构化担保银行债券和多发行人担保银行债券等）		
	超主权债务工具			

资料来源：法国中央银行。

合格担保品的非市场化资产有三类：银行贷款、合格对手方的定期存款和零售抵押支持债务工具（RMBDs）。银行贷款在非市场化资产中占有主要地位，RMBDs 则是爱尔兰银行特有的金融产品。需要注意的是，银行贷款通过作为担保债券的担保资产、资产支持证券的底层资产池，可以成为市场化资产的担保资产。与市场化资产不同，非市场化资产不能用于买断交易。此外，欧洲中央银行既不公布非市场化资产的名单，也不公布此类资产合格债务人、担保人的名单，而由各成员国中央银行评估非市场化资产的合格与否，并向欧洲中央银行报告。

---

①　也称为交易性资产和非交易性资产。

合格担保品名单并非一成不变，欧洲中央银行会根据多方面的因素对合格担保品的范围进行调整，范围调整的因素主要包括四个方面：

一是中央银行货币政策的具体操作需要。包括操作类型是数量型还是价格型，操作目标是调节短期利率还是长期利率，操作频率是定期还是不定期，作用对象是特定金融机构还是整个金融市场等。这些要素直接决定了央行可接受的合格担保品的品种、流动性程度以及到期期限。

二是金融市场的发展情况。一国金融市场及其产品的发展程度决定了中央银行合格担保品的选择范围。如果当地金融产品种类丰富，意味着中央银行对合格担保品范围的调整余地较大。

三是交易对手持有资产情况。一般而言，当交易对手持有丰富的高质量资产时，中央银行对合格担保品的要求也相应较高；当交易对手高质量资产持有不足，且流动性紧缺时，中央银行也会相应放松担保品要求，适当扩大合格担保品范围。

四是特殊管理需要。中央银行可能为了特定管理需要，将某类金融产品纳入到合格担保品范围内，并针对其采取特定的货币政策操作，以达到提升其市场流动性的目的。如欧央行在欧债危机爆发后，暂不考虑希腊等国家的外部信用级别，通过在市场上大量购买这些国家发行的国债，以缓解金融市场对欧元区解体的担忧。为应对新冠肺炎疫情对经济的影响，减轻新冠疫情冲击下评级下调对担保品可用性的影响，欧央行 2020 年 4 月采取措施调整担保品规则，将接受部分垃圾级债券作为担保品，只要 2020 年 4 月 7 日对债券评级达到最低投资级（BBB－），且最新评级不低于 BB 级。该措施将持续到 2021 年 9 月，并允许为银行提供贷款的基金做适当减值处理。

（三）担保品的合格性标准

欧元体系货币政策框架对担保品的合格性确定了多项标准，包括信用评级标准、发行地区、清算交易程序、币种等，见表 12.2。这些对于担保品的合格性要求可归为以下四个方面：第一，担保品的安全性和流动性。充分体现在信用评级标准方面，担保品必须满足一定的评级级别要求。第二，担保品的可监管性。担保品必须处于当地的法律监管范围内。第三，担保品的相对独立性。在交易对手对其完全持有的情况下，交易对手本身不得是担保品的关联方，包括不得为发行人、贷款人和担保人等。第四，担保品的可控性。在清算交易方面，为了加强担保品的可控性，欧元体系要求担保品应在中央银行允许的清算系统中进行结算，以确保中央银行能够对担保品进行实质性控制。在币种方面，担保品一般应是欧元记值的产品。在资产发生地方面，市场化资产的发行地必须为欧元区等。

表 12.2　　　　　　　　欧元体系货币政策操作的合格性资产标准

合格性标准	市场化资产	非市场化资产	
		贷款	RMBDs
信用评级标准	资产必须符合高级别的信用标准；信用标准利用 ECAF 机制（欧元体系信用评估框架）进行评估	债务人/担保人必须符合高级别的信用标准；信用标准利用 ECAF 机制进行评估	资产必须符合高级别的信用标准；信用标准利用 ECAF 机制进行评估

续表

合格性标准	市场化资产	非市场化资产	
		贷款	RMBDs
发行地	欧元区	不适用	不适用
清算地/交易程序	清算地为欧元区；工具必须通过成员国央行或证券结算系统清算	欧元区交易	欧元区交易
发行人/债务人/保证人种类	成员国央行；公共部门；私人部门；国际和超主权机构	公共部门；非金融企业；国际和超主权机构	信贷机构
发行人/债务人/保证人成立地区	发行人：欧元区或非欧元区的 G10 国家（美国、加拿大、日本、瑞士）；债务人：欧元区；保证人：欧元区	欧元区	欧元区
票面币种	欧元	欧元	欧元
可接受市场	常规市场或欧央行接受的非常规市场	不适用	不适用
最小规模	不适用	国内：成员国央行选择；跨国：50 万欧元	不适用
跨国使用	是	是	是

资料来源：ECB。

二、中央银行评级在欧元体系担保品制度中的作用

（一）合格担保品的信用评估框架

为保证安全性，合格担保品必须满足最低信用标准。为了统一担保品信用级别合格的评定标准，欧元体系设立了欧元体系信用评估框架（ECAF），该框架包含了信用评级的流程、规则和标准等。各类评估机构在获得欧元体系信用评估框架许可后，欧元体系即可任选其中一种或多种评级结果来评估担保品的合格性。欧元体系信用评估框架之前确定了四类信用评估来源：

一是外部信用评级机构（ECAI）。欧洲中央银行目前认可了标普、穆迪、惠誉和多美年评级 4 家公司为外部信用评级机构。为增加外部评级的多样性，2009 年 2 月，欧洲中央银行通过了修正案，新增加了多美年评级作为 ECAI。

二是成员国中央银行提供的内部信用评级系统（ICAS）。欧央行认可了 8 个成员国央行的内部信用评级系统。各国央行只针对本国的非金融企业开展评级，央行根据评级结果判断被评企业的贷款能否作为合格担保品，并通过调整合格担保品范围调节市场流

动性。

三是对手方的内部评级系统（IRB）。对手方的内部评级系统主要是商业银行的内部评级系统。商业银行在参与货币政策工具操作时，可以依靠自身来对担保资产进行信用评级，前提条件是须向其所在国家的央行申请并得到批准。

四是专业化公司管理的评级工具（第三方评级工具，RT）。第三方评级工具是指那些使用量化模型分析信用等级的工具。欧元体系认可的第三方评级工具仅有意大利科韦德公司（Cerved）的产品。

为了降低担保制度的复杂性，减少欧元体系对外部信用评估的依赖，欧央行在2019年5月取消了第三方评级工具在信用评估框架中的使用①，当前欧元体系信用评估框架只有三种信用评估来源，见表12.3。

表 12.3　　　　　　　　　　　　　　欧洲央行信用评估框架

评级类别	机构名称	评级对象
外部信用评级机构（ECAI）	标普、穆迪、惠誉、多美年	欧元区或 G10 国家中的合格发行人、债务人、担保人，各类资产
央行内部评级系统（ICAS）	包括德国、爱尔兰、西班牙、法国、意大利、奥地利、葡萄牙、斯洛文尼亚 8 国央行	本国非金融类企业
商业银行内部评级系统（IRB）	经所在国央行同意参加 ECAF 的银行机构	与本机构有信贷关系的融资对象及资产

资料来源：ECB。

考虑到市场化资产和非市场化资产在法律特征及操作效率等方面的不同，欧元体系信用评估框架在确定担保品信用评定标准时，对两类资产予以区别对待，市场化资产主要以外部评级为主，非市场化资产则相反。针对在国际金融危机中资产证券化暴露出的风险，从 2011 年开始，欧元体系要求对资产支持证券应进行双评级，并取较低的级别。成员国中央银行内部评级的对象主要为非市场化资产。在非市场化资产中，定期存款于2011 年 1 月 1 日才成为合格担保品，且无需减计，因此无需信用评级；RMBDs 目前仅有爱尔兰抵押支持本票一种，由爱尔兰中央银行展开信用评估，最低门槛为 A - 。因此，对非市场化资产的信用评估主要是对银行贷款的评估。

（二）评级质量控制及检验

为了保证评估质量，欧元体系信用评估框架建立了性能监控机制，包括每年对合格债务人的静态池开展事后检验，对静态池的违约率与最低违约概率的门槛要求进行比较，其目标是为了对来自不同评估来源的评估结果实现可比较性。

表 12.4 展示了监控指标，其中 $PD(i,t)$ 表明债务人 i 在时间 t 的违约概率。对于级别为 AAA 级至 A 级的静态池，其违约概率应低于或等于 0.1%；而级别为 BBB + 至BBB - 的静态池，其违约概率应在 0.1% ~ 0.4% 。对于多年内评级质量达不到要求的评

---

①　参见：GUIDELINE（EU）2019/1032 OF THE EUROPEAN CENTRAL BANK of 10 May 2019。

估系统，欧元体系将暂停或取消其评估资质。

表 12.4　　　　　　　　　欧元体系信用评估框架评估性能监控指标

静态池	条件
AAA 至 A −	$PD(i,t) \leqslant 0.10\%$
BBB + 至 BBB −	$0.10\% < PD(i,t) \leqslant 0.40\%$

资料来源：ECB。

（三）信用评估框架对担保品的评级要求

为了对各种信用评级来源的评级结果进行有机整合，使同一资产在不同评级系统中的评级结果可进行比较，ECAF 制定了统一的信用评级标准。ECAF 根据评级资产 1 年期违约概率将其信用等级划分为三类（step1、step2、step3），明确了各种信用评级来源的评级结果和统一信用评级标准之间的对应关系。step1 和 step2 要求担保品 1 年期违约概率≤0.10%；违约概率大于 0.10%，小于等于 0.40%，是 step3 的信用质量要求。所有合格担保品应至少符合 step3 的信用质量要求。如果合格担保品的信用质量相对较低，欧元体系会对其采用更高的估值折价。以外部信用评级机构（ECAI）为例，其评级结果和 ECAF 标准的对应关系见表 12.5。

表 12.5　　　　　　　ECAIs 评级结果与 ECAF 标准的对应关系表

ECAIs 信用评级		统一信用评级标准		
		step1	step 2	step 3
短期	DBRS		R − 1H、R − 1M	R − 1L、R − 2H、R − 2M、R2 − L
	惠誉		F1 +	F1、F2、F3
	穆迪		P − 1	P − 2
	标普		A − 1 + 、A − 1	A − 2
长期	DBRS	AAA/AAH/AA/AAL	AH/A/AL	BBBH/BBB/BBBL
	惠誉	AAA/AA +/AA/AA −	A +/A/A −	BBB +/BBB/BBB −
	穆迪	Aaa/Aa1/Aa2/Aa3	A1/A2/A3	Baa1/Baa2/Baa3
	标普	AAA/AA +/AA/AA −	A +/A/A −	BBB +/BBB/BBB −

资料来源：ECB。

在对交易性资产进行信用评级时，外部信用评级机构评级占据主导地位。对于一般交易性资产，至少有一家 ECAI 的评级达到 step3 标准。对于资产支持证券（ABS），至少有 2 家 ECAI 参与评级，发行时的信用评级必须达到 step1 标准中的前两项（AAA/AA + ）等级，其存续期内的信用评级必须保持在单个 A 以上。对于公共部门发行或担保的资产，如政府债券、央行票据等，欧元体系允许使用隐性评级制度为此类资产做出评定，即与发行或担保公共部门所属中央政府享用相同的 ECAI 评级等级，或降低一个 step 等级。

（四）中央银行评级在 ECAF 中的作用

服务于商业银行再贷款等货币政策操作，是中央银行建立信用评级体系最重要的原因。中央银行信用评级既能有效地服务于商业银行融资，又为中央银行货币政策操作顺利运作提供了保障。2007 年前，由于整个欧元区中央银行体系实行的是双层担保品框架，银行贷款只能在成员国中央银行而非欧元区范围充当担保品。欧洲中央银行在 2007 年 1 月 1 日启用合格担保品单一名单后，银行贷款在全欧元区内成为合格担保品。目前，法国、德国、爱尔兰等国的中央银行评级体系得到了欧元体系信用评估框架的认可，成为该框架内的成员国中央银行内部信用评级系统。爱尔兰中央银行主要对爱尔兰信贷机构发行的抵押支持本票评级，其他几个国家中央银行的评级对象则主要是本国的非金融公司。中央银行评级体系受到欧元体系的严格监管，欧元体系以事后检验方式定期评估其评级质量，即以往评级质量必须达到欧元体系的相关标准，否则，其中央银行内部信用评级系统的资质将被取消。

中央银行评级在银行贷款类担保品评估中发挥着主要作用。由于受国际金融危机的影响，担保品的信用质量门槛被降低。2008 年以前，欧元体系确定合格担保品（含市场化资产和非市场化资产）的最低信用门槛为 A − 级或 A3 级，对应的年度违约率为小于 0.1%。2008 年 10 月，为了应对国际金融危机的影响，欧洲中央银行将此最低门槛临时调降至 BBB − 级或 Baa3 级，年度违约率调至小于 0.4%。但是对资产支持证券的最低级别门槛未变，仍要求发行时为 AAA 或 Aaa 级，在整个交易周期至少为 A 级。据此，银行贷款充作欧元体系合格担保品的规模随之大幅增加，在欧元体系合格担保品中的比例也逐渐上升。据统计，在 2011 年末，经减计的银行贷款约 3520 亿欧元，占欧元体系担保品总价值约 16%。

2011 年 12 月 8 日，作为临时措施，欧洲中央银行决定，在获得欧洲中央银行许可的前提下，成员国中央银行可自行决定附加银行贷款用作合格担保品的条件（ACC），并自担风险。随着合格担保品中的银行贷款规模大幅增加，作为银行贷款的主要评估来源，中央银行信用评级在欧元体系中的作用也得到了提升。同时，由于各成员国中央银行负责评估非市场化资产的合格性并向欧洲中央银行报告，欧洲中央银行也有意识地加强中央银行评级作用的发挥，试图提高中央银行评级在欧元体系信用评估框架中的地位。

三、中央银行评级的应用拓展

目前，欧盟 27 个成员国中有 8 个成员国央行建立了内部评级系统，分别为法国、德国、意大利、爱尔兰、西班牙、奥地利、斯洛文尼亚、葡萄牙。其余成员国尤其是小成员国受本国央行规模、人员、成本等限制，没有构建自己的内部评级系统。其中，法国央行和德国央行的内部评级最具代表性，每年分别对约 28 万家和 14 万家国内企业开展评级。实际上，在合格担保品单一名单设立前，法国、德国等国家的中央银行已经建立了信用评级业务，例如，德国中央银行在 20 世纪 70 年代即引入标准化的程序来对私人部门资产进行信用评估。这些中央银行评级主要为国内金融机构在中央银行的融资操作开展服务，并提供了其他应用。欧元体系建立的合格担保品制度，只是在欧元体系内对中央银行评级在货币政策操作方面进行了统一。中央银行评级的主要应用总结如下。

（一）服务于央行货币政策操作

央行评级提高了货币政策操作的有效性和灵活性，提升货币政策的透明度和独立性。通过对担保品评级并实施再贷款，可有效引导商业银行贷款投向，对拓宽中小银行和中小微企业的质押、融资能力具有重要作用。2017 年欧元体系合格担保品中的信贷资产规模达到 3926 亿欧元，在担保品中的占比为 23.8%。

（二）为监管部门审慎监管提供服务

理论上，由于中央银行的非营利性及宏观经济金融管理者的地位，由其开展信用评级应具有客观性、独立性，因此，中央银行评级在对信贷机构的对手方风险评估、银行贷款组合的质量分析等方面提供了评估指标，中央银行信用评级被应用于对银行的审慎性监管。法国央行指出，评级可协助法国金融审慎监管局（ACPR）监测信贷机构持有的资产状况。法国金融审慎监管局负责监管银行和保险公司。有观点认为，美联储主要通过公开市场操作提供准备金，这极大地限制了美联储通过确定哪些担保物可以接受和仔细审查借款人资产负债表来确保金融体系安全稳定的能力[1]。

（三）服务于商业银行的资本充足率管理

如果中央银行评级被欧洲银行监管委员会（CEBS）确认为巴塞尔资本协议框架下的外部信用评级机构（ECAI），金融机构可依据中央银行评级计算资本充足率，从而对资本充足性管理提供依据。中央银行的评级结果也可以被用于衡量信贷机构内部评级模型的可靠性。如法国中央银行在 2007 年 6 月被欧洲银行监管委员会确认为外部信用评级机构，因此，法国商业银行可依据法国中央银行评级对资产进行风险管理。

（四）促进非金融企业的发展和融资

在欧元体系合格担保品制度中，对银行贷款的评估主要是评估其债务人或担保人的信用状况。对非金融企业而言，其贷款被中央银行纳入合格担保品在某种程度上表明企业信用获得了公共部门的认可。对金融机构而言，由于中央银行评级的客观性、独立性，商业银行也将其作为向企业发放贷款的重要参考指标，这些因素方便了被评级企业、特别是中小企业从商业银行的融资行为，因为这些机构更依赖于银行体系的间接融资。

（五）用于宏观经济分析以及政府用途

基于评级可以综合分析各行业及经济发展动态的变化，中央银行通过将行业分析报告和汇总数据对外公布，为相关政府部门决策提供重要参考。

第二节　法国中央银行信用评级方法

法国中央银行（法兰西银行）信用评级开始于 20 世纪 80 年代初，最初服务于货币政策操作，帮助法国中央银行加强对银行提供的担保品质量的监管；后来用于筛选可以从欧元体系中获得再融资的担保品、帮助企业判断自身信用风险状况、增强企业与银

---

[1]　参见：明斯基，2018，p. XIV。

行之间的了解等多重目标。2004 年，为了适应《巴塞尔资本协议Ⅱ》的要求，法国中央银行对评级体系进了修改和完善，形成了目前具有鲜明特色的评级模式。

一、法国中央银行评级的方法体系

法国中央银行评级由中央银行总行和全国分支机构的分析师承担，评级体系基于定量和定性分析相结合，对企业的信用风险进行评估。在每年企业年度财务报表报送后或获得新信息时，评级结果将进行定期和不定期更新。

（一）法国中央银行评级内容

法国中央银行信用评级包括两部分内容：营业额等级和信用等级。法国中央银行于每年 4 月公司年度财务报表提交后开展评级，评级结果每年至少更新一次，且在获得可能影响评级的新信息后，随时予以更新，这与外部评级机构的跟踪评级类似。

营业额等级分为 14 个级别，分别用字母 A – H、J – N、X 从高到低表示，根据企业营业额的多少确定，该等级代表盈利水平，见表 12.6。例如字母 A 表示营业额大于或等于 7.5 亿欧元，A 代表最高的盈利水平；B 表示营业额在 1.5 亿~7.5 亿欧元之间。

表 12.6　　　　　　　　　　　　**公司营业额等级关系**　　　　　　　单位：百万欧元

营业额等级	营业额
A	≥750
B	150 ~ 750
C	50 ~ 150
D	30 ~ 50
E	15 ~ 30
F	7.5 ~ 15
G	1.5 ~ 7.5
H	0.75 ~ 1.5
J	0.5 ~ 0.75
K	0.25 ~ 0.5
L	0.1 ~ 0.25
M	<0.1
N	不明显，指不从事商业行为或者业务量不能用营业额衡量的企业
X	未知或者现有营业额数据不充分（在年末之前超过 20 个月）

资料来源：法国央行。

信用等级表明企业在未来三年内偿债能力的大小。法国中央银行在 2004 年 4 月对信用等级指标进行了调整，级别由 5 级（分别为 3、4、5、6、0）调整为 13 级，按照企业偿债能力从高到低分别为 3 – 9、P、0，见表 12.7。其中，3 + + 表示企业具有优秀的履行债务的能力，而 P 表示企业处于无力偿付的法律清偿程序。评级 0 表示法央行没有收集到不利信息，一般指企业未提供或未及时提供财务报表，或由于企业的特殊属性，法央行掌握的信息不能判断企业评级。

表 12.7 法国中央银行评级的信用等级关系

评级	公司履行债务承诺的能力
3 + +	优秀（Excellent）
3 +	非常好（Very good）
3	好（Good）
4 +	不错（Quite good）
4	可接受（Acceptable）
5 +	相当有限（Fairly poor）
5	有限（Poor）
6	非常有限（Very poor）
7	基于至少一次拖欠支付引起偿付能力担忧
8	由于多次拖欠支付而面临无力偿付风险
9	多次拖欠支付记录，现金流存在严重问题，偿付能力受损
P	处于无力偿付的法律清偿程序（周转程序或法定清算）
0	没有不利的信息

资料来源：法国中央银行。

信用等级为 9 级是进入法定清偿程序（P 级）之前的最低级别，表明企业在连续三年内履约的财务保障（偿债）能力出现了严重的风险。9 级被认为是违约级别，此外，P 级也归为违约。

每年，法国央行基于以下因素对超过 26 万家符合标准（即营业额超过 75 万欧元，未含税）的企业进行风险分析：一是审核企业最近的财务报表——不超过 20 个月。对公司盈利能力、财务自主能力、偿付能力、资产流动性等财务状况进行定量分析；二是与被评级企业相关的定性因素分析。自 2015 年起，定性信息涵盖了企业社会责任部分（BDE，2019）。只有经过财务报表分析的企业才有可能获得 3 + + 至 4 的信用等级。2012 年 2 月，欧洲央行规定银行对评级为 3 + + 、3 + 、4 + 和 4 的企业贷款可在欧元体系内质押再融资，而在这之前合规质押品的级别为 3 + + 至 4 + 。

（二）法国中央银行评级的流程

法国中央银行评级所需信息的重要来源是 FIBEN 数据库。此外，法国中央银行通过分析人员与企业会谈以进一步获取企业的相关信息。每当 FIBEN 收到新的重大信息时，特别是在接收到大型企业的年度财务数据时，法央行都会相应地更新评级。

1. 评级的信息

法国央行评级的对象为所有在法国注册的企业。企业注册地在法国以外地区，或其业务领域属于信贷机构、投资公司、保险公司、房地产投资公司等范围的机构不会获得评级。法国央行主要依据在 FIBEN 系统的信息进行评级，信息包括：基本信息、银行贷款、合作方、法庭判决、贸易票据支付等。原则上，企业应提供财务报告，特别是营业额超过 75 万欧元的企业。信用评级在很大程度上基于企业的财务状况进行分析。经过对信息的分析，以营业额等级和信用等级的形式给出整体评估。

为实现对银行信贷风险的分析管理，法国中央银行于 1946 年建立了 FIBEN 数据库（又称为法国信用风险登记系统），这是典型的中央银行主导建设的公共征信系统。我国于 2006 年由中国人民银行牵头建设完成了全国企业和个人征信系统，在很大程度上借鉴了法国中央银行等欧洲国家的公共征信系统建设模式。

FIBEN 数据库主要从以下几方面获取信息：企业每年提供自身的资产负债表等财务信息，商业银行每月提供的信贷信息和每日提供的未付贸易票据信息，商事法庭裁定的诉讼判决等信息，此外，法国国家统计局也向法国中央银行提供信息。这些信息主要通过网络进行采集。目前，FIBEN 数据库的信息量为：一是收录了 700 万户经济实体信息，涵盖信贷机构、保险公司、资产管理公司等多类机构报送的数据，80% 有 20~500 名雇员的企业和大部分（98%）超 500 名雇员的企业都已纳入；二是 550 万个自然人信息，这些主要是各企业高管人员；三是 26 万户企业的财务报表和 4600 户企业的合并报表信息。这些是属于营业额超过 75 万欧元或银行贷款超过 38 万欧元的企业。法国央行于 2009 年底创建了信息化平台，使得财务报表可以电子方式传输。

2. 模型分析和专家分析相结合的评级流程

实际上，法国中央银行信用评级由模型分析（ASCOT 系统）和专家分析（分析师）相结合完成。首先 ASCOT 系统利用财务指标等定量信息初步确定信用等级，其次分析师对非财务指标即定性信息进行进一步分析，最后综合两方面因素得到企业的信用等级，具体步骤见图 12.1。分析师在评级过程中要遵守相应的制度要求。

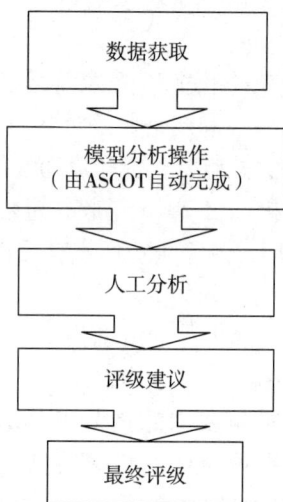

图 12.1　法央行信用评级基本流程

（1）基于定量因素和规则的模型分析

ASCOT 是法国中央银行在 2007 年建立的评级分析系统。ASCOT 的定量分析主要围绕四个方面的财务信息：一是利润，包括毛利、经营利润、净利润等；二是财务的独立性，包括偿债能力、偿息能力等；三是财务结构，包括资产负债比等；四是流动性，包括速动比（短期资产/短期负债）、短期债务权重、现金流等。同时，ASCOT 又结合企业所属行业参考不同的行业分析规则。法国中央银行将行业划分为工业和运输、批发贸易、零售贸易、服务业、建筑业、农业等 19 大类，对每种行业都建立了财务指标分析规则。ASCOT 除了给出建议评级外，还将对企业处于临界值的比率、营业额的重大变化等给出预警信息。

（2）基于定性信息的专家分析

法国中央银行认为，由于财务分析不足以全面有效地分析企业的信用风险，因此必须增加定性信息的分析。企业评级会受定性因素影响，例如，要考虑与企业运行相关的经济环境、市场发展及其在市场中的地位、与供应商和客户的关系、股东背景的情况、管理层的战略、中期项目和展望、公司财务的灵活性、沟通透明度、社会和环境责任的政策等。

当定量分析完成后，分析师将根据定性信息进行进一步分析。此外，法国中央银行通过与企业访谈（电话访谈和面谈）、媒体等获取更多信息，每年约对 5 万家企业进行访谈。在国际金融危机后，为了防止信用评级顺周期因素导致信贷紧缩，法国中央银行更加注重定性和前景因素的分析，尽可能消除短期因素的影响。

定性分析还分析企业社会责任，该定性评估将考虑对企业业绩有长期影响的企业社会责任标准（CSR）。CSR 包括三个方面：一是社会责任。工作组织、工作条件、培训、雇员利润分享；二是环境责任。减少环境影响、资源有效利用、减少废气废水以及循环利用；三是人文责任。承诺通过商业关系（选择顾客和供货商）和社区参与度（与协会合作）改善社会福利。

法国中央银行对定性信息通过分析将归为三类风险，即已有风险、潜在风险和待观察风险。根据不同风险分类，分析师对模型分析提出的初步信用级别进行调整。评级结果将在 FIBEN 数据库中提供查询服务，但没有类似于其他评级机构提供的单独的评级报告。同时，法央行分支机构会向企业高管通报每次评级结果。根据法国 1978 年的《数据处理和自由法》，被评级企业可要求法国中央银行对评级情况作出解释，并可向法国中央银行提供新的可能影响评级的信息。如果该企业对评级结果表示异议或有需要澄清的事项，法国中央银行将审查评级。

3. 集团公司评级

由于集团公司的业务、财务和运营的复杂性，在通常评级流程的基础上，法国中央银行对集团公司采取了一些不同的评级方式。首先，要获取更多的财务信息，包括合并财务报表和分支机构的财务信息；其次，对集团公司的管理者、合作伙伴、附属公司、与公司具有紧密经济联系的经济体等定性信息也要考虑。法国中央银行还从媒体、研究报告等方面获取其他定性信息。

对集团公司评级具有以下规则：集团的所有企业并不必然获得同样的信用等级；分支机构的评级级别不能高于集团的级别；如果集团总部的信用级别降低，所有分支机构的级别必然也要降低；如果分支机构不能获得集团的支持，该机构将根据自身的财务状况获得独立的评级结果。

集团公司评级的基本步骤包括：首先对集团的每个经济体分别进行评估，其次对集团进行总体评估，最后利用规则提出评级建议。当被评企业是大型全国性的集团时，总行评级委员会将参与评级。

二、法国中央银行评级的质量控制

法国中央银行通过多种方式保障评级质量，包括制度、人员组织、事后检验等。

（一）评级业务遵循严格的行为准则

为了保证评级的质量、透明度和一致性，法国中央银行制定了《评级业务行为准则》，中央银行分析师必须严格遵守相关要求（BDF，2016），该准则也遵循 IOSCO 标准建立。准则建立了评级规范框架：分析师首先需遵循适用于所有法央行员工的法律和规章制度；行为准则规定了评级操作流程，对避免出现利益冲突及确保评级过程、信息的真实性和质量等方面制订了具体规则；对信息保密也进行了规定，限定了可以访问评级结果的用户。

为防范利益冲突，准则强调，分析师不能参与与被评企业有任何利益相关的评估等，法国央行进行投资（房地产、IT 等）的部门被禁止访问服务商的评级信息，法国央行不能参与被评级企业的证券交易。

评级信息仅面向 FIBEN 成员：信贷机构、担保和保险公司、审慎监管部门（ACPR）以及经济和财政公共管理部门。商业银行等机构查询使用评级信息也将遵循相关保密制度和法律，不允许向外泄露。FIBEN 成员不能在工作以外的地方传播该信息，职业保密协议适用于这些信息。分析师必须严格保密，不许泄露任何他们掌握的机密信息，并遵守《财政和金融准则》规定的职业保密要求。准则确保信息的保密性和实用性，由法兰西银行内部审计监督。

（二）评级人员的组织层级控制

评级分析师都是法国中央银行分支机构的职员，这有利于利用分析师的专业知识和其对经济区域和产业的深入了解程度。所有分析师应接受初始培训，通过运用标准方法和程序来行使自己的判断力，此外还有高级持续的培训。

信用评级活动的主要负责人为法国中央银行经济与分支网络活动服务部总干事。任何需要财务数据的评级都要依据双重审查原则完成，由经过适当授权的分析人员、主管或有经验的经理进行检查。法国中央银行在开展信用评级时，每个评级项目一般至少由 2 名分析师组成（BDF，2016）。初级分析师提出初步级别后，评级小组的其他分析师对评级结果进行复审。对于大企业的评级或者由 ASCOT 系统给出非常低的级别，将由经验丰富的高级分析师对评级进行复审。

对于并表的集团公司的评级，为了保证对其评级的质量，将由法国中央银行的地区分行开展评级。对于重要的法国集团公司的评级，或法国中央银行评级级别与国际评级公司给出的评级级别不同，法国中央银行的评级委员会确定最终级别。法国中央银行评级与国际评级机构评级对照关系见表 12.8。

表 12.8　　　　　　　法国中央银行评级与国际评级机构评级对照表

国际评级机构评级	AAA	AA	A	BBB	BB	低于 BB
权重标准	20%		50%	100%		150%
法国央行评级	3 + + 和 3 +		3	4 +	4 和 5 +	低于 5 +

资料来源：法国中央银行。

（三）评级结果事后检验

法国中央银行主要利用等级迁移矩阵、违约率对评级质量进行定期事后检验，每年将结果在官网上公布。法国中央银行评级体系的违约定义包括级别 9 和级别 P，其中级别 P 表明公司处于法定破产程序，即重组或清算的法律程序；级别 9 表明公司处于严重的现金流不足和偿付能力问题。欧元体系也以事后检验方式定期评估法国中央银行的评级质量，以监督评级质量是否达到欧元体系的相关标准。

通过对法国中央银行评级 2005～2018 年的等级稳定性分析可看出（见图 12.2），2005～2008 年的评级调整存在着稍偏向于升级的趋势，在 2009 年级别下调占比上升，上调占比下降。2011～2013 年欧债危机期间，信用级别的下调趋势逐渐增加，上调比例逐渐减少。其中，2010～2012 年级别上调比例基本在 19.4%～19.8%，在 2013 年级别上调比例下降到 16.3%。随着经济的复苏，2014～2018 年级别上调比例逐年提高，下调比例逐渐减少。2018 年级别上调率为 24.38%、下调率为 17%。总体来说，法国中央银行评级相对较稳定，2005～2018 年级别不变的比率稳定在 54%～62%。

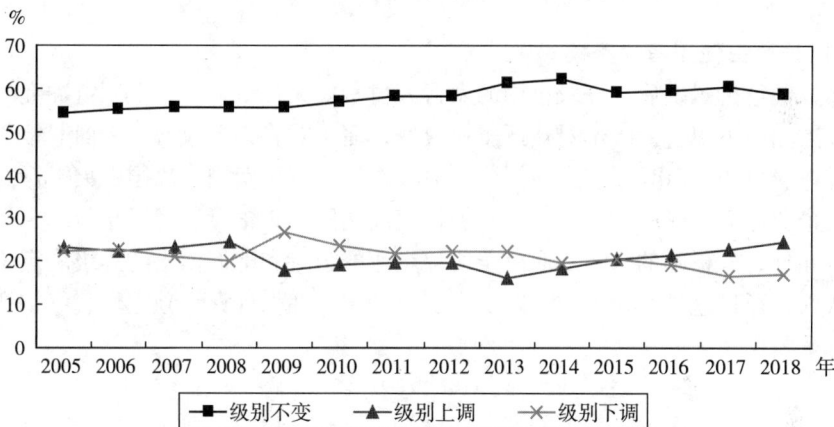

图 12.2 法国中央银行评级稳定性比较（2005～2018 年）
（资料来源：根据法国中央银行数据整理）

图 12.3 是法国中央银行评级违约率表现，一年期违约率是 2009～2018 年的平均值，三年期违约率是 2007～2016 年的平均值。总体来看，随着级别的下降，法国中央银行评级的违约率呈上升趋势，并且每个级别的一年期违约率要低于三年期违约率。级别 3++ 对应的一年期和三年期违约率均值分别是 0.01% 和 0.11%，级别 8 的一年期和三年期违约率均值分别是 33.2% 和 55.39%。

从较长时期的违约率来看，过去二十年的违约率呈现持续下降趋势。1997 年的年度违约率为 2.51%，2002 年降到 2.2%，2003 年进一步降为 1.9%，之后一直处于下降趋势。2008 年至 2009 年金融危机期间的企业违约率要明显高于历史均值，2009 年达到 1.83%。而 2010 年至 2013 年期间，1 年期违约率迅速回落到长期均值，之后一直到 2018 年年度违约率一直在 1.85% 以下。尤其是近些年年度违约率不断下降，2018 年的年度违约率为 1.05%。3 年期违约率消除了影响企业表现的周期性因素，因此 3 年期违约率水平均更稳定。

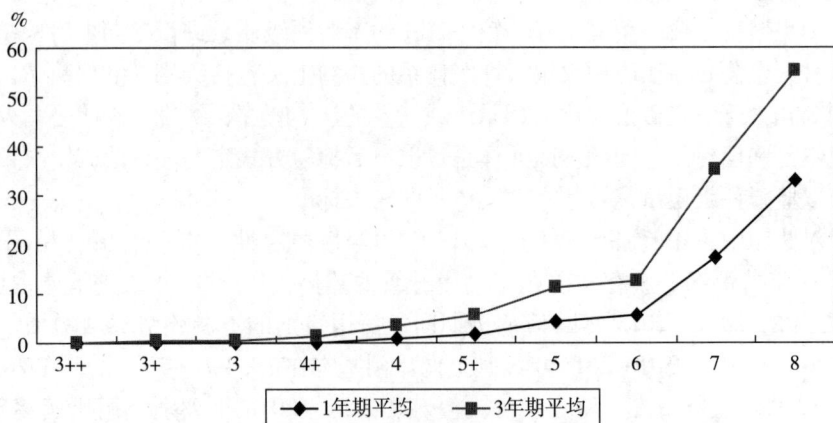

图 12.3　法国中央银行评级违约率比较（2007～2018 年）

（资料来源：根据法国中央银行数据整理）

（四）采用由使用者付费模式

国际金融危机爆发后，评级机构的发行人付费模式被认为是产生利益冲突的重要原因之一。法国中央银行评级不对被评企业收费，而是对查询者收费——商业银行根据查询情况对评级付费，FIBEN 客户根据公开的收费标准支付费用。法国中央银行的预算涵盖了开展企业评级工作的成本。只要法人代表向法国中央银行证明了身份，也可获取评级信息。此外，分析师的收入不取决于所评企业的数量和他们做出的等级决定。法国中央银行认为，通过这种收费模式，减少了利益冲突，在保证评级独立性、维护评级质量方面具有重要作用。

第三节　德国中央银行信用评级实践

一、德国中央银行评级概况

德国中央银行评级系统建立于 20 世纪 70 年代，主要是利用企业（债务人）的财务报表信息、财务比率分析、专家分析等信息，对企业的财务状况、盈利能力和信用质量等进行综合分析。在分析基础上，德国中央银行得出企业的综合指标，并据此判断商业银行对该企业的贷款能否作为货币政策操作的合格担保品。德国中央银行评级以非金融企业为评级对象，主要评估非金融企业的预期违约概率。

德国央行评级的目的是以评级结果为标杆，在商业银行盈利目标和中央银行保持金融稳定之间找到结合点。2007 年，德国央行评级体系得到了欧元体系信用评估框架的认可，经德国央行评级合格的企业贷款在欧元区内成为合格担保品。2008 年至 2011 年，德国中央银行和奥地利中央银行联合开发和维护通用信用评级系统（CoCAS）。Co-CAS 自 2011 年投入运行后，也被西班牙、比利时、葡萄牙等欧洲其他国家的中央银行作为信贷评估程序。

二、德国中央银行信用评级体系

德国中央银行信用评级主要流程为：对企业进行信用评级，判定企业贷款是否符合担保品要求，向央行质押获得流动性。分支机构负责前期数据采集与后期评级结果确认工作，总部负责模型分析与初定评级结果。违约概率在 0.4% 以下的为可接受的担保品，违约概率在 0.1% 以下的资产被认定为优质合格担保品。在德国央行评级体系中，其核心系统是 CoCAS。

（一）评级流程

德国中央银行评级总体上可以分为两个阶段，分别是模型的初步评级和专家系统的最终评级，见图 12.4。德国中央银行总部的市场部负责央行评级的宏观指导、模型和技术系统管理；分支机构负责评级的具体操作，包括数据采集、现场访谈以及其他具体实施等，分支机构负责将评级结果告知企业，并解决相关争议。

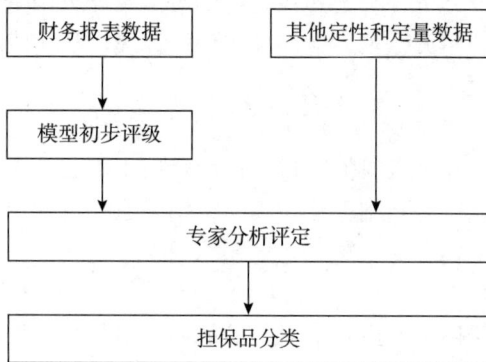

图 12.4　德国央行内部评级流程

1. 评级数据收集

德国央行分支机构负责收集企业定量和定性信息并汇入数据库，通过对企业访谈获取业绩、业务拓展和行业变化等最新信息。评级所需数据及来源如下：

一是定量的财务信息和信贷信息。定量信息主要来源于德国央行的信贷信息登记平台（KEV）。2007 年 1 月，德国央行联合商业银行与银行业协会上线了信贷信息登记平台，主要采集企业过去两年的财务报表和相关资料，重点记录债务人类别、国别、评级类别、贷款余额、利息支付方式、信贷类别、到期日等信息。在收到企业年度财务数据后，德国央行分支机构的分析师将数据项登记到 KEV 平台。KEV 平台采集到数据后，通过半自动化程序检验信贷资产是否合格，对于符合央行担保品要求的提交至 CoCAS 进行评级。KEV 平台每年接收近 8 万份年报等资料。

二是定性信息。定性信息包括两个方面：第一，商业银行内部或外部评级机构的评级情况。第二，其他定性信息，主要包括：市场和行业环境、企业市场地位、企业竞争能力、企业治理水平、客户或供应商依赖程度等，这些信息的主要来源是公告、商业评估、新闻报道，还包括与企业直接联系获得的信息等。

为提高商业银行信息报送质量，德国中央银行不断完善监管框架。一是调整商业银行报送机制。商业银行报送的主要内容包括：传统信贷产品、为公共保障发放的贷款、外国银行在本国的基建项目贷款等。随着监管加强，德国央行将商业银行报送的贷款起点金额下调至2.5万欧元，报告周期也相应缩短。二是加强商业银行报送工作的现场监管。德国央行定期检查商业银行报送信贷数据的真实性和准确性，根据违规情节进行处罚。

2. 模型分析

在收集完财务数据后，利用CoCAS系统进行模型评估，得出信用评级的建议。在模型的构建中，也根据企业的不同行业特性，选取不同的财务指标。

3. 专家分析评定信用等级

德国央行认为，财务数据的上报存在一定的滞后性，且数据可能被特殊事件或偶发事件扭曲；同时，有些定量信息和定性信息无法在CoCAS模型分析中得到反映，却可能对企业评级有着较大的影响。因此，当模型分析完成后，需要通过专家分析进行综合评估以确定企业的信用等级。

在专家分析环节中，分析师确定并检查可能对信用评级产生重大影响的其他定量和定性信息，综合考虑各种相关因素，最终确定信用评级。从实践看，最终评级结果与模型初步评级的差异不是很大。

4. 集团公司评级的特殊规则

德国中央银行根据合并报表对集团进行评级。由于集团公司的业务、财务和运营的复杂性，在通常的评级流程的基础上，对集团公司采取了特殊评估规则，即公司级别将受到集团评级的约束。

5. 结果反馈及异议处理

德国中央银行仅向受评企业或申请再贷款的商业银行披露央行评级结果，并对数据严格保密，反馈给被评企业的材料还包括情况说明和财务状况分析报告。德国中央银行为被评企业建立了异议处理机制。如果企业对评级结果有异议，可提请进行核实，若有错误，德国央行将修正评级结果。据近年统计，大约有20%～30%的企业不满意其评级结果，其中部分企业会进行申诉，但提交异议并改变结果的只占一半。

（二）费用模式

德国央行评级为货币政策提供了工具，其评级结果服务于货币政策和审慎监管，评级费用由德国央行承担，不对被评企业收费，其评级结果免费向使用者提供。通过这种模式，减少了利益冲突，在保证评级独立性、维护评级质量方面具有重要作用。

三、德国中央银行评级模型开发

CoCAS是德国中央银行评级的核心组成部分。CoCAS系统基于多种数学模型进行评估，具有一定开放性，适用于执行国际会计准则、德国或奥地利商法典会计准则的企业。值得注意的是，考虑到大银行所面临的压力，CoCAS系统计算违约率是以企业家数计算，而不是以贷款金额计算。

（一）CoCAS模型选择

德国企业的财务报表普遍依据两种会计标准编制：一种是按照国际会计准则

（NGAAP）编制财务报表；另一种是根据德国商法典确定的国内会计准则编制财务报表。针对以不同会计准则编制的财务报表，CoCAS 进行模型分析时，会分别用到两种评估模型。对于执行一般财务会计准则的企业构建了线性模型；对于执行德国商法典会计准则的企业，则构建了一个基础模型和多部门（即行业分类）模型。

1. 线性回归模型

对于执行国际会计准则的企业，CoCAS 将构建多变量线性回归模型，如式（12.1）所示。对于该类企业 i，以财务指标作为自变量计算得出信用评分 $\hat{S}_i$。

$$\hat{S}_i = \hat{\alpha}_0 + \hat{\alpha}_1 X_{il} + \hat{\alpha}_2 X_{i2} + \hat{\alpha}_3 X_{i3} + \hat{\alpha}_4 X_{i4} + \hat{\alpha}_5 X_{i5} + \hat{\alpha}_6 X_{i6} \qquad (12.1)$$

2. 嵌套模型

对于执行德国商法典会计准则的企业，由于其数量众多，因此将企业按行业进行分类，使用嵌套模型来测算企业的信用评分。具体来说，对于企业 i，首先采用通用的基础模型（12.2），计算分值 $\hat{G}_i$，并根据企业 i 经营活动的分类确定使用的行业模型 j，$j = 1，2 \cdots 12$。再将 $\hat{G}_i$ 作为自变量带入按行业分类的公式（12.3），得出分值 $\hat{S}_i$。

$$\hat{G}_i = \hat{\alpha}_{0,G} + \hat{\alpha}_{1,G} Y_{i1} + \hat{\alpha}_{2,G} Y_{i2} + \hat{\alpha}_{3,G} Y_{i3} + \hat{\alpha}_{4,G} Y_{i4} \qquad (12.2)$$

$$\hat{S}_i = \hat{\alpha}_{0,j(i)} + \hat{\alpha}_{1,j(i)} Y_{i1,j(i)} + \hat{\alpha}_{2,j(i)} Y_{i2,j(i)} + \hat{\alpha}_{3,j(i)} Y_{i3,j(i)} + \hat{\alpha}_{4,j(i)} \hat{G}_i \qquad (12.3)$$

（二）评级模型的财务指标

德国央行评级采用的指标主要源自于企业财务报表，分别是模型财务比率和附加财务比率。

1. 模型财务比率。模型财务比率的组合分析，是评级模型预测企业违约概率的关键。每年的模型财务比率可能有所不同。模型财务比率又分为基础模型财务比率和行业模型财务比率。基础模型财务比率对所有企业都适用，不考虑企业所在行业的特殊性。行业模型财务比率因企业所属行业不同而异。目前，企业共划分为生产制造类、零售类和农业类三大类，并细分批发业、金属工业、汽车制造业等 12 种行业类别。其中将集团公司列为其中的独立一种类别。

2. 附加财务比率。其主要是一些在财务分析当中比较常用的比率，用于辅助跨年度的比较分析。附加财务比率受财务报表滞后、信息不足等影响，主要用于财务状况分析，在模型中使用相对较少。

（三）模型参数和指标调整

在评级方法和指标总体不变的前提下，德国央行每年会根据不同的关注点、本国特殊性和被评企业的实际情况对基础评级模型参数和指标进行调整。此外，如果整体违约率（包含一年内全部企业家数）超过 0.14%，则需重构模型。为防范泄密和企业造假，模型的关键参数指标不对外公开，也不邀请外部专家参与评审，但模型的非核心参数和指标权重提供给商业银行，由商业银行进行比较验证。

四、德国央行评级符号体系

德国中央银行评级最终评级结果分为八等二十级，具体分为 1～8 等，2～7 等又分别以"＋""－"符号进行微调，表示略高或略低。每个级别都对应着一个违约概率，并与外部评级机构的信用评级相对应（具体见表12.9）。信用级别1至4－的为合格担保品，违约概率不高于0.4%，信用级别8表示违约。评级结果有效期为一年，但可以根据最新情况变化进行调整。

表12.9　　　　　　　　德国央行评级与外部评级机构评级结果对应表

		德国中央银行	标普（长期）	惠誉（长期）	穆迪（长期）	多美年（长期）
投资级	合格担保品（违约概率≤0.1%）	1	AAA	AAA	Aaa	AAA
		2＋	AA＋	AA＋	Aa1	AA（high）
		2	AA	AA	Aa2	AA
		2－	AA	AA	Aa3	AA（low）
		3＋	A＋	A＋	A1	A（high）
		3	A	A	A2	A
		3－	A	A	A3	A（low）
	合格担保品（0.1%＜违约概率≤0.4%）	4＋	BBB＋	BBB＋	Baa1	BBB（high）
		4	BBB	BBB	Baa2	BBB
		4－	BBB－	BBB－	Baa3	BBB（low）
非投资级	不合格担保品	5＋	BB＋	BB＋	Ba1	BB（high）
		5	BB	BB	Ba2	BB
		5－	BB－	BB－	Ba3	BB（low）
		6＋	B＋	B＋	B1	B（high）
		6	B	B	B2	B
		6－	B－	B－	B3	B（low）
		7＋	CCC＋	CCC＋	Caa1	CCC
		7	CCC	CCC	Caa2	CC
		7－	CCC－	CCC－	Caa3	C
		7－	CC	CC	Ca	
		7－	C	C		
		8	SD/D	RD/D		D

资料来源：德国中央银行。

第四节　中国中央银行信用评级的发展

一、在中国开展央行评级的必要性[①]

国际金融危机的爆发暴露出主要国家中央银行担保品框架中存在的问题，如合格担

---

① 参见：中国人民银行征信管理局．中国征信报告（2018）［M］．北京：中国金融出版社，2019.8：53－60.

保品种类偏少、适用范围较窄等，导致金融当局货币政策传导机制失灵，流动性管理面临巨大挑战。同时，过度依赖外部信用评级产生的顺周期效应也加剧了金融市场的波动。金融危机之后，主要国家中央银行均通过加强自身资产负债管理，调整央行担保品管理框架，来改善货币政策操作环境和改进操作方式。G20集团更提出，金融当局应减少对外部信用评级的依赖，加强央行内部评级对政策的引导作用。

从主要国家中央银行经验看，建立合格担保品框架的核心是对担保品的价值进行评估。因此，建立我国央行评级体系，将经过评级的合格信贷资产纳入合格担保品范围，是完善合格担保品管理框架的关键环节，并在以下方面发挥着重要作用：一是丰富央行担保品框架，提高货币政策操作灵活性；二是引导资金流向实体经济，支持小微企业融资；三是服务于宏观和微观审慎监管，防范化解金融风险；四是蕴含丰富数据，应用于宏观经济分析等多领域。

二、央行评级的实施历程

（一）探索建立评级体系，破解担保品结构难题

历史上，再贷款曾作为人民银行投放基础货币的重要渠道，2001年末再贷款占基础货币供给的比重达到43.7%。但在2002~2011年，由于国际收支大幅顺差，外汇占款成为基础货币供应的主渠道。2012年以来，由于国内外经济形势的变化，人民银行通过外汇占款渠道投放基础货币出现阶段性的放缓。但通过公开市场操作投放基础货币主要偏向短期和微调，难以满足商业银行中长期的流动性需求[1]，在此背景下，以再贷款、质押补充贷款、中期借贷便利等以质押方式操作为主的货币政策工具渐渐取代外汇占款，成为人民银行基础货币投放的主要渠道。

为维护中央银行资产安全及防范金融机构道德风险，中央银行提供流动性要求借款金融机构提供足额担保品是普遍做法。选择抵质押形式，这不仅能有效保证中央银行资产安全，也有利于货币政策传导[2]。但货币政策担保品结构性不平衡的问题也随之逐步显现：可质押的高等级债券总量充裕，但农村商业银行、农村合作银行、村镇银行等中小金融机构持有量普遍较少；西部地区普遍低于东部地区。这使得央行资金的供给与需求存在一定错配，对人民银行通过信贷政策支持再贷款工具引导金融机构支持"三农"和小微企业形成了制约。

考虑到我国银行信贷仍占据社会融资主导地位，信贷资产具有总量较多、分布相对均衡的特点，将信贷资产纳入合格担保品范围是必要且可行的。在借鉴国际经验并充分考虑我国国情的基础上，人民银行在2012年底初步构建了多层次的央行担保品管理框架，并开始探索建立央行评级体系。

（二）稳步开展央行评级工作，构建内评长效机制

2014年5月，人民银行开始在山东、广东两省开展信贷资产质押再贷款和央行评级试点。试点地区人民银行分支机构对辖内地方性法人金融机构的部分贷款企业进行央

---

① 参见：李波，2018，177。
② 参见：李波，2018，177。

行评级，将评级符合标准的信贷资产纳入人民银行发放再贷款可接受的合格担保品范围。

2015 年 10 月，在总结前期试点经验的基础上，人民银行将央行评级试点扩大到了上海、天津等另外 9 个省市。2016 年底，央行评级工作形成了相对完整的制度流程，主要分为三个部分：一是对非金融企业进行央行内部（企业）评级，将评级达标的非金融企业的贷款纳入人民银行担保品池；二是对地方性法人金融机构开展信用评级和授信，这个评级被称为央行金融机构评级；三是在授信额度内，以合格质押品为担保向地方性法人金融机构发放信贷政策支持再贷款。

2017 年 12 月，人民银行向全国推广信贷资产质押和央行评级工作。在人民银行层面，分别在总行和分支机构设立了央行评级委员会，并下设评级办公室。在企业评级方面，人民银行发布《央行内部（企业）评级质量控制规范》，全面提升作业标准，严格保证评级结果的客观、独立和科学性。一是加强数据质量管理。围绕评级信息报送、审核、问题反馈、核对补正建立顺畅的工作机制，确保评级基础信息完整、准确。二是建立评级质量控制机制。开展评级分析师培训和能力测试，定期对评级质量进行检验评估，持续改进评级方法。三是设计利益冲突防范机制。从部门设置、人员薪酬、评级分析师回避等方面确保评级工作保持客观独立，从评级方法、评级程序、评级质量等方面确保评级信息公开透明。四是强调信息保密管理。对于开展评级业务过程中知悉的国家秘密、商业秘密和个人隐私履行保密义务，严格按照规定应用央行内部（企业）评级结果。五是加强业务监督管理。通过现场与非现场监管手段，采取约谈整改、通报批评等措施，督促评级参与单位严格履职。

三、央行评级方法

（一）担保品管理框架

借鉴国际经验并充分考虑我国国情，人民银行逐步建立了多层次的担保品管理框架：一是合格担保品范围。将高等级债券和优质信贷资产一并纳入担保品范围，其中债券包括国债、央票、政策性金融债、高等级信用债等。二是评级体系。依托人民银行征信系统，及分支行了解当地企业和贷款项目的地缘优势，建立了央行评级体系。对债券等市场化程度高的担保品可采用外部信用评级。例如，2018 年 6 月，人民银行扩大中期借贷便利（MLF）的担保品范围，将 AA＋、AA 级公司信用类债券以及小微企业贷款、绿色贷款纳入，缓解部分金融机构高等级债券不足的问题，降低了融资成本。三是风险控制。审慎设置抵质押率以降低金融机构违约风险和逆向选择的问题，建立追加担保品机制控制市场风险等。四是担保方式。为保障人民银行对质押信贷资产的权益及在借款金融机构违约时无障碍变现，所有质押的信贷资产在动产融资登记平台公示[①]。

人民银行不断完善制度流程和作业规范：一是地方性法人金融机构收集企业评级资料上报至央行内部评级系统；二是央行内部评级机构对上报资料进行审查，初步评定企业的信用等级；三是央行内部评级机构抽取部分企业进行实地调查；四是央行内部评级

---

① 参见：李波，2018，179－180。

机构召开评级委员会会议，确定企业最终等级，录入央行内部评级系统；五是央行内部评级机构对企业信用状况进行跟踪监测。

（二）央行内部（企业）评级方法

央行内部（企业）评级采用定量和定性相结合的方式对企业信用风险进行评估。其中，定量评价主要反映企业的财务实力，从财务结构、偿债能力、运营能力、盈利能力4个方面对企业进行打分；定性评价则从企业的经营环境、行业状况、竞争地位、内部管理、信誉、发展前景等6个方面对企业进行打分。最终，内部评级结果根据得分分为10个信用等级，其中，可接受级（含）以上的企业的信贷资产可由金融机构作为合格担保品向人民银行申请再贷款，见表12.10。

表12.10　　　　　　　　　　央行内部（企业）评级结果

项目	等级	得分
合格质押品	优秀	得分为95（含）～100分
	很好	得分为90（含）～95分
	好	得分为85（含）～90分
	正常	得分为75（含）～85分
	可接受	得分为70（含）～75分
不合格质押品	一般	得分为60（含）～70分
	弱	得分为50（含）～60分
	有偿付风险	得分为40（含）～50分
	问题严重	得分为30（含）～40分
	濒临破产	得分为30分以下

资料来源：中国征信报告（2018），59－60。

央行评级仅作为金融机构以信贷资产质押申请流动性支持的参考依据，不对外发布和使用。分支机构在开展再贷款操作时，首先要考虑宏观审慎评估体系（MPA）等相关信息，对金融机构进行评级（下面介绍央行金融机构评级），评级达标的金融机构可获得授信。在金融机构符合评级要求以及提供充足担保品的前提下，分支机构可在授信额度内发放再贷款，信贷资产质押再贷款实行预先备案制度[①]。

（三）央行金融机构评级[②]

为落实宏观审慎管理和系统性风险防范职责，科学、合理评价金融机构经营管理水平和风险状况，人民银行在总结前期探索经验的基础上进一步有效整合资源，2017年开展了央行金融机构评级工作，成立央行评级委员会并首次评级。

1. 开展情况

人民银行按季度开展央行金融机构评级工作，评级对象包括政策性银行、商业银行、村镇银行等银行金融机构及企业集团财务公司、金融租赁公司等非银行金融机构。

---

① 参见：李波，2018，182。

② 参见：中国人民银行. 中国金融稳定报告2019［M］，北京：中国金融出版社，2019，96－98。

评级指标体系采用"数理模型＋专业评价"的模式，重点关注公司治理、内部控制、资本管理、资产质量、市场风险、流动性、盈利能力、信息系统、金融生态环境等九方面。除数理模型和专业评价外，最终评级还考虑非现场监测、压力测试、现场核查中发现的情况。评级等级划分为11级，分别为1～10级和D级，级别越高表示机构的风险越大，已倒闭、被接管或撤销的机构为D级，其中评级结果为8～10级和D级的金融机构被列为高风险机构。

央行金融机构评级是人民银行开展宏观审慎管理和防范化解系统性风险等工作的基础，评级结果是开展宏观审慎评估、核准金融机构发债、发放再贷款和核定存款保险差别费率等差别化管理的重要依据。

2. 央行金融机构评级结果分析

2018年第四季度的央行金融机构评级覆盖了4379家银行业金融机构，包括24家大型银行、4355家中小机构（含3990家中小银行和365家非银行机构）。24家大型银行中，评级结果为1级的1家，2级的11家，3级的7家，4级的3家，6级的1家，7级的1家。4355家中小机构中，评级结果为1～3级的370家，占比8.5%；4～7级的3398家，占比78%；8～10级的586家，D级的1家，占比13.5%，主要集中在农村中小金融机构，见图12.5。

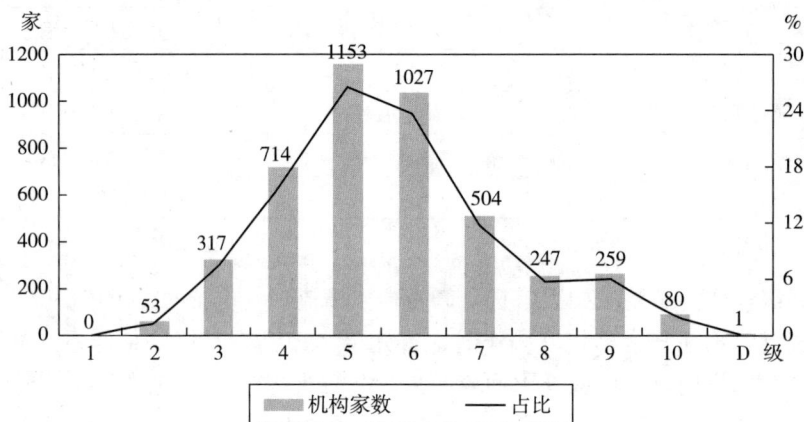

图 12.5　中小机构评级结果分布情况
（资料来源：中国金融稳定报告，2019）

四、工作成效

自2014年试点以来，我国央行内部（企业）评级涉及的地方法人金融机构数量不断扩充，收录的企业数量快速增长，数据质量稳步提升，推广工作取得明显成效。一是助力解决小微企业融资难问题。明确提出优先接受小微企业贷款、绿色贷款作为信贷资产担保品，引导地方性法人金融机构加大小微企业金融支持。截至2018年12月末，达到可接受级（含）以上的小微企业累计有4.8万户，占可接受级（含）以上企业总数的 79.3%，合格担保品呈现出小微企业"总量多增、占比提高"的趋势。二是推动货币政策工具覆盖面不断扩大。参与央行内部（企业）评级的地方性法人金融机构及企业快速增长。截至 2018 年 12 月末，央行内部评级系统累计已覆盖全国 1610 家地方性法人金融机构，上传企业 12.3 万户，见图 12.6。三是改善地方性法人金融机构融资环境。以信贷资产质押发放再贷款的笔数和金额均稳步增长，截至 2018 年 12 月末，信贷资产质押再贷款累计发放笔数为 547 笔，累计发放金额为 709.6 亿元。

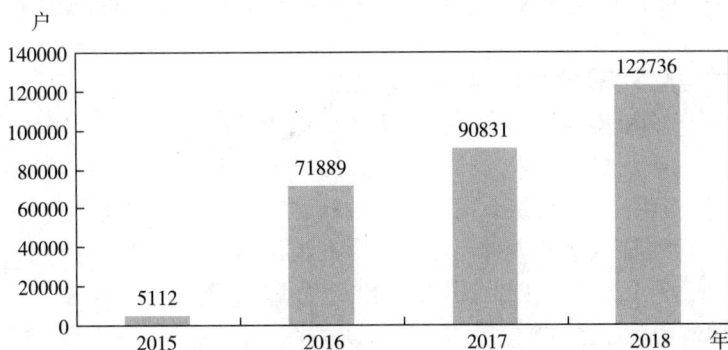

图 12.6　2015～2018 年央行内部（企业）评级系统收录的企业数量
（资料来源：中国征信报告（2018），61）

第五节　中央银行信用评级的比较分析

从各国中央银行评级的内容和流程看，其评级实质上是对非金融企业的主体评级；从评级机构的经营性质看，与外部评级机构相比，中央银行的评级具有公共机构评级的性质。通过将中央银行评级与外部评级机构的评级对比分析，可以看出以下相同点和不同点。

一、中央银行评级与外部评级机构评级的相同点

（一）定量分析和定性分析相结合的方法论
通过长期实践，采用定性分析还是定量分析进行信用评级，各方形成了比较一致的方法论。总体看，主体评级需要考察受评主体的财务状况，同时要考虑宏观经济背景、产业风险、企业的管理和核心竞争力等因素，并且还要考虑对债务保证的外部支持，综合分析判断被评主体的违约概率。中央银行评级与大多数外部评级机构一样，以定性和定量分析相结合的方法对企业的违约风险进行判断，其中对财务信息以定量分析为主，对企业经营信息以定性分析为主，综合形成信用等级。

（二）评级流程相似
不同评级机构的具体评级方法会有差异，但在评级流程上却基本相同，一般分为评级准备、实地调查和访谈、评级分析和等级评定、结果反馈和复评、等级发布、跟踪评

级等阶段。评级准备包括评级机构接受评级申请、获取信息资料、组成评级小组等。实地调查和访谈指对企业进行访谈和实地调查以获取进一步的信息。

结果反馈指通报企业评级结果，在此阶段企业可提供更多证明信用状况的信息，以获取级别的复评和修正。级别确定后，要对企业经营进行跟踪评级，定期和不定期根据新的信息进行评级调整。中央银行的评级流程也基本遵循这些主要步骤。由于中央银行评级涉及的企业较多，并且可以利用中央银行公共征信系统所搜集的丰富信息，因此中央银行评级并没有实现全量企业的实地调查，更多的是类似于抽查，或对一些重点企业进行实地调查。

（三）具有相应的质量控制和事后检验机制

评级质量是评级机构的核心竞争力。为了确保评级质量，外部评级机构和中央银行都从评级流程、评级人员专业素质和组织、评级模型的准确性、信息获取的准确全面性等方面进行约束。国际证监会组织根据评级机构的实践对评级质量提出了规范要求，中央银行一般也吸收了该规范的内容。此外，中央银行和外部评级机构都采取违约率、迁移矩阵等工具进行事后检验，以保证评级的准确性和稳定性。

（四）强调透明度和独立性

除了评级过程质量外，透明度和独立性被看作评级的另外两个重要支柱。中央银行和外部评级机构都将评级流程、模型建设、事后检验结果等信息对外公开。此外，中央银行和外部评级机构也从利益冲突防范机制等方面对独立性进行保障。

二、中央银行评级与外部评级机构评级的差异

（一）评级目的的差异

外部评级机构主要是为市场提供专业化的风险分析，供市场参与方决策参考。中央银行评级是由央行对企业进行信用评估，不以营利为目的，其评级结果服务于央行货币政策和审慎监管，由于中央银行的历史声誉，因此央行评级相对于其他评级更具权威性和公正性的声誉优势。

中央银行评级主要实现以下目的：一是为执行货币政策服务。法国中央银行评级最初用于商业银行的再贷款操作。2007 年 1 月 1 日，欧洲中央银行启用合格担保品单一名单，并认可法国中央银行评级为内部信用评级体系（ICAS）后，法国商业银行可以选择法国中央银行评级在欧元体系内再融资。二是应用于审慎监管。由于对企业风险和银行贷款组合提供了分析指标，银行业监管机构也利用中央银行评级对银行监管。三是应用于银行风险管理。法国中央银行在 2007 年 6 月被欧洲银行监管委员会确认为《巴塞尔资本协议 II》框架下的外部信用评级机构，信贷机构可依据法国中央银行评级计算资本充足率，并可使用评级作为贷款申请和贷后管理的参考指标。四是实现逆周期调节。中央银行可以通过调整担保品信用标准来实现逆周期调节的目的。

（二）信息获取能力不同

评级质量在很大程度上取决于信息是否全面准确。中央银行依托公共征信系统广泛采集各类数据，获取以下重要信息：商业银行按照规定强制向公共征信系统报送的信贷数据、企业提供的财务信息、其他监管机构提供的共享信息等。法国、德国等国央行都

拥有历史悠久、资源庞大的央行征信系统，采集了众多企业，特别是中小企业的信息，庞大的信息资源为央行开展评级提供了坚实的基础。

与此不同的是，外部评级机构只能通过市场公开信息、问卷调查、现场访谈等方式获取数据。外部信用评级机构的优势在于独立性、专业性，但是评级信息来源的局限性会限制其优势的发挥，尤其是中小企业普遍存在财务信息不完善的问题。此外，面对较高的评级费用，中小企业开展外部评级的动力不足。中央银行依据监管部门的地位，在信息获取方面具有极大的便利性，而这些信息对于信用分析和模型检验具有重要作用。

（三）收费模式的差异

中央银行评级不以盈利为目的，收费模式也较为特殊，法国中央银行采用由使用者付费模式，在德国则是由央行承担费用，并向使用者免费提供。目前，主要外部评级机构仍采用发行人付费，只有一些小型的评级机构主要采用了投资人付费。在美国NRSRO评级机构中，发行人付费的业务量占总评级数业务量的99%。国际金融危机后，发行人付费模式受到质疑，美国、欧盟等国家和地区的监管部门提出了发展多种付费模式的建议，以消除利益冲突，维护评级的独立性。付费模式的发展选择将是一个需要进一步研究和实践的方向。

（四）评级结果使用范围不同

与外部评级机构不同，中央银行严格控制评级结果公布范围，仅向参评的企业和申请再贷款的金融机构披露，不向社会公众发布。法国中央银行的评级结果和评估所用信息由FIBEN数据库管理，仅向加入FIBEN数据库的商业银行、保险公司等机构提供，使用者必须严格遵守保密规定，企业也只能查看其自身评级状况。

在FIBEN中，每个评级都会有评估日期、最近更新的日期。公司负责人有权获得评级结果和基础信息。在遵守对数据保密的前提下，以下人员也可获取评级信息：一是法国中央银行分支机构的分析师和管理层，在总部负责FIBEN数据库的管理层，法国中央银行负责审计的总监察长；二是法国中央银行以及法国金融审慎监管局（ACPR）负责处理财政政策、审慎监管的部门；三是其他一些授权机构。法国中央银行内部有意进行投资（房地产、IT等）的部门被禁止访问评级信息，且法国中央银行不能参与评级企业的证券交易。

外部评级机构的评级结果往往向市场公开。在美国NRSRO制度下，即使是投资人付费模式的评级机构也要在一定时期公开其评级结果，当然，只有付费投资人才能得到深度的评级报告和分析信息。

评级结果公开可以发挥隐性激励效应，即声誉机制。市场对评级结果的认可是评级机构生存和体现竞争力的关键所在，因此理论上市场声誉能够约束评级机构保持独立、客观、公正。此外，双评级的实施，通过不同评级机构的评级结果相互比照，使那些为获得短期利益而降低评级标准的评级机构面临更大的声誉损失，从而约束评级机构在级别竞争中更加谨慎（蔡国喜，2011）。但评级结果限定使用范围将无法充分实现隐性激励效应，也无法实现双评级的对比，这是一个值得思考的问题。

（五）监管不同

中央银行信用评级体系满足欧元体系信用评估框架的标准，但未被欧盟列为评级机构予以监管，不适用《信用评级机构监管法规》。法国等中央银行评级及相关方需要遵循评级行为准则、货币与金融准则、数据保护法等法律和标准规范。

国际金融危机后，主要发达国家和地区结合自身实际情况，积极加快信用评级行业监管立法的步伐，推动信用评级业从自律管理向注册准入和直接监管转变，采取一系列措施完善信用评级监管体系，同时提出减少对外部评级的依赖。欧盟在 2009 年通过《信用评级机构监管法规》并完成了两次修订，授权欧洲证券与市场管理局（ESMA）行使评级监管权，对外部评级机构实行注册制，对在欧盟国家开展业务的评级机构的独立性、评级质量、评级透明度等做出强制性规定。

（六）评级对象的差异

中央银行一般评定国内非金融企业的信用风险。法国中央银行目前每年评级企业覆盖 19 大类 26 万家，这些企业一般营业额超过 75 万欧元或者银行贷款额超过 38 万欧元。金融产品特别是结构化金融产品、银行或外国公司不在中央银行评级范围内。外部评级机构的主体评级往往包括工商企业、金融机构、地方政府甚至主权国家等不同对象。

三、对中央银行信用评级的思考

发达经济体中央银行都具有比较成熟的担保品管理框架，通常公开市场操作接受的担保品主要是国债等高等级债券，而借贷便利接受的担保品范围较广泛，包括国债、企业债券、贷款等。从经济历史周期看，为应对危机等极端事件导致担保品不足的问题，中央银行应及时调整扩展担保品范围，提升管理框架的灵活性和逆周期调节效应，最终服务于金融市场和经济平稳运行。

信用评级的根本目的是降低信息不对称现象。从欧央行等合格担保品制度框架的实践看，央行信用评级为货币政策管理和审慎管理提供了有力支持，对改善中小企业融资起到促进作用。中央银行评级作为具有公共机构性质的评级模式，与外部评级机构相比具有鲜明的特点。中央银行评级不对外服务，主要应用于货币政策操作和监管，且评级对象仅限于提供再贷款涉及的非金融企业，并且依托于公共征信系统的庞大信息覆盖面，这些特点提升了央行评级的独立性和公正性。但央行评级在透明度方面存在不足。如何在保证评级质量的前提下，使信用评级更好地服务于中央银行货币政策和金融市场，这是需要关注的方向。

第五篇
信用评级的监管

◎ 第十三章　信用评级的国际反思及监管改革

◎ 第十四章　国际信用评级行业发展及监管趋势

◎ 第十五章　信用评级的理论性分析及总结

有观点认为，20世纪80年代中期至2007年，全球进入"大缓和"时期，平稳的经济增长与通胀是这一时期的重要特征①。但是，在此期间，仍发生了1997年的亚洲金融危机、2000年的信息科技泡沫破裂等事件。尤其是亚洲金融危机引发了对信用评级的第一次全球性监管反思。2007年爆发的国际金融危机，是大萧条以来对全球金融市场影响最为深远的一次危机，在此次危机后，主要国家和地区对金融市场进行了力度超前的监管改革，这也包括对信用评级行业的监管反思和改革。这些改革措施是否起到了预期的效果，也许要等到下一个经济周期进行实际验证。

---

① 斯蒂格利茨对20世纪90年代的进步、经济增长及隐患进行了剖析和评论。参见斯蒂格利茨，喧嚣的九十年代［M］. 北京：中国金融出版社，2005.

第十三章　信用评级的
国际反思及监管改革

　　信用评级作为解决信息不对称问题的重要手段，在揭示信用风险、提高市场效率等方面发挥了重要的作用。国际金融危机促使市场参与各方重新审视现代金融体系下的国际评级行业。本章在对信用评级存在的问题进行分析的基础上，对信用评级的国际监管发展进行比较研究。

第一节　国际金融危机后的反思

　　经过上百年的发展，信用评级作为解决投资者与债务人之间信息不对称问题的重要手段，在揭示信用风险、协助进行投资决策以及提高债券发行效率、降低交易成本等方面发挥了重要的作用。然而，安然公司等事件引发了人们对信用评级机构的不信任和担忧。国际金融危机对世界经济产生巨大冲击，市场参与各方重新审视国际评级行业，有关国际组织和各个国家也纷纷采取措施，加强对信用评级行业的监管，维护金融市场发展。

　　面对国际社会的质疑和压力，主要评级机构也采取了一系列自我改革行动，包括：加强公司治理，避免利益冲突；改善评级分析方法，特别是改善在金融危机中表现不佳的结构化融资领域的分析技术；增强评级信息透明度，尤其是评级假设、模型的透明度等。

一、国际金融危机中的信用评级

　　美国次贷危机重演了十年前的亚洲金融危机，但对世界的影响更广、更深，三大评级机构对高杠杆金融衍生品的过高评级被普遍认为是引发次贷危机的一大因素，而危机爆发中大批量下调评级的行为则加剧了市场恐慌。有观点指出：在此次金融动荡中，信用评级机构的不佳表现不但促进了动荡的形成，而且加快了动荡的演化。

　　导致此次金融危机的最直接原因是美国次级抵押贷款规模的大幅扩张。2002～2007年，美国在金融市场上发行了与次级抵押贷款债券相关的证券共计3.2万亿美元，而这些债券90%均得到了较高评级。然而，次级抵押债券等产品的信用等级与金融市场中的现实差强人意：一方面违约率不断攀升，另一方面级别不断被大面积降级。

　　自2007年6月开始，国际三大评级机构开始大批量调低相关产品的评级，但到

2008 年初，穆迪结构化产品评级中投资级仍占 88%，Aaa 级达 50%。随着经济形势的变化，大量以次级贷款为基础资产的资产证券化产品风险凸显。2008 年 3 月 7 日，美国贝尔斯登银行被摩根大通银行所收购。随后，雷曼兄弟公司、美林公司等大型金融公司宣布破产，美国金融市场遭受了巨大的冲击。美国次贷危机席卷欧洲，然后蔓延到东欧、东亚和拉美等新兴市场国家和地区。

对于金融危机的成因和影响有不同的解释，但是大多数人认为信用评级行业的行为至少是导致问题的贡献者，有一些评论甚至认为信用评级机构是导致危机后果的重要决定因素（Steven 和 Thomas，2012）。学界的共识是，评级机构经营模式的缺陷可能在一定程度上加剧了美国次贷危机和欧盟主权债务危机，这些机构未能就各种债务和信贷投资基本面的潜在风险发出信号；而市场对少数评级机构的评级依赖会产生协同行为，增加系统性风险（EC，2016）。

二、国际信用评级行业存在的主要问题

信用评级自发端以来，主要以自律性机制在演进，美国等国家并没有制定对信用评级进行规范管理的专门法律制度，相关法律制度中有关评级的内容更多的是对评级使用的要求。随着国际金融市场的快速发展，信用评级机构也在不断发展壮大，评级行业存在的问题逐渐在重大的金融动荡中暴露出来。总体来说，国际信用评级行业在危机中暴露出的问题有以下几个方面。

（一）内控管理不足导致利益冲突和评级结果套利

信用评级机构虽然制订了规范的评级程序和业务制度，但是往往没有得到严格的执行。在评级机构主要收入来源的结构化金融产品评级领域，评级机构一方面直接参与了次级债等结构化产品的设计和推广，收取咨询费用；另一方面又对结构化产品进行信用评级，收取评级费用。债券的级别越高越有利于销售和交易，评级收入也越高，因此业务之间的利益冲突降低了评级机构的独立性。

在发行人付费模式下，评级机构主要依靠向受评对象收取费用获得收入，出于利益考虑，评级机构可能做出有利于受评对象的评级或进行级别竞争，以增加或维持发行人的业务，或者较大规模的发行人可能会利用其议价能力获得更高的评级，从而影响了信用评级的公正性。例如，直到 20 世纪 80 年代中期，标普是私人部门 MBS[①] 的主要评级机构，但穆迪从 1986 年进入该领域后，通过降低抵押资产池的增信要求等方式，很快于 1989 年在 MBS 市场份额上超过了标普，这也导致评级行业整体对资产证券化产品增信要求的降低（Cantor 和 Packer，1994）。

（二）对金融创新产品的风险认识不足使评级方法和模型存在缺陷

对信用风险是否充分揭示是判断评级有效性的重要标准之一。结构化金融产品设计复杂、推出速度快，评级机构对这些创新产品的信用风险往往认识不够，评级方法和模型存在不足。在对结构化金融产品评级时，评级机构依赖基于统计分析的评级模型。由

[①] 在美国，一般将房利美、房地美及吉利美发行或担保支持的 MBS 称为机构 MBS，其他 MBS 称为非机构 MBS 或私人部门 MBS。

于结构化金融产品交易历史较短、数据不充分，这些模型及假设未经过完整的经济周期检验，也没有及时进行修正和更新，这导致结构化金融产品的风险被低估，降低了评级的准确性①。穆迪承认，结构化产品的复杂度远远超出了传统债券，仅仅依赖数学操作的方法论是不足的，穆迪评级模型和分析的一些关键假设存在错误（Skreta 和 Veldkamp，2009）。美国证监会在对评级机构调查后也认为，对于结构化金融产品从 2002 年以来在数量和复杂性的迅速增加，评级机构在评级模型和分析、人员、资源等方面并没有做好相关准备工作（SEC，2008）。

（三）信息透明度不高影响信用评级的公正性

在信用评级体系中，评级模型、指标作为评级技术的重要载体，是评级机构的核心竞争力，评级机构往往以商业秘密及竞争优势等理由不予公开，这导致评级技术及评级程序等存在信息不透明的问题。美国证监会调查发现，评级机构没有持续公开或完全公开关于 RMBS 和 CDO 评级操作和方法中的一些重要特征，这包括评级标准、模型以及标准和模型的调整（SEC，2008）。一方面，投资者因信息、技术和风险链条延伸等多重限制，无法对评级机构形成有效的市场监督；另一方面，信息不透明使得监管部门无法对评级机构进行有效的行政监管，导致评级机构可以获取更多的暗箱操作空间。实际上，确定全国认可统计评级机构的程序和条件也被认为是不明确的，这些不正式的操作和模糊标准对已进入者和未进入者造成了不平等的市场地位，对评级市场格局产生了重要影响（Cantor 和 Packer，1994）。

（四）法律责任缺位造成对信用评级机构的约束不足

信用评级作为一种民事法律行为，体现了信用评级机构、发行人和投资者三方的法律关系和各自的权利义务。长期以来，国际金融市场缺乏对信用评级机构有效的立法监管，主要依靠行业自律和企业对声誉的维护来保障评级质量，但信用评级机构的逐利性使其市场经济行为很难保持客观中立，身份地位和责任存在不匹配的情况（陈亚芸，2013）。从评级业的起源发展来看，美国信用评级行业的前身大多是出版业，发展之初采用类似于新闻出版业的订阅人收费模式。按照美国原有的法律和司法实践，信用评级机构通常被界定为出版商或新闻媒体，信用评级活动受到美国宪法第一修正案的保护，享有出版、言论的自由，被 1933 年《证券法》免于"专家责任"。国际金融危机前，

---

①　根据英国《金融时报》2015 年 1 月 22 日和 2 月 4 日报道，标普宣布支付近 15.67 亿美元，对涉及其在 2007 年金融危机前对抵押贷款支持债券评级的一系列诉讼案进行和解。早前标普被相关机构指控为赢得业务拔高了这些债券的评级，并且延迟更新其评级标准和分析模型，旨在放宽其评级标准以期从发行债券的投资银行获得更多业务。根据和解协议，标普将支付美国司法部 6.875 亿美元，对提起类似诉讼的美国 19 个州和哥伦比亚特区支付相同金额的和解金。此外，标普与加利福尼亚公务员养老基金机构达成另一项 1.25 亿美元的和解。标普还同意向美国证监会和另外两家监管机构（纽约和马萨诸塞州司法部）支付总计 7700 万美元以达成和解。与美国证监会的和解涉及 2011 年美国证监会开展的调查。由于美国证监会发现标普的过失绝不止是对商业抵押贷款支持债券（CMBS）给出了错误评级，从而引发了这起调查。这是自美国证监会取得对评级机构的更大执法权以来达成的最大和解案。在和解协议中，标普并不承认有任何违法之举，但其签字确认的一项笔录承认，标普的高管在 2005 年延迟实施新评级模型，该模型会导致更多的负面评级。美国当局指出，标普支付的和解款已超过其 2002～2007 年为抵押贷款支持证券评级所得的利润。此外，标普还被禁止在一年内对特定类型的 CMBS 交易进行评级。参见 http：//www.ftchinese.com/story/001060492，http：//www.ftchinese.com/story/001060275。

美国法院的众多判例都肯定评级机构对外发布信息属于出版行为，其言论和出版自由受宪法修正案的保护。其他国家的监管法规也缺少针对信用评级结果的有效问责机制，这导致评级机构无须对评级结果本身的准确性和可靠性承担法律责任。

实际上，信用评级机构区别于新闻媒体。第一，信用评级机构提供的不仅仅是事实，更是经过综合、技术分析并加工处理后的观点，这种工作无论在精确度上还是在技术层面都高于新闻报道对媒体的要求。第二，信用评级机构现已大多向被评级对象收费，而新闻媒体对报道对象是不收取费用的，其更多地能够代表社会公益。第三，信用评级影响到第三人（即评级报告使用者）的决策，同时也会对被评级对象的融资行为造成影响，这种联系的紧密程度也区别于新闻报道（刘文宇等，2013）。第四，评级活动一般来自客户的要求，新闻媒体报道的范围覆盖所有被认为具有新闻价值的对象，评级机构与客户之间的交易关系不是传统上新闻从业人员与报道对象的典型关系（李晓郛，2013）。由于评级结果需要较长时间才能检验，这种"权重责轻"的制度错位，可能产生评级机构的道德风险。

（五）监管机构和金融市场对外部评级过度依赖

信用评级是以信息及时、充分为基础，对受评对象未来偿债能力和违约风险水平进行预测，因此不可避免地会出现与实际的偏差。然而，由于巴塞尔银行监管委员会、美国、欧盟等在监管规则中均直接引用外部评级结果，从而赋予信用评级机构准监管地位。商业银行和投资基金等被要求只能持有投资级债券，这个规则使得发行人极力获得投资级别，否则，潜在投资人将急剧减少，资产价格也将变低（Skreta 和 Veldkamp，2009）。在监管规则的引导作用下，金融市场广泛使用外部评级结果识别风险特征，设定资本要求，作出投资决策，但投资者自身缺乏独立的风险评估，这种情况容易产生道德风险和责任推诿。通过对美国证券和银行管理制度中对评级引用条款的统计显示，自1975年以来的30年期间对 NRSRO 机构评级引用的银行或证券管理制度、规则和决定大幅上升（Partnoy，2001）。图13.1是美国证券管理中对 NRSRO 的引用统计。随着信用评级被广泛应用于监管框架和投资决策中，评级结果对金融市场具有潜在的系统性影响。一旦信用评级结果调整，极易引发陡壁效应[①]，放大顺周期性，加剧宏观经济的周期性波动。

三、对评级业规范发展的反思

信用评级及其变动将影响融资成本和投资收益，这种价格变动对发行人和投资人的交易行为产生激励效应。如果内部和外部约束不完善，为了使收益最大化，市场主体在交易中往往存在机会主义的行为倾向。投机行为将加剧市场波动，当多种因素叠加时，市场的波动性将更加明显。在国际金融危机中，信用评级机构未能发挥其揭示风险的应

[①] 引起陡壁效应的原因之一是交易合同中使用的"评级触发"条款。这种条款是指在贷款或者其他债务合同中，由于借款人的信用评级下降到某一具体级别以下时，债务的偿付或其他条件发生变更的约定。比如，当某公司的信用评级下降到合同中约定的水平以下时，签署合同的另一方有权向被降级公司索取现金担保，贷款人还有权要求借款人提前偿还未到期贷款等。

累计数

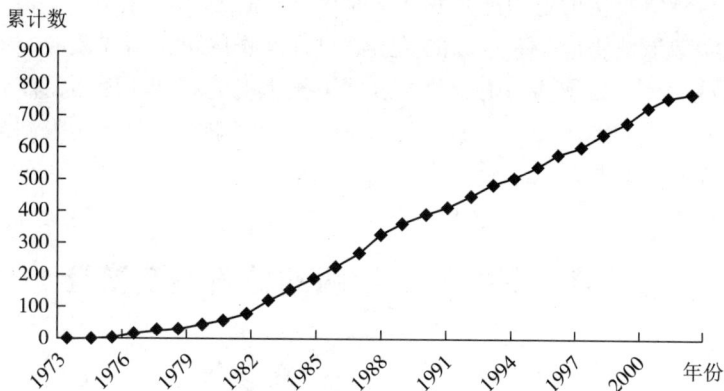

图 13.1　美国证券管理中对 NRSRO 的引用统计

（资料来源：Partnoy，2001）

有作用，国际社会也缺乏监管协调机制，评级下调带来的陡壁效应和羊群效应加剧了市场波动，放大了市场风险。

美国证监会在一份报告中引述国会的观点认为：由于信用评级的重要性和个人、机构投资者及金融监管部门对信用评级的依赖，信用评级机构的活动及表现成为公众利益关注的焦点，信用评级机构也成为资本形成、投资者信心和美国经济有效运行的核心。但在国际金融危机中，结构化金融产品的评级被证实是不准确的，这种不准确在很大程度上导致了金融机构和投资者对风险管理的失误，这反过来对美国经济甚至全球经济健康产生了不利影响。这种评级的不准确使得强化信用评级的可靠性非常必要。信用评级机构代理客户从事评估和分析服务，其角色类似于其他金融市场"看门人"所承担的职责，同时信用评级机构的活动在本质上是商业化的，因此约束审计师、证券分析师和投资银行的可靠性及监管标准也应适用于信用评级机构[1]。

国际金融危机后，投资者、监管部门在对信用评级作用进行深入反思的基础上，形成了以下几点共识：一是降低对信用评级的依赖。投资者特别是具有信用评估与定价能力的大型机构投资者应当建立内部评级体系，正确使用外部评级结果，内外评级相结合；监管部门应当减少对评级结果的僵化使用。二是引导投资者正确看待和使用评级结果。信用评级只能作为解决信息不对称问题的一种手段和参考，不能作为一种承诺或担保。三是促进评级机构加强内部治理结构。提高评级的透明度、独立性和评级过程质量，探索推动多种评级收费模式。关于收费模式的探索，欧盟委员会在分析了各种收费模式的基础上，最终决定不要求信用评级机构使用特定的模式，而是在 2013 年的《信用评级机构监管法规》修正案中引入以下规则以减少利益冲突：对发行人聘用的信用评级机构实行轮换规则；提高信用评级机构客观性和独立性的具体要求；关于披露信用评级方法和要求信用评级机构在发布信用评级前通知发行人的更严格规则（ESMA，2015）。四是以投资者保护为核心，加强对信用评级机构的监管，促进评级机构适度竞

---

[1]　参见 SEC, Final rules, Release No. 34 - 72936；File No. S7 - 18 - 11，2014.8。

争，进一步完善评级机构的行为准则和问责制度。

需要注意，政府监管应是有边界的。虽然良好运作的市场需要政府，但并不是任何政府都能做到这一点，必须存在限制政府过度干扰市场的制度。因而，需要设计一些制度规则，为良好运作的经济所必需的公共品供给奠定基础，同时亦能限制政府及政府人员的自由裁量权和权威[1]。

第二节　美国信用评级的监管制度变迁

一、美国信用评级监管法律的演变

（一）评级机构弱监管时期（2006 年以前的法律制度）

美国信用评级行业成立较早，但一直缺乏相应的监管制度。大萧条后，监管机构逐渐重视评级对投资者的参考作用，货币监理署于 1931 年首次在监管规则中引用评级结果来限定投资范围。1975 年，美国证监会建立了全国认可统计评级机构制度（NRSRO）。此后，联邦和州的法律制度开始广泛引用 NRSRO 机构的评级结果，但是相应的监管制度却几乎空白，并且评级也受到宪法第一修正案对言论自由的保护，这使得评级机构在 2006 年之前一直处于弱监管状态。

（二）反思和直接监管时期（2006 年开始至国际金融危机前的法律制度）

亚洲金融危机和安然事件后，为了增强信用评级业的竞争性和透明度，提高评级质量，保护投资者和公共利益，美国于 2006 年 9 月通过了《信用评级机构改革法案》[2]，首次对信用评级管理专门立法，确立了美国证监会对评级机构的监管权力，公布了 NRSRO 资格的认定标准及程序，明确了 NRSRO 机构的注册与信息披露义务，评级监管模式从行业自律走向 NRSRO 体系下的直接监管。

针对 21 世纪初暴露的美国安然、世通、施乐等公司财务造假事件，为了提高民众对金融市场的信心，2002 年 7 月 30 日美国总统签署了《萨班斯—奥克斯利法案》。该法案在会计职业监管、公司治理、证券市场监管等方面提出了新规，强化公司高管对财务报告的责任，对渎职、做假账的公司高管实行严厉的制裁，对上市公司实行更为严格的监管。法案的主要目标是提高金融市场信息的透明度和准确性，为监管部门、投资人、市场公众提供可信赖的信息，这也包括对信用评级机构提供的信息，因此，这个法案对信用评级行业的发展也起到了良好的促进作用（Steven 和 Thomas，2012）。

由于评级机构在安然公司破产等事件中存在明显疏忽，《萨班斯—奥克斯利法案》702（b）条款要求美国证监会就评级机构在证券市场的角色和作用开展研究。2003 年

---

① 参见 North，Douglass C.，Understanding the Process of Economic Change，Princeton，NJ：Princeton University Press，2005，p. 85。

② Credit Rating Agency Reform Act of 2006，291，120 Stat. 1327.

1 月，美国证监会发布报告确认了评级机构存在的多个问题[①]：信用评级行业的高集中度（2003 年只有三个 NRSRO 机构）、垄断和 NRSROs 进入壁垒；由发行人付费模式造成的潜在利益冲突；对信用评级机构缺少规范的注册和监管程序等。

2006 年 9 月通过的《信用评级机构改革法案》初步建立对 NRSRO 监管的制度框架：一是明确了 SEC 对 NRSRO 机构的注册和检查权。修改 1934 年《证券交易法》的第 3 节[②]和第 17 节[③]，增加 15E 节[④]，要求建立 NRSRO 机构的注册程序；二是授予 SEC 检查和处罚权。根据改革法案的授权，SEC 于 2007 年 6 月制定了 NRSRO 正式注册和监管计划的最终规则，即 1934 年《证券交易法》下的 6 条规则（Rule 17g－1 至 17g－6）以及统一的注册报表格式（Form NRSRO）。

《信用评级机构改革法案》偏重于 NRSRO 机构的注册流程和要求，对 NRSRO 机构的独立性、防范利益冲突、透明度等只是提出了一些原则性要求，并未制定详细的规则。此外，《信用评级机构改革法案》的一个重要缺陷是，没有建立对评级结果的问责机制。由于该法案对评级报告的法律性质没有规定，无意创造一种新的民事诉由，直接限制了投资者追究评级机构错误评级的法律责任（李晓郛，2013）。

（三）国际金融危机后的法律制度建设

《信用评级机构改革法案》及其配套规则刚开始实施，就爆发了国际金融危机。在危机中，结构化金融产品的评级以及评级行业的监管备受诟病，再次推动了美国对信用评级监管立法的改革。为了对国际金融危机进行全面反思和应对，经过多轮讨论，2010 年 7 月 21 日，美国出台了重要的金融监管改革法案——《多德—弗兰克法案》。

该法案第 9 章的 C 部分使用九个条款（Sec. 931－Sec. 939）对信用评级机构的行为进行规范，措施包括：设立专门的监管部门、强化评级机构内部控制、降低在监管规则中对评级的依赖、增加评级机构的法律责任等。《多德—弗兰克法案》对 1933 年《证券法》进行了修改，去除了对信用评级机构相关的免责保护条款，并对 1934 年《证券交易法》进行修改，修订了 15E 节部分，加强对 NRSRO 的责任性、透明性和防止利益冲突等方面的监管，自此开始了对评级行业的强监管。虽然还存在一些不足，但该法案表现出让信用评级机构公平承担法律责任的理念，起诉信用评级机构的标准变得宽松，体现的是市场力量和政府监管共同参与评级业的思想（李晓郛，2013）。之后，SEC 根据法案授权制定了 1934 年《证券交易法》下规则 Rule 17g－7 至 17g－10，强化资产支持证券（ABS）评级中的信息披露，加强结构性金融产品信用评级监管。

根据《多德—弗兰克法案》的要求，美国证监会于 2012 年建立专门的信用评级办公室，负责对评级机构的监管。美国证监会必须在报告制度、信息披露以及检查等方面加强对评级机构的监管，每年至少对所有 NRSRO 机构检查一次并发布年度报告。SEC 于 2011 年 9 月 30 日发布第一份年度检查报告指出，尽管 NRSRO 机构在运营方面已作

---

① 见 SEC，《信用评级机构在证券市场运行中的作用和功能》，2003 年 1 月 24 日。

② Section 3 of the Securities Exchange Act of 1934.

③ Section 17 of the Securities Exchange Act of 1934.

④ Section 15E of the Securities Exchange Act of 1934：Registration of Nationally Recognized Statistical Rating Organizations.

出一些改进，但是仍然存在一些问题，如在遵守评级方法和程序、及时准确地披露信息、建立有效的内部控制制度、管控利益冲突等方面。

《多德—弗兰克法案》要求美国证监会开展四项研究（GAO，2012）：一是审查任何要求对证券的信用情况进行评估的规章，以及此类规章中关于信用评级的任何引用或要求。二是研究 NRSRO 的独立性，以及独立性如何影响评级。三是研究对信用评级术语、市场压力条件进行标准化的可行性，以及在信用评级与违约概率和预期损失之间建立对应关系的可行性。四是研究结构化金融产品和相关利益冲突的评级过程、分配评级系统的可行性、确定评级准确性的指标以及 NRSRO 收费的替代方式。

二、美国证监会的相关规则

根据授权，美国证监会制定了对评级机构管理的实施细则，重要的制定和修订工作包括：

一是为实施 2006 年《信用评级机构改革法案》制定了监管规则。2007 年 6 月发布《注册为 NRSRO 信用评级机构的监管规则》，包括规则 17g－1 至 17g－6，作为 1934 年《证券交易法》和《信用评级机构改革法案》的实施细则，细化了 NRSRO 注册程序和信息披露要求，确立了 NRSRO 机构利益冲突的报告和防范机制[1]。这些规则分别为：NRSRO 注册申请（17g－1）、NRSRO 评级记录保存（17g－2）、NRSRO 年度财务报表提交（17g－3）、NRSRO 非公开信息使用（17g－4）、利益冲突管理（17g－5）、禁止性行为和事务（17g－6）。此外美国证监会制定了注册申请、认证报表格式（Form NRSRO），包含 8 个项目的内容及 13 份附表，对信用评级机构的 NRSRO 注册申请、年度认证行为和内容做出了标准化规定。

二是 2009 年对部分监管规则进行了修订。在 2009 年 2 月和 11 月，SEC 分别修订了部分监管规则，意图提高评级质量数据的披露和评级方法的透明度，增强评级过程的一致性，并且更有效地解决潜在的利益冲突（GAO，2012）。例如，对结构化融资产品的评级方法以及评级历史数据的信息披露，随机抽取 10% 的评级历史公开披露等内容。之后进一步要求评级机构披露更广泛的信用评级信息，要求 100% 公开披露 2007 年 6 月 26 日（2006 年《信用评级机构改革法案》生效日）及以后所有的信用评级信息（17g－2），并且在公司网站上以 XBRL 格式公开其评级活动信息，被聘为结构化评级的评级机构须向所有其他提出请求的评级机构提供结构化产品所有评级信息（17g－5）等[2]。

三是补充规则 17g－7。《多德—弗兰克法案》要求实施相应规则以提高资产支持证券评级的信息披露[3]，为此，2011 年 1 月 20 日美国证监会发布了信息披露要求规则

---

① 参见 SEC, Oversight of Credit Rating Agencies Registered as NRSROs, 72 FR 33564, http://www.sec.gov/rules/final/2007/34－55857.pdf。

② 参见 SEC, http://www.sec.gov/rules/final/2009/34－61050－secg－nrsro.htm。

③ 参见 SEC, Pub. L. No. 111－203，943。

（17g－7）^①。

四是 2014 年 8 月 27 日，美国证监会发布了对信用评级机构监管的新规则^②。这次规则调整在加强治理、防范利益冲突、提高透明度、提升评级质量、加强问责等方面提出了更为详尽的要求，包括对规则 17g－1 至 17g－7、NRSRO 注册/认证表格的修订，并且新增了规则 17g－8 至 17g－10 等。

此外，为符合《多德—弗兰克法案》，美国证监会从"净资本规则"中删除所有对信用评级的引用，并用其他信用标准替代。美国证监会建议对经纪商持有的满足原信用评级条件的商业票据、不可转换债务和优先股所有权头寸采取 15% 的优惠，并且，经纪商可申请授权使用另一种计算资本的方法。特别是，具有内部风险管理经验的经纪交易商可以运用数学建模方法来管理业务风险，包括在险价值（VaR）模型和情景分析方法分析市场风险和与衍生品相关的信用风险。

三、小结

经历了长期的发展演变，尤其是在金融危机推动下的立法改革，美国信用评级形成了双层的监管制度体系。

一是基本法律。法律包括 1933 年《证券法》、1934 年《证券交易法》、2006 年《信用评级机构改革法案》、2010 年《多德—弗兰克法案》，后两部法案主要是对前两部法律进行增补或修改。《证券交易法》是美国信用评级监管制度最核心的法律文件，它从 NRSRO 注册申请、信息披露、利益冲突防范、内控制度、非公开信息使用、市场公平秩序、SEC 的监管权力等方面建立基本的监管框架。而以证券初次发行为主要规制对象的《证券法》规定了使用 NRSRO 的专家责任。

二是 SEC 制定的监管规则。规则主要包括 Rule 17g－1 至 17g－10，这些规则围绕1934 年《证券交易法》的内容，从监管操作性的角度作出了细化规定。

表 13.1　　　　　　　　　　　　美国信用评级监管制度

层次	制度	关联
基本法律	1933 年《证券法》	
	1934 年《证券交易法》	
	2006 年《信用评级机构改革法案》	主要对 1934 年《证券交易法》进行修改：增加了 Ses15E，修改了 Sec17。
	2010 年《多德—弗兰克法案》	对 1934 年《证券交易法》Ses15E 进行了修改；废止了 1933 年《证券法》豁免 NRSRO 专家责任的规定。
政府法规规则	SEC 制定的证券交易法细则：Exchange Act Rule 17g－1 至 17g－10	

---

① 参见 SEC, Disclosure for Asset – Backed Securities Required by Section 943 of the Dodd – Frank Wall Street Reform and Consumer Protection Act, 76 FR 4489。

② Final Rule：Nationally Recognized Statistical Rating Organizations – Release 34 – 72936, File No.：S7 – 18 – 11.

第三节　欧盟信用评级监管的历史变革

一、国际金融危机前以自律管理为主

国际金融危机之前，欧盟奉行市场自由主义，依据由巴塞尔银行监管委员会（BCBS）、国际证监会组织（IOSCO）等机构出台的评级相关规范与标准对评级机构进行自律管理。

出于对安然公司等事件的反应，欧洲议会于 2004 年敦促欧盟委员会评估针对信用评级行业监管的立法考虑。欧盟委员会要求欧洲证券监管委员会（CESR）提供有关建议，CESR 提出应依靠行业自律来解决信用评级机构的问题，因为在欧盟的信用评级市场上并未发现明显的市场失灵，监管干预可能会提高行业准入、遏制创新和竞争。欧盟委员会采纳了该建议，认为欧盟已有立法和国际证监会组织制定的准则足以规范信用评级机构可能出现的问题，无需对信用评级机构进行专门立法，并宣布继续沿用基于 IOSCO 准则的自律管理模式（EC，2006）。

欧盟最早直接涉及评级机构监管的法规制度是 2003 年的《投资建议公平推荐和利益冲突披露指令》（Directive 2003/125/EC）[1]，鼓励信用评级机构建立内控程序来保证评级的公正性，及时披露利益冲突。该指令指出，信用评级机构是就特定发行人或金融工具的信用状况发布意见，这些意见不构成推荐建议；信用评级机构应该考虑采取内部制度和流程来确保评级是公正的，并恰当地披露与评级相关的任何利益冲突和重大利益情况[2]。

直到 2006 年《资本需求指令》（Directive 2006/49/EC）出台，欧盟才在法规制度中要求运用外部信用评级来衡量与金融资产相关的风险[3]。根据该指令，金融机构可以按照巴塞尔资本协议的相关条款选择外部信用评级机构（ECAI）评估资产的风险权重，计算最低资本充足率要求；欧洲银行监管机构委员会制定统一的 ECAI 认证标准和程序；ECAI 应具备客观性、独立性、持续监测、可信度和透明度等标准。2006 年欧洲银行监管机构委员会颁了《外部信用评级机构（ECAI）认证指南》，明确了 ECAI 的认证标准和程序。ECAI 制度本质上是评级结果使用的规范，只是间接对评级机构的行为起

---

① 2003 年 1 月 28 日，欧洲议会和欧洲理事会发布《内幕交易和市场操纵指令》（Directive 2003/6/EC），该指令有关禁止内幕交易等内容间接涉及到评级机构的行为。该指令的目的是对内幕交易和市场操纵行为进行约束，防止市场滥用，在具体内容上明确了内幕交易和市场操纵的定义和类型、禁止规则、指令适用范围等。根据该指令，评级机构在评级过程中掌握的非公开信息，可能构成内幕交易的对象和市场操纵的工具，因此要遵循欧盟成员国依据该指令制定的国内法。Directive 2003/125/EC 考虑和执行了 Directive 2003/6/EC 的相关要求。

② 参见 Commission Directive 2003/125/EC of 22 December 2003 implementing Directive 2003/6/EC of the European Parliament and of the Council as regards the fair presentation of investment recommendations and the disclosure of conflicts of interest。

③ 该指令是欧盟整体实施《巴塞尔资本协议Ⅱ》的监管指引，规定银行在 2008 年以前均须完成《巴塞尔资本协议Ⅱ》的执行，2006~2008 年为巴塞尔Ⅰ和Ⅱ的并行过渡期，2008 年 1 月起全面实施。

到约束和监管。《资本需求指令》经过三次修订，已升级为《资本需求指令Ⅳ》①。

国际金融危机爆发后，欧洲对信用评级行业的监管思路逐步从行业自律向统一监管转变，监管层次从国家层面走向泛欧层面。

二、国际金融危机后加强监管立法和管理

国际金融危机尤其是欧洲主权债务危机的爆发，促进了欧盟对于信用评级监管的巨大转变。

（一）制定基本法律

欧盟的基础法律制定经历了两个阶段。

第一阶段，2009 年出台《信用评级机构监管法规》，标志信用评级机构正式纳入欧盟监管范畴，形成了统一规则、分散监管的监管框架。

2009 年 12 月 7 日，欧盟第一个评级专项监管法规《欧洲议会和欧盟委员会信用评级机构监管法规》［Regulation（EC）1060/2009，2009 年 9 月 16 日通过，简称《信用评级机构监管法规》］开始实施。与指令（Directive）不同，欧盟制定的法规对欧盟成员国有普遍拘束力，可以直接适用。该法规主要体现两方面的内容：一是要求欧盟境内的评级机构必须注册。由欧洲证券监督委员会（CESR）协调欧盟成员国内的注册流程，对欧盟境外的评级机构引入认证和背书制度。二是对评级机构的独立性和利益冲突防范、评级质量、评级透明度等做出强制性规定，建立监管收费制度。该法规建立了信用评级监管框架，CESR 负责制定具体监管细则和协调成员国的监管，各成员国主管部门负责注册和监管。

第二阶段，构建了以 ESMA 为主的信用评级监管架构。

2009 年 12 月，三大评级机构先后下调希腊的主权信用评级，此后，评级机构对希腊、葡萄牙、爱尔兰等欧元区成员国的主权评级进行了多轮调降，触发市场的恐慌情绪，加剧了欧盟市场的波动性，使欧盟认识到对信用评级机构进一步加强监管的必要性。随着欧债危机的发展，欧盟也加快了信用评级法规的完善进程，泛欧金融监管体系②的建立也促进了欧盟在统一规则的基础上对信用评级机构监管。2011 年 5 月，《信用评级机构监管法规》第一次修正案［CRA 法规Ⅱ，Regulation（EU）513/2011］颁布，在欧盟区域内建立信用评级机构的集中监管框架。欧洲证券与市场管理局从 2011

---

① 2006 年的《资本需求指令》（CRD）实际包括两个单独的立法内容，即 2006 年 6 月 14 日欧洲议会和欧洲理事会发布的与信贷机构业务活动有关的 Directive 2006/48/EC、关于投资公司和信贷机构资本充足率的 Directive 2006/49/EC。CRD 执行的是《巴塞尔资本协议Ⅱ》的框架。CRD 经过多次修订升级，即 2009 年 11 月的 CRDⅡ（2010 年 10 月施行）和 2010 年 12 月的 CRDⅢ（2011 年 12 月实施），在 2014 年 1 月，CRD 的第四个版本 CRDⅣ开始实施，CRDⅣ包括一个法规（Capital Requirements Regulation CRR）和一个指令（Capital Requirements Directive CRDⅣ）。CRDⅣ执行《巴塞尔资本协议Ⅲ》，并且吸取了国际金融危机的教训，其中，大多数有关第一支柱的资本计算要求体现在法规中，第二和第三支柱中的监管、信息共享、管理协作等内容体现在指令中。

② 2010 年 9 月 22 日，欧洲议会通过了泛欧金融监管法案，标志着自 2011 年 1 月起，欧盟将建立"1 + 3"的监管体系，其中"1"表示欧洲系统性风险委员会（ESRB），主要由成员国中央银行行长组成，负责宏观层面的系统性风险管理，"3"表示欧洲银行业管理局（EBA）、欧洲证券与市场管理局（ESMA）和欧洲保险与职业养老金管理局（EIOPA），分别负责微观层面银行业、证券业、保险业和养老金的监管事务。

年 7 月 1 日取代欧洲证券监督委员会正式行使监管权，对评级机构统一注册并进行日常监管。

ESMA 的主要职责包括在与欧洲银行业管理局（EBA）、欧洲保险及职业养老金管理局（EIOPA）合作的基础上，制定具体的信用评级监管政策，负责信用评级机构的注册和认证，对评级机构开展监督和处罚。为了提高监管透明度，ESMA 自 2012 年 1 月 1 日起公布信用评级监管年度报告。成员国主管机构的主要职责包括两个方面：一是负责监管各类金融机构①出于监管目的使用外部信用评级的行为，并执行相关的惩罚措施。二是配合 ESMA 对信用评级机构的监管，包括及时通知辖区内信用评级机构涉嫌违规行为、为 ESMA 的调查工作提供便利，受权履行部分监督职能。

随着欧债危机的蔓延和加深，加强主权信用评级监管提上了议事日程。2010～2012年，金融稳定理事会（FSB）先后发布了《降低信用评级依赖的原则》和《降低信用评级依赖的路线图》，要求成员国制定并实施相应的改革措施，这也促使欧盟加快完善信用评级监管制度的步伐。

2011 年 11 月，欧盟启动《信用评级机构监管法规》的第二次修订工作，并于 2013 年 6 月 20 日实施［Regulation（EU）462/2013，2013 年 5 月 21 日通过］，内容主要包括：一是加强主权评级方面的监管；二是减少外部评级依赖；三是加强利益冲突防范，对股权实行限制，实施强制轮换制、双评级；四是强化评级机构法律责任，要求评级机构承担民事责任；五是进一步强化信息披露要求，在欧洲评级平台（ERP）上公开信用评级的相关信息。此外，在立法过程中，欧盟提出探索建立一个完全独立的公共评级机构想法，并交由欧盟委员会研究可行性。

需要注意的是，自 2014 年《资本需求指令Ⅳ》生效以来，所有在欧盟注册或认证的信用评级机构都具有外部信用评估机构（ECAI）的地位，它们的信用评级可用于评估风险权重及资本要求。但是，根据欧元体系信用评估框架（ECAF），欧盟注册的信用评级机构不会自动获得外部信用评估机构身份，只有 4 个注册的信用评级机构被认可为外部信用评估机构。

（二）完善配套制度

除了高层次的评级法规外，欧盟也出台了一些配套规定、标准。2010 年之前，欧洲证券监督委员会发布了首轮信用评级指导意见（CESR/Ref. 10 - 347），开始接受评级机构在欧盟的注册。2011 年欧洲证券与市场管理局成立后，加快出台了一批规范制度。主要配套制度如下：

一是 2011 年 5 月的《背书制度应用指引》②，说明了对背书的具体执行程序和因素。2017 年 11 月，ESMA 对 2011 年发布的《背书指引》进行了修订，其目标是确保背书的信用评级达到与欧盟信用评级相同的高标准。背书信用评级机构应核实第三国信

---

① 指 REGULATION（EU）No 513/2011 Article4（a）所定义的金融机构，涵盖信贷机构、投资公司、保险公司等。

② 参见 Guidelines on the application of the endorsement regime under Article 4（3）of the Credit Rating Agencies Regulation No 1060/2009。

用评级机构是否符合监管法规的有关要求，若没有则应核实其已确立并遵守同样严格的替代要求。ESMA 于 2018 年 7 月对《背书指引》补充规定了一般原则，用于评估替代性要求[①]。

二是 2012 年 4 月生效的欧盟委员会授权法规制定了《信用评级机构监管费用方案的技术意见》[②]，明确评级机构监管收费类型和原则。

三是 2012 年 3 月 21 日发布欧盟委员会授权法规，制定 4 项《信用评级监管技术标准》[③]。这些标准包括评级机构申请注册认证时提交的信息、向中央数据库（CEREP）报送信息的内容和程序、向 ESMA 定期报告的评级数据的内容、ESMA 对评级机构的审查四方面内容。

四是 2012 年 10 月 16 日发布欧盟委员会授权法规[④]，细化了对评级机构实施罚款的相关程序及评级机构的权利，包括辩解权及听证权、评级机构的阅卷权、追诉时效及处罚决定的执行时效，罚款金额在五万欧元以下的行为，追诉时效为三年，其余为五年。

五是 2017 年 3 月 23 日发布《信用评级机构评级方法检验和审查指引》，为信用评级行机构制定了评级质量检验标准。

（三）加强非现场监管及信息化建设

欧盟也建立和完善非现场监管措施：

一是评估评级机构定期报送信息。ESMA 日常监督的重要内容之一是评估从信用评级机构收到的定期信息，如董事会会议记录、合规报告等数据，还利用包括发行人和投资者在内的其他利益相关者的意见。ESMA 于 2019 年 2 月 5 日发布了新版的《信用评级机构定期信息指引》[⑤]。

二是评估投诉和举报信息。ESMA 对收到的所有投诉和市场信息进行评估，并在必要时采取行动，通过监管手段解决已查明的问题。

三是通过评估以确定未注册而发布信用评级的市场参与者。相关信息渠道包括市场参与者、成员国的主管部门及 ESMA 的评估报告。若公司满足以下条件，则应向 ESMA 申请注册：（1）在欧盟设立的法人；（2）公开披露或通过认购发行专业的信用评级产品。未经注册而发布信用评级的公司将被移交至 ESMA 的执法团队。

四是评估信用评级机构备案变更。这些备案资料涉及分支机构的开设和关闭、业务结构的变化、合规和内部审查职能的人事变动、或董事会成员的任命。通过评估变更材料，判断信用评级机构是否仍符合注册条件。

在欧洲评级平台（ERP）上，ESMA 公布所有注册和认证的评级机构发布或背书的

---

① 更新后的《背书指引》，包括 2018 年 7 月的补充，于 2019 年 1 月 1 日生效。

② 参见 Commission Delegated Regulation（EU）No 272/2012 of 7 February 2012.

③ 参见 Commission Delegated Regulation（EU）No 446/2012 of 21 March 2012，Commission Delegated Regulation（EU）No 447/2012 of 21 March 2012，Commission Delegated Regulation（EU）No 448/2012 of 21 March 2012，Commission Delegated Regulation（EU）No 449/2012 of 21 March 2012.

④ 参见 Commission Delegated Regulation（EU）No 946/2012. .

⑤ https：//www.esma.europa.eu/sites/default/files/library/esma_33-9-295_final_report_guidelines_on_the_submission_of_periodic_information_to_esma_by_credit_rating_agencies.pdf.

评级信息，但不包括向投资人付费披露的评级信息，因为公开披露此类评级将破坏这种付费模式。建设欧洲评级平台的目标包括：为投资人、发行人和其他相关方提供一个集中访问平台，以获取最新的评级信息；便利市场对评级的比较。ERP 将帮助新进入者和中小信用评级机构获得关注并积累市场声誉，ERP 包含之前建立的中央存储库（CEREP）。CEREP 是根据《信用评级机构监管法规》第 11（2）条建立的数据库，该数据库公布了注册和认证评级机构的评级质量检验数据。

（四）欧盟评级监管制度的对等性要求

总体看，欧盟信用评级监管制度主要分为三个层次：一是欧洲议会与理事会法规。主要有《信用评级机构监管法规》；二是欧盟委员会制定的标准。主要有监管收费、信息报送、罚款细则等；三是 ESMA 制定的监管规范。这些规范在评级监管活动中发挥着指导与解释的作用。

欧盟从准入、行为准则、日常监管等方面强化要求，监管权限也从成员国向欧盟层面集中。需要注意的是，欧盟立法的适用范围延伸至欧盟以外的信用评级机构的行为，通过认证或背书对境外评级机构和评级结果进行约束。为此，欧盟加强了与第三国的承认和合作机制，这也是对美国主导下的国际信用评级机制的应对（陈亚芸，2013）。

背书和认证是建立在 ESMA 与相关国家监管部门签订监管合作协议的基础上。其中，背书的具体条件包括：签署监管合作协议；境外评级机构已接受第三国监管；ESMA 能够对该境外评级机构进行有效监管等。认证的具体条件包括：第三国相关法律和监管体系获得欧盟认可；申请认证的评级机构应在第三国通过注册并持续地受到有效监管；该机构从事的评级活动不会对欧盟成员国金融市场的稳定产生系统性影响。

对等政策是欧盟在金融服务领域与第三方国家或地区合作的主要工具之一。当非欧盟国家和地区的金融监管框架与相应的欧盟框架起到相同的效果时，欧盟委员会可以宣布该国家或地区的监管具有对等性。对等性政策能够促进欧盟与其合作伙伴进行合作，减少重复监管，促进实现维护金融稳定和金融市场国际一体化等目标。2017 年 1 月 24 日，欧盟委员会公布了信用评级机构监管的对等性清单，涉及的非欧盟国家和地区有：日本、澳大利亚、加拿大、美国、阿根廷、墨西哥、巴西、中国香港和新加坡。ESMA 与这些国家或地区的监管机构签署了评级机构监管合作协议。

2019 年 7 月 29 日，经重新评估对等性决定，欧盟委员会延长了中国香港、日本、墨西哥、美国信用评级机构监管的对等性决定，首次废除了阿根廷、澳大利亚、巴西、加拿大和新加坡信用评级机构监管的对等性决定。欧盟委员会指出废除的主要原因是：在 2013 年欧盟信用评级机构法规修订后，这些国家的信用评级机构监管标准均无法达到新标准的要求。例如，1. 五国的法律和监督框架虽然有要求评级机构设计合理的内部机制，但没有详细和明确的要求来解决与大股东有关的利益冲突，这无法与欧盟法规"禁止向持股（投票权）超过 10% 的实体提供评级、禁止向持股（投票权）超过 5% 的实体提供咨询服务"等要求对等；2. 欧盟法规要求评级机构在评级结果披露前，须将所有信用评级、评级展望及有关资料视为内部资料进行保密，评级机构有义务在信用评级或评级展望公布前，向评级对象提供核实客观事实是否错误的机会，但上述五国均未对此作出要求。

三、英国脱欧对欧盟信用评级监管的影响

英国在没有制定退出协议的情况下离开欧盟（即无协议脱欧），英国境内的信用评级机构将不再满足 ESMA 注册条件，其身份也将被改为第三国评级机构①。该种情况下，只有在经欧盟 27 个成员国的信用评级机构背书后，这些信用评级机构出具的信用评级报告才能继续用于欧盟监管目的。作为对英国决定退出欧盟的直接回应，惠誉和穆迪均已通过其设在 27 国的机构向 ESMA 报告，将以背书的形式继续开展业务。标普在 2018 年将欧盟运营的所有实体合并为总部位于都柏林的标普全球评级欧洲有限公司（SPGRE），因此在英国已没有注册任何法人实体②。

2019 年 2 月 13 日，英国发布 2019 年 266 号法案，对 2000 年金融服务和市场法案（FSMA）进行了修订。该修订是为了解决脱欧后英国与欧盟信用评级法律之间的衔接问题，修订内容主要包括：一是确定金融市场行为监管局（FCA）为英国信用评级的监管机构。FCA 将在英国脱离欧盟当日从 ESMA 获得全面的监管权利；二是允许在英国成立并在 FCA 注册的信用评级机构，自退出之日起出于监管目的在英国发布信用评级，申请 FCA 注册的公司必须在英国建立或维持一个法律实体；三是引入过渡期，允许在 FCA 注册或申请注册的信用评级机构使用在退出欧盟之前发出的信用评级，最长可达一年。

2020 年 1 月 29 日，欧洲议会表决通过英国脱欧协议，该协议是英国与其他 27 个欧盟成员国于 2019 年 10 月达成的协议。按照既定程序，脱欧协议还需欧盟理事会投票批准。根据协议，英国在 1 月 31 日正式脱离欧盟，伦敦与布鲁塞尔进入为期 11 个月的过渡期，双方将围绕未来关系展开谈判。根据脱欧协议，在 2020 年 2 月 1 日至 12 月 31 日的过渡期，欧盟法律将继续适用于英国，这意味着英国实体在欧盟法律下的权利和义务也将继续适用，ESMA 将继续直接监督注册的信用评级机构。但自 2020 年 2 月 1 日起，英国金融市场行为监管局将不再是 ESMA 董事会成员或参与 ESMA 的任何其他治理机构。

第四节　美国和欧盟信用评级监管框架的对比分析

自国际金融危机以来，欧盟和美国都意识到信用评级机构存在的问题，致力于改革原有法律或制定新的法律制度以增强监管，在加强防范利益冲突、信息披露、建立法律责任等方面具有许多共性。分析欧美的评级监管框架，可以看出以下几方面的特点。

---

① 英国脱欧前，英国境内向 ESMA 注册的评级机构有：贝氏欧洲评级服务有限公司、多美年评级公司、惠誉评级有限公司、惠誉评级 CIS 有限公司、穆迪投资者服务有限公司、穆迪投资者服务 EMEA 有限公司、经济学人智库有限公司。穆迪和惠誉在欧盟 27 国和英国都设立了法人实体。

② 2018 年 12 月，贝氏评级和多美年评级分别向 ESMA 注册了总部在荷兰阿姆斯特丹与德国法兰克福的机构，并向 EMSA 报告将对英国境内的机构进行背书。

一、建立多层次的法律体系

总体来说，美国评级监管法律框架以联邦法律和部门规章实施细则共同构成。美国涉及评级行业监管的联邦法律主要由四部组成：1933 年《证券法》、1934 年《证券交易法》、《信用评级机构改革法案》、《多德—弗兰克法案》。这四部法案在联邦法律层次确立了监管框架，美国证监会制定了配套实施细则。除欧盟《信用评级机构监管法规》以外，欧盟委员会和信用评级管理部门也根据授权制订了相应的规范和细则，明确收费、监管、信息报送等内容。

二、确定监管主体和职责

1. 明确监管部门

2006 年《信用评级机构改革法案》确立以美国证监会为 NRSRO 机构的主要监管部门。根据《多德—弗兰克法案》授权，2012 年 6 月美国证监会成立了信用评级办公室，专门负责对注册为 NRSRO 信用评级机构的监管，被授予对信用评级机构进行遴选、评价、注销 NRSRO 资格的职权；信用评级办公室至少每年对信用评级机构进行一次检查，并向公众公布检查结果。欧盟也明确欧洲证券与市场管理局为信用评级的监管机构。

2. 明确监管部门职责

从美欧的立法看，都要求评级机构制作相应的内部记录，作为执法检查的基础。欧盟规定，监管机构不得干涉评级内容和方法，监管机构应该拥有直接、与其他机构合作或者向强制司法机构申请的履职所需的监管和调查权力，包括：获取信息，审查任何相关记录、数据、程序，复印获取任何相关资料；如果需要，可以传唤或质询任何人以获得信息；进行现场检查；有权获取电话录音和数据通信记录。欧盟也赋予监管机构临时禁止或中止机构发布评级、将评级机构违法行为通知公众、撤销评级机构注册和罚款的权力等，并明确了罚款的程序和标准。欧盟法规的第 36 条规定在进行处罚时，还可以并处不同级别的罚金。欧盟法规还规定了成员国监管当局间的信息交换及合作义务。

ESMA 的行政罚款权力受到严格的限制，处罚金额取决于对违法行为的界定，针对特定类别违法行为设置基本最低和最高罚款金额范围，可以根据规定对处罚系数进行上下调整。在监管法规 36 条中，规定了对不同程度违法行为的基本罚款金额：从 1 万欧元至 5 万欧元，到涉及利益冲突和披露等违法行为的 50 万欧元至 75 万欧元间的罚款金额。为了确保罚款不会对不同规模的评级机构产生不成比例的影响，36 条要求把机构上一年度的营业额纳入罚款比例的考虑。对于年营业额分别为低于 1000 万欧元、1000 万欧元至 5000 万欧元之间、超过 5000 万欧元的机构，设置对应的罚金数额范围，但罚款金额不得超过上一年度营业额的 20%。

美国《多德—弗兰克法案》要求证监会制定适用于信用评级机构的罚款和其他处罚措施；每年至少对 NRSRO 组织进行一次检查；对于违规或出现评级失误的评级机构，美国证监会对其进行罚款、暂停或撤销其注册。根据法律规定，证监会可以对 NRSRO 实施如下处罚：（1）谴责；（2）限制活动、功能或操作；（3）暂停不超过 12

个月的活动；（4）撤销注册资格。如果 NRSRO 对某一特定类别的证券没有足够的财务和管理资源来持续地产生可信的信用评级，证监会可暂停或永久撤销 NRSRO 对某一特定类别证券的注册。对 NRSRO 的任何关系人，SEC 可以实施如下处罚：（1）谴责；（2）限制其活动或功能；（3）暂停不超过 12 个月；（4）禁止其与 NRSROs 的关联。

三、明确机构准入条件和法律责任

1. 设定准入条件

美欧都要求评级机构在监管部门注册，便于对其直接监管。相比美国，欧盟设计的注册管理制度具有多层次性，根据机构位于境内或境外分别实行注册制、认证和背书制。欧盟境内评级机构必须注册才能使其评级结果为欧盟监管法规所认可使用；非欧盟评级机构发布的评级只有通过认证或背书后才能使用。要在欧盟注册为信用评级机构，需要证明其满足必要的组织要求，并提供足够的保障措施，特别是在治理、利益冲突、内部控制、评级流程和评级方法、业务活动和披露等方面。

美国证监会确立 NRSRO 制度的初衷是为了规范参差不齐的评级结果使用，随着越来越多的监管制度将 NRSRO 机构的评级结果用作监管基准，NRSRO 评级结果的使用逐渐从证券向银行、保险等其他金融领域扩展。美国 NRSRO 的准入条件包括：持续从事信用评级业务至少 3 年；其所发布的评级已得到广大发行人以及机构投资者的认可；已完成相关的注册程序等。

2. 明确法律责任

随着对评级机构监管力度的增强，对评级机构的问责机制框架初步形成。《多德—弗兰克法案》将 1933 年《证券法》规定的专家责任适用主体范围从证券发行人、会计师、律师等中介扩大至 NRSRO 机构，废除了美国证监会发布的 436（g）规则赋予评级机构的法律豁免权，要求评级机构承担专家责任。如果评级机构对信用评级所依赖的重要事实没有进行合理的调查，投资者可以"故意或行为草率"为由提起民事诉讼。

欧盟监管法规第二次修订引入了信用评级机构的民事责任条款（第 35a 条），规定投资者、发行人因评级机构故意或重大过失遭受损失的，可对评级机构提起民事诉讼，但投资者和发行人需承担举证责任。投资者需要证明：一方面信用评级机构存在故意或重大过失的违法行为，并且这种行为影响了信用评级的质量；另一方面投资者已承担注意义务或其对信用评级的信赖是合理的。发行人也可以因信用评级机构的违法行为影响信用评级质量而提起损害赔偿的诉讼，但须证明其没有误导评级机构或其未提供不准确的信息导致侵权行为的发生。这种法律制度设计的目的是强化市场主体对信用评级机构的约束，同时鼓励投资者更审慎地使用信用评级，改变对评级的过度依赖。

四、强化信息披露，提高透明度

美欧法律都试图强化评级机构的信息披露义务，提高评级透明度。从披露内容来看，重点包括评级结果、评级表现、评级流程、评级方法、模型和关键假设等方面。

欧盟要求，评级机构应明确、清晰地披露任何可能影响最终评级决策的实际或潜在的利益冲突、附属服务、赔偿制度以及机构行为守则等。信息披露还包括评级方法、模型、主要评级假设、收入来源为 20 大客户的名单等，要求信用评级机构发布年度透明度报告。为加强评级结果的可比性和中小评级机构的受关注度，欧盟要求建立中央存储库（CEREP）和欧洲评级平台（ERP），分别向公众披露注册及认证评级机构的评级历史表现数据和新发布的评级信息。评级历史表现数据包括评级迁移率和违约率等情况；发布的评级信息包括评级级别及展望、评级类型及评级发布时间等。这两个数据库已对外提供服务。

美国的评级业务报备制度主要涉及两个方面信息：一是报告类信息，有年度内控报告、合规报告、财务报告；二是评级业务信息。美国要求将初次评级时间在 2007 年 6 月 26 日及之后的评级结果和评级行动全部予以公开，要求评级机构在申请 NRSRO 资质时及获得资质后每年披露其财务信息①。NRSRO 在保密的基础上，每年在会计年度结束后不超过 90 日向 SEC 提交财务报告：列出年度中前 20 家最大发行人和订阅用户；若来自于使用信用评级服务的债务人或承销商的净收入超过前二十大发行人，也应列出该债务人或承销商名单及净收入金额。NRSRO 机构按照法定要求公开披露其对每一类债务人、证券或货币市场工具的最初评级信息及随后评级变更，以便信用评级的使用者能够评估评级结果的准确性，并对不同评级机构的评级表现进行比较②。SEC 建立了电子数据采集和分析系统（EDGAR），提高了 NRSRO 披露信息的效率和规范性。

五、增强独立性和利益冲突防范

为了加强评级机构的独立、公正、客观，美国和欧盟都从内部治理结构、人员和业务等方面对评级机构建立利益冲突防范机制提出要求，对特定小机构也设立了豁免条款。

1. 完善内部治理结构

美欧规定董事会或监事会须对评级政策和流程机制、利益冲突防范等制度的建立和执行进行监督。

美国《多德—弗兰克法案》规定 NRSRO 机构必须建立董事会，董事会除应有的责任外，还被赋予对一些特定事项的监督义务，包括建立、维护和执行确定信用评级、管理和披露利益冲突的政策和流程，确定评级规则和流程的内控系统的有效性，NRSRO 机构的薪酬和任职的政策和实践。

欧盟规定，信用评级机构应设立董事会或监事会，负责确保评级过程的独立性，管理并披露利益冲突。为了保证评级机构观点的多样性和独立性，欧盟对股权结构进行了限制，严格限制不同评级机构之间的交叉持股及互相影响对方的评级业务。禁止单一主体同时持有 2 家以上评级机构股份或表决权超过 5%，除非这些评级机构属于同一集

---

① 根据《证券交易法》等要求，NRSRO 在接到注册或年度认证后 10 个工作日内，在公司网站上易访问的位置免费公开披露注册信息表及其附表。由于附表 10 至附表 13 涉及财务报表信息，NRSRO 可申请保密处理，仅向 SEC 进行提交。此外，NRSRO 进行注册或年度认证时，还需要向 SEC 提交年度财务报告及其他报告，此部分内容同样涉及 NRSRO 保密信息，不需要进行公开披露。

② 对于披露所要求的信息：如果评级由债务人支付，或由发行人、承销方、存款人或担保者支付，在评级行动开始之日起 12 个月内披露；非上述情况的评级行动，应在评级活动被采纳之日起 24 个月内披露。

团，该股权限制不适用于持有多元化集体投资计划，包括养老基金或人寿基金等托管资金；在信用评级机构持股或者享有表决权的比例达 10% 及以上的股东，在受评机构持股或者享有表决权的比例不得超过 10% 等。此外，欧盟要求披露可能影响信用评级的情况，如对任何持有评级机构 5% 及以上股权或投票权，并同时持有被评主体 5% 及以上股权或投票权的股东，信用评级机构需进行披露。

为了强化董事会、监事会的独立监督职能，美欧法律都要求评级机构引入独立董事或独立成员制度。美国要求董事会至少 1/2 且不少于 2 人为独立董事，而欧盟要求董事会或监事会的独立董事或独立成员至少为 1/3 且不少于 2 人。为了确保独立董事或独立成员的独立性，其薪酬不得与评级机构的业绩挂钩。美国要求部分独立董事应当是 NRSRO 信用评级的使用者，这体现了利益相关者合作治理机制的思想（张学安等，2012）。

欧盟进一步要求评级机构应当设置合规审查部门，该部门负责定期审查评级方法、模型、关键假设及重大改变，改变后评估新型金融工具的适用性，监督和报告评级机构及其雇员遵守法规的情况；应确保合规部门有必要的权威、资源、专业知识和获取所有相关信息的渠道；为保证独立性，合规主管的薪酬不得与评级机构的业绩挂钩。

2. 建立严格的业务分离或限制制度

美国采取"防火墙"制度，将评级业务与其他业务隔离开来，防止销售和市场推广对评级业务的影响。欧盟采取限制业务范围的方式，禁止评级机构从事咨询和顾问服务，信用评级机构不应向被评机构或任何相关第三方就公司或法律结构、资产、债务或其业务的相关问题提供咨询或顾问活动。而附加服务如市场预测、经济发展趋势估计、定价分析和其他一般数据分析则允许，但必须进行披露。欧盟明确规定当出现如下情况时，不得发布信用评级和撤销现有评级：该信用评级机构、参与确定信用级别的分析师或批准该信用级别的人员，直接或间接拥有被评机构或第三方的任何所有权利益。从事信用评级活动的人员以及批准信用评级的人员的报酬和业绩，不应与信用评级机构从被评级实体或相关第三方获得的收入挂钩。

3. 严格人员管理

美欧都提出了人员任职要求。欧盟要求，评级机构的高级管理人员应拥有良好的声誉、足够的专业知识和经验，以确保评级机构稳健和审慎的管理。信用评级机构任命金融服务方面的专业性人才为独立非执行董事；信用评级机构在注册时必须声明其包括独立非执行董事在内的所有高级管理人员都有着良好的声誉；要求雇员具备适用于其履行职责的相关知识和经验。特别是那些为结构化金融工具提供评级服务的评级机构，其董事会或监事会应当至少有 2 位成员（包括 1 位独立人员）对结构化金融工具市场有充分的了解和经验。美国要求，评级分析人员应经过相应的资格考试，并进行持续的教育。

美国和欧盟都要求信用评级机构实施回头看和轮换制度。美国要求，当分析师离职后进入到其前一年参与评级所涉及的受评主体、发行人或承销商任职，该评级机构须审查该分析师之前所作的相关评级，必要时予以纠正。欧盟也作了类似规定，当分析师离职后到其曾参与评级的受评主体任职，评级机构须对该分析师离职前两年内所作出的评级做回顾审查。

轮换制度分为评级业务人员轮换及评级机构轮换两类。欧盟要求评级业务人员定期轮换，首席分析师对同一家受评对象进行评级的时限不得超过 4 年，其他分析师不得超过 5 年，负责批准评级的分析师不得超过 7 年。评级机构的轮换制是在欧盟法规第二次修订案中提出的，在结构化金融产品（再证券化）的评级中，发行人付费模式的评级机构须每四年进行一次轮换。欧盟法规第 6b 中规定了豁免机制，明确强制轮换不适用于整个集团的评级业务人员少于 50 名员工的评级机构，也不适用于整个集团的信用评级业务年营业额低于 1000 万欧元的评级机构。

4. 加强评级收费的监管

欧盟 2013 年修订的法规要求，信用评级机构确保为其客户提供信用评级和辅助服务的费用不存在歧视性，并以实际成本为基础。信用评级服务收取的费用不应取决于信用评级机构发布的信用评级等级，也不应取决于任何其他事项的结果或工作的结果。辅助服务不属于信用评级活动，其包括市场预测、经济趋势估计、价格分析和其他一般数据分析，以及相关的分销服务。信用评级机构可以提供信用评级以外的辅助服务。信用评级机构应向 ESMA 提供年度报告，列出信用评级和辅助服务的收费明细，并提供其定价政策。

六、提高评级质量

美欧立法主要从评级决策可靠性和评级人员专业素质两方面来确保评级质量。在评级决策可靠性方面，欧盟要求评级机构应当维护、更新和定期全面复审用于评级决策的评级方法、模型和关键假设。ESMA 认为，评级方法是信用评级的核心，它决定了信用评级的一致性和准确性，信用评级方法必须是严格、系统、一致的，并且基于历史经验可验证。ESMA 需要对信用评级机构在评级过程中运用的方法和模型进行验证，但是，不能干涉信用评级内容和方法。如果缺乏可靠数据或对一种新型金融工具（特别是结构化金融工具）的复杂性缺乏了解，导致不能判断是否能够做出可靠评级时，评级机构不应发布评级或撤销现有评级。评级机构在发布新的评级方法或修订现有方法时，应符合透明度、独立性和稳健性要求，需征求利益相关人的意见。

欧盟要求信用评级机构在发布评级前，至少提前一个工作日通知受评主体或发行人，以便让他们检查事实错误。为了提供高质量的信用评级分析，信用评级机构应：（1）使用高质量的可靠信息；（2）持续监测所有信用评级因素；（3）尽量减少利益冲突；（4）确保配备充足的分析师资源。同时，信用评级机构需要保证在信用评级过程的透明度。

美国要求，NRSRO 机构应保证其评级使用包括定性和定量的数据、模型的程序及方式是确定的，并与对 NRSRO 机构所要求的政策和程序一致；如发现任何重大问题或进行重大调整，需及时通知评级使用者。

在评级人员专业素质方面，欧盟要求评级机构应确保参与评级活动的评级分析师等人员具有与其职责相称的知识和经验。美国也对评级分析师的专业素质提出了要求，包括培训、考试、经验和能力方面的标准。这些人员素质要求会普遍提高行业能力和专业水平，促进信用评级机构提供更高质量的服务，同时，这也必然意味着付出更高的业务成本以实现高质量的服务。

七、对特殊评级产品的监管

结构化金融产品被认为是次贷危机中的始作俑者，而主权评级是欧债危机中欧元区国家最为困扰的问题，因而这两方面成为美欧评级监管改革的重点之一。

1. 加强对结构性金融产品评级的监管

在加强结构化金融产品评级的监管方面，欧盟规定，严格区分结构化产品的评级符号；评级机构应解释结构化产品的评级方法，并说明与其他信用评级方法、风险特征的区别。如果所需要的信息不全面或者评级方法不确定时，则禁止对金融创新产品进行评级。

欧盟 2013 年法规修订引入了一系列措施来促进结构性金融产品评级的竞争。对结构化产品引入机构强制轮换和双评级，要求结构化金融产品需有至少 2 家评级机构评级，并每隔 4 年更换评级机构，该轮换制度对小型评级机构等进行豁免。规定要求：发行人或相关第三方要求对结构性金融工具进行信用评级的，应当指定至少 2 家相互独立的评级机构提供信用评级；评级机构在签订再证券化信用评级合同时，不得对超过 4 年的基于同一发起人基础资产的再证券化新业务再次提供信用评级。

美国规定，NRSRO 机构不能对参与咨询建议的结构化金融产品进行评级；被聘为结构性交易评级的评级机构须向所有其他提出请求的 NRSRO 机构提供该金融产品的信息，以鼓励公平的信息流动，在 NRSRO 机构之间实现信息共享①，促进主动评级产生。在发布相关信用评级结果时，NRSRO 机构需要披露使用第三方尽职调查服务的情况。

2. 加强主权评级监管

欧盟认为，国际信用评级机构在欧债危机过程中对于欧盟成员国财务恶化状况事前反应缓慢，而事后级别调整又反应过度，且并未考虑救助措施对受援国的积极影响，因此就主权评级提出多项监管要求，涉及评级人员的充足性，评级及跟踪评级的发布时间窗口、频率等方面，以降低评级结果对市场波动的影响。欧盟要求，如果对欧盟成员国实施主动评级，评级机构须提前一个工作日告知受评国家相关计算方法、关键事实等信息，评级结果公布时间限于证券交易市场闭市后、开市前一小时；评级机构须每 6 个月对主权评级进行一次跟踪评级（最初为 12 个月）。

欧盟要求评级机构在发布或修改主权评级时，应当同时提供详细的研究报告，说明评级的假设和事实。同时，主权评级所依据的基础信息必须事先征得被评级实体的认可，除非这一信息可从一般信息来源获得，或被评实体没有正当理由不披露。

八、降低评级依赖

美国在《多德—弗兰克法案》中明确提出减少监管规则对外部评级结果的依赖，

---

① 美国要求 NRSRO 建立受密码保护的结构融资评级信息共享平台，将发行人付费模式的结构融资评级信息在 NRSRO 之间进行信息共享，要求每个 NRSRO 在共享平台中按照时间顺序建立并维护获得首次信用评级的清单，包括证券或货币交易工具类型、发行人名称、评级时间以及发行人、承销商以及发起人的网址，并要求发行人、承销商以及发起人在该网站上维护其向 NRSRO 提供的用于信用评级的所有信息。

删除包括《联邦存款保险法案》、1940 年《投资公司法案》、1934 年《证券交易法》等关于使用评级的条款，创设新的信誉度标准以取代评级标准，鼓励开展内部信用风险评估。根据此法律精神，2013 年 7 月 2 日，美联储发布了采纳《巴塞尔资本协议Ⅲ》的最终规则，确定了更严格的资本认定标准，并修改了加权风险资产的计算方法，将信用评级方法从资产证券化风险权重框架中去除，仅采纳了简化的监管公式方法和加总方法。

欧盟将减少对外部评级依赖的要求扩展至所有的金融机构：一是金融机构应建立自身的信用风险评估体系，避免单一、机械地依赖外部评级结果；二是监管部门应在相关监管文件和技术标准中避免引用外部评级。但欧盟也认为减少评级依赖需要循序渐进地努力。法规第 5c 条要求，欧盟委员会对可能引发单一性、机械性地依赖信用评级的欧盟法律进行审查，寻求建立可靠的信用风险评估的替代机制。

2019 年 5 月 20 日，欧洲监管局联合委员会（由欧盟的银行、保险、证券三个监管部门组成，简称 ESAs）发布了《实施技术标准》（ITS）的第二次修正案，涉及《资本需求法规》（CRR）下外部信用评级机构（ECAI）对信用风险进行评估的映射。此前，欧盟委员会于 2016 年 10 月 7 日通过了《欧盟信用评级体系映射实施条例》，建立了信用评级与《资本需求法规》中信用质量分级（CQS）之间的对应关系，并为 26 个 ECAI 提供映射。2019 年的修订是对原有映射的完善。这些表明，降低评级依赖的路还很长。

第五节　世界其他地区对信用评级监管的一致性变革

一、国际组织推动提高对信用评级监管的要求

有关国际组织对信用评级改革提出建议，推动建立国际标准和加强国际监管合作。G20 在金融危机后的多次峰会中均提出加强对评级机构的监管。2008 年 11 月，G20 华盛顿峰会发布的《金融市场改革的共同原则》强调，将强化对信用评级机构的监管，加强对国际行为准则的执行。2009 年 4 月，G20 伦敦峰会明确提出将信用评级机构纳入金融监管范畴，确保评级机构满足国际执业准则，特别是要避免利益冲突，对金融创新产品评级实行特别监管。2010 年 6 月，G20 多伦多峰会公报提出，各国监管机构要加强对信用评级机构监管，着重关注加强透明度，提高评级质量，防止利益冲突，同时承诺在法规制定和监管方面减少对外部评级机构的依赖，见表 13.2。

表 13.2　　　　　　二十国集团（G20）峰会明确信用评级行业监管框架

时间	地点	政策内容
2008 年 11 月	华盛顿峰会	在审慎监管方面，监管机构应采取措施确保信用评级机构的行为符合国际证监会组织的最高标准，避免利益冲突，加强对投资者和发行者的信息披露，并对复杂金融产品进行区别性评级。国际证监会组织应评估信用评级机构采纳监管标准和机制的情况。

续表

时间	地点	政策内容
2009 年 4 月	伦敦峰会	将信用评级机构纳入金融监管范畴，确保评级机构满足规范的国际执业准则，特别要避免不可接受的利益冲突。
2010 年 6 月	多伦多峰会	加快实施强有力措施，以国际一致和非歧视方式，提高对冲基金、信用评级机构、场外衍生品市场的透明度和监管的力度。
2010 年 11 月	首尔峰会	对于金融稳定理事会减少对外部信用评级依赖的原则表示认可。标准制定者、市场参与者、监管者以及中央银行都不应该机械地依赖外部信用评级。

在此框架下，金融稳定理事会、国际证监会组织、巴塞尔监管委员会等国际组织共同合作，推动国际信用评级行为标准的完善，并积极协调各国监管标准的统一，制订减少各国当局和金融机构对外部评级依赖的原则，消除审慎监管框架下因使用外部评级所引发的不恰当激励。国际货币基金组织和世界银行也积极开展信用评级行业研究，提出相应的政策建议。

金融稳定理事会于 2010 年 10 月发布《降低信用评级机构依赖性的高级原则》，提出从中央银行操作、银行审慎监管、机构投资者设定内部投资参考标准和政策、市场参与者与中央对手方合约、发行人信息披露等五个方面着手降低对信用评级机构的依赖。2012 年金融稳定理事会设定降低外部评级依赖的实施路线图。巴塞尔监管委员会建立新资本框架，减少对外部评级机构依赖，防止断崖效应，并对资本框架进行多次修订，提高合格外部评级机构（ECAI）的资质标准，要求投资机构对结构化证券产品自主开展尽职调查，大幅提高复杂证券化产品的风险权重。

世界银行和国际货币基金组织分别发布研究报告①。其中，世界银行在梳理各国评级监管改革的同时，提出加强评级机构竞争、反思发行人付费模式等政策建议。国际货币基金组织重点对主权评级方法、评级质量等进行系统分析，提出完善主权评级的建议。

国际证监会组织在评级执业标准方面一直积极探索，为监管当局提供合作框架，其于 2003 年 9 月出台了《信用评级机构业务原则的声明》，首次提出了信用评级机构执业的原则。2004 年 11 月国际证监会组织发布了《信用评级机构基本行为准则》，金融危机后进行了修订，并于 2015 年 3 月 24 日发布了最终修订版，行为准则在各监管机构制定监管制度时起到了重要的指引作用。

国际证监会组织于 2009 年 3 月份发布了加强对评级机构跨境监管合作的建议，当年 5 月，国际证监会组织将评级机构工作小组变更为常设机构的信用评级机构技术委员会（简称 TCSC6），负责制定信用评级机构监管行为准则，并定期开展信用评级监管的评估活动。2010 年 6 月，国际证监会组织修订了《证券监管目标和原则》，提出信用评级机构必须得到恰当和持续的监管，发布应用于监管用途评级的评级机构必须注册，见表 13.3。

---

① 世界银行于 2009 年 10 月发布《信用评级机构：监管方案并不容易》；IMF 于 2010 年 10 月发布《全球金融稳定报告（2010 年）》，第三章为《主权信用评级的使用与滥用》。

表 13.3　　　　　　　　国际证监会组织对信用评级的监管改革措施

时间	主要措施	主要内容
2003 年 9 月	发布评级业务原则	发布《信用评级机构业务原则的声明》，提出四大原则，即评级过程的质量与公正性、独立性和利益冲突、信息披露的透明度和及时性、保密信息，以提高对投资者的保护水平，保证公平、效率及证券市场透明，降低系统性风险。声明指出各国（地区）可以通过政府监管、非政府法定的监管机构进行的监管、行业规范、评级机构的内部管理和程序等多种组合方式，落实这些原则。
2004 年 12 月	发布基本行为准则	发布《信用评级机构基本行为准则》。
2008 年 5 月	第一次修订行为准则	根据结构化金融产品评级业务的特点对基本行为准则进行修订，要求评级机构披露评级主要方法论、结构化产品损失和现金流的分析信息、评级收入大于 10% 的发行人、历史评级表现、在公司网站披露行为准则等。
2009 年 3 月	构建跨境监管合作机制	发布加强对评级机构跨境监管合作的通知，提出在国际范围内建立多边监管联席会议机制和双边监管合作机制备忘录。
2010 年 6 月	监管目标与原则	修订后的《证券监管目标和原则》新增 8 项原则，共计 38 项，指出评级机构必须得到恰当、持续的监管，评级结果用于监管用途的机构必须注册。2011 年 9 月，为了支持 38 项原则，对方法进行了相应的修订。IOSCO《证券监管目标和原则》（2017 年版）的第 22 项原则是关于信用评级机构的内容。
2013 年 7 月	构建跨境监管合作机制	发布报告建议构建跨境监管合作机制，加强对跨市场信用评级服务的监管，定期交换信用评级机构跨境活动信息。
2015 年 3 月	第二次修订行为准则	对准则进行第二次修改，增加了：一是在评级过程的质量部分增加要求，比如信息获取、记录保存、行为约束等；二是在独立性部分增加新的内容，如人员的独立性等；三是增加了公司治理、培训和风险管理的措施。

资料来源：交易商协会。

二、其他地区对信用评级监管的变化

在国际组织的推动下，各国和地区结合自身实际情况，加快信用评级行业监管立法的步伐，采取一系列具体措施完善信用评级监管体系。

（一）亚洲

1. 日本信用评级监管变化

日本对于信用评级行业的监管可以分为两个阶段：一是 2009 年以前的有限监管时期。20 世纪 80 年代，日本开始实行指定评级机构制度（DRA），指定评级机构的评级结果用于债券发行等方面。但直到国际金融危机爆发前，日本在立法方面没有针对性的评级法律，监管部门不直接对机构的设立、业务范围、评级操作等进行监管。二是国际金融危机后，日本对评级逐步转向严格的监管。自 2009 年开始，日本逐步建立了评级监管法律制度框架，包括日本国会制定的法案、内阁府制定的内阁府令、日本金融厅制定的监督指南等，见表 13.4。

表 13.4　　　　　　　　　　　　日本信用评级监管法律框架

效力	制度	制定部门
法律	2009 年 6 月，《金融工具和交易法》修订案	国会
内阁府令	内阁府令 2007 年第 52 条（简称"COOFIN"）、内阁府令 1993 年第 14 条（简称"COODEF"）	内阁府
监督指南	2010 年 3 月，信用评级机构监管指引	金融厅

2009 年 6 月，日本国会通过了《金融工具和交易法》修订案①，引入一系列评级监管措施，在法律上明确了信用评级监管模式，建立了评级机构注册制度、业务规范，这些措施于 2010 年 4 月 1 日生效。评级监管措施的主要内容包括：

一是建立信用评级机构注册制度。只有注册评级机构的评级结果方可用于监管目的，注册的信用评级机构应该根据要求编制评级报告，并接受监管机构的检查。2010 年 9 月，JCR、R&I 等信用评级机构在日本金融厅（FSA）完成注册。

允许未注册的评级机构发布评级结果，但是从 2011 年 1 月起，金融机构应告知客户评级结果来自非注册的评级机构及局限性。这种未注册的评级机构也可以发布评级的管理模式体现了较为宽松的市场准入方式。但迫于压力，日本金融厅最终向穆迪、标普和惠誉三大评级机构妥协，决定只要三大评级机构的日本子公司进行了注册，那么证券经纪公司就可直接出售由其母公司作出评级的金融产品，而不必作出详细的解释（金文杰，2012）。

二是明确日本金融厅对信用评级业务进行监管。授权金融厅检查和处罚权，评级机构及相关人员应提交必要材料或报告。1996 年以前，日本金融监管的行政部门是大藏省（后改名为财务省）。1998 年 6 月，日本国会通过《金融监督厅设置法》，将对金融机构检查和监督的职能从大藏省剥离，设立金融监督厅；2000 年 7 月又改组金融监督厅，将其与大藏省金融企划局合并，设立金融厅（FSA）。2001 年 1 月，金融厅正式成为内阁府的直属机构。至此，FSA 成为日本金融监管的专职机构。

三是要求评级机构建立内控体系，避免利益冲突，做好信息披露。信用评级机构及其高管人员，应独立、公正地从事业务，信用评级机构应于每年度制作关于业务情况的说明文件对外公布。

内阁府令是日本内阁府颁发的法律文件。涉及信用评级监管的内阁府令主要有两部，即 2009 年修改后的内阁府令 2007 年第 52 条（简称"COOFIN"）和内阁府令 1993 年第 14 条（简称"COODEF"）。这两项内阁府令构成了评级监管的重要制度，在国会法案框架下进行具体规定。在注册制方面，COOFIN 规定了注册须提交的信息、证券经纪商告知义务的内容、处理注册申请的程序；在运营方面，规定了评级机构的运营控制系统须达到的要求，如建立回避制度、轮换机制、防范利益冲突；在信息披露方面，规定了信息披露的范围及方式。

---

① 2006 年，为了适应金融资本市场环境的变化，日本吸收了英国等欧洲国家的立法理念，修改《证券交易法》，并将该部法更名为《金融工具和交易法》。

2010 年 3 月 31 日，日本金融厅发布《信用评级机构监管指引》，进一步说明了评级机构的禁止行为、内部控制、信息披露、监管方法和行动等内容。该指引对法案及内阁府令中的规定作了细化解释，以对监管部门的日常监管提供统一的指导，也对评级机构等市场主体起到行为指引作用。

日本对于信用评级机构的监管措施得到了美国、欧盟的认可。日本评级投资信息公司、日本信用评级公司分别获得美国 NRSRO 机构的资格。2011 年 6 月 1 日，日本金融厅和欧洲证券与市场管理局建立信用评级行业监管合作机制，日本信用评级公司也获得欧盟认证。

2. 韩国对信用评级监管的变化

韩国信用评级行业发展受到政府的大力推动，并建立了信用评级监管部门金融服务委员会（FSC）及其下属的金融监督院（简称 FSS）。

韩国的金融监管体制经历了多次较大幅度改革。1997 年以前韩国金融业为分业监管，监管职能分散在财政与经济部、韩国银行、银行监督院、证券监督院、保险监督院等机构。亚洲金融危机后，金融监管体系进行了改革。1997 年底，韩国通过《金融监管组织设立法》，促使金融监管体系逐步走向统一，在机构整合的基础上成立金融监督委员会和金融监督院（FSS），同财政与经济部、韩国银行共同承担金融监管职能。

国际金融危机促进韩国金融监管体制再次改革。2008 年初，原金融监督委员会改组为金融服务委员会（FSC），财政与经济部的金融政策制定也归为该委员会。在金融服务委员会、金融监督院的二元金融监管体制之下，金融服务委员会作为中央政府机构隶属于首相府，负责监管规则和产业政策的制定；审批金融机构牌照；指导金融监督院的工作。金融监督院为准政府金融监管机构，负责具体监督和检查。

伴随监管体制改革，监管规则也出现变化。2005 年后，韩国颁布了巴塞尔资本协议下外部信用评级机构登记注册的规定。2013 年，对 2007 年《金融投资服务和资本市场法》进行修订，增加信用评级机构的监管规则，包括设立、运营、处罚等方面的规定。根据法律，在执行法令层面又发布了《金融投资服务和资本市场法执行法令》。金融服务委员会也在 2008 年 8 月和 2009 年 1 月分别发布了《金融投资业务规章》和《金融投资业务规章的详细规章》，并历经多次修订，其中对信用评级设立了指引规范。

由此，韩国建立了信用评级监管框架：一是准入注册方面，由金融服务委员会负责注册和管理执照。在评级机构准入方面严格要求，如评级机构的资本金和永久资产不低于 50 亿韩元（约合 2850 万元人民币）；同一母公司控制下企业持有评级机构股份合计不得超过 10%，单一金融机构持股不得超过 10%；机构必须雇佣符合人数和资质要求的评级人员；机构必须建立完善的信息管理系统等。二是监管方面，由金融监督院负责监管评级机构的执业情况以及指定合格外部信用评级机构[①]。信用评级机构必须向监管

---

① 2019 年 7 月 29 日，韩国金融监督院以未采取公开发布的信用评级方法开展业务为由（违反《资本市场法》和《金融投资业务规章》），对韩国评级公司（KR）做出"机构注意"的警告处理，其 2 名管理人员受到"谴责"、3 名管理人员受到"注意"处理；以违反《资本市场法》等规定（信用评级行业安全管理规定）为由，警告 KIS 公司，对其做出"机构注意"处理，对 1 名管理人员做出"注意"处理。

机构提交规定格式的报告。

3. 印度对信用评级的监管变化

（1）法律制度的完善

与其他国家相比，印度较早制定了评级专门法律。1999 年印度发布《信用评级机构法规》，授权证券交易委员会（SEBI）对资本市场开展业务的评级机构进行监管，实行注册管理制度。国际金融危机后，《信用评级机构法规》被数次修订[①]，从准入、独立性、透明度、评级质量等方面不断完善。近几次重要修订内容如下：

一是 2018 年 5 月 30 日修订法规。主要内容包括：明确国外信用评级机构加入金融特别行动工作组（FATF）的要求；评级机构的最低净资产要求从 5 千万卢比增加到 2.5 亿卢比；信用评级机构不得从事证券信用评级以外的其他业务，金融业监管机构所指定的活动除外[②]，已从事的不符合要求的业务应在 2 年内将其分离到单独的实体；对评级机构的股权进行限制，以加强独立性，如评级机构不得持有其他评级机构 10% 及以上的股权或投票权等。

二是 2019 年 9 月 23 日，SEBI 发布最新的《信用评级机构法规修订（2019）》，此次修订删除信息主体（客户）多项须"同意"事项的要求，给予信息主体拒绝提供自身信息和自主保护自身信息的权利，同时注重发挥信贷信息对信用评级的补充和促进作用。

2019 年的主要修订内容为：一是将原法规第 14 条"（c）评级期内，客户须同意评级机构定期检查信用状况。"修改为"（c）评级期内，客户须与评级机构合作，定期检查信用状况"。二是将原法规第 14 条"（d）为确保评级机构作出真实、准确的评级结果，客户须与信用评级机构合作，同意向其提供真实、充分、及时的信息。"中删除"同意"。三是将原法规第 14 条"（f）客户须同意在要约文件中披露信用评级等级。"中删除"同意"。四是将原法规第 14 条"（g）客户发行 10 亿卢比或以上规模的债券，须同意至少从两家评级机构获取评级。"中删除"同意"。五是在原法规第 14 条中增加"（h）客户如果存在借款，须同意向评级机构提供官方或民间组织出具的其借款偿还、逾期、未结清等信息详情，以供信用评级机构作为确定信用等级的影响因素"。

此外，印度不断完善配套监管制度，如，制定《信用评级评级机构行为准则》、《信息披露及保护投资者指引》，颁布《信用评级机构内部审计》（2010）、《信用评级机构指引》（2010）、《信用评级机构及员工处理投资、交易利益冲突指引》（2013）等，2019 年 6 月 13 日发布了《强化信用评级机构信息披露的指引》[③]，2019 年 11 月 4

[①]　参见 The Annual Report 2018 – 19 of SEBI, p. 181；印度分别于 2006 年、2008 年对《信用评级机构法规》进行修订。2010 年 3 月又对《信用评级机构法规》进行了修正，限制信用评级的字样的使用，要求评级机构对于不能管理的利益冲突进行披露。

[②]　2016 年《破产法》第 3（18）条规定：金融监管机构指根据现行法律成立的监管金融服务或交易的机构，包括印度储备银行、印度证券交易委员会、印度保险监管和发展局、养老基金监管机构，以及其他中央政府批准的监管机构。

[③]　其中包括规范评级质量检验结果发布、引入信用增进后缀标识。之前，SEBI 分别在 2010 年 5 月 3 日和 2011 年 6 月 15 日发布的公告中就结构化金融产品评级中的某些信息披露作出了强制要求，后缀加注"SO"。

日发布《加强信用评级机构管理规范》，以加强信息披露与利益冲突管理，明确具体处罚措施，确保监管政策与 IOSCO 准则相一致，见表 13.5。

表 13.5　　　　　　　　　印度交易委员会最新发布的部分制度

时间	制度	主要内容
2018 年 11 月 13 日	《SEBI vide 通函》（强化信用评级机构（CRA）信息披露的指南）	1. 如果把母公司、集团公司、政府的支持纳入评级，则需把所合并的所有子公司、母公司的名单连同合并的范围（例如全面合并、按比例合并或适度合并）和理由一并列出。2. 更加关注评级结果的历史变化情况，CRA 应在网站上公布长期工具 5 个财务年度的平均年度评级迁移率。
2019 年 6 月 13 日	强化信用评级机构信息披露的指引	1. 规范评级质量检验结果发布。应使用边际违约率（MDR）和静态池方法计算违约率；信用评级机构在网站公布其每个评级种类的 1 年、2 年、3 年和长期（10 年）平均违约率；引入违约概率基准。如：AAA 级—1 年期和 2 年期违约率为零，3 年期违约率小于 1%；AA 级—1 年期违约率为零，2 年期违约率小于 2%；A 级—1 年期违约率小于 3%。2. 引入信用增进后缀标识。具有信用增强措施的债券在其评级结果后加入后缀 CE，如 AAA（CE）。
2019 年 11 月 4 日	《加强信用评级机构管理规范》	对 2016 年发布的《关于健全信用评级机构管理的标准》进行补充，并对评级委员会补充了规范要求。

资料来源：SEBI。

（2）加强监管协调机制

印度在危机后进一步明确评级机构监管和评级业务监管职责：资本市场评级注册和监管由 SEBI 负责监管，印度储备银行（RBI）、保险监管发展局（IRDA）及养老金监管发展局（PFRDA）等部门分别负责各自范畴内的评级业务监管。印度储备银行根据巴塞尔协议认定合格外部评级机构（ECAI），负责对银行贷款、定期存款、商业票据等评级业务进行监管；IRDA 和 PFRDA 为其监管机构设定投资产品的评级要求。印度财政部是整个金融业的监管牵头部门。在多头监管之下，多部门组成金融市场高层协调委员会（HLCCFM）工作机制，下设永久委员会负责信用评级监管事宜，办公室设在 SEBI 内部。

4. 中国香港对信用评级监管的变化

作为重要的国际金融中心，中国香港的监管变化必然受到金融市场参与者的关注。信用评级在 2011 年以前并未正式纳入中国香港的监管。鉴于金融危机对全球资本市场的冲击，香港开始对信用评级采取监管和规范活动。香港证券及期货事务监察委员会（简称香港证监会）在 2010 年下半年进行公众咨询，随后建立了信用评级监管制度。香港涉及信用评级行业的主要制度有：《证券及期货条例》《证券及期货事务监察委员会持牌人或注册人操守准则》《提供信贷评级服务人士的操守准则》。

2011 年 1 月，香港证监会发布《提供信贷评级服务人士的操守准则》，该准则以 IOSCO 准则为基础，对信用评级过程的素质和廉洁要求、信用评级活动的独立性、信息披露、机密数据处理、防止利益冲突等方面提出要求。紧接着 2011 年 2 月，香港特别行政区政府修订了《证券及期货条例》（SFO 第 571 章），将提供信用评级服务列为受监管的第十类活动，明确了信用评级、债券、优先债券及提供信用评级服务的定义。在新的监管制度下，在香港经营的信用评级机构及评级分析师均要取得执业牌照，并接受《证券及期货条例》规定的责任约束，该条例修订于 2011 年 6 月 1 日生效。2012 年，香港获得欧盟关于信用评级监管水平的认可。

2011 年 6 月 1 日，香港证监会向 5 家信用评级机构及其 156 名评级分析师发出牌照，包括标普、穆迪、惠誉和贝氏在香港的分支机构，还有理信（CTRISKS）。理信为香港评级机构，但后来注销了牌照。在 2010 年之后，有多家中国内地评级机构逐步在香港设点，包括中诚信、中证鹏元、大公（大公已于 2019 年 2 月 1 日起自行放弃牌照）、联合评级，但由于经营历史较短、声誉积累不足等原因，这些机构对国际债券市场的覆盖面明显欠缺，还处于打基础阶段。当前香港证监会一共给七家机构发放了牌照，其中 3 家是中国境内评级机构在香港的分支机构，其他 4 家是美国机构在香港的分支机构，见表 13.6。

表 13.6　　　　　　　　　　中国香港持牌评级机构

机构	发牌时间	总部
标普全球评级（香港）有限公司	2011 年 6 月 1 日	美国
穆迪投资者服务（香港）有限公司	2011 年 6 月 1 日	美国
惠誉香港有限公司	2011 年 6 月 1 日	美国
贝氏亚太有限公司	2011 年 6 月 1 日	美国
中诚信（亚太）信用评级有限公司	2012 年 6 月 28 日	中国
鹏元资信评估（香港）有限公司	2012 年 8 月 10 日	中国
联合评级国际有限公司	2018 年 7 月 16 日	中国

资料来源：香港证监会。

香港监管机构对债券发行没有强制评级的要求，但在某些税务政策及资助计划中，鼓励企业获得认可评级机构给予信用评级，包括对合格债务票据提供费用资助（包括评级费用）[①] 和获得税务减免等。香港金融管理局（以下简称金管局，HKMA）和强制性公积金计划管理局（以下简称强积金管理局，MPFA）分别认可一批评级机构，只有认可评级机构评级的债券才可作为这两个部门所监管投资人在风险管理和投资中的参考。为了扩大投资者范围，发行人往往会选择评级机构给出评级。

强积金管理局是香港法定机构之一，根据《强制性公积金计划条例》于 1998 年 9 月成立，负责管理强制性公积金计划的运作，对于投资范围限制较严格。截至 2020 年 1 月 6 日，经 MPFA 核准的信贷评级机构如下：标普、穆迪、惠誉、日本评级投资信息公司。

香港金管局 1993 年 4 月 1 日成立，负责金融政策及银行、货币管理，向财政司司

---

① 根据 2018～2019 年度《政府财政预算案》中的债券资助先导计划，该计划有效期为三年。

长负责。金管局对获承认的评级机构有两种，一是因巴塞尔资本协议而认可的外部信用评级机构（ECAI），主要使用对象为银行；二是应用于获减免利得税资格的债务票据所需的评级机构。获得金管局认可的外部信用评估机构（ECAI）名单如表13.7所示。

表13.7 中国香港金管局认可的外部信用评估机构

外部信用评估机构（ECAIs）	适用等级
标普、穆迪、惠誉、评级投资信息公司（R&I）	Classes Ⅰ，Ⅱ，Ⅳ to Ⅶ
日本信用评级公司（JCR）	Classes Ⅰ，Ⅱ，Ⅳ to Ⅵ
印度 ICRA、印度 CARE、印度 CRISIL	Class Ⅵ – 仅应用于印度企业

资料来源：中国香港金管局。

2012年8月20日，金管局宣布有关《税务条例》第14A条下的减免利得税计划。要成为符合税率优惠资格的债务票据，其中一个条件是获承认的评级机构的评级，获承认的评级机构及最低评级要求如表13.8所示。

表13.8 中国香港金管局认可的信贷评级机构

获承认的评级机构	最低评级要求	
	长期债务票据	短期债务票据
惠誉	BBB –	F3
穆迪	Baa3	P – 3
评级投资信息公司（R&I）	BBB –	a – 3
标普	BBB –	A – 3

资料来源：中国香港金管局。

从市场占有率看，国际三大评级机构对香港评级业形成垄断，市场占有率接近99%。以中资美元债为例，2018年共有162家中资企业在香港发行美元债，除44家主体选择无评级发行，另外118家均由三大评级机构中的一家或多家进行评级，其中仅4家企业有中资评级机构参与评级。

自2011年以来，香港证监会加强评级监管行动。2016年3月31日，香港证监会裁定，穆迪于2011年发布的一份评级报告引发市场对中资企业的担忧，导致数十家企业股价下跌，违反了证券期货条例，穆迪须支付1100万港元的罚款。

（二）加拿大对信用评级监管的变化

1972年成立的加拿大债券评级公司（CBRS）是美国以外最早成立的评级机构，CBRS与标普于2000年10月31日合并。加拿大另外一家信用评级机构多美年评级（DBRS）于1976年成立，在2003年2月成为美国证监会认可的 NRSRO 机构。

2010年7月，加拿大证券管理委员会（CSA）发布了对信用评级进行监管的建议，将信用评级机构纳入直接监管范畴（IMF，2010）。这些监管规则的核心内容主要包括：一是建立指定评级机构制度，信用评级机构注册后，其评级结果才能用于监管目的；二是指定信用评级机构应以国际证监会组织的《信用评级机构基本行为准则》为基础，建立避免利益冲突的制度和流程，防止信息使用不当；三是完善内部治理结构，设立合规主管并负责向监管部门提交年度报告。

2012 年 1 月 27 日,加拿大证券管理委员会发布规范①,将信用评级机构纳入证券法监管范围,旨在与国际评级准则以及欧盟委员会的背书和认证规定保持一致。该规范建立了信用评级的监管框架,核心是要求信用评级机构申请成为指定评级机构 (DRO),并遵守有关利益冲突、公司治理、评级流程、内控合规等必要规则,从而允许其评级结果运用于证券法规中的监管目的。例如,某些债券只有获得 DRO 评级,才可以使用简要招股说明书程序。2018 年 3 月 29 日,CSA 更新了指定评级机构规范。加拿大当前指定了 5 家评级机构,其中 2012 年 4 月指定了多美年、穆迪、标普、惠誉,2018 年 3 月又指定了克罗尔。

(三) 澳大利亚对信用评级监管的变化

根据 2001 年的澳大利亚公司法规定,提供金融咨询产品的机构和个人应当持有相应的许可证,评级属于此类服务。但国际金融危机前,澳大利亚证券投资委员会 (ASIC) 对评级机构提供评级服务时持有许可证实施豁免,证券投资委员会认为,评级机构是国际商业机构,应当适用全球标准,而评级业有国际认可的准则。

2008 年 10 月,澳大利亚财政部和证券投资委员会发布联合报告,系统总结了澳大利亚监管制度和国际监管动态,提出监管改革建议。澳大利亚的信用评级监管新规从 2010 年 1 月 1 日起正式开始生效,主要内容包括:一是信用评级机构注册以获得金融服务局 (AFS) 颁发的牌照;二是信用评级机构应建立相应的风险管理体系,避免利益冲突;三是信用评级机构公开评级程序、方法论、关键假设,每年提交年度合规报告等;四是增加信用评级机构的法律责任。

当前,经注册的评级机构共有 6 家,其中有 5 家为外资评级机构——三大评级机构均在澳大利亚设置了分支机构,澳大利亚评级为本土评级机构。从澳大利亚的公司债评级情况看,其评级业主要由穆迪、标普、惠誉三家评级机构占据了 99% 的市场份额,其余三家机构占比不足 1%。

(四) 俄罗斯对信用评级的监管变化

2014 年克里米亚危机爆发后,国际三大评级机构多次下调俄罗斯主权及企业信用等级。为应对不利形势,俄罗斯于 2015 年 7 月颁布实施了第 222 号法律《信用评级机构在俄罗斯联邦境内经营活动法》,建立信用评级监管制度,授予俄罗斯银行(即俄罗斯央行)监管信用评级机构的职责。

第 222 号法律是俄罗斯第一部针对评级机构的专项法律,明确了评级机构开展业务的前提和要求,包括评级机构的准入条件、信息披露要求、行业标准、评级机构与客户的关系、评级定价、评级机构责任等。该法律对评级机构在俄罗斯境内的业务活动也加以限制,要求外资评级机构必须在俄罗斯境内设立分支机构并向俄罗斯央行申请注册,取得资格后才能展业,国外评级机构只能通过其在俄罗斯的子公司发布评级结果,且子公司需接受严格监管。在新的法律框架下,俄罗斯已形成由本国信用评级机构主导的评级业格局。

---

① National Instrument 25 – 101 Designated Rating Organizations.

表 13.9　　　　　　　　　　　第 222 号法律主要条款

条款	主要内容
准入	评级机构向俄罗斯央行注册，申请材料包括：持有 10% 以上表决权的股东的资料，资本金最少为 5000 卢布的证明，公司治理描述，高管、董事会成员和分析师的材料，确认高管和分析师具有资质的材料、评级方法的材料。
独立性	评级活动独立于政治和经济影响；防止并监测利益冲突，同时管理并披露利益冲突。如，在一家评级机构控制 10% 以上投票权的主体禁止投资另外一家评级机构，在评级机构控股超过 10% 的投资者需向俄罗斯央行申报，在评级机构持有股份的金融机构、投资银行、保险和再保险公司不可将股份超过 20%。
信息披露	评级机构创建并维护网站持续披露信息，包括：信用评级和展望以及公开撤销评级的列表，存在和潜在的利益冲突，信用评级披露规则，定价规则，评级模型方法、关键假设、量化因子和数据源，历年的信用评级，以前年度为评级机构贡献了超过 5% 的年收入的被评实体和人员。
专业标准	评级机构形成并由评级委员会审核评级方法。评级机构应当披露信用评级变动对评级方法的前提假设影响，如果发现方法中存在错误，且已经或可能影响到信用评级，评级机构应修正方法、在网站公布并向央行提交修正版以及错误和采取措施的信息。
信用评级中止	以下情况下评级机构可以拒绝提供服务：违背评级活动的独立性原则，需要保护免受政治或经济影响，合约主体间违背诚信、合理和平等的经济关系，提供给评级机构的材料中被发现存在错误信息。

资料来源：新世纪评级整理。

第十四章 国际信用评级
行业发展及监管趋势

第一节 国际信用评级行业改革趋势

国际信用评级行业在百年的发展历程中经历了几次较大的变化，纵观国际信用评级管理的转化，可以看出以下主要趋势。

一、促进管理方式从行业自律为主转向强监管

理论上，在价格机制的调节下，市场在资源配置中是有效的，将出现帕累托最优，但由于外部性、信息不对称等原因将导致市场失灵，因此需要公共部门的规制。信用评级机构在金融危机中的表现再次证明了这一观点。为此，各国和地区加快完善信用评级行业的监管立法，明确监管部门，规范评级业务和操作，纠正市场运行机制的不足，促进信用评级从行业自律向加强外部监管转变。

为解决机构的多头监管，各国或地区明确主要监管部门。见表 14.1。美国证监会①是 NRSRO 机构的监管主体，根据《多德—弗兰克法案》要求，证监会成立了由投资者和独立专业人士组成的信用评级办公室。欧洲证券与市场管理局（ESMA）从 2011 年 7 月开始取代 CESR 正式行使评级监管权，对评级机构发放执照并进行泛欧统一监管。虽然还有其他部门对涉及监管的机构使用评级进行认可，但也基本以行业监管部门准入的机构为前提。例如，美国的美联储、美国保险业联盟委员（NAIC）、欧盟的欧洲央行（ECB）等部门对于自身业务操作中涉及的信用评级业务具有管理权限，并认可了一些评级机构。

表 14.1　　　　　　　　部分国家和地区信用评级主要监管机构

国家和地区	主要监管机构名称
美国	美国证监会（SEC）
欧盟	欧洲证券与市场管理局（ESMA）

---

① 美国证监会（SEC）隶属于美国联邦政府，对全国和各州的证券发行、证券交易所、证券商、投资公司等进行监督管理，配合联邦储备委员会以及其他金融监管机构，对整个金融体系进行监管。

国家和地区	主要监管机构名称
日本	日本金融厅（FSA）
加拿大	加拿大证券管理委员会（CSA）
澳大利亚	财政部，澳大利亚证券投资委员会（ASIC）
印度	印度证券交易委员会（SEBI），印度储备银行（RBI）
马来西亚	马来西亚证券委员会（SCM）
韩国	金融服务委员会（FSC），金融监管院（FSS）
墨西哥	墨西哥国民银行与证券委员会（CNBV）
俄罗斯	俄罗斯中央银行（CBR）
中国香港	香港证监会（SFC）

资料来源：根据公开资料整理。

针对金融全球化，部分国家和地区逐步开展跨境联合监管。美国、欧盟、澳大利亚等国家和地区开始了跨境监管探索。2013 年 7 月 30 日，国际证监会组织发布报告建议[①]，对国际信用评级机构成立监管联合体，并提供了关于监管联合组织的架构和运营指引。监管联合体制度，即针对每一个主要全球性金融机构建立专门的组织，以加强监管。监管联合体由这些机构的母国负责，并包括相关的东道国监管者；监管联合体的主要职责是全面评估这些金融机构的风险和潜在的宏观影响，以及其商业战略前景。美国信用评级办公室联合其他国际监管机构对标普、穆迪和惠誉三大信用评级机构成立了监管联合体，美国信用评级办公室为标普和穆迪的监管联合体的主席，ESMA 为惠誉的监管联合体的主席[②]。2013 年 11 月 5 日至 6 日举办了信用评级机构监管联合体的首次会议，以后每季度继续举行例会。此外，美国信用评级办公室加入了国际证监会组织的信用评级机构常设委员会（Committee 6），该委员会的成立是为了解决有关信用评级质量的问题，包括结构性金融评级。

一些地区还成立了评级行业自律组织，促进行业交流和自律管理。国际证监会组织于 2009 年将评级机构特别工作小组升格为信用评级委员会，成为八个常设政策委员会之一。欧洲评级协会（EACRA）于 2009 年 11 月在巴黎成立，目前有 13 个评级机构成员。亚洲信用评级机构协会（ACRAA）于 2001 年在马尼拉成立，目前有 28 个评级机构成员，JCR 担任主席，见表 14.2。行业协会没有行政管理职能，主要推动评级机构实现自律管理。

---

① 参见：IOSCO，Supervisory Colleges for Credit Rating Agencies，Final Report（July 2013），http://www.iosco.org/library/pubdocs/pdf/IOSCOPD416.pdf。

② 参见：SEC，Annual Report on NRSRO，2014.12，p.2。

国家	信用评级机构
巴林	伊斯兰国际评级机构（IIRA）
孟加拉国	孟加拉国信用评级机构（CRAB）、信用评级信息服务有限公司（CRISL）、新兴信用评级有限公司、国家信用评级有限公司（National Credit Ratings Ltd.）
印度	Acuite 评级研究有限公司、印度贝克沃克评级有限责任公司、凯尔评级有限公司（CARE）、印度信用评级信息服务公司（CRISIL）、印度投资信息和信用评级公司（ICRA）
印度尼西亚	印尼特效驱动公司（PEFINDO）
日本	日本 JCR
泰国	泰国评级信息服务有限公司（TRIS）
韩国	韩国评级公司（KR）、国家信息与信用评估公司（NICE）
马来西亚	马来西亚评级公司（MARC）、大马信用评级公司（RAM）
巴基斯坦	VIS 信用评级有限公司、巴基斯坦信用评级有限公司（PACRA）
中国	中诚信国际资信评估有限公司、联合资信评估有限公司、大公国际资信评估有限公司、东方金诚国际信用评级有限公司、远东资信评估有限公司、上海华晨信用评级投资者服务有限公司、中华信用评等公司
菲律宾	菲律宾评级服务公司（PhilRatings）
土耳其	JCR 欧亚评级

表 14.2　　　　　　　　　　　　ACRAA 的成员列表

资料来源：根据 ACRAA 整理。

二、不断提升全流程监管

国际信用评级全流程监管制度主要体现为，在准入、业务操作（包括独立性、透明度和评级过程质量）、评级机构责任追究等方面强化监管内容。

（一）加强信用评级机构的准入管理

对信用评级的管理首先是对机构的管理，因此，各国和地区都对评级机构开展业务建立了准入制度，一些国家在准入的基础上对评级机构实施分类管理。登记注册成为对评级机构进行准入管理的主要方式，各国和地区在评级机构注册的授予、暂停和撤销等条件和程序中制定明确的规则。各国和地区的注册管理可归为两种类型：

一是强制注册，要求开展评级业务必须登记或注册，例如欧盟、印度、加拿大等。欧盟认为，为确保投资者和消费者对国内市场的高度信任，评级机构在欧盟内进行评级必须经过注册，应制定相关规定确保评级结果具备足够的可信度和合规要求。此外，欧盟通过认证和背书制度约束境外评级机构的评级使用。背书制度实际是注册评级机构对境外评级机构承担了担保责任；认证则主要针对在欧盟没有分支机构的第三国较小的评级机构，这些机构未对欧盟成员国金融市场的稳定性和完整性构成系统重要影响。

由于认定存在未经授权开展评级业务的违规行为，欧洲证券与市场管理局于 2018 年 7 月 23 日向五家银行（丹麦银行、北欧银行、瑞典 SEB 银行、瑞典商业银行和瑞典银行）开具出每家 49.5 万欧元的罚单。虽然经过上诉程序，2019 年 7 月 11 日处罚决定改为通报，但也体现出欧盟对评级准入的严格性。

巴西证券交易委员会（CVM）将信用评级机构又称为风险分类机构，2012 年 4 月颁布 CVM 指令 521 号，对信用评级机构进行监管。根据 CVM 指令 521 号规定，在巴西展业的信用评级机构需在巴西证券交易委员会注册或取得其认可，认可机制针对的是在其他国家注册的评级机构。巴西对评级机构的认可与欧盟的评级机构认证机制类似。从 2012 年至 2013 年，巴西证券交易委员会注册了 6 家评级机构，其中包括标普、穆迪、惠誉在当地的分支机构①；认可了贝氏和标普两家机构。

印度要求，任何评级机构在资本市场开展活动都应该向印度证券交易委员会提出注册申请；对注册机构区分为永久和非永久两类，首次注册须为 5 年的非永久有效期，在首个注册有效期过后可申请永久注册，未通过永久注册的机构将不能开展评级业务（SEBI，2011）。

二是资质申请注册，如美国、日本等。这种注册管理方式并非强制性的，但对于通过申请注册的评级机构将授予业务资质。日本对非注册评级机构实行自律管理，但使用这类评级机构的评级结果需要向市场明确告知。美国所有机构原则上都可以开展评级业务，但只有获得了 NRSRO 资格的评级机构的评级才能用在监管用途。美国证监会对 NRSRO 的资质细分为 5 类，评级机构可根据业务需要申请一个或多个类别组合的评级资质。

需要注意的是，欧盟对中央银行信用评级进行了豁免，并明确了被豁免的中央银行信用评级的特征：评级客户不付费；评级结果不对公众披露；依据欧盟评级法规所要求的完整性和独立性的原则、标准和程序发布的评级；由各成员国中央银行发布的不涉及结构化金融工具的评级。欧盟对合格外部评级机构则要求必须为在欧盟注册的评级机构。

（二）围绕投资者保护，提高评级机构的独立性、透明度和评级质量

对信用评级管理的最终目的是对投资者和消费者的利益予以恰当的保护。信用评级被认为在金融危机中是失责的，首先没有及早地反映市场环境的恶化，接着评级结果的调整又加重了市场的危机，进而造成投资者利益的重大损失。为促进评级质量和业务的提高，各国和地区对评级机构的规制主要从独立性、透明度、评级过程质量等方面展开，涉及评级机构、人员和业务多个层次。

第一，在独立性和利益冲突方面，通过股权限制、部门设置、独立董事等加强公司治理结构建设；建立内控机制和审查制度，要求评级机构专业活动集中在评级发布，禁止或限制评级机构开展有利益冲突的业务，比如咨询和结构化金融产品的设计；实施分析师或机构轮换制度和离职人员回顾审查机制；提高执业素质，避免利益输送；探索多

---

① 其他三家分别是奥斯汀评级服务金融公司（AUSTIN RATING）、自由评级服务金融公司（LIBERUM RATING）、SR 评级服务公司（SR RATING）。

种付费模式等。

第二，在透明度方面，要求披露评级方法、模型和关键假设，有关模型的披露不涉及商业秘密或重要技术专利；针对评级收入来源、结构化金融产品评级等方面加强信息披露；披露评级的历史表现和变化情况，包括违约率和迁移矩阵等；要求评级机构提供年度报告以加强自我检查和外部监督。评级历史信息的公开有利于解决使用者寻找评级数据的局限性，这也将促进市场相关主体可以获得更多的信息，并通过评级历史去比较评级机构的表现。

信息披露有益于促进市场的责任、竞争和效率：一是促进对评级机构的外部监督和比较分析，从而提高信用评级机构的责任性，评级机构也有动力通过提供高质量的信用评级来提高声誉，从而保持竞争性。二是更多可比较的质量检验数据也可以对较小的和新进入的机构有所帮助，吸引人们关注它们的评级记录，增强这些小机构发展声誉的能力，也能让它们更好地开展竞争。三是促进使用者准确理解信用评级所表达的信息，从而做出更有效的投资决策。如果这些信息反映到资产价格上，市场效率也会得到改善[1]。

第三，在评级过程质量方面，要求对评级方法、模型和关键假设要及时更新和全面检查，确保正确反映资产和市场的变化；评级方法应是严格和可验证的，应建立事后检验机制；确保评级和跟踪评级的准确和及时；要求高管和业务人员的素质和从业经验；采取措施确保评级所需信息的可靠、全面等。

（三）加大处罚力度，明确监管部门权责和评级机构的民事责任

从权利和义务的对称性来讲，只有当主体权责对等时，才能使主体有效地行使职能，并使主体有效履行相应的义务，即对主体的行为进行有效限定。监管缺失和评级责任缺失被认为是评级存在的重要问题，因此各国或地区都明确监管部门的职责，赋予其履职所必需的监管资源和行政权力和措施，此外对于行政监管的范围也进行了限制，比如欧盟要求管理部门不能对评级及决定评级结果的方法的实质进行干涉。与此同时，新的监管方向要求评级机构承担应有的义务，使其在享有市场定价权的同时，承担起相应的专家责任和民事责任。

在美国，2013 年评级公司伊根—琼斯因涉嫌虚假宣传被禁止在 18 个月内从事资产支持证券和政府债券评级业务；2015 年标普被指控涉嫌住房抵押证券虚假评级，最终同意支付 15 亿美元和解金；2017 年穆迪被指控涉嫌次贷衍生品评级虚高，最终同意支付 8.6 亿美元和解金。欧盟等地区对评级机构的处罚也明显增多，2014 年至今，欧盟先后对标普、多美年、惠誉、穆迪进行了多次监管处罚。

三、降低对信用评级的僵化使用

国际金融危机后，国际社会将信用评级机构的管理问题上升到宏观审慎性政策层面，各国和地区改变监管当局和市场参与者对信用评级机构的机械性依赖，降低或消除法律规定中对评级的直接引用，鼓励大型金融机构建立内部风险评估机制，引导对信用

---

[1]　参见：SEC，2014，243。

评级的客观使用。金融稳定理事会也已在全球组织开展降低信用评级依赖的同行评估工作，以对国际降低信用评级依赖的进度进行督促，但具体效果还有待进一步观察。

《多德—弗兰克法案》要求审查法规中对信用评级的使用，修改法规以消除对信用评级的依赖，并替代为适当的信用标准。证监会发布一系列制度，以取消对信用评级的引用，鼓励投资者提升自身的信用风险评估能力。比如，2011 年 4 月，证监会取消了净资本规则中对信用评级的引用，并利用一个信用质量的替代性标准来替换。但是，从实际看，寻找一个能替代信用评级的健壮方法是困难的，这也导致切断对评级的依赖是复杂的，而且美国证监会的规则并未阻止投资人使用信用评级（Gaillard 等，2018）。

欧盟认为，在暂时缺乏较为成熟的替代方法的情况下，外部评级仍有其存在的价值，因此欧盟将监管政策修订的着力点放在调整机械地使用外部评级的方式。2015 年 9 月，欧洲证券与市场管理局发布了关于降低外部信用评级的单一和机械依赖的技术指引。技术指引认为，对于很多小的、不成熟的市场参与者，由于资源和能力的限制，采取其他方式来替代信用评级比较困难，在欧盟立法中完全撤销对评级的依赖不太符合实际。

金融稳定理事会先后发布了《降低信用评级依赖的原则》和《降低信用评级依赖的路线图》，要求成员国采取改革措施，降低对信用评级的依赖，尤其是要消除金融监管对信用评级结果直接、机械、单一的引用。但不同地区在减少信用评级依赖的进展上是不平衡的，且发展可替代的信用标准是一个挑战。在国会听证会中，时任美国联邦存款保险公司（FDIC）的主席希拉·贝尔表示，尽管评级在危机中是存在问题的，并且发挥了核心的作用，但是找到一个替代方案将是非常、非常困难的（Steven 和 Thomas，2012）。因此，对于各国的监管机构来说，更现实的措施是减少对信用评级的机械依赖。威廉姆森（2020，18）也指出，根据可修复性原则，如果人们找不到一个比现有组织模式更可行的替代组织模式，并且 不能实现预期的净收益，那么现有的组织模式就应被看做是有效的。但是不可否认，所有的组织形式都有缺陷。因此，各种组织形式都需要一个位置，并应守住自己的位置（威廉姆森，2020，157）。

四、提高评级行业的竞争度

国际评级行业表现出高度的集中。评级的监管使用、规模经济、高固定成本和网络效应等是造成进入壁垒并导致信用评级行业集中度高的因素（GAO，2012）。欧盟、美国等国家和地区的立法部门认识到，历史上评级行业的有限竞争占据主导趋势，并且采取监管措施以推动竞争程度的提高。主要措施包括：一是通过限制交叉持股等提高公司治理水平。二是以双评级、多评级、轮换制等支持中小型评级机构参与市场竞争。三是规范收费，防范评级机构的价格竞争。四是提高监管灵活度，对于部分小型评级机构豁免部分监管要求。

但监管者似乎面临两个相互矛盾的政策目标：一方面意图增加评级市场竞争，另一方面又不想放松对评级机构的资质水平的限制。政策目标的矛盾导致政策改革不彻底（田彧，2018）。

五、信用评级监管改革的有效性分析

总体而言，各方对评级法规的实施效果存在不同意见，分析显示，美国、欧盟等范围内的信用评级市场的集中度未出现下降的趋势。部分信用评级机构在合规管理方面仍存在问题，市场竞争性并未实质提高。大多数信用评级机构在数据积累、技术实力以及品牌建立等方面仍处于早期阶段，与国际大型评级机构的差距明显，因此，各国本土信用评级机构的影响力通常只局限于本国投资者和债券市场，对跨境投资者和国际债券市场几乎没有影响力，国际投资者不存在有效的评级机构替代选择。

一些制度设计的初衷是促进市场规范发展，提高本土评级机构的竞争力，但是事物总有正反两面，制度总有不足甚至是负面性影响。强制轮换将促进新评级机构进入市场，并为评级机构提供将业务扩展到新领域的机会。但强制性轮换也会产生不利的后果：一是可能会增加发行人和评级机构的成本，因为对已有评级业务的跟进识别比进行新的信用评级成本更低。二是可能会对信用评级质量产生负面影响，因为新的分析师团队需要熟悉评级项目，这可能会阻碍分析师积累经验，并导致评级质量下降。轮换也可能降低评级机构竞争的动力，因为评级机构只是等待在轮换过程中选择他们。三是轮换机制也会降低信用评级机构的规模效应。评级机构积累的评级信息在轮换后，无法应用于发行人的其他债券的评级。四是会对信用评级的连续性产生负面影响，可能会出现评级级别的突然变化，但这只是由于采用了不同评级机构的评级方法，而不是被评对象基本面的变化。

欧盟信用评级市场没有集中度降低的趋势，虽然评级机构的数量增加了，但促进市场竞争的效果是有限的。一些隐性的壁垒阻碍了竞争，如对小型评级机构的需求不足、发行人的转换成本较高以及监管障碍等。欧洲央行的选择标准也被认为是一个明显的壁垒。欧元体系信用评估框架（ECAF）只认定四家外部信用评级机构，即穆迪、标普、惠誉和多美年公司，这些标准被认为是其他机构进入市场的重大障碍。

欧盟认为，建立信任和声誉需要时间和资源，也没有捷径可走，因此需要从促进信任和声誉方面着手开展工作：一是为信用评级机构建立评分记录，对评级机构的得分进行排名。二是建立统一的信用评级符号体系，有助于市场评估信用评级机构质量。如果每个评级等级都有相同的解释，那么市场参与者就会有一个客观的方法来评估评级的质量，从而加快评级机构在市场上建立声誉的进程。此外，ESMA 指出，法规规定的罚金基本数额的上限应提高到目前水平的五倍，以反映高质量的信用评级在欧盟金融市场和更广泛经济的有效运作中所发挥的重要作用。

欧盟认为，法规可能不会在促进新的市场准入方面发挥重大作用，也不会为新的评级机构增加市场份额产生影响，因此集中趋势可能会依然存在，但新的评级机构增加市场份额的威胁可能促使有效竞争。法规对利益冲突、竞争等市场的全面影响还需等待和观察市场如何随着法规的实施而发展。从法规中移除所有对信用评级的引用或参考，建立一套新的替代标准以切断对信用评级的过度依赖，这个目标由于难以选择强有力的替代标准而变得复杂和难以实施。

金融危机通常会暴露金融体系多方面的缺陷，金融改革也通常发生在金融危机后。

受公众舆论对监管不足的负面情绪影响，政策制定者往往可以推进正常时期难以开展的具有较高政治成本的监管改革。但监管框架过于复杂会给新市场参与者造成障碍，阻碍金融体系的竞争与创新。监管复杂性上升也不利于新竞争者进入市场，有限的竞争环境不利于推动创新。因此，监管应适度且高效，既允许金融体系灵活调整，又不阻碍竞争与创新；应确保整个金融体系而非个别领域的韧性。规范评级行业的努力仍将继续，因为现行法规不足以解决金融危机所暴露的评级机构的所有问题（Möllers，2012）。最后，应牢记历史教训，避免"监管周期"，即一些危机教训随着时间流逝而逐渐被监管部门淡忘（ESRB，2019）。在危机时，立法者和监管部门将收紧监管力度，但随着繁荣时期的到来，监管也将被放松。

【案例】美监管机构放松金融监管要求

近日（指 2019 年 3 月），美国金融监管机构再度为金融业监管松绑。除了美联储表示不再对年度压力测试中的银行给予及格或者不及格评级之外，金融稳定监督委员会也决定不再将非银行机构视为具有系统重要性的机构。这些新规意味着自美国总统特朗普上台之后，美国朝着后金融危机时代金融监管放松的大方向又前进了一步。

银行压力测试是美联储自上一轮金融危机反思后推出的强化监管举措之一。美联储通过全面资本分析和审查等压力测试并给予银行评级，银行必须首先通过定性测试和定量测试，才能获准回购股票、派发股息。但上周，美联储表示，它将不再在部分年度压力测试中给予银行及格或不及格的评级，用以确保银行在经济低迷时期能够拥有足够的贷款。无独有偶。上周，美国金融稳定监督委员会也决定不再将非银行机构视为具有系统重要性的机构。此前，包括美国国际集团和大都会保险在内的 4 家金融机构被评为"大而不能倒"，但随后他们都成功地通过辩论摘掉这些"标签"。保德信金融集团是最后一家剔除"大而不能倒"这类监管义务更繁重的非银行机构。早先，美国监管者已经表示，保德信金融集团已不再对金融稳定构成威胁。

自上一轮金融危机以来，美国国会批准了一套全面的强化金融监管方案，旨在避免危机再度发生。但特朗普就任美国总统后不久，曾指示财政部提交一系列报告，就监管改革提出建议，包括淡化 2010 年的《多德—弗兰克法案》和禁止银行用自有资金进行交易的沃尔克规则。特朗普政府表示，在加速经济增长的努力中，放松监管与减税和改革贸易协定一样，都是头等大事。2019 年 8 月，美国货币监理署和美国联邦存款保险公司批准了沃尔克规则改革方案。改革措施将于 2020 年 1 月 1 日生效。这一改革法案将放宽对银行自营投机性投资的严格限制，只保留了对 13 家最大型美国银行的约束。

美国监管者放松金融监管要求得到了不少华尔街人士的欢呼。代表美国最大银行的美国银行家协会发言人杰夫·西格蒙德认为，这些监管规则的松绑，反映了金融体系的稳定性以及美联储在压力测试方面日益增长的经验。惠誉国际评级董事总经理沃尔夫表示，在评估大公司的信誉方面，这些措施是监管放松的表现。这些措施有利于简化繁琐程序，把银行从后危机时代某些最冗繁的法规中解放出来。新措施有助于进一步刺激贷款，提振美国经济增长。然而，批评人士辩称，放松这些规定，虽然在财务上有利于银行股东和高管，但将导致一个不那么安全、不那么透明的金融体系，更容易受到过去 10 年灾难性危机重演的冲击。这些新规会给美国金融系统带来不必要的风险，并且损害消费者利益。

美联储、联邦存款保险公司、美国货币监理署在 2020 年 6 月 25 日周四宣布，投票通过修改已执行六年的"沃尔克规则"，放松银行对于风险投资基金等方面的交易限制，新规将于 10 月 1 日起生效。这将为华尔街银行带来更多盈利空间。沃尔克规则的修改将允许银行增加对创业投资基金等的投资。同时，美国监管部门还取消了银行在与下属机构交易衍生品时必须持有保证金的要求，预计这将释放出 400 亿美元资金。

（资料来源：金融时报，2019.3.15，第 8 版；金融时报公众号，2020.6.26；彭博公众号，2020.6.26）

第二节　金融科技对信用评级带来的挑战

提升经济增长潜力的关键包括两个方面：一方面是刺激潜在需求，另一方面是在供给端需要进行创新以开发新产品、开辟新市场。近年来，金融科技（FinTech）受到的关注度与日俱增，这里有信息技术迅猛发展的驱动作用，但更重要的是通过信息技术的应用创造了前所未有的金融服务，提高了金融服务的便利度，契合并满足了公众的强大需求。这些科技进步也将对信用评级的未来发展产生影响。

一、金融科技的兴起

（一）基本概念

金融科技是指通过技术手段推动的金融创新，形成对金融市场、金融机构及金融服务产生重大影响的新的商业模式、技术应用和产品。标普公司将金融科技业务分为六类：电子支付、数字贷款、数字银行、数字投资和个人理财、区块链、保险科技。透过这些业务表面来看，金融科技的关键要素是数据、计算和应用接口（René，2019），因此，大数据、人工智能以及数据加密等技术成为金融科技的代表性技术。

银行类金融机构作为金融体系的重要组成部分，受到金融科技公司的冲击和影响最大。技术进步一直是金融业转型升级的重要推手，金融与科技的结合互动始终没有停止，金融科技在提升传统金融机构的同时，也产生了金融中介替代效应。在传统金融服务模式下，银行通过从事支付结算等服务，获取客户的商业信息，并借此监测和评估客户的信誉，从而更有效地提供信贷服务。从这个角度看，只要能接触到商业信息，银行以外的市场主体也能获取信息优势，并履行金融中介功能。近年来，随着各种新型支付工具的兴起，金融服务市场涌入各种科技型公司。金融科技公司已经开始积累企业商业信息和支付结算信息，并借助人工智能和机器学习技术对数据进行分析，评估客户信誉，在此基础上开展交易型贷款业务[①]。金融科技加速了商业服务和金融服务的一体化进程，并导致金融市场服务的巨大变革。

---

① 参见：日本央行行长黑田东彦 2019 年 9 月 4 日出席日本金融厅和日经新闻联合主办的金融科技峰会（FIN/SUM 2019），发表题为《金融与技术的融合和新的增长机会》的演讲。

（二）原因

总体上，供给和需求两个方面的因素促进了金融科技的发展。一是供给方面，包括技术创新和监管环境支持等因素；二是需求方面，主要是消费者偏好的变化，传统银行体系未能满足金融服务需求是促进金融科技发展的强大驱动力。

1. 供给因素

技术发展驱动创新。一是软件系统互联度提高，提升了分布式系统的交互。以前实现应用的架构往往是集中式系统，一个系统需要实现大而全的功能，获得各种信息并实现全面的计算。分布式系统架构改变了这种应用模式，不同软件系统之间通过数据交换实现分布式计算，这种异构数据源系统的联合使用增强了集成效率，提高了金融服务质量，也提升了系统的灵活度和安全性。

二是智能终端、移动设备普及，为消费者获得金融服务提供便利。结合 API 技术，智能手机成为移动的计算设备，为各种应用提供接口。在部分新兴经济体中，由于智能手机的普及，移动支付迅速发展。在中国，一些大型平台将网络购物、电子银行、社交软件、第三方支付等功能整合在一起，这使中国的移动支付和互联网应用已走在世界前列。

三是科技发展提升了数据挖掘的广度和深度，提高了计算的精确度。大数据、人工智能、区块链、分布式账本等技术的涌现及其与金融的深度融合，促进了金融科技的快速发展。与传统银行相比，技术进步使金融科技公司以较低的成本提供同样的服务，也使其开辟了新的贷款市场，扩大了借款人群。信息科技正重塑信用交易市场，为信用记录有限的消费者提供了融资可能。金融科技机构借助大数据和人工智能，使用不同的信息评估贷款人违约的可能性，如社交媒体上的数字足迹[①]。利用云计算的规模经济、灵活性、高运营效率和低成本等优势，金融机构和金融科技公司已将其运用于客户关系管理、人力资源、财务会计等领域。

监管环境影响创新。监管对技术产生两方面影响，一方面是严格监管促进技术应用以降低合规成本；另一方面是包容性监管使技术应用以创新业务。银行是受到严格监管的机构，这也使银行的监管成本很高。总体来看，在法制体系较为健全、监管框架较为完善、市场准入较为宽松的经济体中，金融科技信贷的业务规模更大，发展也更好；在个别领域或地区，金融科技的发展也受到监管套利的推动。由于监管制度不同，银行和金融科技公司开展相同的业务时，需要付出不同的监管成本。

自国际金融危机以来，G20 推动的监管改革使全球金融体系更加稳健，而其中一些政策措施也促进了金融科技的发展。关于审慎监管的政策变化对金融科技商业模式产生影响，保障公平竞争成为一个明确的政策目标。多个国家和地区出台了推动开放式银行的相关政策，以促进公平竞争。如欧盟、日本、墨西哥等均出台了相关政策，要求银行与获得许可的服务提供商进行合作（如开放部分银行数据），这也促进了科技与金融服务的融合。在我国，开放银行的发展源于支付行业的兴起。2003 年 10 月，淘宝推出支

---

① 参见：Amit Seru, Regulating Banks in the Era of Fintech Shadow Banks, 2019. 6. 30. 在 2019 年 6 月国际清算银行"安德鲁·克鲁克特纪念会"上的论文。

付宝服务，各家商业银行陆续开放 API 接口支持本行客户通过支付宝进行支付，这是我国以第三方支付带动的开放银行最早实践。之后，我国其他商业银行陆续推出开放银行战略，支付行业互联互通和新科技应用为金融服务提高双向开放水平奠定了基础（陆书春，2020）。

2. 需求因素

从金融服务的角度看，金融科技的发展弥补了用户需求未被满足的空白区。传统金融机构未充分满足消费者需求，这些金融服务短板出现的原因有：一是技术局限性导致提供给客户的金融服务未能完全细分；二是监管限制割裂金融市场，导致能够提供一站式金融服务的金融机构较少；三是相对垄断的市场结构特点导致消费者无法享受到最优的金融服务。而金融科技企业通过提供更灵活高效的服务、模糊不同业务的界限、降低服务成本，较好地弥补了金融服务短板。

消费者偏好的变化成为驱动金融科技发展的重大驱动。一是数字经济的发展和普及使消费者期待快速、便捷、低成本的金融服务。从市场结构的角度看，金融科技发展能够克服信息不对称及交易成本等市场缺陷，进而满足市场对金融中介的需求。传统的银行体系未能完全满足民众对支付、汇款等金融业务的需求，这促使金融科技在一些新兴市场区域快速发展。新兴银行或金融科技公司不仅销售优惠的产品，还根据消费习惯为客户推送需要的东西。这种商业模式要求将客户需求放在首位，对传统银行业构成挑战。

二是年轻一代正成为金融科技在全球蓬勃发展的主要驱动力。年轻用户群体的金融影响力不断增长，"数字一代[①]"和"千禧一代[②]"群体更依赖智能手机和移动终端，更有可能使用金融科技，也更加信任金融科技公司提供的服务。

三是居民储蓄的提高带来了大量的投资需求。随着部分亚洲国家和地区的经济发展，在低利率背景下，居民财富的增长和对高收益金融产品的需求带来了大批投资者，投资者将金融科技信贷视为多样化投资组合的新选择。

（三）特点

金融科技（FinTech）推动商业模式、应用、流程和产品创新发展，越来越多的公司正在利用新技术提供不同的金融产品和服务，这主要分为三类：第一类是新兴金融科技公司，主要提供支付结算、信贷、投资管理等金融服务；第二类是大型科技公司，将金融服务作为其延伸业务；第三类是传统金融机构，通过设立专用部门、投资新型金融科技公司，或者与外部建立合作关系，调整其商业模式以应对数字创新。金融科技公司与大型科技公司存在差异，前者以提供金融服务为主业，而后者业务范围更加宽泛，金融服务只占其业务一部分（BIS，2019）。

1. 金融科技公司与传统金融机构间的融合与竞争

规模经济、网络外部性、严准入和强监管带来的牌照价值等特点是金融中介在市场

---

① 美国及欧洲的流行用语，意指 1996～2010 年出生的人，又被称为网络世代、互联网世代，统指受互联网、智能手机等科技产品影响很大的一代人。

② 指 1981～1996 年出生的人。

竞争力方面的体现。银行是金融中介的最重要部分，银行的独特之处在于将存款与贷款结合在一起。存款是银行价值的来源，因为它为银行带来了廉价的稳定资金，但存款又是银行脆弱性的来源，因为部分存款准备金使银行存在挤兑的风险。银行通过贷款获取收益，并利用信息优势监测资产的信用质量。随着服务范围的拓展，银行逐渐形成竞争优势：一是具有规模经济效应，因为许多银行业务的边际成本低而固定成本高；二是具有范围经济效应，因为多种银行业务同时开展比单独开展更具有价格优势；三是银行产品线之间也存在协同效应，因为银行掌握了客户的信息，可为客户提供个性化的产品组合（René，2019）；四是高准入门槛和监管成本带来的品牌价值，这也使银行获得大众的信任。

银行有能力开展金融科技公司的大部分业务，但金融科技公司受益于不公平的市场竞争，因为对它们的监管程度低于银行。由于监管较少、组织架构灵活和不受传统 IT 系统的束缚，金融科技公司在特定的业务或产品上具有竞争优势。金融科技公司可以快速创新，为要推出的产品选择适合的 IT 系统，让客户引导它们开发更好的产品，并专注于优化客户体验。金融科技公司通过技术创新的业务弥补市场缺陷，比如通过自动化评分系统和在线支付降低信息不对称和交易成本。数字技术所具有巨大的规模经济效应，也促进创新型金融科技公司快速发展，因为增加一个客户的边际成本通常微不足道。

银行的优势在于其庞大的客户基础、与监管机构沟通的经验以及多样化的产品体系，这是金融科技公司无法替代的，金融科技公司一般缺乏低成本资金来源和大量客户基础，对传统金融机构并不构成实质性竞争威胁。金融科技公司和传统金融机构总体是互补、合作的关系，合作可使金融科技公司依靠传统金融机构的客户基础进行小规模运营，并规避相关金融监管，传统金融机构也可从创新性技术中获益，提高竞争力。

金融科技公司通常会发掘全新的细分市场，以及在传统金融体系下未获得充足金融服务的客户群，如 P2P 借贷平台、众筹平台和跨境支付平台，这些金融科技信贷市场发展速度较快，规模较小。一些国家给金融科技公司许可了数字银行牌照。一些只提供手机服务、不需要承担网点成本的新兴银行（Neobank）正在逐渐吸引传统银行的客户群，这些新兴银行有两大成本优势：没有分支机构、最新的基于云的软件。一些金融科技公司逐步从为消费者服务转向为银行提供数字服务，这督促银行升级软件、转向云端、构建金融科技风格的服务。总体上，金融科技公司能够在某些产品上给银行带来挑战，但并不能取代银行（René，2019）。金融科技公司将给传统金融机构带来竞争压力，促进传统银行业及金融机构改善服务，促使其优化业务流程，采用新的技术提升客户体验。

2. 科技巨头进入金融服务市场改变了行业格局

大型科技公司（BigTech）是已在数字服务市场上确立地位的技术公司，其业务模式聚焦于利用数字技术，它们是成功的数字平台型公司，像美国的亚马逊、苹果、脸书、谷歌（母公司是 Alphabet）和中国的阿里巴巴、腾讯。一些 BigTech 公司围绕双边平台发展，买卖双方在平台上的交互行为和交易会产生大量非常有价值的数据。

BigTech公司是数据分析领域的重要投资者，它们依靠实时收集的大量数据，将原来分散时并无意义的数据变得很有意义，可以帮助了解商品的需求和供给情况，并了解客户的习惯和喜好（René，2019）。消费者虽然对BigTech的个人隐私保护有所担忧，但更愿意享受这些公司的服务来提升购物和消费的便捷度，如便利地进行电子支付。

与银行和FinTech公司相比，BigTech公司具有潜在的巨大优势，它拥有FinTech公司渴望的技术和最新的系统，也具有大型银行的规模，甚至还可以访问银行和FinTech公司无法访问的数据，也没有银行的历史遗留问题和组织架构方面的问题，因此BigTech公司将对银行的未来产生不可忽视的影响。

FinTech公司着眼于利用技术改善现有的产品和服务，而BigTech公司则在探索如何利用技术改变原有的商业模式，重构金融生态。相比FinTech公司，BigTech公司具有更强大的技术实力以及银行无法比拟的平台优势，它们将触角伸向了金融服务的各个领域，在消费金融和小微企业贷款等多个业务条线给银行带来挑战，打造自身金融生态，银行越来越难获得信贷客户的独家信息，逐渐丧失竞争性优势，它们才是银行最大的潜在威胁（René，2019）。科技巨头拥有庞大和稳定的客户网络以及较高的认可度和信誉度，从而可以利用其强大的金融地位和低成本融资，在金融服务领域快速扩张，尤其是在网络效应逐步显现的领域（如支付结算、借贷、保险）。科技巨头的参与可能不会带来更多竞争，但会改变金融服务市场的集中度和组成结构。

大型科技公司在金融科技方面已经取得了重大的发展，如苹果公司、脸书、阿里巴巴等科技巨头积极介入银行业。大型科技公司的核心业务与金融服务具有互补性，这是其涉足金融领域的一大动力。数据分析、网络外部性和交互活动构成大型科技公司商业模式的关键特征：网络外部性会带来更多用户；更多用户将支持大型科技公司提供更广泛的服务、产生更多数据；对大量数据分析可改善现有服务并吸引更多用户，从而形成一个良性循环。大型科技公司提供金融服务可补充并强化其商业模式，如支付服务可促进电商平台上的安全交易，还会产生交易双方的相关数据，大型科技公司可利用这些数据改进现有金融服务或开拓新的服务。

大型科技公司获取数据的来源存在不同。以电商平台为主导的大型科技公司，从供应商处搜集数据，再结合财务和消费行为等信息，可成为信用评分模型的有效基础数据。专注于社交媒体的大型科技公司拥有关于个人及其偏好的数据，并可建立其关系网络。拥有搜索引擎的大型科技公司通常拥有广泛的客户群，可通过在线搜索推断出客户的偏好。这些客户偏好信息可形成个人画像，从而应用于评分等风险评估领域。

虽然大型银行拥有众多客户并提供广泛的金融服务，包括资产管理、按揭贷款、保险销售等，但并未像大型科技公司那样，充分利用协同效应。导致这种情况的原因在于，银行业受到更严格的监管，包括业务创新、信息安全等，见表14.3。

3. 金融机构接受第三方科技公司在云计算等领域的服务日益广泛

金融机构使用第三方提供的通讯、电力、人力等外包服务已有较长时间，特别是初创企业由于维护本地基础设施的成本较高，对第三方服务的依赖程度更高。与一般的第三方服务相比，近年来云服务迅速发展，许多金融机构开始越来越多地使用云计算和云

表 14.3   大型银行与大型科技公司的对比

类型	大型银行	大型科技公司
数据	优势： 1. 拥有长期可靠可验证的客户数据； 2. 拥有与客户互动中获得的"软"信息； 3. 注重信息保护以获得客户信任。	劣势： 1. 海量数据中混杂着不可验证或不可靠的数据； 2. 客户数据时间序列较短； 3. 数据保护的优先级较低。
	劣势： 1. 可收集数据的客户相对较少，及非金融活动范围较为有限； 2. 交易数据多为"单边"的，如交易对手往往是另一家银行； 3. 老旧科技限制数据处理能力。	优势： 1. 掌握海量用户数据； 2. 科技与商业模式均围绕收集、整合数据的目的搭建； 3. 与用户的交互式互动是数据更加多维、全面。
网络	优势： 当前已能提供大量金融服务。	劣势： 利用网络外部性需以大量用户为基础。
	劣势： 1. 对使用来自金融服务的数据有严格的监管限制； 2. 为新增客户提供服务的边际成本较高。	优势： 1. 由于从事的非金融业务范围广泛，因此网络外部性更加显著； 2. 闭环生态的潜在推出成本高昂。
业务	优势： 1. 在有个性化互动需求的高利润复杂业务方面具有优势，如公司金融、投资银行等； 2. 金融服务的范围更广； 3. 拥有更多廉价融资渠道； 4. 风险管理经验更为成熟。	劣势： 1. 目前涉足重要金融领域有限，如按揭贷款、大中型企业贷款等； 2. 融资渠道有限； 3. 风险管理人员和经验较为有限。
	劣势： 1. 老旧 IT 系统阻碍利用已有数据提供新服务（范围经济程度低），改造或升级成本高； 2. 业务限制在金融领域。	优势： 1. 可商品化的服务几乎可以零边际成本提供； 2. 现有业务产生的数据可用于支持新业务的拓展，范围经济程度高。

资料来源：BIS，Annual Economic Report 2019，http：//www.bis.org/publ/arpdf/ar2019e.htm，2019，6。

数据服务。市场分析机构 IDC 数据显示，2018 年全球金融机构在软硬件、IT 服务方面年的开支达到 4400 亿美元。其中，银行业在公有云服务上的支出达到 167 亿美元，且过去 5 年以年均 23% 的速度快速增加。

云服务的优势在于能有效降低金融机构成本，促进行业竞争，形成规模效应，提高安全稳健性，从这个角度看，云服务在一定程度上有利于金融稳定。由于云服务具有规模效应，金融机构可提高自动化水平，从而更加从容地应对新增工作量，集中力量开发新技术和服务。通过利用云平台，金融机构可以开发应用软件，更好利用人工智能、机器学习和大数据来提高预测分析能力，从而有效管理风险并促进金融稳定。目前，金融机构核心业务中依靠第三方供应商（如数据提供、云存储和分析、物理连接）的程度并不高，但这种依赖可能会进一步提升。

（四）影响

金融科技对全球金融体系的影响较为显著，它不仅有助于促进普惠金融的发展，增强金融业跨境竞争，同时也可能带来过度信贷和道德风险等潜在问题。因此，监管机构必须进一步完善监管框架和危机管理工具，以妥善应对可能出现的风险。

1. 正面性

一是技术创新可以为金融部门带来巨大的经济效益，并为金融机构和整体经济节约成本。二是金融科技创新和多样化金融服务将提高金融服务效率，扩宽消费者选择范围，促进普惠金融发展。三是随着金融科技的进一步发展，金融科技可能会增强金融服务的跨境竞争，这种跨境金融一体化有利于提高各经济体金融业务的多元化发展和风险分担。四是金融科技发展可通过更有效的风险定价和更好的信贷分配来增强金融稳健性。

在新兴经济体中，金融科技提供新支付、汇款等服务方式；在移动设备和互联网技术的帮助下，消费者通过移动便携设备享受金融服务，实现 P2P 及企业直接融资业务。随着金融科技在传统银行的渗透，传统银行的成本将大幅下降，服务会不断改进。更低的成本和更便利的服务可获得性将使更多的市场主体获得融资，更丰富的数据和更准确的决策分析将使资金流向更有效率，这将促进普惠金融的发展，推动实体经济增长。

2. 负面性

金融体系根植于经济之中，如果缺乏规范发展，创新往往会造成动荡。最典型是20 世纪 80 年代的资产证券化润滑了金融市场，但却助长了次贷危机。因此，技术推动金融体系变革也可能会带来风险，应充分评估金融科技带来的负面影响：

一是对金融稳定产生影响。金融科技的发展正在影响金融机构的传统商业模式，并可能对金融稳定产生不利影响。例如，金融科技信贷平台有助于扩大中小企业的融资渠道，但如果由此导致某些贷款人过度放贷或借款人债务负担过高，则会放大信贷风险。金融科技公司提供的存款类业务还可能受到流动性错配和挤兑的影响，且金融科技的资产可能受到投机性泡沫的冲击。欧盟表示，在充分识别和解决"稳定币"可能引发的法律和监管方面的挑战和风险前，不应在欧盟境内发行任何全球性"稳定币"[1]。

大型科技公司带来的杠杆、期限转换、流动性错配和操作性等风险尤其可能影响金融稳定。大型科技公司拥有大量资源，可以广泛获得客户数据，且这些数据可以通过网络效应实现自我强化，因而提供的金融服务会发展迅速。一小部分大型科技公司未来可能会垄断某些国家的某类金融服务，利用数据、技术优势和规模效应挤压竞争对手，这可能走向金融服务多样化发展的对立面[2]。

---

[1]　参见：2019 年 12 月 5 日，欧委会和欧盟理事会就"稳定币"发表联合声明。

[2]　参见：FSB, BigTech in finance：Market developments and potential financial stability implications，2019.12.9。

二是金融科技可能带来道德风险问题。如果特定的金融科技或大型科技公司达到足够大的规模，那么它们就有可能具有系统重要性，以致"大而不能倒"，从而导致道德风险和过度冒险。

三是金融科技对传统金融机构形成的竞争压力可能导致金融机构过度放松风控标准，从而承担更多风险。

四是云计算等第三方科技服务的广泛使用会增加操作风险、网络风险及法律风险。云服务市场具有高度集中的特点，原因在于：一是大型云平台往往安全性更高且破产风险较低。二是很多云服务商根据使用量确定费用，这会鼓励用户仅使用少数几个云平台。若对云服务的依赖程度提高，金融机构和金融科技公司面临第三方服务中断时无法持续开展业务的挑战，单个公司的服务失灵、网络事件将可能加剧市场冲击的关联效应，甚至给金融体系带来巨大风险。此外，出于安全考虑，云服务商往往在不同地区设立多个数据中心，这会使机构面临跨境合规的挑战。

金融科技带来的其他风险包括消费者隐私保护、网络和数据安全、运营安全、市场治理和法律确定性等。

二、金融科技对信用评级的影响

（一）金融科技与信用评级的结合点

1. 概况

需求推动技术的发展，前瞻性的技术创新引领需求的变化。提高数据质量和决策质量是信用评级业面临的未来两大发展重点，大数据、人工智能等技术在这些方面将为评级业提供新动能。信用评分作为对客户信用度的评估，是金融机构进行信贷决策的重要工具及手段，利用大数据和机器学习将提高对客户的信用评分的准确性。大数据及机器学习技术不断改进，能够挖掘各个渠道的客户数据，如社交媒体数据、公共数据、位置数据等，在海量数据基础上进行解析和数据挖掘交易特征和行为模式将提高预测违约风险的准确度。基于此思想，评级机构也可以使用人工智能、机器学习等新技术，更好地处理大数据，利用这些数据评估信用风险，预测未来并辅助进行决策。云计算对于评级业也将产生影响，评级机构可以通过云外包服务降低技术和运营成本，向更多客户提供服务。

2. 人工智能技术

人工智能不是简单的自动化，它是模仿人的智能，实现更高层次的智能化和自动化。在人类历史发展中，人工智能并非是近几年才出现的新兴事物，它已经历几波发展周期。20 世纪 50 年代，人工智能出现第一轮热潮，但受制于当时的技术发展程度和配套技术水平，各方认为其实用价值较差，研究成果不佳，因此逐渐进入了发展低潮，甚至被外界漠视了。20 世纪 80 年代中期开始第二轮热潮，采用数据驱动和超级计算的方法[①]，但随后很快又进入低谷。人工智能形成本轮热潮开始于 21 世纪初，这得益于互联网、大数据、计算机等技术的共同发展和促进，原因在于，大数据和高性能计算设备

---

① 吴军. 智能时代［M］. 北京：中信出版集团，2016.

的出现，可以对人工智能算法进行大量数据样本的训练，真正发挥人工智能训练模型的效果。人工智能实现对事物的认知、判断，并增强人的能力和智慧，可以减少决策过程的主观性。

3. 大数据技术

大数据的出现，将引发认知、信息及资源等要素发生重大变革，随着数据的丰富，准确地识别和整合能够反映事实的数据变得更为重要。大数据有 4 个特点：一是数据量巨大；二是数据类型多样；三是处理速度快；四是价值密度低。数据并非都是有用的，为了避免迷失在数据海洋中，人们现在面临的巨大挑战是对海量数据进行处理并挖掘出有价值的信息。数据是有价值的，但前提是必须对数据进行"清洗"和"提炼"，这就类似于对原油的提炼和加工。直到以计算机为代表的现代信息技术出现后，人类掌握数据、处理数据的能力才有了质的跃升，信息技术及其在经济社会发展的应用推动数据成为继物质、能源之后的又一种重要战略资源。

（二）对信用评级业务的促进作用

信用评级是对信用风险的定量和定性相结合的评估，因此应借助金融科技的发展，促进信用评级业务提升：

一是提升信息采集和清洗能力。信息是评级质量的起点和基础，获取及时、全面、准确的信息，将是评级机构的重要目标。从多渠道采集债务主体的信息，并进行清洗、归类、挖掘和分析，将有助于对评级对象进行全面分析。为此，评级机构应借助大数据及分析提升信息的覆盖面和质量。

二是提高信用分析和监测能力。信用评级需要对财务信息等进行定量分析，对于复杂程度高的被评对象，还需要借助模型进行分析。对于结构化金融产品的分析，借助模型实现定量分析是重要步骤。随着金融市场各要素的关联性增强、复杂度增加，模型所考虑的分析要素也不断增加，前提假设也应及时调整优化以反映市场的变化，这些可以结合人工智能和机器学习等新技术不断提升模型的学习能力，从而提高分析的准确性，并增强风险监测和跟踪评级的水平。

三是创新业务方式和业务产品。金融科技促进了金融机构传统服务方式的改变，促进了普惠金融的发展，提升了经济主体对金融服务和信贷产品的可得性。为适应这种变化，评级机构也应不断优化流程，创新业务方式和产品。例如，在新冠肺炎疫情期间，评级机构在无法实现实地调查的情况下，通过在线和远程办公等形式，为评级主体开展评级服务。国际评级机构也不断加大与金融科技公司的融合，推出新的风险评估产品。

穆迪分析、标普市场财智以及惠誉解决分别作为国际三大评级机构多元化发展的重要支点，致力于成为交易对手信用风险解决方案的专业提供商，也成为三大评级机构的金融科技服务产品的主要实现部门。根据年报，穆迪分析 2018 年营收 11.34 亿美元，占穆迪 2018 年总收入的 25.52%；标普市场财智 2018 年营收 18.33 亿美元，占标普 2018 年总收入的 29.29%。标普、穆迪 2018 年分析业务收入的增速分别为 9%、36%，与收缩的评级业务收入形成鲜明对比，见表 14.4。

表 14.4 穆迪、标普财务数据对比 单位：百万美元

	穆迪			标普		
	2017 年	2018 年	增长率	2017 年	2018 年	增长率
评级业务收入	2774	2712	−2%	2988	2883	−4%
评级业务利润	1571.5	1560.3	−1%	1517	1530	1%
分析业务收入	832.7	1134.1	36%	1683	1833	9%
分析业务利润	249.3	307.9	24%	457	545	19%

资料来源：标普、穆迪、鹏元、联合整理。

（三）金融科技是否导致信用评级的衰落

与传统信用评级机构相比，金融科技尤其是大型科技公司在信用评估方面更突出基于大量信息的算法分析，降低了主观分析。首先以海量数据为基础，大型科技公司可帮助更多客户获得贷款，尤其是那些无法获得传统银行信贷的借款人。例如，在新兴经济体中，许多中小企业因无法提供符合要求的财务报表或其他文件，难以获得银行信贷。但大型科技公司凭借核心业务积累了海量数据，从而将信贷延伸至那些无法获得传统银行信贷的客户群体。其次是依赖人工智能和机器学习的信贷决策方式效率更高，且可以最大程度地避免授信人员个人偏见的影响。与银行通过分支行或业务员获取用户信息不同，大型科技公司通过在线平台获取数据，通过算法和机器学习做出信贷决策，从而提高分析的客观性。

但是，大型科技公司基于大数据和机器学习等技术的信用评估的有效性仍需时间检验，尤其是在压力情况下的准确性尚需观察。传统上，银行往往通过与客户建立一对一的长期关系，获得更多软信息。而大型科技公司的信用评估主要是利用消费者偏好和大数据，通过机器学习等技术判断并识别客户特征。大型科技公司这种新的信用评估方式，是否能够有效解决信息不对称问题，需要经过一个完整周期来考察。

金融科技发展是否使信用评级业务完全改变，或者完全依赖科技实现评级，这也是需要冷静分析的问题。一个人在社会之中留下数据的轨迹很多，可以通过不同的互联网服务收集到这些大数据，并从很多方面理解这些数据，通过分析这些采集到的海量数据进行客户画像，了解人的类型、喜好。由于小微企业的信用状况更易受企业负责人的个人行为的影响，因此，借助大数据可对小微企业的经营进行重要的辅助分析。但是，对于大中型企业来说，企业治理相对规范，个人社交、支付等生活行为对企业的影响相对较少，因此不能过于依赖于个人的社交媒体信息、支付信息等对大中型企业的信用状况进行分析。

对于大中型企业的信用分析，信用评级机构仍将发挥重要作用，不能完全依赖于技术分析。同时，安然、瑞幸咖啡和 Wirecard 公司[①]等不断出现的公司造假事件说明，仅

---

① 2020 年 6 月，德国最大的支付企业之一 Wirecard 公司前首席执行官 Markus Braun 因涉嫌伪造账目和操纵市场而被慕尼黑检察院逮捕。Wirecard 市值一度高达 240 亿欧元，曾是德国证券指数 DAX 30 指数的成分股之一，Markus Braun 在该公司持有 7% 的股份。目前该公司股价已较高峰时期跌去 80%。检方指控 Braun 人为抬高 Wirecard 的资产负债表和收入，以使该公司对投资者和客户更具吸引力。参见 FT，2020.6。

凭公司提供的财务数据和展现的美好外表信息进行判断是有偏差的，网络媒体信息、支付信息等数据也可以刻意为之，因此，尽职调查包括实地调查、分析师的经验仍然是对企业数据进行分析的重要环节。实际上，对于银行等金融机构来说，即使其已经掌握了客户的大量历史信息，但仍未抛弃信贷员与企业的一对一沟通、交流和跟踪，以此作为对客户分析的重要组成部分。

经济学家奈特利用二分法将世界中的不确定性进行区分：一是有概率分布的不确定性，这被称为风险；二是没有概率分布的不确定性。如果这种二分法是确定性的，则意味着信用评级的定性分析是不能抛弃的。原因在于，有概率分布的风险是可以利用模型等技术进行分析，包括利用新的科技方法；没有概率分布的不确定性带来无法预知的未来结果，这是无法利用模型和公式进行分析和计算，这也就意味着人们的经验将在此类不确定性的定性分析中发挥重要作用。

此外，市场主体毕竟是多样性的和复杂的，不能完全依据历史信息做出机械判断。即使人工智能获得重要进展，但真正人的智能只能被模仿，而不能被超越。不能依据机器战胜国际象棋大师就认为人工智能会超越人类智能。人工智能在类似于下棋等场景中更具有优势，因为这种场景可以利用大数据和机器学习技术提前将所有可能的下一步输入机器中，并对算法进行海量数据的训练，从而完善算法模型。但是，人类的语言、学习和想象能力是无法由机器完全实现的，而这三方面能力是人类不断进步的重要推动力。因此，可以预见的是，快速发展的科技技术应成为信用评级的重要辅助，评级分析人员的经验也不可替代。

但金融科技在两个方面产生了重大影响：一是对金融生态、服务和产品的改变；二是对数据管理、计算方式的改变。评级机构应顺应时代发展的需要，以服务投资者为核心，不断提高业务能力和评级方法，完善产品质量，否则将会被其他机构的新业务替代。

需要强调的是，完全依赖于技术进行分析，可能会加大市场整体波动。新兴技术与金融业加速融合，提高了金融交易的速度和总量。如果越来越多的交易机构高度依赖科技提供的自动化交易，将推升不同资产价格之间的相关性，虽然会及时反映价格变化，但会加大市场的波动性，这就类似于基于价格的隐含评级分析产生的效果。

三、国际评级机构加大与金融科技的融合

随着大数据和人工智能等技术的不断发展，信用评级机构也开始运用新技术和模型提升信用评级能力。近年来，以穆迪、标普、惠誉为代表的国际评级机构均加大金融科技方面的投入，以提供更为准确可靠的评级模型，更好地服务投资者，评级机构一般采用并购及自主开发并行的模式，实现与金融科技的融合。国际三大评级机构均开发了各类评级模型，服务于银行、保险等具有信用风险管理需求的机构，也用于自身研究或风险监控目的。金融危机后，欧盟及美国的监管部门要求评级机构将评级服务与投资人服务隔离并建立防火墙，所以国际三大评级机构针对评级服务与投资人服务设立子公司，分别设立穆迪分析公司、标普市场财智公司、惠誉解决公司。

近年来，穆迪公司采用了内部系统开发与外部技术企业收购并行的模式，在金

融科技领域进行了大量投资，以提升公司效率并拓展业务范围。在系统开发方面，穆迪公司开发了众多针对投资者的风险计量、企业风险管理、结构分析与估值等相关模型软件工具，将信用评级、企业风险评估、市场风险管理、企业发展咨询等多种传统服务进行信息化升级改造，在提高工作效率的同时也提升了分析判断的准确性。

例如，穆迪公司开发了分析非上市公司违约概率的 RiskCac TM 模型，以及 Scenario Studio 平台等。RiskCac TM 模型以传统信用评分技术为基础，其核心是从客户信息中选择出预测违约的变量，经过变换后运用 Logit/Probit 回归技术预测违约概率。Scenario Studio 平台是穆迪分析于 2018 年推出的产品。该平台允许多个并发用户交互协同生成经济情境或预测，平台整合了贸易流、金融市场状况、移民、大宗商品价格与外商投资等因素，金融机构、政府以及企业客户可使用全球宏观经济模型来判断国内外经济冲击事件的影响。2019 年 5 月，穆迪推出一个部署在云端的综合风险及分析建模平台——联合分析平台（以下简称 CAP 解决方案），通过 CAP 解决方案为金融机构提供内部使用的模型、数据和专业知识，从而建立全生命周期的风险建模框架。

在内部开发的同时，穆迪公司通过投资并购的方式，不断将有潜力的研究机构和科技公司纳入麾下，在迅速增强、储备技术实力的同时也实现了业务范围的扩张。2002年穆迪公司收购了 KMV 公司，扩展了穆迪的信用风险管理产品提供能力，同时对资本市场评级业务提供支持。2006 年穆迪公司收购华尔街分析公司，作为结构化分析和估值分布服务的一部分，增强了其对复杂的结构化债券分析和监测能力。近几年，穆迪不断通过收购提升风险分析能力，2017 年，穆迪分析收购了毕威迪公司和德国 SCDM 公司的部分业务；2018 年，穆迪分析收购了 REIS 公司以提升房地产行业风险分析能力。2019 年 4 月，穆迪收购 ESG 领域的 Vigeo Eiris 的多数股权；10 月，穆迪收购中国 ESG数据及分析服务机构商道融绿公司的少数股权，以上收购有助于穆迪 ESG 风险评估业务的进一步发展。2019 年 7 月，穆迪收购为资产管理和养老基金提供风险解决方案的金融科技公司 RiskFirst；10 月，收购德勤 ABS 软件平台以提升结构化融资服务水平。表 14.5 是一些主要收购情况。

表 14.5　　　　　　　　　穆迪和标普近年并购科技公司情况

年份	收购事件	收购方
2015	收购了 Blackbox Logic LLC 的住房抵押贷款支持证券（RMBS）数据及分析业务。	穆迪
	收购 SNL Financial LC，该公司为 5000 多家客户提供有关行业的财务数据和信息，包括银行、保险、房地产、能源、媒体、金属和采矿业。	标普
2016	收购 GGY 公司，并推出针对保险精算业务的 AXIS 自动系统。	穆迪
	RigData	标普
2017	收购毕威迪（Bureau van Dijk），将穆迪的信用分析与毕威迪公司的数据分析技术有机结合，进一步提升穆迪在信用风险数据与分析的地位。	穆迪
	收购 Algomi Limited 6.02% 的股份，该公司为信贷市场提供软件支持的流动性解决方案。	标普

续表

年份	收购事件	收购方
2018	8 月收购美国在线信用培训供应商 Omega Performance，对穆迪的信用分析学习解决方案构成有益补充；同月，收购房地产商业数据公司 REIS，旨在整合其海量房产数据，为房产交易市场提供全方位分析和投资咨询业务，提升房地产行业风险分析能力。	穆迪
	收购：Pragmatix Services Private Limited，该公司专注于为银行、金融服务和保险垂直领域提供"数据到智能"周期的解决方案；Panjiva, Inc.，为全球供应链提供差异化、行业相关的信息，利用数据科学和技术来理解大型、非结构化数据集；Kensho，是华尔街的银行、投资机构以及国家安全社区的下一代分析、人工智能、机器学习和数据可视化系统的重要供应商；RateWatch，该公司提供 B2B 数据业务，为金融服务行业提供关于银行存款、贷款、费用和其他产品数据的订阅和定制报告；FiscalNote，提供数据驱动的问题管理解决方案。	标普
2019	从德勤收购了结构化融资和资产担保证券软件平台 ABS Suite TM；7 月，收购为资产管理和养老基金提供风险解决方案的金融科技公司 RiskFirst。	穆迪
	收购瑞士资产管理公司 RobecoSAM 的 ESG 评级部门。	标普

资料来源：穆迪、标普、中证鹏元。

标普也加大对科技公司的收购。2018 年 2 月，标普市场财智收购了 Panjiva 公司，该公司利用数据技术来理解大型、非结构化数据集，这有助于加强标普为客户提供产品和数据的能力。在 2018 年 4 月，标普以现金和股票的形式收购了人工智能公司 Kensho，收购现金约为 5.5 亿美元，将加强标普全球的信息服务能力。机器学习、数据科学在评级机构的各业务中可以有更广泛的应用。Kensho 的技术可以不间断地检索众多报纸信息，监控并筛选对风险有影响的信息，这有助于利用机器学习提高信用分析师的能力（王力为，2019）。标普市场财智根据评级部门的数据积累，利用人工智能、机器学习等技术开发了诸多分析工具，帮助投资者衡量交易对手和全球投资的信用风险。如，开发 CreditModel 模型用以评估大中型企业、银行或保险机构的中长期信用风险。

金融危机后，为了改进公司治理，惠誉集团成立了惠誉解决公司，将评级业务与非评级业务分开。惠誉解决主要进行技术开发和应用，提供信用风险解决方案。借助风险解决方案，用户可以获取来自于惠誉的信用评级和研究数据，以及金融隐含评级和其他分析。2018 年 5 月，惠誉收购信息供应商支点金融数据公司（Fulcrum），该公司在企业发债、杠杆贷款等方面开展分析和数据服务，这有助于拓展惠誉的投资咨询服务。

四、金融科技对评级监管的影响

（一）对监管的挑战

在全球数字化进程加速的背景下，人工智能和云计算等技术在金融服务领域的应用越来越广泛。金融科技对评级监管带来了积极作用，有助于提高评级监管效率与准确性。监管部门需要探索人工智能和机器学习等技术，识别、评估和实施能够支持监管流程有效性和效率的工具和技术。监管部门还需评估在信用评级行业中使用新技术的影响以及相关风险，不断优化风险评估和监管工具。

金融科技对市场竞争结构带来了改变，也对已有的监管框架带来挑战。随着金融科技与金融机构的深度融合，金融科技公司和银行等金融机构竞争发展，个人、企业获得的贷款、融资等服务与金融科技的相关性越来越强，企业、金融机构的经营环境、经营模式都在发生改变，各种风险特征也在发生变化，监管框架需要尽快适应这些变化。例如，需要监测云服务可能带来的风险，关注机器学习等模型存在的缺陷对市场价格的批量影响等。此外，需要关注大型科技公司的市场主导地位，及其可能引发的市场垄断和数据滥用问题[①]。

监管需要考虑以下方面的工作目标：一是如何确保在不妨碍创新的同时，安全和有效地实施高标准的合规监管；二是妥善处理对外包、云计算、计算模型等依赖性增加带来的风险；三是监管部门如何调整监管方法和技术，采用新技术优化流程并提高监管水平；四是监管部门如何开展合作，包括开展国际监管合作。

（二）适当监管的原则

金融科技的发展深刻地影响金融服务属性和市场结构，金融监管势必需要做出应对和调整；反过来讲，金融监管也会影响金融科技未来的发展方向。在研究完善评级监管框架时应考虑以下原则：

一是以评级质量为核心，提升监管强度。金融科技发展导致部分金融服务供给由传统金融机构转移至互联网，考虑到金融科技活动特别是通过互联网开展的金融活动具有跨市场和跨行业特征，评级监管部门应当考虑这些市场变化对债务主体和评级业务的影响，改变传统的监管模式，强化非现场监管强度，坚持适度的现场检查，不断促进评级质量的提高。

二是包容性监管，鼓励科技创新。在探索金融科技监管措施时，部分国家已推出"监管沙盒"。该方法是指在一个可控的环境里，监管部门观察新技术应用及其对业务和市场的影响及潜在风险，并根据观察结果制定相应解决措施。评级监管也需要实施类监管沙盒模式，对创新活动持友好态度，平衡推动创新、维护稳定和保护投资人利益的关系。既要支持技活动的健康发展，也应有针对性地强化相应监管安排，形成监管与创新的良性互动关系。

三是加强对算法的监管，防止系统性风险。大部分金融科技活动以互联网及算法为基础，这些自动化分析处理提升了市场要素和主体间的关联度，对这些技术的外在监管必不可少。金融监管不仅有助于强化行业治理，更能建立公众对金融科技体系的信心。监管部门应验证新技术的稳健性和安全性，确保创新所运用的算法不会给客户带来风险，甚至引致金融体系风险。监管部门应督促评级机构使用经过严密测试和风险评估的新技术，防止急于求成的不成熟技术引发严重的安全事件。

四是加强信息安全。在金融科技广泛应用的同时，尤其要关注数据安全、网络安全、隐私保护等安全问题。禁止评级机构将监管合规工作完全外包给第三方公司，做好对第三方服务的监测和风险应对，研究评级机构对云服务依赖问题、单点故障和跨境业务风险。为了安全利用科技创新，监管机构应该注重数据隐私和商业秘密保护，依法强

---

① 参见：BIS. Annual Economic Report 2019，www.bis.org/publ/arpdf/ar2019e.htm，2019，6。

化应公开的商业信息、政务信息等的透明度。

五是促进国际合作。推进公平的竞争环境和防止监管套利，有必要在国际层面构建有效的合作框架，加强金融科技领域的创新和联合研究、信息分享、经验交流和监管合作，尤其推动金融科技风险和新技术发展情况共享信息，评估金融体系内在联系，防止监管套利。

未来应是机器辅助人做决定，如果认为人类在未来能独自做决策，将会输掉未来。机器有处理大量数据的能力，提取和联系数据的能力超强，且从概率角度来说比人有更高的精确度。但机器也存在偏差，做出一些判断能力还有限，不太会从长期角度考虑、决策，或是理解情境。如果过度依赖于金融科技技术，将弱化机构应具有的风险管理和响应能力。在结构化融资评级业务中，机器可以读的公开年报和报纸数量，分析师完全无法比；但是分析师仍然可以去上门拜访，作出深入的分析判断，因此，机器、科技会成为评级机构的助手，与机构协作、相互学习（王力为，2019）。

第三节 信用评级机构民事法律责任的规制及反思

一、引言[①]

从经济性看，信用评级通过揭示信用风险降低了信息不对称，提高了投资人和发行人的资金匹配效率，从而促进信用流转和交易。理论上，信用评级业可以被视为一个双边市场。双边市场是价格结构非中性的市场，平台通过非对称价格吸引两边或多边用户加入并实现交易（Rochet 和 Tirole，2006）。而平台对一边用户的吸引力和效用，不单受平台收取的价格影响，更取决于另一边用户的数量。评级机构作为中介平台，将双边用户（发行人和投资人等）聚集在一起实现交易。发行人和投资人作为双边用户具有交叉网络外部性。一方面从发行人的角度考虑，发行人希望选择那些被更多投资人认可的评级机构；另一方面从投资人的角度考虑，投资人也希望使用在发行人中更有影响力和覆盖面的评级机构。由此，评级机构对发行人和投资人的价值受到信用评级可覆盖的用户数量和类型的影响，评级机构的网络外部性、规模经济成为突出特征，这也有助于理解评级业逐渐形成高集中度行业特征的历史原因。这也是声誉资本对评级机构发挥重要约束作用的另一种解释。

长久以来，信用评级逐渐被嵌入大量的法律制度中，由此，评级成为金融市场的重要定价标准和依据，人为的投资级、投机级的区分使评级机构具有了认证功能，同时也获得了准监管地位。作为信用评级业的起源地，美国国内对评级机构长期豁免民事法律责任。信用评级机构将信用评级定位为针对公共利益的前瞻性意见，而非可以证伪的事实，因此评级作为意见可以允许错误。

在国际金融危机前，针对评级的诉讼案较少，并且法院多支持评级机构的免责抗辩

---

① 本节主要内容将发表于 2020 年的《南方金融》。

诉求。金融危机爆发后，评级机构存在的经营模式、利益冲突、透明度和评级质量等诸多问题暴露在世人面前，投资人、发行人提起的诉讼大幅攀升。法院在审理这些案件时，逐渐改变了以往的惯例，重新反思评级机构应承担的法律责任。各国立法机构也制定专门法律或完善已有法律，对评级机构的责任进行明确。执法部门也更多地参与到监管及诉讼中，对评级机构的罚金不断增加。

二、国际金融危机前豁免评级机构的民事法律责任

（一）法律责任的立法困境

1. 美国证券法律的设计

20世纪30年代大萧条后，美国对证券市场制定了重要的基本法律，通过1933年《证券法》和1934年《证券交易法》搭建了证券市场的监管框架，之后多次重要的证券市场立法改革基本都是对这两部法律的修订和完善。

在《证券法》第7节、第11节中，明确会计师、证券分析师等专业人士应承担专家责任，对其出具并作为证券发行注册文件的报告负有责任，如果存在重大信息疏漏或不实，投资人可以对专家提起民事诉讼。但评级机构是否也应承担证券法所谓的专家责任，美国司法体系在国际金融危机前一直未达成一致，而且在司法实践中更多是豁免专家责任。

《证券交易法》则从证券欺诈角度对民事责任进行了规定，在第18节（a）中明确，做出虚假陈述的人员在一定前提下承担责任，这个前提主要是受害人根据虚假陈述买卖证券并因此受到损害，但提起损害赔偿诉讼的受害人要承担举证责任。实际上，投资人履行举证责任并不容易，这也导致依据欺诈条款起诉评级机构的案例很少（刘玉洁等，2013）。为了完善和提供私法救济手段，根据《证券交易法》第10节b的授权，1942年美国证监会制定了SEC规则10b-5，用于规制证券交易相关的虚假陈述和重大事实遗漏行为，该规则逐步成为《证券交易法》中反欺诈行为最主要的私法救济规则（田禹，2018）。

美国证券市场的两个基本法律和相关实施规则，是美国司法实践中追究金融中介服务机构法律责任的主要法律依据。但是，借助宪法第一修正案提供的言论和出版自由的强大庇护，评级机构将评级结果定位为服务于公共利益的意见，在众多的司法辩护中获得胜诉，从而在实践中豁免了民事法律责任。

2. 明确豁免NRSRO专家责任的SEC规则436（g）

在美国金融市场的发展中，针对是否将评级纳入《证券法》第7节要求的注册发行文件，并使评机构机构承担专家责任的问题，一直存在争论。1977年，美国证监会发布文件对注册文件中的披露政策征求意见。由于大部分意见反对"国家认可的统计评级机构"（NRSRO）适用于证券法的专家责任，这个思想最终体现在法律制定中。为了促进评级机构公开披露评级信息，以有利于证券的注册发行，同时基于对评级信息是前瞻性意见的判定，美国证监会在1982年制定了规则436（g），进一步在法律制度中明确豁免了评级机构的专家责任。根据该规则，NRSRO在债券、可转化债券、优先股中的注册文件中提供评级信息，不被认定为专家意见。美国证监会通过证券法律反欺诈

条款和 1940 年《投资顾问法》，授予了规则 436（g）正当性。

由此，在国际金融危机前，美国评级机构在展业中具有三个有利的因素：一是被排除专家责任的证券法律条款的适用范围；二是投资者以证券交易法的反欺诈条款为由提起诉讼时的举证责任很难实现；三是评级结果被置于宪法第一修正案的保护之下。因此与其他金融市场看门人相比，评级机构处于非常超脱的市场地位，其对市场的重大影响力与应承担的责任不相匹配。

（二）　美国宪法第一修正案的保护

在美国长期的司法实践中，评级机构一直以新闻出版者身份引用宪法第一修正案进行抗辩，提出评级信息类似于财经媒体发布的信息，应依据"实际恶意"原则对评级的错误进行分析。评级机构强调，信用评级是对债券或发行主体的未来信用风险的意见，不是事实性的描述，也不是证券买卖交易的推荐性建议。在 20 世纪，美国司法体系基本接受评级机构的这些辩解，评级机构没有面临实质性的法律诉讼风险（Partnoy，2001）。

1. 涉及公众利益的言论自由

美国的言论或出版自由规定可追溯至宪法第一修正案，在 1791 年 12 月 15 日生效的该修正案禁止国会立法剥夺言论或出版自由。历史上美国法院将信用评级视为媒体对公共事务发表的言论，因此作为言论自由应受第一修正案保护。

作为普通法系国家，美国的立法形式包括成文法和判例法。作为美国历史上保护言论自由具有重要意义的案件，1964 年的沙利文诉纽约时报案[1]确立了在判断涉及政府公职人员的言论是否涉嫌诽谤等违法行为时，需要依据实际恶意的标准。实际恶意标准的适用保护范围在司法实践中逐步拓展，有关公共利益的言论也被纳入适用范围。但是，证明实际恶意这种主观性很强的状况存在较大的举证困难。

从 20 世纪初至 20 世纪 60 年代末，美国信用评级机构一直以出售信用评级手册作为其经营模式，这类似于新闻媒体的经营方式。实际上，历史上一些评级机构的确也起源于媒体公司，如 1860 年开展出版业务的普尔出版公司、1913 年成立的惠誉出版公司分别发展为后来的标普评级公司和惠誉评级公司，穆迪在 1903 年出版《穆迪工商企业证券手册》。而国际上一般公认在 1909 年现代意义上的评级机构才正式出现。在开展评级业务的过程中，评级机构往往仍被认为是发布信息的媒体，有评级机构也刻意将自己的评级级别信息称为最短的财经类评论。评级机构提出，评级信息涉及公共利益，因为它是为众多债券投资人的利益服务，因此对评级信息的司法辩护应依据实际恶意准则，美国的法院判例也支持了这种抗辩理由（朱圆等，2015）。

在橙县诉标普案[2]中，标普举证，其评级过程依据了既定的评级程序，评级依据的信息也是可靠的，即使评级结果与后来的事实存在差异，但评级机构并没有实际恶意。法院在判决时认可了标普的诉求。一般情况下，评级机构被诉是因为原告认为评级级别较低，但该案原告的诉求却不一样，原告作为发行人却以被告将其评级过高，没有及时

---

[1]　The New York Times Company v. L. B. Sullivan. Ralph D. Abernathy et al. , 376 U. S. 254, 280 (1964).

[2]　County of Orange v. McGraw Hill Company, Inc. , 245 B. R. 151 (1999).

揭示风险为由提出诉讼。在纽比诉安然案①中，投资者起诉评级机构，要求其承担过失性虚假陈述责任。得克萨斯地方法院适用第一修正案予以保护，并否定了对疏忽的虚假陈述的诉讼请求。法院认为，评级"即使是疏于准备也是公众关注"的问题，从而受到宪法性保护。

2. 预测性观点

能否获得宪法第一修正案的保护，还可判定被诉言论在性质上是否属于观点。在美国《侵权法重述（第二版）》中，观点被定义如下：一个表述是一个观点，如果它仅表达（a）制造者对存在的事实的信念，但没有确定性；或者（b）它对于质量、价值、真实性的判断，或其他方面事物的判断。美国司法体系也通常在虚假陈述诉讼案例中引用这个定义（Gaillard 等，2018）。为了区别观点和一般言论，可据以上表述进行分析。

在杰斐逊县学区诉穆迪案②中，原告认为，穆迪的"负面展望"评级信息对一般担保债券的发行造成了严重影响，被告的主动评级行为发布的评级信息是错误的，并且这种主动评级干扰了原告聘用其他机构的合同执行。法院认为，被告是在对公众所关心的问题发表观点，应受到宪法修正案保护，并且不构成对他人合同关系的侵犯。第十巡回上诉法院支持地方法院的判决并认为，穆迪在主动评级信息中的表述属于观点，而不是可以证明是错误的对事实的说明，如财务存在压力、未来不乐观等表述。

从方法论来看，评级机构利用定性和定量信息，对被评对象的偿债意愿和偿债能力进行综合分析。评级结果是对信用风险的前瞻性判断，这包含违约概率分析，一些机构还在评级结果中包含违约损失率分析。评级结果的质量包括准确性和稳定性两方面，但市场参与者对准确性更看重。实际上，稳定性也体现了准确性。由于评级是对未来发展的分析，评级的准确性需要未来成为历史才能判断。对于评级这种前瞻性分析，原告要证明评级机构在做出时存在错误是一个挑战（聂飞舟，2010）。并且，不能简单地利用对被评对象事后的评级级别错误，来证明在作出评级过程中就存在主观恶意，这也导致对评级机构否认第一修正案的保护是困难的。

三、评级机构角色的变化及对其法律责任的反思

在 20 世纪 60 年代末，信用评级机构在业务中出现一个重要的变化：评级付费方从投资人转变为发行人。这种变化与当时的金融市场和经济发展情况具有紧密的关系。从 1931 年美国货币监理署首先要求银行对信用评级为 BBB 级以下的债券采取盯市政策开始，美国监管部门逐步在大量的法规制度中运用信用评级结果。监管制度的大量引用使得评级机构在债券发行和交易时，具有了准监管地位和认证角色，市场出现的违约事件也促使投资人更关注债券风险，因此发行人有积极性为评级付费以吸引投资人和扩大融资范围。同时，信息复制技术和传播效率的提高产生了投资人的搭便车行为，这使得投资人付费不可持续。

---

① In re Enron Corp. Sec. , Derivative & "ERISA" Litig. , 511 F. Supp. 2d at 827（S. D. Tex. 2005）.

② Jefferson Cty. Sch. Dist. No. R – 1 v. Moody's Inv. Servs. , Inc. , 988 F. Supp. 1341, 1348（D. Colo. 1997），aff'd, 175 F. d 848（10th Cir. 1999）.

信用评级机构转变收费模式后，也开始不断拓展评级业务类型和评级覆盖面，特别是 20 世纪 70 年代开始发展的高收益债、结构化金融产品等业务给评级机构提供了重要的评级收益。一方面，评级机构从发行人收费并给该客户评级，这不可避免产生了利益冲突；另一方面，在结构化金融产品里，信用评级机构还参与产品设计，其独立性出现重大隐患。这些利益冲突等问题引起了对评级机构作用、角色的反思。

（一）商业言论的宪法第一修正案适用性

商业言论是指以促进市场双方达成商业交易为目的，当事人发布的言论（赵娟和田雷，2005）。随着评级机构收费方式和角色的改变，市场各方以及法官对信用评级的认识发生了改变。由于评级机构在发行人付费的评级中更多地体现了盈利性，甚至在结构化产品评级中，既收取评级费又收取咨询费，这种业务方式使信用评级逐渐被认定为主要服务于发行人和评级机构之间合同利益的商业言论。

商业言论能否适用宪法级保护存在争议，并在 20 世纪 70 年代以前一般被美国法院否决言论自由保护的诉求。1976 年的弗吉尼亚州医药委员会诉市民消费者委员会案，建立了商业言论可获得宪法修正案有关言论自由保护的法理。美国最高法院认为，商业信息的自由流通对于经济体系是必要的，因为其有助于消费者做出更明智、理性的决定，但是虚假性、误导性的商业言论不受法律保护（小苏，2014）。

信用评级被看做商业言论后，对评级机构提起的法律诉讼也明显增加。商业言论受宪法第一修正案的保护程度低于公共言论，但是，评级机构也往往以商业言论符合非恶意标准成功辩护。安然破产事件发生后，市场各方对评级机构的评级产生巨大质疑，投资人随后提起了众多的索赔诉讼，但鲜有从评级机构成功获得索赔的案例。在纽比诉安然案①中，法庭认定，第一修正案给评级机构的评级提供的保护不是绝对的，评级机构在发行人付费模式中存在潜在利益冲突，但法庭最终仍以事实指控不足驳回了对评级机构的诉讼请求。

（二）在审案中个案分析的要素

一是信用评级的公共利益性。符合公共利益的重要前提是，信用评级能够使足够广泛的投资人等市场主体获取并使用，从而促进金融市场交易和资金配置的顺利实现，提升整体经济福利。从双边市场的角度看，评级机构作为平台连接了发行人和投资人两边的用户。为了吸引两边用户的加入，一方面，评级机构要扩大对投资人的覆盖面以吸引发行人；另一方面，投资人选择评级机构的原因在于其对发行人及债券的评级覆盖面，这两方面的覆盖范围是相互促进的。因此，针对是否涉及公共利益性，可从对投资人或发行人两方面的覆盖面分析，而司法判例也基本符合这个理论分析。

从对投资人覆盖范围的案例看，在 20 世纪 80 年代的格林莫斯建筑公司诉邓白氏一案②中，最高法院未将个人信用报告认定为对公共关注事物的言论，因为对仅仅关乎发言者和特定商业用户个人利益的言论，不能适用第一修正案保护，并且信用报告机构的业务行为也不同于传统媒体。在该案中，最高法院申明了一个原则，即本质上追求市场

---

① Newby v. Enron Corp., 2005 U. S. Dist. LEXIS 4494, p. 03, 216. (S. D. Tex., Feb. 16, 2005).

② Dun & Bradstreet, Inc. v. Greenmoss Builders, 472 U. S. 749, 762, 763 (1985).

利益的言论不适用第一修正案的保护，这也有助于判断评级的性质，一个信用评级的内容、形式和背景表明这个评级是不是公众关心的事务。在阿布达比商业银行诉摩根士丹利案①中，法院引用了邓白氏等案的判决指出，当信用评级只向小部分使用者发布，而不是服务于大众的公共利益目的，评级机构不应享受宪法关于言论自由的保护。

从对发行人和债券的覆盖面来看，针对评级机构对委托债券评级或是对所有债券开展主动评级，将影响对公共利益性的判断。在安德森诉商业金融服务公司案②中，法庭认定评级机构不应享受宪法第一修正案的保护，因为发行人向评级机构付费以取得对限定 ABS 的评级结果，这种以付费为前提的信息获取方式与新闻报道是不同的。类似地，在美国储蓄银行诉瑞普惠案③中，第二巡回法院拒绝将惠誉认定为专业新闻机构，因为惠誉只为付费的发行人进行评级，这种"报道对象"并非取决于新闻价值，而新闻媒体则依据新闻价值进行报道，并且不对报道对象收受费用。对于惠誉在抗辩中提供的标普案例，法院认为与本案中的惠誉具有不同的性质，因为标普主动对大部分的公开债务评级，并不只限定对自己的客户评级，由此可将标普认定为媒体机构。但是，法院也指出，本次裁决仅针对惠誉的涉案行为，并不是完全否决信用评级机构可享受宪法相关权利的保护。

二是评级机构在被评债券产品的设计和发行中的参与程度。如果评级机构在被评债券产品的结构化设计中提前介入并积极提供咨询建议，而并非仅仅开展评级业务——即仅依据评级程序进行信息采集、尽职调查和综合分析，直至最后发布评级结果，则法院往往对自由言论保护的辩解持否定态度。

由于结构化产品的复杂性，以及监管制度和市场契约对评级的要求，投资人在投资决策时更依赖评级级别；销售资产池的发起人和结构化产品的发行人也更依赖评级以成功实现资产出表和融资需求。评级机构参与结构化产品的设计，以使其获得期望的评级级别，然后才真正开始评级流程。这种先有级别、后评级的倒置的评级程序，使评级构机构处于结构化产品设计和交易的核心位置。随着 20 世纪 80 年代开始结构化产品迅速发展，结构化产品成为重要的评级业务增长点，直至 2007 年美国次贷危机爆发，结构化产品和评级存在的问题才完全暴露在世人面前。

2003 年法院在美国储蓄银行诉瑞银普惠案④中指出，惠誉对发行人的证券产品的结构设计参与程度过高，其与评级对象的关系已不同于典型的新闻工作者与其所报道的对象之间的相对独立的关系。在加州公共雇员退休体系诉评级机构案⑤中，法院认为，评级机构深度参与结构化产品发行并从发行人收取费用，这种方式导致推高评级级别的利益冲突问题，法院拒绝了信用评级机构申辩的宪法修正案保护理由。由于评级机构在被评金融产品的结构化设计中发挥了重要作用，因此对评级机构的角色进行区分是有益的（Partnoy，2006）。

---

① Abu Dhabi Commercial Bank v. Morgan Stanley & Co. Inc. , 651 F. Supp. 2d 155（S. D. N. Y. 2009）.
② Commercial Fin. Serv. , Inc. v. Arthur Andersen LLP, 94 P. 3d 106, 110（Okla. Civ. App. 2004）.
③ In re Fitch, Inc. , American Saving Bank, FSB. v. UBS Paine Webber, 330 F. 3d 104（2003）.
④ In re Fitch, Inc. , 330 F. 3d 104, 111（2d Cir. 2003）.
⑤ California Public Employees Retirement System v. Moody' Corp. , et al. , 2009 WL 3809816（2009）.

三是信用评级的用途性质。在拉萨尔国民银行等诉达夫 & 菲尔普斯案①，法院认为，达夫 & 菲尔普斯与发行人签订合同做出评级，允许发行人在包括证券私募说明文件在内的相关材料中使用它的名称及评级，目的是为了债券的发行，此时评级具有特定用途和目的，不是公共的出版物，因而不应作为新闻媒体享受宪法第一修正案的保护。

美国证监会在给参议院的报告中指出，在判断评级机构性质时，应考虑评级机构发布的评级是否已经被市场认定为一种用以区分证券产品是否适于投资的标准，或是否被作为交易基准（协议中的评级扳机，即协议中约定特定评级级别作为触发条件），而非仅仅作为一般市场信息。大量的法律制度中也这样引用评级，这表明，评级不能等同于新闻媒体的社论；虽然评级机构获得第一修正案的保护，但评级机构不能回避更大的义务（SEC，2002）。

四、国际金融危机促使对评级机构民事法律责任的立法改革

（一）美国立法变化

1. 评级机构承担专家责任的合理性

金融危机爆发后，针对评级机构的专家法律责任，市场各方进行了激烈的争论，投资人和监管者等形成了以下认识：一是评级机构以专业化手段和水平提供了对信用风险分析的评级信息，这些信息是广大投资人在投资、交易时的参考，甚至依赖这些信息做出决策。在这点上，评级机构与其他提供专业观点的专家机构类似，其提供的信息观点（信用等级）也是发行人发行债务和融资的重要依据。因此，豁免 NRSRO 专家责任的做法可能与其他保护投资者的政策相背离。二是废除规则 436（g）将有助于提升 NRSRO 的评级质量，降低豁免义务下的道德风险，从而极大地提升投资者保护水平。因此，应重新考虑将评级机构纳入证券法第 11 节的专家责任范畴。

2.《多德—弗兰克法案》取消责任豁免

2006 年《信用评级改革法案》在加强评级机构竞争与强化证监会监管职权方面做出了努力，并增设了评级机构的责任。但是，其增设的评级机构责任主要为增加信息披露、增强合规性等，是一种说明解释性的义务（accountability），而并非强调行为人承担不利后果的责任（liability），并且只有监管者可以依据此类规定要求评级机构履行相关义务（田彧，2018）。由于没有创建有效手段使评级机构承担任何民事责任，对评级机构提起诉讼依然难以获得成功，因此，《信用评级改革法案》被认为是不足的甚至是失败的。

针对评级机构的作用与其民事责任不匹配的问题，美国国会于 2010 年 7 月 15 日通过具有深远影响的《多德—弗兰克法案》对此进行了改革。《多德—弗兰克法案》在取消对评级机构的责任豁免方面做了设计：一是废除了 SEC 规则 436（g），要求发行人不得在未征得评级机构书面同意的情况下，在注册登记文件中引用评级机构观点；二是修订了 1934 年《证券交易法》第 15 节（m）款，规定评级机构与会计师事务所、证券服

---

① LaSalle National Bank, et al. v. Duff & Phelps Credit Rating Co. and Shawmut Bank Connecticut, N. A., 951 F. Supp. 1071, 1095 – 1096 (1996).

务机构等一样，适用于相同的责任和监管要求；三是明确排除 1995 年《私人证券诉讼改革法案》中安全港规则对信用评级的适用，因此，信用评级不能被认定为安全港规则中的预测性陈述[①]，评级机构不得援引该规则请求对其评级行为免责。1995 年的证券诉讼改革法案实际是修订了两部基本的证券法律。《多德—弗兰克法案》的改革意味着将对被评级证券的供给操作产生重要影响，尤其对于结构化金融产品的发行交易，因为评级在结构化产品中发挥了必不可少、甚至是核心的作用。

为了避免新的法律风险，在《多德—弗兰克法案》实施前，主要评级机构已通知客户，新公开发行的债券在注册文件中不能引用其评级结果。由于信用评级属于结构化产品公开发行法定要件之一[②]，评级机构的上述回应使得结构化产品的市场运转处于停摆的边缘。经过权衡，SEC 于 2010 年 7 月 22 日发布"不强制执行函"，暂缓废除规则 436（g）的实行；之后又于 2010 年 11 月 23 日无限期延长了不强制执行函，以保证公募市场的正常运转。评级机构也由此可以维持其豁免专家责任的状态。

《多德—弗兰克法案》在要求评级机构承担民事法律责任方面发生了重大的变化，至此，从法理上看，评级机构在评级业务开展过程中开始适用于专家责任的要求，评级机构受到更严格的监管。但一些条款实际并未真正执行，这也继续为追索评级机构的责任留下难题。

3. 降低 SEC 规则 10b－5 下反欺诈的起诉标准

为了改变在证券法律反欺诈方面的起诉索赔难度，《多德—弗兰克法案》对依据 SEC 规则 10b－5 提起诉讼的条件进行了完善。在之前，投资人要起诉评级机构的证券欺诈行为，需要充分推断，举证评级机构在发布评级时并不相信它的真实性。法案完善后，投资人以反欺诈为由起诉评级机构时，只需举证评级机构存在明知或重大过失，而且对信息没有开展合理的尽职调查。这种弱化对主观意思判断的改变虽然试图降低起诉标准，但是，也为尽职调查的评级机构提供了免于承担欺诈责任的新安全港，因为评级机构可通过程序上的尽职调查行为，作为其尽职免责的理由（朱圆等，2015）。

（二）欧盟立法变化

美国立法使评级机构承担民事法律责任的思想对国际评级监管产生重大影响，以欧盟为代表的其他地区和国家纷纷在法律责任方面进行立法明确，解决评级机构作为金融市场看门人的责任模糊问题。欧盟通过 2009 年 9 月 16 日《信用评级机构监管法规》改变了境内评级机构处于自律管理的状态，之后经过两次对法规修订建立和完善了统一、严格监管的框架制度。欧盟监管法规最初未对评级机构的民事责任做出规定，只是在前言说明中指出，在不违背欧盟法律的前提下，任何针对信用评级机构违反本法规的赔偿都应适用于本国法律关于民事责任的规定[③]。但各成员国在此方面实际未明确，故只能借助国内的侵权法等规定。在 2013 年 5 月 21 日的第二次法规修订引入了民事责任

---

① 参见 15 U. S. C. §780－7（m）（2012）。

② 新规要求，在资产证券化产品发行中，必须包含信用评级和发布评级的评级机构名字。SEC, Regulation AB, Item 1120, of November 23, 2010, http://www.sec.gov/divisions/corpfin/cf－noaction/2010/ford072210－1120.htm。

③ CRA1, Recital 69, 2009 年发布的监管法规的前言的第（69）段的说明。

条款。

监管法规第 35（a）规定，如果评级机构因故意或重大过失，做出法规附件Ⅲ所列的影响评级的违规行为时，投资人或发行人可以根据该行为给其造成的损失要求赔偿。而附件所列的违规行为，主要是对关于利益冲突、评级质量和信息披露方面的行为。民事责任追究需要受到举证责任规则的限制：投资者要证明，在做出投资决策时，合理地相信信用评级，或对其保持了应有的谨慎；发行人须证明，评级机构发生的违规行为不是由于发行人提供的信息误导或不准确所致。受害人还需证明遭受的损害是由于评级机构的违法行为产生的错误信用评级造成的（默勒斯，2014）。

次贷危机，尤其是欧债危机对欧盟经济产生了巨大的负面冲击，这个冲击也使欧盟彻底转变了对信用评级的认识和监管理念，不断加强监管法规的力度，并要求评级机构承担民事法律责任。考虑到信用评级的外部性，以及对众多发行人和投资人的广泛影响，欧盟立法设计没有以签订合同作为对评级机构追责的前提，发行人和投资人都可对评级机构提起民事赔偿责任诉讼。这种立法体现了侵权责任赔偿的法律思想，而不是仅仅限定于合同责任赔偿。法规第 35（a）在欧盟层面为各成员国构建起统一的评级机构民事责任规则。其以欧盟法规形式制定，对欧盟各成员国具有直接的适用效力，有利于在欧盟范围内统一加强对评级机构的民事责任规制。

（三）后危机时代对评级机构法律诉讼和解的特点

1. 危机前的历史回顾

信用评级机构与征信机构具有历史渊源关系，但它们最初面临的诉讼形势不同。与征信机构相比，评级机构获得了更多的保护，这与评级主要针对企业，并且评级方法、模型具有复杂高和透明度低等因素有关，更重要的是评级被认为是涉及众多投资人公共利益的观点，获得宪法第一修正案的庇护。

大多数早期案件不涉及评级机构对其评级承担责任的诉求，相反，更多是因法院依靠评级作为评估证据（Partnoy，2001），利用信用评级作为可靠信息来源做出判决，从而使得评级机构成为当事人。在巴托一案[①]中，受托人根据普尔 1890 年手册按照如下条款要求购买了电车铁路债，即"受托人在决定个人基金投资时，应利用普通人将使用的所有注意和慎重手段"。同样，在 1922 年的迪特雷案[②]中，法庭确认，信托依赖穆迪评级适当地购买了债券，"在穆迪 1914 年手册中，这些债券被评为：安全性极高，销售性好，级别为 A"。

在"二战"后的大多数时期，美国司法判例大多将信用评级纳入自由言论保护范围，这种情况延续至 20 世纪末。包括 1983 年华盛顿公共电力供应系统违约案的集团诉讼，1991 年执行人寿公司破产索赔案，1995 年科罗拉多州杰斐逊学区诉穆迪案，1996 年加州橙县诉标普案，这些案例唯一的共性因素是评级机构获得胜诉，原告的诉讼请求被驳回或者案件以有利于评级机构的条款和解。例如，对标普提起 20 亿美元赔偿诉讼，最终和解金额为 14 万美元，约为索赔金额的 0.007%。而民事反垄断诉讼，比如 1995

---

① In re Bartol, 38 A. 527, 530 (Pa. 1897).

② In re Detre's Estate, 117 A. 54, 56 (Pa. 1922).

年杰斐逊学区案、1996 年信息资源公司案都获得同样失败的结果。可以说，原告对评级机构提起诉讼的记录是悲剧性的（Partnoy，2001）。但是，随着经营模式的改变，对评级机构的法律责任诉讼大大增加了，见图 14.1。

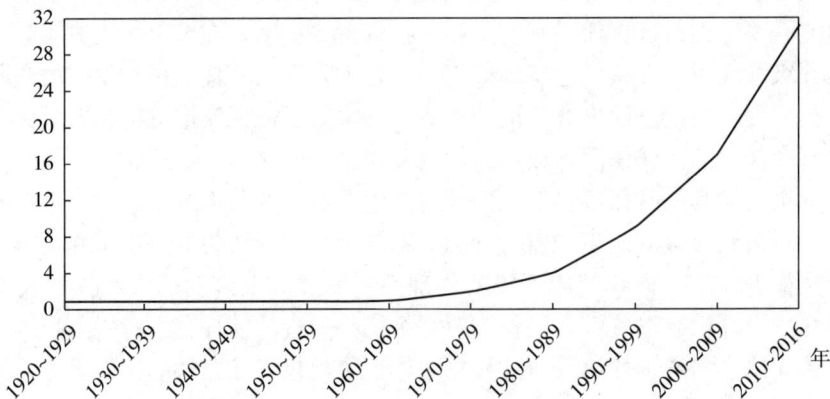

图 14.1　信用评级机构法律责任诉讼案统计

（资料来源：Gaillard 等，2018）

2. 后危机时期的新形势

国际金融危机后，国际社会对评级机构的质疑甚嚣尘上，评级机构遭遇的诉讼也越来越多。普通投资者、政府和其他机构投资者针对三大评级机构的评级提起了几十起诉讼，但许多诉讼被驳回或原告主动撤销[①]。这些诉讼出现了一些具有标志性的庭外和解案。

2009 年加州公共雇员退休体系（即公务员退休基金）起诉穆迪等评级机构[②]，称评级机构因过失与疏忽而做出不当评级，导致其危机前购买的约 13 亿美元的结构化产品出现重大损失。2014 年，加利福尼亚州上诉法院的判决否认评级机构发表的评级结果适用宪法第一修正案保护的申辩[③]，因为就结构化金融工具的评级仅针对有限类别的投资者，不受公众关注。加州公共雇员退休体系分别在 2015 年和 2016 年与穆迪和标普达成和解，金额共计 2.55 亿美元。

与其他诉讼案例不同，2013 年 2 月 4 日美国司法部发起了一起对大型评级机构的民事诉讼引起关注，这也是金融危机后美国政府部门首次对评级机构提起诉讼。在该案中，美国司法部另辟蹊径地引用 1989 年《金融机构改革、复兴和强化法案》[④] 相关条款，对标普及其母公司麦格劳－希尔集团发出指控[⑤]。该法案的举证门槛被认为相对较

[①]　2012 年 11 月，澳大利亚首次在诉讼案中判定信用评级机构对投资者负有民事法律责任。

[②]　California Public Employees Retirement System v. Moody' Corp., et al., 2009 WL 3809816 (2009).

[③]　Cal. Pub. Emps. Ret. Sys v. Moody's Invs. Serv., Inc., 172 Cal. Rptr. 3d 238, 247 (Cal. Ct. App. 2014).

[④]　Financial Institutions Reform, Recovery and Enforcement Act of 1989, Pub. L. No. 101 – 73, 103 Stat. 183 (1989) (codified as amended at 12 U. S. C. §1833 (a) (2012)).

[⑤]　Complaint at 1, United States v. McGraw – Hill Cos., No. CV 13 – 00779 DOC (JCGx), 2013 WL 3762259 (C. D. Cal. July 16, 2013).

低，并提供了刑事和民事诉讼的依据。美国司法部指控，标普在对国际金融危机前（从 2004 年 9 月到 2007 年 10 月）的结构化金融产品评级中存在欺诈行为，要求被告支付总计 50 亿美元的赔偿，还需赔偿律师费等其他诉讼相关费用。

美国司法部认为，在时间跨度超过三年的时间，标普对价值约 4 万亿美元的结构化金融产品（包括 RMBS 和 CDO）评级中存在虚假评级，"修改和延迟更新其评级标准和模型"，给予相关证券最高 AAA 评级。标普以第一修正案权力提出抗辩，并认为政府的诉讼是对其 2011 年调低美国主权评级的报复行为。2015 年 2 月 3 日，美国司法部及 19 个州政府和哥伦比亚特区与标普及其母公司达成庭外和解协议，由麦格劳 - 希尔集团公司向司法部及各州支付创纪录的总计约 13.75 亿美元和解金。和解协议不包含有关标普曾违反法律的内容，司法部及 19 个州政府则撤回对标普的起诉，标普也撤回了认为美国政府实施报复性行为的指控。

2016 年 9 月 29 日，司法部向穆迪致函，宣布对穆迪 2008 年之前对 RMBS 和 CDO 产品的评级行为展开调查，并也将利用《金融机构改革、复兴和强化法案》条款对其提起民事诉讼。与标普和解案解决方式类似，穆迪经过综合考量和与相关部门磋商，在 2017 年 1 月 13 日与司法部和 21 个州及哥伦比亚特区达成和解协议，由穆迪支付总计约 8.64 亿美元的和解金，换来司法部调查终止和各州法律诉讼撤回的结果。

由以上可以看出，金融危机后，美国和欧盟等国家和地区通过立法对评级机构的民事责任进行规制，促进对评级机构提起民事诉讼请求，一些大额和解金案例表明评级机构已失去美国宪法第一修正案的全面保护。

五、建立信用评级机构民事责任的国际经验反思

（一）民事法律责任立法的必要性

1. 评级机构的角色变化使其应承担专家责任

信用评级机构属于金融市场的看门人，它们在金融市场中发挥了认证功能，但是，在国际金融危机前，它们也是被认知最少的看门人（Partnoy，2006）。由于评级在法律制度中被大量引用，这使得评级具有了准监管地位，同时受益于评级业的垄断格局，少数评级机构获得了大量的经济收益。在 20 世纪 80 年代兴起的结构化金融产品中，评级机构一方面开展评级业务，另一方面积极参与产品设计以获得高评级，这使得评级机构在获取高额利润的同时，出现了与其他金融市场看门人不同的境况。即虽然面临更严重的利益冲突，但却一直没有承担其他看门人所面临的民事法律责任。这其中一个重要的原因在于，评级机构以前一直被认为是媒体行业的成员，它们发布的评级被认为是涉及公共利益的观点，应适用美国宪法第一修正案对言论和出版自由的保护。

但是，20 世纪 70 年代评级业的经营模式已发生了重大改变，评级机构对发行人及其债券开展评级并收取费用，不可避免地面临类似于会计师事务等看门人在经营中产生的利益冲突问题。而且，评级机构深入参与产品设计的咨询服务使利益冲突更为突出，这已使评级机构的传统角色、作用发生变化。国际金融危机的爆发，使这种变化引起了立法者的再次反思。由于法律制度和市场契约的依赖、行业的高集中度、高准入门槛等因素的作用，信用评级机构在降低信息不对称、提高价格发现效率、促进资源要素的合

理配置等方面发挥重要作用，并且对金融市场产生了系统重要性影响。在外部缺乏法律规范的情况下，仅仅依靠声誉模型为核心的行业自律机制会产生市场失灵。

国际主要国家和地区一方面加强评级立法规范，另一方面设立评级机构的民事责任，使评级机构与会计师事务所、证券分析师等其他金融市场看门人承担同样的责任和义务。主要国家和地区不再将评级级别仅仅视为类似于财经媒体的简短的评论，而是引入评级机构的民事责任条款，支持投资者和发行人对评级机构由于故意和重大过失导致的损害，提起民事赔偿诉讼。

2. 有助于对投资人和发行人利益的保护

从双边市场理论的角度看，金融市场的发行人和投资人通过评级机构连接起来，利用评级机构的评级，发行人和投资人在一级市场和二级市场完成交易，发行人和投资人分别完成融资和投资的目的。由于评级具有认证和风险揭示的作用，评级级别成为市场价格的重要影响因素。评级级别高低与债券收益率等价格呈现反向关系，较高的评级级别意味着较低的收益率价格，反之亦然。评级级别与收益率的这种对应关系，对发行人的融资规模、成本以及对投资人的投资效率、收益等方面都产生直接影响。

使用故意或重大过失导致的错误评级，将对投资人和发行人造成经济方面的损害。由于评级机构在经营中存在多重目标导致的利益冲突，为了维护市场的占有率，评级机构可能以高评级迎合发行人利益，甚至以低评级为威胁获取发行人的评级业务，无论哪种形式的错误评级，都对市场主体造成伤害，阻碍资金流向有效的配置方。利用行政和刑事的处罚手段，可以对评级机构不同程度的违法行为实施处罚，促进市场的公平竞争，但不能对发行人和投资人依据错误评级产生的损害进行经济补偿。为这种损害提供有效救济的手段就是设置民事法律责任，支持原告向被告提起民事赔偿诉讼。

3. 对评级机构明确法律责任有助于提高评级质量

评级是对未来的预测。从本质上来说，由于各种不确定性因素的存在，对未来进行预测不可能是完全准确的。这就像天气预报，即使利用更好的技术、更多的数据、更丰富的以往经验等方法不断提高提高精确度，也不能完全避免失误。评级机构在定性和定量分析的基础上，借助评级模型、评级经验，在评级委员会评审的基础上确定评级，对未来的信用风险进行评估。在评级有效期内，评级机构还对被评对象进行监测，对出现的信用状况变化进行分析，以确定是否及时调整评级级别以反映信用质量的重大变化。

在发行人付费模式下，评级面对广大投资者公开发布，这使得评级机构对广大投资者都面临潜在的侵权责任风险。在投资人付费或订阅模式下，评级机构与付费用户可能面临合同责任和侵权责任的双重法律关系。设定对评级机构的民事法律责任，明确法律责任的要件和范围等内容，使评级机构只有在违反确定的法律前提下，才承担民事责任，有利于评级机构在业务开展中对责任有明确的预期和努力方向，例如，评级机构并不是对所有的债券违约行为都要承担责任。投资有风险，这种风险是金融市场中风险投资的内在属性，不能将债券违约的固有投资风险僵化地转移到中介机构身上，使其变相承担"刚兑"责任。这显然不利于树立投资者风险自担观念，甚至可能因为业务风险与收益严重失衡而阻碍行业发展（周卫青等，2020）。

美国、欧盟等国家和地区对于评级机构所承担民事法律责任的立法和司法建设努力，是促进评级质量提高和提振市场信心的积极信号。客观来看，信用评级的预测性本质使其无法确保完全的准确，如果对评级实行过于严格的责任可能导致对评级行为的过度威慑，使评级机构为免于追责都发布最保守的评级报告，这无助于提高市场的透明度和促进风险揭示。限定信用评级机构承担民事法律责任的边界，有助于使其勤勉尽责地履行专家义务，也可发挥法律对行为的引领作用（刘文宇等，2013）。

（二）需要客观看待民事责任的作用

从以上分析可以看出，对评级机构明确民事法律责任有助于维护市场主体的权益，实际上这也有助于发挥市场监督作用，对行政监管形成补充，毕竟行政监管资源有限，不能真正实现及时的全覆盖。但是，对于民事责任的确定也要客观看待。虽然美国和欧盟已有似乎完善的立法设计，但是在这些国家和地区并未出现一边倒的评级机构被判输掉诉讼的情况。一些庭外和解案虽然对评级机构起到了震慑，弥补了投资人等市场主体的损失，但并未在司法判例上判明评级机构具有违法行为及履行何种民事法律义务。这说明民事责任的立法存在不足，并未给投资人和监管机构提供充分的诉讼依据。比如，美国和欧盟的立法基本都实行原告承担举证责任的制度，投资人需要证明评级机构存在违法行为、对评级的合理依赖、违法行为与损失之间的因果关系等。而这些评级违法信息来源于信用评级机构所把持的领域，这种沉重的举证责任给投资者可能带来很大困难，甚至导致投资者很难且不可能获得损害赔偿（默勒斯，2014）。实践中，欧盟评级监管法规第 35（a）条甚至被认为是"休眠"的规则（周嘉，2019）。

此外，针对民事责任立法是否能完全解决评级机构存在的问题，仍存在争议。新的法律责任的目标是确保更好的评级质量，并对投资人和发行人提供保护，但也有观点认为，法律责任可能不是解决评机构现存主要问题的方法（Möllers 和 Niedorf，2014）。降低评级依赖的目标，反而可能因为法律责任的建立被损害了。承担法律责任意味着，当对未来表现作出正确的预测时，评级是可以信赖的。但是市场参与者应认识到，对未来的预测本身就存在风险。

然而，从实际情况分析，完全取消评级的前提是寻求有一个更好的替代工具，截至目前国际上各国和地区并未实现这个目标。但针对现有组织的缺陷，需要不断完善。此外，庭外和解案例虽然没有判定评级机构存在违法行为，但依然发挥了对评级机构违法开展业务的震慑作用。因此，下一步需要结合司法审判实践，对立法进行完善，着眼于解决评级业存在的问题，以促进质量提高和降低过度依赖为目标。针对评级机构存在的问题，需要一方面降低法律制度中对评级过度僵化的依赖，另一方面增加评级机构的法律责任的威慑力和可执行力。这并非抛弃不用信用评级，而是提高评级机构产生更大信息价值的激励，并减少评级对市场的负面影响。

【案例】证监会与相关申请人达成行政和解协议

证监会近日依法与高盛（亚洲）有限责任公司（以下简称"高盛亚洲"）、北京高华证券有限责任公司（以下简称"高华证券"）以及高盛亚洲和高华证券的相关工作人员等9名行政和解申请人（以下简称"申请人"）达成行政和解协议。申请人已履行行政和解协议规定的义务，交纳行政和解金 1.5 亿元人民币，并采取必要措施加强相关公司的内控管理，证监会依照规定终止对申请人有关行为的调查、审批程序。

经国务院批准，证监会与 2015 年 2 月正式发布《行政和解试点实施办法》（证监会令第 114 号），在证券期货领域试点行政和解制度。行政和解制度是适应资本市场快速发展需要，切实化解有限行政资源与行政效率之间矛盾，保护投资者合法权益的重要制度安排。证监会将严格按照实施办法等相关规定，依法有序推进行政和解试点工作，不断总结经验，探索执法方式创新，充分发挥行政和解在恢复市场秩序、保护投资者合法权益等方面的积极作用，促进证券期货市场健康稳定发展。

（资料来源；金融时报，2019.4.4）

第十五章 信用评级的理论性分析及总结

对事物的理解可以从多角度进行分析，从而能更全面地认识事物特性和实质。为此，本章利用相关理论从多角度对信用评级进行理论分析：首先，基于双边市场理论分析了评级行业发展的特点，如非对称价格、高集中度等；其次，利用制度经济学理论对信用评级制度的发展形成进行了研究；再次，基于委托代理模型分析了评级在解决信息不对称问题时所具有的多层委托代理关系；最后，对信用评级的研究热点进行了综述。

第一节　信用评级的行业特点
——基于双边市场理论的分析

双边市场在 20 世纪初开始引起理论界的关注和研究，一系列开创性的研究为双边市场奠定了理论基础。2004 年在法国图卢兹召开了双边市场经济学国际会议，这对该理论的发展起到了重要的推动作用[1]。当前双边市场已成为产业经济学的研究热点，随着数字经济在全球的快速普及，以众多电商平台为代表的平台经济应用也极大地促进了该理论研究的深入开展。这些新兴产业所具有的网络外部性和规模经济等特征对传统理论形成了极大的冲击。

根据传统经济理论的认识，经济生活中的商品交易体现了一种买卖关系，生产者为消费者提供产品和服务，消费者购买商品或服务从而完成交易，这是一种典型的单边市场交易，因为市场中只是由生产者和消费者两类用户构成一边的交易关系。但是，双边市场颠覆了传统的理论认识，市场中由两边（甚至多边）用户通过一个或多个中间平台建立买卖关系，平台与两边用户分别建立合适的收费价格以吸引用户加入平台。

双边市场理论是一种分析经济现象的新角度。根据该理论，在一定条件下，企业也可以被视为将原材料供应商（或工人）与消费者联系起来的平台（Rochet 和 Tirole，2006）。双边市场理论涉及市场界定、差异化定价策略、平台竞争、社会福利变化以及市场规制等方面。利用双边市场理论分析信用评级及其存在的诸多问题，为规范评级行业提供了一个新的视角。

---

① 由法国图卢兹大学产业经济研究所（IDEI）和政策研究中心（CEPR）联合主办。经济学家让·雅克·拉丰创办了产业经济研究所，2014 年诺贝尔经济学奖获得者梯若尔于 1988 年回到法国，带领该研究所已成为世界著名的产业经济研究中心。

一、双边市场分析理论

（一）双边市场概念

平台同时向双边用户销售具有相互依赖性和互补性的产品或服务，并且将双边用户即买方和卖方吸引到市场中来，促使双方达成交易，具有这样结构的产业市场被称作双边市场（吴洪波等，2014）。平台是双边市场中的中介，平台双边的用户交互形成强烈的互补性。作为一个物理或虚拟的场所，平台在经济生活中普遍存在：平台可以是超市、房产中介等物理经济组织；也可以是一项提供虚拟平台环境的产品或服务，如数字电商平台、银行卡、报纸传媒、Adobe 等阅读软件或操作系统（计算机的 Windows、Linux，手机的 iOS、安卓等）。

双边市场理论的出发点是某一终端用户无法将他使用该平台而对其他终端用户的外部性福利内部化（Rochet 和 Tirole，2006），这种外部性与用户规模紧密相关，也就是网络外部性。一般体现为，某平台的消费者越多，对商户加入平台的吸引力越大；同理，消费者在考虑是否加入某平台时，除了加入平台需要支付的价格成本外，更要考虑商户的规模是否足够大。在银行卡市场，持卡消费者和商户构成了银行卡平台的双边用户，这两类用户的数量对市场交易量有重要的影响。如果持卡消费者的数量大，商户更有意愿加入提供刷卡服务；支持持卡消费的商户多，也吸引更多的消费者开卡消费。因此，平台将通过价格结构设计吸引两边用户加入，并促进用户之间交易需求的满足，平台也获得收益，从而提升整体的社会福利。例如，Widows 操作系统软件平台向软件开发商免费提供应用编程接口（API）等开发支持服务，同时向消费者收取费用。

关于双边市场的规范定义可以从价格结构的角度给出（Rochet 和 Tirole，2003）。价格结构是指平台的总价格费用在两边用户之间的分配情况，平台向两边用户征收的总价格费用也被称为价格水平。双边市场是价格结构非中性的市场，市场的交易量不但与价格水平有关，而且与价格结构有紧密关系，即在价格水平不变情况下，价格结构变动会影响市场的交易量（利润或福利）。

若平台向一边用户 A 索取价格为 P_a，向另一边用户 B 索取价格为 P_b，则平台向两边用户索取的价格水平为 $P = P_a + P_b$；在 P 不变的情况下，如果一边用户价格 P_b（或 P_a）的变化会对平台的总交易量 V 产生直接的影响，则这个平台市场被称为双边市场。若市场总交易量 V 仅仅与价格水平有关，而与价格结构无关，则市场是单边的。在单边市场中，用户可以通过协商解决实际的费用分配，这也是科斯定理适用的场景（Rochet 和 Tirole，2006）。科斯定理认为，如果产权明确且不存在交易成本，市场可以通过内部化解决外部性，从而实现帕累托最优。

价格结构影响市场交易量的根本原因在于双边市场中存在网络外部性。从网络外部性的角度看，双边市场中两边用户加入平台并进行交易，其中一边用户所获得的效用取决于另一边用户的数量，一般情况下用户的效用随着另一边用户规模的增加而提高，即存在正的网络外部性（Armstrong，2005）。由于这种交叉网络外部性的影响，平台吸引用户加入的成效取决于吸引另一边用户加入的能力。假设两边用户的规模分别为 N_a 和 N_b，平台对于双边用户收取的价格分别为 P_a 和 P_b，交叉网络外部性系数分别为 λ_a 和

λ_b，则对于用户 A，其效用函数为 $U_a = \lambda_a \times N_b - P_a$；对于用户 B，其效用函数为 $U_b = \lambda_b \times N_a - P_b$。

（二）双边市场分类

基于不同视角可对双边市场进行多种分类。从平台竞争的角度看，可将双边市场分为垄断平台和竞争平台。垄断平台是指市场只存在一个平台，而竞争平台是存在多个平台具有竞争行为。在竞争环境下，用户可以选择一个平台，也可以选择多个平台，这使用户具有单归属性或多归属性，相应地可将竞争性平台分为单归属平台和多归属平台。

根据平台的功能，可以将双边市场分为市场制造型、受众制造型和需求协调型三类（Evans，2003）：

一是市场制造型。市场制造型平台为双边用户互相交易提供便利。这种平台通过提高搜寻效率，增强双边用户匹配的几率，比如超市或电商平台为搜寻商品或店铺提供支持。

二是受众制造型。此类平台提供吸引一边用户的产品或服务，以此吸引另一边用户的加入，典型的是电视、报纸、杂志等。这些平台通过提高观众、读者的覆盖范围，吸引更多的企业在平台上投放广告。一方面，受众的效用会因为平台提供更多信息而提高；另一方面，企业的价值取决于受众多寡，受众覆盖面的提高将吸引更多企业参与平台中。

三是需求协调型。这类双边市场能帮助两边的用户通过平台联系在一起，通过网络外部性（与用户数量直接相关）从而满足两边用户各自的需求。这类平台并不严格像市场创造型平台那样出售"交易"，也不严格像受众制造型平台那样出售"信息"，如银行卡等支付系统、操作系统等软件平台、脸书等社交软件。

此外还可根据平台开放程度将平台市场分为封闭式、开放式等形式。

（三）双边市场的特征

双边市场涉及两类用户，这两类用户通过平台进行交易等行为从而获得价值。平台通过评估向用户提供有关卖方可信赖的信息来保护用户[1]。这使得双边市场具有两个鲜明特点：一是网络外部性；二是多产品定价，或非对称价格，主要分析平台的价格收费在用户间的分配问题。

1. 网络外部性

网络外部性是指产品的价值（效用）与使用该产品的消费者数量紧密相关。当某产品对消费者的价值随着采用相同产品或可兼容产品的消费者增加而增加时，就出现了正的网络外部性[2]。产品的网络规模越大，网络外部性经济越显著。

网络外部性可分为直接网络外部性和间接网络外部性。直接网络外部性是指某个产品或服务的价值随着该产品和服务的消费者数量的增加而提高。比如脸书、微信等社交平台，我们与其他用户处于同一个网络中，其他用户数量的增加会提高我们的效用。电信网中入网的其他用户数量增加会提高用户享受电信服务的效用，因为用户可以与更多

---

① 参见 Tirole，2020，383。

② 参见李雪静，2014，5。

的其他用户进行通话。间接网络外部性最初指，由基础产品与辅助产品之间技术上的互补性或兼容性所形成的某种虚拟网络而实现的外部性。这种主辅产品间的关系导致产品需求上的相互依赖性[1]。在双边市场中，间接网络外部性指一边用户的效用与另一边用户规模的正相关性质，也被称为交叉网络外部性。

交叉网络外部性是双边市场区别于单边市场的显著特征。例如，随着加入商户的增加，支付宝或微信支付会提高利用这些支付方式的消费者的效用。由于信息不对称、交易成本等问题，用户很难将外部性内部化。双边市场研究大多假定用户同时加入平台，这种静态研究模型将市场限定为一种理想的预期均衡状态。实际上，在很多情况下，市场的多边用户存在加入平台的先后差异，因此交叉网络外部性使双边用户加入产生"鸡蛋相生问题"，即一边用户被吸引加入平台，其前提是另一边用户已加入该平台，反之亦然。

有研究将双边市场的外部性分为会员外部性和使用外部性（Rochet 和 Tirole，2003）。会员外部性指平台一边用户数量的增加使另一边用户的效用提高；使用外部性是指双边用户之间的互动将提高一边用户的效用。但也有学者认为会员外部性和使用外部性实质是相同的，因为外部性最终产生于平台双边用户的互动（Roson，2005）。

2. 价格的非对称性（差异化定价）

在总价格水平不变的情况下，平台为实现最大效用，将对两边用户建立不同的价格标准，形成差异化定价。平台通过不同的定价策略，以吸引一边用户的加入，从而进一步提高对另一边用户的吸引力。当利用对一边用户的收费来补贴另一边用户时，平台对另一边用户索取的价格可以是零或者是负数，这就突破了传统理论的边际成本定价的原则。这种定价行为不能被简单地认定为价格歧视，也不能适用通常的反垄断规制。非对称性价格存在的主要原因在于网络外部性。如果一边对另一边有显著的外部性，平台通过降低对该边收取的价格是有利的。例如，平台为了追求大买家而对卖方收更高的价格。平台对一边征收的价格取决于该边能承受的程度，与该边的需求弹性反向相关，而市场另一边已有用户规模是影响该边弹性的一项因素（Rochet 和 Tirole，2006）。

在所有产业中，无论是否是双边市场，需求弹性都是制定价格时需要考虑的关键概念，高需求弹性导致价格适中，而低需求弹性则使价格上涨。如果市场一边收益比另一边大，那么平台将对前者收取更高费用，而对另一边收起较低费用，以吸引后者入驻平台，此即跷跷板定价模式。因此，平台提供者需要了解哪一边会对平台服务更感兴趣，及哪一边会给另一边带来更多价值。更感兴趣则具有最低的需求弹性，因而更愿意支付较高价格[2]。

二、平台的竞争

平台竞争是双边市场的重要问题。平台竞争的一个重要特征是多维性，因为在传统市场中，可以通过较低的价格和较高的效用来吸引顾客；但在双边市场中，两边都可能

---

[1] 参见程贵孙，2016，16。
[2] 参见 Tirole，2020，374－375。

出现竞争（Roson，2005）。此外，在同一平台内的主体之间存在内部竞争，而不同平台之间存在外部竞争，这些外部竞争是指多个平台为吸引用户加入而开展的竞争。

（一）平台的定价策略

在理论分析中，一般将平台的收费分为会员费和使用费两类。会员费是对用户加入平台收取的固定费用，比如有些平台收取的注册费；使用费是对两边用户交易收取的收费，可以按笔收取费用。无论是垄断性平台还是竞争性平台，其价格结构的定价策略都是相似的，其最初目的都是为了吸引更多的双边用户加入平台，从而提高平台的吸引力和交易规模。

相较于市场现行做法，向市场一边征收更多费用，向另一边征收更少费用能提高经济效率，基于此，平台主要通过干预价格结构获益（Rochet 和 Tirole，2006）。平台通常从一边盈利较少甚至亏损以招徕客户，而在市场另一边收回成本并盈利。网络外部性越强，平台两边价格的非对称性就越大。

为打破双边用户谁先加入平台的僵局，平台常常在一边制定低价，以激发这边用户的增长，这样能在另一边吸引更多用户以获得更多利润。因此平台可能对一边实行免费策略甚至提供补贴（负的价格），从对另一边的高价收费获得补偿。比如，期刊的收费往往对读者收费，而对作者支付稿费，对于重要文章支付的稿酬更高，以此提高期刊的覆盖范围和影响力。针对解决"鸡蛋相生"的博弈，一个根本性的问题是平台是否有能力影响客户对于未来交易量或外部性的预期，尤其重要的是平台对未来价格策略的承诺是否可信，可信的承诺能充分地影响动态博弈[①]。

为了获得竞争优势，平台还可以采取多种促销方式，如搭售或捆绑销售。捆绑销售也会影响价格结构，因为搭售行为允许平台更好地在双边用户之间平衡，这种平衡可能会增加社会福利（Rochet 和 Tirole，2006）。通过价格结构获得竞争优势是双边市场竞争中常见的，这种价格结构的不对称性并不是传统意义上的市场垄断或者掠夺性定价的表现。因此，双边市场的整体福利分析需要综合考虑平台定价水平、定价结构以及双边用户的参与规模等因素。

此外，用户的单归属或多归属特性也对定价策略产生影响。单归属是指消费者只在一个平台上进行注册交易，而多归属则指消费者同时在两个（或者更多）平台上进行注册交易（吴洪波等，2014）。如同单边市场一样，双边市场平台可以提供差异化的产品或服务，产品或服务的差异化程度会影响用户的归属决策，从而反过来影响平台的定价策略。

（二）平台的差异性与多归属行为

竞争是市场经济的核心动力和本质特征。在单边市场中，消费者通常从价格成本和质量等因素综合考虑，从多个竞争性厂商的产品中选择购买一个使用。但在双边市场中，为获取最大的效用，用户可能同时选择接入多个平台，这就是所谓的单归属与多归属问题。单归属和多归属借用了电信的术语，消费者在一定时期内只使用一个网络的服

---

① 参见李雪静，2014，43。

务，称为单归属；反之，如果同时使用两个或更多网络的服务，则称为多归属①。多归属源于用户在互不连通平台之间获得网络外部性收益的诉求，用户通过多归属可以获得更大收益（Rochet 和 Tirole，2006）。

平台不兼容可能导致一边用户选择加入多个平台，以增加其与市场另一边更多用户接触的机会，这就是多归属策略②。用户多归属的情况在双边市场上属于常见的情况，用户往往希望加入多个平台，以扩大潜在的交易对象，比如租房或购房的用户往往会在多个房产中介登记注册，以获得更多的房源信息。在由苹果和安卓操作系统主导的智能移动终端市场中，最受欢迎的移动应用程序中实施双归属策略的大约占 65%③。在竞争型环境中，为了限制竞争，平台可能利用排他性契约对双边用户的归属行为做出约束。用户归属特征对于平台的定价结构、竞争策略等都具有较大影响。平台的差异性将提高对用户的吸引力，高差异化会提高平台对用户的定价，从而增加平台的利润，因此，平台往往会进行差异化经营，这与单边市场中的情形相同。

（三）规模经济

一般来说，平台所提供的产品往往具有较高的固定成本，达到一定规模后，其边际成本相对较低，这使得平台具有较大的规模经济和网络效应。由于存在网络效应，平台往往具有赢家通吃的特性，即市场中的领先者会占据大部分的市场份额，而市场中的第二名仅仅占据极少部分的市场份额，而失败者往往被淘汰出局。基于规模经济，大型平台将通过正反馈不断强化竞争优势，扩大市场份额，其他平台尤其是新平台需要以特色化服务吸引用户，才能真正进入市场并获取收益。

对银行卡持卡人而言，银行卡的价值就在于广泛的商户会接受这些卡，同时，相关商户则从消费者广泛持有银行卡而获利（Rochet 和 Tirole，2003）。在双边市场中，平台提供服务的固定成本对平台竞争非常重要，因为这将在一定程度上影响平台产出的规模经济。在一些情况下，平台的规模经济主要针对其中一边。报纸、杂志对读者具有规模经济，因为它们具有较高的初排印刷成本，但复印及传播渠道的成本相对较低④。

三、从双边市场角度分析信用评级

（一）基于网络外部性及倾斜性价格的评级体系框架

从理论分析，信用评级市场可以被视为是一个双边市场，其中评级机构作为中介平台，将双边或多边用户（发行人和投资人等）聚集在一起的。发行人和投资人作为双边用户具有交叉网络外部性。一方面从发行人的角度考虑，发行人希望选择那些被更多投资人认可的评级机构。评级机构对发行人的价值受到信用评级产品可覆盖的投资人数量和类型的影响。认可（加入）某个评级机构（平台）的投资人越多，发行人的筹资范围越广，越容易获得更多的投资来源，评级机构作为平台对发行人越有吸引力。另一

---

① 参见李雪静，2014，13。
② 参见 Tirole，2020，378。
③ 参见 Tirole，2020，379。
④ 参见李雪静，2014，34。

方面从投资人的角度考虑，投资人也希望使用在发行人中更有影响力的评级机构（平台）。更有影响力意味着具有更广泛的发行人群体选择（加入）这个评级机构（平台），这也使得投资人可以便利地获取他们希望投资的发行人或金融工具。因此，发行人和投资人都在以评级机构为平台的双边市场中产生了交叉网络外部性。通过这种方式，每个信用评级机构作为一个平台运行，向发行者和投资者提供网络访问服务，如图 15.1 所示。

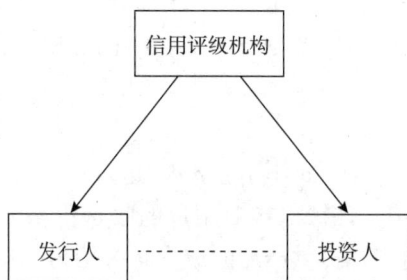

图 15.1 信用评级机构平台

评级机构及其所提供产品和服务的价值会随着用户数量的增加而提升，这种网络外部性是评级机构不断维护和提高声誉资本的本质原因。由于网络效应的存在，大型评级机构更容易获得市场双方的认可。但是，较小的发行人可能倾向考虑指定较小的评级机构，这样发行人会具有更强的议价能力（EC，2016）。

不同类型的信用评级是使用不同方法开发的具有较大差异的产品，并且不能轻易相互替代，因此不同类型的信用评级业务存在独立的产品市场和地域市场。在这些细分市场中，中小评级机构应该通过提供有特色的、差异化的产品和服务，以逐步在与大型评级机构的竞争中占有一席之地。

下面利用双边市场理论简要分析评级行业的福利和效用情况[①]。在垄断平台下，发行人（或投资人）作为双边用户，加入平台的效用 u_i、u_j 为：

$$u_i = \alpha_i n_j - p_i \tag{15.1}$$

$$u_j = \alpha_j n_i - p_j \tag{15.2}$$

其中评级机构连接的两边用户分别记为 i、j。i 边用户效用 u_i 与另一边的用户数量 n_j、网络外部性参数 α_i 的乘积正相关，并且与平台向 i 边用户收取的价格 p_i 负相关。

假设加入平台的 i 边用户数量 $n_i = \Phi_i(u_i)$，j 边用户数量 $n_j = \Phi_j(u_j)$，且 Φ_i、Φ_j 是递增函数。

以 f_i 表示评级机构提供服务的单位成本，则平台的利润为：

$$\pi = n_i(p_i - f_i) + n_j(p_j - f_j)$$

假设平台在提供服务时更愿意考虑用户的效用 $\{u_i, u_j\}$，则 i 边用户的价格表示为：

$$p_i = a_i n_j - u_i = a_i \phi_j(u_j) - u_i$$

---

① 参见 Armstrong Mark，Competition in Two – sided Markets［J］. RAND Journal of Economics，2005，37（3）：668 – 691.

则利用效用表示评机构机构（平台）的利润为：

$$\pi = [a_i\phi_j(u_j) - u_i - f_i]\phi_i(u_i) + [a_j\phi_i(u_i) - u_j - f_j]\phi_j(u_j) \tag{15.3}$$

令 $v_i(u_i)$ 表示 i 边用户的消费者剩余，其中 $v'_i(u_i) \equiv \phi_i(u_i)$，则总福利函数为：

$$w = \pi + v_i(u_i) + v_j(u_j)$$

将福利函数对效用求最大化一阶条件，可得福利最大化结果，且效用满足条件：

$$u_i = (a_i + a_j)\phi_j(u_j) - f_i \tag{15.4}$$

$$u_j = (a_i + a_j)\phi_i(u_i) - f_j \tag{15.5}$$

将式（15.1）、式（15.2）与式（15.4）、式（15.5）联立可得社会最优价格 p_i、p_j 满足：

$$p_i = f_i - a_j\phi_j(u_j)$$

$$p_j = f_j - a_i\phi_i(u_i)$$

从上式可知，如果 $a_j > 0$，评级机构对用户的收费价格 p_i 应该低于成本 f_i。垄断平台的社会最优价格是对一边用户提供产品的成本减去给另一边用户带来的外部性。

利用利润函数（15.3）对效用求最大化一阶条件，可得利润最大化价格满足：

$$p_i = f_i - a_j\phi_j(u_j) + \frac{\phi_i(u_i)}{\phi'_i(u_i)}$$

$$p_i = f_i - a_j\phi_j(u_j) + \frac{\phi_i(u_i)}{\phi'_j(u_j)}$$

因此，对于用户 i 的利润最大化价格，是在提供服务成本的基础上，用外部收益 $a_j\phi_j(u_j)$ 向下调整，并对与用户参与弹性相关因素进行向上调整，同理可得 p_j 的分析。或者说，利润最大化价格是在社会最优价格的基础上，加上市场势力因素进行调整。

从以上分析可以看出，利润最大化价格 p_i 可能低于成本 f_i，这是由于用户 i 的需求弹性高，或者用户 j 享有的外部收益大，因此平台对用户 i 提供补贴。当补贴足够大时，价格实质成为 0 或者负数。

评级机构的声誉资本 r 是影响网络外部性的重要因素，如果记为 $a_i = E(r)$，则可以在模型中引入声誉资本的参数，从而对声誉资本的影响进行分析研究。博瓦德等（Bouvard & Levy, 2009）分析了声誉在双边市场的效应，但并未分析价格结构在双边市场中的影响。

在实际操作中，评级机构的收费模式有多种形式，包括投资付费、发行人付费等。在发行人付费模式下，信用评级机构向发行人收取信用评级费用，然后向投资者免费提供这些评级结果。在投资人付费模式下，评级机构向投资人收取费用，而不向发行人收取费用。评级机构可通过向投资人以收取年度订阅费的形式提供服务，投资人和其他市场参与者等订阅人可访问信用评级数据库、定期获取研究和分析报告等服务产品。

（二）多归属性与多评级

评级市场中存在双评级或多评级现象，这类似于双边市场中的多归属特性。用户选择多归属是为了满足需求，提高福利水平。由于评级机构的服务覆盖范围存在局限性，发行人可选择双评级或多评级，这样可以通过提高对投资人的覆盖面，扩大债券产品的影响力，从而促进债券的发行进程和融资规模，提升发行人的福利。

从投资人的角度看，选择双评级或多评级，是为了提高信用风险评估的准确性。通过对比多个评级结果，可以发现单一评级对信用风险信息揭示的不足，有助于提升投资人的投资策略适当性。当不同评级机构的覆盖范围的差异性越大，评级市场的多评级需求将会越迫切。例如，由于区域性评级机构和国际评级机构在地区覆盖面的差异，这些机构可能会在不同地域评级市场获得发展。

假设存在平台（即评级机构）$m \in \{i, j\}$，存在双边用户 $k \in \{1, 2\}$，令 b_k^m 表示平台 m 上边 k 用户的收益，平台 m 向 k 边用户收取的价格为 p_k^m。可以得出，如果 $b_k^m > p_k^m$，则 k 边用户愿意加入平台 m；对于 $m \in \{i, j\}$，若 $(b_k^i - p_k^i) > (b_k^j - p_k^j)$ 则用户加入平台 i 的意愿更强。

针对双评级或多评级的分析，与以上的推演类似。若用户 1 已选择评级机构 i，当满足以下条件时：

$$(b_1^i + b_1^j) > (p_1^i + p_1^j) \text{ 且} (b_1^i + b_1^j) - (p_1^i + p_1^j) > (b_1^i - p_1^i)$$

则用户 1 将选择两个评级机构 i，j，即选择双评级。对上式条件进行运算可简化为：$b_1^j > p_1^j$。这表明，用户选择双评级的基础是选择第二个评级机构能带来更多的收益，而这与第二个评级机构的声誉所带来的对另一边用户网络的覆盖面有紧密关系。因此，用户多归属性的实质是通过购买多个产品、接入多个平台以获得最大的网络效应，因为多平台接入使得用户与更多潜在的交易对象产生联系。

（三）规模经济与市场高集中度

在相当程度上，评级机构也属于信息行业。信息技术行业往往是高度集中的，这其中的原因在于两方面：一是网络外部性，二是规模经济[①]。平台初期需要大规模的起步资本投资，一个新产品开发也可能需要较大的成本，但是随着用户需求规模的提高，平台提供产品的边际成本会急剧降低。由于存在规模经济及网络效应，平台经济往往是赢者通吃，这导致双边市场的特点通常是只有少数几家平台公司，因此市场存在高度集中的特征。网络外部性和监管成本等因素形成了市场准入壁垒，使新的市场主体取得市场认可存在较大的困难。一般而言，信用评级机构所面临的准入壁垒包括监管、当地市场的需求、特定行业的专业知识，以及在平台两侧同时建立发行人和投资人网络的需要。

把信用评级行业看作是由不同的信用评级机构经营的一系列平台，有助于理解这个行业高度集中的特征（ESMA，2015）。发行人希望使用那些得到最多相关投资者认可的信用评级机构，投资者希望使用为其感兴趣的发行人和债务工具提供最大覆盖范围的信用评级机构。理论上，发行人和投资人对评级机构最看重的因素是其在市场上的声誉，因为评级机构声誉与市场覆盖范围存在正向关系。

从世界整体层面和单个国家层面来看，评级市场都是集中度很高的行业。国际三大评级机构占据世界范围内的主要市场份额，并且市场影响力无法撼动，即使在国际金融危机中出现声誉危机，但近些年似乎已经从市场低谷恢复寡头垄断性的影响力。国际信用评级机构的最大优势是它们所提供的服务质量、种类和覆盖范围。三大评级机构在许多国家和地区的评级市场基本占据主要地位，即使部分国家本土评级机构有一定的影响

---

① 参见 Tirole，2020，388。

力，但也无法在国际舞台与三大评级机构开展竞争。

但是，高集中度将导致市场出现问题。如果市场高度垄断，就会产生价格过高和缺乏创新等风险，相关企业在价格、产品和服务质量上缺乏竞争的强烈动机，如果新企业更有效率或富有创新性，那么新企业就必须可以顺利进入市场开展经营，因此，市场必须是可竞争的[①]。

寡头垄断市场的企业有可能会在价格、商品及服务质量展开激烈竞争。然而，一些寡头垄断企业可能利用市场垄断性力量限制商品和服务的数量或质量，并收取高价。此外，寡头垄断市场中的企业可能出现相互依赖性，因为它们能够在一定程度上理解或预测同业企业的竞争定位和战略，这会导致行业企业在产品的质量及定价等方面以类似的方式开展业务，而不是以相互竞争促进社会福利的提高，这可能会给客户带来损害，因为相对于一个更激烈的竞争市场，客户只能以更高的价格获取更低质的产品。

新进入者应选择合适的竞争策略，比如采取细分市场战略，从某个特定产品切入市场，然后逐渐扩充其产品线。为了能在市场打开局面，新进入者的产品须更有特色，因此差异化竞争是拓展业务的重要策略，这就要求对市场结构进行深入分析以确定服务方向。在美国 NRSRO 的垄断竞争格局中，部分中小评级机构从细分市场形成一定竞争优势，这可作为此策略的实践。

（四）市场规制

信用评级行业中相关要素之间的相互依赖性质，可能使监管的有效性面临挑战，因为旨在改善行业某一部分要素运作的措施，如收费方面的监管，也会对评级行业其他部分产生影响，并可能产生意想不到的后果。平台的价格结构往往有利于市场的一边而对另一边不利，这是否是掠夺性定价或是滥用定价。传统市场中，监管者可能会将低价视为掠夺性定价，高价视为滥用市场势力[②]，但双边市场却有不同的特征。监管机构的作用应该是确保有一个公平的竞争环境，平台不能滥用市场力量，不能利用其市场地位阻碍后来者进入市场，这也有助于确保平台的良性运作，以带来更大的经济利益。

从长远来看，要确定该行业可支持多少平台运营为时过早，但欧盟对市场调研的反馈认为，在每个资产类别中可能只需要 4～5 家信用评级机构，因为除了少数几个之外，其他信用评级几乎没有边际效益。尽管近年来在欧盟开展业务的信用评级机构有所增加，但欧盟信用评级行业仍非常集中，每类业务都主要由三到四家信用评级机构进行评级。

但是，从金融稳定的角度来看，金融服务市场的高度集中可能会引发市场担忧。在信用评级行业，当大多数市场参与者仅依赖少数的意见，并以此类方式应对市场变化时，就会发生金融稳定风险，例如，在信用评级下调后大规模出售资产。通过观察 2009～2014 年市场动态的变化，ESMA 认为：

---

① 参见：Tirole，2020，389。
② 参见：Tirole，2020，384。

一是不同的信用评级可能存在单独的产品和地域市场，因为它们是使用不易相互替代的、不同方法开发的、高度个性化的产品。总体而言，在国际和成员国层级上，不同类别的信用评级单个市场可被视为将不同客户群体聚集在一起的平台市场。这些市场的特点是通常只有少数几家公司，因此它们可能高度集中，且存在进入壁垒。

二是信用评级市场的集中性表明，全球几家最大的信用评级机构可能拥有操控市场的力量。除非新进入者能够进入市场并挑战它们，否则这有可能使它们能够将价格提高到竞争水平以上，或限制可用产品和服务的选择或质量。

三是平台市场往往相当集中，可能倾向于垄断。在信用评级机构行业中，这可能是因为发行人只希望使用目标投资人认可的平台，投资人也只希望使用对他们想要投资的发行人和工具进行评级的平台。在这种情况下，在平台两侧建立发行人和投资人网络是信用评级行业的一个普遍障碍。

从双边市场的模型看，发行人仍主要选择三大评级机构，其原因在于评级机构的网络效应，三大评级机构自身的历史声誉对其他评级机构来说，是较难在短期内超越的优势。对评级机构而言，声誉资本对提高网络覆盖面具有重要影响，而声誉的发挥有赖于市场规制的约束，提供低质量产品应受到声誉损害的惩罚，因此制度规范成为双边市场中评级平台顺利运行的基础。

社会数字化是 21 世纪经济与社会变革的核心，它将改变贸易、金融、媒体、旅游等众多行业，也将影响人们的所有活动，包括人际关系和生活[1]。根据 Brand Finance 发布的 2020 年全球品牌价值，排在前几名的基本还是双边平台型企业，分别是亚马逊、谷歌、苹果、微软、三星、工商银行、脸书、沃尔玛。这些平台连接双边或多边用户，实现了不同边用户的匹配和交易行为，促进了经济高效运转。但是，数字经济环境下迅速发展的平台公司也带来了新的管理挑战，包括信息保护、公平竞争等[2]，这对于评级行业也是类似的。

第二节　信用评级的制度性变迁
——基于制度经济学理论的分析

传统的新古典经济学模型的假设前提是：市场是充分竞争的，价格发现是迅速的，价格将导致市场竞争趋于均衡。经济学家科斯将交易成本引入市场交易分析中，诺思等其他经济学家在此基础上进一步对制度、制度变迁与经济绩效或财富的关系进行了研究，这些理论形成了制度经济学的框架模型。制度经济学框架包括正式制度、非正式制度和制度的执行三个主要因素，在制度经济学分析中尤其关注交易成本的作用。信用评级在金融市场中最终形成一种制度性安排，其中的变迁形式和原因可以从制度经济学的

---

[1]　参见：Tirole，2020，369－370。

[2]　欧委会已于 2018 年 9 月发起反垄断调查显示，亚马逊涉嫌使用相关敏感信息来提高自营商品销售额，涉嫌使用商家相关信息影响市场竞争。

角度进行研究和分析。

一、制度经济学理论框架

（一）制度的组成

诺思认为，制度是一个社会的博弈规则，是一些人为设计的、用于限制人们互动关系的约束[①]。制度包含三个层面的内容：正式规则，非正式规则，以及实施机制的有效性。正式规则包括政治规则、经济规则等，不同级别的正式规则（宪法、成文法、普通法）结合在一起，界定了存在于特定交换中的正式权限和义务。正式规则是通过一定的政治程序形成的，具体由公共权力部门制定。非正式规则包括声誉、普遍接受的行为标准，以及因重复交易而产生的惯例等。由于衡量交易产品价值需要成本，因而大部分契约都是不完全的，由此非正式规则对于履行合约来说就变得非常重要了。实施机制的结构及其完善程度，是影响交易费用与契约形式的重要因素。

制度通过规则来减少不确定性，基于此，可以说制度界定并限制了人们的选择集合，对人们相互交往的框架进行了界定。在信息完全的条件下，制度没有存在的必要，但如果存在信息不完全，那就必须要创造出一种制度，来为个体核查失信行为提供手段，这样才有可能促进交易双方的合作，并使降低交易成本成为可能。

随着社会交往形式的日益复杂，必然会提高正式约束的报酬，为了处理复杂交易而被建立的法律系统导致了正式规则的出现。这些正式规则能够降低信息、监督以及实施的成本，补充和强化非正式规则的有效性，同时，正式规则也可能修改、修正或替代非正式规则。正式规则与非正式规则之间，只存在程度上的差异。从非正式规则到正式制度的形成需要一定的发展过程，这种演化过程是与日益复杂的社会所导致的专业化和劳动分工程度的增加密切联系的。

（二）组织在制度中的作用

在制度中，组织也为人们的相互交往提供某种结构，组织包括政治团体、经济团体等。制度决定了社会中的选择机会，针对这些机会，特定的组织被创造出来，因此，组织的产生反映了现有制度框架下对组织产生提供的激励。诺思认为，当探究由制度框架所引起的成本时，会发现这些成本不仅来源于这一框架本身，而且还来源于这一框架下所发展出来的组织[②]。组织的形式和组织的演化方式均受到制度框架的根本性影响，反过来，它们也对制度框架的变迁发挥促进作用。

知识和技能对组织具有重要作用。组织所要获得的知识、技能的种类，反映了包含于制度约束中的激励。对知识和技能的需求进一步创造出增加知识存量与分配知识的需求，这种需求反映了对获取不同知识报酬的认知。制度框架将构建获取知识和技能的方向，这一方向对社会长期发展具有决定性的作用。

（三）交易成本对制度的影响

制度经济学认为交易成本对交易行为具有重要影响。交易成本具体包括衡量价值的成

[①] 道格拉斯·C.诺思．制度、制度变迁与经济绩效［M］．杭行译，上海：格致出版社，2008，3.

[②] 道格拉斯·C.诺思．制度、制度变迁与经济绩效［M］．杭行译，上海：格致出版社，2008，5.

本、保护权利的成本以及监督与实施契约的成本，这些衡量与实施成本一起决定交易费用，是社会、政治和经济制度的来源。信息不完全所产生的问题是导致交易成本的根源。

科斯定理认为，如果交易成本为零，不管初始产权如何界定，都可以通过市场交易达到资源的最佳配置，也就是各方之间的谈判将会导致财富增加至最大化的社会安排。通常认为，竞争通过价格体系发挥作用，它可以完成所有必需的协调功能。因此，如果交易没有成本，则有效竞争结论就能成立，并且使制度安排可以被绕过甚至被改变。但实际情况是，使用定价机制是要花费成本的，交易双方必须发现价格的高低，同时谈判、签订契约、监督甚至解决纠纷等都需要成本，这些就是不可避免的交易成本[①]。

如果交易费用不为零，不同的产权界定会带来不同效率的资源配置，在此环境下，法律体系等制度就是非常重要的[②]。这是因为，在市场交易中，每个交易主体所拥有的权利和义务在很大程度上是由法律框架确定的，因此，法律体系将对经济体系的运行产生深远的影响，交易赖以发生的制度约束会影响对生产的激励和交易的成本。

（四）制度变迁的相关内容

制度在社会中的主要作用是：通过建立一个相互交往的结构框架来减少不确定性，虽然这个结构不一定是有效的。制度并非一成不变，而是处于变迁之中，制度与组织的交互作用决定了制度变迁的方向。

1. 制度变迁的内因

诺思认为，制度变迁的源泉是变化着的相对价格和偏好[③]。制度在变迁，而相对价格的根本性变化乃是制度变迁的最重要来源。要素价格比率、信息成本的改变等，都属于相对价格的变化。相对价格的变化改变了在交易活动中的激励，这将改变人们对行为标准的认识及其实际的行为模式。就行为规范而言，相对价格的变化或偏好的改变将使其逐渐被改变，甚至被其他规范代替。

2. 制度变迁的方式

绝大多数的制度变迁都是渐进的。制度变迁的主角是组织，它们试图在那些能盈利的机会上实现财富和收入最大化，而现存的约束和激励的变化决定这些机会。在追求目标的过程中，组织逐渐地改变着制度结构。组织的获利水平是由机会所限定的激励因素决定，为了利用市场机会，组织不断演化，这不仅提高了组织自身的效率，还逐渐地改变着制度框架。

在组织追求效益最大化的过程中，非正式约束会有渐进型的改变，这些非正式约束的主要作用是修改、补充或扩展正式约束。重大的制度变迁往往是通过多次微小的非正式约束的变化累积而成的，这些微小变化在整体上构成了根本性的制度变迁。当正式规则的改变对那些拥有充分谈判地位的组织是有激励的时候，正式的制度也可能会有重大变化。制度的重大甚至根本性结构改变往往出现在发生危机阶段，这是因为危机使已有制度的存续遭到质疑，新条件压倒了既存路径的存续机制和认可度，从而产生了制度结

---

① 罗纳德·H. 科斯. 论经济学和经济学家 [M]. 罗君丽等译，上海：格致出版社，2014：8，10.

② 同上，10 – 11.

③ 道格拉斯·C. 诺思. 制度、制度变迁与经济绩效 [M]. 杭行译，上海：格致出版社，2008，115.

构变革的契机。

二、信用评级制度的出现和变迁

信用评级在 20 世纪初出现在美国的金融市场。直到 20 世纪 30 年代以后，信用评级才逐步在美国的法律制度中作为正式的规则确定下来，并不断地渗透到金融市场各个相关的法律制度，成为金融市场的一个正式制度性安排。但是，美国次贷危机及随后的国际金融危机引发信用评级制度的重大变化，主要国家和地区试图改变在监管制度中对信用评级的过度依赖。

纵观整个历史过程，信用评级的出现和变迁过程表现为：经济发展的社会分工导致交易成本（衡量和实施成本）的提高；针对当时市场出现的商业机会，评级机构出现并推出评级产品，信用评级作为非正式规则在金融市场发展，并被逐步接受；随着信用评级的不断完善，逐渐促进在正式规则中引入信用评级，也就是制度变迁导致在监管制度中引入信用评级。

（一）信用评级在金融市场的出现

正式与非正式的制度及执行，构成了一个经济体和社会。这一总体结构最终决定了各种交易中的交易费用。随着分工的增加和非人际关系化交换的不断扩展，交易费用也增加了，其主要原因是，交换双方所拥有的信息是有代价的和非对称的。当人们一旦离开了人际关系化的、重复行动的选择环境，转而面对非人际关系化的、不重复交易的选择时，结果的不确定性就会增加①。制度就是为了降低交易中的不确定性而出现和变化的。

随着美国金融市场的发展，出现了市场分工的深化和非人际关系化交换的不断扩展。投资人和债务发行人分布在不同的地区，已不存在熟识的人际关系，在此情况下，由于信息不对称，完成交易的成本不断提高。交易成本是企业赖以生存的经济原因，也是评级机构出现的经济原因。在金融市场上，投资者要对债券等金融工具进行信用风险分析，了解交易对手的信用状况。但是由于信息的不对称，如果由每个投资者去对债券等金融工具进行信用风险分析，这个交易成本是很高的，单个普通投资者因自己调查分析而产生的成本与委托信用服务机构所发生的交易成本相比要高很多。专业的信用评级有一般投资人所不具备的资源和技术优势，也实现了信用评估的规模效应，即随着评估对象的增加、信息及技术的积累，在一定区间内，评级机构进行评估的边际成本是下降的，因此由专门的信用评级机构来完成评估工作是合理的。信用评级制度的产生适应了这一市场需求，并降低了交易成本和提高了金融市场的整体效率。

---

① 诺思认为，制度为经济交换提供的结构方式按照出现的时间序列分为三种类型：一是与小规模生产和地方性交易相联系的人际关系化的交换。在这种交换环境下，交换双方相当了解，重复交易和社会关系网络使得欺诈行为极为罕见。二是非人际关系化交换。这种交换扩大了市场，实现了由更复杂的生产和交换带来的效益。三是有第三方实施的非人际关系化交换。由于投机、欺诈和规避责任等的回报在复杂社会中也同步增长，因此某种形式的第三方实施是不可或缺的。这种第三方不但包括国家机器（诺思认为的第三方主要形式），还应该包括各种形式的社会中介机构。道格拉斯·C. 诺思. 制度、制度变迁与经济绩效［M］. 杭行译，上海：格致出版社，2008，47 - 48。

技术创新能较容易地降低交易费用，正如它能导致降低生产成本一样，同样，制度变迁也会降低交易费用。非正式约束的出现是为了协调重复进行的相互交往，它们是正式制度的延伸和补充。这些非正式约束是为了解决特定的交换问题而演化而来的，虽然它们未进入正式规则，但也逐渐成为了一种公认的制度约束。信用评级作为技术创新出现，并不断进行新的技术创新，由此信用评级逐渐成为金融市场公认的非正式规则的约束。

（二）信用评级从非正式规则到正式规则的变迁

非正式约束的主要作用是修改、补充或扩展正式规则。任何一种制度约束的变化都将改变交易成本，并能推动新惯例或规范的演化，从而解决新出现的问题。信用评级作为非正式规则，经过近30年的发展，在20世纪30年代首次出现在美国正式的法律制度中，初步成为正式的规则约束。在此过程中，信用评级机构作为组织，创新了信用评估技术，为市场参与者降低交易成本提供了选择，促使市场参与者，包括监管部门逐步接受了信用评级机构提供的产品。

制度变迁的源泉是变化着的相对价格和偏好。信用评级导致信息成本的改变和信用评估技术的变化，这使得相对价格发生变化，相对价格的变化改变了激励因素。而在20世纪30年代大萧条中所体现的有效性，使信用评级逐步获得市场的认可，这进一步促进了市场参与者对信用评级的偏好。基于对信用评级能揭示信用风险和降低交易成本（包括监管成本）的认识，监管部门将其纳入正式规则中，而且不断在正式规则中体现对信用评级的应用，并以此类规则对市场交易进行约束。

追逐盈利的组织为了扩大交易机会导致了制度的演化。对照于此，可以说信用评级机构在1997年亚洲金融危机和2007年国际金融危机所反映出的为了追求利润而出现的利益冲突等问题，导致对评级管理制度的重要变化。这是因为，制度运行的关键在于犯规确有成本，并且对不同违规行为的惩罚也有轻重之分。规则的有效结构不仅奖励成功，还应去除组织中那些不符合要求的部分，从而促进正向的努力。对于信用评级机构要承担专家责任要求的变化，可以说是评级机构从不承担评级结果的责任到承担责任的重大制度改变，见表15.1。

表15.1　　　　　　　　危机事件与美国、欧盟信用评级管理制度变迁

国别	危机事件	信用评级管理制度改革
美国	20世纪30年代的大萧条	促使金融监管部门、市场主体认识到信用评级的价值，信用评级结果开始应用于金融监管领域，如1931年美国货币监管署（OCC）制定规则规定银行持有的债券只有获得至少一个BBB级及以上的评级才可以账面价值记账，否则，将以市场价值记账且账面50%的损失要减记银行资本；1936年，货币监管署和美联储进一步规定，禁止银行持有未获得至少两个BBB级及以上信用评级的债券。
	20世纪70年代经济危机	1975年，SEC设立了NRSRO，评级机构只有申请注册成为NRSRO，其评级结果才能够用于对经纪人/交易商的净资本监管。其后，NRSRO概念广泛地应用于金融监管领域。
	亚洲金融危机和2001年安然破产事件	促进了2006年《信用评级机构改革法案》的出台，初步确立了美国信用评级监管制度的法律基础。

续表

国别	危机事件	信用评级管理制度改革
美国	2007 年次贷危机	促使《多德—弗兰克法案》出台，其中有 9 个条款对改革完善信用评级监管制度予以了明确。
欧盟	2007 年次贷危机	促成 2009 年 CRA 条例 I 出台，彻底改变了长期以来行业自律管理的模式，确立信用评级监管的法律框架。
	2010～2012 年欧债危机	促成 2011 年、2013 年 CRA 条例 II、CRA 条例 III，确立统一的泛欧监管法律框架和改革的路径。

资料来源：根据公开资料整理。

需要注意的是，无论发展出怎样的制度去规制人们的交易行为和互动，在一定程度上都会导致市场的不完美。事实上，制度的激励效应给参与者提供的是混合的信号，因而，即便是在制度框架鼓励获取更多的交易收益的情况下（与先前的制度框架相比），其对欺诈、搭便车等行为的激励也仍然存在，这些行为将会导致市场的不完全。这也意味着信用评级制度的发展将是一个不断完善变化的长期过程。

三、信用评级对交易成本的影响

诺思认为，降低交易成本的创新是由组织、技术以及实施特征的创新组成的，这些创新产生于三个成本边际：能降低信息成本、能分散风险、能增加资本流动性，这些方面的作用是相互重叠的[①]。因此，信用评级对交易成本的影响体现在以下四个方面。

（一）降低投资人搜寻信息的成本

投资人在决定投资之前，必须广泛地收集与投资项目相关的信息，以此判断能否获得期望的收益。但是，在金融市场中的企业和投资项目数量众多，投资人难以对每一个投资对象进行详尽的分析与了解。而信用评级揭示了发行人或债项的信用风险，是由专业的评级机构经过分析而评估出来的。对于投资人来说，利用专业化的信用评级，可以大大减少信息搜集成本。

（二）降低公司的融资成本

对于一个没有信用评级参考的公司而言，由于对投资人来说存在较大的信息不对称，会导致该公司必须付出更高的风险报酬才能吸引外部的资金。较高的融资成本，可能会使信用良好的公司降低或取消融资需求，也就是逆向选择。对于取得资金的公司而言，由于成本过高，它会倾向于投入高收益但高风险的项目，这最终可能会损害投资人的利益，也就是道德风险问题。信用评级可以降低信息不对称所带来的风险，从而降低公司的融资成本。同时，有效的信用评级可以促进公司完善治理结构，从而提高组织内部的运营效率。

（三）降低金融市场管理部门的监管成本

信用评级的结果可以提高金融市场的透明度与效率，为监管部门开展和加强对监管

---

① 道格拉斯·C. 诺思. 制度、制度变迁与经济绩效［M］. 杭行译，上海：格致出版社，2008，172.

对象的分类管理提供依据；信用评级也为资本的审慎性管理提供评估手段，从而能有效地降低监管成本，提升金融稳定性。

（四）增加资本流动性，推动市场规模的扩大

信用评级为直接融资提供了决策参考，从而促进了资本的流动性。此外，信用评级作为制度创新带来交易费用的下降，人们因而获取了更多的交易收益，进而市场得到了扩张。

四、信用评级制度的适用性

为什么信用评级首先产生于美国，而不是在其他国家或地区（包括资本市场出现更早的欧洲）出现？这个问题类似于，为什么同样的相对价格的根本性变化，会对两个不同的社会产生不同的影响？在每一个社会，相对价格变化都会产生出边际上的适应性调整，调整的部分是那些需要得到解决的直接的问题，而采取何种解决办法，则取决于参与者的相对谈判力量①。由于不同社会中各集团的谈判力量明显不同，因而在各个社会中的边际调整通常也是不同的。此外，不同的历史以及不完美的结果回馈机制，也使得行为人的主观模型各不相同，其作出的政策选择因而一定是不相同的。美国经济体系为经济成长提供了适宜的环境，是制度的适应性效率特征引导了这种经济与政治环境的诞生，并使组织的生产性活动以及他们发展技能与知识的努力得到回报②。

此外，同样的正式规则在不同国家应用，效果往往是不同的。这是因为：尽管正式规则不变，但实施机制、实施发生的习俗、思想方式和行为规范却都是不同的，因而，实际的激励结构和政策效果就有差异。这样，一个国家或经济体直接照搬在另一个国家或经济体中发挥良好的正式制度，会取得不同的效果。因此，对国际评级制度的借鉴应该考虑适应本土化环境的问题。

第三节 信用评级的经济效用
——基于委托代理模型的分析

一、委托代理问题及解决机制

信息经济学崛起于20世纪70年代。对信息不对称现象的研究起源于对二手车市场的分析，在这种市场交易中，卖方和买方对产品的质量信息的掌握是不同的，卖方对产品质量的情况更清楚。阿克洛夫于1970年发表了论文③，将存在信息不对称问题的二手车市场称为"柠檬"市场，分析了不对称信息导致逆向选择及市场失灵。斯蒂格利茨在对信息经济学进行总结时指出，市场看不见的手是不存在的，因为市场有效的前提之一是信息完全，但信息不完全和不对称是普遍的。为表彰阿克洛夫、斯蒂格利茨、斯

---

① 道格拉斯·C. 诺思. 制度、制度变迁与经济绩效［M］. 杭行译，上海：格致出版社，2008，138.

② 同上，188。

③ 据说1967年该论文就投稿，但被拒多次，最初不被认可。

宾塞在信息经济学的突出贡献，他们获得 2001 年诺贝尔经济学奖。信息经济学是在批判传统经济学的基础上发展起来的，但并未完全摒弃传统经济学，而是融入主流经济学其中成为重要一部分内容。

在金融市场中，企业比投资者更加清楚自身的经营状况从而产生信息不对称问题（Stiglitz，2002）。由于信息不对称，投资者将面临投资产品的信用风险。当信用风险实际发生时，交易对手不能履行约定契约中的义务而造成经济损失，这将使投资人的预期收益与实际收益发生偏离。金融市场的信息不对称问题可利用委托代理模型进行分析。

委托和代理的概念来源于法律用语，当一方委托另一方从事某种行为，这就产生了委托代理关系。在经济学中，委托代理关系泛指涉及非对称信息的交易，其中具有信息优势的一方为代理人，处于信息劣势的另一方为委托人。委托代理理论研究在信息不对称的情况下，委托人如何设计激励约束机制，使代理人按照委托人的预期目标努力工作，从而实现委托人的最大利益，这是研究解决信息不对称的重要模型。

当一个作为代理人的经济人能够以自身最大利益而非他人利益（委托人）行事，且各方存在不同利益时，委托代理问题就产生了。代理人比委托人拥有更多的信息，这样委托人不能确保代理人总是按照委托人的最大利益行事，特别是在对委托人有用的活动对代理人成本较高，且监督代理人的活动对委托人构成高成本情况下。

在理论研究中，委托代理关系模型化为：在代理人的参与约束和激励相容约束条件下，最大化委托人的期望效用函数。参与约束条件使得代理人从接受合同中得到的期望效用大于不接受合同时能得到的最大期望效用，激励相容约束条件进一步使代理人追求自身利益的行为与委托人利益最大化的目标相吻合。根据合同契约签订前后的时点不同，委托代理关系产生的问题又分别称为选择问题（又称为逆向选择）和激励问题（又称为道德风险）。

在合同契约签订前，由于信息不完全，委托人有可能在对代理人的选择上出现逆向选择问题，也就是最终选择的代理人不是最适合或能力最强的代理人。逆向选择会导致信贷配给、市场萎缩等情况。为了解决选择问题，委托人需要获取更多关于代理人的信息，实现对代理人类型的分类，从而为正确决策提供依据。从委托人搜寻相关信息或代理人主动披露信息行为的性质划分，有信息甄别和信号传递两种模型机制。信息甄别是委托人对代理人行为信息的搜寻，信号传递是代理人主动披露自身的行为信息。这两种信息获取机制都将使委托人获得更全面的有关代理人的信息，从而降低对代理人的错误选择问题。

当合同契约签订后，代理人会出现道德风险，即代理人为了最大化自身的利益而损害委托人的利益，这就需要设计激励机制促进代理人努力工作。由于人们一般都认为代理人的行为是在替委托人做事，这就为代理人提供了利用这一信用来谋取自身利益的明显机会[①]。避免道德风险需要设计激励机制来约束代理人的行为。激励机制设计主要分为两种形式：一是显性激励机制，二是隐性激励机制。显性激励一般是对剩余索取权的分配，在委托人与代理人之间按一定的剩余索取权的分配，将剩余分配与经营绩效挂钩，使代理人承担部分风险，如利用绩效奖惩等外部可量化的激励手段。隐性激励机制

---

① 道格拉斯·C. 诺思. 制度、制度变迁与经济绩效［M］. 杭行译，上海：格致出版社，2008，176.

则是指发挥外部市场环境等不可量化因素对代理人行为的约束，其中最重要的是市场声誉对代理人的隐性激励，这也被称为声誉模型或声誉机制。基于隐性激励的声誉模型认为，即使没有显性激励的合同，代理人也会有积极性努力工作，因为代理人的市场价值决定于其过去的经营业绩，努力工作可以保持和提高代理人在市场上的声誉，从而提高未来的收入。这两种机制都试图通过激励约束要求来规范代理人的行为，使代理人的行为与实现委托人的利益最大化目标相一致。

二、信用评级对委托代理问题的解决

在金融市场中，投资人和发行人分别作为资金的供给方和资金的融入方，构成了委托代理关系，这两者在信息方面存在不对称。信息不对称问题的存在是信用评级产生和发展的根源，信用评级可以在很大程度上揭示信用风险，降低信息不对称。信用评级在信息甄别、信号传递、显性激励和隐性激励四方面都体现了具体的应用。为了保证评级质量，评级机构要对有关评级对象的信息进行搜集、分析和甄别。为了获得较高的评级级别，被评对象也有动力向评级机构主动提供自身的良好信息。评级机构的最大作用就是消除金融市场中资金借贷双方之间的信息不对称现象，从而提高市场的透明度和效率。在借贷关系中，信用评级帮助贷款人降低信息不对称，同时帮助借款人和他们的信用质量突出出来（White，2002）。获得较高信用评级的企业或融资产品意味着较低的融资成本。信用级别的公开和变动在一定程度上隐含了被评对象的市场价值，这将有助于发挥市场隐性激励机制的作用。

（一）信用评级中的信息甄别

针对在市场中由不同供应商开出的价格，那些想找到最低价格的人将进行搜寻。被询价的供应商越多，买者期望支付的价格就可能越低；但是，由于存在搜寻成本，并且从增加的询价活动中所获得的边际收益呈递减趋势，因此，对于每个买者都存在最优搜寻数量。专门搜寻和销售信息的公司、广告、专业经销商、本土化等将使信息搜寻成本降低[①]。作为信息中介机构，信用评级机构通过专业化的信息搜集和评级分析技术，对发行主体或债务工具的信用风险进行评估，对评级结论用简单的评级符号表示，从而实现了对被评对象的信用风险高低的分类。由于信用评级所具有的信息甄别作用，信用评级往往被认为具有认证和证明的功能，例如，信用评级可以将债券分为投资级和投机级。通过信息甄别，信用评级加速了信息传播，降低了信息搜集和处理成本，也有利于扩大投资者特别是中小投资者的市场参与程度。

（二）信用评级中的信号传递

市场信号就是那些可以被其他市场参与者观察，且在市场上传递有关个体行为和特征的信息。信号发送是有成本的，因此，实现信号传递，应有激励机制产生发送信号的动机，如声誉提高、交易成本降低等。高信用等级不仅有助于降低被评主体的融资成本，而且对被评主体长期的市场形象也有正面的影响，因为较高的信用级别表明被评主体具有良好的信用质量，这实际上增加了被评主体的无形资产。因此，被评企业愿意将

---

①　罗纳德·H. 科斯. 论经济学和经济学家［M］. 罗君丽等译，上海：格致出版社，2014，207－208.

自身的信息提供给评级机构，以期望获得评级机构的正面评估结论。

（三）信用评级中的显性激励机制

信用级别的高低，往往对收益率等价格产生影响，从而对融资成本产生影响。通过向市场公开评级信息，信用评级发挥了显性激励的效应，也使得被评对象为了获得相对价格优势而规范经营。通过跟踪评级，信用评级持续发挥市场监督机制，促使显性激励机制不断对被评主体产生激励作用。

（四）信用评级中对被评主体的隐性激励机制

评级结果往往向市场参与方公开，这体现了隐性激励的思想，因为代理人的市场价值决定于其经营业绩和较好的信用级别，工作成效优异可以保持和提高代理人的市场声誉，从而获得较高的信用级别，这也将提高代理人的未来收益。跟踪评级持续揭示被评对象的信用风险的变动，也加强了评级的隐性激励作用，监督被评企业的业务行为，降低道德风险的出现可能。信用评级机构通过对债券的持续监控以及级别下调的威胁，降低了发行方以损失投资者的利益为代价增加自身利益的动机。

（五）信用评级中对评级机构的隐性激励

隐性激励对信用评级机构也具有约束作用。当面对"多期激励合同"时，信用评级机构未来业务及收入的多少是由当前的评级质量决定的，因此，评级机构对其声誉的关注有助于提高评级质量。如果评级机构通过节约成本或给予虚高评级来获取更多评级业务，当期可以获得更多的利润，但这样的话，评级机构将可能会失去下期以后的全部"声誉租金"。如果一次有损声誉的收益不足以补偿以后声誉产生的利润的话，评级机构将会通过提供高质量的评级产品来保持和增强自己的声誉，使得在将来产生更高的"声誉租金"。因此，投资者也会更加信任声誉高的评级机构，把评级机构的声誉作为识别评级质量的重要标准。信用状况良好的发行者也会寻找声誉高的评级机构，因为投资者对声誉高的评级机构的评级结果更容易认可。

在实践中，声誉机制的发挥还存在一些影响因素。维持准确、公正、独立的评级声誉是评级公司的长期利益所在，这会受到评级市场上竞争结构的影响。如果评级市场上竞争过于激烈，就会降低评级机构进行高质量评级时获得的高价格，这会降低评级公司提供高质量评级的激励，因此，过度竞争会削弱声誉机制的作用。另一方面，当存在其他的评级公司可供选择时，失去了声誉意味着失去了客户，持续进行低质量评级的公司就可能会被逐出市场，在这种情况下，竞争就会加强声誉机制的作用，促进评级质量的提升。因此，评级机构间的适度竞争有助于声誉机制的发挥。

信息不对称是金融市场中普遍存在的问题。信用评级机构作为金融市场中重要的信息生产者，缓解了发行人和投资者之间的信息不对称，并降低了由此导致的逆向选择问题和道德风险问题，提高了市场透明度，避免平均质量定价现象的发生。正是信用评级机构这种生产信息和监测信息的功能提高了金融市场的有效性。

三、信用评级中的多层委托代理问题

信息不对称造成信息在交易双方分布的不均衡。信用评级机构之所以存在，就是由于银行与借款者、债券发行人与投资人之间普遍存在的信息不对称。发行人与投资人之间存在委托代理关系，这在前面已经分析。但是，如果在考虑信用评级机构作为解决契约双方信息不对称工具的同时，也将其作为其他契约的当事方，则实质上存在发行人（最初代理人）、评级机构、投资人（最初委托人）之间的多重委托代理关系，使得信用评级业务中的委托代理问题更加复杂化。例如，评级机构与投资者之间也存在着信息不对称的情况，这是因为，短期内评级机构出具的评级报告很难用一定标准来衡量，普通投资者很难分辨出评级报告质量的高低，只能等到被评级对象信用状况出现问题时才会发现评级结果是否准确，但这时就会给投资者造成实际的损失。

（一）投资人和评级机构之间可能出现的委托代理问题

在评级结果的使用者与评级机构提供的产品之间存在信息不对称。如果评级机构在进行信用评级时存在利益冲突，该评级结果可能对评级使用者（投资人）未充分传递信息，委托代理问题就会产生。这种委托代理问题可能会严重影响信用评级的公正和透明，甚至影响评级机构用以确定信用评级的流程和方法。评级机构代理市场投资者对发行人的经营行为进行监控以维护投资者的利益，而由于评级机构和发行人之间可能存在不当利益输送关系，评级机构也就存在道德风险。评级机构在2001年安然事件等一系列事件中所充当的角色也证实了这种担心是不无道理的。安然事件之后，对于评级机构和评级行业加强监管的呼声不断高涨。

（二）发行人与评级机构之间可能存在的委托代理问题

对于信用状况良好的发行人，为了降低融资成本，维护良好的市场形象，其希望评级机构在信用评级中能充分考虑和反映信用信息。在发行人付费模式下，为了拓展业务，获得发行人的签约付费服务，评级机构可能会以主动评级方式和较低的评级结果，迫使发行人成为自己的客户。在投资人付费模式下，也可能会出现利益冲突，从而影响评级结果（SEC，2014），这些可能出现利益冲突的情况包括：一是如果一项信用评级的上升或下调导致债券市场价格的上升或下跌，投资者将因此获取收益；二是投资人投资于新发行的债券，如果债券评级级别较低，投资者将获得较高的收益率；三是评级机构可能知道一些投资人希望购买某个特定的债券，但是因为该债券的信用评级低于投资人内部的投资标准或适用的合同许可而不能这样做时。由于以上原因，发行人与评级机构之间也出现了委托代理问题。

针对信用评级中的委托代理问题，国际金融危机后，各国加快了对信用评级的立法。这些立法的主要目的包括：管理评级流程中潜在利益冲突等委托代理问题，促进评级机构遵循信用评级的流程和方法，确保信用评级的公正性，提高信用评级的透明度（SEC，2014）。强化的信息披露可能减少发行人、评级机构和评级使用者之间的信息不对称，使得评级使用者能够从事更清晰的投资以及与信用相关的决策，使发行人选择有市场影响力的评级机构，从而形成对评级声誉的市场监督效应。

第四节 信用评级的主要研究主题综述

信用评级从产生至今已有上百年的历史。在这一百多年中，特别是几次经济危机后，信用评级在金融市场中的作用不断得到重视和提高。国际相关机构和研究人员也对信用评级开展了大量的研究，这些研究主要集中在以下方面：信用评级机构发展、信用评级的信息价值、信用评级的市场竞争格局、信用评级的规范管理等，下面从八个主题分别进行分析综述。

一、信用评级发展及其市场地位的形成

关于评级业的发展，声誉模型和监管授权两种理论占突出地位。声誉模型认为，未来的经济租金激发当前的评级质量，因为提供准确的评级也提高了未来的商业机会。穆迪当时的首席执行官雷蒙德曾表示，声誉资本对于评级行业更重要（Becker 和 Milbourn，2010）。

康托等人（Cantor 和 Packer，1994）分析了评级行业的发展和经济作用，他们认为，针对付费模式、股权结构、主动评级等可能存在的利益冲突或影响评级质量的因素，声誉机制激励评级机构提供高质量和准确的评级，而且从实践看，声誉约束是有效的。他们认为，随着评级获得较广泛的市场认可，金融市场管理者增加评级的使用可以简化审慎监管的任务。

怀特（White，2002）认为，1975 年之前美国评级机构数量较少的原因是规模效应和声誉机制，评级机构对长期声誉的关注使得对道德风险倾向得到足够强的检查。但可能增加的行业竞争使声誉损失变得较低时，提供准确评级的动力将降低（Becker 和 Milbourn，2010）。此外，一些学者认为，行政限制和授权在评级发展中也具有重要影响。怀特（White，2002）指出，自从 20 世纪 70 年代，对评级供给的限制使先入者对后入者占有优势，用户希望获得对发行人评级一致性的网络效应和全国认可统计评级机构（NRSRO）资质的管理限制造成了美国评级行业机构较少的格局。

从监管授权的角度看，信用评级不断被许多法律制度采纳作为投资门槛或风险资本测算尺度，因此，信用评级不仅是一种市场化的信息产品，还是一种监管许可权。一旦监管当局认可的信用评级机构出具的评级结果达到一定等级，评级对象、投资人等就获得相关法律制度带来的收益，被认可的评级机构也具有了市场先入的优势和垄断地位。帕特诺伊（Partnoy，1999）指出，从历史或经济角度分析，声誉资本并不是支持信用评级机构发展的原因，评级机构兴旺、获利和强大的原因并非是制造了准确可信的信息，而是由于销售监管许可。等级较高的债券或者发债主体有可能逃避较为严格的监管，这也导致了评级机构的影响力被极大地提升。帕特诺伊（Partnoy，2001）认为，信用评级实际上是一个矛盾体，一方面，信用评级是有价值和重要的，给投资者买卖债券决策提供了有益的信息；另一方面，许多证据表明信用评级的信息价值是不足的，尤其是从 20 世纪 70 年代中期开始信用评级的信息价值急剧降低。对评级的制度依赖是解释矛盾体存在的原因。

二、信用评级与市场信息的关系

虽然信用级别不能完全准确，但是它向市场提供了信用质量相关的信息；另外，很多的监管制度中都涉及信用级别的要求，所以信用级别对金融市场产生显著的影响。对

信用级别是否向市场传递增量信息及可能产生的经济后果的研究主要从价格角度出发。根据有效市场假定，价格会对市场上所有的信息作出反应。如果评级机构发布的级别包含了公开信息所没有的增量信息，那么级别宣告会对价格产生一定的影响。信用评级与市场信息方面的具体研究方向主要有两种：一是债券收益率、违约率、利差等指标与级别关系研究；二是价格对级别发布的反应分析。这些研究结果并不完全一致。

希克曼（Hickman，1958）以 1900～1943 年美国市场上发行的债券作为研究样本，统计发现违约率与级别之间存在显著关系，高级别的债券收益率要明显低于低级别的债券。达菲（Duffee，1998）得出了类似的结论，他对美国公司债券进行研究表明，一般情况下，债券的信用级别越高，对应的信用利差均值和标准差越小。康托等人（Cantor 和 Packer，1994）认为，级别与利差均值成反向关系；虽然每一级别的违约率随着时间增加而升高，但级别与违约率也呈现合理的反向关系，这表明评级提供了有用的信用风险排序关系。另外，虽然评级机构提供了准确的违约风险排序，但特定级别的含义在不同时间和机构间是变化的。

针对影响评级信息的原因，斯克瑞塔等人（Skreta 和 Veldkamp，2009）认为，信息质量的决定因素包括：产品本身的自然属性影响信息的可获得性，此外，被评估产品的属性也可能改变评级体系的游戏规则，从而对信息质量产生不利影响。盖伦等人（Gailen 和 Arthur，1997）从评级变化角度研究了市场的有效性，他们对 1985～1995 年 1200 家公司发行的 2800 只债券的价格与穆迪和标普评级变化的关系进行研究发现，级别降低尤其是从投资级降到投机级对债券价格的影响更大；而级别上升的影响在数量和显著性方面都更微弱，级别从非投资级调升到投资级的影响最大。根据级别变动和价格变化的关系，他们认为，在多数情况下，穆迪和标普在公开债券市场提供信息的作用是相似的。

怀特（White，2002）认为，级别变化的确给金融市场提供了重要的新信息，但这些新信息可能仅是债券在管理制度中地位的变化，而不是关于违约可能性的新信息，因为管理制度对级别有门槛要求。国际货币基金组织（IMF，2010）认为，当评级下降至投资级别以下后，"断崖效应[①]"最为突出；在实际评级下调前，通过一个负面展望或观察建议所作出的警示比评级下调本身传达的信息甚至更多，而且对市场价格有更大的影响。但吉恩等人（Jean 和 Philippe，2008）通过实证发现，大多数时期欧洲大陆的评级级别变动没有提供信息或提供较少的信息。

总体可以认为，信用级别与价格有紧密关系，级别变动会影响价格信号，级别下降带来的价格反应要显著于级别上调以及初始级别公布带来的价格反应。为了确保级别的信息作用，评级应具有质量要求。康托等人（Cantor 和 Packer，1994）认为，评级必须提供一个合理的相对信用风险级别排序，此外，评级应该提供一个对绝对信用风险的可

---

① 所谓"断崖效应"（Cliff effect）指评级机构突然或大幅度地降低某种金融资产和企业的信用级别，导致相关金融资产价格的突然下降及金融市场出现大幅度的波动。由于监管政策对金融产品的投资有级别限制，当债务评级下调到投机级或政策要求的级别以下时，大量投资人和金融机构将卖出其持有的相关债务产品，这种集体行为将对金融市场乃至整个经济造成急剧的波动。

靠指引。换句话说，在一定时间内，评级级别应该与违约率有稳定的对应关系。实践中，评级机构在相对风险判别方面要比绝对风险判别精确，因为与级别对应的违约率是随时间波动的。怀特（White，2002）认为，评级机构的准确性并不是完美的，因为每个级别所对应的平均违约率都是变化的，巨大变动意味着评级中较大的噪音和不一致性，但对康托等人（Cantor 和 Packer，1994）关于评级与绝对风险和相对风险关系的分析是认可的。

三、市场竞争对信用评级质量的影响

信用评级在金融市场成为信息分发的一个重要渠道，其重要性已得到立法者、监管者、发行人和投资人的认可，因而评级质量与金融系统正常运转紧密相关，评级质量包括：稳定的评级分类含义、与价格及随后违约的高相关性（Becker 和 Milbourn，2008）。纵观评级业历史，整个评级行业市场份额几乎是由穆迪、标普和惠誉占有，这导致了长久以来立法和监管部门都要求增加该行业的竞争。从经济学角度来说，鼓励竞争会降低评级机构的垄断收益，但是实证结果表明这并不必然提高评级质量。

实际上，惠誉只是从 20 世纪 90 年代开始通过一系列兼并收购逐渐壮大，从而形成三家机构主导市场份额的格局，惠誉的实质性进入[1]为竞争加剧如何影响信用评级市场提供了实证检验。贝克尔等人（Becker 和 Milbourn，2010）研究表明，随着惠誉的进入导致竞争增加，评级质量反而下降了，表现在：级别上升，评级和市场内含收益率的相关性降低，评级预测违约能力恶化。

随着评级机构增加，发行方付费和评级差异可能会带来评级购买的问题，即发行方从不同评级机构之间选择最适合的级别[2]。虽然康托等人（Cantor 和 Packer，1994）相信声誉机制的约束，但也发现，不同于穆迪和标普所评级别的相似性，较小或较新的评级机构（如达夫 & 菲尔普斯、惠誉）提供了较高的级别。并且，获得除穆迪和标普之外的第三或第四个评级级别的机会使许多公司得到了投资级的级别。

斯克瑞塔等人（Skreta 和 Veldkamp，2009）对结构化金融产品的评级购买问题研究后认为，随着资产复杂性的提高，评级差异将促使评级购买行为的发生。因此资产复杂度的增加将因为评级购买而造成评级的系统性偏差，竞争增加将使系统偏差问题更加严重。投资人付费的评级系统将减轻这种偏差，但将导致信息市场的衰退；另一种方案是只存在一家评级机构对所有债券评级，但垄断将导致提供可信信息的激励机制不足。针对提高竞争性的提议，他们认为，在发行人付费模式下将导致系统性评级偏差；在投

---

① 惠誉在 1975 年成为首批 NRSRO 成员，在 2005 年 7 月 1 日，雷曼（后来是 Barclays Capital）指数将惠誉发布的级别增加为区分投资级和投机级债券的标准。在这之前，雷曼以穆迪和标普中的低级别作为划分投资级和投机级的分界线；改变规则之后，雷曼以三家评级机构的中间级别作为划分的依据。

② 有研究对评级购买和评级照顾之间作了区分。评级购买指发行人向多家评级机构寻求评级，然后聘请给出最有利信用评级的评级机构这种情况（Skreta 和 Veldkamp，2009）。尽管评级机构遵守其评级流程和方法，提供公正的评级，但评级上浮是评级购买过程中一个自然的结果，并非受评级机构驱动产生。评级照顾指发行人从多家评级机构那里寻求评级，信用评级机构可能不严格遵守其流程和方法，以便提供更加有利的评级。研究人员认为，在来自投行的压力下，执行更严格的评级流程和方法的信用评级机构放松其流程或方法以与政策更加宽松的竞争者竞争（Bolton，Freixas 和 Shapiro，2012）。参见 SEC，Release No. 34 – 72936；File No. S7 – 18 – 11，2014.8，p. 40。

资人付费模式下是无足轻重的。

贝克尔等人（Becker 和 Milbourn，2010）认为，评级行业的竞争会减少声誉激励，进而降低质量，声誉机制在适度竞争下运行最好。评级质量依赖于对声誉建立的回报租金，短期内这些租金是昂贵的。回报租金减少将降低声誉建立的行为，即提供高质量的产品。他们也认为，除了对新入者的影响外，竞争也有其他有益的效果，包括降低垄断租金，通过不同的评级增加金融市场的信息。怀特（White，2002）也认为，竞争像其他行业一样给评级带来了同样有益的影响，如由较小机构发起的一些业务和技术创新、较低的收费。

霍纳（Hörner，2002）研究认为，在重复交易环境下，如果竞争使声誉损失产生真正的威胁，那么竞争将增强声誉机制的有效性。这些威胁包括：消费者选择放弃生产者，以及良好的声誉带来适当的价格（声誉与价格正相关）。当通过价格传递的公司声誉信息是可获得的，则竞争发挥最大的作用，此外消费者能力等因素也是良性竞争的前提条件。

总体来看，评级质量随着竞争增加而下降的情况表明，评级质量在一定程度上依赖于垄断收益，这种收益是对评级机构声誉的成本回报，收益降低有可能降低评级机构声誉资本的投入；但高度垄断也将导致提供可信信息的激励机制不足。因此在完善的市场秩序下开展适度竞争应是信用评级行业发展的趋势。正如李（Rhee，2014）所指出，激烈的竞争只有在激励追逐优异中才是好的，竞争不是目的，而是手段。

四、信用评级质量的周期性

信用评级机构在声誉上竞争的动机也可能是周期性的。该周期可以是内部的，即具体到特定信用评级机构；也可以是外部的，即对所有信用评级机构都是共同的。支持评级质量内部周期假设的博瓦德等（Bouvard 和 Levy，2009）发现，当评级机构被认可的可信度不足时，声誉具有约束效应，从而促使机构提升信息的精确性；但是，当机构具有良好声誉时，它倾向于放松评级质量以吸引未来的客户（发行人）。

克莱因等（Klein 和 Leffler，1981）提出，当声誉成本高于短期利润时，例如进入市场或发生丑闻之后，公司将采取诚实行为来重建业务；当规模有利于提高利润时，就像一个公司获得或重新获得声誉一样，它将恢复"欺诈"行为并降低其产品质量。这表明，随着信用评级机构经历不同的周期，由监管推动的市场准入效应可能会随着时间推移而发生变化。

有观点认为，无论市场集中度如何，经济周期可以成为反映市场通胀程度的有力指标。与其他金融指标一样，在繁荣时期，信用评级有可能被夸大，部分原因在于：市场总体违约风险较低，整体气氛宽松；对合格分析师的竞争更加激烈；在繁荣时期有更高的债券发行量。在经济衰退时期，信用评级则可能过于严格，因为投资者在经济低迷期会更仔细地审查评级，并且招聘合格的求职者可能更容易，发行规模降低使得分析师的工作量也更小，因此夸大评级的动机也就更弱（Bar-Isaac 和 Shapiro，2013）。特鲁耶（Trouillet，2015）指出，在经济增长期间，当声誉成本很高时，信用评级机构可能会给出比实际更好的评级；市场震动之后，当一些声誉资本丧失时，信用评级机构可能更谨慎地给出良好的评级。

信用评级的质量需要经过周期检验，这需要经历一定的时间。博尔顿等（Bolton 等，2012）指出，评级机构在经济繁荣期更倾向于夸大评级级别，因为在这个阶段，损害评级机构声誉的失败风险较少，并且有大量投资人从表面"信任"和利用评级。巴迪亚（Bhatia，2002）指出，评级机构倾向于级别的稳定性，因为变化都隐含先前的评级是不准确的，因此尽管信用风险发生了一些变化，信用评级机构可能会不改变评级，这也为信用评级方法基于穿越周期的模型提供了依据。布罗托等（Broto 和 Molina，2014）也提出，评级质量具有周期性因素，虽然降级往往是深度和快速的，但升级是缓慢和渐进的。

总体上，评级的质量与经济周期存在关联。在繁荣时期，投资者对评级质量的关注降低，这反过来降低了评级机构损失声誉的风险。经济周期不仅影响评级质量，还影响评级调整对基本面的敏感性。

五、声誉机制的作用

在信用评级行业，声誉资本被认为对评级机构有极其重要的作用，良好的声誉是信用评级机构生存和发展的基础。新入评级机构通常遇到难以获得投资者认可的声誉壁垒。为了赢得市场认可，新机构首先必须证明其评级的高质量和准确性，产品或服务方式与竞争对手存在显著差别。有观点指出，变更评级机构可能会引发市场疑虑，因此投资者对指定机构的评级服务容易产生黏性需求（ESMA，2015），这也增加了新进入者开拓市场的难度。由于信用评级本质上具有一定的前瞻性，更需要时间来证明评级的公正、合理。为了尽快获得市场声誉，评级机构需要积极主动地发布研究报告、评级评论和主动评级来展示其工作质量。

默勒斯等（Möllers，2014）指出，国际评级业呈现三大评级机构垄断格局的一个原因在于，企业依据声誉选择评级机构，而评级的可信度由长期和完好记录的历史来检测，即所谓的"记录跟踪"。卡马尼奥等（Camanho 等，2011）提出，在信用评级业引入新进入者的效果将取决于他们的声誉。如果市场进入者在其他市场参与者中享有很高的声誉，现有企业将感到压力而提供相同质量水平的评级，且承诺具有更高的准确度，这是一种竞争加剧的约束效应。

多尔蒂等（Doherty 等，2012）研究了标普进入保险市场的情形，该市场之前由贝氏评级主导。当标普开始用更严格的方法和标准对保险公司进行评级时，认为强于普通保险公司的企业开始寻求标普给出的第二个评级意见，这也促使贝氏评级提高了评级标准，因为担心与新进入者相比的低质量评级会使声誉受到打击。当伊根－琼斯进入公司债券市场时出现了类似的情况，该市场此前曾由标普主导。伊根－琼斯的进入对先入者的声誉构成了威胁，因此，标普的评级级别开始下移，这表明采用更严格的评级体系或对级别膨胀的修正（Bae 等，2015）。

有证据表明，如果有大量投资者对信息的关注或处理能力有限，或者发行人、投资者从不准确的评级中获得了巨大的监管利益，那么声誉成本可能不足以对评级机构形成约束。特别是，在高度集中的结构化债务市场中，非常少的发行人与相同的信用评级机构进行多次交易，相比更直接地关注与重要发行人客户的关系，声誉问题可能是次要的事情（Efing 和 Hau，2015）。

当对复杂产品的评级占收入的相当大比例时，由于复杂产品的评级质量难以被市场参与者验证，信用评级机构的级别就会变得过于宽松，而且评级膨胀的可能性也会增加（Mathis 等，2009）。这表明，与成熟市场相比，在更复杂的市场中，改善对相关信息的获得性可能更为有效；因为在成熟市场中，投资者更有可能利用可获得的信息来评估评级的质量。

六、利益冲突

在信用评级市场可能出现几种类型的利益冲突，其中最重要的是目前占主导地位的发行人付费模式导致的结果。其他类型的利益冲突可能发生在信用评级机构和股东之间，也可能发生在公司层面的信用评级机构与其员工（例如评级分析师）之间（EC，2016）。

在发行人付费模式下，信用评级机构从被评估的发行人处获得收入，因此信用评级机构有动机修改标准以迎合客户而不是投资者，而投资者实际上是评级的最终消费者。信用评级机构也可能会通过不充分的尽职调查来满足发行人的需求。

当监管机构将评级纳入资本要求标准时，信用评级机构提供的信息变得更加重要。在复杂的结构化债务市场中，如抵押贷款支持证券（MBS），利益冲突可能更为明显。根据研究（Efing 和 Hau，2015），在复杂和不透明市场中，信用评级机构特别有动机调整评级以迎合客户，随着债务工具的复杂性增加，评级变得对客户更加有利。

信用评级机构面临的利益冲突与行业竞争有关，这也体现在评级购买中。评级购买是指，发行人向多个评级机构征求评级，然后选择最有利的评级。即使信用评级机构产生无偏见的评级，评级购买也会导致评级膨胀，因为发行人将选择最有利的评级。在蓬勃发展的市场中，市场参与者缺乏批评，使得信用评级机构在某种程度上消除了对声誉的关注，而专注于争夺市场份额。

一些模型还表明，与竞争市场相比，信用评级行业的垄断在社会福利方面可能更有效率。由于评级选购的存在，只有一个垄断性评级机构将比垄断竞争（双垄断）更有效率，因为垄断可能会降低利益冲突产生评级膨胀的动机；但在一个机构垄断情况下，市场信息将少于双评级（Bolton 等，2012）。另一个利益冲突来源可能是股东的压力。凯迪亚等（Kedia 等，2013）发现，与标普相比，穆迪在 2000 年上市后开始发布更有利的评级。此外，在对公司债券进行评级时，穆迪似乎对其最大股东特别宽松。

评级人员进入被评企业所出现的利益冲突被称为旋转门问题。在对未来可能成为雇主的公司开展评级时，分析师的主观性可能会带来显著的利益冲突。分析师可能夸大评级，以获得被评级公司的职位，这种利益冲突使在分析师之间实施强制轮换成为必要。科尔纳贾等（Cornaggia 等，2015）发现，当分析师转向利润丰厚的行业（例如管理职位，金融机构和投资银行）时，这种旋转门效应似乎特别强烈。旋转门问题可能会影响信用评级机构为分析师提供培训的动力。分析师转向投资银行的可能性越高，信用评级机构对分析师培训进行投资的意愿就越低（Bar–Isaac 和 Shapiro，2011）。

七、信息披露

阿夫古利斯（Avgouleas，2009）认为，尽管已经有广泛的信息披露要求，但金融危机并没有得到预防，原因如下：首先，由于产品的复杂性，有限理性的投资者未能理解影子银行和结构化证券的机制和风险。其次，由于市场参与者的羊群效应，这些参与者没有以理性的方式使用披露的信息，只是对其他市场参与者的行为做出策略性的反应。最后，其他行为因素的影响，如投资者在市场繁荣时期过于自信，忽视警告信号，过度依赖信用评级。

帕加诺等（Pagano 和 Volpin，2010）提出，发行人可能更愿意披露比社会最优信息更少的信息。理论上发行人应该希望提供所有必要的信息，以便评级机构或投资者做出决策，从而增加市场流动性。但由于只有经验丰富的投资者才能利用所提供的信息，因此缺乏经验的投资者总是处于不利地位。

克罗西尼亚尼等（Crosignani 和 Shiren，2009）指出，如果要求披露的信息过于复杂，就不会鼓励更多知情的投资。市场上可获得的信息较多，将在成熟和不成熟的投资者之间造成差异。帕加诺等（Pagano 和 Volpin，2010）认为，透明度提高意味着成熟的投资者可以做出适当的评估，从而作出更好的市场决策。

披露要求也可能对市场竞争产生影响，因为市场参与者能够获得的信息越多，评级机构掩盖疏忽或偏见的可能性就越小。但是信息过多也可能使市场参与者迷失在海量的信息中，因为信息的搜集和处理是需要成本的。披露只有在有用且易于理解的情况下才有效，基于此，一个指定水平和格式的披露义务对整个经济是有益的。信息披露也将恢复投资者对证券化产品的信心，而证券化产品是扩大金融市场和分散风险的重要工具（Pagano 和 Volpin，2010）。

八、信用评级的规范管理和使用

随着市场对信用评级接受程度的提高，金融市场和监管者对信用评级的使用逐渐增加。究竟是信用评级信息对金融稳定具有不利影响，还是使用这种信息的方法会造成不利影响？为解决各种评级问题，人们从多方面提出了评级管理和使用的意见。国际货币基金组织（IMF，2010）建议，对评级机构的监督应像对使用内部评级法的银行一样严格，应进行事后准确性检验，评估评级模型，加强信息披露以限制利益冲突，同时要消除管理制度中对评级的僵硬使用。帕特诺伊（Partnoy，1999）认为，对评级体现的监管职能私有化问题应进行改正，应该利用信用利差作为风险评估的工具，从而降低对评级的依赖，因为信用利差已经包括了评级所蕴含的信息，准确性不会低于信用评级。

怀特（White，2002）指出，由于评级可能存在的不足，审慎监管和资产风险评估应停止对评级机构的依赖，并且更多地利用基于市场的信息，如信用利差、价格波动等。这并不是阻碍评级降低金融市场中信息不对称的作用，而是促进金融市场参与者自己决定是否使用信用评级，判断哪个评级机构能提供足够的帮助，而不是在制度上人为增加需求和限制供给。怀特（White，2002）建议，如果美国证监会仍然坚持指定全国认可统计评级机构（NRSRO），那么指定标准应是"面向输出"的度量措施，如公司的市场表现。

增强评级行为的透明度和加大违规行为的惩罚力度将有助于解决声誉机制失灵问题，但是，过度监管带来的成本和负面作用也不容忽视。迪米特洛夫等（Dimitrov等，2014）研究表明，由于《多德—弗兰克法案》增加了信用评级机构的法律和监管成本，使它们更注重自身声誉，因而发布了更低的评级，给予了更多虚假警告，其降级更缺少信息含量。因此，法律和监管成本的增加产生了不利的效果。

在信用评级行业，增加诉讼和监管成本是一把双刃剑，一方面使评级机构更加勤勉，提供更有信息含量的评级；另一方面评级机构会模糊其评级，特别当法律责任不对称时，导致评级向下偏离。达芙等（Duff等，2009）指出，在有助于改善评级质量的同时，监管也会降低评级行业的创新，增加市场进入壁垒以及评级使用者的总成本。邓博文等（2016）认为，监管会导致信用评级机构的信息生产成本上升，监管者需要权衡监管改善评级质量带来的收益和产生的成本，采取最优监管举措，以实现社会福利最大化。

因此，加强评级行业的监管有助于提高评级质量，但也应同时关注过度监管所引起的负面作用和成本问题，以取得监管成本和收益的平衡。

第六篇
中国信用评级的发展和展望

◎ 第十六章　我国信用评级的发展历史

◎ 第十七章　我国信用评级体系的分析与发展建议

我国在 20 世纪 80 年代出现了信用评级机构，但我国信用评级业的出现和发展与美国信用评级的市场化发展、政府推动不同，从一开始就是行政推动，并进行市场培育和发展。

第十六章　我国信用评级的发展历史

本章对我国信用评级的发展历史进行研究，对我国创新债券产品及评级进行说明，并对我国的评级符号体系进行分析。

第一节　我国信用评级发展的基本情况

信用评级行业的发展和规范与金融市场的发展程度紧密相关。若金融市场以间接融资为主，则往往对信用评级的需求不足。我国的经济体制长期以计划经济为特征，金融市场则以银行体系的间接融资为主，并且银行体系的贷款规模和投向也受到社会整体发展方向的计划指导。在我国实行改革开放和确定发展社会主义市场经济的发展方向后，金融市场不断发展壮大，产品创新的动力和需求不断提高，对信用评级等风险评估的需求也逐步显现。

一、我国信用评级业的发展历程

我国债券市场开始于 1981 年国债的恢复发行。1987 年，我国为规范企业债券的发展，提出发展信用评级机构，信用评级行业由此开始起步。尽管与美国上百年的评级史相比，我国评级业起步显得短暂，然而与日本、韩国等国家相比，发展时间比较接近。但是受限于市场环境等因素，相当一段时间内，我国金融市场中只有国债、政策性银行债等政府信用产品以及银行担保的企业债，投资者对信用评级几乎没有需求，评级行业的发展较为缓慢。伴随着近年来我国信用债券产品的快速扩张，市场对信用评级的需求不断提高，有力地促进了信用评级业的发展。回顾我国信用评级业 30 年来的发展历程，大致可分为以下三个阶段：

（一）起步及缓慢发展阶段（1987～2002 年）

1987 年，国务院发布《企业债券管理暂行条例》。为了规范发展债券市场，中国人民银行和原国家经济体制改革委员会提出发展信用评级机构的要求，各地开始纷纷组建信用评级机构，标志着我国信用评级行业进入起步阶段。此时，信用评级机构主要以人民银行系统内成立的评级机构为主，市场化程度较低，评级产品相对单一。

1988 年 2 月，上海远东资信评估有限公司成立，标志着独立于银行系统的专业评级机构的诞生。当年，我国实行紧缩的财政政策和货币政策以抑制经济过热的形势，国务院作出清理整顿金融性公司的决定。随后，1989 年人民银行发布了《关于撤销人民银行设立的证券公司、信誉评级公司的通知》，要求人民银行和其他商业银行设立的评级公司一律撤销，评级业务交由信誉评级委员会办理①，信用评级逐步与人民银行行政脱钩。由此，评级机构数量萎缩，评级机构的业务也基本陷入停顿状态。

1992 年，国务院印发《关于进一步加强证券市场宏观管理的通知》，确立了评级机构在债券发行中的作用，一批新的评级机构随之涌现，评级业务获得发展。1992 年 7月，上海新世纪投资服务公司成立，这是一家由大学与发展基金会联合参股的评级机构。同年 10 月，中国诚信证券评估有限公司成立。1993 年 3 月深圳市资信评估公司②和厦门金融咨询评信公司分别成立。1994 年 3 月，大公国际资信评估有限责任公司注册成立。

1993 年，《企业债券管理条例》公布实施，规定企业发行债券可以向经认可的债券评信机构申请信用评级。次年政策性金融债券也开始发行。1997 年 12 月，人民银行发文（银发［1997］547 号）认可了 9 家评级机构具有企业债券评级资格③，这些评级机构可以在全国范围内从事企业债券信用评级，企业发行债券前必须经这些评级机构进行信用评级。这是我国政府部门对评级机构的首次官方认可，对信用评级行业的进一步发展具有重要的推动作用。

在此期间，具有中国特色的信贷市场信用评级也逐步得到发展。信贷市场信用评级是我国特定历史阶段发展的产物。鉴于当时商业银行内部信用评级能力不足，在上海、深圳等地试点的基础上，人民银行在全国不同程度地开展了针对信贷企业的外部评级。1995 年 11 月，中国人民银行发布了《贷款证管理办法》，规定"资信评估机构对企业做出的资信等级评定结论，可作为金融机构向企业提供贷款的参考依据"，这个规定首次明确了信用评级在信贷市场中的作用。1996 年 6 月出台的《贷款通则》规定："评级可由贷款方独立进行，内部掌握，也可由有关部门批准的评估机构进行。"进一步明确了内部评级和外部评级的关系和定位。在人民银行各地分支行的引导下，信贷市场评级业务扩展到全国。由于信贷市场信用评级进入门槛较低，从事信贷评级的机构数目迅速增加，近几年一直维持在百家左右的规模，2018 年底共有备案法人机构 96 家。随着近年来银行内部评级逐渐完善，对外部评级的需求下降，信贷市场信用评级规模萎缩明显。

（二）快速发展阶段（2003～2017 年）

在《巴塞尔资本协议Ⅱ》的推动下，国内信用风险管理意识增强，各管理部门陆

---

① 1990 年，人民银行就设立信誉评级委员会发布《关于设立信誉评级委员会有关问题的通知》（银发［1990］211 号）进行明确：由当地人民银行牵头组建信誉评级委员会，委员会应由经济、金融、财政、科技、学术界的权威人士组成，其业务活动归口人民银行领导；信誉评级委员会下设办公室负责办理日常工作，办公室为独立事业法人，行政上挂靠人民银行；原则上具备条件的省、自治区、直辖市只能成立一家信誉评级委员会，不具备条件的地区可暂不成立；信誉评级委员会的业务以对企业债券进行评级为主，同时可适当开展一些与评信工作有关的咨询业务；成立信誉评级委员会由人民银行各省、自治区、直辖市分行负责审批，报总行备案。

② 由深圳金融电子结算中心和深圳外汇经纪中心发起，1998 年 11 月更名为鹏元资信评估有限公司，2018 年更名为中证鹏元资信评估有限公司。

③ 这 9 家评级机构分别是中国诚信证券评估有限公司、大公国际资信评估有限责任公司、深圳市资信评估公司、云南资信评估事务所、长城资信评估有限公司、上海远东资信评估有限公司、上海新世纪投资服务公司、辽宁省资信评估公司、福建省资信评级委员会。

续出台了涉及评级管理的制度。2003 年 5 月，原中国保监会发布了《保险公司投资企业债券管理暂行办法》，并先后认可了 5 家信用评级机构①，允许保险公司自主选择经国家主管部门批准发行，且经认可信用评级机构评级在 AA 级以上的企业债券进行投资，同时提高保险资金投资企业债券的比例。2003 年 8 月，中国证监会发布《证券公司债券管理暂行办法》（2004 年 10 月进行了修订），要求证券公司发行债券应提交信用评级报告和跟踪评级安排的说明；当月，证监会发布《资信评级机构出具证券公司债券信用评级报告准则》，对评级报告的内容、格式提出要求。2003 年 9 月，国家发改委发布文件（发改财金 ［2003］ 1179 号）指出，企业债券评级机构应为 "2000 年以来承担过国务院特批企业债券评级业务的信用评级机构"，这实际上间接认可了 5 家评级机构②。2003 年 11 月，中国人民银行征信管理局成立，履行管理征信业的职责，逐步加强了对信用评级业务的监管与政策规范。

随着评级应用制度的逐步确立，债券市场发展对评级的推动作用也逐步增强。2003 年我国推出证券公司债券，2004 年商业银行次级债券、2005 年短期融资券及随后公司债和中期票据等债务融资工具不断推出，促进了债券市场规模的扩大。在此背景下，评级需求也大大增加，信用评级业发展加快，人员队伍、收入规模都有大幅增加，业务水平在竞争中也有了较大提高。2005 年 1 月，人民银行发布公告，规定在银行间债券市场发行债券需要开展信用评级。

随后 2006 年，中国人民银行对信贷市场和银行间债券市场评级业务制订了框架性规范，包括一个指导意见和三个行业标准③。2007 年证监会颁布公司债发行及评级管理制度——《公司债券发行试点办法》《证券市场信用评级业务管理暂行办法》，公司债券市场及评级得以发展。2008 年 1 月，国家发改委发布《关于推进企业债券市场发展，简化发行审核程序有关事项的通知》，进一步明确支持发展无担保信用债券，简化企业债发行核准程序，以城投债为代表的企业债呈现快速增长趋势。2015 年 1 月，《公司债券发行与交易管理办法》发布，放宽公司债发行人范围和发行条件，进一步加快了公司债券市场的发展步伐，公司债券的发行量不断攀升。随着市场的不断发展，市场参与方对通过信用评级进行风险揭示和债券定价的需求进一步增强。

2013 年，人民银行下发《关于推进信贷市场信用评级管理方式改革的通知》（银发 ［2013］ 243 号），正式明确了信贷市场信用评级实行备案管理，也逐步推动整个评级行业的备案制管理，即评级机构需先在人民银行省级征信管理部门进行备案，然后向各业务管理部门申请业务资质。为促进我国信用评级行业规范健康发展，2015 年人民银行会同发改委、证监会（后来增加了财政部）研究起草了《信用评级业管理暂行办法》，

---

① 保监会通过 ［2003］74 号、92 号、133 号三个文件认可 5 家信用评级机构，分别是中诚信国际信用评级有限公司、大公国际资信评估有限公司；联合资信评估有限公司、上海远东资信评估有限公司；上海新世纪投资服务有限公司。联合资信评估有限公司是在福建省资信评级委员会的基础上，经改组于 2000 年 7 月在北京成立的一家评级机构。

② 根据这个文件要求，只有 5 家评级机构符合该条件，即中诚信、联合、远东、大公和新世纪，这与保监会认可的 5 家信用评级机构相同。

③ 相继出台了《信用评级管理指导意见》和《信贷市场和银行间债券市场信用评级规范》。

并于 2016 年底在原国务院法制办的互联网站完成向社会公开征求意见工作。

经过多年发展，我国相关监管法规对信用评级结果的引用明显增加，主要集中在三个方面：一是作为债券发行的条件；二是依据信用等级对债券的投资、交易做出限制；三是将评级结果引入金融机构资本监管。部分监管制度见表 16.1。

表 16.1　　我国法规制度对信用评级的应用

领域	法规制度	要求	时间
债券发行	国际开发机构人民币债券发行管理暂行办法（2010 年 9 月 16 日修订）	国际开发机构申请在中国境内发行人民币债券，必须经两家以上（含两家）评级公司评级，其中至少应有一家评级公司在中国境内注册且具备人民币债券评级能力，人民币债券信用级别为 AA 级（或相当于 AA 级）以上。	2010 年 9 月
	国家发展改革委办公厅关于进一步改进企业债券发行审核工作的通知	发行主体或债券信用等级为 AAA 级的债券、资产负债率低于 30% 且主体信用等级在 AA－级及以上的无担保债券等情况作为加快和简化审核类债券。	2013 年 4 月
	公司债券发行与交易管理办法	AAA 信用等级的公司债才可向社会公众公开发行，否则公开发行的对象仅限于合格的机构投资者。	2014 年 11 月
	地方政府一般债券发行管理暂行办法	要求获得认可的评级机构的评级。	2015 年 3 月
	关于进一步推进企业债券市场化方向改革有关工作的意见	主体或债券信用等级为 AAA 级的债券，或由 AA＋级及以上级别担保公司提供无条件不可撤销保证担保的债券，或使用有效资产进行抵、质押担保且债项级别在 AA＋级以上的债券，并仅在机构投资者范围内发行和交易的可豁免委内复审环节。	2015 年 10 月
	项目收益债券管理暂行办法	非公开发行的项目收益债券的债项评级应达到 AA 级及以上。	2015
	深圳证券交易所债券招标发行业务指引	公司信用类债券通过深交所招标发行，发行人主体评级应不低于 AA 级。	2017
	关于支持优质企业直接融资进一步增强企业债券服务实体经济能力的通知	支持的企业主体信用等级要达到 AAA 级	2018 年 12 月
债券交易	上海证券交易所、深圳证券交易所债券上市规则（2015 年修订）	信用等级低于 AA 级的债券不能采取竞价方式交易。	2015 年 5 月
	质押式回购资格准入标准及标准券折扣系数取值业务指引（2017 年修订版）	2017 年 4 月 7 日（含）前已上市或是未上市但已公布募集说明书的信用债券入库开展回购，需满足债项和主体评级均为 AA 级（含）以上要求；2017 年 4 月 7 日（不含）后公布募集说明书的信用债券入库开展回购，需满足债项评级为 AAA 级、主体评级为 AA 级（含）以上要求。	2017 年 4 月

续表

领域	法规制度	要求	时间
投资限制	货币市场基金管理暂行规定	禁止货币基金投资 AAA 级以下的债券	2004 年 8 月
	保险资金投资债券暂行办法	保险公司不能投资信用等级信用等级低于 AA 级的债券。为保险资金投资金融债券、企业债券等设置了不同的信用等级的限制。	2012 年 7 月
	关于保险资金投资银行资本补充债券有关事项的通知	保险资金投资的商业银行二级资本债券应当具有国内信用评级机构评定的 AAA 级或者相当于 AAA 级的长期信用级别；投资的商业银行无固定期限资本债券应当具有国内信用评级机构评定的 AA＋级或者相当于 AA＋级以上的长期信用级别。	2019 年 1 月
资本监管	商业银行资本管理办法（试行）	主要包括：（1）权重法下，依据外部信用评级确定对外国政府、中央银行、商业银行、公共部门实体债权的信用风险权重；（2）依据外部评级计量银行账户和交易账户的交易对手信用风险加权资产；（3）标准法下，根据外部信用评级确定特定市场风险计提比率以及资产证券化风险暴露和再资产证券化风险暴露的风险权重。	2012 年 6 月
	商业银行理财子公司净资本管理办法	在进行风险资本计算时，外部信用评级 AAA 级的信用债券风险系数为 10%；外部信用评级 AAA 级以下、AA 级以上的信用债券风险系数为 15%；外部信用评级 AA 级（含）以下、BBB 级以上的信用债券，风险系数为 50%；外部信用评级 BBB 级（含）以下及未评级、出现违约风险的信用债券、流通受限的信用债券风险系数为 80%。	2019 年 12 月

资料来源：根据公开资料整理。

在此期间，信用评级机构在市场竞争中逐步进行重组和壮大。2008 年 3 月，中国东方资产管理公司[1]投资控股东方金诚，同时将公司名称变更为东方金诚国际信用评估有限公司。东方金诚的前身是 2005 年 10 月成立的金诚国际信用评估有限公司。2010年 9 月，投资人付费模式的中债资信成立。2016 年 12 月，中证信用增进股份有限公司成为鹏元资信的新股东并持股 34%[2]。

（三）扩大对外开放（2017 年至今）

1. 对外开放取得实质进展

在 2017 年之前我国信用评级一直属于限制外商投资产业，发改委、商务部将"资

---

[1]　2016 年 9 月 23 日，中国东方资产管理公司完成改制后更名为中国东方资产管理股份有限公司。

[2]　2018 年 11 月 5 日增持至 51%，鹏元资信评估有限公司更名为中证鹏元资信评估股份有限公司。

信调查和评级服务公司"列为限制外商投资产业目录。2017 年起我国信用评级对外开放进程加快。2017 年 1 月，国务院印发《关于扩大对外开放 积极利用外资若干措施的通知》（国发〔2017〕5 号），放宽评级服务领域的外资准入限制；5 月，国务院发布中美经济合作百日计划，明确我国将在 2017 年 7 月 16 日前允许在华外资全资金融服务公司提供信用评级服务；6 月，发改委、商务部将"资信调查和评级服务公司"移出限制外商投资产业目录。

2017 年 7 月，中国人民银行发布关于信用评级行业对外开放有关事宜的公告（中国人民银行公告〔2017〕7 号），允许国际评级机构在银行间债券市场开展评级业务，明确申请流程和执业准则等。2018 年 3 月，交易商协会发布《银行间债券市场信用评级机构注册评价规则》，对信用评级机构注册评价及分类管理等作出了具体规定，境内外评级机构将按照平等原则，通过申请注册开展信用评级活动。

截至 2018 年 8 月，美国三大评级机构均在北京设立了独资法人评级机构并完成工商注册。据工商登记显示，穆迪（中国）信用评级有限公司、标普信用评级（中国）有限公司、惠誉博华信用评级有限公司分别于 2018 年 6 月 15 日、6 月 27 日、7 月 27 日在北京成立。

2019 年 1 月 28 日，标普信用评级（中国）有限公司完成进入银行间债券市场开展评级业务的备案和注册；2020 年 5 月 14 日，惠誉博华信用评级有限公司正式在银行间债券市场获准展业。外资评级机构的进入有助于促进中国评级质量的提升和行业的规范发展，扩大外资在中国债券市场的参与程度，增强中国债券市场的流动性。与此同时，我国金融市场加快对外开放步伐：

一是出台多项政策继续推进金融市场全面深化改革、扩大对外开放。2018 年 5 月，人民银行发布通知[1]，扩大境外人民币业务清算行和境外人民币业务的范围；6 月，国家外汇管理局发布管理规定[2]，取消对 QFII、RQFII 的多项要求，进一步便利跨境证券投资；11 月，财政部、税务总局、国家发改委以及商务部发布通知[3]，免征境外机构在境内债券市场的利息所得税和增值税，暂定期限为 3 年。

二是进一步规范境外机构在银行间市场发行熊猫债的行为。2018 年 9 月，人民银行、财政部联合发布管理暂行办法[4]，将国际开发机构、外国政府类机构、境外金融机构法人和非金融企业法人作为发行人纳入统一管理。

三是国务院金融委办公室在 2019 年 7 月 20 日宣布了 11 条金融业对外开放措施，包括信用评级、债券市场等诸多领域：第一，评级机构业务范围进一步扩大。允许外资机构在华开展信用评级业务时，可以对银行间和交易所市场的所有种类债券评级。第二，进一步便利境外机构投资者投资银行间债券市场。近年来，人民银行不断推出并持续优化完善金融市场开放措施，境外投资者可以通过 QFII/RQFII、直接入市、债券通

---

① 《完善跨境资金流动管理，支持金融市场开放有关事宜的通知》。
② 《合格境外机构投资者境内证券投资外汇管理规定》。
③ 《关于境外机构投资境内债券市场企业所得税增值税政策的通知》。
④ 《全国银行间债券市场境外机构债券发行管理暂行办法》。

等多条渠道入市投资，满足了不同投资者的差异化投资需求。

我国评级机构曾多次尝试与国外或境外评级机构进行合作交流。大公和穆迪在1999年7月宣布建立技术合作关系，但由于大公拒绝穆迪收购，双方于2002年中止了合作关系。1999年8月，中国诚信证券评估有限公司与惠誉合资成立我国首家合资评级公司——中诚信国际信用评级有限责任公司，2003年7月，两者合作关系中止。2002年初，上海远东与我国香港地区的财经媒体新华财经有限公司合作，推出多个评级产品。

2006年，穆迪收购中诚信国际49%的股份，中国诚信信用管理公司持股51%。当年，新华财经有限公司收购了上海远东62%的股权，但后来又退出了这些股权。2007年，惠誉收购了联合资信49%的股权，联合信用管理公司持股51%。2008年，标普与新世纪开始了技术合作。2016年12月末，中诚信国际重组，穆迪持有的中诚信国际股权由49%变更为30%，同时中诚信国际全资控股中诚信证券评估。2017年12月，惠誉与新加坡政府投资公司（GIC）签订协议，将其持有的联合资信49%的股份转让予GIC。2018年6月28日，联合资信重组并购买联合信用评级有限公司（联合评级）100%的股权，联合资信的股权结构变更为：联合信用持股比例为74.84%，GIC持股比例为25.16%。

中资评级机构尚无一家在美国境内开展信用评级业务。2008年7月，大公开始美国NRSRO的申请工作，美国证监会两次"延期批准"关于大公进入美国市场的审核。2010年9月，美国证监会以"无法履行对大公的监管"，即不能"跨境监管"为由，拒绝了中国大公提交的NRSRO的资质申请。拒绝理由有两点：一是大公总部设在中国北京，在美国未设有任何机构，未对任何美国公司进行评级，也未有任何美国公民订阅其评级。二是美国证监会无法确定在当地适用于大公的法律框架内，大公是否能遵守交易法。

2. 监管趋严明显，监管协调进一步增强

近年来，评级行业监管政策不断完善，对评级机构的统一协调监管不断加强。2018年8月，国务院金融委提出进一步深化资本市场改革，并明确提出"建立统一管理和协调发展的债券市场"；2018年9月，中国人民银行、证监会联合发布2018年第14号公告，推进银行间及交易所市场评级机构资质互认，加强对信用评级机构监管和信息共享。2018年12月，人民银行、证监会、发改委联合发布《关于进一步加强债券市场执法工作有关问题的意见》指出，强化监管执法，加强协同配合，建立统一的债券市场执法机制。

随着市场发展，评级业的自律规范也不断完善。2018年3月交易商协会同时发布非金融企业债务融资工具的《信用评级机构自律公约》和《信用评级业务调查访谈工作规程》。2018年8月31日，中国保险资管协会也颁布了《信用评级机构自律规则（试行）》《信用评级机构评价规则（2018年第一次修订）》。交易商协会于2019年5月10日发布《信用评级业务信息披露规则》，2019年10月10日发布了并实施《信用评级业务利益冲突管理规则》。

2018年6月，证监会和交易商协会首次开展了联合现场检查。当年8月，大公被交易商协会和证监会相继暂停评级业务一年。受国内处罚的影响，大公的香港子公司信用评级牌照于 2019 年 1 月 31 日被香港证监会收回。2019 年 4 月 18 日，中国国新控股有限责任公司（简称"中国国新"）战略重组大公并占股 58%。2019 年 4 月 23 日，大公欧洲[①]被转至葡萄牙私募基金班布资本（Bamboo Capital）旗下，班布资本保留公司原名不变。但大公欧洲在 2019 年 10 月 25 日提出注销申请，2019 年 11 月 14 日 ESMA 正式注销大公欧洲的注册。

在相关制度出台和落实的背景下，我国金融市场和信用评级行业对外开放持续加快，发展更趋规范化，这些使市场参与者面临机遇和挑战。

二、我国评级行业的监管格局

我国信用评级业务涉及金融市场的多个领域，人民银行、发改委、证监会等部门在各自职责范围内，通过对不同债券品种的监管而对信用评级机构进行管理，其中人民银行负责银行间债券市场和信贷市场的信用评级业务，证监会负责交易所市场的信用评级业务，发改委负责企业债信用评级业务（见表 16.2）。2011 年国务院明确由人民银行负责信用评级行业的统一监管，但对相应债券市场评级机构的资质认定和业务管理依然由不同部委进行。此外，银保监会作为机构监管部门还从保险机构等机构投资者使用评级结果的角度对评级机构形成一定约束，财政部在地方政府发债过程中进行相关业务指导。

表 16.2　　　　　　　　　　债券市场评级机构监管的资质认定

监管机构	评级资质认定范畴	认证性质
人民银行	银行间债券市场的评级资质 （短融、中票、金融债券、中小企业集合票据等）	行业备案、 业务认可
证监会	公司债的评级资质	行政许可
国家发改委	企业债的评级资质	业务认可
财政部	地方债的评级资质	业务认可
银保监会	保险公司可投资债券的信用评级资质	业务认可

说明：1. 银保监会已改为由协会认可；
2. 证监会在新《证券法》2020 年 3 月 1 日实施后，取消了行政许可，改为备案制。
资料来源：根据公开资料整理。

银行间债券市场发行的品种主要有中期票据、短期融资券、资产支持证券、企业债、金融债、地方政府债等，该市场信用评级准入由交易商协会建立了注册评价机制。2004 年 12 月 30 日，人民银行发布公告，要求在银行间债券市场发行债券的机构和所发行的债券，除不需要评级外，均应经过中国境内工商注册且具备债券评级能力的评级

---

① 2012 年 4 月 2 日，大公与意大利曼达林基金会共同在米兰成立大公欧洲资信评估有限公司（大公欧洲）。2013 年 6 月 6 日，大公欧洲通过欧洲证券和市场管理局（ESMA）的注册。2014 年 11 月 7 日，大公国际与曼达林签订股权回购协议，自此大公成为大公欧洲唯一股东。

机构的信用评级。2005 年，人民银行颁布《短期融资券管理办法》，允许符合条件的非金融企业在银行间债券市场发行短期融资券，并要求均应具有信用评级。2006 年 3 月和 11 月，人民银行分别印发指导意见和标准规范，对从事银行间债券市场和信贷市场评级业务的评级机构、业务和管理要求做了规定，统一了信用评级的要素、标识及含义。2013 年，人民银行改变信贷市场信用评级管理方式，由事前认可改为着重进行事中事后监测和管理，规范评级操作。

交易所市场发行的债券品种主要包括公司债券、可转债和企业专项资产证券化产品等。证监会依据《证券法》对评级机构从事证券服务业务进行管理。2007 年 8 月，证监会启动公司债发行，同年证监会发布了《证券市场资信评级业务管理暂行办法》，确立了证券市场评级制度和监管措施。2019 年 12 月底修订并于 2020 年 3 月 1 日实施的新《证券法》已取消评级机构的行政许可项目，证监会对评级机构准入也改为备案制。

国家发改委由于负责企业债券的发行核准，因此承担企业债券评级业务指导，企业债主要在银行间市场及交易所市场发行交易。在 2003 年认可 5 家评级机构的基础上，国家发改委在 2008 年和 2011 年分别认可了鹏元资信和东方金诚的评级资格。

保险机构是债券市场的重要投资者。为了维护保险资产的质量，原保监会明确规定保险公司所投资的债券必须经由认可的信用评级机构评级，并且规定了各类债券的最低信用等级要求。原保监会根据国务院 2004 年 412 号令第 438 项"保险公司可投资企业债券的信用评级机构核准"的规定，从评级结果使用的角度核准了五家信用评级机构。2007 年 2 月，原保监会对保险机构建立内部评级提出要求。2013 年下半年，原保监会对评级机构的使用发布了新的规定，体现了市场选择的管理思路，当年 10 月对 7 家评级机构进行了重新认定，将对评级机构更多地开展事后检验和评价。2014 年 8 月，原保监会又认可了中债资信评估有限公司。2015 年 3 月 31 日，原保监会发布公告，取消了对评级机构核准的行政许可，但改由保险业相关协会对评级机构进行评价，原保监会也将继续定期检验评级机构的能力和行为，对不符合规定能力条件的，予以市场退出。

原银监会作为银行业金融机构的监督管理机构，通过对银行投资及经营行为的监管，在相关法规及风险提示中，分别对银行业金融机构聘请评级机构、使用评级结果等方面提出了相关要求。2011 年 2 月，原银监会印发《关于规范商业银行使用外部信用评级的通知》，其中明确如果重大投资产品没有内部评级，则商业银行必须选择两个外部评级，且采用评级较低、违约概率较大的外部评级结果。原银监会与原保监会在 2018 年已经重组为银保监会，相关制度文件大多仍延续生效。

在 2014 年试点地方政府自主发债过程中，财政部出台了《地方政府债券自发自还试点信用评级工作的指导意见》，对地方债评级业务开展做出了规定。此外，银行间市场交易商协会、证券业协会、国债协会、上海和深圳证券交易所等机构也从自律的角度对信用评级提出了要求。

为促进我国信用评级行业规范健康发展，2015 年开始，人民银行会同发改委、证监会、财政部共同研究起草了《信用评级业管理暂行办法》（以下简称《办法》）。该办法在 2019 年 11 月发布，并于 12 月 26 日实施。《办法》制定的目标是建立国内信用评级监管的统一基本规范，包括以下四个方面：

一是从管理口径看，《办法》采用宽口径，既包括人民银行管理的银行间债券市场和信贷市场信用评级，也包括证监会管理的公司债信用评级、发改委管理的企业债信用评级、财政部管理的地方政府债信用评级等。

二是从管理模式看，《办法》对信用评级活动依市场规则宽进严管，弱化了事前监管，采取机构备案制，评级机构备案后再向相关部门申请业务资质。将监管重点放在事中、事后监管及信息披露等方面，提高评级机构的合规性，加强不同市场监管部门间的沟通协调，形成监管合力。

三是从管理部门职责分工看，《办法》采取了人民银行对机构统一管理、业务分市场管理的思路。人民银行负责评级机构的备案管理，并制定信用评级程序、信息披露、利益冲突防范等方面的基本制度规范。人民银行、发改委、证监会、财政部等管理部门根据相关法律法规及管理实际，对其执业行为进行日常监管。各部门之间建立执法检查和处罚信息共享机制，加强统一监管。

四是从发文形式来看，人民银行与国家发改委、证监会、财政部等部门以联合部门规章形式发布《办法》。《办法》以信用评级机构、人员、业务管理为主线，以评级机构设立、评级程序和规则、独立性管理、信息披露管理为重点，整个框架包括九章，共七十二条。

三、我国信用评级机构的基本情况

（一）评级机构资质概况

在信用类债券快速发展的推动下，我国信用评级机构也进入快速发展时期，信用评级技术不断提高，信用评级经营规模和盈利能力增长较快。截至 2018 年 12 月末，全国备案信用评级机构 96 家，专业评级人员 2960 多人，2018 年评级收入总额 22.8 亿元，占营业收入的 82.5%。这些评级机构大体可以分为两类：一是全国性评级机构，业务范围较广，综合实力相对较强；二是地方性评级机构，以区域信贷市场评级为主要业务。但我国评级行业整体实力仍然较弱，在数据积累、评级技术、公信力等方面与国际知名评级机构相比存在较大差距。

目前，在债券市场中得到监管部门评级资质认可的评级机构共有 16 家（见表 16.3），其中有 2 家为中外合资企业（中诚信国际、联合资信），1 家与外资有技术合作（上海新世纪），2 家为外资全资，其他机构为内资性质的企业。中债资信是于2010 年 8 月由银行间市场交易商协会成立的投资人付费评级机构，是国内首家探索实践投资人付费模式的评级机构，提供再评级和双评级等业务。2017～2018 年，证监会先后许可中证指数有限公司、上海资信有限公司、浙江大普信用评级有限公司、北京中北联信用评估有限公司从事证券市场资信评级业务，但仅限于投资者付费模式，但是这些机构尚未实质性提供评级服务。其他评级机构主要采取发行人付费模式。

表 16.3 债券市场评级机构资质

评级机构	认可部门			
	人民银行（银行间市场）	发改委（企业债）	证监会（公司债）	银保监会
大公国际资信评估有限公司	✓	✓	✓	✓
上海新世纪资信评估投资服务有限公司	✓	✓	✓	✓
东方金城国际信用评估有限公司	✓	✓	✓	✓
联合资信评估有限公司	✓	✓		✓
联合信用评级有限公司			✓	✓
中诚信国际信用评级有限责任公司	✓	✓	✓	✓
中诚信证券评估有限公司				✓
中证鹏元资信评估股份有限公司	✓	✓	✓	
中债资信评估有限公司	✓			✓
远东资信评估有限公司	✓		✓	
中证指数有限公司			✓	
上海资信有限公司			✓	
北京中北联信用评估有限公司			✓	
浙江大普信用评级股份有限公司			✓	
标普（中国）	✓			
惠誉博华	✓			

说明：1. 人民银行从 2004 年以后，对在银行间债券市场开展评级业务的评级机构进行了重新认定；

2. 远东资信评估有限公司于 2014 年 4 月获得证监会核准从事信用评级业务；

3. 2019 年远东和中证鹏元分别获得银行间市场评级资质。其中，远东为 B 类资质，仅限金融机构债券评级；中证鹏元为 A 类资质，业务范围为全部类别评级。

资料来源：根据相关部门公开资料整理。

（二）近年我国评级业务的发展情况

1. 我国债券市场的发展

经过多年发展，我国债券市场已建成以场外市场为主体，场内与场外市场并存、分工合作的格局。银行间市场债券发行由审批制逐步改革为核准、备案和注册制。2007年，银行间市场交易商协会成立后，形成了政府监管与市场自律管理相互配合的管理模式，大大激发了市场活力，对于促进我国银行间债券市场乃至整个金融市场快速发展发挥了重要作用。近年来，我国债券市场交易品种不断丰富，创新型产品更趋多元化。2018 年以来，监管机构陆续推出"一带一路"债券、棚改专项债、纾困专项公司债等，另外创新创业公司债、项目收益债、永续债、绿色债券、熊猫债等创新券种也持续发展。

债券市场的发展优化了社会融资结构。2005 年，债券融资在我国直接融资中的比重超过股票并逐渐成为直接融资的主渠道。从 2010 年开始（除了 2013 年和 2017 年外），企业通过债券市场融资的规模及在社会总融资规模的占比基本处于上升趋势。社会融资规模是指一定时期内实体经济从金融体系获得的资金总额，是对全社会融资口径的增量统计。2018 年社会融资规模为 19.26 万亿元，较上年减少 3.14 万亿元；非金融企业通过债券市场净融资 2.48 万亿元，较上年增加 2.03 万亿元，占社会融资总量的12.88%，同比增加近 10.60 个百分点。图 16.1 是 2002～2018 年我国企业债券融资规模和社会总融资规模对比，其中，企业债券指一定时期末由非金融企业发行的各类债券余额，包括企业债、中期票据、短期融资券、非公开定向融资工具、中小企业集合票据、公司债、可转债和可分离可转债等。

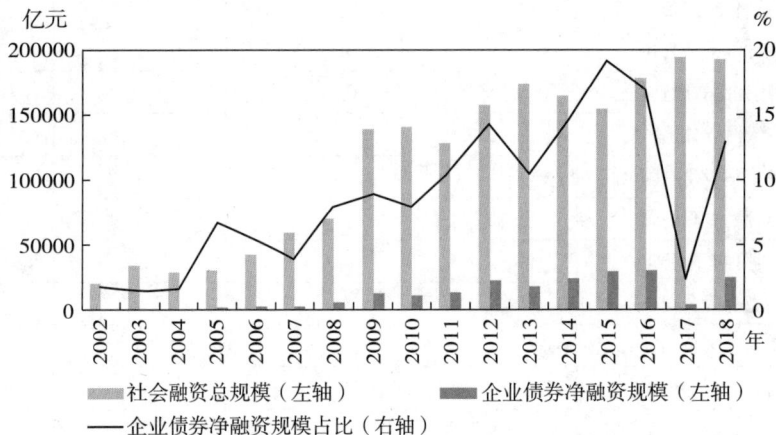

图 16.1　我国社会总融资规模和企业债券融资规模情况

（资料来源：Wind，中债）

从 2018 年市场情况来看，我国债券市场规模继续扩大，共发行各类债券 43.6 万亿元[①]，同比增长 6.8%；其中银行间市场发行债券 37.8 万亿元，占总发行量的 86.7%。截至 2018 年 12 月末，债券市场托管余额为 86.4 万亿元，其中银行间债券市场托管余额为 75.7 万亿元。

金融市场对外开放，对境外机构提升了吸引力。2019 年 4 月起，彭博公司逐步把以人民币计价的中国国债和政策性银行债纳入彭博巴克莱全球综合指数；摩根大通于2020 年 2 月 28 日起，开始在全球新兴市场多元化政府债券指数中纳入在岸人民币债券，这些反映了国际投资者对中国经济长期健康发展的信心。从债券市场规模看，中国已超过日本，成为全球第二大债券市场（见图 16.2）。截至 2019 年 6 月末，美国债券余额达 40 万亿美元，中国债券市场余额达到 13.81 万亿美元（李扬，2020）。

2. 信用评级业务的发展

伴随着债券市场的发展，我国评级业务持续增长，所评债券数量和涉及的发行人家数都不断增加。同时，随着债券市场创新产品的不断涌现，信用评级业务涉及的债券类别也日益丰富。从所评债券产品类型看，中期票据、短期融资券、结构融资产品、非政

---

① 数据来源：中国人民银行，《2018 年金融市场运行情况》。

万亿美元

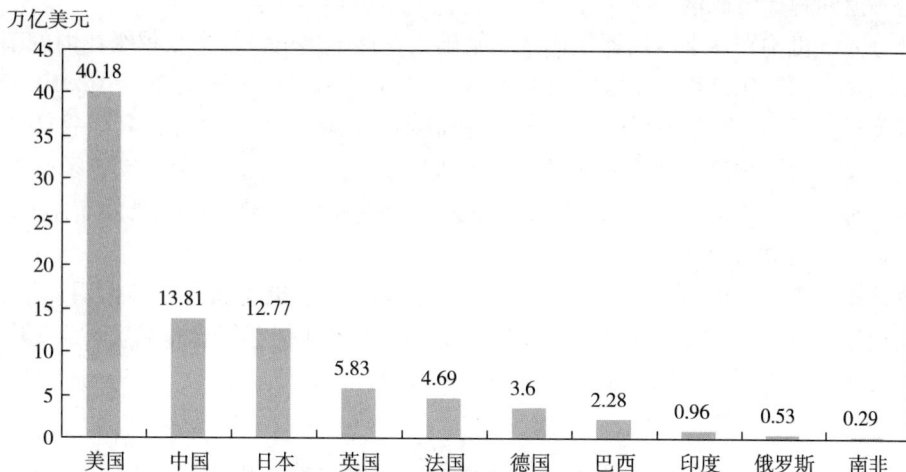

图 16.2　部分经济体的债券市场规模比较
（资料来源：李扬，2020）

策性金融债券、公司债券和企业债券是评级的主要债券产品。

近几年，我国评级收入逐年增加，2018 年达 22.75 亿元，见表 16.4。银行间债券市场评级机构所评债券只数基本逐年增长，2013～2017 年增长率分别为 18.66%、22.43%、11.63% 和 23.72%，年均增长 19.11%。2018 年，银行间债券市场评级机构所评企业家数为 5728 家，同比增长 43.52%；所评新发债券 6900 只，同比增长 5.44%[①]。

表 16.4　　　　　　　　　信用评级行业基本情况年度报表　　　　　　单位：万元、人

年度	注册资本	总资产	评级人员	营业收入	评级收入	利润总额
2018	217463.03	592967.33	2960	275927.36	227502.25	134229.24
2017	177629.67	593856.89	3471	272991.83	221870.22	108087.95
2016	170070.52	537027.30	3342	231357.61	207099.20	135761.94

注：1. 2018 年评级人员数量减少主要由以下三方面原因：（1）部分评级机构调整统计口径，剔除合规人员、研发人员等后台人员，减少约 100 人。（2）部分评级机构收缩信贷市场评级业务，个别机构被暂停业务，合计减员约 400 人。

2. 2016 年利润总额大于 2017 年，主要是由于个别评级机构出售了其持有的可供出售的金融资产。2018 年利润总额大于 2017 年，主要是由于个别评级机构的控股子公司向其进行了分红。

资料来源：中国人民银行征信局，中国征信业报告（2018）。

此外，我国评级机构也积极开拓境外市场，多家评级机构在香港设立了分支机构。中国诚信（亚太）信用评级有限公司于 2010 年 10 月在香港设立，并于 2012 年 6 月取得香港证监会颁发的第十类牌照。鹏元香港、大公香港和联合国际分别于 2012 年 8 月、2014 年 7 月和 2018 年 7 月拿到香港证监会的评级牌照。由于境内监管处罚的影响，目

[①]　参见：交易商协会，中国债券市场信用评级年度报告，2013～2019。

前大公香港的牌照已取消。

部分评级机构在本土信用评级体系的基础上，逐步建立包括主权评级在内的国际评级体系，并在国际化进程中不断发展和完善。2010 年 7 月，大公发布了《2010 年国家信用风险报告》，对全球 50 个国家和地区开展主权信用评级。之后，其他一些评级机构也逐渐建立主权评级，如中诚信的全球评级体系已经覆盖 72 个国家或地区；2018 年联合资信对 72 个国家和地区进行了公开评级；2018 年末新世纪评级已发布了 42 个国家（地区）的主权评级报告。

我国评级机构积极参与国际交流与合作。中国有多家机构加入亚洲信用评级协会，东方金诚与俄罗斯 ACRA、中诚信与俄罗斯 Expert RA 分别签署合作备忘录。2018 年，中诚信国际进一步深化与巴基斯坦 VIS 评级公司的合作。

第二节　我国债券创新产品的发展

随着金融市场对内对外开放，我国债券品种出现了新的变化，资产证券化产品和真正意义上的地方政府债券（市政债）发行获得了重要进展，本节对这两种债券在我国的发展及评级情况进行具体分析。

一、我国资产证券化的发展

（一）基本发展历程

我国资产证券化试点起步于 2005 年。2005 年 3 月，经国务院批准，人民银行牵头成立 10 个部门参与的信贷资产证券化试点工作协调小组，正式启动了信贷资产证券化试点。同年 4 月，人民银行和原银监会发布《信贷资产证券化试点管理办法》。4 个月后，证监会也推出了企业资产证券化试点。国家开发银行和中国建设银行是首批开展资产证券化的机构，分别以贷款资产、个人住房抵押贷款为资产池，于 2005 年 12 月 15 日在银行间债券市场发行"开元"一期 ABS 和"建元"一期 RMBS。此后 3 年间（2005 ~ 2008 年），11 家金融机构在银行间债券市场发行了 17 单信贷资产证券化产品，发行规模为 667.83 亿元；证监会主管的企业资产证券化项目共发行 9 单，规模合计 294.45 亿元。

受国际金融危机的影响，2009 年后我国资产证券化试点出现停滞，直到 2011 年 5 月国务院决定继续试点后才得以重启。资产证券化重启后，借鉴国际金融危机以后发达国家和地区在资产证券化管理的经验，结合我国金融市场发展的实际，监管部门进一步完善管理制度，在基础资产选择、风险自留、信用评级、信息披露等方面提出要求，要求采取双评级安排，强调禁止再证券化、合成证券化。2012 年 5 月，人民银行、原银监会和财政部联合发布《关于进一步扩大信贷资产证券化试点有关事项的通知》，标志着时隔四年后信贷资产证券化试点进入第二轮试点阶段，本轮试点批复 500 亿元额度。关于信用评级的要求实施双评级，具体规定是：资产支持证券在全国银行间债券市场发行与交易初始评级应当聘请两家具有评级资质的资信评级机构，进行持续信用评级。

2012 年 8 月，交易商协会发布《资产支持票据指引》，推出资产支持票据（ABN）业务。2013 年 3 月证监会公布《证券公司资产证券化业务管理规定》。2013 年 8 月 28 日，国务院第 22 次常务会议决定进一步扩大信贷资产证券化试点，以盘活存量信贷资产，更好地服务于实体经济，本次试点额度达 4000 亿元。

2014 年 10 月，人民银行与原银监会联合印发文件《关于进一步做好住房金融服务工作的通知》，鼓励银行业金融机构通过发行住房抵押贷款支持证券筹集资金。2014 年 11 月 20 日，原银监会对金融机构信贷资产证券化的备案登记进行了规定[①]，进一步推动信贷资产证券化的备案管理和规范发展。11 月 21 日，证监会也发布《证券公司及基金管理公司子公司资产证券化业务管理规定》及配套的信息披露和尽职调查两个指引，这标志证监会主导的企业资产证券化业务的发行备案制的实施。

图 16.3 是 2005 年以来我国资产证券化产品发行情况统计。可以看出，2014 年以来，随着监管部门的政策推动，作为盘活存量资产、加速资金周转以及调整经济结构的重要金融创新工具，资产证券化产品无论在数量上还是规模上，都得到巨大发展。

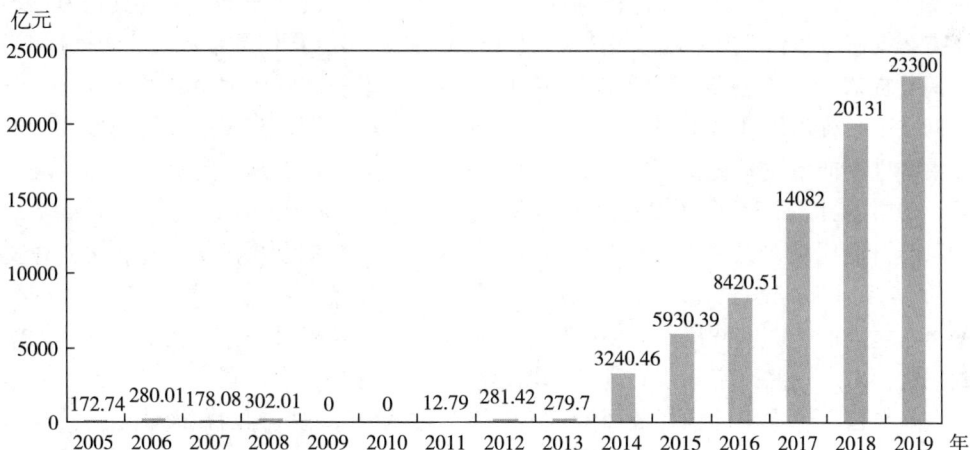

说明：2011 年证监会主管的企业资产证券化发行 12.79 亿元的规模。

图 16.3　我国资产证券化产品发行情况
（资料来源：Wind，中债登）

2015 年以后，人民银行、证监会等部门采取一系列政策提升发行管理效率，激活参与机构的能动性和创造性，资产证券化产品发行不断攀升，2015 年为 5930 亿元；2017 年超过万亿元，达到 1.408 万亿元，2018 年和 2019 年的发行量继续提高。

经过多年的发展，资产证券化产品规模持续拓展，基础资产类型和产品结构设计不断丰富，市场参与主体类型更加多样，制度建设不断完善。2019 年，发行了 1440 单资产证券化产品，发行规模 2.33 万亿元，同比分别增长 51.58% 和 15.58%。其中，信贷资产证券化产品发行 180 单，发行规模 9433.36 亿元，同比分别增长 15.38% 和 1.18%；企业资产证券化产品发行 1011 单，发行规模 1.1 万亿元，同比分别增长

---

① 《关于信贷资产证券化备案登记工作流程的通知》。

44.84%和14.6%；资产支持票据发行249单，发行规模2893.77亿元，同比分别增长159.38%和129.44%。从信用等级来看，资产支持证券的债项等级介于BBB－级至AAA级之间，等级范围涵盖较广，其中，高级别债券占比较高，AAA级债券占比超过70%，AA＋级债券超过20%，两者合计超过90%，其余级别的债券占比均不足10%。

（二）资产证券化的特点

资产证券化的参与机构和基础资产类型更加多元化，交易结构设计也出现创新，总体上呈现以下特点：

一是发起机构类型逐渐多元化。资产证券化的发起机构不仅有政策性银行、国有银行和股份制银行，还有汽车金融公司、外资银行、城商行、农商行和金融租赁公司等金融机构。

二是投资者较为多元化。投资者包括大型商业银行、股份制银行、保险、基金等各类投资者。

三是基础资产类型多元化。企业资产证券化的基础资产以应收账款、企业债权和融资租赁为主，信贷资产证券化的基础资产以个人住房抵押贷款和个人消费贷款为主，资产支持票据基础资产主要以融资租赁、保理融资为主。截至2019年末，住房抵押贷款、个人消费贷款、保理融资、融资租赁和应收账款分别占基础资产池余额的前五位。

四是不断推出管理措施促进资产证券化规范发展。首先是改变审核管理方式。发行逐步由审批制向备案制转变，更注重事中事后管理方式。其次是制定更灵活的风险自留要求。2013年12月31日，人民银行、原银监会发布《关于规范信贷资产证券化发起机构风险自留比例的文件》，规定信贷资产证券化风险自留比例不得低于单只产品发行规模的5%，同时自留最低档次的比例也不得低于最低档次发行规模的5%；若持有除最低档次之外的资产支持证券，各档次证券均应持有，且应以占各档次证券发行规模的相同比例持有。这些规定不仅有利于合理控制风险，也有利于发起机构采取灵活的方式进行风险自留以更大限度地释放风险资本，更好地调动发起机构的积极性。

但与发达国家相比，我国资产证券化还处于发展初期，主要问题包括：一是产品类型、投资者等市场结构仍然较为单一。投资者主要是银行间市场的商业银行等机构投资者，二级市场交易不活跃。二是制度框架及配套制度有待健全。随着基础资产拓展、双评级制度的确立、资产证券化备案制的实施等一系列改革的进一步深化，以及监管机构对于业务监管的力度不断加强，市场各参与主体均已经开始根据政策指引进行相应的业务调整，可以预期资产证券化业务在我国将快速发展。

二、地方政府债券的发展

（一）基本发展历程

我国地方政府债券（简称地方债）在新中国成立初期曾出现过：一是东北人民政府发行的东北生产建设折实公债，二是20世纪50年代末60年代初部分地方政府发行的地方经济建设公债。1959年我国停止公债的发行，并于1968年还清了所有的内外债（郭濂，2014）。1994年颁布的预算法明确规定，地方各级预算按量入为出、收支平衡的原则编制，不列赤字。近年来，我国地方政府债券的发展经历了融资平台、财政部代发代还、地方政府自行发债财政部代还、地方政府自发自还四种方式。

在地方政府作为发行主体之前，基于隐形的政府信用担保，地方政府成立投融资平台公司作为融资的媒介，为地方进行基础设施建设等项目筹集资金。亚洲金融危机期间，中央财政曾增发580亿国债转贷给地方用于基础设施建设，与此同时，地方政府通过财政拨款或注入土地、股权等资产，开始设立融资平台公司，为地方基础建设筹资。2008年，融资平台在资本市场上开始融资，并随着次年的经济刺激计划迅速扩充债务规模。对地方融资平台或其发债进行评级，除了需要考虑公司自身运营，往往还要考虑地方政府的财务和支持力度。这种由地方政府变相提供担保的融资方式，随着举债规模的扩大，资金投向不透明的问题愈发突出，债务风险日益加大。近年来，管理部门出台了一系列政策对融资平台的运营和融资行为加以规范。

财政部代发代还是由地方政府作为债券发行主体和偿还主体，但由财政部代理债券发行，并由财政部代办还本付息。2009年，财政部代发地方债2000亿元，在2013年将这一金额提高到35000亿元。2011年，国务院批准上海、浙江、广东、深圳四个地方开展自行发债试点，即由地方政府自行组织地方债券发行，但仍由财政部代办还本付息。2013年，自行发债试点地区又增加了江苏、山东两省。财政部代发代还、地方自发财政部代还都由财政部代办还本付息，尽管发债主体是地方政府，但最终还是由中央财政兜底，实际上是由国家信用支撑的地方债，偿债能力等同于国债，没有必要进行外部信用评级。

为加强地方政府债务管理、缓解债务风险，经国务院批准，2014年5月19日财政部发布规定，选择上海、浙江、广东等10省市试行地方政府债券自发自还试点，并对信用评级提出要求。这些地方在国务院批准的发债规模限额内，自行组织本地区政府债券的发行和偿付，在此过程中，明确要求对债券发行引入信用评级制度，由信用评级机构对试点地区的信用状况进行评级，并采用AAA至C的三等九级评级符号进行表示。按照规定，试点地区财政部门应按照公开、公平、公正原则，从具备债券市场评级资质的信用评级机构中择优选择一家信用评级机构。试点地区只需进行涵盖各期限（5年、7年和10年）的综合性评级，首次评级进行一次，此后每年开展一次跟踪评级。信用评级按照项目立项与准备、信息收集与实地调查、信用分析和初评、结果反馈（及可能发生的复评）、评级结果发布、跟踪评级等流程规范开展操作。

（二）地方政府债券自发自还试点的基本情况

2014年地方债发债规模限额当年有效，不能结转到下一年。与原有模式相比，此次自发自还试点的主要特点在于：一是此前试点发行的省（市）政府债券由财政部代办还本付息转变为自发自还；二是试点发债期限延长，由之前的3年、5年、7年延长至5年、7年、10年；三是首次引入对地方债券进行信用评级的机制，试点地区应将债券信用评级、信息披露、承销团组建、发行兑付等有关规定上报备案。

2014年末，全国首批地方政府债券自发自还10个试点省（市）全部完成发行工作。此次试点工作中，一共有三家评级公司参与了此次地方政府债的评级工作，见表16.5。根据评级结果看，评级机构为10个地方政府发行的30期地方政府债券进行了评级，无论是发达地区的上海、北京、广东，还是经济欠发达地区的宁夏、江西，10个省（市）政府债券都获得最高信用评级 AAA，而且，每笔债券的发行利率基本与国债收益率相似，甚至有一些还低于国债收益率。

表 16.5 试点地区自发自还地方政府债券发行和信用评级汇总

发行省（市）	发行时间	发行金额（亿元）	发行期限（年）	发行日同期限国债收益率（%）	发行利率（%）	级别	评级机构
广东省	2014 年 6 月 23 日	59.2	5	3.85	3.84	AAA	新世纪
		44.4	7	3.96	3.97		
		44.4	10	4.05	4.05		
山东省	2014 年 7 月 11 日	54.8	5	3.96	3.75	AAA	新世纪
		41.1	7	4.08	3.88		
		41.1	10	4.12	3.93		
江苏省	2014 年 7 月 24 日	69.6	5	4.01	4.06	AAA	中债资信
		52.2	7	4.20	4.21		
		52.2	10	4.29	4.29		
江西省	2014 年 8 月 5 日	57.2	5	3.98	4.01	AAA	新世纪
		42.9	7	4.17	4.18		
		42.9	10	4.26	4.27		
宁夏	2014 年 8 月 11 日	22	5	3.97	3.98	AAA	大公
		16.5	7	4.19	4.17		
		16.5	10	4.29	4.26		
青岛市	2014 年 8 月 18 日	10	5	3.95	3.96	AAA	大公
		7.5	7	4.15	4.18		
		7.5	10	4.22	4.25		
浙江省	2014 年 8 月 19 日	54.8	5	3.98	3.96	AAA	中债资信
		41.1	7	4.19	4.17		
		41.1	10	4.25	4.23		
北京市	2014 年 8 月 21 日	42	5	3.98	4	AAA	中债资信
		31.5	7	4.17	4.18		
		31.5	10	4.27	4.24		
上海市	2014 年 9 月 11 日	50.4	5	4.04	4.01	AAA	大公
		37.8	7	4.21	4.22		
		37.8	10	4.29	4.33		
深圳市	2014 年 10 月 23 日	16.8	5	3.57	3.63	AAA	新世纪
		12.6	7	3.78	3.79		
		12.6	10	3.81	3.81		

资料来源：根据 Wind 和公开资料整理。

地方债作为一种创新投资工具，具有质押价值高、安全性好、免缴所得税等特点，是一种重要的金融资源配置方式。此次政府债券自发自还试点的启动，对于我国债券市场有着积极的意义：一是在先后推出企业类债券、金融机构债券、资产证券化融资工具的基础上，债券市场进一步完善了信用债券的品种。发行地方债有利于我国债券市场广度和深度的提高，进一步丰富市场投资工具，促进我国金融市场的发展。二是此次发行引入信用评级机构，有利于推动国内评级机构完善评级方法体系，并在实践的基础上进一步累积评级经验，为更好地推进主权评级和提高竞争力打下坚实的基础。实际上，地方债的发展对资本市场的完善具有重要的作用。有研究认为，形成一种制度程序使政府负债能流通并成为正常资本市场的一部分，使政府负债能通过正常的税收来源来融资，是资本市场演化过程中的关键一步①。

地方政府自发自还引入信用评级是向真正市政债发行的重要进展，但从开展信用评级的角度看，还有以下需要完善的方面：一是地方政府没有完整披露的资产负债表。在现行财会制度下，我国地方政府没有对外公开的资产负债表，地方政府资产信息和债务信息披露不足，对其偿债能力的评级将不能全面反映其财务状况和信用情况。二是地方政府信息披露的规范性和全面性有待加强。我国近年来致力于推动政府信息公开，但地方政府信息披露的全面性和及时性仍有待提高。地方政府信息披露的口径、内容和时点的不统一，在一定程度上降低了评级依据的一致性和可比性，部分评级指标的可比性受到限制。三是评级的公信力还有待提高。无论是经济发达地区还是经济落后地区，在此次试点中的评级级别都为最高级，虽然有一些客观因素，但是仍会引起对评级质量的一定质疑。

（三）地方政府债券自发自还全面实施

在试点的基础上，按照新预算法和《国务院关于加强地方政府性债务管理的意见》有关规定，2015 年起地方政府债券发行全面铺开，由各省级（含计划单列市）政府自发自还。

2014 年 8 月 31 日，全国人大常务委员会第十次会议通过关于修改《中华人民共和国预算法》的决定，决定自 2015 年 1 月 1 日起施行。本次修正案提出对地方债的管理措施：一是经国务院批准的省、自治区、直辖市的预算中必需的建设投资的部分资金，可以在国务院确定的限额内，通过发行地方政府债券举借债务的方式筹措；二是举借的债务只能用于公益性资本支出，不得用于经常性支出；三是国务院建立地方政府债务风险评估和预警机制、应急处置机制以及责任追究制度。地方债务合法化不仅改变了过去地方政府投资项目的时间匹配问题，也有利于控制地方政府总债务，从而控制国家整体债务安全。随后，2014 年 9 月，国务院发布文件，对地方债的管理进一步提出指导意见：要求建立"借、用、还"相统一的地方政府债务管理机制，有效发挥地方政府规范举债的积极作用，切实防范化解财政金融风险；在举债程序上，要建立地方政府信用评级制度，逐步完善地方政府债券发行和交易。

财政部不断加强信用评级工作，要求地方财政部门按照公开、公平、公正的市场化

---

① 参见：诺思，2008，178。

原则，依法竞争择优选择信用评级机构，合理设定评级费用标准，避免信用评级机构采用压低评级费用等方式进行恶性竞争，严格履行信用评级协议约定，防止以任何形式干预评级机构的公正评级；优化地方债券信用评级等级设定，引导信用评级机构适当增加评级结果区分度。完善信息披露管理，不断细化地方债券发行前、发行后、存续期及重大事项、还本付息等方面的信息披露要求，统一相关信息披露格式，包括经济、财政、债务相关数据和债券发行结果、还本付息公告等，提高信息披露质量，满足地方债券投资者需求（娄洪，2018）。

从发行规模看，2015～2019年，36个省份共发行地方债券22.8万亿元，以政府债券为主体的规范的地方政府举债融资机制基本建立。截至2019年末，全国地方政府债务余额213072亿元，其中地方债券211183亿元，非政府债券形式存量债务1889亿元。

从发行方式看，2014年以前地方政府债券均采用了公开发行方式；为提高置换债券发行效率，减少大规模地方债券公开发行对债券市场可能造成的冲击，2015年财政部会同人民银行、银监会在置换债券发行中引入了定向承销方式（娄洪，2018）。随着2018年地方政府债务置换进程结束，2019年地方政府债全部采用公开方式发行，见表16.6。目前，存量地方政府债券以公开发行为主，2019年底公开发行地方政府债券余额占比82.87%，定向发行地方政府债券余额占比17.13%，定向发行地方债余额随债券到期会逐步消化。

表16.6　　　　　　　　　**我国地方政府债券发行统计**　　　　　　单位：亿元

年份	公开发行			定向发行	合计
	置换	新增	再融资	置换	
2015	2.41	0.63	—	0.79	3.84
2016	3.3	1.17	—	1.58	6.05
2017	1.66	1.59	—	1.11	4.36
2018	0.91	2.17	0.68	0.41	4.17
2019	0.16	3.06	1.15	—	4.36

资料来源：中国债券网，新世纪。

从发行期限分布看，2019年地方政府债券平均发行期限10.3年，其中，一般债券12.1年，专项债券9年。2019年末存量地方政府债券对应发行期限以5年期为主，7年期存量规模次之，10年期存量规模占比有所提升，3年期存量规模下降至较小占比，这些发行期限的余额比重分别为36.83%、27.05%、24.02%和7.76%。

从偿债资金来源看，2014年以前未按偿债资金来源区分地方政府债券类型，2015年正式"自发自还"地方政府债券以来，地方政府债券按偿债资金来源分为一般债券和专项债券，对应偿债资金分别为一般公共预算收入、政府性基金预算收入或专项收入。2017年以来，在强调剥离融资平台公司政府融资职能、制止地方政府变相举债融资的同时，财政部联合相关部门适时"开前门"，发展项目收益与融资自求平衡地方政府债券。2019年，发行地方政府债券43624亿元，其中，一般债券17742亿元，专项债券25882亿元。2019年末，一般债券存量余额为11.53万亿元，专项债券存量余额为 9.43 万亿元，存量地方政府债券以一般债券为主。

从募集资金用途看，2015～2017 年地方政府债券募集资金主要用于债务置换，规模达 10.85 万亿元，占比为 76.2%。随地方政府债务置换进程进入尾声，2018 年以来新增债券规模增长迅速，已占发行的重要部分。2019 年，发行新增债券 30561 亿元，发行置换债券和再融资债券 13063 亿元。

从投资人范围看，2018 年 11 月，人民银行、财政部、原银监会联合发布通知，明确经发行人认可的已发行地方政府债券和发行对象包括柜台业务投资者的新发行地方政府债券，可在银行间债券市场开展柜台业务，这意味着地方债完全面向中小投资者开放。地方债柜台业务的开通，扩大了地方债投资者的范围，有助于提升地方债交易活跃度，完善地方债定价机制，并对发行产生正反馈作用。

从评级情况看，地方政府债券自发行以来，其发行主体和偿债主体均为省级政府或享有省一级经济管理权限的计划单列市政府，公开发行的各地方政府债券级别均为 AAA 级。近两年，在新发行地方政府债中，中债资信所评级的省市个数均居于首位，市场占有率超过 30%，新世纪居第二位。

对比国际，政府债券评级是美国 NRSRO 评级机构的重要业务，评级业务量占比居首位，在 2018 年达到 79%。我国地方政府债券及其评级稳步发展，在政策推动下，地方政府债券评级也将逐步成为评级产品的重要组成部分。从我国经济社会发展目标和地方财政经济实际情况看，发债筹资已成为地方财政运行的重要内容，地方债券发行管理也将成为地方财政部门的一项长期工作。但是，地方债券发行管理在发行定价、信用评级、品种设计、发行兑付机制、人员队伍建设等方面还存在一些问题（娄洪，2018），需要在以下方面完善发展：

一是进一步完善发行定价机制。进一步完善制度设计，提高地方债券发行定价市场化程度，促进市场发挥定价决定性作用。增强地方财政部门的市场化意识，加深对债券市场规律的认识，杜绝地方债券发行工作中的"指导投标"、"商定利率"等行政干预行为。

二是进一步丰富地方债券期限品种。地方债券期限范围为 1～10 年，但在实际执行中，各地偏好发行 5 年、7 年、10 年期债券，1 年期发行量很少。此外，保险公司对超长期限债券也有一定需求，但地方债券缺乏超长期限品种。应适当增加地方债券期限品种，完善地方债券期限安排，建立各地一般债券超长期限与短期限平衡机制，保持地方债券平均期限基本稳定。

三是进一步完善信用评级机制。地方债券信用评级结果全部为 AAA，难以准确反映各地经济、财政、债务等方面的差异，也未充分发挥信用评级在债券定价参考等方面的应有作用。在这种情况下，大型金融机构只能依靠自身实力进行内部评级，而中小型金融机构由于实力相对较弱，未建立内部信用评估体系，难以识别地方债券风险，导致其投资意愿降低。应逐步建立科学有效的信用评级制度，加强地方债券信用评级规范管理，借助《信用评级业管理暂行办法》的出台，促进评级机构独立、客观地评级，不断提高信用评级质量。

第三节　我国信用评级符号体系

信用评级机构用简明的符号来标识受评对象的信用质量，揭示其信用风险。我国评级业务在开展初期，各家机构的信用等级符号并不统一。2006 年 3 月 29 日，中国人民银行发布《信用评级管理指导意见》，这是我国监管部门首次针对信用评级行业制定的全面管理规范文件，为提高信用评级机构的评级质量，促进信用评级行业的持续、健康发展奠定了基础。2006 年 11 月，中国人民银行又制定了《信贷市场和银行间债券市场信用评级规范》（以下简称《评级规范》），包括机构、业务和管理三个标准。评级规范再次对国内信贷市场和银行间债券市场信用等级的划分和含义进行了统一规定。

一、我国统一的信用评级符号体系内容

（一）债券信用评级符号

1. 中长期债券评级符号

根据《评级规范》的规定，中长期债券是指偿还期限在 1 年以上（不含 1 年）的债券。银行间债券市场的中长期债券信用评级的等级划分为三等九级，符号表示为：AAA、AA、A、BBB、BB、B、CCC、CC、C，其中除 AAA 级、CCC 级及以下等级外，每一个信用等级可用" + 、 - "符号进行微调，表示略高或略低于本等级。AAA 表示偿还债务的能力极强，基本不受不利经济环境的影响，违约风险极低；C 表示不能偿还债务，见表 16.7。

表 16.7　　　　　　　　银行间债券市场中长期债券信用等级及含义

信用等级	含义
AAA	偿还债务的能力极强，基本不受不利经济环境的影响，违约风险极低
AA	偿还债务的能力很强，受不利经济环境的影响不大，违约风险很低
A	偿还债务能力较强，较易受不利经济环境的影响，违约风险较低
BBB	偿还债务能力一般，受不利经济环境影响较大，违约风险一般
BB	偿还债务能力较弱，受不利经济环境影响很大，违约风险较高
B	偿还债务的能力较大地依赖于良好的经济环境，违约风险很高
CCC	偿还债务的能力极度依赖于良好的经济环境，违约风险极高
CC	在破产或重组时可获得保护较小，基本不能保证偿还债务
C	不能偿还债务

资料来源：人民银行，信贷市场和银行间债券市场信用评级规范。

2. 短期债券评级符号

根据《评级规范》的定义，短期债券是指偿还期限在 1 年以内（含 1 年）的债券。

《评级规范》将短期债券的信用等级划分为四等六级，符号表示为：A－1、A－2、A－3、B、C、D，每一个信用等级均不进行微调。A－1表示还本付息能力最强，安全性最高；D不能按期还本付息，见表16.8。

表16.8　　　　　　　　银行间债券市场短期债券信用等级及含义

信用等级	含义
A－1	还本付息能力最强，安全性最高
A－2	还本付息能力较强，安全性较高
A－3	还本付息能力一般，安全性易受不良环境变化的影响
B	还本付息能力较低，有一定的违约风险
C	还本付息能力很低，违约风险较高
D	不能按期还本付息

资料来源：人民银行，信贷市场和银行间债券市场信用评级规范。

虽然在评级规范中未定义，但我国评级机构在实践中基本都使用了评级展望和观察。评级展望一般分为正面、稳定、负面和待决四种，其为基于当前的评级假设对评级对象未来信用品质发展趋势及变动概率的预估，并不表示一定会对受评对象信用等级进行相应的调整。观察名单则反映可能对已公布的信用级别进行修正的情况，表明正在审查中的评级短期内有可能被调高、调低，或走向不明朗，观察期限一般为3~6个月。

（二）主体信用评级符号

在《评级规范》中，主体信用评级包括借款企业评级和担保机构评级，也可应用于发行人评级。该体系划分为三等九级，其中大部分等级可用＋或－符号进行微调，表示略高或略低于本等级。

1. 借款企业信用评级符号

根据《评级规范》规定，借款企业信用等级划分为三等九级，符号表示为：AAA、AA、A、BBB、BB、B、CCC、CC、C，其中每一个信用等级可用"＋、－"符号进行微调，表示略高或略低于本等级，但不包括AAA＋。AAA表示偿还能力具有最大保障，经营处于良性循环状态，不确定因素对经营与发展的影响最小。C表示短期债务支付困难，长期债务偿还能力极差；或企业经营状况不好，濒临破产。具体等级符号和含义见表16.9。

表16.9　　　　　　　　借款企业信用等级符号及含义

信用等级	含义
AAA	短期债务的支付能力和长期债务的偿还能力具有最大保障；经营处于良性循环状态，不确定因素对经营与发展的影响最小
AA	短期债务的支付能力和长期债务的偿还能力很强；经营处于良性循环状态，不确定因素对经营与发展的影响很小
A	短期债务的支付能力和长期债务的偿还能力较强；企业经营处于良性循环状态，未来经营与发展易受企业内外部不确定因素的影响，盈利能力和偿债能力会产生波动

续表

信用等级	含义
BBB	短期债务的支付能力和长期债务偿还能力一般，目前对本息的保障尚属适当；企业经营处于良性循环状态，未来经营与发展受企业内外部不确定因素的影响，盈利能力和偿债能力会有较大波动，约定的条件可能不足以保障本息的安全
BB	短期债务支付能力和长期债务偿还能力较弱；企业经营与发展状况不佳，支付能力不稳定，有一定的风险
B	短期债务支付能力和长期债务偿还能力较差；受内外不确定因素的影响，企业经营较困难，支付能力具有较大的不确定性，风险较大
CCC	短期债务支付能力和长期债务偿还能力很差；受内外不确定因素的影响，企业经营困难，支付能力很困难，风险很大
CC	短期债务的支付能力和长期债务的偿还能力严重不足；经营状况差，促使企业经营及发展走向良性循环状态的内外部因素很少，风险极大
C	短期债务支付困难，长期债务偿还能力极差；企业经营状况一直不好，基本处于恶性循环状态，促使企业经营及发展走向良性循环状态的内外部因素极少，企业濒临破产

资料来源：人民银行，信贷市场和银行间债券市场信用评级规范。

2. 担保机构信用评级符号

根据《评级规范》规定，担保机构的信用等级设置也采用三等九级，符号与借款企业评级符号相同，其中除 CCC 级及以下等级外，每一个信用等级可用"＋、－"符号进行微调，表示略高或略低于本等级，但不包括 AAA＋。AAA 表示代偿能力最强，绩效管理和风险管理能力极强，风险最小；C 表示濒临破产，没有代偿债务能力，见表 16.10。

表 16.10　　　　　　　　　　　　担保机构信用等级符号及其含义

信用等级	含义
AAA	代偿能力最强，绩效管理和风险管理能力极强，风险最小
AA	代偿能力很强，绩效管理和风险管理能力很强，风险最小
A	代偿能力较强，绩效管理和风险管理能力较强，尽管有时会受经营环境和其他内外部条件变化的影响，但是风险小
BBB	有一定的代偿能力，绩效管理和风险管理能力一般，易受经营环境和其他内外部条件变化的影响，风险较小
BB	代偿能力较弱，绩效管理和风险管理能力较弱，有一定风险
B	代偿能力较差，绩效管理和风险管理能力弱，有较大风险
CCC	代偿能力很差，在经营、管理、抵御风险等方面存在问题，有很大风险
CC	代偿能力极差，在经营、管理、抵御风险等方面存有严重问题，风险极大
C	濒临破产，没有代偿债务能力

资料来源：人民银行，信贷市场和银行间债券市场信用评级规范。

总体上可以看出，与国际评级机构的评级符号体系相比，我国《评级规范》对评级符号的定义和内容较为简单。虽然《评级规范》定位为信贷市场和银行间债券市场评级业务，但其他市场的评级符号和含义也基本遵循这个规范的要求。由于在《评级规范》中未明确长短期信用等级的对应关系，在我国信用评级的实践中，各评级机构基本参照国际三大评级机构的长短期信用等级对应关系，但在具体应用上会存在差异。

（三）地方政府债券评级符号

财政部 2015 年 3 月和 4 月发布通知，分别对地方政府一般债券和专项债券的评级符号进行了规定①。整体来看，地方政府一般债券和专项债券评级符号都为三等九级，它们的形式和含义与《评级规范》的中长期债券评级符号规定基本一致，主要差异是地方政府债券的 AAA 级可用"－"符号进行微调，表示信用等级略低于本等级。

二、我国评级符号体系演变趋势分析

我国评级行业使用统一的评级符号是行业发展的制度性产物。自 2006 年 11 月人民银行颁布《评级规范》后，各评级机构遵循相关规定并沿用至今。随着金融市场产品的丰富，对一些监管政策未明确规定评级符号的产品，评级机构一般通过增加下标进行标识。例如，针对资产证券化产品，评级机构都采用添加下标 sf 的方式作为区分；针对主权信用评级，中诚信国际增加了下标 g，而联合资信增加了下标 i 并增加了 Di 等级等。近年来，部分评级机构开展了主动评级，该类评级结果一般是在评级符号后面添加 pi。

与国际评级机构相比，中国信用评级机构发展历史相对较短，国际化业务起步晚、发展相对滞后，业务重点放在开拓境内市场，因此尚未建立起比较成熟的国际评级序列。此外，受监管环境及市场竞争格局等因素的影响，我国评级机构所建立的本地评级体系下级别集中于中高等级，区分度不足。针对境内的受评对象，评级机构发布的评级结果使用的均是本地评级序列。近年来随着金融市场对外开放进程加快，部分境外机构也进入国内市场发行熊猫债，中资评级机构给予熊猫债及其发行主体的信用等级也是基于本地评级序列的结果。部分评级机构发布了基于国际评级序列的主权评级结果，但应用范围有限。

从长期来看，为适应更加开放的金融市场以及促进评级业的国际化进程，我国评级机构应当逐步建立和完善国际评级序列。此外，需要促进建立个性化的评级符号，形成以评级质量竞争为核心的良好发展环境。标普中国已使用后缀 spc 来区别于其他评级机构，这是有益的尝试。

---

① 即《关于做好 2015 年地方政府一般债券发行工作的通知》《关于做好 2015 年地方政府专项债券发行工作的通知》。

第十七章　我国信用评级
体系的分析与发展建议

第一节　我国信用评级的质量检验

我国金融体系以间接融资为主，由于《商业银行法》等法律制度的限制，外界很难获取银行掌握的违约数据；另外，我国债券市场发展时间较短，并且 2014 年以后才真正出现违约事件，与信用评级相关的违约数据仍在积累中。这些因素导致国内违约率数据相对匮乏，制约了应用违约率作为检验评级质量的方法。从国内评级质量检验的实践看，在稳定性方面，主要通过级别迁移矩阵和级别变动率等指标进行检验；在准确性方面，之前主要采用了利差检验的方法，以此方法分析不同信用等级债券的发行和交易利差区分度，近两年违约率检验开始得到应用并在监管制度中进行要求。

一、我国评级机构的信用等级分布特征

从等级分布来看，我国评级机构与国际评级机构发布的评级分布差别较大，但与亚洲其他国家评级机构的级别分布有相似性，见图 17.1。我国信用评级机构所评信用等级分布相对集中，其中 AA 级占比达到 75.2%，其次为 AAA 级占比 19.6%，二者合计占比近 95%。

国际三大评级机构评级分布基本以 BBB 级为中枢，标普在投机级又以 B 级为中枢。惠誉 BBB 级占比最高，为 38.90%，其次为 A 级，占比 26.94%，两者合计占比 65.84%。穆迪 Baa 级在所有级别中占比最高，为 39.15%，其次为 A 级，占比 25.90%，两者合计占 65.05%。标普 A 级占比 23.12%，其次是 BBB 级占比 22.48%，B 级占比 18.36%。

日本评级机构 JCR 和 R&I 的 A 级占比都是最高，分别为 53.16%、55.5%。韩国评级机构 KR 和印度凯尔（CARE）的级别分布中枢都是 AA 级，占比分别为 33%、31.5%。我国评级机构与韩国 KR、印度 CARE 的评级中枢都是 AA 级，但是与之相比，我国评级机构发布 AA 级的占比数是这些国家的两倍。

总体来看，我国评级机构发布的信用级别分布具有如下特点：一是分布范围较窄。本土评级机构所评信用等级主要集中于 AA 级和 AAA 级，BBB 级以下的级别极少；二

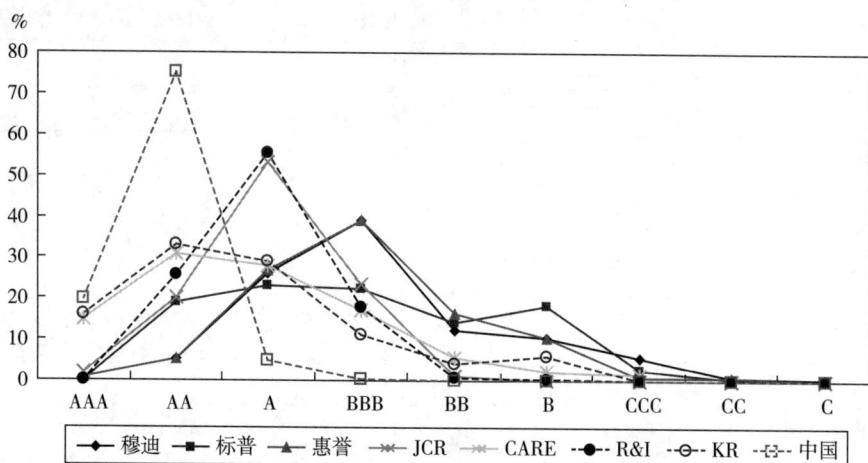

说明：1. 惠誉、标普和穆迪数据为 2018 年初的数据集；R&I 为截至 2018 年 2 月 28 日数据集；JCR 为 2018 年初的数据集；CARE 为 2019 年 9 月 30 日债券级别数据集，未包含违约 D 级的 61 笔；KR 为 2020 年初债券加发行人的数据集。中国为 2018 年底的债券市场存续主体评级数量数据集，包含非金融企业债务融资工具、一般企业债、公司债和金融债。

2. 图中为各机构级别分布，但 CARE 为 AAA，AA，A，BBB，BB，B 和 C（对应图中 CCC）的级别分布，R&I、JCR 和 KR 的 CCC 对应 CCC 及以下，中国 BB 对应 BB 及以下。

图 17.1　信用等级分布国际比较

（资料来源：根据邓博文等（2018）、新世纪及各公司数据整理）

是等级中枢较高。以 AA 级为中枢呈现单峰左偏分布，AA 级和 AAA 级占比是最高的两个级别，二者合计占 90% 以上，也大大超过国际评级机构和其他亚洲国家评级机构的相应级别占比。

对我国发行过境外债，并同时拥有国内外主体评级的发行人进行对比分析可以发现，在国内获得 AAA 级别的发行主体，获得三大机构授予的主体级别主要分布在 A –至 BB – 级别区间，这表明国际三大机构评级区分度较大。例如，穆迪公司对 22 个境内级别 AAA 的发行人赋予了 A2 至 Ba3 共 8 个级别；标普公司对 6 个境内级别 AAA 的发行人赋予了 BBB 至 BB – 共 5 个级别（康正宇，2019）。

针对穆迪中国公布的大中华区受评发行人，选取样本量较多的银行、房地产、公用事业为比较标的，分析同时拥有穆迪和国内评级的企业。可以看出，国内评级机构对银行的评级基本集中在 AAA 级别，包括国有银行、股份制银行和部分城商行。而穆迪仅给予三大政策性银行、国有银行中的中国银行、建设银行、工商银行 3 家银行以中国主权评级同等评级。整体来看，相对排序基本符合国内金融市场普遍对银行业的风险认识，但从国内外级别差来看，存在较大的差异性，最小为 4 个小级别，最大为 11 个小级别（王婷，2017），见表 17.1。

表 17.1 部分企业国内外评级差异

行业	企业	穆迪评级	国内评级	级别级差
银行	国家开发银行	A1		
银行	中国进出口银行	A1		
银行	中国农业发展银行	A1		
银行	中国银行	A1	AAA	4
银行	中国建设银行	A1	AAA	4
银行	中国工商银行	A1	AAA	4
银行	中国农业银行	A2	AAA	5
银行	中国邮政储蓄银行	A2	AAA	5
银行	交通银行	A3	AAA	6
银行	招商银行	Baa1	AAA	7
银行	平安银行	Baa2	AAA	8
银行	上海银行	Baa3	AAA	9
银行	浙商银行	Ba1	AAA	10
银行	苏州银行	Ba2	AA +	11
地产	万科企业股份有限公司	Baa1	AAA	7
房地产	中国金茂控股集团有限公司	Baa3	AAA	9
房地产	恒大地产集团	B1	AAA	12
电力	南方电网	A1	AAA	4
电力	中国广核集团	A3	AAA	6

资料来源：王婷，2017。

与以上分析类似，陈科等（2020）通过选取在美元债市场中同时具有国内和国际评级的 132 个中资发行人，以及发行中同时具有国内和国际评级的资产支持证券（ABS）为样本，对比分析境内外信用评级差异发现：一是企业实体的国内评级普遍远高于其国际评级，平均差距为 8.69 个子级。相较于国内评级，不同行业或类别的发行人的国际评级差异更为显著，具有更好的区分度，但国内评级仍可以提供有价值的信用风险信息。二是资产支持证券产品的国内和国际评级较为接近，国内评级平均略高于国际评级大约 2 个子级。这个原因在于，对于标准化程度较高的信贷 ABS，国内和国际评级机构均采用以量化分析为基础的评级方法，评级结果相对客观可比。

总体上，我国评级机构与国际评级机构级别分布差异的主要原因有：

第一，债券市场外部环境的差异。我国信用评级在金融监管中得到广泛使用，监管和市场对级别存在显性和隐性的要求，大体形成了以 AA 级为准入和认可门槛的现象。这造成我国债券市场具有以下特点：一是发债主体大部分是大型企业或优质企业，而中小企业较难获得债券投资人的认可；二是由于市场对风险的容忍度较低，高收益债券一直未获得认可和实质性发展；三是监管部门对投资级别的限制也对评级机构形成市场压力。由于信用评级所特有的"磁吸效应",会导致实际的评级分布向阈值级别集中的现象（邓博文等，2018）。我国事实上以 AA 为阈值级别，评级分布因而出现向 AA 级集中，并呈现显著的左偏分布。

在欧美，监管制度和市场将 BBB 作为最低的投资级别，穆迪、标普和惠誉的评级均向 BBB 级集中。日本监管当局曾经把 BBB 级以上且有抵押物或 A 级以上无抵押物作为发债资格的标准，虽然后来取消了该标准，但投资人根据市场惯例更认可 A 级以上的主体和债券，A 级别成为事实上的阈值和级别中枢。

第二，评级机构内部评级技术体系的差异。根据主权封顶原则，国家主权信用等级会对该国企业信用等级形成一定限制，评级机构在评级方法中一般都遵循这个原则。我国大部分评级机构实际采用的是区域评级体系，对国内企业的评级建立在主权评级是 AAA 级的基础之上。而在全球评级体系下，标普等国际评级机构给予中国的主权信用级别一般在 A + 或 A1 级附近[①]，这使得中国企业信用等级一般受限于这个级别。国际评级机构依据各自的评级方法，设置了中国被评对象能取得的最高信用评级上限（陈科等，2020）。例如，穆迪 2017 年 5 月将中国主权评级从 Aa3 降至 A1，根据其方法论，允许资产支持证券获得最高至 Aa3 的信用级别[②]。蒋贤锋等（2017）也指出，国内评级机构的评级远高于国际评级机构的评级，平均高 6 ~ 7 个子级，这个原因在于国内外的评级基准不同，国内评级主要衡量在国内企业范围的信用风险排序，而国际评级则反映在全球范围的信用风险排序。

二、准确性分析

（一）利差检验

信用利差为债券的收益率与具有相似特征的无风险债券收益率（也称为基准利率）之差，反映了对投资者风险的补偿。在实践中，我国评级机构利差检验的公式有两种，即发行利差和交易利差，其中基准利率一般利用国债收益率。自 2005 年发行以来，我国短期融资券的年度发行规模和发行只数均呈上升趋势，已成为企业资金融通的重要工具。下面对我国短期融资券的利差进行质量分析，由于短期融资券的债项级别全部为最高级 A - 1，为体现差异性，需从发行主体的信用等级进行分析。

从历年的情况看，短期融资券的发行利率与主体信用等级存在较好的对应关系，即主体信用等级越高，发行利率越低。2019 年短期融资券共发行 468 期（不包括超短期融资券以及证券公司短期融资券），同比增长 9.35%，剔除有担保、发行期限低于一年的样本，最终获得 407 个基础样本[③]。从发行数量看，AAA 级与 AA + 级短期融资券较

---

① 截至 2020 年初，穆迪、标普与惠誉对于中国的主权评级分别为 A1、A + 与 A +。

② 标普 2017 年 9 月将中国主权评级从 AA - 降至 A +，并于 2015 年、2016 年与 2019 年三次修改关于主权评级对资产支持证券信用评级上限影响的方法论，从原先的可高于主权评级 4 个子级，到目前的可高于主权评级 6 个子级。惠誉 2018 年 3 月将中国主权评级从 AA - 降至 A +，并于 2017 年与 2018 年两次修改关于主权评级对资产支持证券信用评级上限影响的评级方法论，但依旧限制中国资产支持证券信用评级至多高于主权评级 3 个子级。参见陈科（2020）。

③ 参见新世纪，2019 年短期融资券利差分析［DB/OL］，2020。

多，占比分别为 43.73% 和 37.10%。从发行规模来看，短期融资券的主体信用等级分布主要集中于 AAA 级，占比达 67.44%。2019 年，不同主体信用等级对应的发行利率均值分别为：AAA 级 3.52%、AA + 级 4.49%、AA 级 5.11%。

从发行利差、交易利差与主体信用等级的对应关系看，主体信用等级越高，发行利差和交易利差均越小。发行利差、交易利差在各主体信用等级之间的级差存在一定差异。2019 年利差级差与 2018 年相比基本保持平稳，AA + 级发行利差级差、交易利差级差分别下降 3.45 个基点和 5.49 个基点，AA 级发行利差、交易利差级差分别上升 0.25 个基点和 0.77 个基点，见表 17.2。与 2018 年相比，2019 年期融资券各等级变异系数均明显上升，各等级短期融资券内部利差离散程度有所扩大。

表 17.2　　　　　2019 年短期融资券各主体信用等级对应发行利率和发行利差

主体信用等级	样本数	发行利率（%）			发行利差（个基点）			
		区间	均值	标准差	均值	级差	标准差	变异系数
AAA	178	2.53~6.37	3.52	0.58	94.55	NR	58.69	0.62
AA +	151	3.2~7.5	4.49	1.17	194.11	99.56	117.41	0.6
AA	78	3.5~7.5	5.11	1.14	255.5	61.39	115.64	0.45

注：发行利差为短期融资券的发行利率减去与短期融资券起息日、同期限的中债国债到期收益率；

变异系数 = 利差标准差/利差均值，该值用于衡量样本的离散程度；

资料来源：Wind，新世纪评级整理。

从各评级机构短期融资券的发行利差均值、交易利差均值来看，各机构发行利差、交易利差基本都随主体信用等级上升而下降，但机构之间存在差异。例如，新世纪的利差均值和标准差分别是：AAA 为 72.22、36.56；AA + 为 226.38、124.21；AA 为 254.6、116.33；中诚信国际的利差均值和标准差分别是：AAA 为 103.35、65.87；AA + 为 154.23、92.72；AA 为 257.69、119.19，见图 17.2。

个基点

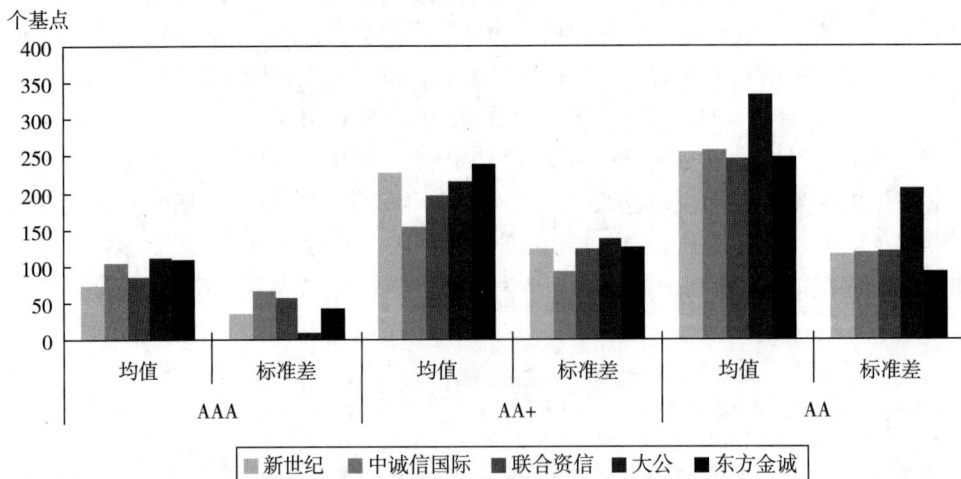

图 17.2　各评级机构短期融资券发行利差均值比较（2019 年）

（资料来源：根据 Wind、新世纪评级数据整理）

总体来看，我国信用评级利差分析符合信用级别与利差的关系理论：信用等级与信用利差应具有逆向关系，即信用等级越高，信用利差越小。但是，利用利差分析我国信用评级质量存在以下问题：同一等级包含评级对象的信用资质差异较大，信用评级对信用风险的区分度下降，不能对市场定价提供有效支持。这其中一个重要原因是信用级别过于集中在高等级，使得信用评级对利差区分性不足。从价格信号蕴含市场信息的理论角度看，同一等级的利率和利差分布区间较宽，说明市场对同一等级被评对象的信用风险存在较大的认识差异（邓博文等，2018）。这在一定程度上表明评级结果并未被市场真正认可，而只是成了债券发行、交易的要件。

对中美债券市场的信用利差分析显示，中国 AAA 发行人与 AA 发行人的 2014～2019 年的平均信用利差差异为 131.87 个基点，而美国 AAA 发行人与 BBB 发行人的平均信用利差差异仅为 104.99 个基点（陈科等，2020）。相似级别的发行人和债券实际蕴含的信用质量差异很大，这种粗放型的风险排序方法需要改变，以为市场提供更有效的定价与决策支持工具。

（二）违约率检验

从中国债券市场 2014～2019 年的违约率统计来看，信用评级表现出较好的排序能力，级别与违约率呈现反向关系①。分等级来看，各期限下的平均累积违约率均呈现出随信用等级下降而上升的特征，表明我国信用评级机构出具的主体信用等级具有较好的信用风险区分能力，见图 17.3。

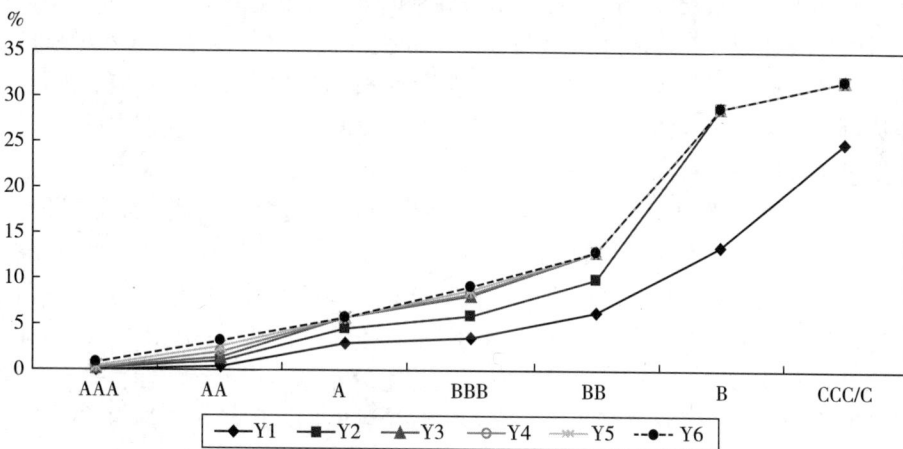

图 17.3 2014～2019 年中国债券市场各信用等级平均累积违约率
（资料来源：根据 Wind、新世纪评级数据整理）

2014～2019 年我国债券市场发行主体的边际违约率分别为 0.08%、0.50%、0.74%、0.17%、0.85% 和 0.75%。2018 年国内债券市场违约事件大规模爆发，信用

---

① 违约率统计的对象为国内公开发行信用债的主体，包括短融、超短融、中票、企业债、公司债、可转债、集合票据和集合企业债等债券的发行主体。关于违约率统计方法使用静态池法。参见新世纪，2019 年债券市场违约率统计年报，2020。

风险上升明显；2019 年债券市场信用风险延续了违约常态化的趋势，新增违约主体数量较上年有所下降，较上年下降了 0.10 个百分点。我国债券市场 1～6 年期的平均累积违约率分别为 0.53%、1.17%、1.75%、2.19%、2.74% 和 3.26%，总样本平均累积违约率呈现随时间拉长而上升的特征。与标普的全球企业多年期平均累积违约率相比，国内债券市场整体违约率较低，整体违约风险相对较小。标普全球企业评级 1～5 年期的平均累积违约率（统计期间为 1981～2018 年）分别为 1.48%、2.91%、4.16%、5.21% 和 6.08%，均高于国内债券市场统计，见表 17.3。

表 17.3 国内和标普的平均累积违约率对比 单位：%

	标普（1981～2018 年）					国内（2014～2019 年）				
	Y1	Y2	Y3	Y4	Y5	Y1	Y2	Y3	Y4	Y5
投资级	0.09	0.25	0.43	0.66	0.9	0.46	1.04	1.6	2.05	3.14
投机级	3.66	7.13	10.12	12.56	14.55	8.94	14.13	16.67	16.67	16.67
全样本	1.48	2.91	4.16	5.21	6.08	0.53	1.17	1.75	2.19	3.26

资料来源：标普，新世纪。

从统计可看出，中国债券市场信用评级与违约率整体呈现出以下特征：一是信用等级与违约率呈现反向关系。评级在不同级别之间的违约率具有明显的差异，呈现出级别越高，违约率越低的特征；二是单一级别下，随着考察期限的延长，平均累积违约率一般呈现上升趋势；三是投资级的平均累积违约率明显低于投机级；四是与国际评级机构相比，国内评级各级别对应的违约率均较高。分级别统计看，除了 CCC/C 级外，国内各级别对应的平均累积违约率要明显高于国际评级机构在相应级别所对应的平均累积违约率。从投资级来看，国内各年期的平均累积违约率均高于标普相应期限的平均累积违约率；投机级违约率具有同样的特点，见表 17.3。

与国际评级机构级别相比，国内评级呈现出总样本违约率较低，而分级别（包括投资级和投机级，除了 CCC/C 级）对应的违约率均较高的原因在于：一是市场各方对风险的容忍度较低，发行人的实际进入门槛较高，抬高了发行人的信用等级，降低了整体的违约风险。二是样本分布不均匀。国内所评主体级别主要集中在 AAA 至 AA 级之间，投机级以下级别缺失，投资级和投机级的样本分布极不均衡，而标普等国际评级机构所评级别覆盖全面，级别呈现正态分布。三是统计时间区间较短。国内首例公募债违约发生在 2014 年，迄今为止完整的静态池构造期间仅为 5 年，而国际评级机构有长达几十年的统计期，这导致国内每一期可考察的样本池基数很低，统计结果较易受单个样本池的影响。

以上特征表明，我国评级机构的评级准确性与国际评级机构相比还有差距。陈科等（2020）采用接收者操作特性曲线（ROC），对比国内国际评级系统评级违约的识别能力认为，国际评级的违约区分能力要优于国内评级的违约区分能力。对比国际评级机构和我国评级机构的平均违约位置，也反映出评级准确性的差异（王婷，2019）：2014～2019 年，我国一年期平均违约位置（ADP）平均值为 80.56%；1983～2018 年，穆迪全球一年期 ADP 平均为 91.8%，五年期为 86.5%。

（三）违约前级别分析

违约前平均级别是受评对象在违约前一定期限的平均级别，当违约前级别已经很低时时，表明评级的准确性较高。对 2014～2019 年期间，中国信用债券市场的 77 个违约主体分析显示，违约主体在违约前 36 个月至 15 个月的信用评级平均维持在 AA 级；第 14 个月至第 6 个月间下调 1 至 2 个子级，违约前第 5 个月至第 2 个月继续下调 1 至 3 个子级；而违约前 1 个月通常会发生断崖式下调，平均会有 11 个子级的下调幅度；直至违约前 30 天，仍然有 41.84% 的发行人仍然拥有 BBB－以上的评级，19.39% 的发行人拥有 AA－及以上信用评级（王婷，2020）。见图 17.4。有类似研究指出，依据 2013～2017 年的统计数据计算，我国违约主体违约一年前的信用等级中位值为 A，违约三年前的信用等级中位值为 AA－，违约五年前的信用等级中位值为 AA（邓博文等，2018）。

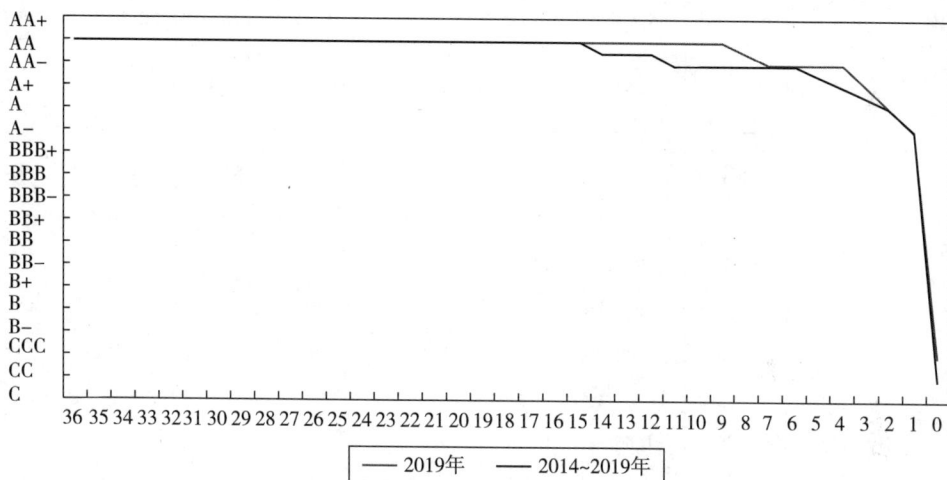

图 17.4 中国信用债券发行人违约前 36 个月级别（2019 年和 2014～2019 年）

（资料来源：Wind，中证鹏元整理）

穆迪评级的级别下调动作出现得较早，级别调整具有时间跨度长、调整幅度平缓的特点。从 1983 年到 2018 年 2000 多家工商企业发行人违约前的级别情况看，穆迪受评发行人早在违约前 5 年就平均被下调至 B1 级。在 2018 年违约的发行人中，违约前 5 年的级别平均为 Caa1 级。穆迪从级别中枢下调至最低级别跨越的幅度是 10 个子级；中国是 16 个子级，较穆迪多 6 个子级。因此，穆迪能在更长时间跨度里、更平缓地下调评级。

从标普全球企业评级 1981～2018 年的违约统计看，企业违约 7 年前整体已被降至 BB－，违约 3 年前被降至 B＋，违约 1 年前被降至 B，企业在违约前同样经历了一个渐进和持续的评级下调过程。相比之下，我国主体违约前的信用等级显著高于国际评级机构的评级，在风险警示的及时性方面存在较大差距，并且一些违约主体在违约风险发生后，会经历大跨度的评级调整。

三、稳定性检验

2018 年，我国债券市场上发行主体信用等级调整率为 6.50%，较 2017 年（8.59%）和 2016 年（8.35%）均有所下降，评级稳定性有所上升。其中信用等级调升率为 4.70%，较 2017 年（7.33%）和 2016 年（5.64%）分别下降 2.63 个百分点和 0.94 个百分点；信用等级调降率为 1.80%，较 2017 年（1.26%）上升 0.64 个百分点，较 2016 年（2.71%）下降 0.91 个百分点。整体来看，2018 年公募债券市场信用等级仍呈调升趋势，但调升趋势较 2017 年和 2016 年均有不同程度减弱，评级稳定性有所上升，见表 17.4。

表 17.4　　　我国债券市场主体信用等级调整统计（2016~2018 年）

发行人主体	信用等级			评级展望			合计		
	2016 年	2017 年	2018 年	2016 年	2017 年	2018 年	2016 年	2017 年	2018 年
样本数量（家）	4978	5223	5342	4978	5223	5342	4978	5223	5342
调升数量（家）	281	383	251	42	73	26	323	456	277
调降数量（家）	135	66	96	91	37	21	226	103	117
调升率（%）	5.64	7.33	4.70	0.84	1.40	0.49	6.49	8.73	5.19
调降率（%）	2.71	1.26	1.80	1.83	0.71	0.39	4.54	1.97	2.19

注：1. 发行人样本数量为统计期初存续和统计期内新发且具有主体信用级别的公募发行人主体；

2. 评级展望调升和调降统计不包括信用等级发生调整的评级展望统计；

3. 由超过一家评级机构对同一发行人进行主体信用评级时，则按不同评级机构分别纳入统计，即同一主体可被计数多次。

资料来源：联合资信。

对我国平均一年期迁移率统计（2009~2018 年）分析，我国 AAA 级一年期的维持率为 99.44%，高于标普全球企业平均一年期迁移率统计（1981~2018 年）的 AAA 级的 86.99%；我国 AA+级、AA 级以及 AA-级的一年期维持率分别为 89.34%、91.08% 和 76.37%，标普在这三个级别的维持率分别为 78.45%、80.55%、78.58%，见图 17.5。

由分析可见，我国信用评级的稳定性和迁移率表现出以下特点：

一是评级调升率显著高于调降率。虽然调升率高于调降率的幅度自 2009 年以来呈下降趋势，但调升率显著高于调降率的趋势并未改变，并且随统计期限越长，这种情况越明显。

二是评级级别向 AAA、AA+和 AA 三个等级的迁移趋势尤为明显。这使得我国评

%

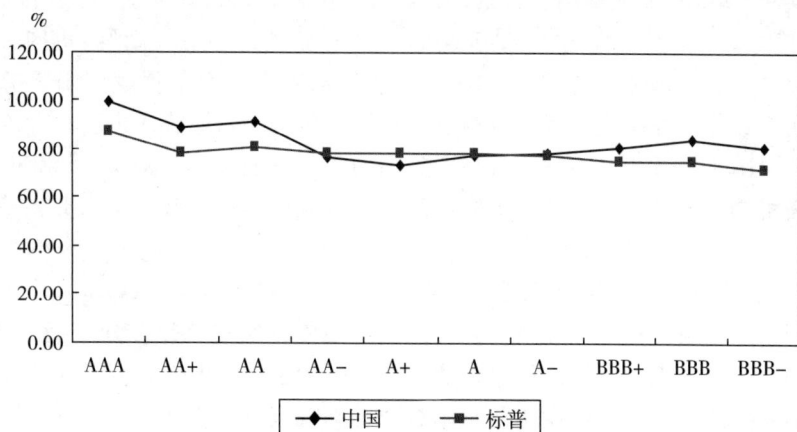

图 17.5　我国评级机构维持率比较

（资料来源：标普、联合资信）

级中枢呈现上移的情况，评级分布的左偏现象突出，而国际评级机构的各信用等级的占比相对稳定，保持正态分布形态。

　　三是我国平均一年期的稳定率较高，但级别与稳定率的对应关系的单调性较差。除 AAA 级、AA + 级和 AA 级的稳定率显著高于其他等级之外，高低等级的稳定率并没有显著区别；此外随着统计期限拉长，级别对应的稳定率显著下降。而国际评级机构的高等级稳定性整体高于低等级的稳定性，级别与稳定率关系的单调性较强。

第二节　我国信用评级的问题分析

　　经过 30 多年的发展，我国信用评级行业已经获得较大的进步：行业规模不断增长、产品种类不断丰富、评级体系逐步健全、制度建设逐步加强。但总体来说，我国信用评级的发展历程较短，信用评级行业真正进行较大规模的债券信用评级仅 10 多年时间，信用评级行业还处于发展初级阶段，存在基础薄弱、数据积累不够、技术水平不高等问题，尤其是评级机构的社会公信力不足，市场认可度较低。

　　由于国际金融危机导致对信用评级公信力的损害，也波及到社会各界对国内信用评级行业的信任程度，进而影响本来就有所欠缺的行业公信力。当前，我国金融市场处于开放发展的重要时期，债券的规模和种类快速发展，并在我国金融体系和资源配置中发挥着越来越重要的作用。为了更好地服务于金融市场的健康发展，需要对我国信用评级业存在的问题进行全面分析和认识。

一、行业整体发展水平较低，市场公信力不足

（一）我国评级行业市场集中度低，呈现多、散、乱等问题

第一，评级机构数量偏多。目前，我国债券评级机构 10 多家，而备案的法人信用

评级机构共 90 多家。而在美国、日本、韩国注册的评级机构则分别只有 9 家、7 家和 4 家。标普和穆迪各自在日本成立了 2 家公司，日本实质上只有 5 家评级机构。第二，评级市场竞争更激烈。国际上通常用 HHI 指数的倒数来衡量竞争程度，HHI 指数倒数值越大，说明市场集中度越低，竞争越激烈。从评级机构的营业收入来看，我国债券市场评级机构的 HHI 指数倒数为 5.8，远高于美国的 2.7，也高于日本的 3.5 和韩国的 2.9。第三，评级机构同质化竞争严重。国内评级机构业务类型过于单一，未形成差异化竞争格局。

（二）内控制度及执行有待完善

内控制度是评级机构规范经营的内部约束。虽然评级机构逐步建立起了内控制度，监管部门和行业自律组织对规范评级行业的业务行为也提出要求，但是还存在制度不完善和执行不到位的问题。级别竞争和费用竞争等不规范行为仍然存在，评级质量未获得金融市场的普遍认可，这也使得评级机构缺乏足够动力保证这些制度的实施。

（三）技术方法有待提高，技术体系框架有待完善

一方面，市场对评级机构在评级模型选择上存在制约因素，主要包括：一是数据获取问题。历史违约信息欠缺是国内评级行业共同面临的难题，评级行业还面临及时、准确、完整地获得相关信息的困境，而财务造假、审计造假时有发生，这使得数据无法完全满足对模型的需求。二是由于市场有效性存在不足，市场信息不能完全反映基本面和市场供求关系的变化，导致基于市场信息的结构化模型无法有效运用。

另一方面，我国金融市场发展迅速，产品类型不断创新，评级需求与供给不能有效对接。2004 年以来，随着我国债券市场的迅速发展，信用评级机构对基础研究和评级技术研究的投入也不断增加，尽管各信用评级机构在这些方面取得了长足的进步，但基础研究和整体评级技术体系仍不完善，一些核心技术和模型体系仍然欠缺，不能满足市场发展的需求。如何构建和调整评级方法以科学合理地反映不同行业风险特征，是评级机构面临的重要内容。

（四）人员流动性大，高素质人员积累不足

信用评级行业是人力资本密集型行业，不仅要求评级人员具有多元化的知识结构和较强的专业分析能力，更重要的是要求评级人员在从业过程中逐渐积累较丰富的经验。由于评级人员的经验在信用评级中发挥重要的作用，在制定信用评级管理规则中面临一个矛盾的问题，即如何做好加强对评级分析人员的管理和促进评级分析人员经验的发挥这两方面的平衡。因为如果运用主观判断的能力被弱化，评级机构所发布的评级报告就不能从分析师的专家经验中完全受益；当评级机构建立旨在减弱参与者运用主观判断的能力的评级方法时，信用评级质量将可能会下降[1]。在这种情况下，投资决策效率、市场效率和资本形成会受到负面影响，因为更低质量的评级信息在反映资产价格，从而妨碍资本流向有效率的去处。

我国信用评级行业整体实力薄弱，市场地位不突出，导致评级人才流动性较高，具有丰富从业经验的人才往往流向券商、基金、保险等其他金融机构。据调查，一些评级

---

[1] 参见 SEC，2014，157－158.

机构的分析师流失率在 20% 以上，高流失率使得评级机构人才梯队失衡，具备 3 年以上评级经验的分析师占全体分析师的比重均不超过 30%。

二、市场外部约束不足

激烈的市场竞争，加之此前国内市场长期存在刚性兑付，对评级质量的市场化约束机制不足，使得对整个评级业的公信力不认可，缺乏对评级机构以声誉打造竞争力的激励。大部分评级机构收入来自向发行人收费，评级机构的独立性更容易受相关利益主体施压而受损。在行业整体业务规模有限的情况下，评级机构可能进一步弱化靠积累声誉去获取市场份额的动力，相比之下级别竞争、价格竞争则成为争夺市场份额最直接的手段。尽管近几年企业的风险被频繁曝光，但各机构评级级别上调仍超过级别下调数量，一些不合理的调级行动对整个市场公信力造成损害，银行、保险等机构投资者也更多地依赖内部评级系统判断信用风险。

一家高效的公司将致力于价格的制订，这样它可以通过生产价格最便宜的产品，掌控更大的市场份额。尽管价格战略在经济上是有效的，但这很可能会引起一场价格的逐底战争，除非产品符合行业质量的最低标准，否则价格竞争可能会损害消费者的利益。但由于评级质量检验的滞后性，这使得价格竞争缺少依赖评级质量优劣进行筛选的机制。

三、信用评级质量检验机制需要建立和完善

我国评级机构发布的评级分布高度集中于高级别，发行人主体级别在 AA 级及以上的占比超过 9 成。评级中枢过高，区分度不足，评级准确性、稳定性所代表的评级质量仍需要进行提升以满足市场的需求。

当然，也要客观认识我国评级级别过高的多种因素：一是管理部门对级别有较高要求。各监管机构和自律组织出于管理需要和风险控制的目的，对债券的发行、交易和投资等多个环节进行了级别限制性规定。如在发行方面需要债项评级达到 AA 级别，而 AA 级以下的发行人发行债券难度增大；在质押入库方面，要求信用债必须在债项等级达到 AAA 级、主体等级达到 AA 级、且展望不能为负面的情况才能入库质押；从债券投资方面看，通常都将可投资的债券范围限定在 AA 级及以上。二是投资主体的多元化程度、风险偏好程度决定了债券市场需求状况，也影响发行人的级别分布。我国现阶段投资者风险偏好同质化程度高，高收益债券发展滞后，使信用评级难以向下延伸。三是评级机构缺乏有效约束，独立性不够，可能过度迎合市场主体高评级需求。发行人和承销商为了达到发债条件，往往要求评级机构给予较高的信用等级。

我国评级行业起步较晚，历史数据相对匮乏，同时，2014 年以前我国债券市场极少有违约事件发生，造成违约数据匮乏。缺乏违约数据导致在统计违约率或违约损失率等重要的评级指标方面存在很大不足，评级质量得不到全面有效的检验。缺乏检验评级质量的核心标准和其他可替代的市场化约束机制，导致评级机构在竞争中难以将评级质量作为其竞争力的体现，同时由于承担的成本过低，进而出现评级业务的短视行为。

自 2014 年"11 超日债"违约以来，国内债券市场违约逐步进入常态化。出现违约

事件是我国债券市场深化发展的重要体现，市场化行为导致信用风险事件的暴露有利于金融市场的健康发展，而非市场化行为干预下的信用风险暴露机制将被扭曲，将造成风险传染在一定程度上被进一步放大。信用风险的产生是市场经济内在的一般规律。长期以来的零违约局面导致市场投资者对于信用风险不敏感，同时影响评级机构降低信息不对称、揭示信用风险的本质功能。信用违约事件的发生便于违约数据的积累，有利于发挥违约率对评级结果的检验作用，也促使评级机构对受评对象的信用风险进行全面、系统地分析，进一步客观、公正地开展信用评级业务。

四、监管制度有待进一步加强

信用评级的核心是通过揭示风险来保护投资者的利益。虽然我国信用评级制度建设已取得一定成效，但与市场快速发展及加强投资者利益保护的需求相比，尚有待完善之处。与国际评级改革行动相比，我国信用评级行业监管改革立法略显滞后。之前，我国的《证券法》《企业债券管理条例》没有对评级全面规范的内容，各部门针对信用评级的文件仅限于部门规章或规范性文件范畴。

这些法规文件主要是对评级结果应用的规范或要求，专门对评级机构和评级行为进行约束的有人民银行制定的 2006 年《信用评级管理指导意见》与《信贷市场和银行间债券市场信用评级规范》，证监会制定的 2007 年《证券市场资信评级业务管理暂行办法》，但这些制度层次较低、标准不一。一般认为，我国法律对信用评级机构的规范比较粗疏，不同监管部门制定的规章文件对利益冲突等的规制手段和力度存在较大差异，一些条文多为原则性表述，缺乏可操作性（张学安，2012）。2019 年底《信用评级业管理暂行办法》出台标志着跨市场统一的评级监管框架建立，但在实施方面还需要加大力度，以提高有效性，强化对评级机构的问责。

世界经济格局的调整和我国经济的快速发展，给我国评级行业的发展带来了机遇和挑战。在发展过程中，一方面应促进评级机构加强自身建设，提高评级的独立性、客观性和透明度，提升评级质量；另一方面要借鉴国际评级监管经验，完善监管和市场约束，维护行业规范发展。美国等发达经济体资本市场的发展历程表明，规范和发展是两个永恒的主题。美国资本市场的独特之处并不是会杜绝安然事件的发生，事实是这些丑闻确实发生了；它的独特之处在于，当这些丑闻发生时，它们通常都会被曝光（被美国证监会或媒体曝光）[1]，并得到纠正[1]。我国发展和规范信用评级的目的是维护金融市场的秩序，保护投资者利益，为此，需要对美国等发达国家金融市场的机制设计进行研究，借鉴其中有益之处，为我所用，推动市场的创新和发展。科斯在研究商品市场和思想市场时指出，每个市场的不同特征会使相同因素在不同市场发挥不同的作用，适当的社会安排就应随之变化[2]。对于不同国家的市场更是如此，因此，对制度的设计要适应我国的实际。

---

① 参见托马斯，2013，263。

② 参见科斯，2014，70。

五、金融市场运行机制有待进一步完善

信用评级行业的生存和发展最终依赖于金融市场的发展。在我国债务融资规模快速扩大和产品日益丰富的带动下，市场上对信用评级的需求快速增长。但与发达国家相比，我国金融市场仍存在有待完善之处。

（一）债券品种有待扩大和完善

虽然近年来信用债券市场迅速扩张，但与美国等发达经济体相比，债券品种和发行规模仍有较大发展空间。我国债券品种仍有待扩充，结构化金融产品设计仍需健全，高收益债券发展不足，地方债刚开始起步，这些都限制了信用评级市场的空间。

（二）发行主体类型有待丰富

由于政策作用和市场因素导致目前发行人以国有大中型企业和优质民营企业为主，在国家经济结构转型和金融市场对外开放的战略指导下，促进市场配套机制逐步到位，引入多元化发行主体，丰富信用产品类型，也是优化评级行业外围环境的重要内容。

有研究提出，认为高等级债券一定比低等级债券对社会和个人贷款者更为有益是一种经济谬误，对于服务或商品或许如此，而贷款绝非如此；另外，认为总是需要更多的投机或更多风险资本的观点也是不正确的。对于债券而言，要求均一的高质量只会使资本市场成为经济中一个极其微小的角色，而这将降低经济体的生产率和效率[1]。当前，我国已经提出了发展多层次资本市场的方向，这对于多层次发行主体的出现和资本市场的全面发展具有重要意义。

（三）市场定价机制有待完善

之前，发行利率不能超过基准利率的40%（《企业债券管理条例》第18条）等约束不利于利率市场化的发展和完善。市场价格不能真实体现供求关系，反映市场波动关系的国债收益率曲线有待健全，这些限制了信用评级对影响市场定价作用的发挥。

国债收益率应该是金融市场重要的定价基础之一。随着我国利率市场化的进程逐步加快，必须有适合于自己国家的金融市场收益率定价标准，健全反映市场供求关系的国债收益率曲线。由于金融市场还存在一定的非市场化因素，国债二级市场交易不活跃，国债期限结构有待进一步完善，这些因素导致我国国债收益率曲线还有待进一步夯实为金融市场的利率基础。自2014年11月2日财政部首次发布中国关键期限国债收益率曲线以来，国债产品利率市场化的程度不断提高，将对金融产品的利率市场化起到重要的推动作用[2]。

（四）投资者队伍有待进一步成熟和丰富

由于债券市场发展初期刚性兑付成为隐性担保，债券被认为不存在违约甚至不能违约，这造成投资者对信用风险认识存在偏差。此外，我国机构投资者类型相对单一，在政策上存在信用级别的投资限制，投资者的投资行为同质化程度高，这不利于高收益债券的发展和债券二级市场的活跃。机构投资者的现状也在一定程度上迫使发行人为追求

---

① 弗里德曼等．美国货币史［M］．巴曙松等译．北京：北京大学出版社，2009，172。
② 参见李全，"为何在此时推出国债收益率曲线"，财政部网站，2014.8.18。

高信用级别给评级机构施加影响。

（五）违约处置制度亟需完善

我国债券市场违约解决机制尚不健全，投资者保护机制不完善；违约债券的处置方式较为单一，相关法律程序不够高效；而条款设置不够清晰，使得违约后的协商难度较大，这些因素使得市场各方对违约事件往往采取回避的态度。随着违约风险事件不断增加，完善相关违约处理制度，建立债券投资保护机制，是保证金融市场平稳发展的重要措施，这也有利于风险信号的正常释放。

（六）社会治理体系有待全面提升

由于行业监管力度弱、社会诚信意识有待提升等原因，财务数据造假情况屡见不鲜。安然造假等事件促使美国颁布法律，以加大企业和高管在会计等方面造假的惩罚，从而对评级行业展业也提供正面作用①，这是有益的经验。

第三节　开放环境下我国信用评级的高质量发展路径

规范发展首先要正确认识。市场或政府监管都是必要的，但也都是不充分的，好的政府监管能让市场运转得更加顺利，而市场能激励创新，并使生产和服务更有效率②。对信用评级要客观地分析，一方面要充分肯定其在市场经济中的作用，另一方面也要认识到信用评级机构存在的问题。虽然信用评级对于金融市场的运行和管理发挥了重要的功能，但管理者和投资者应是审慎的，并且应经常审视决策中对信用评级的使用（Cantor 和 Packer，1994）。当前，作为金融市场的基础设施，我国信用评级行业仍处于发展初期，行业发展中有很多方面尚不规范。针对我国评级公信力不足、评级技术有待提高等问题，需要在监管、自律以及评级机构等层面均采取相应措施，在立足实际的基础上，借鉴国际信用评级业发展和改革的经验，促进我国信用评级业的健康发展。

一、客观认识信用评级对外开放的新形势

从经济规模来看，中国已经成为世界第二大经济体。从金融市场来看，中国债券市场规模已经仅次于美国，位列全球第二；人民币在全球贸易结算占比已进入前五位，并纳入 SDR 货币篮子成为国际储备货币。但与中国日益提升的经济与金融地位形成鲜明对比的是，中国评级机构在国际市场的影响力远远低于国际评级机构。

近年来，我国信用评级业保持稳步发展势头，评级机构数量保持高位，评级规模不断增加，评级业务类型不断创新。除企业债评级、公司债评级、短期融资券评级、中期票据评级等品种外，绿色债券评级、地方政府债券评级、结构化融资产品评级、国家主权评级等其他评级产品不断发展。但总体看，无论是信用评级服务还是信用评级监管，

---

① 安然事件后，在对 CPA（注册会计师）行业管制进行反思的基础上，为加强对会计审计的监管，美国出台 2002 年《萨班斯－奥克斯法案》，强化对上市公司的审计活动监管。

② 参见托马斯，2013，415。

离推动经济高质量发展和全面改革开放的战略要求还有较大差距。有必要通过扩大开放，提升评级服务水平，强化评级监管，促进我国评级行业健康发展。

评级开放具有以下积极影响：一是有利于实施国家开放战略。评级开放直接服务金融市场对外开放，也顺应中国企业走出去和人民币国际化的趋势。外资评级机构进入，使我国债市能够更好满足国际投资者跨国资产配置的需求，吸引更多国际资本投向中国市场，从而促进我国金融市场发展和国家开放战略实施。二是促进国内评级行业健康发展。（1）评级开放有助于国内评级机构进一步熟悉和理解外资评级机构的业务模式和执业规则，通过竞争对话提升评级技术和评级质量。同时，引入实力强劲的竞争对手，将倒逼国内评级市场加速资源整合。（2）促进评级业与国际接轨。建立市场驱动而非监管强制的评级制度，客观上将促进中国金融监管、评级行业以及金融市场其他参与者的业务进一步与国际市场接轨，促进评级行业的规范化和国际化发展。

我国评级机构也拥有一些得天独厚的条件。首先，我国经济总量和债券规模都已位居全球第二，国家影响力不断提高，为我国评级行业的发展提供了坚实基础。其次，在展业能力上，中外资机构各有所长。国际评级机构在市场声誉、评级技术、人才培养等方面具备较强的竞争优势。中资评级机构综合实力弱于国际评级机构，但更熟悉中国国情、市场和监管政策，评级方法更加本土化，且已积累了大量的国内客户资源。

二、加强信用评级的规范管理

评级业的重塑，与整体市场、监管环境的成熟密不可分。从"垃圾债"到 AAA 级债，没有哪个评级的债是坏债，只有那些评级失真、未充分揭示风险的债券才是坏债（王力为，2019）。由于信用风险的复杂性，很难完全用一个统一的评级方法和标准度量，因此，在规范信用评级的同时，必须加快发展本土评级机构，鼓励本土评级机构积极拓展信用评级业务，扩大市场影响力。

（一）完善公司治理与内控管理

加强评级机构公司治理，防止利益冲突。评级机构应完善公司治理和内控制度，在组织结构设置、业务流程、人员使用和业绩考核等各个方面防范利益冲突；设立专门审查部门和人员，确保评级过程的独立性。

完善评级信息披露制度，提高评级透明度。声誉机制约束评级机构存在两个前提：第一，评级机构能够完全充分地披露与信用评级相关的信息；第二，投资者对这些信息高度敏感，有能力进行比较和取舍（聂飞舟，2011）。因此，一方面应当按照及时、准确、全面的原则，明确信息披露内容、时效等，加大评级模型和方法、评级收入来源、评级结果表现等方面的信息披露频率和力度，强化年度报告制度；另一方面也要加强对投资者的教育和引导，提高投资者的风险管理意识和水平。

（二）加强债券市场评级机构统一准入管理

对信用评级机构实施统一的准入管理，提高准入门槛。通过对信用评级机构实行市场化评价，制定基于监管目标的信用评级机构准入门槛，对经认可的信用评级机构实施分层分类管理。重点以评级质量为标尺，建立评级机构的市场化评价机制，促进行业公平竞争，加强对评级机构的监督检查，建立健全违规处罚及退出机制。

（三）加强合规监管，提升监管效率

强化评级过程质量控制，完善以违约率为核心的评级质量审验制度。提高评级信息披露的透明度和及时性，进一步完善信息披露制度，强化对信息披露的监管，加强监管信息共享，严格落实信息披露的主体责任。强化独立性和利益冲突防范。健全信用评级机构民事责任追究机制。

运用现代监管科技，提升评级监管效率。研究人工智能、大数据、云计算等新科技对监管的影响和应用；加强对网络安全、大数据及云计算等领域的风险研究，充分评估相关服务及服务商对评级业务构成的潜在风险，对这些领域研究并制定相应监管政策以促进评级业的良性发展。加强评级收费监测和管理，提升监管效能。

三、加大培育发展，推动评级行业的外部发展环境的改善

1. 大力发展金融市场，培育有效的评级需求

资本市场的演化受到国家政策的极大影响，因为只有当国家能信守承诺，不利用其强制性权力来增加交换中的不确定性时，金融制度的演化才有可能发生，才有可能建立起一个更有效率的资本市场；对管理者行为的束缚以及能成功地限制国家与自愿性组织的非人际关系化规则的发展，乃是这种制度转型的关键所在①。

信用评级是金融市场运作的一个重要环节，评级行业的发展与金融市场的发展具有密切关系。从国际信用评级发展的经验来看，评级机构的壮大成熟离不开金融市场的有力支撑，而科学、完善的评级制度又反过来推动了金融市场的发展。信用评级的核心价值是公信力，而商誉的积累和公信力的提升都需要一个长期过程。我国信用评级业发展历程较短，在遵循行业发展规律的前提下，要认识到我国信用评级业的发展将是一个长期过程，应为其创造市场环境，给予积累商誉和提升公信力的时间。

虽然我国债券市场规模已居世界第二，但是债券市场规模占 GDP 的比重远低于美国、日本等发达国家，应继续推动在债券规模、债券品种、市场结构等方面深化发展：一是稳步扩大债券市场规模，丰富债券市场品种，推进债券市场互联互通，健全市场价格信号，完善反映市场供求关系的国债收益率曲线；二是统一公司信用类债券信息披露标准；三是促进发债主体和投资主体的多元化，丰富机构投资者的类型和层次，促进投资人结构不断完善；四是促进场外市场与场内市场分层有序、功能互补，推动金融市场协调健康发展，培育有效的评级需求。

2. 探索扩大双评级制度

双评级是指两家评级机构同时对评级对象进行评级，并各自独立公布评级结果的情况。双评级的形成既有市场力量推动而自发形成的成分，也有管理部门通过制度安排对其积极引导的推动。双评级通过评级结果相互校验对评级机构形成一定的声誉约束，强化评级机构的技术竞争，促进评级机构提升评级水平，降低评级购买和级别竞争现象，有助于评级行业的良性发展。双评级也可增强市场透明度，加强投资者保护，投资者可以获得关于信用评级的不同观点，有利于投资者进行投资分析和判断。

---

① 参见诺思，2008，178。

当然，双评级制度的引入会增加发债主体的费用，但双评级能为投资者提供更多的衡量工具，促进评级机构从投资者利益出发，更好地为投资者服务，提升市场参与者的信心，债券价格也可以在更加合理的区间运行，进而降低发债主体的整体融资成本。就我国金融市场的实际而言，可考虑将双评级的使用范围由资产证券化产品的单一品种逐步扩大至其他债务融资工具。对涉及本土金融市场和金融产品的评级，如需选择国际评级机构，应在制度上规定必须同时选取一家国内评级机构。

3. 把扶持本土信用评级机构与国家对外发展战略结合起来

我国评级机构应抓住人民币国际化、"一带一路"倡议以及我国海外投资规模迅速增长带来的历史机遇，不断拓展境外人民币债务工具评级和主权评级等业务，积极走向国际评级市场。相关部门也应加大对国内评级机构的扶持和培育，鼓励中资机构在海外投资贸易等对外经济活动时使用本土评级机构的信用评级。境外经济实体或多边金融机构在国内市场发行人民币、外币债务工具或在我国金融市场进行融资时，应考虑由本土评级机构参与信用评级。通过多措并举，逐步扩大本土信用评级机构在国际上的影响力。

在评级行业对外开放的新形势下，我国评级机构应发挥熟悉国内企业情况的优势，找差距，补短板，为境外投资人提供专业服务。在此基础上，应积极布局国际评级业务"走出去"，通过积累国际经验和影响力提高自身的综合竞争力。

4. 加强与国际评级行业的交流和合作

通过不同方式促进国内评级机构吸收国际评级技术和管理经验，提升技术水平。鼓励我国信用评级机构积极参与国际信用评级法律制度和标准的制定，积极参与国际金融活动，以争取在国际信用评级领域的话语权。完善外资信用评级机构的准入制度，从法律方面重视评级业开放合作中的信息安全问题，保证在经济、金融安全的前提下，促进我国金融市场发展。

5. 完善治理体系，提升社会整体信用环境

一是在金融风险可控的前提下，完善违约处置机制，引导市场打破刚性兑付预期，充分发挥市场在资源配置中的决定性作用。二是厘清评级市场各利益相关方的职责。明确发行人和承销商配合评级机构开展评级业务的义务，促进完善会计、审计等制度环境，加强对承销机构、注册会计师、律师等专业机构和人员在金融市场上执业行为的监督，打击发行人、承销商等市场相关方在评级服务过程中的违法违规行为，共同维护公平公正的市场环境。三是提升社会信用意识，促进各行业诚信水平增强。

四、引导评级机构加强自身建设

1. 不断提高评级技术水平

第一，注重评级数据库的建设，加强历史违约数据积累。持续建设和完善数据库等基础设施，加强对数据资源的收集，不断丰富跨周期、多行业的信用数据。第二，不断完善评级技术体系。借鉴国际评级机构科学合理的评级技术、理念和方法，加强对评级技术的研究，完善信用评级体系，加快评级模型研究与修订工作。充分利用国内评级机构的优势，探索适合我国市场环境、行业特点的评级规律，更好地揭示信用风险。第

三，加大人工智能和大数据等新技术探索。鼓励评级机构通过多种形式与大数据、人工智能等领域的科技公司形成融合发展。

2. 提升为投资者服务水平

树立和强化为投资者服务的理念，提高评级调查、分析水平，提高评级报告风险揭示水平，强化跟踪评级，丰富投资者服务内容，提高为投资者服务质量，完善与投资者服务沟通渠道和反馈机制，提高公信力和竞争力。

3. 加强人才队伍建设及人员的稳定性

建立职业标准，提高任职要求和从业人员素质，加强评级人员执业道德教育。完善长期激励机制，强化培训力度，吸引、激励和保留人才，提升团队凝聚力与员工的归属感。

4. 提高市场集中度

促进评级机构之间兼并重组，淘汰实力较弱、技术水平较差的中小型评级机构，推动形成竞争力较强的头部评级机构，解决评级市场供求之间的结构性矛盾，提高评级市场的集中度。鼓励评级机构上市融资，壮大资本实力，通过上市增加信息透明度和市场对评级机构的信心。推动评级机构的多种经营模式和收费机制，建立适度的行业竞争格局。

五、建立和完善多层次的立法体系

明确的法律制度有利于形成稳定的市场预期。借鉴国际监管改革经验，围绕投资者保护的最终目标，借助《信用评级业管理暂行办法》出台，继续加强基本制度建设，明确信用评级机构的准入，明晰法人治理结构，规范评级业务，提高从业人员素质，确定监管部门的职责和评级机构的法律责任等。在基础法规的指导下，陆续出台配套的制度，加强行业标准规范，完善评级业的日常管理，建立市场激励机制和惩罚退出措施，实现对评级机构的分类监管。

缺乏严格的法律责任机制容易导致信用评级机构的失职和错误，误导投资者，损害评级市场（李晓郛，2013）。应针对不同的诉因的归责原则、过错认定、举证责任、因果关系等方面，提出简便且可操作的处理规则，以使具有合法诉求的投资者可以获得法定责任的救济（张学安，2012）。研究建立集体诉讼制度，加大违法成本。

六、建立和完善信用评级的质量检验机制

要使声誉机制运转必须满足两个条件，一方面投资者能够对信用评级机构的评级质量作出正确的反馈，另一方面信誉资本决定了评级机构的经营收益。从我国的实践看，信用评级机构仅有30余年的发展，信用评级行业尚处于初级阶段，在评级方法、指标体系、数据积累等方面还存在不足，相当一部分评级机构尚未建立起完整科学的质量检验方法和体系。近年来，随着金融市场的快速发展，评级行业取得了良好的发展机遇，为了建立我国评级机构的市场声誉，需要在评级质量的事后检验方面进一步深化和拓展。

让市场在资源配置中起决定作用的基础是完善市场运行体系。在这个背景下，由市

场机制去选择和认可评级结果，引导评级机构真正实现为投资者服务，从而通过市场力量约束和推动评级结果的独立、客观性，也需要信用评级质量检验机制的建立。

在现有的信用评级质量检验体系的基础上，进一步补充与违约相关的检验指标，逐步构建以违约率为核心的评级质量检验体系。要求信用评级机构定期公布评级表现，提高评级的透明度，不断进行数据积累和技术提升，同时建立并完善投资者等市场参与者评价制度，最终建立和完善评级质量检验体系。

七、加强信用评级监管协调机制的功能

从国外情况来看，信用评级行业一般明确单一的评级机构监管部门，但普遍存在业务的多头监管。美国证监会虽然负责 NRSRO 机构注册监管，但美联储、美国保险业联盟委员等部门仍对涉及到的评级业务进行审批管理。欧盟信用评级机构由证券与市场管理局统一监管，但欧洲中央银行及成员国中央银行对于自身业务操作中涉及的信用评级业务也具有管理权限。在多头监管之下，不少国家建立了高级别监管沟通协调机制，保持监管政策的一致性。

从完善监管的角度来看，应该注重规则，加强协调，做好分工合作，发挥好各部门的合力。国务院明确人民银行为信用评级行业的主管部门，应不断建立健全统一的评级制度，完善机构统一管理、业务分业管理的监管布局。研究制定规范发展我国信用评级行业的发展规划和政策措施，进一步加强监管信息共享和政策协调，形成发展市场的合力。近年来，我国评级行业统一监管步伐逐步加快，建设效果初步显现。中国人民银行会同相关部门联合发布 2018 年第 14 号公告、《信用评级业管理暂行办法》等，标志着我国在加强对信用评级行业统一监管、推进债券互联互通方面，跨出了重要的步骤。

八、客观认识信用评级，改变对外部信用评级的僵化应用

信用评级的本质是一种外部分析和预测，是对受评对象信用风险水平的一种意见。由于是一种对未来的预测，与实际就有可能存在偏差，这种偏差的原因包括评级技术高低、评级信息全面与否、是否存在利益冲突等。此外，即使信用评级解决了利益冲突问题，评级的偏差仍可能存在（Skreta 和 Veldkamp，2009）。因此，在认识信用评级价值的同时，需要认清评级在揭示信用风险方面的不足。

引导市场参与主体理性看待评级机构的作用，不能将评级结果作为违约判断的唯一依据，而应将其作为风险评判的参考和借鉴。投资者应提高自我风险识别意识，加强内部评级水平和自我分析判断能力，将外部评级作为一种有价值的参考工具，并根据自己的风险偏好和承受能力，选择合适的投资品。

从监管规定看，减少监管规则中对信用评级尤其是评级级别的僵硬使用。采取更多元化的监管标准，将信用等级作为监管要求的参考条件之一，结合其他信息共同为监管决策提供支持。

附　　录

◎ 附录 1　国际信用评级监管处罚案例
◎ 附录 2　美国主要消费者信用报告机构目录

附录1 国际信用评级监管处罚案例

一、美国

1. 伊根－琼斯评级公司成为第一个被美国证监会处罚的评级机构

2012年4月25日，SEC指控伊根－琼斯公司及其董事肖恩·伊根（Sean Egan）涉嫌虚假陈述，伊根－琼斯公司在2008年的注册申请NRSRO材料中，虚假声称已经出具了150份资产支持证券评级和50份政府债券评级报告，夸大了在该领域的经验；此外，伊根－琼斯公司允许分析师为他们持有的证券进行评级活动，违反了避免利益冲突的规定。SEC裁定伊根－琼斯公司暂时禁止从事资产支持证券和政府债券评级业务，禁止期为18个月。2013年1月，伊根－琼斯公司与SEC达成和解，SEC撤销伊根－琼斯公司在资产支持证券和地方政府类债券的NRSRO评级资质，并对公司及其董事肖恩·伊根处以3万美元罚款。伊根－琼斯公司可在18个月后重新申请相关资质。

2. 美国证监会对标普采取处罚措施

2015年1月，SEC对标普全球评级发起3项指控，指控内容包括三项：（1）2011年标普实际使用了与披露的评级办法不同的评级方法对6个CMBS交易进行评级，并对另外2个CMBS交易提供了初评；（2）2012年标普为重新获得市场份额对其采用的新的CMBS评级标准进行了虚假、误导性宣传；（3）2012年10月至2014年6月间在对之前的住房抵押贷款支持证券（RMBS）进行跟踪评级时，标普对其一项重要评级相关条款进行了修改，放松了评级标准，与其公布的评级标准不符，但标普却未遵循内部政策对跟踪评级方法进行修改，而是在跟踪评级中采取了未向投资者披露的临时替代方法。2015年1月21日，标普同意支付总计7700万美元以达成和解，同时，标普将被禁止从事商业抵押支持证券评级业务一年。标普同意向SEC支付超过5800万美元罚款，向纽约州检察机构支付1200万美元罚金，向马萨诸塞州检察机构支付700万美元罚金。

3. 美国司法部对标普提起诉讼

2013年2月，美国司法部对标普提起诉讼，要求判标普承担《1989年金融机构改革、复兴与执行法案》（FIRREA）下的民事赔偿责任，指控标普发布虚高评级，对住房抵押贷款证券的投资者构成欺诈，导致相关投资者损失。这是美国司法部首次针对评级机构提起诉讼。此外，康涅狄格州、加州、特拉华州、密西西比州、伊利诺伊州、爱荷华州以及哥伦比亚特区的检察官纷纷提起诉讼。截至2013年2月初已有16个州以及哥伦比亚特区对标普提起了诉讼。

2015年2月3日，标普同意支付总计13.75亿美元以达成和解，从而了结对该公司涉嫌于 2004 年到 2007 年之间在结构融资产品 RMBS 和 CDO 评级中的欺诈行为的指控。其中，标普（由标普母公司麦格希金融公司支付）同意向美国司法部支付 6.875 亿美元，并向 19 个州和哥伦比亚特区支付相同的和解金额。此外，标普还将与加州公务员退休基金达成和解，向后者支付 1.25 亿美元和解金。

4. 美国证监会对时任标普全球评级结构融资首席信用官作出最终处罚

2016 年 3 月 7 日，美国证监会对 2012 年时任标普全球评级结构融资首席信用官的弗兰克斯（Francis Parisi）作出最终处罚决定。弗兰克斯承认为获取抵押贷款支持证券评级业务量，对评级模型的参数进行了调整，提升级别来获取业务，接受了 SEC 对其进行罚款 2.5 万美金及禁入 NRSRO 执业等的处罚。2012 年 6 月弗兰克斯发表了一份内部研究文章，有目的地显示在美国大萧条的经济状况下，商业抵押贷款的平均损失率是在 20% 左右，从而对标普全球评级 2012 年发布的 CMBS 评级方法中的 20% 目标增信等级提供额外的支持。由于这篇文章基于没有充分披露的重要假设，美国证监会认定此文章存在缺陷，构成了虚假、误导性宣传行为，并决定对弗兰克斯进行处罚。

5. 美国证监会对多美年评级公司发起指控

2015 年 10 月，SEC 对多美年评级公司发起 3 项指控，指控内容包括三项：一是 2009 年 4 月至 2012 年初，多美年评级公司未按照其所公开的评级方法，对未偿付的美国 RMBS 和 Re－REMICs 产品进行跟踪评级；也未持续披露其跟踪评级方法的相关变化；二是多美年评级公司未投入足够的人力物力财力来满足 RMBS 和 Re－REMICs 跟踪评级需求；三是多美年评级公司公布的大量 RMBS 和 Re－REMICs 跟踪评级结果与其评级模型的评级结果存在较大差异，多美年评级公司未对相关评级结果差异的原因进行说明和记录。SEC 裁定多美年评级公司支付近 580 万美元的罚金；同时多美年评级公司需做出承诺不再违反相关法律规定，并聘请 SEC 认可的相关审核机构对其相关评级方法进行审核，保障其公布 RMBS 和 ABS 评级方法合理并合规。

6. 穆迪与美国司法部等和解

2017 年 1 月 13 日，穆迪与美国司法部、21 个州及哥伦比亚特区达成协议，同意支付约 8.64 亿美元，以解决对穆迪 RMBS 和 CDO 评级促成大萧条以来最严重的金融危机的指控。

7. 穆迪与美国证监会和解

2018 年 8 月 28 日，穆迪同意支付总计 1625 万美元，以解决 SEC 对穆迪涉及内部控制失责，及未能明确界定并始终如一地使用信用评级符号的指控。SEC 认为穆迪未能对外包的模型建立并记录有效的内部控制结构。对使用信用评级符号的指控主要涉及对 26 单、价值约 20 亿美元的结构融资产品进行评级，穆迪采用与其他使用相同评级符号的证券不一致的评级方法。

8. SEC 对标普前 CMBS 主管处罚

2018 年 12 月 21 日，SEC 对标普前 CMBS 主管芭芭拉（Barbara Duka）进行了 7500 美元的罚款。主要涉及于芭芭拉在 2011 年作为标普的 CMBS 主管时，没有对外披露标普对 CMBS 偿债备付率（DSCR）计算方法的修改。最终该处罚通过法院上诉被终止。

二、欧盟

截至 2020 年 6 月 4 日，欧洲证券和市场管理局（ESMA）共采取了 11 次信用评级机构处罚行动，共涉及标普、穆迪、惠誉、DBRS、Scope 等 5 家信用评级机构和 5 家银行，处罚的理由包括未经许可发布信用评级、内控制度不健全、无法满足合规要求、无法满足归档要求、未经允许透露信息等。

1. 发出警告

2013 年 12 月 2 日，ESMA 发布《国际三大评级机构主权评级过程的不足》报告，就国际三大评级机构对欧盟成员国主权信用评级中的违规行为提出警告。该报告表示，欧盟针对信用评级机构的监管新规已在 2013 年 6 月 20 日正式生效，但国际三大评级机构并未严格执行上述新规。其次，国际三大评级机构对欧洲国家主权信用评级依据不充分，调级行动过于频繁，评级过程信息披露有所隐瞒，损害了评级机构的独立性和评级信息的准确性、公平性。此外，国际三大评级机构存在评级变动公布延迟的现象，这些失误有损于评级机构的独立性。ESMA 将对国际三大评级机构的有关违规行为进行调查，如发现相关违规行为，将对违规机构实施处罚，处罚措施包括通报违规行为、高额罚款及吊销在欧盟的营业牌照等。

2. ESMA 发布对标普的调查报告

2014 年 6 月 3 日，ESMA 发布了对标普的一份调查报告，就标普违背了 ESMA 制定的内部控制制度、机密信息保护制度、评级流程和组织架构等监管规则等进行了警告。考虑到标普自愿接受整改，因此 ESMA 未对标普法国分部和欧洲分部进行实质性的处罚。

3. ESMA 对穆迪罚款 124 万欧元

2017 年 6 月 1 日，ESMA 对穆迪的侵权行为发出指控。ESMA 认为穆迪在 2011 年 6 月到 2013 年 12 月之间为 9 家跨国实体，包括欧洲投资银行、欧洲投资基金、欧洲稳定机制、欧洲金融稳定设施以及欧盟等的 19 次评级行为均存在评级报告侵权和评级方法披露侵权。穆迪在上述评级报告中并未披露其所用的评级方法和相关评级资料的信息来源，违反了相关评级监管规定。最终，穆迪德国分支机构被罚款 75 万欧元，穆迪英国分支机构被罚款 49 万欧元，共计 124 万欧元。

穆迪德国和穆迪英国在 2011 年 6 月至 2013 年 12 月期间发行的 19 次评级中，存在两方面的问题：一是评级陈述违法。其公开声明中并未包含除新闻稿外的其他公共信息材料来源。这未能说明决定评级的主要评级方法，并且没有全面描述所使用的方法。二是方法披露违法。这 19 次评级中使用的方法均未在发布公开评级公告之前或之后进行任何单独的公开披露。此违法行为持续了六个多月。ESMA 认为，穆迪在宣布评级决定时未能全面描述支持评级的方法。ESMA 表示：鉴于信用评级机构和评级在金融市场的重要角色，还有评级对投资者信任度和信心的影响，因此必须在透明度方面维持和执行高标准。

4. ESMA 对惠誉处以 138 万欧元罚款

2016 年 7 月 21 日，ESMA 对惠誉发出三项指控：一是惠誉下调斯洛文尼亚的主权信用评级时，没有给斯洛文尼亚当局 12 个小时（最低限度的时间）进行考虑并做出反应的时间，违反了 12 小时的时间规定；二是惠誉的内部控制存在重大缺陷，未设立有效机制来保障 12 小时制度的执行，这违反了相关内部控制机制；三是惠誉未经授权提前透露了主权评级结果，惠誉的高级分析师向惠誉集团的母公司高层人员透露了尚未公开的 6 个国家的主权评级调整信息。最终，ESMA 决定对惠誉处以 138 万欧元的罚款。惠誉表示，该违法行为发生在几年前。惠誉在声明中说道："虽然这些违法行为最终均未影响评级结果，但是惠誉随后进行了审查并进一步改进流程，以便更好地避免此类违法行为。"

5. 指责标普内部控制失效

ESMA 发布公告，指责标普法国和标普欧洲违反了欧盟《信用评级机构监管法规》。ESMA 发布公告，调查标普在 2011 年 11 月 10 日错误地向其全球门户的订阅用户发送声明"法兰西（共和国）（主动评级）：评级下调"的邮件，但是实际上标普并未下调法国的主权评级。ESMA 调查发现，这次的事件是由于标普违反了《信用评级机构监管法规》中有关健全的内部管控机制、信息处理系统的有效管控和保护、决策程序和组织架构等组织要求引起的。ESMA 根据《信用评级机构监管法规》的规定，决定相关的违规行为需要采取公告形式的监管措施。最终监管措施决定考虑了标普为停止违法行为所采取的措施，并视为与其违法的程度相称。

6. 对多美年内部管控失效进行处罚

2015 年 6 月 29 日，ESMA 对多美年评级公司进行了三项指控，并处以 3 万欧元的罚款。指控内容主要包括：一是未按照监管的要求建立严格的评级程序，评级结果的判定过程不规范；二是内部未建立有效的合规管理制度；三是未建立完善的跟踪评级制度，对评级结果未进行有效记录和跟踪记录。

7. 违反利益冲突监管要求 ESMA 对惠誉开出 513.25 万欧元罚单

2019 年 3 月 28 日，ESMA 发布声明消息，由于惠誉集团旗下评级机构违反了《信用评级机构监管条例》中涉及利益冲突的系列规定，决定对惠誉三家子公司处以 513.25 万欧元罚款。其中惠誉（英国）（Fitch UK）被罚款 319.5 万欧元，惠誉（法国）（Fitch France）被罚款 81.25 万欧元，惠誉（西班牙）（Fitch Spain）被罚款 112.5 万欧元。

为确保评级活动的独立性和良好的评级质量，《信用评级机构监管法规》2013 年 6 月 20 日修订，要求评级机构仔细识别、消除、管理和披露在评级活动中出现利益冲突，以减少对评级过程的干扰。利益冲突具体表现为：持有评级机构超过 10% 股份的股东，同时担任被评级公司的董事会成员。有上述情况的信用评级机构不得为此类公司发布新的信用评级。对于在 2013 年 6 月 20 日前发布的评级，评级机构必须立即披露评级报告中可能受到上述情况影响的地方。另外，评级机构需要立即评估是否需要重新评级或撤销现有的评级。此外，《信用评级机构监管法规》要求评级机构制定相关政策和程序，并建立内部控制机制，以确保评级机构能遵守该法规规定的义务。

2013 年 6 月至 2018 年 4 月，一位个人股东通过法国一家公司，间接持有惠誉旗下三家评级机构（惠誉英国、惠誉法国、惠誉西班牙）20% 的股份。然而，该持股者也是这三家评级机构服务的评级对象内部董事会成员之一。ESMA 发现这三家机构在 2013 年至 2015 年期间的评级活动违反了利益冲突要求，且直到 2017 年初都缺乏相关的程序及内部控制措施来管控。因此，ESMA 决定对此作出处罚。

8. 对北欧四家银行的处罚决定

2018 年 6 月，ESMA 宣布北欧五家银行"未经监管部门允许向客户发布评级意见"，违反了《信用评级机构监管法规》，分别对其处罚 49.5 万欧元。随后，其中四家银行对处罚不服向欧洲监管当局上诉委员会（BoA）提起上诉。2019 年 2 月，在欧洲监管当局上诉委员会认为银行确实存在违规行为，但考虑到银行业务的特殊性，接受了四家银行并未玩忽职守的声明。在欧洲监管当局上诉委员会作出决定后，2019 年 7 月 11 日欧洲证券和市场管理局宣布，将对四家银行的处罚决定从罚款改为通报。

9. 对 Scope 评级公司处罚

2020 年 6 月 4 日，ESMA 发布公告称，Scope Ratings GmbH 在应用评级方法和更新评级方法时，均违反了《信用评级机构监管法规》，对其处罚 64 万欧元。这也是 ESMA 在 2020 年对评机构机构开出的首张罚单。Scope 注册于 2011 年 5 月 24 日，是一家德国的信用评级机构，在英国、意大利、法国和挪威均有分支机构。

三、澳大利亚法院判例

2006 年，澳大利亚新南威尔士州地方政府养老基金在荷兰银行购买了一项固定比例债务凭证（CPDO），标普为该债券评级为 AAA，该基金涉及 13 个地方政府。在 2008 年国际金融危机爆发后 CPDO 价值暴跌 90%，使地方议会损失掉 1600 万澳元。受损失的 13 个地方政府提起联合诉讼，将荷兰银行、标普和建议购买产品的金融服务机构告上法庭。2012 年 11 月，澳大利亚联邦法院裁定标普应为这些损失负责，标普的评级是误导和欺骗性的，行为构成过失责任。标普、荷兰银行和地方政府金融服务机构违反普通法过失原则下对投资者的注意义务，按比例承担 317.5 万美元的 33.3%。2014 年 6 月，澳大利亚法院二审驳回了标普的上诉，维持原判。

四、中国香港地区对穆迪处罚

穆迪于 2011 年 7 月发表报告《新兴市场公司的"红旗讯号"：以中国为重点》。该报告用 20 个所谓"红旗"警示对中国的 61 家公司打分，涵盖公司治理弱点、商业模式不透明、增长速度以及盈利和财务报表的质量问题等。该报告发表后，过半数"红旗"公司的股价大幅下挫。香港证监会调查认为，虽然该报告并非股价下跌的唯一因素，但仍是主要因素，这是一种恶意做空市场行为，违反了评级机构的相关行为准则。香港证监会公开谴责穆迪，并判处款 2300 万港元。后经穆迪申诉，2016 年 4 月 1 日，香港证券及期货事务上诉审裁处裁决，对穆迪作出谴责及处以罚款 1100 万港元。2016 年 6 月 8 日，香港上诉法庭驳回穆迪就证券及期货事务上诉审裁处的裁决所提出的上诉，裁定维持香港证监会的纪律处分行动，对穆迪作出谴责及处以罚款 1100 万港元。

附录2　美国主要消费者信用报告机构目录

附表　　　　　　　　　美国主要消费者信用报告机构目录

市场领域	简要介绍	机构目录	报告的消费者信息
全国性的公司	三大全国性的消费者信息报告提供商	艾克飞、环联、益博睿	信用报告、付款历史（信用卡公司、房屋和汽车贷款公司和其他提供贷款的公司提供）、租金支付数据、个人贷款信息、债务催收公司提供的信息、一些公共信息（比如破产信息）
雇佣调查	向雇主或其他最终用户提供消费者职业和教育经历相关信息，大部分需要消费者授权	艾科瑞特背景调查公司、美国数据银行公司、背景调查网、切克尔公司、雇佣信息公司、首优咨询公司、通用信息服务公司、通用信息系统公司、海瑞特公司、信息立方公司、智能公司、公开在线公司、大众事实公司、雇前调查网、斯特林人力资源公司、诚信工作公司、工号公司	信用记录、就业情况、工资和教育程度、职业执照核查信息，犯罪记录（公共记录），指纹信息，驾驶记录，酒精检测和健康筛查信息，以及非营利性和志愿者活动的验证
租房审查	为房东和住宅房地产管理公司对消费者进行背景调查	现代信息公司、核心逻辑租赁资产公司、益博睿租房信息公司、首优租户历史信息报告公司、真实页面股份有限公司（租赁服务台）、甄选信息报告公司、租户数据服务公司、环联租赁调查服务公司（环联移动智能）	正面和负面的租户信息

续表

市场领域	简要介绍	机构目录	报告的消费者信息
支票和银行账户核查	收集和报告支票和银行账户申请、开户和销户等数据，以及支票核验等服务	斯特基支票服务公司、切克斯系统公司、克洛斯支票公司、预警服务公司、环汇支票服务公司、在线支票服务公司	信用报告、身份信息、账户确认信息、账户余额、账户变动历史、支票存款金额不足（报数银行）、账户申请（报数银行）、账户销户记录（报数银行）
个人财产保险	向个人财产保险公司收集和报告消费者的住房、汽车和个人财产等信息	艾普拉斯财产公司（沃瑞斯科的子公司）、线索信息服务公司（个人财产和汽车信息报告）、驾驶记录公司、保险交易信息公司（网络交易中心）	住房信息、之前的保险索赔、驾驶记录（公共记录）、换汽车的记录、财产登记记录
医疗	向医疗机构共享消费者医疗数据，需要消费者授权保险公司	美国医疗信息公司、米雷曼智能处方公司	个人人寿保险、健康保险、重病保险、长期护理保险或伤残收入保险
低收入和次级贷款人群	专门提供低收入消费者和信用记录受损的信贷申请人的相关信息，帮助相关公司为此类人群提供产品和服务	澄清信息服务公司、核心逻辑在线查询公司、戴特克斯公司、信任因子公司、微比尔特支付信息征信公司	身份核实、住址变更历史、汽车和财产所有权（特定信源数据）、账户核实、账户历史、支票存款金额不足（报数银行）。账户申请、账户销户记录
补充信用报告	出售数据主要是为了帮助公司管理信贷和欺诈风险，属于信贷相关数据的补充	核心逻辑补充信息服务公司、伊诺威士公司、律商联讯风险管理公司、智者流信息服务公司（身份识别分析公司的子公司）	公共记录、身份验证、财产拥有、家庭贷款债务记录、财产相关的法律文件、交税状态、租房申请和收款账户，以及消费者破产、质押、判决和儿童抚养记录等
公共事业	收集电信、收费电视和公共事业相关的信息，以帮助这些行业的公司管理客户关系	全国消费者电信和公共信息中心	电信、收费电视和水电天然气等公共事业服务相关的新的申请、账户和支付历史、逾期信息、欺诈账户的信息
零售业	主要收集与零售产品退货、欺诈退货和退货滥用相关信息	零售方程公司	退货相关数据、退货所在商店、每次退货的时间或日期、是否有收据及金额
博彩业	主要是共享与支票现金兑换服务相关的消费者数据，以帮助赌场和赛马场等博彩机构进行风险管理	贵宾优选公司	支票现金兑换

资料来源：CFPB，List of Consumer Reporting Companies，2019。

参考文献

［1］艾仁智等. 新型冠状病毒疫情下的全球债务风险剖析［DB/OL］. 联合资信, 2020. 4. 27.

［2］安德烈·阿尔马赞等. 证券化与银行资本结构［J］. 金融市场研究, 2015 (42)：67 – 76.

［3］安佳. 风险、不确定性与利润以及企业组织：奈特理论介评［J］. 科学·经济·社会, 2006 (1)：15 – 18, 22.

［4］曹莉, 程勇. 法国中央银行信用评级体系的现实意义［J］. 中国货币市场, 2012 (11)：22 – 26.

［5］程贵孙. 互联网平台竞争定价与反垄断规制研究——基于双边市场理论的视角［M］. 上海：上海财经大学出版社, 2016. 11.

［6］陈亚芸. 欧债危机背景下欧盟信用评级机构监管改革研究［J］. 德国研究, 2013, 1 (28)：27 – 39.

［7］陈乐一等. 经济不确定性与经济波动研究进展［J］. 经济学动态, 2018 (8)：134 – 146.

［8］陈科, 黄迪玮. 叶徒相似, 其实味不同——国内国际信用评级对比分析［DB/OL］. http：//www. pyrating. com, 2020 年 1 月 21 日.

［9］蔡国喜, 陈代娣, 杨勤宇. 各国双评级实施情况及启示［J］. 金融市场研究, 2011, 3 (8)：22 – 30.

［10］邓博文, 曹廷贵. 信用评级行业的监管与评级质量［J］. 国际金融研究, 2016 (3)：40 – 50.

［11］邓博文, 杨东伟. 评级行业转型的十字路口：突破市场化瓶颈, 迎接国际化挑战［J］. 金融市场研究, 2018, 10 (77)：57 – 72.

［12］董裕平, 全先银等. 多德—弗兰克华尔街改革与消费者保护法案［M］. 北京：中国金融出版社, 2010.

［13］鄂志寰, 周景彤. 美国信用评级市场与监管变迁及其借鉴［J］. 国际金融研究, 2012 (2)：32 – 40.

［14］法博齐. 债券市场分析与策略（第七版）［M］. 路孟佳译, 北京：中国人民大学出版社, 2011.

［15］法博齐. 固定收益分析（第二版）［M］. 张敦力等译, 大连：东北财经大学出版社, 2011.

［16］方添智. 次贷危机中信用评级失灵的原因及法律规制——美国信用评级制度改革评析［J］. 国际经济法学刊, 2010, 17 (2).

［17］封红梅. 信用评级法律制度的国际化发展趋势［J］. 时代法学, 2012, 10 (6)：97 – 104.

［18］冯彦明, 李昊轩. 中美资产证券化比较与启示［J］. 中国金融, 2014 (20)：41 – 42.

［19］戈顿 (Gorton, Gary B.). 对金融危机的误解——我们为何无法发现其来临［M］. 纪晓晴等译, 北京：中国金融出版社, 2016.

［20］高明. 金融消费者保护——基于委托代理模型的研究［J］. 金融理论与实践, 2011 (6)：

43 – 46.

[21] 高庆波等. 阿根廷经济迷局：增长要素与制度之失——阿根廷中等收入陷阱探析 [J]. 拉丁美洲研究，Aug. 2018，vol. 40，No. 4：86 – 100.

[22] 郭濂. 改善地方债发行体制机制 [J]. 中国金融，2014 (22)：23 – 24.

[23] 郭敏，安亚琼. 发达国家债务经济可持续性现状与趋势 [J]. 现代国际关系，2013 (10)：60 – 68.

[24] 黑泽义孝. 债券评级 [M]. 梁建华等译，北京：中国金融出版社，1991.

[25] 哈伯德·R.，奥布莱恩·安东尼. 货币、银行和金融体系 [M]. 孙国伟译，北京：中国人民大学出版社，2013. 8.

[26] 韩翔. 违约率与评级一致性检验研究 [R]. 信用评级研究，第 32 期，中诚信国际信用评级有限公司，2006. 5.

[27] 胡光志，封红梅. 信用评级结果引用制度论析——后危机时代信用评级法律制度改革的思考 [J]. 重庆大学学报（社会科学版），2012，18 (6)：122 – 128.

[28] 金文杰. 后危机时代信用评级市场准入监管的国际比较 [J]. 征信，2012 (6)：25 – 29.

[29] 加里·J. 希纳西. 维护金融稳定——理论与实践 [M]. 北京：中国金融出版社，2009.

[30] 蒋贤锋等. 中外企业信用评级的差异及其决定因素 [DB/OL]. www. pbc. gov. cn，2017. 5.

[31] Judy Wesalo Temel. 美国市政债券 [M]. 蔡靖等译，北京：现代出版社，2010.

[32] 康正宇. 国际评级机构本地化评级标准与国内评级映射分析 [DB/OL]. 鹏元，2019. 7. 9.

[33] 莱因哈特 卡门 M.（Reinhart，Carmen M.），罗格夫 肯尼斯 S.（Rogoff，Kenneth S.）. 这次不一样：八百年金融危机史 [M]. 基相等译，北京：机械工业出版社，2018.

[34] 李超等. 奈特的"不确定性下的决策问题"对当下的启示 [J]. 领导科学，2018. 11 月中：49 – 51.

[35] 罗纳德·H. 科斯. 论经济学和经济学家 [M]. 罗君丽等译. 上海：格致出版社，2014.

[36] 罗杰·米勒，丹尼尔·本杰明，道格拉斯·诺斯，公共问题经济学（第十七版）[M]. 冯文成等译，北京：中国人民大学出版社，2014.

[37] 李波. 构建货币政策和宏观审慎政策双支柱调控框架 [M]. 北京：中国金融出版社，2018. 1.

[38] 李建军，宗良，甄峰. 主权信用评级与国家风险的逻辑关系与实证研究 [J]. 国际金融研究，2012 (12)：41 – 46.

[39] 李克强. 在第十三届夏季达沃斯论坛开模式上的致辞 [DB/OL]. 新华网，2019. 7. 3.

[40] 李雪静. 双边市场的平台竞争研究 [M]. 上海：上海大学出版社，2014. 1.

[41] 琳内特·凯利. 美国市政债市场发展 [J]. 中国金融，2018 (12)：43 – 44.

[42] 刘宝亮. 专家：以主权信用等级为基准，对地方债采取差别化评级 [N]. 中国经济导报，2014. 12. 02 (B06).

[43] 刘尚希. 财政风险及其防范问题研究 [M]. 北京：经济科学出版社，2004.

[44] 刘文宇，徐卫东. 设定信用评级机构专家责任的构想 [J]. 东疆学刊，2013，29 (2)：95 – 100.

[45] 刘瀚波. 美国地方政府破产制度探析 [J]. 经济与管理研究，2015 (12)：99 – 108.

[46] 刘晓光等. 国际评级行业发展与监管动态报告 [DB/OL]. 联合评级，2020. 5. 9.

[47] 李晓郛. 信用评级业的专家责任问题 [J]. 上海金融学院学报，2014 (3)：108 – 114.

[48] 娄洪. 在地方政府债券发行制度改革座谈会上的讲话（2018. 4，兰州）[EB/OL]. 中国财政部网站，2019. 5. 9.

［49］陆书春．从"开放银行"崛起看商业银行数字化转型［J］．当代金融家，2020（4）：封面文章．

［50］克里斯·奥马利（Chris O'Malley）．债市无疆［M］．万泰雷等译，北京：中国金融出版社，2016．

［51］李晓郛．宪法第一修正案保护下的美国信用评级机构——以司法判例为视角［J］．国际商务研究，2013（3）：77－86．

［52］梁琦．西方证券评级制度比较研究及其对我国的启示［J］．证券市场导报，1999（11）．

［53］马素红，申晓旭．国际信用评级体系改革及中国评级业发展展望［J］．中国货币市场，2011（2）：42－46．

［54］玛格里特·米勒．征信体系和国际经济［M］．北京：中国金融出版社，2004.9．

［55］马克·卡尼．宏观审慎政策的统一理论与实践［J］．中国金融，2020（10）：14－15．

［56］米什金 F.S..货币金融学：第八版［M］．钱炜青，高峰译，北京：清华大学出版社，2009．

［57］米什金 F.S..货币金融学：第十一版［M］．郑艳文，荆国勇译，北京：中国人民大学出版社，2016．

［58］米什金 F.S.，埃金斯 S.G..金融市场与金融机构（第8版）［M］．杜慧芬译，北京：中国人民大学出版社，2017.8．

［59］茆训诚等．信用风险度量与管理［M］．上海：上海财经大学出版社，2013．

［60］Möllers（托马斯·马丁·约翰内斯·默勒斯）．欧盟信用评级机构的市场监管研究［J］．兰州大学学报法学版，2014（4）：122－131．

［61］聂飞舟．美国信用评级机构法律责任反思及启示［J］．东方法学，2010（6）：118－130．

［62］聂飞舟．信用评级行业竞争和规制：美国的经验和启示［J］．证券市场导报，2011（3）：19－24．

［63］聂飞舟．美国信用评级机构法律监管演变与发展动向——多德法案前后［J］．比较法研究，2011（4）：148－151．

［64］钮楠．创新信贷资产证券化产品［J］．中国金融，2014（20）：33－35．

［65］奈特（Knight, F. H）．风险、不确定性与利润［M］．安佳译，北京：商务印书馆，2010．

［66］North, Douglass C., 1990, Institutions, Institutional Change and Economic Performance, Cambridge University Press. 中译本：道格拉斯·C. 诺思，制度、制度变迁与经济绩效［M］．杭行译，上海：格致出版社，2008．

［67］欧阳良宜．危机中的结构融资评级模型［J］．南方金融，2009（4）：4－7．

［68］潘宏胜．中国金融体系复杂化的成因及影响［J］．比较，2017（6）．

［69］帕布罗．应对危机挑战的经济政策［J］．中国金融，2019（3）．

［70］齐寅峰，李礼．企业债券评级之研究综述［J］．经济与管理研究，2006（9）：12－17．

［71］让梯若尔．共同利益经济学［M］．张昕竹等译，北京：商务印书馆，2020.1．

［72］Ross Levine．银行业竞争、稳定与效率［J］．中国货币市场，2018.11．（v205）．

［73］荣卡格利亚（Roncaglia）．西方经济思想史［M］．罗汉等译，上海：上海社会科学院出版社，2009.8．

［74］孙章伟．主权信用评级的规则演变和实践［J］．征信，2011（1）：54－57．

［75］陶丽博．韩国信用评级行业概览［R］．http：//www.chinaratings.com.cn/news/1476.html，2012a－08－07．

［76］陶丽博．日本信用评级行业概览［R］．http：//www.chinaratings.com.cn/news/1475.html，

2012b－08－07.

[77] 陶丽博，杨勤宇．国外信用评级法律框架概述及启示［R］．http：//www. chinaratings. com. cn/news/2591. html，2013，4.

[78] 田彧．信用评级民事责任法律问题研究［D］．北京：中国政法大学，2018.

[79] 托马斯．弗里德曼．世界是平的［M］．何帆等译，湖南：湖南科学技术出版社，2013.

[80] 托马斯·劳埃德 B.（Thomas, Lloyd B. ）．金融危机和美联储政策［M］．危勇等译，北京：中国金融出版社，2012.

[81] 王博等．货币政策不确定性、违约风险与宏观经济波动［J］．经济研究，2019（3）：119－134.

[82] 王力为．专访标普 CEO：评级业务入华三年后再考虑利润［EB/OL］．财新网，2019.5.5.

[83] 万泰雷，李松梁．市政债制度国际经验［J］．中国金融，2018（12）：41－42.

[84] 王婷．另眼看评级：国外评级也有"规模情结"？［DB/OL］．http：//www. pyrating. cn，2017－12－29.

[85] 王婷．中外评级质量对比系列报告之——平均违约位置［DB/OL］．鹏元，2019－10－14.

[86] 王婷．中外评级质量对比系列报告之——违约前平均级别［DB/OL］．鹏元，2020－01－13.

[87] 邬润扬，李力．资信评级方法［M］．北京：中国方正出版社，2006.4.

[88] 威廉姆森（Williamson）．契约、治理与交易成本经济学［M］．陈耿宣编译，北京：中国人民大学出版社，2020.5.

[89] 吴洪波，孟剑．双边市场理论与应用述评［J］．中国人民大学学报，2014（2）：149－156.

[90] Hicks John. A Theory of Economic History, Oxford University Press, 1969. 中译本：希克斯．约翰，经济史理论［M］．历以平译，北京：商务印书馆，1987.

[91] 谢多．中国债券市场的改革与发展［J］．中国金融，2013（7）：34－36.

[92] 徐忠，汤莹玮．推动信贷资产证券化更好发展［J］．中国金融，2014（20）：28－30.

[93] 肖远企．银行业监管制度框架的构建［J］．中国金融，2018（16）：25－27.

[94] 易纲．新中国成立 70 年金融事业取得辉煌成就［J］．中国金融，2019.10（19）：3－8.

[95] 袁敏．资信评级的功能检验与质量控制研究［M］．上海：立信会计出版社，2007.

[96] 张学安，金文杰．后危机时代信用评级机构利益冲突法律规制研究［J］．征信，2012（4）：42－47.

[97] 张泰．美国的证券信用评级制度及对我们的启示［J］．经济研究参考，2002（67）：18－23.

[98] 张宝．次贷危机视角下我国信用评级机构监管研究［D］．硕士论文，长沙：湖南大学，2009.

[99] 张帆．美国州和地方政府债务对中国地方债问题的借鉴［J］．国际经济评论，2016（3）：70－84.

[100] 张成思．改善货币政策传导机制的核心［J］．中国金融，2019.1.（v2）：39－40.

[101] 张朝洋．宏观审慎政策的跨境溢出效应与国际协调［J］．金融市场研究，2018（79）：14－21.

[102] 周小川．关于信用评级的若干问题及展望［J］．西部金融，2012（2）：6－9.

[103] 周傲英等．不确定性数据管理技术研究综述［J］．计算机学报，2009（1）：1－16.

[104] 中国银行间市场交易商协会．全球债务资本市场发展报告 2012［R］．研究报告，2012 年第 12 期总第 52 期，http：//www. nafmii. org. cn/scyjfx/yjbg/index＿1. html，2012.11.

［105］中国银行间市场交易商协会．中国银行间债券市场信用评级行业年度报告 2012［M］．北京：中国金融出版社，2013.

［106］中国人民银行．中国货币政策执行报告（2018 年第二季度）［M］．北京：中国金融出版社，2018.11.

［107］中债资信．国际评级机构银行业评级思路及启示［DB/OL］．http：//www. chinaratings. com，2013.5.

［108］周宝义，李政丹．主权信用评级与发展中国家国际融资［J］．中国金融，2002（6）：55－56.

［109］周学东．我国存款保险制度的实践与思考［J］．中国金融，2018（22）：21－23.

［110］甄新伟．印度的公司债券市场［J］．银行家，2016（11）：90－92.

［111］郑磊，杨珺皓．资产证券化评级：国际模型与中国实践［M］．北京：中信出版社，2016.

［112］周卫青等．债券违约情景下承销商虚假陈述民事责任及风险防范研究［J］．中国证券，2020（4）.

［113］周嘉．域外信用评级机构民事责任制度变迁及对我国的启示［J］．南方金融，2019（2）.

［114］祝小芳．欧洲全担保债券不败的传奇——欧美模式资产证券化对我国的启示［M］．北京：中国财政经济出版社，2011.

［115］朱圆，钟心惠．美国信用评级机构的法律责任［J］．安徽大学学报（哲学社会科学版），2015（2）：105－113.

［116］Altman Edward I. And Herbert A. Rijken. How Rating Agencies Achieve Rating Stability［J］. Journal of Banking and Finance，vol. 28，no. 11（November 2004）：2679－2714.

［117］Anil K. Kashyap & Natalia Kovrijnykh. Who Should Pay for Credit Ratings and How?［J］. Review of Financial Studies，Society for Financial Studies，2016，29（2）：420－456.

［118］Arezki，R et al. Sovereign Rating News and Financial Markets Spillovers：Evidence from the European Debt Crisis［R］. Washington D. C：IMF Working Paper，2011：WP/11/68，1－28.

［119］Armstrong Mark. Competition in Two－sided Markets［J］. RAND Journal of Economics，2005，37（3）：668－691.

［120］Avgouleas，E. The global financial crisis and the disclosure paradigm in European financial regulation：the case for reform［J］. European Company and Financial Law Review，2009（6）：440－475.

［121］Avgouleas，E. The global financial crisis，behavioural finance and financial regulation：in search of a new orthodoxy［J］. Journal of Corporate Law Studies，2009（9）：23－59.

［122］Bae，K. H et al. Does increased competition affect credit ratings? A reexamination of the effect of Fitch's market share on credit ratings in the corporate bond market［J］. Journal of Financial and Quantitative Analysis，2015（50）：1011－1035.

［123］Bar－Isaac，H. Imperfect competition and reputational commitment［J］. Economics Letters，2005（89）：167－173.

［124］Bar－Isaac，H. &J. Shapiro. Credit ratings accuracy and analyst incentives［J］. The American Economic Review，2011（101）：120－124.

［125］Bar－Isaac，H. &J. Shapiro. Ratings quality over the business cycle［J］. Journal of Financial Economics，2013（108）：62－78.

［126］Banque de France（BDF）. Code of Conduct for Company Rating Activities［R］. 2011－10，http：//www. banque－france. fr/en/publications/publications. html.

［127］Banque De France（BDF）. Banque De France Ratings—A Performance Assessment［R］.

2013a – 3, http：//www. fiben. fr/cotation.

［128］Banque de France（BDF）. The Banque de France Rating Reference Guide［R］. 2013b – 1, http：//www. banque – france. fr/en/publications/publications. html.

［129］Banque de France（BDF）. Code of Conduct for Company Rating Activities［R］. December 2016, http：//www. banque – france. fr/en/publications/publications. html.

［130］Banque de France（BDF）. The Banque de France Rating Reference Guide［R］. October 2016b, http：//www. banque – france. fr/en/publications/publications. html.

［131］Banque De France（BDF）. Banque De France Ratings—A Performance Assessment［R］. July 2019, http：//www. fiben. fr/cotation.

［132］Becker Bo, Milbourn Todd. How Did Increased Competition Affect Credit Ratings?［DB/OL］. September, 2010, http：//www. nber. org/papers/w16404.

［133］Baker, S. R. et al. Measuring economic policy uncertainty［J］. Quarterly Journal of Economics, 2016, 131（4）：1593 – 1636.

［134］Bhatia, A. V. Sovereign credit ratings methodology：an evaluation［R］. Washington D. C：IMF Working Paper, 2002：1 – 58.

［135］BIS. Credit Rating and Complementary Sources of Credit Quality Information［DB/OL］. http：// www. bis. org/publ/bcbs _ wp3. htm, Working Papers, Basel Committee on Baking Supervision, No. 3, August 2000.

［136］Bloom, N et al. Really Uncertain Business Cycles［DB/OL］. http：//nirjaimovich. com/assets/ RUBC _ PAPER _ Final _ 2. pdf, NBER Working Paper, 2018：1 – 88.

［137］Bernanke Ben. The Real Effects of the Financial Crisis［EB/OL］. https：// www. brookings. edu, September 2018.

［138］Bernanke Ben. Nonmenetary Effects of the Financial Crisis in the Propagetion of the Great Depression［J］. American Economic Review, Vol. 73,（June 1983）, 257 – 276.

［139］Board of Governors of the Federal Reserve System（美联储）. Supervision and Regulation Report ［EB/OL］. www. federalreserve. gov, November 2018.

［140］Boot, A. W. A et al. Credit Ratings as Coordination Mechanisms［J］. Review of Financial Studies, 2006（19）：81 – 118.

［141］Bolton, P et al. The credit ratings game［J］. The Journal of Finance, 2012（77）：85 – 111.

［142］Bouvard, M. &R. Levy. Humouring both parties：a model of two – sided reputation［DB/OL］. sfb – seminar. uni – mannheim. de/material/Paper _ Levy. pdf, Montreal：Job Market Paper, 2009.

［143］Boylan, S. J. Credit Rating Agency Reform：Insight from the Accounting Profession［J］. The CPA Journal, 2011（81）：40.

［144］Broto, C. &L. Molina. Sovereign ratings and their asymmetric response to fundamentals［R］. Madrid：Banco de España, 2014：1 – 45.

［145］Camanho, N et al. Credit rating and competition［R］. Denver：AFA 2011 Denver Meetings Paper, 2011：1 – 49.

［146］Cantor, R. and C. Mann. Analyzing the Tradeoff between Ratings Accuracy and Stability［J］. Journal of Fixed Income, 2007, Vol. 16, No. 4：60 – 68.

［147］Cantor Richard, Packer Frank. The Credit Rating Industry［J］. Federal Reserve of New York, Quarterly Review, 1994, 19（2）：1 – 26, Summer – Fall.

［148］Cantor Richard, Packer Frank. Sovereign Credit Ratings. Current Issue in Economics and Finance

［J］. Federal Reserve Bank of New York，Volume 1 Number 3，June 1995.

［149］Cantor Richard，Packer Frank. Determinants and Impact of Sovereign Credit Ratings ［J］. FRBNY ECONOMIC POLICY REVIEW，OCTOBER 1996：37 – 54.

［150］Cantor，R. &C. Mann. Are Corporate Bond Ratings Procyclical ?：An Update ［J/OL］. Special Comment，Moody's，（2009 – 05）［2020 – 5 – 2］. https：//www. moodys. com/researchdocumentcontentpage. aspx? docid = PBC _ 116035.

［151］Cornaggia，J et al. Revolving doors on Wall Street ［J］. Journal of financial economics，2016 （120）：400 – 419.

［152］CFPB. List of Consumer Reporting Companies ［EB/OL］. http：//www. consumerfinancial. gov，2019. 1.

［153］Chakraborty et al.. The trust alternative ［J］. SSRN Electronic Journal，No 08/2014，DOI：10. 2139/ssrn. 2489471，2014.

［154］Committee on the Global Financial System （CGFS）. The Role of Ratings in Structured Finance：Issues and Implications ［J/OL］. CGFS Publication No. 23 （Basel：Bank for International Settlements，January）. http：//www. bis. org/publ/cgfs23. htm，2005.

［155］Cyrille Stevant. TheBanque de France Rating System：An Asset for The Central Bank and A Tool for Commercial Banks ［DB/OL］. http：//www. banque – france. fr/en/publications/publications. html，Summer 2010.

［156］DATAR M K. Regulation of Credit Rating Agencies：New Business Models or Stringent Regulatory Use? ［J］. Economic and Political Weekly，Vol. 46，No. 6 （FEBRUARY 5 – 11，2011）：19 – 22.

［157］Dittrich，F. The credit rating industry：competition and regulation ［J/OL］. SSRN Electronic Journal，（2007 – 06 – 04）［2020 – 01 – 06］. https：//papers. ssrn. com/sol3/papers. cfm? abstract _ id = 991821.

［158］Dittrich F.. The Credit Rating Industry：Competition and Regulation ［R］. Working Paper，University of Cologne – Department of Economics，2007.

［159］Doherty，N. A. &A. V. Kartasheva. &R. D. Phillips. Information effect of entry into credit ratings market：the case of insurers' ratings ［J］. Journal of Financial Economics，2012 （106）：308 – 330.

［160］Duffee Gregory R.. The Relation Between Treasury Yields and Corporate Bond Yield Spreads ［J］. Journal of Finance，American Finance Association，December 1998，vol. LII （6）：2225 – 2241.

［161］Duff，Angus，Sandra Einig. Credit Ratings Quality：The Perceptions of Market Participants and Other Interested Parties ［J］. The British Accounting Review，2009，41 （3）：141 – 153.

［162］Duffie.，D.，L. Saita，and K. Wang. Multi – Period Corporate Default Prediction with Stochastic Covariates ［J］. Journal of Financial Economics，2007，83：635 – 665.

［163］ECB. GUIDELINE OF THE EUROPEAN CENTRAL BANK of 20 September 2011 on monetary policy instruments and procedures of Eurosystem ［EB/OL］. Official Journal of the European Union，2011 December.

［164］Edward I. Altman. Financial Ratios，Discriminant Analysis and the Prediction of Corporate Bankruptcy ［J］. The Journal of Finance，Vol. 23，No. 4. （Sep.，1968），pp. 589 – 609.

［165］Efing，M. &H. Hau. Structured debt ratings，evidence on conflicts of interest ［J］. Journal of Financial Economics，2015 （116）：46 – 60.

［166］Efraim Benmelech and Jennifer Dlugosz. The Alchemy of CDO Credit Ratings ［J］. Journal of Monetary Economics，2009 （56）：617 – 634.

［167］ Efraim Benmelech, Jennifer Dlugosz. The Credit Rating Crisis ［R］. http：//www. nber. org/chapters/c11794, NBER Macroeconomics Annual, April 2010, Volume 24：161 - 208.

［168］ Elkhoury, M. Credit Rating Agencies and Their Potential Impact On Developings Countries ［R］. United Nations：UNCTAD DISCUSSION PAPERS, 2008, No. 186, 1 - 33.

［169］ European Securitization Forum. ESF Securitization Data Report Q2：2008 ［R］. London：European Securitization Forum, 2008：1 - 31.

［170］ ESMA. CRAs'Market share calculation according to Article 8d of the CRA Regulation ［EB/OL］. 16 December 2013.

［171］ ESMA. Technical advice：competition, choice and conflicts of interest in the credit rating industry (ESMA/2015/1472) ［DB/OL］. 30 September 2015.

［172］ ESMA. Final Report：Report on the Possibility of Establishing One or More Mappings of Credit Ratings Published on the European Rating Platform (ESMA/2015/1473) ［DB/OL］. 30 September 2015b.

［173］ ESMA. Thematic Report：On fees charged by Credit Rating Agencies and Trade Repositiories ［DB/OL］. 11 January 2018.

［174］ ESRB (European Systemic Risk Board). Reports of the Advisory Scientific Committee：Regulatory complexity and the quest for robust regulation ［R］. No 8, June 2019.

［175］ European Commision (EC). Communication from the commission on Credit Rating Agencies ［J/OL］. http：//pdf - world. net/download. php? id = 64254, Official Journal of the European Union (2006/c 59/02).

［176］ European Commission (EC). Study on the State of the Credit Rating Market：Final Report ［DB/OL］. January 2016.

［177］ Evans David S. . The Antitrust Economics of Multi - Sided Platform Markets ［J］. Yale Journal on Regulation, 2003, 20 (2)：325 - 381.

［178］ Fennell & Medvedev. An economic analysis of credit rating agency business models and ratings accuracy ［J/OL］. Financial Services Authority, November 2011.

［179］ Ferri, G et al. The Procyclical Role of Rating Agencies：Evidence from the East Asian Crisis ［J］. Economic Notes, 1999 (3)：335 - 355.

［180］ FitchRating. 惠誉银行评级 ［DB/OL］. 22 September 2009.

［181］ Fitch. Fitch Ratings Sovereign Rating Methodology ［DB/OL］. http：// www. fitchratings. com, 16 August 2010.

［182］ Fitch. Fitch Ratings Global Corporate Finance 2010 Transition andDefault Study ［DB/OL］. http：//www. fitchratings. com. co/Documentos/Estudio% 20de% 20Default% 20Antiguo. pdf, 2011. 3.

［183］ Fitch. Definitions of Ratings and Other Forms of Opinion ［DB/OL］. Jan 2014.

［184］ Fitch. International Local and Regional Governments Rating Criteria ［DB/OL］. April 2016.

［185］ Fitch. U. S. Public Finance Tax - Supported Rating Criteria ［DB/OL］. April 3 2018.

［186］ Fitch. Exposure Draft：Bank Rating Criteria ［DB/OL］. December 2017.

［187］ Gailen Hite, Arthur Warga. The Effect of Bond - Rating Changes on Bond Price Performance ［J］. Financial Analysts Journal, Vol. 53, No. 3 (May - Jun. , 1997)：35 - 51.

［188］ Gaillard&Waibel. The Icarus Syndrome：How Credit Rating Agencies Lost Their Quasi Immunity ［J］. 71 SMU L. Rev. 1077 (2018).

［189］ G30. Managing the Next Financial Drisis：An Assessment of Emergency in the Major Economirs ［EB/OL］. https：//group30. org/publications/detail/2658, September 2018.

［190］Geoff Bascand. Macroprudential Policy: Past, Present and Future ［DB/OL］. https://www. rbnz. govt. nz/news/2019/07/macroprudential – policy – past – present – and – future, 2019. 6.

［191］Griffin J. M. &Tang D. Y. Did subjectivity play a role in CDO credit ratings? ［J］. The Journal of Finance, 2012, (4): 1293 – 1328.

［192］Griffin, J. M et al. Rating shopping or catering? An examination of the responses to competitive pressure for CDO credit ratings ［J］. The Review of Financial Studies, 2013 (26): 2270 – 2310.

［193］Hardy, Daniel C. Are Banking Crises Predictable ? ［J］. Finance & Development, December 1998: 32 – 35.

［194］Hau, Harald, Sam Langfield, and David Marques – Ibanez. Bank ratings: what determines their quality? ［DB/OL］. Working paper series no 1484, European Central Bank (ECB), October 2012.

［195］Hickman W. Braddock. Corporate Bond Quality and Investor Experience ［M］. Princeton University Press, 1958.

［196］IMF. Global Financial Stability Report ［DB/OL］. April 2008.

［197］IMF. Global Financial Stability Report ［DB/OL］. http://www. imf. org/external/pubs/ft/gfsr/2010/02/index. htm, October 2010.

［198］IMF. Global Financial Stability Report: Vulnerabilities in a Maturing Credit Cycle ［DB/OL］. Washington, DC, 2019 April.

［199］Ingo Fender, John Kiff. CDO Rating Methodology: Some Thoughts on Model Risk and Its Implications ［J］. Journal of Credit Risk, 2005, Vol. 1 (Summer): 37 – 58.

［200］ISOCO. Technical Comm. , Int'l Org. of Sec. Comm'ns, Statement of Principles Regarding the Activities of Credit Rating Agencies ［DB/OL］. http://www. iosco. org/library/pubdocs/pdf/IOSCOPD151. Pdf, 2003.

［201］ISOCO. Technical Comm. , Int'l Org. of Sec. Comm'ns, Code of Conduct Fundamentals for Credit Rating Agencies (2004) ［DB/OL］. http://www. iosco. org/library/pubdocs/pdf/IOSCOPD180. pdf, 2004.

［202］ISOCO. Technical Comm. , Int'l Org. of Sec. Comm'ns, Code of Conduct Fundamentals For Credit Rating Agencies ［DB/OL］. http://www. iosco. org/library/pubdocs/pdf/IOSCOPD271. pdf, 2008a.

［203］IOSCO. The role of credit rating agencies in structured finance markets Final Report ［DB/OL］. 2008b, May.

［204］James E. Spiotto. Unfunded Pension Obligations: Is Chapter 9 the Ultimate Remedy? Is there a Better Resolution Mechanism? ［DB/OL］. http://www. sec. gov/spotlight/municipalsecurities/statements 072911/spiotto – slides2. pdf, June 2011.

［205］Jean Noel Ory, Philippe Raimbourg. Credit Rating Agencies' Function on Bond Markets: Price Stability vs. Information Transmission ［R］. 21st Australasian Finance and Banking Conference, November 2008.

［206］Jeffery D Amato and Craig H Furfine. Are credit ratings procyclical ［DB/OL］. BIS Working Papers No 129, 2003. 2.

［207］Johannes Hörner. Reputation and Competition ［J］. The American Economic Review, Vol. 92, No. 3 (Jun. , 2002): 644 – 663.

［208］Kedia, S et al. Did going public impair Moody's credit ratings? ［J］. Journal of Financial Economics, 2013 (114): 293 – 315.

［209］Klein, B. &K. B. Leffler. The role of market forces in assuring contractual performance ［J］. The

Journal of Political Economy, 1981 (89): 615 – 641.

［210］Langohr H. M. & Langohr P. T.. The Rating Agencies and their Credit Ratings ［M］. London, UK: John Wiley & Sons Ltd, 2008.

［211］Lili Liu and Kim Song Tan. Subnational Credit Ratings: A Comparative Review ［DB/OL］. The World Bank, Policy Research Working Paper 5013. August 2009.

［212］Löffler, Gunter. An anatomy of rating through the cycle ［J］. Journal of Banking and Finance, 2004; 28 (3): 695 – 720.

［213］Mariano, B. Market power and reputational concerns in the ratings industry ［J］. Journal of Banking & Finance, 2012 (36): 1616 – 1626.

［214］Mathis, J et al. Rating the raters: are reputation concerns powerful enough to discipline rating agencies? ［J］. Journal of Monetary Economics, 2009 (56): 657 – 674.

［215］Minsky, Hyman P.. The Financial Instability Hypothesis ［DB/OL］. https: //ssrn. com/abstract = 161024, The Jerome Levy Economics Institute Working Paper No. 74, May 1992.

［216］Ministry of Finance (MoF). Report of the Committee on Comprehensive Regulation for Credit Rating Agencies ［R］. Government of India, December 2009.

［217］Moody's. Sovereign Bond Defaults, Rating Transitions, And Recoveries (1985 – 2002) ［DB/OL］. February 2003a.

［218］Moody's. MOODY'S RATING SYMBOLS & DEFINITIONS ［DB/OL］. August 2003b.

［219］Moody's. 银行财务实力评级: 全球评级方法 ［DB/OL］. 2007 年 2 月.

［220］Moody's. Glossary of Moody's Ratings Performance Metrics ［DB/OL］. https: //www. moodys. com/ Pages/GuideToDefaultResearch. aspx, 2011a, 09.

［221］Moody's. Measuring The Performance Of Credit Ratings ［DB/OL］. https: //www. moodys. com/ Pages/GuideToDefaultResearch. aspx, 2011b, 11.

［222］Moody's. Special Comment: Sovereign Default and Recovery Rates, 1983 – 2010 ［DB/OL］. MAY 10, 2011c.

［223］Moody's. Annual Default Study: Corporate Default and Recovery Rates 1920 – 2011 ［DB/OL］. https: //www. moodys. com/Pages/GuideToDefaultResearch. aspx, 2012. 2.

［224］Moody's. Rating Methodology: Sovereign Bond Ratings ［DB/OL］. September 12, 2013.

［225］Moody's. Rating Symbols and Definitions ［DB/OL］. APRIL 2014.

［226］Moody's. Rating Methodology: US Local Government General Ooligation debt ［DB/OL］. December 16, 2016.

［227］Moody's. Rating Methodology: Banking ［DB/OL］. Jauary 7, 2016b.

［228］Moody's. Rating Methodology: Regional and Local Governments ［DB/OL］. Jauary 16, 2018.

［229］Moody's. US Public Finance: US Municipal Bond Defaults and Recoveries, 1970 – 2017 ［DB/OL］. http: //www. moodys. com, 31 July 2018b.

［230］Morgan, D. Rating banks: risk and uncertainty in an opaque industry ［J］. American Economic Review, 2002 (vol92): 874 – 888.

［231］Möllers T M J & Niedorf, C.. Regulation and Liability of Credit Rating Agencies – A More Efficient European Law? ［J］. European Company & Financial Law Review, 11 (3) (2014): 333 – 363.

［232］MSRB. Dealer Participation and Concentration in Municipal Securities Trading ［DB/OL］. July 2018.

［233］MSRB. Municipal Securities Rulemaking Board 2017 Fact Book ［DB/OL］. 2017.

［234］Opp, C. Cet al. Rating agencies in the face of regulation ［J］. Journal of Financial Economics, 2012（108）：64 – 81.

［235］Pagano, M. &P. Volpin. Credit Ratings Failures and Policy Options ［J］. Economic Policy, 2010（25）：401 – 431.

［236］Packer Frank and Nikola Tarashev. Rating methodologies for banks ［DB/OL］. BIS Quarterly Review, June 2011：39 – 52.

［237］Partnoy Frank. The Siskel and Ebert of Financial Markets：Two Thumbs Down for The Credit Rating Agencies ［J］. Washington University Law Quarterly, 1999, 77（3）：620 – 714.

［238］Partnoy Frank. The Paradox of Credit Ratings ［DB/OL］. http：//papers. ssrn. com/abstract = 285162, U San Diego Law & Econ Research Paper No. 20, 2001. 10.

［239］Partnoy Frank. How and Why Credit Rating Agencies are Not Like Other Gatekeepers ［DB/OL］. https：//www. researchgate. net/publication/228185082, Social Science Electronic Publishing, May 2006.

［240］Regulation（EC）No 1060/2009 of the European Parliament and of the Council of 16 September 2009 on credit rating agencies, OJ L 302, 17 November 2009.

［241］Regulation（EU）No 513/2011 of the European Parliament and of the Council of 11 May 2011 amending Regulation（EC）No 1060/2009 on credit rating agencies, OJ L 145, 31. 5. 2011.

［242］René M. Stulz. FinTech. BigTech, and the Future of Banks ［J］. Journal of Applied Corporate Finance, 2019, vol. 31（4）：86 – 97.

［243］Rhee, R. J. Incentivizing credit rating agencies under the issuer pay model through a mandatory compensation competition ［J］. Journal of Banking & Financial Services Policy Report, 2014（33）：11 – 20.

［244］Rochet Jean – charles, Tirole Jean. Cooperation among Competitors：Some Economics of Payment Card Associations ［J］. RAND Journal of Economics, 2002, 33（4）：549 – 570.

［245］Rochet Jean – charles, Tirole Jean. Platform Competition in Two – sided Markets ［J］. Journal of the European Economic Association, 2003, 1（4）：990 – 1029.

［246］Rochet Jean – charles, Tirole Jean. Two – sided Markets：A Progress Report ［J］. RAND Journal of Economics, 2006, 37（3）：645 – 667.

［247］Roson Roberto. Two – Sided Markets：A Tentative Survey ［J］. Review of Network Economics, 2005, 4（2）：142 – 160.

［248］SEBI. Credit Rating Agencies（Amendment）Regulations, 2011 w. e. f. 05. 07. 2011.

［249］SEC. Financial Oversight of Enron：the SEC and Private – Sector Watchdogs, U. S. Securities and Exchange Commission ［DB/OL］. 2002, Oct. 8. Report of the Staff to the Senate Committee on Governmental Affairs, http：//www. hks. harvard. edu/hepg/Papers/Senate _ Comm _ Gov _ Affairs _ watchdogsreport _110 – 8 – 02. pdf.

［250］SEC. Summary Report of Issues Identied in the Commission Staff's Examinations of Select credit rating Agencies ［DB/OL］. http：//www. sec. gov/news/studies/2008/craexamination070808. pdf, July 8, 2008.

［251］SEC. Summary Report of Commission Staff's Examinations of Eachnationally Recognized Statistical Rating Organization ［DB/OL］. September 2011, http：//www. sec. gov/news/studies/2011/2011 _ nrsro _ section15e _ examinations _ summary _ report. pdf.

［252］SEC. 2012 Summary Report of Commission Staff's Examinations of Each NRSRO ［R］. http：// www. sec. gov/news/studies/2012/nrsro – summary – report – 2012. pdf, 2012a.

［253］SEC. Report to Congress Credit Rating Standardization Study ［DB/OL］. September 2012b.

［254］ SEC. Report on the Municipal Securities Market ［DB/OL］. July 31 2012c.

［255］ SEC. Final rules, Release No. 34 – 72936; File No. S7 – 18 – 11 ［DB/OL］. http：//www. sec. gov/rules/final/2014 /34 – 72936. pdf, 2014. 8.

［256］ Souissi Sendes. The BDF's Rating System ［R］. Banque de France, 2013. 7.

［257］ Skreta Vasiliki, Veldkamp Laura. Ratings Shopping and Asset Complexity：A Theory of Ratings Inflation ［J］. Journal of Monetary Economics, 2009, 56（5）：678 – 695.

［258］ S&P. Sovereign Credit Ratings：A Primer ［DB/OL］. http：// www. standardandpoors. com/ ratingsdirect, May 19, 2008.

［259］ S&P. 2011 Annual Global Corporate Default Study And Rating Transitions ［DB/OL］.

http：//www. standardandpoors. com/ratings/articles/en/us/? assetID = 1245330814766, 2012. 3.

［260］ S&P. U. S. Local Governments General Obligation Ratings：Methodology And Assumptions ［DB/ OL］. Aug. 8 2017.

［261］ S&P. Methodology For Rating Non – U. S. Local And Regional Governments ［DB/OL］. June 28, 2018.

［262］ S&P. Banks：Rating Methodology And Assumptions ［DB/OL］. Oct. 30, 2018b.

［263］ Stiglitz J. E.. Information and the Change in the Paradigm in Economics ［J］. American Economics Review, 2002, 92（3）：460 – 501.

［264］ Steven Scalet and Thomas F. Kelly. The Ethics of Credit Rating Agencies：What Happened and the Way Forward ［J］. Journal of Business Ethics, Vol. 111, No. 4（December 2012）：477 – 490.

［265］ Sylla Richard. An History Primer on The Business of Credit Rating, in Levich, Richard M. , Giovanni Majnoni and Carmen Reinhart, eds. Ratings, Rating Agencies and the Global Financial System, Kluwer Academic Publishers, Boston. 2002：19 – 40.

［266］ Trouillet, J. Credit rating agencies, shock and public expectations ［R］. Paris：Paris Dauphine University, 2015：1 – 16.

［267］ United States Government Accountability Office（GAO）. Alternative Compensation Models for Nationally Recognized Statistical Rating Organizations ［DB/OL］. January 2012.

［268］ White Lawrence. The Credit Rating Industry：An Industrial Organization Analysis, in Levich, Richard M. , Giovanni Majnoni and Carmen Reinhart, eds. Ratings, Rating Agencies and the Global Financial System, Kluwer Academic Publishers, Boston. 2002：41 – 63.

［269］ WorldBank（WB）. Global Waves of DebGlobal Debt：Causes and Consequences ［DB/OL］. www. worldbank. org, 2020. 4.

后 记

经过艰辛的努力终于完成这本著作，需要感谢在这几年提供帮助的许多人。感谢作者所在单位中国人民银行的相关领导和同事在工作和生活中的帮助和关怀，感谢万存知局长、戴根友局长、陈波董事长、王晓明行长、邵伏军董事长、黄慕东总经理、张子红主任，感谢朱焕启董事长、姜再勇局长、付喜国行长、王煜主任、曹凝蓉主任、袁新峰副行长，感谢李斌副局长、何红滢副秘书长、田地副局长、吴岷钢副局长等，感谢马贱阳博士、曹媛媛博士、莫万贵博士、高飞博士、李红岗博士、吕政博士、吕威博士、黄宁处长、景伟处长、周鹏博博士、宋玮玮副处长、楚晓辉主任，感谢李连三博士、杜鲲总经理、刘小英董事长、姬南总经理、陈斌辉总经理等，感谢曾经先后加入和离开我们这个监管团队的王晓晴副处长、章向东博士、王元处长、张宏宇副处长、韩春燕副处长、杨景、陈振荣博士、汪沛等，感谢占硕处长、杜静处长、王俊山处长、张红盛处长、武晋处长、谢业华副处长等。

感谢国家发改委的艾攀副处长、严畅副处长，财政部的薛军处长、张璐处长、支海处长、周海峰处长、谷体峰处长、李炜博士，感谢证监会的陈飞主任、曹淮扬处长、张凤文处长，银保监会的屠智锋处长、葛立章副处长，工信部的何年初处长，商务部的王勇处长等。

感谢北京大学的常鹏翱教授，长江证券首席经济学家伍戈博士，感谢中国社科院大学的罗斌教授、北京师范大学的宋素红教授，感谢教育部学位与研究生教育发展中心的亓彦伟副主任、北京信息科技大学的陈昕副校长，感谢北京理工大学的牛振东教授、李侃教授、祝烈煌教授、宋红教授、孙健教授、裴明涛教授、王茹博士，北京工商大学的杨德勇教授、龚永罡教授，感谢周山清博士、王栋博士、裴延辉博士、范琰博士、赵京玉博士，感谢文化部的祝孔强研究员、北京智源人工智能研究院的曹岗副院长、北京电影学院的张锐教授，感谢北京金融街服务局的金鑫副局长、中国人寿的李克成博士、中再资产的米建伟博士、河南交投集团的牛建强博士等。

感谢信用评级行业众多专家的建议，包括闫衍博士（中诚信国际）、王少波董事长（联合资信）、朱荣恩教授（新世纪）、张剑文董事长（中证鹏元）、陈红珊总裁（标普信评）、万华伟董事长（联合信用）、杨秋岭董事长（远东）、孔令强副总裁（中诚信国际）、李振宇副总裁（联合资信）等。

他们在本书成稿的过程中，以各种形式给予了良好的建议和帮助。书中的观点不代表作者所在单位的意见，书中的错误和疏漏也由本人承担。

感谢中国金融出版社的肖炜老师等为本书认真审核所付出的辛勤工作。

　　特别感谢我的家人的理解和默默支持，包括在我的成长和生活中辛勤付出的爷奶、父母、岳父母等亲人。尤其要感谢我妻子对我的支持，她总是给我鼓励、支持和悉心照顾。感谢我的长子和次子，他们给整个家庭带来了欢乐和幸福，给予我生活中无尽的动力和勇气。

　　每个人自身并不能完全把握充满不确定性的未来，但我对未来充满了期待，因为生活在这个激荡、伟大的时代，为了我们祖国的伟大复兴，经过我们共同的努力奋斗，一定会和国家一道越来越幸福。

　　衷心地感谢理解、支持和帮助过我的所有人！

高　明

2020 年 7 月